I0816826

Bedrohte Ordnungen

Herausgegeben von

Ewald Frie, Mischa Meier und Rebekka Nöcker

2

Goldenes Zeitalter der Stagnation?

Perspektiven auf die sowjetische Ordnung der Breżnev-Ära

herausgegeben von

Boris Belge und Martin Deuerlein

Mohr Siebeck

Boris Belge, geboren 1985, Wissenschaftlicher Mitarbeiter am Institut für Osteuropäische Geschichte und Landeskunde der Eberhard Karls Universität Tübingen und des DFG-Projekts „Geteilte Klangwelten. Die Komponistengruppe der ‚Moskauer Trojka' zwischen transnationalem Erfolg und kulturpolitischem Wandel im letzten Drittel des 20. Jahrhunderts."

Martin Deuerlein, geboren 1983, Wissenschaftlicher Mitarbeiter am SFB 923 „Bedrohte Ordnungen" der Eberhard Karls Universität Tübingen.

Gedruckt mit Unterstützung der Deutschen Forschungsgemeinschaft.

ISBN 978-3-16-152996-2
ISSN 2197-5477 (Bedrohte Ordnungen)

Die Deutsche Nationalbibliothek verzeichnet diese Publikation in der Deutschen Nationalbibliographie; detaillierte bibliographische Daten sind im Internet über *http://dnb.dnb.de* abrufbar.

Das Buch wurde von Martin Fischer in Tübingen aus der Minion gesetzt und von Hubert & Co. in Göttingen auf alterungsbeständiges Werkdruckpapier gedruckt und gebunden. Den Umschlag entwarf Uli Gleis in Tübingen; Umschlagabbildung „Der Horizont" von Erik Bulatov (© VG Bild-Kunst, Bonn 2014).

Vorwort zur Reihe „Bedrohte Ordnungen"

Was geschieht in Gesellschaften, wenn Handlungsoptionen unsicher werden, Verhaltenserwartungen und Routinen in Frage stehen, wenn Akteure das Gefühl gewinnen, sich jetzt oder in naher Zukunft wahrscheinlich nicht mehr aufeinander verlassen zu können, wenn sie von Bedrohung reden, Gründe dafür suchen und sie meistens auch finden? Zeit ist ein knappes Gut. Emotionen treten stärker in den Vordergrund und verändern sich. Grenzen sozialer Gruppen werden fraglich. „Bedrohte Ordnungen" tragen ein hohes Potential für schnellen sozialen Wandel in sich, das aber nicht immer wirksam werden muss.

„Bedrohte Ordnungen" können aus Katastrophen hervorgehen. Sie können die Folge plötzlicher gesellschaftsinterner Konflikte sein. Sie können aus latenten Spannungen hervorbrechen oder die Folge einer Konkurrenz von Ordnungen sein. Verschiedene Forschungstraditionen fließen damit in Untersuchungen ein, die nicht von klassifikatorischen Begriffen wie „Aufruhr", „Revolution" oder „Naturkatastrophe" ausgehen, sondern dynamische gesellschaftliche Prozesse ins Zentrum stellen, die mit der Wahrnehmung und Behauptung von Bedrohung und dem Rekurs auf Ordnung zusammenhängen.

„Bedrohte Ordnungen" gibt es in allen Epochen der Historie und in allen Kulturen der Welt. Wirken über Zeiten und Räume hinweg ähnliche Mechanismen? Lassen sich Unterschiede typologisieren? Die Reihe „Bedrohte Ordnungen" lädt Geschichts-, Kultur- und Sozialwissenschaftler ein, zu diesen Fragen Beiträge zu liefern. Sie ist dem DFG-geförderten Sonderforschungsbereich 923 „Bedrohte Ordnungen" verbunden, möchte aber auch über ihn hinaus Forschungen anstoßen und dokumentieren.

Die Reihenherausgeber

Vorwort

Dieser Band ist das Ergebnis von zwei Jahren intensiven Nachdenkens über die Brežnev-Zeit. Die Grundidee entstand bei einem Workshop, der im Februar 2012 gemeinsam vom Sonderforschungsbereich 923 „Bedrohte Ordnungen" der DFG und dem Institut für Osteuropäische Geschichte und Landeskunde der Universität Tübingen veranstaltet wurde. Die lebhaften Diskussionen über Dynamik, Stabilität und Normalität sind uns bestens in Erinnerung geblieben. Danken möchten wir auch dem Förderverein Geschichte und der Graduiertenakademie der Philosophischen Fakultät der Universität Tübingen für die Förderung dieses Workshops, ebenso wie Prof. Dr. Susanne Schattenberg für ihre instruktive *keynote lecture*. Dr. Marc Elie, Dr. Johannes Grützmacher und Prof. Dr. Maike Lehmann trugen mit ihren Kommentaren wesentlich zum Erfolg der Veranstaltung bei.

Durch den Verlauf des Workshops ermutigt, fassten wir damals den Entschluss, ein Publikationsprojekt in Angriff zu nehmen. Das methodische Angebot der „Bedrohten Ordnungen" half uns, die Beiträge zu profilieren. Für die Aufnahme in die Schriftenreihe des SFB möchten wir stellvertretend für die Reihenherausgeber dem Sprecher des Sonderforschungsbereichs Prof. Dr. Ewald Frie herzlich danken. Einen wichtigen Beitrag haben die uns unbekannt gebliebenen Gutachter der Schriftenreihe geleistet, die die Beiträge auf Herz und Nieren geprüft und entscheidende Verbesserungen angeregt haben. Lic. Andrea Kirstein und Yvonne Macasieb waren freundliche wie kompetente Ansprechpartnerinnen.

Prof. Dr. Klaus Gestwa gebührt ein besonderer Dank. Er hat unsere Dynamisierung der Brežnev-Zeit immer wohlwollend, aber kritisch begleitet und uns mehr als einmal vor allzu revisionistischen Höhenflügen gewarnt. Seine Ratschläge und Kommentare zwangen uns immer wieder, unsere Thesen und Annahmen zu überprüfen. Wir haben uns sehr gefreut, dass er einen Schlussessay für diesen Band verfasst hat.

Für die Durchsicht der Manuskripte bedanken wir uns besonders beim „Redkom" des Bandes: Ilja Gottwald, Johanna Hohner, Nicolas Schupp, Anna Weininger, Matthäus Wehowski und Julian Windmöller lasen, korrigierten, formatierten das Manuskript und erstellten den Index. Die methodischen Annahmen der Einleitung stellten Prof. Dr. Dietrich Beyrau, Florian Sander, Ingrid Schierle und Alexa von Winning auf den Prüfstand.

Beim Mohr Siebeck Verlag, Tübingen, und insbesondere bei Dr. Stephanie Warnke-De Nobili möchten wir uns für die kompetente und reibungslose Zusammenarbeit bedanken. Susanne Borgards hat den Band mit scharfem Blick lektoriert und uns vor mancher Nachlässigkeit bewahrt. Ihr und den anderen hilfreichen Geistern gebührt unser aufrichtiger Dank. Sie alle haben dazu beigetragen, dass der Band kein Fall von wissenschaftlicher Stagnation geworden ist, sondern ein gutes Ende gefunden hat.

Alle Beiträge verwenden die wissenschaftliche Transliteration kyrillischer Buchstaben. Auf eine Unterscheidung von „e“ und „ė“ sowie „ë“ wird verzichtet. Soweit nicht anders angegeben, sind Übersetzungen aus dem Russischen ins Deutsche diejenigen der Autorinnen und Autoren. Die Angaben zu Archivdokumenten verwenden die gebräuchlichen Abkürzungen f. (*fond,* Bestand), op. (*opis’,* Findbuch), d. (*delo*, Akte) und l. (*list*, Blatt).

Tübingen, im Mai 2014 Boris Belge und Martin Deuerlein

Inhaltsverzeichnis

Einführung: Ein goldenes Zeitalter der Stagnation?

Neue Perspektiven auf die Breznev-Ära

Boris Belge und *Martin Deuerlein*

Am 25. Februar 1986 begann der XXVII. Parteitag der KPdSU in Moskau. Knapp 5.000 Delegierte versammelten sich, um die erste Zusammenkunft dieser Art unter dem neuen Generalsekretär Michail S. Gorbačev zu erleben. Der letzte Parteitag im Februar 1981 war noch von Leonid I. Brežnev geleitet worden, dessen greisenhafter Verfall deutlich sichtbar geworden war. Nun stand mit Gorbačev ein Vertreter der jüngeren Generation am Pult, der seit seiner Wahl durch das Politbüro im März 1985 Tatendrang unter Beweis gestellt hatte und jetzt auch diese Bühne nutzen wollte, um seinen Vorstellungen zum Durchbruch zu verhelfen. In seinem *Politischen Vortrag* verurteilte der Generalsekretär die Amtszeit seines Vorgängers:

> Die Probleme in der Entwicklung des Landes nahmen schneller zu, als sie gelöst wurden. Die Trägheit, die Erstarrung in der Form und den Methoden der Verwaltung, der Rückgang der Dynamik in der Arbeit, die Zunahme an Bürokratismus – all dies fügte der Sache einen großen Schaden zu. Im Leben der Gesellschaft begannen stagnative (*zastojnye*) Erscheinungen einzutreten.[1]

Mit dieser Charakterisierung hatte Gorbačev durch die Schlagwörter *perestrojka* und *glasnost'* nicht nur seiner eigenen, sondern mit dem Begriff der „Stagnation" (*zastoj*) auch der Regierungszeit seines Vorgängers einen Stempel aufgedrückt, von der er sich positiv abheben konnte. Gorbačev setzte so die sowjetische Ordnung in Relation zur westlichen, die in den 1980er Jahren von einer starken Dynamik geprägt war. Der Begriff der „Stagnation" sollte nicht nur die Alternativlosigkeit tiefgreifender Reformen legitimieren, sondern auch Zeitdruck erzeugen. Mittels dieser Bedrohungskommunikation sollte innerhalb kürzester Zeit nachgeholt werden, was in zwei Jahrzehnten versäumt worden war. Begeistert von der jugendlichen Dynamik dieses neuen Politikstils und einer neuen Offenheit im Umgang mit der Vergangenheit folgte die Historikerzunft

---

[1] *Michail S. Gorbačev*, Političeskij doklad Central'nogo Komiteta KPSS XXVII. S"ezdu Kommunističeskoj Partii Sovetskogo Sojuza 25 fevralja 1986 goda, in: ders., Izbrannye reči i stat'i, Tom 3, Moskau 1987, 180–280, hier 181.

weitgehend dieser Deutung.[2] Stagnation spielte zwar schon vorher in der Beschreibung der Breženv-Zeit eine Rolle, gewann nun aber als Label einer ganzen Ära hegemoniale Bedeutung.[3]

Es gibt jedoch noch ein anderes Bild der Brežnev-Ära: Angesichts der Zumutungen und Verwerfungen, die der Zusammenbruch der Sowjetunion häufig bedeutete, gelten die 1970er Jahre vielen ehemaligen Sowjetbürgern als ein „goldenes Zeitalter".[4] Während im Westen entweder das „goldene Zeitalter"[5] 1945–1973 oder die 1980er Jahre zur Referenz nostalgischer Gefühle wurden, die „übersichtlich, politisch klar geordnet und ökonomisch [...] geschützt vor dem kalten Wind der Globalisierung"[6] erschienen, gilt diese Einschätzung im heutigen Russland vor allem für die Amtsperiode Brežnevs. Soziale Sicherheit und materieller Wohlstand waren in dieser Zeit in einem Ausmaß verfügbar, das in der Geschichte der Sowjetunion einzigartig war. Für den Schriftsteller Viktor Erofeev war Brežnev gar der „Großvater der Perestroika". Für ihn sei der Kommunismus keine Utopie gewesen, sondern ein „Vehikel", um den Lebensstandard zu verbessern.[7] Auch die offizielle russische Geschichtspolitik knüpft an das Bild der Brežnev-Ära als Zeit materieller Sicherheit an, um damit positive Elemente der sowjetischen Geschichte zu betonen. Im Oktober 2011 erklärte Regierungssprecher Dmitrij Peskov, Brežnev sei ein großer Gewinn für das Land gewesen, da er die Grundlagen für die Modernisierung der russischen Ökonomie und Landwirtschaft gelegt habe.[8] Gleichzeitig wird das Bild der Stagnation und besonders des vergreisten Brežnevs von Kritikern genutzt, die Präsident Vladimir Putin vorwerfen, eine Ära der „Neo-Stagnation" herbeigeführt zu haben.[9] Iro-

[2] Vgl. *Marc Sandle*, Brezhnev and Developed Socialism: The Ideology of Zastoj?, in: Edwin Bacon/Mark Sandle (Hrsg.), Brezhnev Reconsidered, Houndmills/Basingstoke/Hampshire 2002, 165–188.

[3] Für den frühen Gebrauch des Begriffs siehe u. a. *David K. Shipler*, In Russia, the Revolutionary Dream Has Run Its Course, in: New York Times, 06. November 1977. Bei der Verbreitung dieser Zuschreibung wirkten auch einige sowjetische Intellektuelle tatkräftig mit. Vgl. u. a. *Roy Medvedev*, A Voice from Moscow. Burying the Brezhnev Era's Cult of Stagnation, in: New York Times, 17. April 1988; *Fedor Burlatsky*, Brezhnev and the Collapse of the Thaw. Thoughts on the Nature of Political Leadership, in: Literaturnaja Gazeta, 37, 14. September 1988, 13–14.

[4] Vgl. *Boris Sokolov*, Leonid Brežnev. Zolotaja epocha, Moskau 2004. Vgl. auch *Andrej Burovskij*, Da zdravstvuet ‚zastoj'. ‚Zolotoj vek' Rossii, Moskau 2010.

[5] *Eric Hobsbawm*, Das Zeitalter der Extreme. Weltgeschichte des 20. Jahrhunderts, München 1995.

[6] *Andreas Wirsching*, Der Preis der Freiheit. Geschichte Europas in unserer Zeit, München 2012, 20.

[7] *Erich Follath/Matthias Schepp*, „Moskau ist die Hure Babylon". Interview mit Viktor V. Erofeev, in: Spiegel Online, 15. Juli 2008, http://www.spiegel.de/kultur/gesellschaft/schriftsteller-jerofejew-moskau-ist-die-hure-babylon-a-565968.html (27.03.2013).

[8] Vgl. *Evgeniya Chaykovskaya*, Peskov: Comparing Putin to Brezhnev is a Good Thing, in: The Moscow News, 05. Oktober 2011, http://themoscownews.com/politics/20111005/189096032.html (07.11.2013). Aufgegriffen und kritisch hinterfragt werden solche Sichtweisen auch in Russland selbst: *L. Bulavka/R[einhard] Krumm* (Hrsg.), Zastoj. Diskontenty SSSR, Moskau 2010.

[9] Vgl. *Kerstin Holm*, Gar gern hat es der Leonid, in: Frankfurter Allgemeine Zeitung, 19. Ok-

nisch brachte der Historiker Vladimir Kozlov beide „Gesichter" der Brežnev-Zeit in seinem Diktum vom „Goldenen Zeitalter der Stagnation" auf den Punkt.[10]

Die Abbildung auf dem Umschlag dieses Sammelbandes verweist auf diesen Gegensatz: Das Gemälde *Roter Horizont* aus dem Jahr 1971/72 von Erik Bulatov fängt auf den ersten Blick eine harmonische Strandszene ein. Allerdings verwirrt der Blick auf den Horizont, der von einem roten Band verdeckt wird. Es ist das Band des Lenin-Ordens, das die Sicht einengt und doch gleichzeitig auch ein konstitutives Merkmal des Gesamtpanoramas ist. In seinem ironischen Spiel mit Stilelementen des „Sozialistischen Realismus", die er in ungewohnten Kontexten platzierte, brachte Erik Bulatov die Ambivalenz und die Komplexität des sozialistischen Alltags in den 1970er Jahren in besonders prägnanter Weise zum Ausdruck.[11]

1. Die Ausgangslage: Forschungen zur Sowjetunion unter Breženv seit 1964

Es wäre zu einfach, die Breženv-Zeit auf den Gegensatz von materieller Sicherheit und politischer und sozialer Stagnation zu reduzieren, der je nach aktueller politischer Position unterschiedlich gewichtet wird. Denn schließlich gab es auch Zwischenschritte, Überschneidungen und Zonen der Dynamik und des Wandels. Die Einleitung rekonstruiert Deutungsmuster von den 1960er Jahren bis in die heutige Zeit und historisiert sie anschließend. Aufgabe des Sammelbandes ist es dann, der Forschung zu dieser Epoche der sowjetichen Geschichte eine komplexere Gestalt zu geben.

Die Forschung zur Breženv-Zeit beginnt aus heutiger Sicht mit einer Paradoxie: Ausgerechnet die zeitgenössischen Beobachter der „Stagnation" unter Breženv betonten die Bedeutung von „Wandel" in kommunistischen Gesellschaften, der in einigen Bereichen zu einer immer stärkeren Angleichung von Ost und West zu führen schien.[12]

---

tober 2011. Beispielhaft für die Kritik ist ein im Internet kursierendes Bild, in dem Putins Gesicht in ein Gemälde des mit Medaillen behangenen Breženvs in Marschalls-Uniform eingefügt wurde. Vgl. auch Putin Breženva dogonit? Dogonit i peregonit, in: Kommersant' Vlast', 03. Oktober 2011, 6, http://www.kommersant.ru/doc/1785754 (07.11.2013); *Aleksej Čelnokov*, Putinskij zastoj. Novoe politbjuro Kremlja, Moskau 2013.

[10] *Vladimir A. Kozlov*, Mass Uprisings in the USSR. Protest and Rebellion in the Post-Stalin Years, übersetzt und herausgegeben von Elaine McClarnand MacKinnon, Armonk, NY 2002, 305. Für die Beschreibung der Zeit als „goldener Herbst" der Sowjetunion vgl. *Aleksandr V. Šubin*, Zolotaja osen' ili Period zastoja. SSSR v 1975–1985 gg., Moskau 2008.

[11] Vgl. zur Kunstszene den Beitrag von Ada Raev in diesem Band.

[12] Vgl. *Zbigniew Brzezinski* (Hrsg.), Dilemmas of Change in Soviet Politics, New York 1969. Als Antwort: *Chalmers A. Johnson/Jeremy R. Azrael* (Hrsg.), Change in Communist Systems, Stanford 1970.

Seit Ende der 1950er Jahre hatten sich unter den meist sozialwissenschaftlich arbeitenden Sowjetologen[13] Vorbehalte gegen die Totalitarismustheorie (vertreten u.a. von Hannah Arendt, Merle Fainsod, Carl Friedrich, Zbigniew Brzezinski) immer mehr durchgesetzt.[14] Am augenfälligsten wird dies am veränderten Titel des ursprünglich von Merle Fainsod verfassten Handbuchs *How Russia is Ruled* (1953/63), das 1979 unter dem Titel *How the Soviet Union is Governed* von Jerry Hough völlig neu bearbeitet aufgelegt wurde.[15]

In Studien zum Kalten Krieg führten diese Veränderungen zu einer Debatte über die Ursprünge und die „Schuldfrage" des Konflikts. Die „Revisionisten" stellten den bisherigen Konsens, die Erklärung sei im sowjetischen Expansionismus zu suchen, in Frage. Nun betonten sie den amerikanischen Wunsch nach neuen Absatzmärkten und Einflusssphären und das mangelnde Verständnis für sowjetische Sicherheitsinteressen.[16]

Viele Studien zu Charakter und Funktionsweise des sowjetischen Herrschaftssystems beobachteten zur selben Zeit, wie die Nomenklatura enorm an Bedeutung gewann. Ganz dem modernisierungstheoretischen Zeitgeist verhaftet, interpretierten ihre Autoren das Herrschaftssystem der Sowjetunion als technokratische Expertokratie und suchten nach Ähnlichkeiten mit dem Westen statt nach Unterschieden. 1965 charakterisierte Alfred G. Meyer die „USSR, incorporated" als komplexe Bürokratie und betonte besonders die Rolle von Partei und Nomenklatura.[17] Weitere Arbeiten unterstrichen die Einflussmöglichkeiten von „Interessengruppen" wie KGB, Militär und Rüstungsindustrie, die in einem System des „institutionellen Pluralismus" miteinander um Ressourcen und Einfluss konkurrierten.[18] Individuelle Machthaber wurden in dieser In-

---

[13] Zu den amerikanischen Sowjetologen vgl. *David C. Engerman*, Know Your Enemy. The Rise and Fall of America's Soviet Experts, Oxford 2009.

[14] Vgl. *Abbot Gleason*, Totalitarianism. The Inner History of the Cold War, New York/Oxford 1995.

[15] Auch Fainsod sprach von einer „totalitarian façade" und betont in der überarbeiteten Auflage von 1963, dass sich die Sowjetunion seit 1953 stark verändert habe. Am Grundkonzept der „totalitären Diktatur" hielt sie jedoch fest, jetzt in neuer Form als „Khrushchevian Totalitarianism" (580). In der Ausgabe von Hough sind die Wörter „dictatorship" und „terror" dann völlig aus den Kapitelüberschriften verschwunden, während „policy process" neu eingeführt wurde. Vgl. *Merle Fainsod*, How Russia is Ruled, revised edition, Cambridge, MA/London 1963, und *Jerry F. Hough/Merle Fainsod*, How the Soviet Union is Governed, Cambridge, MA/London 1979. Heftige Kritik an der Neubearbeitung kam u.a. von *Martin Malia*, From Under the Rubble, What?, in: Problems of Communism 41:1–2, 1992, 89–105, hier 98–99.

[16] „Schulbildend" besonders *William A. Williams*, The Tragedy of American Diplomacy, New York 1959. Zu den sowjetischen Sicherheitsinteressen vgl. *Daniel Yergin*, Shattered Peace. The Origins of the Cold War and the National Security State, Boston 1977. Zu dieser Debatte vgl. die Beiträge in *Odd Arne Westad* (Hrsg.), Reviewing the Cold War. Approaches, Interpretations, Theory, London/Portland, OR 2000.

[17] *Alfred G. Meyer*, The Soviet Political System. An Interpretation, New York 1965.

[18] Vgl. *Gorden Skilling/Franklyn Griffiths* (Hrsg.), Interest Groups in Soviet Politics, Princeton 1971.

terpretation zu „Maklern", die zwischen divergierenden Interessen vermittelten.[19] Doch auch untergeordnete Institutionen verfügten in diesem von Robert V. Daniels als „partizipatorische Bürokratie" bezeichneten System über gewisse Möglichkeiten der Einflussnahme.[20] Diese Beschreibung stand in engem Zusammenhang mit den Annahmen der „Konvergenztheorie", die vor dem Hintergrund von diagnostizierter Modernisierung, gesellschaftlicher Ausdifferenzierung und Komplexitätssteigerung in Ost und West die vermeintlich gleichartigen Konsequenzen einer technokratischen Steuerung unterschiedlicher politischer Systeme postulierte. Vertreter ihrer optimistischen Variante gingen von der graduellen „Demokratisierung" sozialistischer Staaten aus, Pessimisten warnten vor den undemokratischen Tendenzen staatlicher Planungseuphorie im Westen.[21]

In den frühen 1980er Jahren kehrte in den USA unter Ronald Reagan das Totalitarismusmodell noch einmal auf die öffentliche Bühne zurück.[22] Das Sowjetunionbild in der Forschung differenzierte sich jedoch aus. In der Debatte um die Ursprünge des Kalten Krieges dominierten jetzt „postrevisionistische" Ansätze, die die Bedeutung von Freund- und Feindbildern sowie gegenseitiger Bedrohungswahrnehmung betonten, nicht ohne damit auch einen Beitrag zur weiteren Annäherung der USA und der Sowjetunion in den späten 1980er Jahren leisten zu wollen.[23]

Das Ende der Sowjetunion bedeutete nicht das Ende der wissenschaftlichen Beschäftigung mit dem ersten sozialistischen Staat. Der endgültige Zusammenbruch 1991 markierte aber eine einschneidende Zäsur, die dazu einlud, Bilanz zu ziehen und Synthesen zu schreiben.[24] Die Breźnev-Zeit ereilte hier das gleiche Schicksal wie in den 1980er Jahren: Gegenüber den „dynamischen" Zeiten der Oktoberrevolution, des Stalinismus, des Tauwetters und der *perestrojka* zog sie nur wenig Interesse auf sich. Die einsetzende Debatte über die „Verbrechen des Kommunismus" war eine Diskussion über den Stalinismus und seine exzessive

[19] Vgl. *Jerry F. Hough*, The Soviet Union and Social Science Theory, Cambridge, MA 1977.

[20] *Robert V. Daniels*, Soviet Politics since Khrushchev, in: John W. Strong (Hrsg.), The Soviet Union under Brezhnev and Kosygin: The Transition Years, New York 1971, 16–25, hier 23.

[21] Vgl. *Thomas E. Jørgensen*, Friedliches Auseinanderwachsen. Überlegungen zu einer Sozialgeschichte der Entspannung 1960–1980, in: Zeithistorische Forschungen/Studies in Contemporary History 3:3, 2006.

[22] Für Reagans UN-Botschafterin Jeanne Kirkpatrick war die Unterscheidung zwischen linken totalitären und rechten autoritären Regimen die zentrale Begründung, warum die ersteren bekämpft werden mussten, die letzteren jedoch unterstützt werden konnten. Vgl. *Jeanne Kirkpatrick*, Dictatorship and Double Standards. Rationalism and Reason in Politics, New York 1982.

[23] Vgl. *Fred S. Oldenburg*, Der Kalte Krieg. Meistererzählungen, in: Archiv für Sozialgeschichte 48, 2008, 725–753.

[24] Vgl. *Martin Malia*, Vollstreckter Wahn. Rußland 1917–1991, Stuttgart 1994; *Manfred Hildermeier*, Geschichte der Sowjetunion 1917–1991. Entstehung und Niedergang des ersten sozialistischen Staates, München 1998; *Peter Kenez*, A History of the Soviet Union from the Beginning to the End, Cambridge 1999.

Gewalt.[25] Die Archivsituation begünstigte diese Konzentration auf den Stalinismus zusätzlich: Während für die Stalin- und Gorbačev-Ära eine Vielzahl von Dokumenten zugänglich gemacht wurden, dominiert für die Brežnev-Ära bis heute eine restriktive Archivpolitik.[26]

Wenn die Brežnev-Zeit interessierte, dann im Sinne eines Vorspanns zur sowjetischen Zerfallsgeschichte. Wirtschaftshistoriker untersuchten daher ökonomische Kenndaten, strukturelle Fehlsteuerungen und offensichtliches Versagen der Führungsriege Brežnevs, um Aufschluss über die rasante Talfahrt der späten *perestrojka*- und *katastrojka*-Jahre zu erlangen.[27] Den Stagnations-Topos stellten sie bereits in Frage, allerdings nur um Aspekte des aktiven Zerfalls der sowjetischen Ordnung unter Brežnev stärker zu betonen.[28]

Auch das wiedererwachte Interesse an der Bedeutung von Ideologie für politisches Handeln marginalisierte die Brežnev-Zeit. Martin Malias Rede vom „vollstreckten Wahn" traf in der ganzen Sowjetgeschichte wohl am wenigsten auf die von Pragmatismus gekennzeichnete Brežnev-Zeit zu.[29] In der Geschichtsschreibung des Kalten Krieges flammte erneut die Debatte auf, ob die sowjetische Außenpolitik in erster Linie von ideologischen oder realpolitischen Überlegungen geleitet worden sei.[30] Dies hatte auch damit zu tun, dass die „post-post-revisionistische" *Reagan-Victory School* in den USA das Ende des Kalten Krieges als Sieg des Westens verstand und den Zusammenbruch des Staatssozialismus auf das völlige Scheitern der zugrundeliegenden Ideologie zurückführen wollte.[31]

Ein Großteil der westlichen Forschung zur Brežnev-Zeit zeichnete sich durch wenige Schwerpunktsetzungen aus: Sie war vornehmlich eine Geschichte der sozioökonomischen Stagnation bzw. des Zerfalls, konzentrierte sich auf die Hauptstädte und innergesellschaftliche Prozesse. Dieses Bild diente als Negativfolie, um die eigene wirtschaftliche Dynamik klarer zu konturieren und sich selbst auf der Siegerstraße im Systemkonflikt zu verorten. Gleichzeitig hoben sich in der Historiographie die dynamischen Epochen des Tauwetters und der *perestrojka* stark von der „langweiligen" Stagnations-Periode ab.

---

[25] Vgl. *Stéphane Courtois* (Hrsg.), Das Schwarzbuch des Kommunismus. Unterdrückung, Verbrechen und Terror, München 1998.

[26] Zur Archivsituation vgl. *Susanne Schattenberg*, Von Chruščev zu Gorbačev. Die Sowjetunion zwischen Reform und Zusammenbruch, in: Neue Politische Literatur 2, 2010, 255–284, hier 255.

[27] Vgl. *Thane Gustafson*, Crisis amid Plenty. The Politics of Soviet Energy under Brezhnev and Gorbachev, Princeton, NJ 1989; *Philip Hanson*, From Stagnation to Catastroika. Commentaries on the Soviet Economy, 1983–1991, New York 1992.

[28] In diesem Sinne u. a. *Boris Dubin*, Face of an Epoch. The Brezhnev Period Variously Assessed, in: Russian Politics and Law 42:3, 2004, 5–20.

[29] Vgl. *Martin Malia*, Vollstreckter Wahn. Der Brežnev-Periode sind hier nur 45 Seiten gewidmet, Gorbačev dagegen knapp 100.

[30] Zu dieser Debatte vgl. *Mark Kramer*, Ideology and the Cold War, in: Review of International Studies 25, 1999, 539–576.

[31] Vgl. *John L. Gaddis*, We Now Know. Rethinking Cold War History, Oxford 1997.

Es ist an der Zeit, solche Zuschreibungen zu hinterfragen. Die historische Forschung ist dabei, verfestigte Narrative und Deutungsmuster aufzubrechen, die teilweise noch aus der Zeit des Kalten Krieges stammen, teilweise in Zeiten des gefühlten Niederganges Russlands eine verklärende Perspektive einnehmen. Erste Schritte wurden bereits gemacht. Schon 2002 riefen Edwin Bacon und Mark Sandle in dem von ihnen herausgegebenen Sammelband *Brezhnev Reconsidered* zu einer kritischen Neubewertung der Brežnev-Ära auf. Sie hinterfragten das *zastoj*-Paradigma und mahnten eine Neubewertung der Regierungszeit v.a. in Bezug auf Stabilität und die sich ausbildende Expertokratie an. Die Reaktionen in der Geschichtswissenschaft fielen bislang jedoch verhalten aus.[32] 2003 erschien ein von William Tompson verfasstes Handbuch, das den aktuellen Forschungsstand resümierte und eine knappe Zusammenfassung politik-, ökonomie- und sozialgeschichtlicher Aspekte gab.[33]

In den letzten Jahren ist jedoch ein deutlich zunehmendes Interesse an der Brežnev-Zeit festzustellen. Das Feld formierte sich auf ersten Konferenzen; Themenhefte sind in Planung und in Sammelbänden, die sich eine Neubewertung der Zeit zur Aufgabe gemacht haben, werden erste entsprechende Arbeiten publiziert.[34] Zudem werden zurzeit verschiedene Qualifikationsarbeiten und Detailstudien angefertigt, die sich der Brežnev-Zeit aus verschiedenen Perspektiven nähern und tradierte Narrative hinterfragen.[35]

Dieses neu erwachte Interesse an der Brežnev-Zeit scheint sich bislang vor allem auf den deutschen Sprachraum zu konzentrieren, was hier am hohen Stellenwert der Zeitgeschichte liegen mag. Im angelsächsischen Raum wird sie meist unter dem Stichwort der *Socialist Sixties* oder *Soviet 1970s* bzw. des *Late Socialism* untersucht.[36]

---

[32] Vgl. *Bacon/Sandle*, Brezhnev Reconsidered. Bislang erschien nur eine einzige Rezension: *Ronald J. Hill* über Bacon/Sandle, Brezhnev Reconsidered, in: Russian Review 63, 2004, 177–179.

[33] *William Tompson*, The Soviet Union under Brežnev, Harlow 2003.

[34] Unter anderem: The End of the Soviet Union? Origins and Legacies of 1991 (Bremen 2011), Ein goldenes Zeitalter der Stagnation? Perspektiven auf die Brežnev-Zeit 1964–1982 (Tübingen 2012), Reconsidering Stagnation (Amsterdam 2012), Sozialistische 60er. Transnationale Perspektiven auf die Sowjetunion und Jugoslawien in ihrem „goldenen Zeitalter“ (Hamburg 2013). L'expérience soviétique à son apogée. Culture et société des années Brežnev. Vol I. Le socialisme réel en trois dimensions: passé, futur, ailleurs, in: Cahiers du monde russe. 54:1–2, 2013. Mit besonderem Fokus auf den „sozialistischen Alltag“ *Neringa Klumbyte/Gulnaz Sharafutdinova* (Hrsg.), Soviet Society in the Era of Late Socialism, 1964–1985, Plymouth 2013. Eher einem erinnerungsgeschichtlichen Zugang verpflichtet: *Bulavka/Krumm* (Hrsg.), Zastoj.

[35] Ein erster Forschungsüberblick bei *Juliane Fürst*, Where Did All the Normal People Go? Another Look at the Soviet 1970s, in: Kritika: Explorations in Russian and Eurasian History 14:3, 2013, 621–640.

[36] Vgl. *Anne E. Gorsuch/Diane P. Koenker* (Hrsg.), The Socialist Sixties. Crossing Borders in the Second World, Bloomington, IN 2013; *Christopher Ward*, Brezhnev's Folly. The Building of BAM and Late Soviet Socialism, Pittsburgh 2013; *Lilya Kaganovsky*, The Cultural Logic of Late Socialism, in: Studies in Russian and Soviet Cinema 3, 2009, 185–199.

2. Fragestellungen und Perspektiverweiterung

Zwischen Verurteilung und Verklärung nimmt der vorliegende Band die jüngeren Impulse zum Anlass, ein differenziertes Bild der Brežnev-Ära zu zeichnen. Er bietet eine Einführung in aktuelle Probleme der Brežnev-Forschung. Die Autorinnen und Autoren testen in Fallstudien oder größeren Themenüberblicken eine Neuvermessung der Brežnev-Zeit entlang dreier Analyseachsen:

a.) Eine Historisierung zeitgenössischer *Deutungen* der 1970er und 1980er Jahre in Ost wie West;

b.) eine Perspektiverweiterung im Hinblick auf die *Chronologie*, die der Brežnev-Zeit einen eigenen Platz in der Sowjetgeschichte zuweist;

c.) eine Perspektiverweiterung in *räumlicher* Hinsicht, die den Blick sowohl für regionale bzw. lokale Phänomene als auch für transnationale und globale Prozesse schärft.

3. Deutungen und (Selbst-)Beschreibungen: Stagnation, Stabilität und Normalität

Auf der Suche nach Alternativen zum allgegenwärtigen Stagnationstopos wird seit einiger Zeit der Begriff der „Normalität" ins Spiel gebracht.[37] Im Gegensatz zum *zastoj* ist er eine zeitgenössische Sprachfigur, die auch in Aussagen Brežnevs auftaucht. Er hatte bekanntlich den Sowjetbürgern versprochen, „normal" (*normal'no*) arbeiten zu können.[38] Brežnev und seine Gefolgsleute einte das Ziel, die Partei wie auch die sowjetische Gesellschaft zur Ruhe kommen zu lassen. Die sprunghafte Politik Chruščevs sollte ebenso wie die Gewalt des Stalinismus der Vergangenheit angehören. Nur so könne die Arbeitsproduktivität weiter steigen. Dieses Bestreben wurde auch von westlichen Beobachtern wahrgenommen, etwa wenn Jerry Hough das Kapitel zur Brežnev-Ära in *How the Soviet Union is Governed* mit *The Return to Normalcy* überschrieb.[39]

Die Brežnev-Forschung sollte diese Beobachtungen ernst nehmen und sich dem Konzept der „Normalität" nähern. Selbstverständlich greift es zu kurz, dem Begriff unreflektiert aus den Quellen zu folgen. Im Anschluss an Jürgen Link muss „Normalität" ähnlich wie „Sicherheit" als ein modernes Dispositiv verstanden und historisiert werden.[40] Für die Geschichtswissenschaft stellt sich

---

[37] Vgl. *Schattenberg*, Von Chruščev zu Gorbačev, und ebenso *Fürst*, Where Did All the Normal People Go.

[38] Vgl. *Ian D. Thatcher*, Brezhnev as Leader, in: Bacon/Sandle, Brezhnev Reconsidered, 22–37, hier 26. Das russische Wort *normal'no* ist stärker als im Deutschen positiv konnotiert, ist es doch die Standardantwort auf die Frage nach dem persönlichen Befinden (*kak dela?*).

[39] *Hough/Fainsod*, How the Soviet Union is Governed, 237, 252–256.

[40] Vgl. *Lothar Böhnisch*, Gespaltene Normalität. Lebensbewältigung und Sozialpädagogik an den Grenzen der Wohlfahrtsgesellschaft, Weinheim 1994; *Jürgen Link*, Versuch über den

damit die Frage, wie diese Normalität produziert und hergestellt wurde, welche Akteure am Diskurs teilnahmen und welcher Kontext eine solche Vorstellung begünstigte.

Vier Perspektiven können voneinander unterschieden werden: Erstens interpretierten viele Zeitgenossen ihren Alltag im Spätsozialismus als „ganz normales Leben".[41] Mary Fulbrooks Befund über die DDR kann wohl auch auf die Sowjetunion übertragen werden.

Neben die zeitgenössische Deutung tritt die bereits oben erwähnte nostalgische Verklärung des „Goldenen Zeitalters", in der das Leben „stabil" und „normal" gewesen sei, ohne größere Überraschungen und vor allem durch die Abwesenheit von Furcht und Angst gekennzeichnet.[42]

Gleichzeitig war der Begriff jedoch schon zeitgenössisch negativ konnotiert: Nach der Niederschlagung des Prager Frühlings firmierte die Unterdrückung abweichender Meinungen in der ČSSR ebenfalls unter dem Begriff der „Normalisierung".[43]

Darüber hinaus bietet sich jedoch ein vierter Blickwinkel: der des analytischen Historikers, der die diskursive Produktion von „Normalität" in den Blick nimmt. Die Beschwörung der Normalität war und ist nichts Sowjetspezifisches. Sie einte die politischen Führungen von Industriegesellschaften in Ost und West. Allerdings war in der Sowjetunion die Frage nach einem „normalen" Leben brisanter als in Westeuropa: Seit seinem Bestehen war der erste sozialistische Staat auf Erden auf die revolutionäre Umwälzung alles Bestehenden gepolt. Seine Legitimität bezog er aus dem utopischen Moment, ein irdisches Paradies zu schaffen. Politische Steuerung funktionierte bis in die Tage Chruščevs hinein durch Mobilisierungskampagnen, alle Probleme und Widersprüchlichkeiten konnten immer nur als „Verzögerungen" auf dem linear festgelegten Weg zum utopischen Endzustand des Kommunismus gedeutet werden. Nachdem solche „utopische Mobilisierung" unter Brežnev zugunsten von Stabilität und Berechenbarkeit

Normalismus. Wie Normalität produziert wird, 3. Aufl. Göttingen 2006; *Jürgen Link/Thomas Loer/Hartmut Neuendorff* (Hrsg.), „Normalität" im Diskursnetz soziologischer Begriffe, Heidelberg 2003; *Thomas Rolf*, Normalität. Ein philosophischer Grundbegriff des 20. Jahrhunderts, München 1999; *Clemens Vollnhals* (Hrsg.), Der Schein der Normalität. Alltag und Herrschaft in der SED-Diktatur, München 2002.

[41] *Mary Fulbrook*, Ein ganz normales Leben. Alltag und Gesellschaft in der DDR, Darmstadt 2008. Vgl. auch *Daniela Koleva* (Hrsg.), Negotiating Normality. Everyday Life in Socialist Institutions, New Brunswick, NJ 2012.

[42] Vgl. z. B. *Donald J. Raleigh*, Soviet Baby Boomers. An Oral History of Russia's Cold War Generation, Oxford 2012, 237.

[43] Vgl. *Milan Simečka*, The Restoration of Order. The Normalisation of Czechoslovakia, London 1984. Vgl. auch *Mark Kramer*, The Czechoslovak Crisis and the Brezhnev Doctrine, in: Carole Fink/Philipp Gassert/Detlef Junker (Hrsg.), 1968. The World Transformed, Cambridge/New York 1998, 111–171.

aufgegeben worden war, musste ein Weg gefunden werden, mit der „Parusieverzögerung“ des Kommunismus umzugehen.[44]

Wie sollte also eine „normale“ revolutionär-utopische Gesellschaft funktionieren, in der „Normalität“ nicht mehr das Ziel utopischer Visionen war, sondern aus dem bereits Erreichten heraus definiert wurde? Im Bereich der Ideologie legten die Chefideologen durch das Konzept des „entwickelten Sozialismus“ den Schwerpunkt auf die gegenwärtigen Leistungen des Gesellschaftssystems und dehnten die Übergangsphase bis zum Kommunismus nahezu ins Unendliche aus.[45] Im Bereich der Geschichtspolitik, aber besonders auch in der performativen Affirmation und Reproduktion der sowjetischen Ordnung verschob sich der Schwerpunkt zunehmend auf den Heroismus der Vergangenheit, und hier besonders auf die Feier der heldenhaften Taten des „Großen Vaterländischen Krieges“. Ivo Mijnssen untersucht in seinem Beitrag, welche Entwicklungspotentiale diese neue, auf die Gegenwart und Vergangenheit gerichtete Temporalität bereithielt.

Schon zeitgenössische Beobachter der Brežnev-Ära bemerkten, dass die Ausübung von Ritualen ein konstitutives Element dieser sowjetischen Epoche war. Sie war geprägt von einer „statischen Gesellschaft“ sowie der Standardisierung öffentlicher Reden und ideologischer Bekundungen.[46] Damit liegt nahe, Normalität in Verbindung mit dem Begriff des Rituals zu bringen, das sich durch sein „hohes Maß an Standardisierung, Stilisierung, repetitivem Charakter und eine gewisse Stabilität“ auszeichnet.[47] Viele Autoren haben in den vergangenen Jahrzehnten versucht, diese Ritualisierung zu erklären. Ihre Interpretationen unterscheiden sich allerdings erheblich und lassen sich anhand zweier Pole veranschaulichen: Auf der einen Seite stehen eher strukturtheoretisch angelegte Studien zu Ritualen. Sie betonen ihre stabilisierende und legitimierende Funktion für gesellschaftliche Ordnungen.[48] Auf der anderen Seite stehen die vor allem von

[44] Im christlichen Kontext wird damit das Ausbleiben der von den Urchristen als Naherwartung verstandenen Wiederkunft Christi bezeichnet, das die Theologie vor große Herausforderungen stellte.

[45] Vgl. *Stefan Plaggenborg*, Verstetigte Gegenwart. Über das Zeitverständnis im real existierenden Sozialismus, in: Martin Schulze-Wessel / Christiane Brenner (Hrsg.), Zukunftsvorstellungen und staatliche Planung im Sozialismus. Die Tschechoslowakei im ostmitteleuropäischen Kontext 1945–1989, München 2010, 19–32.

[46] Vgl. *Johannes Grützmacher*, Die Baikal-Amur-Magistrale. Vom stalinistischen Lager zum Mobilisierungsprojekt unter Brežnev, München 2012, 23. Vgl. auch *Hildermeier*, Geschichte der Sowjetunion, 827, 900; *Stephen E. Hanson*, The Brezhnev Era, in: Ronald Grigor Suny (Hrsg.), The Cambridge History of Russia. Vol. III: The Twentieth Century, Cambridge 2006, 292–315.

[47] *Malte Rolf*, Das sowjetische Massenfest, Hamburg 2006, 19. Weiterführende Literatur: *Corinna Caduff / Joanna Pfaff-Czarnecka* (Hrsg.), Rituale heute. Theorien, Kontroversen, Entwürfe, Berlin 2001; *Andrea Belliger / David J. Krieger*, Ritualtheorien. Einführung, in: dies. (Hrsg.), Ritualtheorien. Ein einführendes Handbuch, Wiesbaden 2013, 7–34, hier 9–10.

[48] Klassisch für das 19. Jahrhundert: *Richard Wortman*, Scenarios of Power. Myth and Ceremony in Russian Monarchy, 2 Volumes, Princeton 1995, 2000; Vgl. allgemeiner *Andreas Büttner / Marco Mattheis / Kerstin Sobkowiak*, Macht und Herrschaft, in: Christiane Brosius / Axel Michaels / Paula Schrode (Hrsg.), Ritual und Ritualdynamik, Göttingen 2013, 69–77.

Dissidenten geprägten dichotomischen Modelle, die eine starke Trennung von „öffentlichem Ritual“ und „privater Wahrheit“ propagierten.[49]

Vor allem die mediävistische und frühneuzeitliche Geschichtswissenschaft hat jüngst eine neuere Ritualforschung vorangetrieben, die eine Mittelstellung zwischen diesen beiden Extrempositionen einnimmt und sich auf die wirklichkeitskonstruierende Funktion von Ritualen konzentriert.[50] Ihr geht es darum zu zeigen, wie die performative Aufführung von Ritualen sowohl stabilisieren als auch Sinn stiften kann. Dabei schreibt sie dem „Ritual“ eine Spezifik zu; es ist eine klar von anderen performativen Praktiken abgrenzbare Handlungsweise, die zu eindeutig identifizierbaren Sinn-, Handlungs- und Deutungszusammenhängen führt. Die neuere Ritualforschung widerspricht energisch der Vorstellung eines „statischen Rituals“. Sie weist zurecht auf die „Unberechenbarkeit und Unsicherheit menschlicher Handlungsmöglichkeiten“ hin, die dazu führen, dass Rituale permanent „durch ‚praktische Logik‘, Performanz und Aktualisierung […] verändert und angepasst werden.“[51] Auf diese Weise können stetig wiederkehrende Handlungsmuster und dynamische Anpassungsprozesse aufeinander bezogen werden.[52] Gerade diese neueren Erkenntnisse der Ritualforschung sind eine Herausforderung für die Geschichtsschreibung der Sowjetunion. Sie stellen einige lange unhinterfragte Grundannahmen zur Disposition. Vertraute Unterscheidungen von statischem Ritual und Heuchelei im öffentlichen Raum vs. dynamischem Dissens in der authentischen, privaten Sphäre werden so in Frage gestellt.[53]

Für die Sowjetunion unter Stalin hat dies unter anderem Malte Rolf in einer vielbeachteten Studie veranschaulicht[54]: Die sowjetische Festkultur der 1930er Jahre war mehr als eine Zementierung politischer Macht, sie schuf eine „neue, sowjetische Wirklichkeit in Zeit und Raum“, in der „Menschen miteinander kommunizieren und über Machtpositionen verhandeln, Macht

[49] Vgl. *Václav Havel*, Versuch, in der Wahrheit zu leben. Von der Macht der Ohnmächtigen, Reinbek bei Hamburg 1980; *Ludmilla A. Alekseeva*, Soviet Dissent. Contemporary Movements for National, Religious, and Human Rights, Middletown, CT 1985. Kritisch zu dieser Dichotomie: *Serguei A. Oushakine*, The Terrifying Mimicry of Samizdat, in: Public Culture 13:2, 2001, 191–214.

[50] Vgl. *Gerd Althoff*, Die Macht der Rituale. Symbolik und Herrschaft im Mittelalter, Darmstadt 2003. Siehe auch *Barbara Stollberg-Rilinger*, Des Kaisers alte Kleider. Verfassungsgeschichte und Symbolsprache des Alten Reiches, München 2008; sowie Arbeiten des Münsteraner SFB 496 „Symbolische Kommunikation und gesellschaftliche Wertesysteme“.

[51] *Christiane Brosius/Axel Michaels/Paula Schrode*, Ritualforschung. Ein Überblick, in: dies. (Hrsg.), Ritual und Ritualdynamik, 9–24, hier 15.

[52] Siehe die Ergebnisse des SFB 619 „Ritualdynamik“ (Heidelberg), www.ritualdynamik.de (21.03.2014).

[53] Vgl. *Gábor T. Rittersporn/Jan C. Behrends/Malte Rolf* (Hrsg.), Sphären von Öffentlichkeit in Gesellschaften sowjetischen Typs. Zwischen partei-staatlicher Selbstinszenierung und kirchlichen Gegenwelten, Frankfurt am Main 2003.

[54] *Rolf*, Massenfest.

ausüben und / oder Ohnmacht verspüren" konnten.[55] Alle am sowjetischen Fest beteiligten Akteure, seien es die Chefplaner oder einfache Statisten, nahmen an diesem kommunikativen Prozess teil. Der Festdiskurs war also nicht beschränkt auf Fragen der inhaltlichen oder formellen Ausgestaltung von Festen, sondern durch ihn wurden gesamtgesellschaftliche Problemformationen thematisiert.

Die Erforschung des Stalinismus und des Tauwetters war lange von der Annahme geprägt, hier seien Rituale noch „ehrlich gemeint", den meisten sei der inhaltliche Zusammenhang präsent und wichtig gewesen. Im Gegensatz dazu wurde die spätsozialistische Zeit in Anlehnung an die Thesen mitteleuropäischer „Dissidenten" als ein „Spiel mit Masken" gesehen, geprägt von Doppeldenk und Doppelsprech.[56] Die kommunistische Ideologie habe jegliche Überzeugungskraft verloren, die bloße Teilnahme an sinnentleerten Ritualen sei wichtiger geworden als deren Botschaft zu verstehen. Auf diese Weise sei es gleichzeitig zu einer Stabilisierung der sozialistischen Form und zu einer Aushöhlung ihres revolutionären Inhalts gekommen. Allen Beteiligten sei klar gewesen, dass Herrscher wie Beherrschte ein Spiel spielten, im sowjetischen Witz auf den Punkt gebracht: „Wir tun so, als würden wir arbeiten und sie tun so, als würden sie uns bezahlen."

Entsprechend habe die Führung ihren Anspruch, einen „neuen sowjetischen Menschen" zu formen, weitgehend aufgegeben und sei im Namen der Stabilität sogar zunehmend bereit gewesen, manche Formen der Abweichung zu tolerieren, so lange sie nicht die sowjetische Ordnung selbst in Frage stellten. Im Bereich der Ökonomie wurde ein impliziter *social contract* zwischen Führung und Bevölkerung geschlossen, der zumindest äußere Akzeptanz des Regimes mit steigenden Konsummöglichkeiten und der weitgehenden Tolerierung von *blat*, Korruption und Schattenwirtschaft „belohnte".[57]

Deutlich über solch eindimensionale Erklärungsmodelle hinaus ging Alexei Yurchak in seiner vielbeachteten Studie.[58] Ähnlich wie Rolf begriff er das „Ritual" als diskursiven Raum, in dem sich gesellschaftliche Aushandlungsprozesse vollzogen. Allerdings waren die Bedingungen, unter denen diese Aushandlungsprozesse abliefen, deutlich anders gelagert als noch in der Stalinzeit. Durch die Teilnahme an Ritualen bekundeten die an ihnen beteiligten Akteure, zumindest der Form nach die vom Regime gesetzten Grenzen zu akzeptieren.[59] Gerade die permanente Wiederholung dieser formelhaften Praktiken etablierte

[55] *Rolf*, Massenfest, 174.

[56] Vgl. *Havel*, Versuch, in der Wahrheit zu leben; *Simečka*, The Restoration of Order, bes. 140–156.

[57] Vgl. *James R. Millar*, The Little Deal. Brezhnev's Contribution to Acquisitive Socialism, in: Slavic Review 44:4, 1985, 694–706; *Linda J. Cook*, The Soviet Social Contract and Why It Failed. Welfare Policy and Workers' Politics from Brezhnev to Yeltsin, Cambridge, MA 1993; *Alena V. Ledeneva*, Russia's Economy of Favors. Blat, Networking and Informal Exchange, Cambridge 1998.

[58] *Alexei Yurchak*, Everything Was Forever, Until It Was No More. The Last Soviet Generation, Princeton 2006.

[59] Vgl. *Yurchak*, Everything Was Forever, 36–77.

diese Grenzen immer mehr, das sowjetische System geronn in den Köpfen der Menschen zur Routine und zur nicht hinterfragbaren „Normalität".[60] Gleichzeitig ermöglichte diese „Sicherung" eines tolerierten Handlungsraumes vielen Intellektuellen, den Spagat zwischen geforderter Anpassung und neuen Ideen erfolgreich zu bewältigen.

Bei der Beschreibung dieser Handlungsräume stellt sich die Frage, ob es Sinn ergibt, den Begriff des Rituals zu verwenden. Bedenken dagegen wurden schon 1977 geäußert[61], neuere Kritiken sind zuhauf zu finden.[62] Gerade bei der Beschäftigung mit autoritären Regimen führt die Untersuchung von Ritualen häufig in normative Debatten um Schuld, Mitwissen und moralisches Versagen bei den beteiligten Akteuren. Vielleicht könnte, so die Hoffnung der Herausgeber dieses Bandes, ein ergänzendes begriffliches Angebot dieses Dilemma lösen. Ein erster Schritt könnte sein, Rituale als eine, aber nicht die einzige Facette größerer Kontexte zu verstehen. Ein solcher größerer Kontext könnte derjenige der *Hyperstabilität* sein.

Als Ausgangspunkt dient der Grund für Brežnevs Wahl zum Generalsekretär: Die Kader einte das sehnliche Bedürfnis nach Normalität und Stabilität. Beide Worte waren Leitbegriffe seiner Amtszeit. Die hierarchische Struktur wie auch die Funktionsmechanismen des sowjetsozialistischen Ordnungsmodells sollten möglichst unveränderlich bleiben, um den sich innerhalb dieses Modells bewegenden Akteuren maximale Erwartungssicherheit zu bieten. Diese Impulse wurden – zunächst – auch von der Bevölkerung aufgenommen. Damit war nicht nur die politische Führung, sondern eine Vielzahl unterschiedlicher Akteure an der „Herstellung" von Normalität und Stabilität beteiligt – sei es in Form von konkretem Handeln oder als Erwartungshaltung. Diese über Kommunikation vermittelte soziale und kulturelle Konstruktion von „Normalität" und „Stabilität" fasst dieser Sammelband mit dem Begriff der „Hyperstabilität". Im Gegensatz zum referentiellen Quellenbegriff der Normalität ist „Hyperstabilität" eine durch den Historiker vorgenommene analytische Beobachtung. Sie hilft, das gesellschaftliche System der Brežnev-Zeit besser zu verstehen. Bei einer Untersuchung von Normalitätsverständnissen interessiert meist weniger, was als normal gilt, sondern das konstruierte Andere, Nicht-Normale. In der sowjetischen Gesellschaft unter Brežnev pluralisierten sich diese Konstruktionen des Anderen in einem solchen Maße, dass eine ungeheure Vielzahl unterschiedlicher Kleingruppen (Teilordnungen) mit teils konträren Bezugssystemen entstand. „Hyper-

[60] Vgl. *Dietmar Neutatz*, Träume und Alpträume. Eine Geschichte Russlands im 20. Jahrhundert, München 2013, 487–488.

[61] Vgl. *Jack Goody*, Against „Ritual". Loosely Structured Thoughts On A Loosely Defined Topic, in: Sally F. Moore / Barbara G. Myerhoff (Hrsg.), Secular Ritual, Assen / Amsterdam 1977, 25–35.

[62] Vgl. *Don Handelman*, Conceptual Alternatives to Ritual, in: Jens Kreinath / Jan Snoek / Michael Stausberg (Hrsg.), Theorizing Rituals. Issues, Topics, Approaches, Concepts, Leiden / Boston 2006, 37–50.

stabilität" kann sowohl diesen Prozess erklären, als auch einen einheitlichen Rahmen anbieten, in welchem eine Analyse der Ordnung der Brežnev-Gesellschaft funktionieren könnte. Die konkrete Ausprägung von vier Parametern erscheint als besonders typisch für „hyperstabile" Gesellschaftsordnungen: Sie betreffen den Bereich der Entscheidungsfindung, der Informationsverarbeitung, von Gruppenidentitäten und die Auslegung von Normen.

Die Entscheidungsfindung ist demnach gekennzeichnet durch eine zunehmende Eindämmung von Kontingenz. Die Entscheidungsträger begrenzten die durch sie denkbaren Handlungsoptionen immer stärker auf jene, mit denen sie bereits Erfahrung in der Vergangenheit gemacht hatten. Die wichtigsten politischen Entscheidungen fällte ein kleiner Kreis von Akteuren im Politbüro. Konsens, Patronage und Kooptation prägten Brežnevs Herrschaftsstil.[63] Die Mitglieder der Nomenklatura waren nicht nur überwiegend gleich alt. Sie teilten auch viele Erfahrungen wie den Aufstieg in den 1930er Jahren und die verstörenden Umwälzungen unter Chruščev. Ihre Wünsche und Anforderungen an das sowjetische Herrschaftssystem waren daher sehr homogen. Dies sorgte für ein hohes Maß an Stabilität und Erwartbarkeit. Gleichzeitig zeigte sich diese soziale Gruppe zunehmend unwillig, Umwelteinflüsse durch Anpassungen von Steuerungsmechanismen zu verarbeiten. Ihre Antwort auf Herausforderungen bestand vielmehr darin, sich vorwiegend der eigenen Stabilität zu versichern.

Dies taten sie auch um den Preis, wichtige Informationen nicht zur Kenntnis zu nehmen. Im Bereich der Informationsverarbeitung neigte die sowjetische Führung also zu einer hohen Selektivität. Hyperstabile Ordnungen passen sich an externe Herausforderungen und Bedrohungen in erster Linie über die permanente Versicherung der eigenen Stabilität an, anstatt die Ordnung selbst zu verändern oder zu modifizieren. Angesichts einer zunehmend unübersichtlichen Umgebung, in der sich westliche Einflüsse, Bedrohungswahrnehmungen und offensichtliches politisches Versagen zu einem unheilvollen Gemisch zusammentaten, riegelten sich die einzelnen Teilsysteme immer stärker von Umwelteinflüssen ab.[64] Damit setzte eine widersprüchliche und letztlich verhängnisvolle Dynamik ein. Die permanenten Stabilitätsbekundungen boten ein vorher nie dagewesenes Ausmaß an Sicherheit für die Sowjetbürger. Die Wahrscheinlichkeit, von abrupten Kurswechseln der politischen Führung überrascht zu werden, wurde immer geringer.[65] Das vereinfachte für viele die Planung des eigenen Lebenswegs und

---

[63] Vgl. *John P. Willerton*, Patronage and Politics in the USSR, Cambridge 1992; *Ian D. Thatcher*, Brezhnev as Leader, in: Bacon / Sandle, Brezhnev Reconsidered, 22–37. Zum „Diktat des Konsenses" und der „Normalität" vgl. auch den Beitrag von Malte Rolf in diesem Band.

[64] Ein treffendes Beispiel ist der erfolgreiche Widerstand gegen die Einführung eines sowjetischen „Internets". Vgl. *Slava Gerovitch*, InterNyet. Why the Soviet Union did not Build a Nationwide Computer Network, in: History & Technology 24:4, 2008, 335–350.

[65] Diese Erwartbarkeit politischer Handlungen war letztlich die Grundlage für die in der Brežnev-Zeit allgegenwärtigen Witze (*anekdoty*), siehe *Ben Lewis*, Hammer and Tickle. A History of Communism Told Through Communist Jokes, London 2009, 204–242. Eine Bestrafung

erlaubte ein gewisses Maß an Eigenständigkeit. Weil die politische Führung die sowjetische Gesellschaftsordnung auf die Maximen „Normalität" und „Stabilität" hin ausrichtete, war die einsetzende Ausdifferenzierung und Pluralisierung der Gesellschaft eine nicht bewusst und unbeabsichtigt herbeigeführte Folge. Hier entstanden viele unterschiedliche „Normalitäten". Auf diese Weise setzte auch ein gruppendynamischer Prozess ein, der ebenfalls mit dem analytischen Angebot der „Hyperstabilität" erklärt werden kann. Gab es auf der einen Seite offen dissidentisch und *vo vne* (abseits des politischen Raums) lebende Gruppen, führte die bemerkenswerte personelle Kontinuität im ZK auf der anderen Seiten nicht nur zur Beruhigung innerparteilicher Machtkämpfe, sondern auch zur Zunahme von Korruption und Vetternwirtschaft und der Überalterung der politischen Führungskräfte bis zum Erreichen der „Gerontokratie". Beides gehört also zu dieser widersprüchlichen Ära der Hyperstabilität: Normalität und Erschöpfung. Der Begriff der Hyperstabilität hilft, das Wechselspiel aus positiv erfahrener Stabilisierung und gleichzeitigem Steuerungsversagen staatssozialistischer Herrschaft zu erklären und die vielfach beobachtete Ritualisierung der Brežnev-Zeit in einen größeren Sinnzusammenhang zu stellen.

4. Zeit: Vom Kontinuum zur Binnenperiodisierung

Die Herrschaftszeit Leonid Brežnevs war mit 18 Jahren die zweitlängste eines sowjetischen Generalsekretärs. Nur Stalin übertraf ihn an Amtsjahren.[66] Allein dies verbietet es, die Brežnev-Zeit ausschließlich als Nachwehe des Tauwetters bzw. Vorspiel zur *perestrojka*-Zeit zu betrachten. In knapp 18 Jahren durchlief die Supermacht eine Vielzahl von Veränderungen. Die Sowjetunion der Jahre 1964 bis 1968 hatte in manchen Punkten nur wenig gemein mit jener der Zeit von 1978 bis 1982. Es vereinfacht also grob, von „der" Brežnev-Ära zu sprechen, und zu suggerieren, sie beschreibe eine einheitliche historische Epoche mit klar erkennbaren Gesetzmäßigkeiten, die sie von anderen Epochen abhebe. Vieles, was in der Brežnev-Zeit das tagesaktuelle Geschehen bestimmte, hatte schon unter Chruščev seinen Ausgang genommen, darunter der konservativ-repressive Schwenk in der Kulturpolitik (vgl. den Beitrag von Ada Raev in diesem Band) oder die Entstehung einer sowjetischen Konsumgesellschaft.[67] Manches, was damals im kleinen Kreis gedacht wurde, entfaltete in der *perestrojka* (vor allem in den ersten Jahren)

---

für solches Verhalten schien kaum noch jemand zu befürchten: „No one was afraid of him!", erinnert sich Aleksandr Trubnikov in: *Raleigh*, Soviet Baby Boomers, 242.

[66] Stalin war seit 1922 Erster Sekretär bzw. Generalsekretär der KPdSU, seit 1928 unangefochtener Alleinherrscher. Je nach Zählung ergeben sich so 31 bzw. 25 Amtsjahre.

[67] Vgl. *Karen Laß*, Vom Tauwetter zur Perestrojka. Kulturpolitik in der Sowjetunion (1953–1991), Bochum 2002; *Stephan Merl*, Von Chruschtschows Konsumpolitik zur Politik des „Little Deal" unter Breschnew, in: Bernd Greiner / Christian Th. Müller / Claudia Weber (Hrsg.), Ökonomie im Kalten Krieg, Hamburg 2010, 279–310.

starke Wirkung.[68] Die Beiträge dieses Sammelbandes regen deshalb dazu an, auf Phasenverschiebungen und Ungleichzeitigkeiten genauer zu achten.

Teil dieser genaueren Auseinandersetzung mit den Brežnev-Jahren muss eine Binnenperiodisierung der Ära sein. Schon die Zeitgenossen unterschieden oft zwischen zwei verschiedenen Phasen innerhalb der Brežnev-Zeit, einer „guten" des materiellen Wohlstands und einer „schlechten" der wachsenden Dekadenz, die sich weitgehend mit Brežnevs gesundheitlichem Verfall deckte. Wichtige historische Ereignisse wie die Niederschlagung des Prager Frühlings 1968, die Verkündung des „Entwickelten Sozialismus" auf dem XXIV. Parteitag der KPdSU[69], die Unterzeichnung der KSZE-Schlussakte 1975 oder die neue Verfassung der Sowjetunion 1977 markierten – je nach Perspektive – eine wichtige Zäsur. Eine weitere gängige Einteilung orientiert sich an der Aufnahme Jurij Andropovs in das Politbüro im Jahre 1973, die, wie schon die Kooptation von Marschall Andrej Grečko 1967, zum Ziel hatte, wichtige Interessengruppen (KGB und Militär) in den politischen Entscheidungsprozess einzubinden. Diese Phase kooptativer Politik habe dann ihren Abschluss gefunden und sei einer Phase reiner Beharrung auf dem *status quo* gewichen.[70] Auch die „klassische" Einteilung der Außenpolitikgeschichte in eine Ära der Détente – wiederum unterteilt in frühe (1964–68), entwickelte (1969–74) und späte Détente (1975–79) – und der des „zweiten Kalten Krieges" ab 1980 widerspricht einer Vereinheitlichung der Brežnev-Ära. Bisher blieben diese Versuche einer Binnenperiodisierung recht willkürlich und je nach Untersuchungsgegenstand gesetzt. Die Autorinnen und Autoren dieses Sammelbandes gehen dieser Frage weiter nach und schlagen eine Häufung entscheidender Einschnitte in der Mitte der 1970er Jahre vor.

Die Sowjetunion in den „globalen" 1960er und 1970er Jahren

Auch wenn die Regierungszeit Brežnevs für sie im Vordergrund steht, beziehen die Autorinnen und Autoren diese Ära auf größere Zusammenhänge und Zäsuren, wie sie in den letzten Jahren verstärkt in der Zeitgeschichtsforschung thematisiert wurden.

Der Ort der Sowjetunion im Gesamtpanorama derjenigen sozio-ökonomischen Entwicklungen, die als „turbulent 60s" und „global 70s"[71] verhandelt werden, ist nach wie vor unbestimmt. Während für Westeuropa und die USA die Forschung zu den „Transformationsprozessen" dieser Zeit in den letzten

---

[68] Etwa die Ursprünge des „Neuen Denkens" in einem von Andropov protegierten Beraterkreis um Georgij Arbatov. Vgl. *Robert D. English*, Russia and the Idea of the West. Gorbachev, Intellectuals and the End of the Cold War, New York 2000, bes. 117–228.

[69] Vgl. *Neutatz*, Träume und Alpträume, 462.

[70] Vgl. *Hildermeier*, Geschichte der Sowjetunion, 834.

[71] *Niall Ferguson* (Hrsg.), The Shock of the Global. The 1970s in Perspective, Cambridge, MA 2010.

Jahren exponentiell zunahm, hat die osteuropäische Geschichte gerade erst damit begonnen, die Sowjetunion und andere staatssozialistische Länder in diesen Debatten zu verorten.[72] Während die Diskussion um die sowjetische Moderne ein etabliertes Forschungsfeld darstellt,[73] ist ihre Rolle bei deren postuliertem Ende, das Ob und Wie einer sowjetischen „Postmoderne", bislang kaum in den Blick genommen worden.[74]

Gleichzeitig werden Forschungen zu „Ost" und „West" weiterhin nur selten aufeinander bezogen. Die meisten Werke aus der angelsächsischen Welt bleiben selbst bei globalem Anspruch der amerikanisch-britischen Perspektive verhaftet und behandeln die Systeme sowjetischen Typs maximal am Rande. Die hier gängige These ist die, dass die sozialistischen Länder ebenfalls von der weltweit wirkenden „Krise der Industriegesellschaft" und des „fordistischen Produktionsregimes" betroffen waren. Der Westen stürzte in den 1970er Jahren in eine schwere Krise, sei dadurch jedoch zu Anpassungen gezwungen worden, die ihn letztlich gestärkt aus diesen Prozessen hervorgehen ließen. Die Sowjetunion habe die nötigen Anpassungen versäumt und sei gerade daran zugrunde gegangen.[75]

Derartige Narrative wirken häufig wie das Ergebnis der aus der Rückschau betriebenen Suche nach Gründen für den Untergang der Sowjetunion. Es stellt sich jedoch die Frage, warum die Krise der traditionellen Industrien in kapitalistischen Gesellschaften auch in der Sowjetunion hätte wirken und warum sie deshalb zu Anpassung hätte gezwungen sein sollen. Lag es an der zunehmenden Einbindung der Sowjetunion in globale Wirtschaftskreisläufe, handelte es sich also um eine nicht vorhergesehene Konsequenz der Entspannungspolitik?[76]

Die beiden Ölkrisen von 1973 und 1979 könnten ein Faktor gewesen sein, der diese Diskrepanz zwischen zeitgenössischer und retrospektiver Problemwahr-

---

[72] Vgl. *Gorsuch/Koenker* (Hrsg.), The Socialist Sixties; *Marie-Janine Calic/Dietmar Neutatz/Julia Obertreis* (Hrsg.), The Crisis of Socialist Modernity. The Soviet Union and Yugoslavia in the 1970s, Göttingen 2011. – Weit vorangeschritten sind bereits die Forschungen zur DDR. Vgl. *Stefan Wolle*, Die heile Welt der Diktatur. Alltag und Herrschaft in der DDR 1971–1989, Berlin 1998; *ders.*, Aufbruch nach Utopia. Alltag und Herrschaft in der DDR 1961–1971, Berlin 2011.

[73] Vgl. als Überblick *Michael David-Fox*, Multiple Modernities vs. Neo-Traditionalism. On Recent Debates in Russian and Soviet History, in: Jahrbücher für Geschichte Osteuropas 54:4, 2006, 535–555.

[74] Wohl mit Ausnahme von Mikhail Epstein, der in der zunehmenden Beliebigkeit der ideologischen Zuschreibung von Zeichen und im Verlust von Spezifität der Ideologie Zeichen einer sowjetischen Postmoderne erblickt: *Mikhail Epstein*, After the Future. The Paradoxes of Postmodernism and Contemporary Russian Culture, Amherst, MA 1995. Zu Varianten der „postmodernen Konvergenztheorie" vgl. *Christiana Christova*, Totalitär, modern oder postmodern? Deutungen des poststalinistischen Sowjetsystems im Wandel, Saarbrücken 2007.

[75] *Charles S. Maier*, Two Sorts of Crisis? The „long" 1970s in the West and the East, in: Hans Günter Hockerts (Hrsg.), Koordinaten deutscher Geschichte in der Epoche des Ost-West-Konflikts, München 2004, 49–62.

[76] Zu den Debatten um die Auswirkungen der Entspannungspolitik vgl. *Olaf Njølstad*, Conservative Goals, Revolutionary Outcomes. The Paradox of Détente, in: Cold War History 8:4, 2008, 503–512.

nehmung begünstigt haben mag. Während sie im Westen zu einem starken Preisanstieg und akuter Krisenwahrnehmung führten, bescherten sie der erdöl- und gasexportierenden Sowjetunion zunächst eine Flut an „Petrodollars". Sie ermöglichten es für einige Jahre, jeden Gedanken an Reformen beiseite zu schieben.[77] Die Wende zu einer negativeren Einschätzung der eigenen Situation sollte jedoch nicht erst in der Gorbačev-Ära, sondern bereits in der Andropov- bzw. späten Brežnev-Zeit verortet werden; dieser Wandel ist jedoch bislang kaum erforscht.

5. Raum: Von der innersowjetischen zur global verflochtenen Geschichte

Mit diesen Überlegungen ist die dritte Untersuchungsachse angeschnitten: Die räumliche Perspektiverweiterung. Die Geschichtswissenschaft diskutiert bereits seit einiger Zeit über den *spatial turn*, um die Relativierung chronometrischer Begriffe wie „Fortschritt", „Verfall" oder „Stagnation" durch räumliche Metaphern wie „Kommunikationsraum", „Handlungsraum" oder „mental maps" zu bezeichnen.[78] Zwei Strömungen sind in den letzten Jahrzehnten besonders bedeutsam geworden, wenn es um die räumliche Dimension der Geschichte ging: Sie wurde gleichzeitig größer und kleiner.

Einerseits begann der unaufhaltsame Siegeszug „globaler" und „transnationaler" Studien. Sie hinterfragten eine Nationalgeschichtsschreibung, die in den Staatsgrenzen die Grenzen ihres Untersuchungsgegenstandes sah oder allenfalls diese Gegenstände miteinander verglich.[79] Angesichts der intensiven zeitgenössischen Beschäftigung mit der „globalen Bedrohung" durch die Sowjetunion kann es jedoch nur verwundern, welch geringe Rolle die internationale Dimension

[77] Vgl. *Stephen Kotkin*, Armageddon Averted. The Soviet Collapse 1970–2000, Oxford 2001, 15–19; *Philip Hanson*, The Rise and Fall of the Soviet Economy. An Economic History of the USSR from 1945, Harlow 2003, 128–163. Für eine differenzierte Sicht auf den Bereich der Energiepolitik vgl. nach wie vor *Gustafson*, Crisis Amid Plenty.

[78] Als Einstieg in die umfangreiche Literatur: *Susanne Rau*, Räume. Konzepte, Wahrnehmungen, Nutzungen, Frankfurt am Main 2013.

[79] Vgl. jüngst *Sebastian Conrad*, Globalgeschichte. Eine Einführung, München 2013. Das Russische Reich bzw. die Sowjetunion sind in der Globalgeschichte jedoch weiterhin stark unterrepräsentiert. 2013 ist der erste deutschsprachige Band erschienen, der es sich explizit zur Aufgabe macht, hier nach der Rolle Russlands/der Sowjetunion zu fragen. Vgl. *Martin Aust* (Hrsg.), Globalisierung imperial und sozialistisch. Russland und die Sowjetunion in der Globalgeschichte 1851–1991, Frankfurt am Main 2013. Vgl. allgemein *Philip Gassert*, Transnationale Geschichte, Version: 2.0, in: Docupedia-Zeitgeschichte, 29. Oktober 2012, http://docupedia.de/zg/Transnationale_Geschichte_Version_2.0_Philipp_Gassert?oldid=85577 (07.11.2013).

Das sowjetische Beispiel kann zur Debatte um diesen Ansatz viel beitragen, war die UdSSR doch kein Nationalstaat und verstand sich zwischen Teilrepubliken und internationaler kommunistischer Bewegung auch nur in Ansätzen als ein solcher. Zum anderen fordert das komplexe Machtgefüge von Partei und Staat, Zentrum und Peripherie besonders dazu auf, über die Frage „nichtstaatlicher" Akteure zu reflektieren.

der sowjetischen Geschichte seit Beginn der 1990er Jahre gespielt hat. Während Forschungen zum Kalten Krieg die UdSSR bis heute nicht selten wie einen monolithischen Block behandeln, kann bei Arbeiten zur Sowjetunion gelegentlich der Eindruck entstehen, es handele sich um eine einsame (wenn auch sehr große) Insel ohne viel Kontakt zur Außenwelt.

Andererseits suchte die entgegengesetzte Richtung nach Erklärungsmodellen in kleineren Zusammenhängen als der Nation. Auf die sowjetische Geschichte bezogen bedeutete dies meist, sich auf einzelne Städte zu konzentrieren oder auf der Meso-Ebene einzelne Republiken in ihrem Verhältnis zueinander sowie zur Moskauer Zentrale zu erforschen.

Die Autorinnen und Autoren dieses Sammelbandes setzen das Wechselspiel zwischen globalen, unionsweiten, republikanischen und regionalen Räumen in ein produktives Verhältnis und untersuchen die wechselseitigen Verflechtungen dieser Räume.

Die Sowjetunion im globalen Kalten Krieg

Während der Brežnev-Zeit wurde nicht nur die Rolle der Sowjetunion als Supermacht immer wichtiger, auch internationale Einflüsse auf die Entwicklung der sowjetischen Gesellschaft nahmen zu. Auch Brežnev strebte wie sein Vorgänger Chruščev nach der Anerkennung der Sowjetunion als globale Supermacht. Dieses Ziel sollte durch Rüstung und die Herstellung „nuklearer Parität" mit den USA erreicht werden.[80] Zum „Erbe Chruščevs" gehörte jedoch auch die Doktrin der „Friedlichen Koexistenz". Im Laufe der 1960er Jahre schien die amerikanische Außenpolitik die Sowjetunion immer mehr als ebenbürtige Supermacht zu akzeptieren, was letztlich die Voraussetzung für die Politik der Entspannung (Détente) darstellte. Von der Forschung ist neben geopolitischen und ökonomischen Deutungsmustern der Détente auch Brežnevs Wunsch betont worden, als Friedensgarant in die Geschichte einzugehen und so seiner Herrschaft zusätzliche Legitimität zu verleihen.[81]

„Stabilität" und Sicherung des erreichten *status quo* waren die Hauptziele der sowjetischen Außenpolitik unter Brežnev. Dies galt sowohl für die Beziehungen zu den USA[82] als auch in Europa: Hier sollte die Festschreibung der territorialen Situation intensivere Zusammenarbeit ermöglichen. Der Import von Technologie sollte die eigene Industrie stärken und westliche Konsumgüter sollten

---

[80] Vgl. *Aleksandr G. Savel'yev/Nikolay N. Detinov*, The Big Five. Arms Control Decision-Making in the Soviet Union, Westport, CT 1995, 3.

[81] Vgl. *Vladislav M. Zubok*, A Failed Empire. The Soviet Union in the Cold War from Stalin to Gorbachev, Chapel Hill 2007, 192–226.

[82] Vgl. *Anatoly Dobrynin*, In Confidence. Moscow's Ambassador to America's Six Cold War Presidents (1962–1985), New York 1995.

zusätzliche Legitimität bei der Bevölkerung erzeugen (für das Beispiel der Automobilindustrie vgl. den Beitrag von Esther Meier).

Die Beziehungen zu den Bruderstaaten des Ostblocks waren ebenso vom außenpolitischen Leitmotiv der Stabilität geprägt. Die Niederschlagung des Prager Frühlings 1968 und die anschließende Formulierung der „Brežnev-Doktrin“[83] sind zum zentralen Referenzpunkt für den repressiven Aspekt dieses Paradigmas geworden.

Ein anderes Bild bietet sich in der „Dritten Welt“: Bereits in der Chruščev-Ära war der Kalte Krieg zu einem globalen Konflikt geworden, der in der Zeit der Dekolonisierung immer mehr an Intensität zunahm.[84] Beflügelt von ihrem neuen Selbstbewusstsein hatte die Sowjetunion begonnen, sich jetzt auch außereuropäischen Gebieten zuzuwenden und „anti-imperialistische“ Bewegungen zu unterstützen.[85] Eine offene Frage war in den 1970er Jahren, ob sich die Vereinbarungen der Détente auch auf die „Dritte Welt“ erstreckten oder nur Europa und die bilateralen Beziehungen betrafen. Die sowjetische Führung unter Brežnev vertrat letztere Position.

Diese Beobachtung weicht vom allgemeinen Stabilitätsparadigma sowjetischer Außenpolitik unter Brežnev ab und ist erklärungsbedürftig: Neben der Konkurrenz zu China im sozialistischen Lager verfügten gerade die Länder der „Dritten Welt“ über die „Macht der Schwachen“ und konnten die Ordnungskonkurrenz des Kalten Krieges nutzen, um von einer oder gar von beiden Seiten Unterstützung für ihre eigenen Ziele zu erhalten.[86]

Schließlich spielten wohl auch sowjetische Experten in Moskau und Berater vor Ort eine wichtige, bislang jedoch kaum untersuchte Rolle: Während Chruščev noch viele außenpolitische Entscheidungen an sich gezogen und häufig eher instinktiv agiert hatte, fand in den 1960er Jahren eine sukzessive Aufwer-

---

[83] Gleichzeitig eröffnete die verhaltene Reaktion des Westens neue Möglichkeiten: Eine der Konsequenzen der Ereignisse in Prag war der Versuch, durch Kooperation Protest und Unruhe auf beiden Seiten den Boden zu entziehen. Vgl. *Jeremi Suri*, Power and Protest. Global Revolution and the Rise of Détente, Cambridge, MA 2005.

[84] Für einen Überblick zu diesen und anderen Aspekten des Kalten Krieges vgl. *Melvyn P. Leffler/Odd Arne Westad* (Hrsg.), The Cambridge History of the Cold War, 3 Bände, Cambridge 2010. – Zum „Global Cold War“ vgl. *Odd Arne Westad*, The Global Cold War. Third World Interventions and the Making of our Times, Cambridge 2005; *Andreas Hilger* (Hrsg.), Die Sowjetunion und die Dritte Welt. UdSSR, Staatssozialismus und Antikolonialismus im Kalten Krieg 1945–1991, München 2009.

[85] Vgl. exemplarisch *Ragna Boden*, Die Grenzen der Weltmacht. Sowjetische Indonesienpolitik von Stalin bis Brežnev, Stuttgart 2006; *Andreas Hilger*, The Soviet Union and India. The Khrushchev Era and its Aftermath until 1966, Parallel History Project on Cooperative Security 2009, www.php.isn.ethz.ch (05.04.2013).

[86] Vgl. *Lorenz M. Lüthi*, The Sino-Soviet Split. Cold War in the Communist World, Princeton, NJ 2008; *Robert J. McMahon*, Die Macht der Schwachen, in: Bernd Greiner/Christian Th. Müller/Claudia Weber (Hrsg.), Ökonomie im Kalten Krieg, Hamburg 2010, 30–44. Zum besonders gut erforschten Beispiel Nordvietnam vgl. *Ilja V. Gaiduk*, The Soviet Union and the Vietnam War, Chicago 1996.

tung von Experten statt. Eine Gruppe von Fachleuten mit breiten Kenntnissen und häufig auch persönlichen Erfahrungen in verschiedenen Weltregionen (die *meždunarodniki*) bildete sich heraus (vgl. den Beitrag von Tobias Rupprecht). Diese Entwicklung ist gelegentlich als Indiz für Breženvs Führungsschwäche und Desinteresse an internationalen Entwicklungen gedeutet worden[87], sollte jedoch besser als Professionalisierung sowjetischer Außenpolitik verstanden werden. Sie fügte sich damit in den weltweit stattfindenden Prozess der „Verwissenschaftlichung des Sozialen“[88] ein und stand in Bezug zu expertokratischen Tendenzen auf anderen Feldern.[89]

Im Gegensatz zu den meisten westlichen Einschätzungen sollte der Ausbau sowjetischen Einflusses nicht unbedingt militärisch, sondern auch durch die Entsendung solcher Entwicklungsexperten erfolgen.[90] In der Praxis führten lokale Konfliktdynamiken besonders in Afrika jedoch zu militärischen Auseinandersetzungen mit zumindest indirekter sowjetischer und kubanischer Beteiligung (Angola 1975, Horn von Afrika 1977/78).

Das sowjetische Engagement in der „Dritten Welt“ ist damit ein besonders eindrückliches Beispiel für die Heterogenität der Brežnev-Ära zwischen Aufbruch und Erschöpfung. In der ersten Hälfte der 1970er Jahre blickten die sowjetische Führung und Experten mit großem Optimismus auf die dortigen Entwicklungen. Ganz im Gegensatz zum gängigen Topos der Stagnation schien sich die Welt dort „in ihre Richtung“ zu drehen.[91] Gegen Ende des Jahrzehnts hatte sich diese Sicht jedoch geändert. Auch vor dem Hintergrund der immer schlechter werdenden Beziehungen zu den USA[92] war sie einer pessimistischen Grundhaltung gewichen. Amerikanischer Druck, der Aufstieg des politischen Islam und eigene ökonomische Probleme erzeugten eine Gemengelage, vor deren Hintergrund die sowjetische Invasion in Afghanistan Ende 1979 und der „zweite Kalte Krieg“ erst richtig verständlich werden.

---

[87] Einer der bekanntesten Brežnev-Kritiker war der Historiker Roj A. Medvedev. Vgl. besonders *Roj A. Medvedev*, Ličnost' i epocha. političeskij portret L. I. Brežneva, Moskau 1991.

[88] *Lutz Raphael*, Die Verwissenschaftlichung des Sozialen als methodische und konzeptionelle Herausforderung für eine Sozialgeschichte des 20. Jahrhunderts, in: Geschichte und Gesellschaft 22, 1996, 165–193.

[89] Vgl. den Beitrag von Stefan Guth in diesem Band.

[90] Zu diesem derzeit wachsenden Forschungszweig vgl. *Timothy A. Nunan*, Soviet Development Thought and the „Central Asian Consensus,“ c. 1917–1982, unveröffentlichtes Arbeitspapier, verfügbar unter http:/timothynunan.com (21.03.2014); *Paul Robinson/Jay Dixon*, Aiding Afghanistan. A History of Soviet Assistance to a Developing Country, London 2013.

[91] Interview mit *Karen N. Brutents*, 05. Oktober 1993, zit. nach *Westad*, The Global Cold War, 241.

[92] Die Gründe hierfür sind vielfältig, jedoch wohl ebenso in der amerikanischen Innenpolitik wie in den internationalen Beziehungen zu suchen. Vgl. *Raymond L. Garthoff*, Détente and Confrontation. American-Soviet Relations from Nixon to Reagan, Washington, DC 1994; *Odd Arne Westad* (Hrsg.), The Fall of Détente. Soviet-American Relations During the Carter Years, Oslo 1997; *Anne H. Cahn*, Killing Détente. The Right Attacks the CIA, University Park, PA 1998.

Gegen die stabilitätsorientierte Konzeption internationaler Politik regte sich nicht nur im Westen und in Mittel- und Osteuropa starker Widerstand. Auch in der Sowjetunion selbst formierte sich Ende der 1960er Jahre gesellschaftliche Opposition, deren Entstehung meist auf die konservative Wende der sowjetischen Kulturpolitik unter Brežnev zurückgeführt wird. Diese „Dissidentenbewegung“ war in ihren Ansichten und Zielen sehr heterogen (vgl. den Beitrag von Ewgeniy Kasakow) und beinhaltete ein breites Spektrum von Marxisten, Maoisten, Panslawisten, „Westlern“ und anderen Strömungen.[93] Im Westen wurden jedoch meist nur die so genannten „Menschenrechtler“ wahrgenommen. Dies lag nicht nur daran, dass sie sich medienwirksam auf von der Sowjetunion in der KSZE-Schlussakte anerkannte Grundrechte beriefen, sondern auch daran, dass sie explizit eine „internationalistische“ Strategie verfolgten. Internationale Bekanntheit und Kontakte verschafften nicht nur Einfluss innerhalb der Bewegung, sondern sorgten auch für einen gewissen Schutz vor Repressionen.[94]

Die Dissidenten blieben eine kleine Gruppe und hatten in der Sowjetunion selbst nur wenig Einfluss. Durch ihre moralische Wirkung und internationales Echo im Westen beeinflussten sie jedoch den Fortgang der Ost-West Beziehungen; der „Helsinki-Effekt“ konnte wohl nur angesichts der medialen Aufmerksamkeit im Westen Wirkung erzeugen.[95]

Internationales Engagement und transnationale Kontakte standen nicht nur in diesem Fall in enger Beziehung zu innergesellschaftlichen Prozessen. Die Brežnev-Ära hatte für Sowjetbürger ein „Fenster zur Welt“ geöffnet, das sich in der *perestrojka* wieder schloss (vgl. den Beitrag von Esther Meier). „Internationalistische Pflicht“ und „brüderliche Solidarität“ waren noch Ende der 1970er Jahre diejenigen Aspekte der Ideologie und Propaganda, die bei der Bevölkerung am meisten Begeisterung auslösen konnten. Für manche Berater vor Ort waren sie gelebte – wenn auch oft ernüchternde – Realität, für andere Sowjetbürger eskapistisches Ziel und Traum. Die Autorinnen und Autoren des Sammelbandes gehen vor allem diesen Auswirkungen des Internationalen in innergesellschaftlichen Phänomenen nach. So hatte die Außenpolitik der Sowjetunion sogar Einfluss auf das Liedschaffen der sowjetischen Estrade (vgl. den Beitrag von Ingo Grabowsky). Diese Rückwirkungen waren komplexer als der klassische

---

93 Aus der reichhaltigen Literatur seien klassisch genannt: *Dietrich Beyrau*, Intelligenz und Dissens. Die russischen Bildungsschichten in der Sowjetunion 1917 bis 1985, Göttingen 1993; *Alekseeva*, Soviet dissent.

94 Vgl. in dieser Perspektive u. a. *Barbara Walker*, Moscow Human Rights Defenders Look West. Attitudes towards U. S. Journalists in the 1960s and 1970s, in: Kritika 9:4, 2008, 905–927; *Stephen V. Bittner*, Die sowjetische Dissidenz und Intelligenzija, in: Bernd Greiner / Tim B. Müller / Claudia Weber (Hrsg.), Macht und Geist im Kalten Krieg, Hamburg 2011, 517–536.

95 Vgl. *Daniel C. Thomas*, The Helsinki Effect. International Norms, Human Rights and the Demise of Communism, Princeton, NJ 2001. Zur Diskussion vgl. *Matthias Peter / Hermann Wentker* (Hrsg.), Die KSZE im Ost-West-Konflikt. Internationale Politik und gesellschaftliche Transformation 1975–1990, München 2012.

Topos von der „imperialen Überdehnung"[96] oder die These vermuten lassen, zunehmende internationale Kontakte hätten zu steigenden Ansprüchen geführt und den Wunsch ausgelöst, so zu werden wie der Westen. Die sowjetische Rolle als global agierende Supermacht hatte vielfältige innersowjetische Konsequenzen: Kirgisien wurde als Vorbild für „Entwicklungsländer" präsentiert (vgl. den Beitrag von Moritz Florin)[97], die Atomstadt Ševščenko sollte auch in die „Dritte Welt" „ausstrahlen" (vgl. den Beitrag von Stefan Guth) und manche „linke Dissidenten" wurden gerade vom offiziellen Kult um Revolutionäre und dem sozialistischen Internationalismus inspiriert (vgl. den Beitrag von Ewgeniy Kasakow).

Regionale Ausdifferenzierung von Herrschaft in der Brežnev-Zeit? Die Sowjetunion als „Vielvölkerreich"

Damit verweist selbst die internationale Dimension der sowjetischen Geschichte auf ihre lokalen und regionalen Aspekte. Spätestens seit Andreas Kappelers einflussreicher Studie *Russland als Vielvölkerreich* steht außer Frage, dass weder das Zarenreich noch die Sowjetunion als ethnisch homogene Einheiten begriffen werden dürfen.[98] Auch für das 20. Jahrhundert, speziell den Stalinismus, sind bereits zahlreiche Studien zur sowjetischen Vielvölkerpolitik erschienen.[99] Insbesondere Terry Martins These des „Affirmative Action Empire" forderte liebgewonnene Vorstellungen von einer pfadabhängig verlaufenden „Sowjetisierung" der Peripherie und einer „Zentralisierung" der Macht in Moskau heraus.[100] Schließlich hatten auch das Zeitgeschehen und die Explosion des Ethnischen in den *perestrojka*-Jahren zu einer Überprüfung dieser moskauzentrischen Sichtweise aufgefordert. Der Begriff des „Imperiums" wird heute kaum noch normativ als Ausdruck sowjetischer Unterdrückung von Nationen im östlichen Europa oder auf ihrem eigenen Staatsgebiet gebraucht, sondern als neutrales Analysekonzept verwendet.[101] In jüngster Zeit rückt daher auch die imperiale Dimension der

---

[96] Klassisch: *Paul M. Kennedy*, Aufstieg und Fall der großen Mächte. Ökonomischer Wandel und militärischer Konflikt von 1500 bis 2000, Frankfurt am Main 1989.

[97] Zur besonderen Bedeutung Zentralasiens für sowjetische Entwicklungsprojekte in der „Dritten Welt" vgl. *Paul Stronski*, Tashkent: Forging a Soviet City, 1930–1966, Pittsburgh 2010, 234–256.

[98] *Andreas Kappeler*, Russland als Vielvölkerreich. Entstehung, Geschichte, Zerfall, 2. Aufl. der Neuausgabe München 2008; vgl. auch *Theodore R. Weeks*, Nationality, Empire, and Politics in the Russian Empire and USSR. An Overview of Recent Publications, H-Soz-u-Kult 2012, http://hsozkult.geschichte.hu-berlin.de/forum/2012-10-001 (01.06.2013).

[99] Vgl. *Jörg Baberowski*, Stalinismus und Nation. Die Sowjetunion als Vielvölkerreich 1917–1953, in: Zeitschrift für Geschichtswissenschaft 54:3, 2006, 199–213.

[100] *Terry Martin*, The Affirmative Action Empire. Nations and Nationalism in the Soviet Union, 1923–1939, Ithaca 2001.

[101] Gedacht sei hier nur an Reagans „Evil Empire"-Rede: Remarks at the Annual Convention of the National Association of Evangelicals in Orlando, Florida, 08. März, 1983. *The American Presidency Project*, http://www.presidency.ucsb.edu/ws/?pid=41023. (20.11.2013).

Brežnev-Zeit wieder stärker in den Blick. Gerade in diesem Abschnitt der Sowjetgeschichte wurde, so die These der Autorinnen und Autoren dieses Bandes, innerhalb der Sowjetunion eine auf die Republiken gerichtete Regionalisierung von Herrschaft spürbar. Auch hier zeigten sich die Folgen der verordneten „Stabilität der Kader". Regionale Eliten wurden im Prozess einer „Neo-*korenizacija*"[102] zu Provinzfürsten, die angesichts einer überdurchschnittlich langen Amtszeit bei äußerst geringer Gefahr der Absetzung eigene Klientelnetzwerke und Machträume aufbauen konnten.[103] Neben dem Wiederaufleben einer *korenizacija* setzte sich in der Brežnev-Zeit ein weiteres Erbe des Stalinismus fort: Die Konzentration parteistaatlicher Ressourcen und Aufmerksamkeit auf Großprojekte, vor allem im Rahmen von Stadtneugründungen. In diesem Sammelband werden zwei wichtige Technologien des 20. Jahrhunderts näher beleuchtet: Esther Meier untersucht mit Naberežnye Čelny eine zentrale Autostadt der Sowjetunion, Stefan Guth die Verheißungen der atomaren Moderne in Ševčenko / Aktau.

Ausblick

Ein einzelner Sammelband kann natürlich nur ein ausschnitthaftes Bild der Brežnev-Zeit bieten, das sich aus den Forschungsinteressen der beteiligten Autorinnen und Autoren ergibt.

Bereits ein grober Überblick über aktuelle Konjunkturen der Brežnev-Forschung zeigt weitere Desiderate auf: So führt die Wirtschaftsgeschichte weiterhin ein Schattendasein.[104] Dabei sind es gerade die schlechten Wachstumszahlen, die der Brežnev-Zeit ihren Stempel als Ära der Stagnation und des Niedergangs aufgedrückt haben.[105] Eine seriöse Begriffsgeschichte zum Begriff *zastoj* fehlt ebenso wie eine wissenschaftliche Biographie Brežnevs.[106] Und von einer Aufarbeitung der spezifischen Rolle des KGBs wagt wohl angesichts der Archivsituation derzeit niemand zu träumen.

---

[102] So der Begriff von Malte Rolf, vgl. seinen Beitrag in diesem Band.

[103] Die Spitze des Eisbergs war die „Baumwoll-Affäre" um den usbekischen Parteichef Šarof Rašidov, der sich und seine „Klienten" über Jahre durch völlig überzogene Angaben zu Erntemengen bereicherte. Vgl. *Adeeb Khalid*, Islam after Communism. Religion and Politics in Central Asia, Berkeley 2007, 127–128. Vgl. hierzu auch den Beitrag von Malte Rolf in diesem Band.

[104] Vgl. bislang *Hanson*, The Rise and Fall of the Soviet Economy; *Pekka Sutela*, Soviet Economics after Stalin. Between Orthodoxy and Reform, in: Vincent Barnett / Joachim Zwynert (Hrsg.), Economics in Russia. Studies in Intellectual History, Aldershot 2008, 157–172. Siehe auch das Forschungsprojekt „Energie und Macht" an der Universität Zürich: http://www.hist.uzh.ch/fachbereiche/oeg/team/perovic/snf-projekt-energie-und-macht.html (21.03.2014).

[105] *Mark Harrison*, Economic Growth and Slowdown, in: Bacon / Sandle, Brezhnev Reconsidered, 38–68; *Hanson*, From Stagnation to Catastroika.

[106] Eine wissenschaftliche Biographie Brežnevs wird zurzeit von Susanne Schattenberg (Forschungsstelle Osteuropa Bremen) erarbeitet. Für eine stark biographisch angelegte Gesamtdarstellung vgl. *Thomas Crump*, Brezhnev and the Decline of the Soviet Union, London 2014.

Die Beiträge dieses Sammelbandes zeigen, welche Potentiale im jüngst erwachten Interesse an der Breżnev-Zeit stecken. Knapp fünfzig Jahre nach dem Beginn seiner Amtszeit und dreißig Jahre nach dem Ende der Sowjetunion erscheint eine historische Erkundung der sowjetischen Geschichte der Jahre 1964–82 jenseits der Debatten aus der Zeit des Kalten Krieges notwendig. Einerseits gilt es, die lange Jahre unhinterfragten Zuschreibungen von Langeweile, Stagnation und schleichendem Niedergang auf den Prüfstand zu stellen, um mehr über die sowjetischen „1960er" und „1970er" zu erfahren. Ein komplexeres und detaillierteres Bild der Brežnev-Zeit jenseits zeitgenössischer Debatten und aktueller Verklärung zu zeichnen, wäre die logische Folge einer weitgehend ähnlich verlaufenen Erforschung von Nikita Chruščevs Amtszeit.[107]

Andererseits will der Band nicht in das andere Extrem verfallen und bei aller Betonung dynamischer Elemente der Brežnev-Zeit ihre Heterogenität und Aspekte der Stagnation und des Verfalls verschweigen. Die Beiträge selbst sind Teil einer laufenden Debatte, eingespannt zwischen den Polen der Einführung und der Zusammenfassung. Ob man eher auf Stagnation oder auf dynamische Entwicklungen stoßen wird, hängt stark vom untersuchten Themenbereich und Zeitraum ab und entzieht sich einer Dichotomie von stagnierendem Staat und dynamischer Gesellschaft. Vielmehr interagierten und überschnitten sich verschiedene Sphären. Dynamik – Stagnation – Zerfall sind in erster Linie kategorisierende Deutungsmuster; in der historischen Realität waren nicht nur Aspekte aller drei vorhanden, sie standen vielmehr in einem engen Wechselverhältnis und beeinflussten sich gegenseitig. Unser Bild der Brežnev-Ära sollte heterogener, seine Komplexität gesteigert werden.

Damit sind die Beiträge des Sammelbandes Beispiele dafür, welche Rückschlüsse aus der Beschäftigung mit der Brežnev-Zeit auf die sowjetische Geschichte im Ganzen sowie die transnationale Geschichte der Nachkriegszeit bis zum Zusammenbruch der Sowjetunion 1990/91 gezogen werden können. Die Autorinnen und Autoren dieses Bandes betrachten die Brežnev-Zeit als einen eigenständigen, aber an den Rändern offenen Zeitraum der sowjetischen Geschichte. Gerade diese vermeintlich „langweilige" Epoche eignet sich besonders gut um herauszuarbeiten, wie eine Gesellschaft sich angesichts einer parteistaatlich verordneten Normalisierung ausdifferenzierte und welche Dynamiken dieser Prozess mit sich brachte.[108] Die drei Untersuchungsachsen (Deutung, Zeit und Raum) schärfen den Blick, weil sie die Vielfältigkeit und Komplexität dieser Prozesse betonen. Somit können auch eindimensionale Vorstellungen einer „Li-

[107] Vgl. z. B. das Themenheft „Repenser le Dégel. Versions du socialisme, influences internationales et société sovietique", in: Cahiers du monde russe 47:1–2, 2006, und *Eleonory Gilburd/ Denis Kozlov* (Hrsg.), The Thaw. Soviet Society and Culture during the 1950s and 1960s, Toronto 2013.

[108] Vgl. *Fürst*, Where Did All the Normal People Go, 636.

beralisierung", „Demokratisierung" oder – entgegengesetzt – „Re-Stalinisierung" überwunden werden.

Als Leonid Brežnev am 10. November 1982 starb und die sowjetische Bevölkerung wenige Tage später von seinem Nachfolger Jurij Andropov erfuhr, konnte noch niemand ahnen, welche umwälzenden Jahre vor der Sowjetunion bis zu ihrem Zusammenbruch 1991 liegen würden.[109] Gerade wenn die Brežnev-Zeit als eigenständige Epoche der sowjetischen Geschichte begriffen werden soll, darf sich die Frage nach ihren zeitlichen Grenzen nicht nur nach dem Tod ihres Namensgebers richten. Es würde jedoch zu kurz greifen, die Brežnev-Ära einfach bis 1985 auszudehnen.[110] So initiierte schon Jurij Andropov in seiner kurzen Amtszeit einige Reformvorhaben, die Gorbačevs Vorstellungen nicht unähnlich waren. Das Jahr 1983 verdient schon deshalb größere Beachtung. Gleichzeitig verweist diese Beobachtung auf längerfristige Entwicklungslinien der Sowjetgeschichte. Auch wenn die Ära Brežnev nicht vom Ende der Sowjetunion her gedacht werden sollte, darf die Frage keinesfalls unberücksichtigt bleiben, in welcher Beziehung diese Epoche zu Gorbačevs Machtantritt 1985 und dem endgültigen Zusammenbruch 1991 steht. Schließlich entwickelte Gorbačev sein politisches Programm wesentlich aus einer „schonungslosen Analyse" der Versäumnisse jener Ära, in der er auch selbst schon seit 1970 im ZK und seit 1979 im Politbüro gewirkt hatte und in der viele seiner Berater ihre Ideen entwickelt hatten.[111] Im Rahmen dieses Bandes steht dabei eine Frage im Mittelpunkt: Bei welchen gesellschaftlichen Gruppen und wann ist eine Kommunikation über die Bedrohung der etablierten sowjetischen Ordnung spürbar? Die Frage nach einer „Krisenwahrnehmung" in der Brežnev- und *perestrojka*-Zeit hat jüngst die Geschichtswissenschaft bewegt und besitzt bis heute politische Relevanz für die Beurteilung verschiedener Phasen der Sowjetgeschichte.[112] Der abschließende Beitrag von Klaus Gestwa nutzt daher die vorgestellten Fallstudien, um diese Diskussion aufzugreifen und die Brežnev-Zeit zwischen Dynamik und Stagnation, Hyperstabilität und endgültigem Zerfall zu verorten.

---

[109] Vgl. *Kotkin*, Armageddon Averted, 58–113.

[110] So u.a. *Matthew Evangelista*, Unarmed Forces. The Transnational Movement to End the Cold War, Ithaca 1999, 143.

[111] Vgl. *Michail Gorbatschow*, Perestroika. Die zweite russische Revolution, München 1987, 17–27. Vgl. *English*, Russia and the Idea of the West, 117–228.

[112] Vgl. die Debatte im Journal of Modern European History (JMEH): *Jörg Baberowski*, Criticism as Crisis, or Why the Soviet Union Collapsed, in: JMEH 9:2, 2011, 148–166; *Manfred Hildermeier*, „Well said is half a lie". Observations on Jörg Baberowski's „Criticism as Crisis, or why the Soviet Union still Collapsed", in: JMEH 9:3, 2011, 289–297; *Jörg Baberowski*, „Badly Said is Badly Lied". Reply to my Critics, in: JMEH 10:1, 2012, 19–23.

Literatur

Alekseeva, Ljudmila A., Soviet Dissent. Contemporary Movements for National, Religious, and Human Rights, Middletown, CT 1985.

Althoff, Gerd, Die Macht der Rituale. Symbolik und Herrschaft im Mittelalter, Darmstadt 2003.

Aust, Martin (Hrsg.), Globalisierung imperial und sozialistisch. Russland und die Sowjetunion in der Globalgeschichte 1851–1991, Frankfurt am Main 2013.

Baberowski, Jörg, Stalinismus und Nation. Die Sowjetunion als Vielvölkerreich 1917–1953, in: Zeitschrift für Geschichtswissenschaft 54:3, 2006, 199–213.

–, Criticism as Crisis, or Why the Soviet Union Collapsed, in: Journal of Modern European History 9:2, 2011, 148–166.

–, „Badly Said is Badly Lied". Reply to my Critics, in: Journal of Modern European History 10:1, 2012, 19–23.

Bacon, Edwin/Sandle, Mark (Hrsg.), Brezhnev Reconsidered, Houndmills/Basingstoke/Hampshire 2002.

Belliger, Andrea/Krieger, David J., Ritualtheorien. Einführung, in: dies. (Hrsg.), Ritualtheorien. Ein einführendes Handbuch, Wiesbaden 2013, 7–34.

Beyrau, Dietrich, Intelligenz und Dissens. Die russischen Bildungsschichten in der Sowjetunion 1917 bis 1985, Göttingen 1993.

Bittner, Stephen V., Die sowjetische Dissidenz und Intelligenzija, in: Bernd Greiner/Tim B. Müller/Claudia Weber (Hrsg.), Macht und Geist im Kalten Krieg, Hamburg 2011, 517–536.

Boden, Ragna, Die Grenzen der Weltmacht. Sowjetische Indonesienpolitik von Stalin bis Breżnev, Stuttgart 2006.

Böhnisch, Lothar, Gespaltene Normalität. Lebensbewältigung und Sozialpädagogik an den Grenzen der Wohlfahrtsgesellschaft, Weinheim 1994.

Brosius, Christiane/Michaels, Axel/Schrode, Paula, Ritualforschung. Ein Überblick, in: dies. (Hrsg.), Ritual und Ritualdynamik, Göttingen 2013, 9–24.

Brzezinski, Zbigniew (Hrsg.), Dilemmas of Change in Soviet Politics, New York 1969.

Bulavka, L./Krumm, R. (Hrsg.), Zastoj. Diskontenty SSSR, Moskau 2010.

Burlatsky, Fedor, Brezhnev and the Collapse of the Thaw. Thoughts on the Nature of Political Leadership, in: Literaturnaja Gazeta 37, 14. September 1988, 13–14.

Burovskij, Andrej, Da zdravstvuet ‚zastoj'. ‚Zolotoj vek' Rossii, Moskau 2010.

Büttner, Andreas/Mattheis, Marco/Sobkowiak, Kerstin, Macht und Herrschaft, in: Christiane Brosius/Axel Michaels/Paula Schrode (Hrsg.), Ritual und Ritualdynamik, Göttingen 2013, 69–77.

Caduff, Corinna/Pfaff-Czarnecka, Joanna (Hrsg.), Rituale heute. Theorien, Kontroversen, Entwürfe, Berlin 2001.

Cahn, Anne H., Killing Détente. The Right Attacks the CIA, University Park, PA 1998.

Calic, Marie-Janine/Neutatz, Dietmar/Obertreis, Julia (Hrsg.), The Crisis of Socialist Modernity. The Soviet Union and Yugoslavia in the 1970s, Göttingen 2011.

Chaykovskaya, Evgeniya, Peskov: Comparing Putin to Brezhnev is a Good Thing, The Moscow News, 5. Oktober 2011, http://themoscownews.com/politics/20111005/189096032.html (07.11.2013).

Christova, Christiana, Totalitär, modern oder postmodern? Deutungen des poststalinistischen Sowjetsystems im Wandel, Saarbrücken 2007.

Conrad, Sebastian, Globalgeschichte. Eine Einführung, München 2013.
Cook, Linda J., The Soviet Social Contract and Why It Failed. Welfare Policy and Workers' Politics from Brezhnev to Yeltsin, Cambridge, MA 1993.
Courtois, Stéphane (Hrsg.), Das Schwarzbuch des Kommunismus. Unterdrückung, Verbrechen und Terror, München 1998.
Čelnokov, Aleksej, Putinskij zastoj. Novoe politbjuro Kremlja, Moskau 2013.
Crump, Thomas, Brezhnev and the Decline of the Soviet Union, London 2014.
Daniels, Robert V., Soviet Politics since Khrushchev, in: John W. Strong (Hrsg.), The Soviet Union under Brezhnev and Kosygin. The Transition Years, New York 1971, 16–25.
David-Fox, Michael, Multiple Modernities vs. Neo-Traditionalism. On Recent Debates in Russian and Soviet History, in: Jahrbücher für Geschichte Osteuropas 54:4, 2006, 535–555.
Dobrynin, Anatoly, In Confidence. Moscow's Ambassador to America's Six Cold War Presidents (1962–1985), New York 1995.
Dubin, Boris, Face of an Epoch. The Brezhnev Period Variously Assessed, in: Russian Politics and Law 42:3, 2004, 5–20.
Engerman, David C., Know Your Enemy. The Rise and Fall of America's Soviet Experts, Oxford 2009.
English, Robert D., Russia and the Idea of the West. Gorbachev, Intellectuals and the End of the Cold War, New York 2000.
Epstein, Mikhail, After the Future. The Paradoxes of Postmodernism and Contemporary Russian Culture, Amherst, MA 1995.
Evangelista, Matthew, Unarmed Forces. The Transnational Movement to End the Cold War, Ithaca 1999.
Fainsod, Merle, How Russia is Ruled, revised edition, Cambridge, MA/London 1963.
Ferguson, Niall (Hrsg.), The Shock of the Global. The 1970s in Perspective, Cambridge, MA 2010.
Follath, Erich/Schepp, Matthias, „Moskau ist die Hure Babylon", Interview mit Viktor V. Erofeev, Spiegel Online, 15. Juli 2008, http://www.spiegel.de/kultur/gesellschaft/schriftsteller-jerofejew-moskau-ist-die-hure-babylon-a-565968.html (27.03.2013).
Fulbrook, Mary, Ein ganz normales Leben. Alltag und Gesellschaft in der DDR, Darmstadt 2008.
Fürst, Juliane, Where Did All the Normal People Go? Another Look at the Soviet 1970s, in: Kritika: Explorations in Russian and Eurasian History 14:3, 2013, 621–640.
Gaddis, John L., We Now Know. Rethinking Cold War History, Oxford 1997.
Gaiduk, Ilja V., The Soviet Union and the Vietnam War, Chicago 1996.
Garthoff, Raymond L., Détente and Confronation. American-Soviet Relations from Nixon to Reagan, Washington, DC 1994.
Gassert, Philip, Transnationale Geschichte, Version: 2.0, in: Docupedia-Zeitgeschichte, 29. Oktober 2012, http://docupedia.de/zg/Transnationale_Geschichte_Version_2.0_Philipp_Gassert?oldid=85577 (07.11.2014)
Gerovitch, Slava, InterNyet. Why the Soviet Union did not Build a Nationwide Computer Network, in: History & Technology 24:4, 2008, 335–350.
Gleason, Abbot, Totalitarianism. The Inner History of the Cold War, New York/Oxford 1995.
Gilburd, Eleonory/Kozlov, Denis (Hrsg.), The Thaw. Soviet Society and Culture during the 1950s and 1960s, Toronto 2013.

Goody, Jack, Against „Ritual". Loosely Structured Throughts On A Loosely Defined Topic, in: Sally F. Moore / Barbara G. Myerhoff (Hrsg.), Secular Ritual, Assen u. Amsterdam 1977, 25–35.

Gorbatschow, Michail, Perestroika. Die zweite russische Revolution, München 1987.

Gorbačev, Michail S., Političeskij doklad Central'nogo Komiteta KPSS XXVII. S"ezdu Kommunističeskoj Partii Sovetskogo Sojuza 25 fevralja 1986 goda, in: ders., Izbrannye reči i stat'i, Tom 3, Moskau 1987, 180–280.

Gorsuch, Anne E. / Koenker, Diane P. (Hrsg.), The Socialist Sixties. Crossing Borders in the Second World, Bloomington, IN 2013.

Grützmacher, Johannes, Die Baikal-Amur-Magistrale. Vom stalinistischen Lager zum Mobilisierungsprojekt unter Breżnev, München 2012.

Gustafson, Thane, Crisis Amid Plenty. The Politics of Soviet Energy under Brezhnev and Gorbachev, Princeton, NJ 1989.

Handelman, Don, Conceptual Alternatives to Ritual, in: Jens Kreinath / Jan Snoek / Michael Stausberg (Hrsg.), Theorizing Rituals. Issues, Topics, Approaches, Concepts, Leiden / Boston 2006, 37–50.

Hanson, Philip, The Rise and Fall of the Soviet Economy. An Economic History of the USSR from 1945, Harlow 2003.

–, From Stagnation to Catastroika. Commentaries on the Soviet Economy, 1983–1991, New York 1992.

Hanson, Stephen E., The Brezhnev Era, in: Ronald Grigor Suny (Hrsg.), The Cambridge History of Russia, Vol. III: The Twentieth Century, Cambridge 2006, 292–315.

Harrison, Mark, Economic Growth and Slowdown, in: Bacon / Sandle, Brezhnev Reconsidered, 38–68.

Havel, Václav, Versuch, in der Wahrheit zu leben. Von der Macht der Ohnmächtigen, Reinbek bei Hamburg 1980.

Hildermeier, Manfred, Geschichte der Sowjetunion 1917–1991. Entstehung und Niedergang des ersten sozialistischen Staates, München 1998.

–, „Well said is half a lie". Observations on Jörg Baberowski's „Criticism as Crisis, or why the Soviet Union still Collapsed", in Journal of Modern European History 9:3, 2011, 289–297.

Hilger, Andreas (Hrsg.), Die Sowjetunion und die Dritte Welt. UdSSR, Staatssozialismus und Antikolonialismus im Kalten Krieg 1945–1991, München 2009.

–, The Soviet Union and India. The Khrushchev Era and its Aftermath until 1966, Parallel History Project on Cooperative Security 2009, www.php.isn.ethz.ch (05.04.2013).

Hill, Ronald J. über Bacon / Sandle, Brezhnev Reconsidered, in: Russian Review 63, 2004, 177–179.

Hobsbawm, Eric, Das Zeitalter der Extreme. Weltgeschichte des 20. Jahrhunderts, München 1995.

Holm, Kerstin, Gar gern hat es der Leonid, in: Frankfurter Allgemeine Zeitung, 19. Oktober 2011.

Hough, Jerry F., The Soviet Union and Social Science Theory, Cambridge, MA 1977.

Hough, Jerry F. / Merle Fainsod, How the Soviet Union is Governed, Cambridge, MA / London 1979.

Johnson, Chalmers A. / Azrael, Jeremy R. (Hrsg.), Change in Communist Systems, Stanford 1970.

Jørgensen, Thomas E., Friedliches Auseinanderwachsen. Überlegungen zu einer Sozialgeschichte der Entspannung 1960–1980, in: Zeithistorische Forschungen/Studies in Contemporary History 3:3, 2006.
Kaganovsky, Lilya, The Cultural Logic of Late Socialism, in: Studies in Russian and Soviet Cinema 3, 2009, 185–199.
Kappeler, Andreas, Russland als Vielvölkerreich. Entstehung, Geschichte, Zerfall, 2. Aufl. der Neuausgabe München 2008.
Kenez, Peter, A History of the Soviet Union From the Beginning to the End, Cambridge 1999.
Kennedy, Paul M., Aufstieg und Fall der großen Mächte. Ökonomischer Wandel und militärischer Konflikt von 1500 bis 2000, Frankfurt am Main 1989.
Khalid, Adeeb, Islam after Communism. Religion and Politics in Central Asia, Berkeley 2007.
Kirkpatrick, Jeanne, Dictatorship and Double Standards. Rationalism and Reason in Politics, New York 1982.
Klumbyte, Neringa/Sharafutdinova, Gulnaz (Hrsg.), Soviet Society in the Era of Late Socialism, 1964–1985, Plymouth 2013.
Koleva, Daniela (Hrsg.), Negotiating Normality. Everyday Life in Socialist Institutions, New Brunswick, NJ 2012.
Kotkin, Stephen, Armageddon Averted. The Soviet Collapse 1970–2000, Oxford 2001.
Kozlov, Vladimir A., Mass Uprisings in the USSR. Protest and Rebellion in the Post-Stalin Years, übersetzt und herausgegeben von Elaine McClarnand MacKinnon, Armonk, NY 2002.
Kramer, Mark, Ideology and the Cold War, in: Review of International Studies 25, 1999, 539–576.
–, The Czechoslovak Crisis and the Brezhnev Doctrine, in: Carole Fink/Philipp Gassert/Detlef Junker (Hrsg.), 1968. The World Transformed, Cambridge/New York 1998, 111–171.
Laß, Karen, Vom Tauwetter zur Perestrojka. Kulturpolitik in der Sowjetunion (1953–1991), Bochum 2002.
Ledeneva, Alena V., Russia's Economy of Favors. Blat, Networking and Informal Exchange, Cambridge 1998.
Leffler, Melvyn P./Westad, Odd Arne (Hrsg.), The Cambridge History of the Cold War, 3 Bände, Cambridge 2010.
Lewis, Ben, Hammer and Tickle. A History of Communism Told Through Communist Jokes, London 2009.
Link, Jürgen, Versuch über den Normalismus. Wie Normalität produziert wird, 3. Aufl. Göttingen 2006.
–/*Loer, Thomas/Neuendorff, Hartmut* (Hrsg.), „Normalität" im Diskursnetz soziologischer Begriffe, Heidelberg 2003.
Lüthi, Lorenz M., The Sino-Soviet Split. Cold War in the Communist World, Princeton, NJ 2008.
Maier, Charles S., Two Sorts of Crisis? The „long" 1970s in the West and the East, in: Hans Günter Hockerts (Hrsg.), Koordinaten deutscher Geschichte in der Epoche des Ost-West-Konflikts, München 2004, 49–62.
Malia, Martin, From Under the Rubble, What?, in: Problems of Communism 41:1–2, 1992, 89–105.
–, Vollstreckter Wahn. Russland 1917–1991, Stuttgart 1994.

Martin, Terry, The Affirmative Action Empire. Nations and Nationalism in the Soviet Union, 1923–1939, Ithaca 2001.
McMahon, Robert J., Die Macht der Schwachen, in: Bernd Greiner / Christian Th. Müller / Claudia Weber (Hrsg.), Ökonomie im Kalten Krieg, Hamburg 2010, 30–44.
Medvedev, Roy, A Voice from Moscow. Burying the Brezhnev Era's Cult of Stagnation, in: New York Times, 17. April 1988.
Medvedev, Roj A., Ličnost' i epocha. političeskij portret L. I. Brežneva, Moskau 1991.
Merl, Stephan, Von Chruschtschows Konsumpolitik zur Politik des „Little Deal" unter Breschnew, in: Bernd Greiner / Christian Th. Müller / Claudia Weber (Hrsg.), Ökonomie im Kalten Krieg, Hamburg 2010, 279–310.
Meyer, Alfred G., The Soviet Political System. An Interpretation, New York 1965.
Millar, James R., The Little Deal. Brezhnev's Contribution to Acquisitive Socialism, in: Slavic Review 44:4, 1985, 694–706.
Neutatz, Dietmar, Träume und Alpträume. Eine Geschichte Russlands im 20. Jahrhundert, München 2013.
Njølstad, Olaf, Conservative Goals, Revolutionary Outcomes. The Paradox of Détente, in: Cold War History 8:4, 2008, 503–512.
Nunan, Timothy A., Soviet Development Thought and the „Central Asian Consensus," c. 1917–1982, unveröffentlichtes Arbeitspapier, verfügbar unter http://timothynunan.com (21.03.2014).
Oldenburg, Fred S., Der Kalte Krieg. Meistererzählungen, in: Archiv für Sozialgeschichte 48, 2008, 725–753.
Oushakine, Serguei A., The Terrifying Mimicry of Samizdat, in: Public Culture 13:2, 2001, 191–214.
Peter, Matthias / Wentker, Hermann (Hrsg.), Die KSZE im Ost-West-Konflikt. Internationale Politik und gesellschaftliche Transformation 1975–1990, München 2012.
Plaggenborg, Stefan, Verstetigte Gegenwart. Über das Zeitverständnis im real existierenden Sozialismus, in: Martin Schulze-Wessel / Christiane Brenner (Hrsg.), Zukunftsvorstellungen und staatliche Planung im Sozialismus. Die Tschechoslowakei im ostmitteleuropäischen Kontext 1945–1989, München 2010, 19–32.
Putin Brežneva dogonit? Dogonit i peregonit, in: Kommersant' Vlast', 03. Oktober 2011, 6, http://www.kommersant.ru/doc/1785754 (07.11.2013).
Raleigh, Donald J., Soviet Baby Boomers. An Oral History of Russia's Cold War Generation, Oxford 2012.
Raphael, Lutz, Die Verwissenschaftlichung des Sozialen als methodische und konzeptionelle Herausforderung für eine Sozialgeschichte des 20. Jahrhunderts, in: Geschichte und Gesellschaft 22, 1996, 165–193.
Rau, Susanne, Räume. Konzepte, Wahrnehmungen, Nutzungen (Historische Einführungen 14), Frankfurt am Main 2013.
Rittersporn, Gábor T. / Behrends, Jan C. / Rolf, Malte (Hrsg.), Sphären von Öffentlichkeit in Gesellschaften sowjetischen Typs. Zwischen partei-staatlicher Selbstinszenierung und kirchlichen Gegenwelten, Frankfurt am Main 2003.
Robinson, Paul / Dixon, Jay, Aiding Afghanistan. A History of Soviet Assistance to a Developing Country, London 2013.
Rolf, Malte, Das sowjetische Massenfest, Hamburg 2006.
Rolf, Thomas, Normalität. Ein philosophischer Grundbegriff des 20. Jahrhunderts, München 1999.

Sandle, Marc, Brezhnev and Developed Socialism: The Ideology of Zastoj?, in: Bacon / Sandle, Brezhnev Reconsidered, 165–188.
Savel'yev, Aleksandr' G. / Detinov, Nikolay N., The Big Five. Arms Control Decision-Making in the Soviet Union, Westport, CT 1995.
Schattenberg, Susanne, Von Chruščev zu Gorbačev. Die Sowjetunion zwischen Reform und Zusammenbruch, in: Neue Politische Literatur 2, 2010, 255–284.
Shipler, David K., In Russia, the Revolutionary Dream Has Run Its Course, in: New York Times, 06. November 1977.
Simečka, Milan, The Restoration of Order. The Normalisation of Czechoslovakia, London 1984.
Skilling, Gorden / Griffiths, Franklyn (Hrsg.), Interest Groups in Soviet Politics, Princeton 1971.
Sokolov, Boris, Leonid Brežnev. Zolotaja epocha, Moskau 2004.
Stollberg-Rilinger, Barbara, Des Kaisers alte Kleider. Verfassungsgeschichte und Symbolsprache des Alten Reiches, München 2008.
Stronski, Paul, Tashkent. Forging a Soviet City, 1930–1966, Pittsburgh 2010.
Šubin, Aleksandr V., Zolotaja osen' ili Period zastoja. SSSR v 1975–1985 gg., Moskau 2008.
Suri, Jeremi, Power and Protest. Global Revolution and the Rise of Détente, Cambridge, MA 2005.
Sutela, Pekka, Soviet Economics after Stalin. Between Orthodoxy and Reform, in: Vincent Barnett / Joachim Zwynert (Hrsg.), Economics in Russia. Studies in Intellectual History, Aldershot 2008, 157–172.
Thatcher, Ian D., Brezhnev as Leader, in: Bacon / Sandle, Brezhnev Reconsidered, 22–37.
Thomas, Daniel C., The Helsinki Effect: International Norms, Human Rights and the Demise of Communism, Princeton, NJ 2001.
Tompson, William, The Soviet Union under Breznev, Harlow 2003.
Vollnhals, Clemens (Hrsg.), Der Schein der Normalität. Alltag und Herrschaft in der SED-Diktatur, München 2002.
Walker, Barbara, Moscow Human Rights Defenders Look West. Attitudes towards U.S. Journalists in the 1960s and 1970s, in: Kritika 9:4, 2008, 905–927.
Ward, Christopher, Brezhnev's Folly. The Building of BAM and Late Soviet Socialism, Pittsburgh 2013.
Weeks, Theodore R., Nationality, Empire, and Politics in the Russian Empire and USSR. An Overview of Recent Publications, H-Soz-u-Kult 2012, http://hsozkult.geschichte.hu-berlin.de/forum/2012-10-001 (01.06.2013).
Westad, Odd Arne, The Global Cold War. Third World Interventions and the Making of Our Times, Cambridge 2005.
– (Hrsg.), Reviewing the Cold War. Approaches, Interpretations, Theory, London / Portland, OR 2000.
– (Hrsg.), The Fall of Détente. Soviet-American Relations During the Carter Years, Oslo 1997.
Willerton, John P., Patronage and Politics in the USSR, Cambridge 1992.
Williams, William A., The Tragedy of American Diplomacy, New York 1959.
Wirsching, Andreas, Der Preis der Freiheit. Geschichte Europas in unserer Zeit, München 2012.
Wolle, Stefan, Aufbruch nach Utopia. Alltag und Herrschaft in der DDR 1961–1971, Berlin 2011.
–, Die heile Welt der Diktatur. Alltag und Herrschaft in der DDR 1971–1989, Berlin 1998.

Wortman, Richard, Scenarios of Power. Myth and Ceremony in Russian Monarchy, 2 Volumes, Princeton 1995, 2000.

Yergin, Daniel, Shattered Peace. The Origins of the Cold War and the National Security State, Boston 1977.

Yurchak, Alexei, Everything Was Forever, Until It Was No More. The Last Soviet Generation, Princeton 2006.

Zubok, Vladislav M., A Failed Empire. The Soviet Union in the Cold War from Stalin to Gorbachev, Chapel Hill 2007.

Die Brežnev-Zeit einordnen: Erinnerungspolitik und Zukunftsentwürfe

Heldenkult und Bringschuld

Hyperstabilität in der Heldenstadt Tula unter Breženv

Ivo Mijnssen

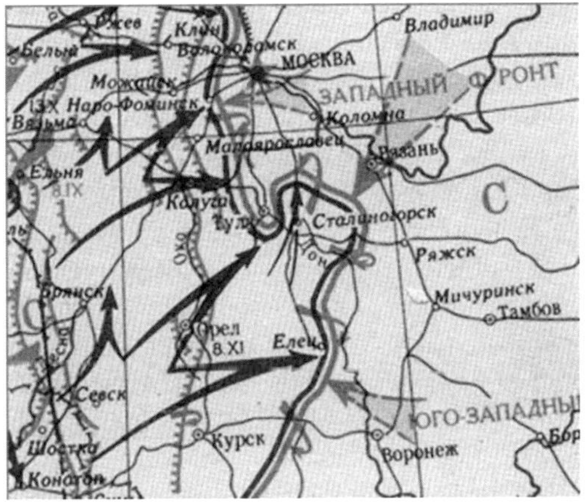

Abb. 1: Foto aus einem sowjetischen Mittelschulatlas: *Konstantin Bazilevich*, Atlas istorii SSSR čast' III: Dlja srednej školy, Moskau 1959, 39.

Karten prägen die Vorstellungen, die sich Menschen und Gesellschaften von sich selbst machen.[1] Diese Einsicht der „mental maps"-Forschung lässt sich auch auf die Vergangenheit übertragen: Räumliche Darstellungen wie dieser Kartenausschnitt aus einem sowjetischen Mittelschulatlas von 1959[2] prägten auch das Geschichtsbild und das Gedenken der Menschen in der poststalinistischen Sowjetunion.

Der Ausschnitt scheint neutral die militärische Lage vor Moskau im Herbst 1941 wiederzugeben. Er zeigt in schwarzen, dünnen Pfeilen den unerbittlichen Vorstoß der Wehrmacht, welche der Roten Armee seit Beginn der Invasion am 22. Juni eine Reihe von katastrophalen Niederlagen zugefügt hatte. Kiev, Minsk, Smolensk, Kaluga und Orel waren gefallen, Millionen von sowjetischen Soldaten

[1] *Frithjof B. Schenk*, Mental Maps. Die Konstruktion von geographischen Räumen in Europa seit der Aufklärung, in: Geschichte und Gesellschaft 28, 2002, 493–514, hier 495.

[2] *Konstantin Bazilevich*, Atlas istorii SSSR čast' III. Dlja srednej školy, Moskau 1959, 39.

in Gefangenschaft geraten. Vor Moskau kam der Angriff jedoch ins Stocken. Die Karte zeigt eine durchgehende rote Verteidigungslinie mit einer Beule bei Tula, der letzten großen Stadt vor der *stolica* (russ. Hauptstadt). Sie suggeriert fälschlicherweise großflächigen und homogenen Widerstand, der unter den Bedingungen des ungeordneten Rückzugs und der einsetzenden winterlichen Wegelosigkeit aber illusorisch war. Vielmehr konzentrierten sich die Kämpfe auf die Hauptachsen. In Tula, an der Hauptstraße gelegen, errichteten Partei, Armee und die mobilisierte Bevölkerung Verteidigungslinien und evakuierten Betriebe. Was die rote Verteidigungslinie ebenfalls nicht zeigt, ist die Hast, mit der die Verteidigung organisiert wurde. Die Sicherheitskräfte kämpften nicht nur gegen Panik, sondern auch gegen Plünderer: Parteifunktionäre verließen ohne Erlaubnis die Stadt, und die Sicherheitskräfte konnten erst wieder Ruhe herstellen, nachdem sie sieben Marodeure standrechtlich hatten erschießen lassen.[3]

Noch aussichtsloser schien die militärische Lage: Die regionale Parteiführung hatte es bis wenige Tage vor dem Angriff versäumt, mit dem Bau von Schützengräben und Panzersperren zu beginnen. Zudem befanden sich in der Stadt lediglich einige Tausend reguläre Soldaten. Zu ihnen gesellten sich rasch ausgehobene und bewaffnete Arbeiterbrigaden, die sich in Tula – immerhin ein Zentrum der Rüstungsindustrie – mit Gewehren aus dem 19. Jahrhundert auf die Verteidigung vorbereiteten. Vor Tula kämpften die der Kesselschlacht bei Brjansk entkommenen Reste der sowjetischen 50. Armee gegen die Panzer von General Heinz Guderian. Es folgten verlustreiche Kämpfe mit über 38.000 Toten auf sowjetischer Seite[4] und die beinahe vollständige Umzingelung der Stadt. Tula fiel jedoch nicht, die Front wurde stabilisiert. Anfang Dezember gelang der Roten Armee der erfolgreiche Gegenangriff, auf der Karte mit mächtigen roten Pfeilen dargestellt. Die Nationalsozialisten sollten nie wieder so nahe an Moskau herankommen.

Die Erinnerung an die Schlacht um Moskau und die Verteidigung Tulas wurde nach dem Krieg nicht nur in Karten wachgehalten. Vielmehr wurde Tula genau 35 Jahre nach dem sowjetischen Gegenangriff der Ehrentitel „Heldenstadt" (*gorod-geroj*) verliehen – am 8. Dezember 1976. Einen guten Monat später reiste Leonid Brežnev in die Stadt, um der Verleihungszeremonie beizuwohnen. In seiner Festrede sagte er, Tula habe in seiner langen Geschichte wiederholt die Heimat verteidigt. Erst die zeitliche Distanz gebe den Blick frei auf die Bedeutung der Leistung im Herbst 1941: „Unsere ganze Gegenwart fußt auf dem, was die vorhergehenden Generationen begründet, erkämpft und verteidigt haben." Auch die Nachkriegsgeneration ehre das Andenken der Vorfahren durch ihre Anstrengungen an der Arbeitsfront. Für seine „Arbeits- und Kriegstraditionen", die im Zweiten Weltkrieg ihren Höhepunkt erreicht hätten, werde Tula heute

[3] *Jurij Aparin*, Na Tul'skom napravlenii, Ščekino 2011, 62–63.

[4] Centr novejšej istorii Tul'skoj oblasti (CNITO) f. P-177, op. 72, d. 96, l. 13.

geehrt. „[D]essen herausragende Heldentat [hat] die höchste Auszeichnung des Vaterlandes verdient.“[5]

In Breževs Rede, wie auch auf der eingangs abgebildeten Karte, zeigt sich die große symbolische und politische Bedeutung des Heldenstadt-Status und des Kriegsgedenkens generell. Deutlich wird die Verbindung zwischen Heldenkult und moralischer Verpflichtung für die Nachkriegsgeneration. Beides, „Heldenkult“ und „Bringschuld“, sind zentrale Begriffe, unter denen sich parteistaatliche Mobilisierungsstrategien im „entwickelten Sozialismus“ der Brežnev-Ära fassen lassen. Aufgrund ihres privilegierten Status bieten sich die Heldenstädte[6] für die Analyse dieser Strategien in den 1970er Jahren an.

In diesem Beitrag werden deshalb zunächst einige konzeptuelle Überlegungen zur Brežnev-Ära angestellt und Schlüsselbegriffe geklärt. Im zweiten Teil folgt eine Diskussion des Heldenkultes, seiner Ausprägung und Rezeption in Tula. So soll auch gezeigt werden, wie Mobilisierung in der Provinz funktionierte und somit eine Erweiterung der Perspektive auf die Brežnev-Ära im räumlichen Sinn geleistet werden.

1. Brežnev-Ära und Kriegsgedenken

Das in den letzten Jahren stark gewachsene wissenschaftliche Interesse an der Brežnev-Ära hat den Blick freigegeben auf die komplexen und widersprüchlichen Entwicklungen der Zeit zwischen 1964 und 1982. Entstalinisierung, die sozialen Umbrüche und vielfältigen wirtschaftlichen Probleme führten in den 1950er und 1960er Jahren zu großer Unsicherheit innerhalb der politischen und intellektuellen Elite.[7] Als Folge wurde die Sicherung der gesellschaftlichen und politischen Stabilität zum Leitmotiv der Epoche, was die Herausgeber des Sammelbandes mit dem Begriff der „Hyperstabilität“ beschrieben haben.

Diese Hyperstabilität zeichnet sich dadurch aus, dass im Rahmen einer „Normalisierung“ Kontroversen öffentlich kaum mehr ausgetragen, negative Fakten ignoriert und größere Veränderungen im politischen, wirtschaftlichen und sozialen Aufbau der sowjetischen Gesellschaft nach Möglichkeit vermieden

[5] *A. I. Blatov* (Hrsg.), Vydajuščijsja podvig zaščitnikov Tuly. Prebyvanie general'nogo sekretarja CK KPSS tovarišča Brežneva v gorode-geroe Tule na toržestvach, posvjaščennych vručeniju gorodu medali ‚Zolotaja Zvezda', 17–19 janvarja 1977 goda, Moskau 1977, 13–14.

[6] In der Sowjetunion gab es zwölf Heldenstädte und eine Heldenfestung: Stalingrad, Leningrad, Moskau, Kiev, Odessa, Sevastopol', Novorossijsk, Kerč', Minsk, Tula, Smolensk und Murmansk und die Heldenfestung Brest.

[7] Siehe dazu etwa: *Edwin Bacon/Mark Sandle* (Hrsg.), Brezhnev Reconsidered, Basingstoke/Hants 2002; *Vladimir Shlapentokh*, A Normal Totalitarian Society. How the Soviet Union Functioned and How it Collapsed, New York 2001; *Lewis Siegelbaum*, Cars for Comrades. The Life of the Soviet Automobile, Ithaca 2008; *Vladislav Zubok*, A Failed Empire. The Soviet Union in the Cold War from Stalin to Gorbachev, Chapel Hill 2007, 72, 86.

wurden.[8] Um die mit damit einhergehenden gesellschaftlichen Spannungsfelder zu entschärfen und die Mängel der Planwirtschaft zu überdecken, wurden der Bevölkerung gleichzeitig Freiräume gewährt, unter anderem durch Toleranz gegenüber dem wachsenden Schwarzmarkt.[9]

Die Abkehr von kommunistischen Utopien spätestens nach der Ausrufung des „entwickelten Sozialismus“ im Jahr 1971, fehlende Arbeitsanreize und die allgemein nachlassende Dynamik der Planwirtschaft provozieren aber die Frage, wie dieses System dennoch versuchte, die Bevölkerung zu mobilisieren. Bereits ein oberflächlicher Blick auf Parteiakten aus der Brežnev-Ära macht klar, dass die Frage weit oben auf der Agenda der Führung stand. Doch wie ließen sich der Verzicht auf die Zukunftsutopie, die Kontinuität des sozialistischen Systems und anhaltende Dynamik diskursiv vereinen?

Geht man wie die Herausgeber davon aus, dass das System zunehmend selbstreferentiell wurde, also sich selbst abbildete, so stellen sich zwei Fragen: Was wurde abgebildet, und wie wurde diese Abbildung dynamisiert?[10] Eine zentrale Entwicklung, die im Zentrum dieses Beitrags steht, ist die Hinwendung zur „glorreichen Vergangenheit“[11], im Rahmen derer die sozialistische Utopie chronologisch „nach hinten“ verlagert wurde.

Diese Geschichtserzählung diente primär der „Selbstbeschreibung des Systems“.[12] Sie sollte in der Gegenwart eine politisch stabilisierende Wirkung erzielen. Zentraler Bestandteil dieser Rückbesinnung war das Gedenken an den „Großen Vaterländischen Krieg“, das zwischen Kriegsende und 1965 kaum eine öffentliche Rolle gespielt, in den persönlichen Erinnerungen der Menschen jedoch stets einen überragenden Stellenwert besessen hatte. In der Sowjetunion gab es kaum eine Familie, die im Krieg nicht eines oder mehrere ihrer Mitglieder verloren hatte. Der Parteistaat versuchte ab Mitte der 1960er Jahre zur Mobilisierung der Bevölkerung auf deren emotionale Verbindung zur Kriegserinnerung zurückzugreifen.[13]

---

[8] Man denke etwa an die Beendigung der Entstalinisierung und der Reformexperimente in der sowjetischen Wirtschaft und in der Tschechoslowakei nach 1968.

[9] James Millar hat dieses ökonomische Arrangement als *Little Deal* beschrieben. *James Millar*, The Little Deal. Brezhnev's Contribution to Acquisitive Socialism, in: Slavic Review 44:4, 1985, 694–706.

[10] Vgl. die Einleitung von Boris Belge und Martin Deuerlein in diesem Band, 14–15.

[11] *Denis Kozlov*, The Historical Turn in Late Soviet Culture. Retrospectivism, Factography, Doubt, 1953–91, in: Kritika 2, 2001, 577–600, hier 578.

[12] *Stefan Plaggenborg*, Experiment Moderne. Der sowjetische Weg, Frankfurt am Main/New York 2006, 109. Siehe auch: *Petr Vajl'/Aleksandr Genis*, 60-e. Mir sovetskogo čeloveka, Moskau 1998, 327.

[13] *Catriona Kelly*, The Retreat from Dogmatism. Populism under Khrushchev and Brezhnev, in: dies./David Shepherd (Hrsg.), Russian Cultural Studies. An Introduction, London 1998, 249–273; *Dietmar Neutatz*, Identifikation und Sinnstiftung. Integrative Elemente in der Sowjetunion, in: Osteuropa 57:12, 2007, 49–63, hier 49.

Um aber in diesem Feld die Kontroversen über Stalins Rolle im Krieg und den Preis des Sieges zu beenden, wurde das Kriegsgedenken stark idealisiert und heroisiert.[14] Der offizielle Kriegsdiskurs[15] zeichnete das Bild einer gegen den faschistischen Feind geeinten Bevölkerung, die zusammen mit der Roten Armee unter der Führung der Partei einen glorreichen Sieg errang.[16] Repressionen in der Armee, Kollaboration in den besetzten Gebieten, der Hitler-Stalin-Pakt, eigene Kriegsverbrechen und die gigantischen Verluste wurden tabuisiert.

Der Kriegsgeneration bot der Heldenkult eine attraktive Identifikationsmöglichkeit und die Zugehörigkeit zu einem Kollektiv der Sieger, das große gesellschaftliche Anerkennung genoss. Seine mobilisierende Wirkung sollte das Kriegsgedenken allerdings primär auf die Nachkriegsgeneration ausüben, die auf der moralischen Ebene angesprochen wurde.[17] Der Jugend wurde klargemacht, dass sie eine „Bringschuld“ habe, da sie ihr friedliches Leben den Heldentaten der Kriegsgeneration verdanke. So erklärte Brežnev in seiner Rede zum Tag des Sieges 1965 programmatisch, die jungen Sowjetmenschen teilten die Ideen ihrer Väter und würden, falls notwendig, „den Kampftraditionen der Helden des Großen Vaterländischen Krieges gerecht werden“ und „ihr Heimatland und die Errungenschaften der Oktoberrevolution“[18] verteidigen.

In der Folge des 20. Jahrestages des Sieges wurde deshalb eine Reihe von Programmen zur „patriotischen Erziehung“ entwickelt, in denen die Bringschuld über diverse soziale Praktiken im Bewusstsein der Jugend verankert wurde. Darunter waren Lager zur militärischen Vorbereitung, Ausflüge zu den „Orten des Kriegsruhms“, Betreuungsprogramme mit Veteranen und Leistungswettbewerbe. Über diese Praktiken versuchte der Parteistaat das kulturelle Gedächtnis[19] an den vergangenen Krieg so zu formen, dass Patriotismus und multiethnische Kooperation gegen einen gemeinsamen Feind, aber auch die sowjetische Vorherrschaft in Osteuropa und das politische System in der UdSSR legitimiert

---

[14] Zum Beispiel: *Bernd Bonwetsch*, ‚Ich habe an einem völlig anderen Krieg teilgenommen‘. Die Erinnerung an den ‚Großen Vaterländischen Krieg‘ in der Sowjetunion, in: Helmut Berding/Klaus Heller/Winfried Speitkamp (Hrsg.), Krieg und Erinnerung. Fallstudien zum 19. und 20. Jahrhundert, Göttingen 2002, 145–168; *Lev Gudkov*, Pobeda v vojne. K sociologii odnogo nacional'nogo simvola, in: ders., Negativnaja identičnost'. Stat'i 1997–2002 Godov, Moskau 2004, 20–58.

[15] Mein Diskursbegriff stammt von Michel Foucault und in meiner Verwendung für die historische Analyse beziehe ich mich auf *Philipp Sarasin*, Geschichtswissenschaft und Diskursanalyse, Frankfurt am Main 2003.

[16] *Lars Karl*, Der „Tag des Sieges“ in der Sowjetunion. Inszenierung eines politischen Mythos. MA-Arbeit, Eberhard-Karls Universität Tübingen 1999, 33.

[17] *Nina Tumarkin*, The Living and the Dead. The Rise and Fall of the Cult of World War II in Russia, New York 1994, 133. Zur Jugend in der Sowjetunion, siehe im Weiteren: *Hilary Pilkington*, Russia's Youth and its Culture. A Nation's Constructors and Constructed, London 1994.

[18] *Leonid Brezhnev*, The Great Victory of the Soviet People, Moskau 1965, 52.

[19] *Jan Assmann*, Kollektives Gedächtnis und kulturelle Identität, in: ders./Tonio Hölscher (Hrsg.), Kultur und Gedächtnis, Frankfurt am Main 1988, 9–19, hier 10–11; *Aleida Assmann*, Erinnerungsräume. Formen und Wandlungen des kulturellen Gedächtnisses, München 1999, 15.

wurden. Gerade weil das Kriegsgedenken einen derart hohen und fast schon „geheiligten" Status in der sowjetischen Gesellschaft hatte, wurden damit verbundene politische und wirtschaftliche Forderungen „normalisiert", selbstverständlich und oft unbestreitbar.[20]

2. Helden und Heldenstädte

Die Figur des Arbeits- und Kriegshelden, der für seine Heimat Großtaten vollbringt, agierte als verbindendes Element zwischen Kriegs- und Nachkriegsgeneration. Der Heldenkult der Breznev-Ära griff auf stalinistische Erzählmuster und Vorgaben zurück und passte diese an. Er war eng mit der Entstehung der Ideologie vom „Sozialismus in einem Lande" und dem sich gleichzeitig entwickelnden Sowjetpatriotismus verbunden und wurde kaum von der Entstalinisierung erfasst.[21] Nach und nach löste der 1934 eingeführte Titel „Held der Sowjetunion" den vier Jahre älteren Leninorden als prestigeträchtigste sowjetische Ehrung ab:[22] Bis 1974 standen über 390.000 Trägern und Trägerinnen des Leninordens 12.460 „Helden der Sowjetunion" gegenüber. Die Ehrungen wurden größtenteils an Individuen verliehen, den Leninorden erhielten aber auch militärische oder wirtschaftliche Kollektive. Die Orden waren mit Vergünstigungen und Pensionen für ihre Träger verbunden, die von der kostenlosen Benutzung des öffentlichen Verkehrs bis zu prioritärer Behandlung bei Wohnungssuche und medizinischer Versorgung reichten.[23]

Die meisten „Helden der Sowjetunion" wurden während des Zweiten Weltkrieges ernannt.[24] Mit Ausnahme Breznevs selbst, der sich viermal zum „Helden

[20] Zum Begriff der „Normalität" siehe die Diskussion von Jürgen Links Arbeiten in der Einführung und *Jacob Torfing*, New Theories of Discourse. Laclau, Mouffe and Žižek, Oxford 1999, 123.

[21] *Erwin Oberländer*, Sowjetpatriotismus und Geschichte. Dokumentation, Köln 1967, 9–11. Siehe dazu auch: *David Brandenberger*, National Bolshevism. Stalinist Mass Culture and the Formation of Modern Russian National Identity, 1931–1956, Cambridge 2002.

[22] Ein zentraler Moment dieses Prozesses war die Čeljuskin-Expedition, deren Teilnehmer von sowjetischen Fliegern gerettet wurden, nachdem sie zwei Monate im Packeis festgesessen hatten. Der Pilot Anatolij Ljapidevskij wurde am 16. April 1934 zum ersten „Held(en) der Sowjetunion" ernannt.

[23] Stalin hatte diese Privilegien 1947 abgeschafft. Erst am 6. September 1967 führte das Präsidium des Obersten Sowjets die Vergünstigungen wieder ein. Die Wiedereinführung reflektierte einerseits die verbesserte wirtschaftliche Lage der Sowjetunion, aber auch die Strategie der neuen Führung, sich die Kriegsveteranen durch Privilegien als loyale Unterstützer zu erhalten.

[24] *G. A. Kolesnikov/A. M. Rožkov*, Ordena i medali SSSR, Moskau 1974, 27, 30, 38. Die männliche Form für die Helden ist nicht zufällig: Gerade 91 Frauen wurden zu „Heldinnen der Sowjetunion" ernannt. Zu stalinistischen Helden, siehe im Weiteren: *John McCannon*, Red Arctic. Polar Exploration and the Myth of the North in the Soviet Union, 1932–1939, New York 1998; *Karen Petrone*, Life has Become more Joyous, Comrades. Celebrations in the Time of Stalin, Bloomington 2000.

der Sowjetunion" küren ließ, wurde die Verleihungspraktik bei dieser Auszeichnung in den 1960er und 1970er Jahren wesentlich weniger inflationär gehandhabt als beim Leninorden.

Eine bemerkenswerte Ausprägung des Heldenkultes stellen die „Heldenstädte" dar. Heldenstädten wurde die Auszeichnung „Held der Sowjetunion", der Leninorden und die höchste sowjetische Medaille, der „Goldene Stern", verliehen.[25] Die Zahl der territorialen Einheiten, die zu Helden erklärt wurden, war wesentlich kleiner als beim Leninorden. Den 13 Heldenstädten standen 35 Städte, über 100 Gebiete und alle 15 Sowjetrepubliken gegenüber, die mit dem Leninorden ausgezeichnet wurden – manche gar mehrfach.[26]

Auf der konzeptuellen Ebene fragt sich, welche Gemeinschaft konkret mit der „Heldenstadt" beschrieben wurde. Der Heldenstadt-Status wurde nämlich erst am Vorabend des 20. Jahrestags des Sieges, am 8. Mai 1965, kodifiziert und institutionell verankert, auch wenn der Begriff bereits während des Krieges kursierte. Weiter unterschied sich die Bevölkerung der Heldenstädte in den 1960er und 1970er Jahren von jener der Kriegsära, da damals das Gros evakuiert oder getötet worden war. Im Zuge des Wiederaufbaus zogen Arbeiter aus anderen Regionen in den kriegsverwüsteten Westen und Süden, in dem die Heldenstädte liegen.

Sabine Arnold weist in ihrer Studie über Stalingrad darauf hin, dass der Begriff „Heldenstadt" nicht festlegte, „ob die Einwohner, die verteidigenden Soldaten oder nur die Mitglieder des Stadtkomitees der KPdSU gemeint waren".[27] Die vage Definition lässt sich jedoch auch als Identifikationsmöglichkeit für die gesamte Bevölkerung verstehen, die unabhängig von Alter und Herkunft zum Heldenkollektiv gehörte.

Zudem wurde Kontinuität hergestellt: Die Struktur praktisch aller Heldengeschichten beinhaltet den Tod, dessen Überwindung, und die Wiederauferstehung des Helden in transformierter Gestalt.[28] Die Heldenstadt sollte diese Wiederauferstehung nach den Zerstörungen und Leiden des Krieges verkörpern – in wiederaufgebauter, wirtschaftlich prosperierender Form. In Publikationen über die Heldenstädte wurde stets betont, auf den einstigen Schlachtfeldern stünden heute Wohnhäuser, Pionierpaläste und Parks. Das zentrale Moment im offiziellen Diskurs war der sozialistische Wohlstand.

---

[25] Außerhalb der Sowjetunion gibt es nur sehr wenige Beispiele von Orten, die zu Helden erklärt wurden. In Jugoslawien trug eine Reihe von Städten den „Orden des Volkshelden", in Italien wurden einige Städte und Gebiete mit dem Tapferkeitsorden ausgezeichnet, und Großbritannien verlieh das St. George Cross im Zweiten Weltkrieg einmalig an Malta.

[26] *Kolesnikov/Rožkov*, Ordena i medali SSSR, 40.

[27] *Sabine Arnold*, Stalingrad im sowjetischen Gedächtnis. Kriegserinnerung und Geschichtsbild im totalitären Staat, Dortmund 1998, 326.

[28] *Katerina Clark*, The Soviet Novel. History as Ritual, Chicago/London 1981, 49.

Ein Held wird allerdings erst zum Helden, indem er oder sie eine außergewöhnliche Tat in einem Ausnahmezustand – etwa im Krieg – vollbringt.[29] In einer Gesellschaft wie der sowjetischen, die in ihrer Selbstdefinition revolutionär war, besetzten Heldenfiguren auch im zivilen Leben eine zentrale Position. Über die Identifikation mit Heldenfiguren wurde in der sowjetischen Gesellschaft das Erreichen von staatlich vorgegebenen Zielen gefördert. Ein solcherart „institutionalisierter Panheroismus" habe eine Gesellschaftskonzeption inspiriert, die einem „Kampfplatz" voller „Kampagnen" und „Siegen" glich, schreibt Hans Günther.[30]

Die Beschreibung trifft in dieser Absolutheit für die Breżnev-Ära nicht mehr zu, da größere gesellschaftliche Freiräume bestanden als unter Stalin. Dennoch wurde der Heldenstadt-Diskurs stark für die Mobilisierung der Bevölkerung verwendet. Die Stadtbehörden organisierten zahlreiche Gedenkfeierlichkeiten. Zudem wurde das Kriegsgedenken konstant mit der Forderung nach höherer Produktion und Effizienz am Arbeitsplatz verbunden. Für eine weiterhin stark auf Kampagnen beruhende Wirtschafts- und Gesellschaftsordnung war das Potenzial des Heldenstadt-Diskurses nicht unerheblich. Da die Wirkung einer Heldenfigur maßgeblich von ihrer Akzeptanz in der Bevölkerung abhängt[31], war die stark verankerte Erinnerung an den Krieg ein naheliegender Anknüpfungspunkt. Zudem konnte so der offizielle Kriegsdiskurs mit regional und lokal spezifischen Ereignissen und Figuren besetzt werden.[32]

Die Akzeptanz der Mobilisierungsstrategie war umso wichtiger, weil die Heldenstädte gleichzeitig die wichtigsten wirtschaftlichen Zentren waren. Tula war ein Zentrum der Kohle- und Industrieproduktion, auch wenn die Stadt nicht zu den bekanntesten Heldenstädten gehört. Nach dem Krieg förderte der Ministerrat in Tula vor allem die Schwerindustrie, die ab 1950 zum wichtigsten Produktionszweig der Region wurde.[33] Schon seit dem 16. Jahrhundert war Tula zudem ein Zentrum der Waffenindustrie, eine Rolle, die mit dem Ausbau des militärisch-industriellen Komplexes in der UdSSR noch forciert wurde. Ende der

---

[29] Siehe dazu *Klaus von See*, Held und Kollektiv, in: Zeitschrift für deutsches Altertum und deutsche Literatur 122:1, 1993, 1–35, hier 27; *Jan Philipp Reemtsma*, Der Held, das Ich und das Wir, in: Eurozine, 2009, 1–19, hier 3, http://www.eurozine.com/articles/2009-09-08-reemtsma-de.html (20.11.2012).

[30] *Hans Günther*, Der sozialistische Übermensch. M. Gor'kij und der sowjetische Heldenmythos, Stuttgart 1993, 180–181.

[31] *Silke Satjukow/Rainer Gries*, Zur Konstruktion des ‚sozialistischen Helden'. Geschichte und Bedeutung, in: dies. (Hrsg.), Sozialistische Helden. Eine Kulturgeschichte von Propagandafiguren in Osteuropa und der DDR, Berlin 2002, 15–34, hier 21.

[32] Dazu *Carmen Scheide*, Erinnerungsprozesse und Erinnerungskulturen an den Zweiten Weltkrieg in der Sowjetunion, 1941–1991, unveröffentlichte Habilitationsschrift, Universität Basel 2010, 17; *Lisa Kirschenbaum*, The Legacy of the Siege of Leningrad, 1941–1995. Myth, Memories, and Monuments, Cambridge 2006.

[33] *A. S. Galican/D. Z. Muriev*, Tula – gorod-geroj, Moskau 1981, 148.

1970er Jahre produzierten die 32 Betriebe der Rüstungsindustrie unter anderem 200.000 Kalašnikov-Gewehre pro Monat.[34]

Da Tula außerdem eine wichtige Garnisonsstadt war, spielte die militärische Kultur, zu der auch das Kriegsgedenken gehörte, relativ gesehen eine größere Rolle als etwa im 180 Kilometer entfernten Moskau. Gleichzeitig war die Bedeutung der Stadt im Krieg eng mit der Verteidigung der Hauptstadt verbunden. An ihr lassen sich deshalb auch wichtige Aspekte der wirtschaftlichen Dynamik zwischen Provinz und Zentrum in der Sowjetunion aufzeigen.

3. Heldenstadt Tula

Auf der diskursiven Ebene fand unter dem Überbegriff „Heldenstadt" eine Neuerzählung der Stadtgeschichte als Heldenerzählung statt. Im Nachgang zur Ernennung zur Heldenstadt erschienen verschiedene unionsweite Publikationen der Serie „Heldenstädte", die u.a. das historische und architektonische Erbe Tulas beschrieben. Immer wieder wurde darin Tula als das „Schild am südlichen Tor Moskaus, dem Herzen Russlands" bezeichnet.[35] Diese Rolle sollten dann historische Schlüsselereignisse illustrieren: Die Industrialisierung Tulas in der Zarenzeit wurde als Vorstufe zur Oktoberrevolution 1917 dargestellt, der Beitrag der städtischen Werktätigen zum sozialistischen Aufbau, gerade im Bereich der Schwerindustrie, hervorgehoben. Dazu kamen die militärischen Heldentaten: Der Sieg gegen die Mongolen auf dem Kulikovo-Feld bei Tula im Jahr 1380, die Rolle der städtischen Waffenschmieden im Krieg gegen Napoleon und die Verteidigung gegen die Truppen von General Denikin 1919 im Bürgerkrieg. Die Heldentaten der „Bastion" Tula kulminierten diesem Narrativ zufolge im Herbst 1941.[36]

In das Pantheon der Helden wurde Tula bereits während des Krieges erhoben: „Die heldenhaften Verteidiger von Moskau und Tula, Odessa und Sevastopol', Leningrad und Stalingrad zeigten beispielhafte und hingebungsvolle Tapferkeit, eiserne Disziplin, Standhaftigkeit und die Fähigkeit zu siegen"[37], schrieb Stalin 1942. Er nannte Tula in einer Reihe mit den berühmtesten Heldenstädten, denen das Präsidium des Obersten Sowjets bereits am 8. Mai 1965 den Ehrentitel verlieh.

---

[34] *Vasilij Maliničev*, Na zakate. Istoriko-ekonomičeskij očerk o žizni Tul'skoj oblasti v poslednie desjatiletija sovetskoj vlasti, Tula 2009, 64. Vergleichszahlen für die späten 1970er Jahre sind schwer zu finden, da in der Sowjetunion kaum Zahlen über die Rüstungsindustrie veröffentlicht wurden. 1962 gab es in der gesamten Sowjetunion aber 599 Betriebe des militärisch-industriellen Komplexes. Daran lässt sich die Bedeutung Tulas zumindest abschätzen. *Nikolaj Simonov*, Voenno-promyšlennyj kompleks SSSR v 1920–1950-e gody, Moskau 1996, 276.

[35] So etwa in *Galican/Muriev*, Tula – gorod-geroj, 5.

[36] *Blatov* (Hrsg.), Vydajuščijsja podvig, 14.

[37] *Iosif Stalin*, Prikaz narodnogo komissara oborony SSSR 07 nojabrja 1942 goda No. 345, in: ders., Sočinenija – tom 15, Moskau 1997, 129–131, hier 130.

Die gleiche Anerkennung sollte Tula erst am 7. Dezember 1976 erfahren. Sie erhielt die Auszeichnung in Etappen: Am 7. Dezember 1966, dem 25. Jahrestag der Verteidigung, wurde der Stadt der Leninorden verliehen, als „Symbol der militärischen Heldentaten und der ruhmreichen revolutionären Traditionen des Proletariates in Tula". Aus Moskau reiste der Sekretär des ZK der KPdSU und spätere Verteidigungsminister, Dmitrij Ustinov, an, um den Orden zu übergeben. Ustinov lobte Tula aber nicht nur, sondern wählte für den feierlichen Anlass auch unüblich kritische Worte, wie er selbst gestand. Er fand „ernsthafte Mängel" beim technischen Niveau der Produktion und der Arbeitsdisziplin. Er forderte, die „reichen Revolutions- und Arbeitstraditionen" Tulas besser zur Erziehung der Arbeiter und der Jugend einzusetzen.[38]

Ustinovs Worte sind in der Tradition der Kritik und Selbstkritik zu sehen, die gerade an öffentlichen Anlässen nicht fehlen durfte. Die Kritik muss auch im Kontext der 1966 laufenden Kampagne zur Propagierung der Kosygin-Reformen, die unter anderem auf technologische Modernisierung abzielten, gelesen werden. Die technologische Basis der Landwirtschaft in Tula galt als veraltet, weshalb der *oblast'* das Plansoll im Siebenjahresplan von 1959 bis 1965 verfehlte. 1967, möglicherweise auch als Folge der Verleihung des Leninordens, wurden die Investitionen aus Moskau in die Wirtschaft von Tula erhöht, was das Wachstum enorm beschleunigte.[39]

Die offene Kritik zeigt aber auch einmal mehr, dass der Leninorden nicht das gleiche Prestige besaß wie der Titel der Heldenstadt. Zur Verleihung war kein Politiker aus dem engeren Führungskreis angereist. Immerhin wohnten ihr Vertreter der anderen Heldenstädte bei, die Aufnahme Tulas „in ihre ruhmreiche und heldenhafte Familie"[40] erfolgte jedoch erst 1976.

Die Akten des Oblast-Komitees (*obkom*) zeigen, dass die Führung der Region unter dem ambitionierten Ersten Sekretär der Partei, Ivan Junak, sich mit dem Leninorden nicht zufrieden gab. Mindestens dreimal bewarb sich Tula in den folgenden Jahren als Heldenstadt, 1970, 1975 und 1976. Erst die letzte Bewerbung war erfolgreich.[41]

Die Anträge für den Heldenstadt-Status richteten sich an das Zentralkomitee (ZK) und an Leonid Brežnev persönlich,[42] obwohl formell das Präsidium des Obersten Sowjets den Erlass (*ukaz*) über den Heldenstadt-Status ausstellte. Dass

---

[38] *Viktor Finogenov* (Hrsg.), Tula – gorod ordenonosnyj, Tula 1967, 10, 21–22.

[39] *Vasilij Maliničev*, Na puti k krachu, Tula 2004, 263, 310. Wie direkt die zusätzlichen Investitionen mit der Ehrung zusammenhingen, lässt sich den vorliegenden Dokumenten nicht entnehmen. Das zeitliche Aufeinandertreffen ist aber augenfällig.

[40] *Blatov* (Hrsg.), Vydajuščijsja podvig, 13.

[41] Gosudarstvennyj archiv Tul'skoj oblasti (GATO): f. R-2640, op. 12, d. 587, l. 1 (1970); CNITO, f. P-177, op. 55, d. 110, l. 52–58, 73–75 (1970); f. P-177, op. 69, d. 84, l. 1–6 (1975), f. P-177, op. 72, d. 96, l. 1–15 (1976).

[42] CNITO, f. P-177, op. 72, d. 96, l. 6–7.

das ZK – und in letzter Instanz das Politbüro – das Entscheidungsgremium war, unterstreicht die große Bedeutung der Auszeichnung. Im Falle Tulas gab es offenbar innerhalb der Führungsriege Widerstände gegen die Ernennung zur Heldenstadt.[43] Sie kam erst durch eine persönliche Intervention zustande: Pavel Potechin, von 1976 bis 1987 Vorsitzender des KGB in Tula und Mitglied des *obkom*-Büros, verweist auf Ivan Junaks enge Beziehung zu Jurij Andropov, den er im Herbst angerufen habe. Andropov habe die Sache in die Hand genommen, „und plötzlich waren alle Unterschriften im Politbüro [für die Ernennung Tulas zur Heldenstadt] zusammen."[44] Die Episode unterstreicht, wie stark auch formale und institutionalisierte Auswahlprozesse in der Brežnev-Ära von persönlichen Netzwerken und der „Stabilität der Kader" abhingen.[45]

4. Ernennung zur Heldenstadt

Die Ernennung zur Heldenstadt war ein Großanlass, dessen Inszenierung sich über mehrere Wochen erstreckte. Tula schaffte es auf die Frontseite der *Pravda*, und der Ausruf „Heldenstadt Tula!" ersetzte in der Regionalzeitung *Kommunar* am 8. Dezember 1976 die sonst mit „Proletarier aller Länder, vereinigt euch!" beschriebene Kopfzeile.[46] Die beiden ersten Seiten waren ganz dem großen Ereignis gewidmet, und auch in den folgenden Tagen dominierten die Feiern die Schlagzeilen. Berichtet wurde über zahlreiche Parteiversammlungen in Betrieben und Schulen. Auf ihnen seien „heiße Worte der Dankbarkeit an die Kommunistische Partei" erklungen. Zudem wurde unterstrichen, Tula werde sich der Ehre als „würdig" erweisen:

> Als Antwort auf die hohe Auszeichnung sind die Werktätigen Tulas bereit, alle Kräfte auf die Erfüllung und Übererfüllung der Aufgaben dieses Jahres und des Fünfjahresplans im Ganzen zu verwenden, auf die unentwegte Erhöhung der Effizienz, Qualität und Organisation von Produktion und Arbeitsdisziplin.[47]

Auch hier nimmt die Verknüpfung von Heldenkult, Bringschuld und Arbeit einen zentralen Platz im offiziellen Diskurs ein. Das *obkom* der Partei gab die

---

[43] Leider sind die Bestände des Politbüros weiterhin Forschern nicht zugänglich, weshalb die Gründe für diese Widerstände nicht eruiert werden konnten.

[44] *Anna Afanas'eva*, Tula stala gorodom geroem blagodarja Junaku, in: Moja sloboda Tula, 19. März 2008, http://www.tula.rodgor.ru/gazeta/693/persona/4085 (21.11.2012).

[45] Junak galt darüber hinaus als Schützling Brežnevs, da sich beide noch aus Dnepropetrovsker Zeiten kannten. Bereits vor seiner Machtübernahme gelang es Brežnev, seine Vertrauten ins Zentralkomitee der KP zu befördern, darunter 1961 auch Junak. Siehe dazu *Ilya Zemtsov*, Chernenko, the Last Bolshevik. The Soviet Union on the Eve of Perestroika, New Brunswick/ Oxford 1989, 63, 69–70.

[46] Kommunar, 08. Dezember 1976, 1.

[47] Kommunar, 10. Dezember 1976, 1.

Devise heraus, Tula solle, um sich ihres Heldenstadt-Status würdig zu erweisen, zu einer „Stadt hoher Produktionseffizienz, vorbildlicher Kultur und vorbildlichen Alltagslebens" werden.[48]

Zahllose Arbeitskollektive verpflichteten sich, ihr Plansoll zu übertreffen und so an die Arbeitshelden der Stachanov-Bewegung der 1930er Jahre anzuknüpfen. Die Ernennung zur Heldenstadt wurde auch konsequent mit dem 60. Jubiläum der Oktoberrevolution 1977 verbunden. Im Rahmen von sozialistischen Wettbewerben erfüllten mehr als 2.000 Betriebe und über 60.000 Arbeitende den Plan für 1977 bereits am 7. November.[49] Die Jugend wurde speziell in die Pflicht genommen: Das *obkom* des Komsomol schrieb, die Jugendorganisation habe ihre Anstrengungen als Folge des neuen Heldenstadt-Status verstärkt. Die 25.000 jungen „Bestarbeiter" machten fast die Hälfte der oben erwähnten Arbeitshelden aus.[50]

Der Höhepunkt der Feiern folgte Mitte Januar, als Leonid Brežnev persönlich nach Tula kam, um der Stadt den „Goldenen Stern" ans Banner zu heften. Von allen sowjetischen Führern hatte außer Brežnev einzig Nikita Chruščev der Stadt je einen Besuch abgestattet.[51] Auch unionsweit erhielt der Besuch viel Beachtung: Vom 18. bis 20. Januar 1976 dominierte er die Schlagzeilen der *Pravda*, und die Rede Brežnevs vom 18. Januar vor der Festversammlung füllte die ersten zwei Seiten.[52]

Neben Brežnev und den lokalen Parteigrößen hatte auch die Jugend einen prominenten Auftritt. Zu den Klängen des Orchesters traten Komsomolzen, Pioniere und junge Soldaten im Theatersaal auf und dankten der Partei und dem ganzen Volk, dass sie in Frieden aufwachsen durften. „Aber niemand und nichts ist vergessen!" betonten sie. „Wir bereiten uns auf das Leben vor, auf die Arbeit und die Wissenschaft, wir bereiten uns darauf vor, die ruhmreichen Helden abzulösen."[53] Durch diesen Gedenkanlass wurde das Erbe der Kriegshelden einmal mehr als Verpflichtung für die Nachkriegsgeneration artikuliert.

Im Vergleich zur Rede Ustinovs zehn Jahre zuvor fällt der geänderte Tonfall Brežnevs auf. Er forderte und lobte nicht nur, sondern machte auch klare Versprechen. So sprach er erstaunlich selbstkritisch die Wohnungsnot in Tula an:

> Ihr sagt: Es braucht mehr Wohnungen, mehr Einrichtungen für Kinder, mehr Waren in den Läden. Ihr habt Recht. Bei uns übertrifft die Nachfrage unsere Möglichkeiten. Aber wir bleiben ja nicht auf der Stelle stehen, sondern gehen vorwärts. […]. Wenn im achten Fünfjahresplan für die Entwicklung Tulas 474 Millionen Rubel ausgegeben wurden, so

---

[48] CNITO, f. P-177, op. 77, d. 185, l. 1. Aus Anlass der Verleihung des Heldenstadt-Status an andere Städte wurden praktisch identische Formulierungen verwendet.

[49] CNITO, f. P-177, op. 77, d. 82, l. 143.

[50] CNITO, f. P-188, op. 1, d. 1491, l. 3.

[51] Aus Anlass der Verleihung des Leninordens an den Oblast' im Februar 1958.

[52] Pravda, 19. Januar 1976, 11–12.

[53] *Blatov* (Hrsg.), Vydajuščijsja podvig, 53.

waren es im neunten 718 Millionen, und für den zehnten planen wir schon 903 Millionen Rubel. Aber wieso applaudieren Sie denn nicht? (*Applaus, Belebung im Saal*)[54]

Die Aufforderung Breznevs zum Applaudieren und die große Zahl der erwähnten Beschwerden weist auf lokal verbreitete Unzufriedenheit über die Lebensverhältnisse in Tula hin. Das Wachstum der Schwerindustrie hatte zu einer starken Bevölkerungszunahme geführt. Die Stadtregierung von Tula war in den 1960er und 1970er Jahren nicht in der Lage, genügend Wohnraum für die rasch wachsende Bevölkerung bereitzustellen.[55]

Zwischen 1939 und 1979 verdoppelte sich die Stadtbevölkerung aufgrund der wirtschaftlichen Entwicklung beinahe – von 285.000 auf 514.000 Einwohner.[56] Der Generalplan der Stadt sah zudem zwischen 1976 und 2000 ein weiteres Bevölkerungswachstum von 500.000 auf 750.000 Personen vor. Dies hätte den Bau von zusätzlichen 6,5 Millionen Quadratmetern Wohnraum nötig gemacht – bei einem Gesamtbestand von 7 Millionen Quadratmeter im Jahr 1975.[57] Um unter diesen Umständen die von einer Heldenstadt erwartete Vorbildfunktion zu erfüllen, schrieb etwa der Architekt V. N. Savčenko, fehle vor Ort schlicht das Fachwissen.[58]

Auch die Versorgungslage in Tula blieb unbefriedigend. Schlechte Ernten zwischen 1972 und 1975 führten zu Knappheit bei den Grundnahrungsmitteln.[59] Fleisch war in Tula in den normalen Läden so rar, dass die Menschen mit dem Regionalzug nach Moskau fuhren, um sich dort mit Wurstwaren einzudecken. Zwar war der Oblast' von Tula eine der wichtigsten Landwirtschaftsregionen der Sowjetunion, doch die Produkte wurden größtenteils nach Moskau „exportiert". Das gleiche galt für die industriellen Erzeugnisse.[60]

Im Angesicht dieser Herausforderungen bedeuteten die Versprechen Breznevs nicht jenen Meilenstein, den sich viele von der Ernennung Tulas zur Heldenstadt erhofft hatten. Die Lokalhistorikerin Irina Paramonova interpretiert die damals vorherrschende Stimmung so: „Die Tuljaken sind sehr stolze Leute mit einem stark entwickelten Gefühl für ihre eigene Würde. Deshalb war die Reaktion auf die Erhöhung der Budgetmittel gerechtfertigt. Man sah diese als Tula geschuldet an."[61] Dieser Lokalstolz leitete sich wesentlich aus der Vergangenheit ab, was Paramonova mit einem Vergleich illustriert: Die Nachbarstadt Kaluga habe die Nationalsozialisten mit Brot und Salz begrüßt, während Tula gekämpft habe.

Erste von mir geführte und ausgewertete Interviews mit Zeitzeugen der Nachkriegsgeneration weisen in eine ähnliche Richtung. Die Einwohner erklärten

[54] *Blatov* (Hrsg.), Vydajuščijsja podvig, 21–22.
[55] *Vasilij Maliničev*, V romantičeskom tumane, Tula 2007, 34.
[56] *A. G. Višnevskij* (Hrsg.), Naselenie Rossii 2006, Moskau 2008, 150.
[57] *V. N. Savčenko*, Gorod-geroj Tula, Moskau 1979, 104–105, 169.
[58] Ebd., 186–187.
[59] *Blatov* (Hrsg.), Vydajuščijsja podvig, 20.
[60] *Maliničev*, Na puti k krachu, 313.
[61] *Irina Paramonova*, E-Mail-Korrespondenz mit dem Autor, 12. Oktober 2012.

unisono, dass sie stolz über die Ernennung Tulas zur Heldenstadt waren und sind. In die Erzählungen mischte sich oft aber auch der Hauch eines Minderwertigkeitskomplexes. Für den 1946 geborenen Evgenij Stepunin bedeutete die Ernennung, dass die Leistungen Tulas im Zweiten Weltkrieg gebührend gewürdigt wurden. Trotzdem meinte er, die Leistung Tulas werde zum Teil noch immer nicht von allen gebührend anerkannt.[62]

Elena Boženko, einst in der Nomenklatura des Komsomol-Rajkoms, erzählte ebenfalls zuerst von ihrem Stolz: „Wenn wir irgendwohin gingen, konnten wir sagen: ‚wir sind aus der Heldenstadt Tula'."[63] In der Folge erwähnte sie aber auch, dass Kollegen aus Leningrad oder Wolgograd oft leicht herablassend gefragt hätten, wofür Tula den Orden denn erhalten habe. Irina S. schließlich, eine Hochschullehrerin, teilte mir ein Erlebnis mit, das sie am Tag der Ernennung zur Heldenstadt hatte.[64] Sie habe mit Kommilitonen im Studentenheim gefeiert, als ein junger deutscher Kommunist, der im Rahmen eines Austausches in Tula war, hineinkam. Er fragte, was denn geschehen sei. Auf ihre Antwort meinte er nur: „Bei euch gibt es nur Heldenstädte, die geben doch allen einen Orden." Dieser Kommentar machte sie sehr wütend. Er zeigt aber zusammen mit den anderen Aussagen, dass sich offenbar auch bei den Heldenstädten Ende der 1970er Jahre eine gewisse „Ordensinflation" einstellte, auch wenn ihre Zahl vergleichsweise gering war.

Spannend sind auch die Antworten auf die Frage, was sich im Alltagsleben geändert habe. „Nichts", meinte Stepunin, was ihn „enttäuschte." Die Verleihung selbst sei vor allem für die anwesenden Parteifunktionäre wichtig gewesen. Boženko ging noch einmal konkret auf den Aspekt der Verpflichtung ein.

> „Heldenstadt" ist ein Ehrentitel (*zvanie*). Und dem muss man entsprechen. Die Straßen müssen sauberer sein […]. Man muss also die Straßen putzen, neue Häuser bauen. Es wurde schwieriger, Esswaren zu besorgen. Wir lachten bereits, es gab praktisch einen Witz (*Anekdot*), der besagte: „Na, was jetzt? Entweder die Auszeichnung zur Heldenstadt oder Esswaren!" (*lacht*).

Diesen Antworten zufolge überwogen die positiven Statusaspekte der Ernennung nicht unbedingt gegenüber den neuen Verpflichtungen.

5. Schlussfolgerungen

Am Beispiel Tula lässt sich die wichtige und komplexe Rolle von Heldenfiguren und Heldenstädten während der Breženv-Ära für die lokale Identität und als Mittel zur Dynamisierung der „hyperstabilen" Sowjetgesellschaft erahnen. Die

[62] *Evgenij Stepunin*, Interview durch den Autor, 18. Mai 2012, Tula.
[63] *Elena Boženko*, Interview durch den Autor, 17. und 24. Mai 2012, Tula.
[64] Name auf Wunsch der Interviewpartnerin anonymisiert.

Ernennung zur Heldenstadt bedeutete eine privilegierte Stellung, zumindest auf der symbolischen Ebene. Mit ihr waren eine öffentliche Anerkennung der großen Opfer im Zweiten Weltkrieg und eine Einschreibung regionaler Ereignisse und Taten in den nationalen Heldenkult verbunden. Die Auszeichnung bedeutete aber keine Gleichheit mit den großen Zentren Moskau und Leningrad: Gerade der Vergleich mit Moskau in Bezug auf die Versorgung mit Alltagsgütern führte den Tuljaken ihren inferioren Status vor Augen und sorgt bis heute für einen Minderwertigkeitskomplex.

Für die regionale Nomenklatura der Partei bedeutete der neue Status mehr Prestige. Sie erhielt etwa im Rahmen der Verleihungsfeierlichkeiten auch die Möglichkeit, regionale Probleme auf einer nationalen Bühne zu präsentieren. Gleichzeitig stiegen die Erwartungen an die regionalen Werktätigen: Sie standen nun in einer wirtschaftlichen und moralischen Bringschuld und mussten beweisen, dass sie der Ehre würdig waren, primär, indem sie die Pläne der Partei übertrafen. Die Auseinandersetzung mit dem Heldenkult bietet deshalb auch Ansätze einer Antwort auf die Frage aus der Einleitung dieses Bandes, wie sich ein revolutionärer Staat unter „normalen" Umständen legitimiert: Anstelle der Arbeit für eine zukünftige Utopie trat die Arbeit als würdevolle Nachfolger der Helden vergangener Zeiten.

Das Beispiel Tula zeigt aber auch, dass diese Verbindung des Kriegsgedenkens mit Leistung und ökonomischen Privilegien nicht unproblematisch war. Sie führte zur Entwicklung einer lokalen Anspruchshaltung, einer Art umgekehrter Bringschuld, der die autoritär geführte Planwirtschaft besonders im Konsumsektor nicht gerecht werden konnte.

> Leider wurden die Hoffnungen der Tuljaken auf zusätzlichen Wohlstand [im Zusammenhang mit der Ernennung zur Heldenstadt] nicht erfüllt. Mit der Auszeichnung als „Heldin" ging in Tula der heldenhafte Kampf gegen den Lebensmittelmangel weiter,

schreibt Valerij Maslov.[65] Somit ließ sich das Versprechen der zukünftigen Utopie nicht ausblenden. Das Verhältnis zwischen dem Kollektiv der Heldenstadt und dem Parteistaat litt somit unter einem Ungleichgewicht, da die „Helden" stärker in der Bringschuld blieben als die Zentralbehörden. Sie kamen zwar in den Genuss von Privilegien, deren Gewährung blieb jedoch vom politischen Willen des Zentrums und von guten Kontakten zur Führung abhängig.

Die Interviews deuten zudem darauf hin, dass bei der Verleihung des Titels Heldenstadt bei allem Stolz auch die Politisierung des Kriegsgedenkens akut gefühlt wurde. Diese unterminierte auch die normalisierende Wirkung des offiziellen Diskurses und somit wohl auch sein Mobilisierungspotenzial. Der Heldenkult konnte somit den Stagnationstendenzen letztendlich nichts Entscheidendes entgegensetzen.

---

[65] *Valerij Maslov*, Oživlenie v zale, in: Tul'skij Kur'er 2:191, 2001, S. 10.

Literatur

Afanas'eva, Anna, Tula stala gorodom-geroem blagodarja Junaku, in: Moja sloboda Tula, 19. März 2008, http://www.tula.rodgor.ru/gazeta/693/persona/4085 (21.11.2012).

Aparin, Jurij, Na Tul'skom napravlenii, Ščekino 2011.

Arnold, Sabine, Stalingrad im sowjetischen Gedächtnis. Kriegserinnerung und Geschichtsbild im totalitären Staat, Dortmund 1998.

Assmann, Aleida, Erinnerungsräume. Formen und Wandlungen des kulturellen Gedächtnisses, München 1999.

Assmann, Jan, Kollektives Gedächtnis und kulturelle Identität, in: ders. / Tonio Hölscher (Hrsg.), Kultur und Gedächtnis, Frankfurt am Main 1988, 9–19.

Bacon, Edwin / Sandle, Mark (Hrsg.), Brezhnev Reconsidered, Houndmills / Basingstoke / Hampshire 2002.

Bazilevich, Konstantin, Atlas istorii SSSR čast' III. Dlja srednej školy, Moskau 1959.

Blatov, A. I. (Hrsg.), Vydajuščijsja podvig zaščitnikov Tuly. Prebyvanie general'nogo sekretarja CK KPSS tovarišča Brežneva v gorode-geroe Tule na toržestvach, posvjaščennych vručeniju gorodu medali ‚Zolotaja Zvezda', 17–19 janvarja 1977 goda, Moskau 1977.

Bonwetsch, Bernd, ‚Ich habe an einem völlig anderen Krieg teilgenommen'. Die Erinnerung an den ‚Großen Vaterländischen Krieg' in der Sowjetunion, in: Helmut Berding / Klaus Heller / Winfried Speitkamp (Hrsg.), Krieg und Erinnerung. Fallstudien zum 19. und 20. Jahrhundert, Göttingen 2002, 145–168.

Brandenberger, David, National Bolshevism. Stalinist Mass Culture and the Formation of Modern Russian National Identity, 1931–1956, Cambridge 2002.

Brezhnev, Leonid, The Great Victory of the Soviet People, Moskau 1965.

Clark, Katerina, The Soviet Novel. History as Ritual, Chicago / London 1981.

Finogenov, Viktor (Hrsg.), Tula – gorod ordenonosnyj, Tula 1967.

Galican, A. S. / Muriev, D. Z., Tula – gorod-geroj, Moskau 1981.

Gudkov, Lev, Pobeda v vojne. K sociologii odnogo nacional'nogo simvola, in: ders., Negativnaja identičnost'. Stat'i 1997–2002 Godov, Moskau 2004, 20–58.

Günther, Hans, Der sozialistische Übermensch. M. Gor'kij und der sowjetische Heldenmythos, Stuttgart 1993.

Karl, Lars, Der „Tag des Sieges" in der Sowjetunion. Inszenierung eines politischen Mythos. MA-Arbeit. Eberhard-Karls Universität Tübingen 1999.

Kelly, Catriona, The Retreat from Dogmatism. Populism under Khrushchev and Brezhnev, in: dies. / David Shepherd (Hrsg.), Russian Cultural Studies. An Introduction, London 1998, 249–273.

Kirschenbaum, Lisa, The Legacy of the Siege of Leningrad, 1941–1995. Myth, Memories, and Monuments, Cambridge 2006.

Kolesnikov, G. A. / Rožkov, A. M., Ordena i medali SSSR, Moskau 1974.

Kozlov, Denis, The Historical Turn in Late Soviet Culture. Retrospectivism, Factography, Doubt, 1953–91, in: Kritika 2, 2001, 577–600.

Maliničev, Vasilij, Na puti k krachu, Tula 2004.

–, Na zakate. Istoriko-ekonomičeskij očerk o žizni Tul'skoj oblasti v poslednie desjatiletija sovetskoj vlasti, Tula 2009.

–, V romantičeskom tumane, Tula 2007.

Maslov, Valerij, Oživlenie v zale, in: Tul'skij Kur'er 2:191, 2001, 10.

McCannon, John, Red Arctic. Polar Exploration and the Myth of the North in the Soviet Union, 1932–1939, New York 1998.

Millar, James, The Little Deal. Brezhnev's Contribution to Acquisitive Socialism, in: Slavic Review 44:4, 1985, 694–706.
Neutatz, Dietmar, Identifikation und Sinnstiftung. Integrative Elemente in der Sowjetunion, in: Osteuropa 57:12, 2007, 49–63.
Oberländer, Erwin, Sowjetpatriotismus und Geschichte. Dokumentation, Köln 1967.
Petrone, Karen, Life has Become more Joyous, Comrades. Celebrations in the Time of Stalin, Bloomington 2000.
Pilkington, Hilary, Russia's Youth and its Culture. A Nation's Constructors and Constructed, London 1994.
Plaggenborg, Stefan, Experiment Moderne. Der sowjetische Weg, Frankfurt am Main/New York 2006.
Reemtsma, Jan Philipp, Der Held, das Ich und das Wir, in: Eurozine, 2009, 1–19, http://www.eurozine.com/articles/2009-09-08-reemtsma-de.html (20.11.2012).
Sarasin, Philipp, Geschichtswissenschaft und Diskursanalyse, Frankfurt am Main 2003.
Satjukow, Silke/Gries, Rainer, Zur Konstruktion des ‚sozialistischen Helden'. Geschichte und Bedeutung, in: dies. (Hrsg.), Sozialistische Helden. Eine Kulturgeschichte von Propagandafiguren in Osteuropa und der DDR, Berlin 2002, 15–34.
Savčenko, V. N., gorod-geroj Tula, Moskau 1979.
Scheide, Carmen, Erinnerungsprozesse und Erinnerungskulturen an den Zweiten Weltkrieg in der Sowjetunion, 1941–1991, unveröffentlichte Habilitationsschrift, Universität Basel 2010.
Schenk, Frithjof B., Mental Maps. Die Konstruktion von geographischen Räumen in Europa seit der Aufklärung, in: Geschichte und Gesellschaft 28, 2002, 493–514.
See, Klaus von, Held und Kollektiv, in: Zeitschrift für deutsches Altertum und deutsche Literatur 122:1, 1993, 1–35.
Shlapentokh, Vladimir, A Normal Totalitarian Society. How the Soviet Union Functioned and How it Collapsed, New York 2001.
Siegelbaum, Lewis, Cars for Comrades. The Life of the Soviet Automobile, Ithaca 2008.
Simonov, Nikolaj, Voenno-promyšlennyj kompleks SSSR v 1920–1950-e gody, Moskau 1996.
Stalin, Iosif, Prikaz narodnogo komissara oborony SSSR 7 nojabrja 1942 goda No. 345, in: ders., Sočinenija - tom 15, Moskau 1997, 129–131.
Torfing, Jacob, New Theories of Discourse. Laclau, Mouffe and Žižek, Oxford 1999.
Tumarkin, Nina, The Living and the Dead. The Rise and Fall of the Cult of World War II in Russia, New York 1994.
Vajl', Petr/Genis, Aleksandr, 60-e. Mir sovetskogo čeloveka, Moskau 1998.
Višnevskij, A. G. (Hrsg.), Naselenie Rossii 2006, Moskau 2008.
Zemtsov, Ilya, Chernenko, the Last Bolshevik. The Soviet Union on the Eve of Perestroika, New Brunswick/Oxford 1989.
Zubok, Vladislav, A Failed Empire. The Soviet Union in the Cold War from Stalin to Gorbachev, Chapel Hill 2007.

Parallelwelten

Die offizielle und die inoffizielle Kunst in der Brežnev-Ära

Ada Raev

Kultur hatte in staatssozialistischen Gesellschaften eine herausragende Stellung. Sie galt vielen Sowjetbürgern als andere, bessere Realität. In der Entdeckung und „Wiederentdeckung nonkonformer Literatur" und Kunst wie auch in der kultischen Verehrung von Künstlern sahen sie ein „Distinktionsmerkmal". Kunst bot die Gelegenheit, sich vom realsozialistischen Alltag und den Gleichheitspostulaten der offiziellen Rhetorik abzuheben. Gleichzeitig kam der Kultur eine „Ventilfunktion" zu: „Hier konnten sich gesellschaftliche Spannungen entladen, ohne daß mit ihnen eine klare politische Agenda verbunden war."[1] Eine Analyse der offiziellen Kulturpolitik und der Art und Weise, wie Künstler mit ihr umgegangen sind, verspricht deshalb wesentliche Aufschlüsse darüber, welche Funktionsmechanismen Gruppendynamiken innerhalb der sowjetischen Gesellschaft ermöglichten. Die Brežnev-Ära markiert im untersuchten Feld das Ende einer jahrzehntelangen Entwicklung, die unter Stalin begonnen hatte, und gleichzeitig den Beginn von etwas Neuem, das bis in die *perestrojka*-Zeit hineinwirkte.[2] Ein wichtiger Faktor dieser Entwicklung war die von permanent wirksamen Ambivalenzen gekennzeichnete Kulturpolitik der Brežnev-Ära, die Mitte der 1970er Jahre zu einer öffentlich sichtbaren Aufspaltung der Kunstszene führte. Auf der einen Seite standen jene zahlenmäßig überlegenen Künstlerinnen und Künstler, die sich in den sowjetischen Kulturbetrieb integrierten und sich auf unterschiedliche Weise mit dem immer noch gültigen Kanon des Sozialistischen Realismus mit seinen zentralen Prinzipien „Wirklichkeitstreue" (*pravdivost'*), „Parteilichkeit" (*partijnost'*) und „Volksnähe" (*narodnost'*) arrangierten. Dazu gehörten selbst die Vertreter des „Strengen Stils", wie Pavel Nikonov, Viktor Popkov, Tair Salachov oder Michail Savickij, die im Zuge des „Tauwetters" der

---

[1] Das Zitat bei *Gábor T. Rittersporn/Malte Rolf/Jan C. Behrends*, Öffentliche Räume und Öffentlichkeit in Gesellschaften sowjetischen Typs: Ein erster Blick aus komparativer Perspektive, in: dies. (Hrsg.), Sphären von Öffentlichkeit in Gesellschaften sowjetischen Typs, Frankfurt am Main 2003, 7–22, hier 18–19.

[2] Eine Andeutung zur Generalisierbarkeit dieser These macht *Susanne Schattenberg*, Von Chruščev zu Gorbačev. Die Sowjetunion zwischen Reform und Zusammenbruch, in: Neue Politische Literatur 2, 2010, 255–284, die hier von einer „dynamischen Vorphase der Perestrojkazeit" spricht.

Abb. 1: Tair Salachov: Am Kaspischen Meer, 1966, Öl auf Leinwand, 130 × 195 cm, Moskau, Tret'jakov-Galerie. © VG Bild-Kunst, Bonn 2013, aus: Pawel Choroschilow / Jürgen Harten / Joachim Sartorius / u. a. (Hrsg.), Ausstellungskatalog: Berlin Moskva – Moskau Berlin. 1950–2000. Kunst, Martin-Gropius-Bau Berlin, Staatliche Tretjakow-Galerie Moskau, Berlin 2003, 88.

spätstalinistischen Kunst bereits seit Ende der 1950er Jahre eine herbe, harte und asketische Kunst entgegensetzten (Abb. 1). In ihren Werken zum Zweiten Weltkrieg und dessen Nachwirkungen thematisierten sie auch Leid und Schmerz, was in der sowjetischen Kunst bis dahin als Tabu galt. Auf der anderen Seite wuchs der Kreis derjenigen, die sich öffentlich zu nonkonformistischen künstlerischen Positionen bekannten. Darauf reagierte die an althergebrachten ideologischen Maximen festhaltende Staatsmacht mit Maßnahmen, die auf Stabilisierung zielten, gleichzeitig setzte sie aber auch auf Einschüchterung. Als Folge der über den gesamten Zeitraum zwischen Mitte der 1960er und dem Beginn der 1980er Jahre zu beobachtenden kulturpolitischen Doppelstrategie der Staatsmacht existierten schließlich die nicht absolut voneinander getrennten Parallelwelten der offiziellen und der inoffiziellen Kunst nebeneinander. Gleichwohl sahen sich seit Mitte der 1970er Jahre nicht wenige nonkonformistische Künstler, die nun als Dissidenten eingestuft wurden, zur Emigration in den Westen veranlasst.

1. Eigentlich waren alle im Bilde. Das Bekenntnis zum Sozialistischen Realismus als zentrales Unterscheidungsmerkmal

In der Brežnev-Ära wurde die Gültigkeit der Prinzipien des Sozialistischen Realismus in zahllosen Parteidokumenten und massenhaft verbreiteten Texten auf den Parteitagen der KPdSU sowie im Umfeld von revolutionären Feiertagen gebetsmühlenartig untermauert.[3] Das mag in Anbetracht der dramatischen Ereignisse des 20. Jahrhunderts in der Welt und der Sowjetunion selbst verwundern, erklärt sich aber aus dem metaphysischen Kern dieser Kunstdoktrin:

> Die Macht der sowjetischen Kunst und ihre hypnotische Kraft bestand im genau gewählten Instrumentarium der Einwirkung auf die Psyche und in ihrer Fähigkeit, eine Illusion zu erzeugen. Letztendlich sollte der Sozialistische Realismus weniger die Idee verkörpern, als vielmehr die Realität entkörpern und in den hypnotischen Visionen der „Kunst" auslöschen.[4]

Zweifellos war der scheinbar ewiggültige Sozialistische Realismus ein wichtiger Aspekt der Hyperstabilität der Brežnev-Ära. Das Ministerium für Kultur und einflussreiche Institutionen wie die 1947 ins Leben gerufene Akademie der Künste mit ihren diversen Einrichtungen sorgten für ihre Umsetzung und Einhaltung. Zentral waren das Wissenschaftliche Forschungsinstitut für Theorie und Geschichte der bildenden Künste mit Sitz in Moskau, der 1957 gegründete Künstlerverband der UdSSR, insbesondere seine Abteilungen in Moskau und Leningrad, aber auch die Künstlerverbände der Unionsrepubliken. Gerade unter Brežnev verstärkte sich die Einflussnahme der Parteiinstanzen und des KGB auf die genannten Institutionen. Neben dem zentralen Parteiorgan *Pravda* und der auflagenstarken Zeitung *Sovetskaja kul'tura* sorgten Fachzeitschriften wie die bereits seit 1933 erscheinende *Iskusstvo* und die 1957 ins Leben gerufenen *Tvorčestvo* und *Dekorativnoe iskusstvo* ebenso wie der 1946 gegründete Verlag *Sovetskij chudožnik* für die Propagierung der Werte des Sozialistischen Realismus. Eine wichtige Rolle bei der Umsetzung der Parteidoktrin spielte das Allunionskombinat für künstlerische Produktion *E. V. Vučetič*, das die Künstler durch ein undurchsichtiges Geflecht von Auftragsvergabe mit finanziellen Anreizen für die Realisierung von Werken der Monumentalkunst und Werken für Ausstellungen und gesellschaftliche Einrichtungen auf die Parteilinie brachte.

---

[3] Vgl. *Wolfram Eggeling*, Die sowjetische Literaturpolitik zwischen 1953 und 1970. Zwischen Entdogmatisierung und Kontinuität, Bochum 1994; *Karen Laß*, Vom Tauwetter zur Perestrojka. Kulturpolitik in der Sowjetunion (1953–1991), Köln / Weimar / Wien 2002.

[4] *Jekaterina Bobrinskaja*, Die Bildsprache des sozialistischen Realismus, in: Pawel Chorosсhilow / Jürgen Harten / Joachim Sartorius u. a. (Hrsg.), Ausstellungskatalog: Berlin Moskva – Moskau Berlin. 1950–2000. Chronik, Martin-Gropius-Bau Berlin, Staatliche Tretjakow-Galerie Moskau, Berlin 2003, 45–46, hier 46.

Diese Rahmenbedingungen bewirkten jedoch weder eine Homogenität, noch eine absolute Unveränderlichkeit der ideologisch eingegrenzten ästhetischen Spiel- und Existenzräume für die bildende Kunst und ihre Schöpfer. Im Gegenteil: Unter der offiziellen diskursiven Ebene werden wichtige kulturelle Ausdifferenzierungen sichtbar. Rückblickend bemerkte der Kunsthistoriker und -kritiker Aleksandr Morozov:

In den Kreisen der sowjetischen „Sechziger" und „Siebziger" (wie die beiden Generationen besonders aktiver Kulturschaffender in den nachstalinistischen Jahrzehnten von der russischen Kritik genannt werden) ließ man gern die spöttische Bemerkung fallen: „Was Sozialistischer Realismus ist, weiß eigentlich niemand".[5]

Und doch waren eigentlich alle zumindest intuitiv im Bilde. Die rigide und gleichzeitig von Unwägbarkeiten begleitete sowjetische Kulturpolitik stellte Künstler und Kritiker permanent vor eine Entscheidung: Sie konnten Mitglied im Künstlerverband werden und sich damit, zumindest nach außen hin, auf die Seite der „offiziellen Kunst" und des Sozialistischen Realismus stellen oder sich im Bereich der nonkonformistischen oder inoffiziellen Kunst jenseits von ideologisch-thematischen und stilistischen Erwartungen, aber außerhalb der staatlichen Förder- und Ausstellungsmechanismen bewegen. Ein dritter, existentiell extremer Weg bestand seit den 1970er Jahren in der erzwungenen oder erkämpften Emigration aus der Sowjetunion. Viele Emigrantinnen und Emigranten widmeten sich dann im Ausland der Dekonstruktion des sowjetischen Systems im Allgemeinen und der unter Stalin entwickelten Doktrin des Sozialistischen Realismus im Besonderen.[6]

2. Ein frühes Ende des Tauwetters: Neue „Eiszeiten" im Kalten Krieg

Noch vor Beginn der Breznev-Ära kündigten sich in der Sowjetunion das Ende der „Tauwetterperiode" und eine neue „Eiszeit" unter den Bedingungen des Kalten Krieges an. Als Schlüsselereignis gilt diesbezüglich der inszenierte Skandal auf der Manege-Ausstellung des linken Flügels des Moskauer Künstlerverbandes (des so genannten „Linken MOSCh") Anfang Dezember 1962. Während eines Besuches dieser Ausstellung attackierte Nikita Chruščev u. a. den Maler Boris Žutovskij für dessen in expressiven Formen und Farben gemaltes, nicht sehr

[5] *Aleksander Morozov*, Der sozialistische Realismus als Fabrik des neuen Menschen, in: Boris Groys/Max Hollein (Hrsg.), Ausstellungskatalog: Traumfabrik Kommunismus. Die visuelle Kunst der Stalinzeit. Dream Factory Communism. The Visual Culture of the Stalin Era, Schirn Kunsthalle Frankfurt, Ostfildern-Ruit 2003, 64–84, hier 65.

[6] Vgl. *Norton Dodge/Alison Hilton* (Hrsg.), New Art from the Soviet Union. The Known and the Unknown, Washington 1977.

detailgetreues Selbstbildnis.[7] Im Zuge der sich daran anschließenden Kampagne gegen Künstler, die auf unterschiedliche Weise experimentell arbeiteten, kam es zur Abwendung einiger Künstler von der offiziellen Kunst und zur Konsolidierung der nonkonformistischen Szene, wobei einige Künstler die Seiten wechselten. Einzelne nonkonformistische Künstler siedelten sich in der offiziellen Kunst an.[8] Ein Gegenbeispiel ist der Bildhauer Ernst Neizvestnyj, Mitglied in der Moskauer Abteilung des Künstlerverbandes (MOSCh), der nach der Manege-Ausstellung nur noch in der Provinz Aufträge erhielt, wo er als Gießer arbeitete, z. B. im Pionierlager „Artek" auf der Krim. Nach dem Tod Chruščevs realisierte er auf Wunsch der Familie dessen Grabmal auf dem Neujungfrauen-Friedhof, doch 1976 emigrierte er zunächst in die Schweiz und ein Jahr später in die USA.[9]

Nach dem Machtwechsel 1964 machte sich eine neue „Eiszeit" zunächst in der Literatur, bald aber auch in der bildenden Kunst bemerkbar. Im Unterschied zur Stalin-Zeit stand der konservativen, von der Partei bestimmten Kulturpolitik in der Breżnev-Zeit jedoch ein verhältnismäßig beschränktes repressives Instrumentarium zu Verfügung. Die Partei sah sich gleichzeitig einem wachsenden Selbstbewusstsein der Künstlerschaft gegenüber, die auf der Basis einer nunmehr „existenzialistischen" Grundeinstellung[10] und dem Bestehen auf Individualität immer mehr Freiräume für sich in Anspruch nahm. Das gilt zum Beispiel für die Vertreterinnen und Vertreter der nonkonformistischen Kunst wie die Lianozovo-Gruppe um Oskar Rabin, die Gruppe des Studios von Eli Beljutin, die Gruppe „Dviženie" um Lev Nusberg in Moskau oder die Gruppe um Vladimir Sterligov und Tat'jana Glebova in Leningrad. Bei allen ideellen und stilistischen Differenzen einte sie ein hoher moralischer Anspruch an sich selbst als Künstler. Gleichzeitig profitierten sie von dem Umstand, dass sie von der Staatsmacht nicht zu einer Konfrontation mit ihr genötigt wurden und sich ihren Lebensunterhalt legal auf unterschiedliche Weise verdienen konnten. Mitglieder der Gruppe „Dviženie" konnten sogar einige ihrer technikaffinen kinetischen Projekte im staatlichen Rahmen realisieren, weil diese der Sowjetunion ein modernes Antlitz verliehen. Andere Künstler fanden im Verlagswesen oder in Kulturbehörden Beschäftigung oder hielten sich mit kunstfremden Tätigkeiten über Wasser, z. B. als Heizer oder Nachtwächter. Ab Mitte der 1960er Jahre nutzten die nonkonformistischen Künstler sich eröffnende Möglichkeiten für halboffizielle Ausstellungen in Jugendclubs, in Cafés wie dem Café *Sinjaja ptica* (Blauer Vogel) in Moskau oder in wissenschaftlichen Forschungsinstituten wie dem Institut für Biophysik oder dem Kurčatov-Institut für Atomenergie in Moskau, um wenigstens eine

[7] Vgl. *Laß*, Vom Tauwetter zur Perestrojka, 129–134.

[8] *Alexander Gleser*, Kunst gegen Bulldozer. Memoiren eines russischen Sammlers, Frankfurt am Main / Berlin / Wien 1982.

[9] *Albert Leong*, Centaur. The Life and Art of Ernst Neizvestnyj, Lanham, MD 2002.

[10] Vgl. die Zeitschrift *ХЖ Chudožestvennyj žurnal. Moscow Art Magazine* 51/52, 2003, die dem Thema „Wieder die 60er?" gewidmet ist.

begrenzte Öffentlichkeit zu erreichen. Sie stützten sich dabei auf risikobereite Intellektuelle wie „unantastbare" Atomphysiker, den umtriebigen Kunstsammler, Dichter und Übersetzer Aleksandr Glezer oder gar den Direktor der Staatlichen Eremitage in Leningrad, Michail Artamonov, der der modernen Kunst sehr zugetan war. Gleichzeitig nahmen sie sich ungeachtet von Schikanen durch den KGB die Freiheit, ihre Werke an ausländische Diplomaten und Journalisten zu verkaufen. Auf diese Weise besserten sie nicht nur ihre ökonomische Situation auf, sondern schufen die Grundlage dafür, dass ihre Kunst im Ausland bekannt und dort in Ausstellungen gezeigt wurde. Die offizielle Seite reagierte darauf entweder mit Schweigen oder mit Androhungen von Sanktionen unter fadenscheinigen Begründungen. Zunehmend bedienten sich die nonkonformistischen Künstler auch aktueller westlicher künstlerischer Praktiken wie Happening, Performance und Installation, für die im Rahmen der offiziellen Kunst kein Platz war. Diese Kunstformen wurden mit dem Etikett „bourgeois" belegt und galten damit als bekämpfenswert. Es gehört aber zu den Paradoxien der Epoche, dass selbst führende Kulturfunktionäre hinter vorgehaltener Hand für sich die Rolle von Kämpfern gegen die Zensur in Anspruch nahmen.[11]

In den 1960er Jahren lauteten brisante Stich- bzw. Schimpfworte, die auch und gerade gegen diejenigen vorgebracht wurden, die sich eigentlich der offiziellen Kultur zugehörig fühlten, „Modernismus" und „Revisionismus". Es handelte sich dabei um eine Reaktion auf reformkommunistische Ideen, die aus Frankreich kommend auch in der Sowjetunion bekannt wurden. Das gilt insbesondere für den Einfluss von Roger Garaudys 1963 in Paris erschienene und für den Dienstgebrauch schnell ins Russische übersetzte Schrift *D'un réalisme sans rivages. Picasso, Saint-John Perse, Kafka*, in der das Dogma der Parteilichkeit, eine der drei Säulen des Sozialistischen Realismus, verneint wurde.[12]

Im Weiteren führten Ereignisse wie der Prozess gegen die Schriftsteller Andrej Sinjavskij und Julij Daniel' 1966 oder, auf einer anderen Ebene angesiedelt, die Niederschlagung des „Prager Frühlings" 1968 zu einer weiteren Verhärtung der sowjetischen Kulturpolitik.[13] Spürbar wurde das bereits auf dem im November 1968 abgehaltenen III. Allunionskongress der sowjetischen Künstler, auf dem ein militärischer Ton vorherrschte, zum Beispiel in Direktiven zur Vorbereitung von Lenins 100. Geburtstag. Ein Jahr später schworen sich die Leitungen des Schriftsteller-, des Künstler- und des Komponistenverbandes sowie des Verbandes der Filmschaffenden auf einem gemeinsamen Plenum auf die allen gemeinsame Aufgabe ein, die Künstler um die Partei zu konsolidieren und entschieden gegen „bourgeoise" Ideen vorzugehen.[14] Dahinter stand die Angst, dass auch die

[11] Vgl. *Boris Groys*, Paradise Revisited. Die Ästhetik des Spätkommunismus, in: Choroschilow / Harten / Sartorius u. a. (Hrsg.), Ausstellungskatalog: Moskau Berlin, 138–142, hier 139.

[12] Vgl. *Morozov*, Der sozialistische Realismus, 66.

[13] Vgl. *Laß*, Vom Tauwetter zur Perestrojka, 222–230.

[14] Vgl. ebd., 279–282.

sowjetische Intelligenz bald nicht mehr zu kontrollieren sein würde. Konkrete Maßnahmen ließen nicht lange auf sich warten. So wurde 1969 eine Verordnung erlassen, die für jede beliebige öffentliche Ausstellung einen Zensurvermerk des Künstlerverbandes verlangte, was den Spielraum gerade unabhängiger Künstler weiter einengte. Restriktionen und die Androhung von Sanktionen waren aber nur eine Seite der Medaille. Gleichzeitig unternahm man in den 1960er und 1970er Jahren von offizieller Seite immer wieder halbherzige Versuche, diejenigen Künstler, die sich abseits vom offiziellen Kunstbetrieb und dessen Anspruch auf ideologische Erziehung der Massen hielten, für sich zu vereinnahmen. Ein Beispiel dafür ist Oleg Celkov. Er wurde 1971 endlich in den Künstlerverband aufgenommen, aber nur für eine absurd kurze Zeit. Wegen einer bereits 15 Minuten nach Eröffnung durch den KGB wieder geschlossenen Ausstellung im Haus der Architekten wurde er umgehend wieder aus dem Künstlerverband ausgeschlossen.[15]

3. „Kommunale Existenz" als Antwort auf die Zumutungen offizieller Kulturpolitik

Unter den Bedingungen der sowjetischen Mangelwirtschaft und der Allgegenwärtigkeit von ins Leere gehenden Worthülsen reagierten sowohl in die Sphäre der offiziellen Kultur integrierte Künstler und Intellektuelle als auch die nonkonformistischen Künstler mit einer sozialen Praxis, die Boris Groys als „kommunale Existenz" bezeichnet hat:

> Diese kommunale Existenz ist auch das eigentliche Thema der sowjetischen Kultur der damaligen Zeit. Allerdings würde man vergeblich nach einer marxistischen oder ökonomischen Analyse dieser Lebensweise suchen. Stattdessen predigten die sowjetische Literatur und Kunst einen neuen Humanismus, der diese privat-kommunale Lebensweise – den Kommunismus ohne Zukunft – vielfach idealisierte. Der enge Freundeskreis wurde zum neuen Ort des Utopischen – zum Ideal einer wahren Gemeinschaft, die eine Alternative zum individualistischen Karrierismus und zur unpersönlichen Kälte des Staatsapparats bilden sollte. Zugleich war dieser Freundeskreis aber auch der Schauplatz aller Dramen jener Zeit, in denen Loyalität oder Illoyalität für das Schicksal der Protagonisten von entscheidender Bedeutung waren.[16]

In diesen Freundeskreisen fanden auch als Gleichgesinnte empfundene Gestalten aus der Vergangenheit ihren Platz, wie das hineinmontierte Bildnis einer Adligen aus dem 18. Jahrhundert in eine Gruppe junger Menschen im Gemälde „Moskauer Abend" von Tat'jana Nazarenko aus dem Jahr 1978 (Abb. 2) belegt. Die russische Kultur der vergangenen Jahrhunderte, die man als Angehörige

[15] Ebd., 219–220.
[16] *Groys*, Paradise Revisited, 138.

Abb. 2: Tat'jana Nazarenko: Moskauer Abend, 1978, Öl auf Leinwand, 160 × 180 cm, Moskau, Tret'jakov-Galerie, aus: V. E. Lebedeva, Tat'jana Nazarenko, Moskau 1991, Abb. 25.

einer Lesegesellschaft bis ins Detail kannte, erschien näher und lebendiger als die der sowjetischen Gegenwart.

Von den nonkonformistischen Künstlern fühlten sich viele den russischen Avantgardisten der 1910er Jahre verbunden, deren unbedingte Hingabe an die Kunst sie ebenso schätzten wie ihre nicht-mimetische Formensprache und die metaphysische Dimension ihrer Malerei. Daran knüpften z. B. Eduard Štejnberg und Vladimir Vejsberg an. Was die Künstler der „zweiten Avantgarde" untereinander verband, war die Abneigung und Ignorierung der offiziellen sowjetischen Kultur, verbunden mit einem von Ambivalenzen geprägten Lebensgefühl:

> Gewiss, die inoffiziellen Künstler fühlten sich wegen ihres unsicheren sozialen Status isoliert und bedroht – doch außer dem Gefühl der Angst erzeugte diese Isolation zugleich eine gewisse Euphorie. [...] Die inoffiziellen Künstler wurden von ihrer sozialen Umgebung zwar ängstlich gemieden, aber auch insgeheim bewundert, beneidet und umworben. [...] In vielen Ateliers der inoffiziellen Künstler fanden regelmäßig kleine Ausstellungen, Dichterlesungen und Konzerte statt, zu denen relativ viele Besucher erschienen. [...] Das Leben in dieser Zeit war ein melancholisches Fest. Man wusste, dass man sich in einer geschichtlich außergewöhnlichen Lage befand – und genoss es. Diese höchst ambivalente Nachbarschaft von Ausgeschlossenheit und Auserwähltheit bestimmte das Selbstverständnis der inoffiziellen Künstler und diktierte ihnen auch ihre künstlerischen Strategien.[17]

[17] Ebd., 139–140, vgl. auch *Ilya Kabakov*, Die 60er und die 70er Jahre. Aufzeichnungen über das inoffizielle Leben in Moskau, Wien 2001.

Ein Beispiel für das Schicksal eines Unangepassten bietet die Biographie des Bildhauers, Zeichners und Dichters Vadim Sidur. Obwohl er seit 1957 Mitglied des Künstlerverbandes war, hatte er zu Lebzeiten lediglich eine Einzelausstellung, die 1968 für einen Tag im Haus der Schriftsteller gezeigt wurde. In den 1970er Jahren wurde er in der Bundesrepublik durch das Engagement von Karl Eimermacher als Schöpfer von Antikriegs- und Holocaust-Denkmälern bekannt. Im Gegensatz zu den heroisch überhöhten, figurativen sowjetischen Kriegsdenkmälern wie z.B. „Die Mutter Heimat ruft" von Evgenij Vučetič auf dem Mamaev-Hügel in Volgograd von 1967 beeindrucken sie durch ihre symbolisch verdichtete und formal reduzierte Zeichenhaftigkeit, mit der die Tragik von Krieg, Vernichtung und Gewalt visualisiert wird.[18] Sidur beschäftigte sich schon früh mit Installationen aus Fundstücken und Abfall, einer Kunstform, die in Russland erst nach dem Ende der Sowjetunion Legitimation erlangte. Erst 1989 wurde in Moskau ein Vadim-Sidur-Museum eröffnet.

Insgesamt vertieften sich in der zweiten Hälfte der 1960er Jahre die Unterschiede zwischen der offiziellen und inoffiziellen Kunst. Ihre Protagonisten agierten zunehmend in Parallelwelten, hielten aber Blickkontakt und modernisierten sich im kommenden Jahrzehnt auf je eigene Weise. Innerhalb des offiziellen Lagers geschah dies eher vorsichtig, wie z. B. durch Dmitrij Žilinskij, auf der Suche nach neuen Themen und moderneren Darstellungsmodi und aus einer retrospektiven Grundhaltung heraus, während innerhalb des inoffiziellen Lagers kompromissloser vorgegangen wurde. Solange die Nonkonformisten ihre Kunstkonzepte für die Öffentlichkeit unsichtbar realisierten, blieben sie nach wie vor unbehelligt, doch wenn sie öffentlich agierten, wurden sie zunehmend diffamiert, kriminalisiert und pathologisiert.

4. Dynamik in der Stagnation
Aufbrüche in der zweiten Hälfte der Ära Brežnev

Michail Gorbačev bezeichnete die Ära Brežnev, in der es in der Sowjetunion entgegen offiziellen Verlautbarungen wirtschaftlich nicht voranging, als „Epoche der Stagnation" (*period zastoja*).[19] Dafür lassen sich auch im Bereich der Kultur ab den 1970er Jahren durchaus Symptome finden. Im Unterschied zu seinen Vorgängern griff Brežnev nicht mehr persönlich durch spektakuläre Aktionen in Belange der Kultur ein – entsprechende Entscheidungen wurden auf der mittleren Ebene des Apparates getroffen und oblagen im Politbüro der Kontrolle durch den Chefideologen Michail Suslov. Mit den Jahren prägten sich Züge eines Personenkultes heraus: Leonid Brežnev avancierte mit Hilfe von Ghostwritern zum

[18] Vgl. *Karl Eimermacher*, Vadim Sidur. Skulpturen, Graphik, Konstanz 1978.
[19] Vgl. die Einleitung von Boris Belge und Martin Deuerlein in diesem Band.

„genialen" Schriftsteller, wurde 1976 zum Marschall ernannt und zwischen 1966 und 1981 viermal mit dem Titel „Held der Sowjetunion" und den dazugehörigen Orden und Medaillen ausgezeichnet. Auch die bildende Kunst trug mit ihren Mitteln dazu bei, wie die zahlreichen Paradebildnisse des Generalsekretärs der KPdSU zeigen, in denen die Medaillen mit derselben malerischen Akkuratesse bedacht sind wie das Gesicht des Porträtierten. Die wichtigsten offiziellen Paradeporträts Brežnevs stammen u. a. von Dmitrij Nalbandjan, der sich bereits unter Stalin einen Namen gemacht hatte, von Il'ja Glazunov und Aleksandr Šilov. Erik Bulatov hat diese Produktion auf seine Weise konterkariert und ironisiert, z. B. in dem Gemälde „Brežnev. Der sowjetische Raum" von 1977 (Abb. 3). Es zeigt den frisch ernannten Vorsitzenden des Obersten Sowjets wie einen Heiligen auf der Mittelachse des Bildes, hinterfangen von einem Nimbus in Gestalt von Ähren und dem Sowjetemblem und einer Aureole aus Flaggen der Sowjetrepubliken.

Die scheinbar unerschütterliche Ruhe in der Brežnev-Zeit, begleitet von zahllosen Witzen über den von Schlaganfällen gezeichneten Partei- und Regierungschef, war trügerisch. Gerade auf künstlerischem Gebiet herrschte unter der Oberfläche gesteigerte Aktivität. Als Gegenpart zu den zentralen Jubiläumsausstellungen in der Manege entstanden zu Beginn der 1970er Jahre allenthalben Plattformen für Künstlerinnen und Künstler, die sich von altbekannten Klischees lösen wollten.

Im Rahmen der offiziellen Kunst boten in den 1970er Jahren die so genannten „Jugendausstellungen" auch Raum für einen ausgeklügelten und assoziationsreichen Intellektualismus, für das Spiel mit verschiedenen Stilen der Kunstgeschichte, für die Verwendung verrätselter Symbole, die Hinwendung zur Welt des Theaters und die Integration von primitivistischen Elementen. In elegischer Versenkung oder mit Freude am Grotesken und Surrealen entwarfen Tat'jana Nazarenko, Natal'ja Nesterova, Ol'ga Bulgakova, Aleksandr Sitnikov und andere malerisch mehr oder weniger attraktive Sehnsuchtsbilder. Für diese Art von Malerei, aber auch für andere Richtungen existierte ein bescheidener Binnenmarkt und auch ausländische Diplomaten waren Ankäufen solcher Kunst nicht abgeneigt. Organisatorisch gelang 1972 eine Konsolidierung, als sich im Rahmen der neunten Ausstellung junger Moskauer Künstler der „linke MOSCh" neu formierte, zu dessen Mitgliedern u. a. Oleg Filačev, Elena Romanova und Tat'jana Nasipova gehörten. Diese Jugendkunst wurde aber „keine ‚zeitgenössische Kunst', denn sie folgte im Wesentlichen den gängigen ‚Spielregeln' der Sowjetkultur. Sie blieb figuratives Tafelbild, mehr oder weniger orientiert am ‚Ideal', am ‚Schönen'."[20]

Anders verhielt es sich im Bereich der nonkonformistischen Kunst. Hier war die Bereitschaft, Tabus zu brechen, ungleich stärker ausgeprägt, was mit Bezug

---

[20] *Jekaterina Djogot / Wladimir Lewaschow*, Erlaubte Kunst, in: Boris Groys (Hrsg.), Fluchtpunkt Moskau. Werke der Sammlung Ludwig und Arbeiten für Aachen, im Auftrag des Ludwig Forum für Internationale Kunst, Aachen / Ostfildern-Ruit 1994, 67–73, hier 68.

Abb. 3: Erik Bulatov: Brežnev. Der sowjetische Raum, 1977, Öl auf Leinwand, 260,5 × 200 cm. 2007 für 860.000 £ bei Philipps de Pury versteigert, aus: Matthias Arndt (Hrsg.), Erik Bulatov: Catalogue raisonné in two volumes = Ėrik Bulatov: Raboty v dvuch tomach, Bd. 1 Paintings 1952–2011 = Kartiny 1952–2011, Köln 2012, 122, Abb. 94.

sowohl auf die westliche als auch auf die russische Kunst der ersten Hälfte des 20. Jahrhunderts geschah. Oskar Rabin nutzte als einer der ersten unter den russischen Nonkonformisten die kritischen Möglichkeiten der Kunst, indem er das Alltagsleben aus einer psychopathologischen Perspektive ins Bild brachte. Evgenij Barabanov schrieb in der *Literaturnaja gazeta* über Rabins Rolle in der nonkonformistischen Kunst:

> Sein Blick wird von „verdrängter", ästhetisch sowohl vom Sozrealismus als auch von nonkonformistischen Romantikern ignorierter, aufgezwungener Realität des Alltäglichen angezogen. Bereits die Verwandlung des „sowjetischen Lebensmülls" – von „antiästhetischen" Objekten und Texten – in einen Gegenstand künstlerischer Beschäftigung war etwas Unerhörtes: Baracken, Müllhaufen, Sowjetischer Rubel, Personalausweis, die Zeitung „Pravda".[21]

Die gewollte Provokation wirkte in Bildern dieser Art (Abb. 4) umso stärker, als die grobe, expressionistische Malerei des Umfeldes mit der dokumentarischen Schärfe und Ausführlichkeit der Schilderung der brisanten Gegenstände kontrastiert. An diese Konfrontation verschiedener kultureller Bezugssysteme, die auch das scheinbar Unpolitische politisierte und das Politische ins Metaphysische überführte, knüpften später, wenn auch mit anderen Mitteln, die Protagonistinnen und Protagonisten der Moskauer Schule des Konzeptualismus an. Aus der älteren, „ersten" Generation sind ihr unter anderem Il'ja Kabakov, Vitalij Komar und Aleksandr Melamid, Erik Bulatov, Dmitrij Prigov, Rimma Gerlovina, Valerij Gerlovin, Leonid Sokov, Ivan Čujkov und Viktor Pivovarov zuzurechnen.[22]

Die so genannte Bulldozer-Ausstellung, die am 15. September 1974 in Beljaevo, einem Neubauviertel im Südwesten von Moskau, stattfand, war ein Höhepunkt der Konfrontation zwischen offizieller und nicht-offizieller Kunst.[23] Mit dieser Aussage ist nicht so sehr das absurde Szenario dieser Ausstellung seitens der Staatsmacht gemeint. Vielmehr sollte sich, ähnlich wie zwölf Jahre zuvor in Folge der Manege-Ausstellung, das kulturelle Klima in der Sowjetunion nachhaltig verändern. Für die nonkonformistischen Künstler hatte das existentielle Folgen, denn sie wurden nun gewollt oder ungewollt zu Dissidenten. Es kam zu

---

[21] *Jewgeni Barabanow*, Geschichten nach der Geschichte, in: Hans-Peter Riese (Hrsg.), Nonkonformisten. Нонконформисты. Die zweite russische Avantgarde 1955–1988. Sammlung Bar-Gera, Köln 1996, 21–44, hier 31.

[22] Zum Begriff und zur Geschichte des Konzeptualismus vgl. *Ekaterina Bobrinskaya*, Der Moskauer Konzeptualismus. Ästhetik und Geschichte, in: Boris Groys / Max Hollein / Manuel Fontán del Junco (Hrsg.), Ausstellungskatalog: Die totale Aufklärung. Moskauer Konzeptkunst 1960–1990. Total Enlightenment. Conceptual Art in Moscow 1960–1990, Schirn Kunsthalle Frankfurt, Fundación Juan March, Ostfildern 2008, 36–49.

[23] Chronologie politischer und künstlerischer Ereignisse in Russland 1953–1994, in: Andrej Erofeev / Jean-Hubert Martin, Kunst im Verborgenen. Nonkonformisten. Rußland 1957–1995. Sammlung des Staatlichen Zarizyno-Museums Moskau, München / New York 1995, 25–50, hier 35–36.

Abb. 4: Oskar Rabin: Der Pass, 1964, Öl auf Leinwand, 70 × 90 cm. Moskau, Tret'jakov-Galerie. © VG Bild-Kunst, Bonn 2013, aus: Ausstellungskatalog Russia! Nine hundred Years of Masterpieces and Master Collections. Solomon R. Guggenheim Museum, New York 2005, 393.

einer vielgestaltigen Politisierung des künstlerischen Schaffens durch Staat und Künstler.

Die Idee für eine Freiluftausstellung ging noch auf das Jahr 1969 zurück. Sie wurde nun von Oskar Rabin aktualisiert, um gegen die faktische Unmöglichkeit von Ausstellungen für nonkonformistische Künstler zu protestieren. Wie vom Gesetzgeber gefordert, wurde die Ausstellung angemeldet. Man entschied sich für eine Brache, um den möglichen Tatbestand einer Störung der öffentlichen Ordnung von vornherein zu umgehen. Die Behörden setzten im Vorfeld auf Ignoranz, indem sie weder eine Genehmigung erteilten noch ein Verbot der Ausstellung aussprachen. Doch als die Ausstellung in Anwesenheit von eingeladenen Verwandten und Freunden der Künstlerinnen und Künstler und ausländischen Diplomaten und Journalisten aufgebaut wurde, griff die Staatsmacht ein. Als Arbeiter verkleidete Mitarbeiter des KGB gaben vor, Bäume pflanzen zu wollen und gingen mit Gewalt gegen die Maler mit ihren Bildern vor. Ein erschrockener Bulldozer-Fahrer verwechselte noch dazu einen Hebel und fuhr in Richtung der versammelten Menge (ca. 500 Personen). Einem beherzten amerikanischen Korrespondenten soll es gelungen sein, den Motor auszuschalten und Schlimmeres zu verhindern. Einige der Künstler wurden verhaftet, Arbeiten von Komar & Melamid, Oskar Rabin, Evgenij Ruchin und Jurij Žarkich vernichtet. Doch die Organisatoren der Ausstellung ließen sich nicht einschüchtern. Am nächsten Tag fand in der Wohnung von Aleksandr Glezer eine Pressekonferenz für ausländische Journalisten statt und die Künstler kündigten in einem Brief an das ZK der KPdSU weitere Ausstellungen an. Mit dieser Strategie, Stärke zu zeigen, hatten sie zunächst Erfolg.[24]

Es folgten weitere Aktionen wie die nunmehr von den Behörden genehmigte Ausstellung im Park Izmajlovo am 29. September 1974 mit Werken von 70 Künstlern, zu der sich innerhalb von vier Stunden ca. 30.000 Menschen einfanden. Vordergründig hatte sich das Kräfteverhältnis zugunsten der nonkonformistischen Kunst verändert, aber die Situation blieb zweischneidig. Einerseits stellten die Behörden im städtischen Komitee der Grafiker (*gorkom grafiki*) auf der Malaja Gruzinskaja ulica 1976 einen kontrollierten Ausstellungsraum für Nichtmitglieder des Künstlerverbandes zur Verfügung, andererseits wurden Aufbegehrende zunehmend kriminalisiert und zu Dissidenten erklärt, auch wenn sie sich selbst nicht als solche betrachteten. Bereits im Februar 1974 war der Schriftsteller Aleksandr Solženicyn verhaftet und des Staatsverrates angeklagt worden; man entzog ihm die sowjetische Staatsbürgerschaft und verwies ihn des Landes. In den folgenden Jahren verließen nicht nur kritisch eingestellte Schriftsteller, sondern auch zahlreiche Künstler und ihnen verbundene Intellektuelle die Sowjetunion: Aleksandr Glezer und Aleksandr Kosolapov emigrierten 1975,

[24] *Gleser*, Kunst gegen Bulldozer, 290–318; *Laß*, Vom Tauwetter zur Perestroika, 303–313.

Komar und Melamid 1977, Oskar Rabin 1978; später folgten weitere – Viktor Pivovarov 1981, Il'ja Kabakov 1988 und Erik Bulatov 1991.

Diejenigen, die (noch) blieben, entwickelten individuell oder in Gruppen die Soz-Art und Praktiken der Konzeptkunst weiter, wobei es zwischen beiden Richtungen durchaus gemeinsame Schnittmengen gab. Die Gemeinsamkeiten betrafen vor allem die Dekonstruktion der sowjetischen Ideologie und Kunst, der sich weit vor dem Ende der Sowjetunion eine ganze Reihe von Künstlern in Arbeiten auf Papier, Fotografien, Gemälden und Plastiken bis hin zu Objekten, Aktionen und raumgreifenden Installationen widmete. Der Fotograf Boris Michailov etwa legte von 1968 bis 1979 seine Serie „Black Archive" an. Dmitrij Prigov, Erik Bulatov, Komar und Melamid, Leonid Sokov, aber auch Il'ja Kabakov und die Gruppe „Kollektivnye dejstvija" (Kollektive Aktionen) beschäftigten sich mit der kritischen Hinterfragung gleichermaßen bekannter visueller Zeichen und Schrift im Sinne allgegenwärtiger Texttypen, die längst zu Leerformeln geworden waren. Indem sie sie in neue räumliche und semantische Zusammenhänge brachten, entlarvten sie mit häufig ironischem bis sarkastischem Unterton, aber auch mit metaphysischer Spitzfindigkeit ihren demagogischen Charakter. Damit aber bedienten sie sich einer kulturellen Praxis, die für jeden sowjetischen Staatsbürger eine Selbstverständlichkeit war:

> Der normale sowjetische Betrachter hat, wenn er ein Bild sah, ganz automatisch und ohne Art & Language je gehört zu haben, dieses Bild innerlich durch seinen möglichen ideologisch-politisch-philosophischen Kommentar ersetzt, und er hat nur diesen Kommentar berücksichtigt, um das entsprechende Bild zu beurteilen – als sowjetisch, halb-sowjetisch, nicht-sowjetisch, anti-sowjetisch etc. Daraus ergibt sich, dass die explizite Verwendung des kommentierenden, philosophischen, ideologischen, wissenschaftlichen oder literarischen Textes im Kunstwerk, wie sie der Moskauer Konzeptualismus praktiziert hat, in erster Linie als eine Freilegung des Verfahrens fungierte, welches die ganze sowjetische Kultur definierte.[25]

5. Nonkonformistische Kunst, sowjetisches Sehen: Das Ende von Offiziellem und Inoffiziellem

Dieser Befund von Boris Groys deckt sich mit der Einschätzung der späten Sowjetzeit von Alexei Yurchak. In den von ihm geführten Interviews wurde nämlich deutlich, dass viele Sowjetbürger ganz unaufgeregt und selbstverständlich zwischen den Sphären des Erlaubten, Geforderten und des Tabuisierten, Verbotenen

[25] *Boris Groys*, Die Konzeptkunst des Kommunismus, in: Groys/Hollein/Fontán del Junco (Hrsg.), Ausstellungskatalog Die totale Aufklärung. Moskauer Konzeptkunst 1960–1990. Total Enlightenment. Conceptual Art in Moscow 1960–1990, Schirn Kunsthalle Frankfurt, Fundación Juan March, Ostfildern 2008, 18–27, hier 21.

Abb. 5: Foto von der Aktion „Losung" der Gruppe „Kollektive Aktionen", 1977, aus: Pustye zony. Andrej Monastyrskij i „Kollektivnye dejstvija". Pod redakciej Borisa Grojsa. Black Dog Publishing Limited, London, UK; Stella Art Foundation, Moskau 2011, 30.

navigierten und so – wie die Künstler – zu einer schleichenden Aufhebung der Dichotomie der offiziellen und der inoffiziellen Kultur beitrugen.[26]

Die Aktivisten der 1976 gegründeten Moskauer Gruppe „Kollektive Aktionen" um Andrej Monastyrskij nutzten Formen der partizipatorischen Kunst, um ihre Distanz zur offiziellen sowjetischen Kulturpolitik und zu deren starrem Kunstbegriff auszudrücken. Als Gruppe, im sowjetischen Sprachgebrauch als Kollektiv, begaben sie sich aus der Stadt aufs Land, in sprichwörtlich russische Landschaften. Dort veranstalteten sie Aktionen – und tun dies übrigens bis heute –, wobei die symbolische Inbesitznahme und die semantische Interpretation und Codierung der Landschaft jeweils fotografisch dokumentiert werden.

Auf einer Aktion im Januar 1977 (Abb. 5) wurde in einer hügeligen Waldlandschaft an der Eisenbahnlinie von Moskau nach Leningrad, nahe der Station Firsanovka, zwischen zwei Baumkronen ein rotes Spruchband mit weißer Schrift aufgespannt: „Ich beklage mich über nichts und mir gefällt alles, obwohl ich nie zuvor hier gewesen bin und nichts über diese Gegend weiß."[27] Indem

---

[26] *Alexei Yurchak*, Everything Was Forever, Until It Was No More. The Last Soviet Generation, Princeton 2006.

[27] Übersetzt nach: *Andrej Monastyrskij*, Poezdki za gorod, Moskau 1998, nach 64.

hier anstelle von politischen Slogans, wie sie normalerweise auf Transparenten üblich waren, nicht zueinander passende Aussagen zusammengebracht sind, werden erstere *ad absurdum* geführt. In der Absicht, die sowjetische Kultur der Losungen, der modernen Nachfolger mittelalterlicher Spruchbänder, als Träger „von Gott gegebener" Wahrheiten zu unterlaufen, wurden solche ästhetischen Praktiken aufgerufen wie die Verwendung von Schrift in der russischen und sowjetischen Avantgardekunst und die Vorliebe russischer Dichter für das Irrationale. Das äußerte sich auch in dem Umstand, dass die Schrift auf dem Losungstransparent in der Aktion erst dann von einer Abdeckung befreit wurde, als die Entfernung zu den Anwesenden so groß war, dass sie nicht mehr zu lesen war.[28]

Der Bezug zum Metaphysischen ist auch eine durchgehende Komponente im Schaffen von Il'ja Kabakov, ebenso seine Verwendung von Versatzstücken der sowjetischen Lebenswelt und Kunst, die er in zahlreichen Installationen schon früh verarbeitet hat. Nicht nur seine Arbeitsweise belegt den Archivcharakter der inoffiziellen sowjetischen Kunst:

> Insgesamt zog man dem ästhetischen Gegenstand, der einen eigenen Wert darstellt, den Schöpfungsprozess und die Zustände der Meditation, der Erleuchtung, die man hinauszog und auskostete, vor. Die plastische Form wurde vor allem als Mittel der Nacherzählung begriffen, als Satz einer Rede, der den Betrachter zur Diskussion und zur Kommentierung veranlasst.[29]

Die Brežnev-Ära veränderte das, was als „sowjetische" oder „sozialistische" Kunst galt. Gerade in der zweiten Hälfte der 1970er Jahre, der vermeintlichen Hochphase der Stagnation, etablierten sich unter dem Deckmantel einer weitgehenden ideologischen Uniformität neue Bewegungen und Deutungsmuster. Sie waren teils gravierende Herausforderungen für die offizielle Kulturbürokratie, ohne dass eine öffentliche Auseinandersetzung über Sinn und Gehalt von Kunst und Kultur möglich war. Die Emigration zahlreicher Künstlerinnen und Künstler in dieser Zeit deutet auf die Grenzen des offiziell akzeptierten Sag- und Darstellbaren hin, die vielen Akteuren dann doch zu eng waren. Gleichzeitig besaß dieser Handlungsraum Ausmaße, die er bis dahin noch nie erreicht hatte. Ungeachtet aller kulturpolitischen Gegenmaßnahmen mehrten sich so bereits Ende der 1970er Anzeichen, die auf die in der *perestrojka* stattfindenden kulturellen Umbrüche vorauswiesen.

---

[28] *Günter Hirt/Sascha Wonders*, Einführung, in: dies. (Hrsg.), Präprintium. Moskauer Bücher aus dem Samizdat (Staatsbibliothek zu Berlin – Preußischer Kulturbesitz, Ausstellungskataloge, Neue Folge 28; Dokumentationen zur Kultur und Gesellschaft im östlichen Europa, Forschungsstelle Osteuropa an der Universität Bremen, Bd. 3), Bremen 1998, 8–40, hier 35–36.

[29] *Andreï Erofeev*, Die Kunst der Nonkonformisten, in: Erofeev/Martin, Kunst im Verborgenen, 9–16, hier 12.

Literatur

Barabanow, Jewgeni, Geschichten nach der Geschichte, in: Hans-Peter Riese (Hrsg.), Nonkonformisten. Нонконформисты. Die zweite russische Avantgarde 1955–1988. Sammlung Bar-Gera, Köln 1996, 21–44.

Bobrinskaja, Jekaterina, Die Bildsprache des sozialistischen Realismus, in: Pawel Choroschilow/Jürgen Harten/Joachim Sartorius u. a. (Hrsg.), Ausstellungskatalog: Berlin Moskva – Moskau Berlin. 1950–2000. Chronik, Martin-Gropius-Bau Berlin, Staatliche Tretjakow-Galerie Moskau, Berlin 2003, 45–46.

Bobrinskaya, Ekaterina, Der Moskauer Konzeptualismus. Ästhetik und Geschichte, in: Boris Groys/Max Hollein/Manuel Fontán del Junco (Hrsg.), Ausstellungskatalog: Die totale Aufklärung. Moskauer Konzeptkunst 1960–1990. Total Enlightenment. Conceptual Art in Moscow 1960–1990, Schirn Kunsthalle Frankfurt, Fundación Juan March, Ostfildern 2008, 36–49.

ХЖ Chudožestvennyj žurnal. Moscow Art Magazine 51/52, 2003.

Djogot, Jekaterina/Lewaschow, Wladimir, Erlaubte Kunst, in: Boris Groys (Hrsg.), Fluchtpunkt Moskau. Werke der Sammlung Ludwig und Arbeiten für Aachen, im Auftrag des Ludwig Forum für Internationale Kunst, Aachen/Ostfildern-Ruit 1994, 67–73.

Dodge, Norton/Hilton, Alison (Hrsg.), New Art from the Soviet Union. The Known and the Unknown, Washington 1977.

Eggeling, Wolfram, Die sowjetische Literaturpolitik zwischen 1953 und 1970. Zwischen Entdogmatisierung und Kontinuität, Bochum 1994.

Eimermacher, Karl, Vadim Sidur. Skulpturen, Graphik, Konstanz 1978.

Erofeev, Andrej/Martin, Jean-Hubert (Hrsg.), Kunst im Verborgenen. Nonkonformisten. Rußland 1957–1995. Sammlung des Staatlichen Zarizyno-Museums Moskva, München/New York 1995.

Gleser, Alexander, Kunst gegen Bulldozer. Memoiren eines russischen Sammlers, Frankfurt am Main/Berlin/Wien 1982.

Groys, Boris, Die Konzeptkunst des Kommunismus, in: Boris Groys/Max Hollein/Manuel Fontán del Junco (Hrsg.), Ausstellungskatalog: Die totale Aufklärung. Moskauer Konzeptkunst 1960–1990. Total Enlightenment. Conceptual Art in Moscow 1960–1990, Schirn Kunsthalle Frankfurt, Fundación Juan March, Ostfildern 2008, 18–27.

–, Paradise revisited. Die Ästhetik des Spätkommunismus, in: Pawel Choroschilow/Jürgen Harten/Joachim Sartorius u. a. (Hrsg.), Ausstellungskatalog: Berlin Moskva – Moskau Berlin. 1950–2000. Chronik, Martin-Gropius-Bau Berlin, Staatliche Tretjakow-Galerie Moskau, Berlin 2003, 138–142.

Hirt, Günter/Wonders, Sascha, Einführung, in: dies. (Hrsg.), Präprintium. Moskauer Bücher aus dem Samizdat (Staatsbibliothek zu Berlin – Preußischer Kulturbesitz, Ausstellungskataloge, Neue Folge 28; Dokumentationen zur Kultur und Gesellschaft im östlichen Europa, Forschungsstelle Osteuropa an der Universität Bremen, Bd. 3), Bremen 1998, 8–40.

Kabakov, Ilya, Die 60er und die 70er Jahre. Aufzeichnungen über das inoffizielle Leben in Moskau,Wien 2001.

Laß, Karen, Vom Tauwetter zur Perestrojka. Kulturpolitik in der Sowjetunion (1953–1991), Köln/Weimar/Wien 2002.

Leong, Albert, Centaur. The Life and Art of Ernst Neizvestnyj, Lanham, MD 2002.

Monastyrskij, Andrej, Poezdki za gorod, Moskau 1998.

Morozov, Aleksander, Der sozialistische Realismus als Fabrik des neuen Menschen, in: Boris Groys/Max Hollein (Hrsg.), Ausstellungskatalog: Traumfabrik Kommunismus. Die visuelle Kunst der Stalinzeit. Dream Factory Communism. The Visual Culture of the Stalin Era, Schirn Kunsthalle Frankfurt, Ostfildern-Ruit 2003, 64–84.

Petrova, Evgenija N./Barabanov, Evgenij V. (Hrsg.), Times of Change. Art in the Soviet Union 1960–1985, St. Petersburg 2006.

Rittersporn, Gábor T./Rolf, Malte/Behrends, Jan C., Öffentliche Räume und Öffentlichkeit in Gesellschaften sowjetischen Typs: Ein erster Blick aus komparativer Perspektive, in: dies. (Hrsg.), Sphären von Öffentlichkeit in Gesellschaften sowjetischen Typs, Frankfurt am Main 2003, 7–22.

Schattenberg, Susanne, Von Chruščev zu Gorbačev. Die Sowjetunion zwischen Reform und Zusammenbruch, in: Neue Politische Literatur 2, 2010, 255–284.

Yurchak, Alexei, Everything Was Forever, Until It Was No More. The Last Soviet Generation, Princeton 2006.

Dissens und Untergrund

Das Wiederaufkommen der linken oppositionellen Gruppen in der späten Breżnev-Zeit

Ewgeniy Kasakow

Kaum ein Thema bestimmte die Forschungen zur Brežnev-Zeit so sehr wie die Geschichte des Dissenses. Unter den Vorzeichen des Kalten Krieges war die Aufmerksamkeit dabei lange Zeit auf die so genannten *pravozaščitniki* fokussiert, d. h. auf die „Rechtsverteidiger-Dissidenten", die Anhänger der späteren Menschenrechtsbewegung.[1] Schon die Begründerin der Dissensforschung Ljudmila Alekseeva, die sowohl Protagonistin als auch Chronistin der Bewegung war, stellte diese Gruppierung in den Mittelpunkt ihrer Übersichtsdarstellung über die sowjetischen „Andersdenkenden".[2] Allerdings bestand die sowjetische Opposition aus zahlreichen Strömungen, von denen die Menschenrechtsbewegung lediglich die bekannteste ist.[3] Laut Alekseevas Periodisierung waren oppositionelle Gruppen mit explizit sozialistischer Programmatik vor allem ein Phänomen der Zeit vor dem „Prager Frühling" 1968. Nach dem Einmarsch der sowjetischen Truppen in der Tschechoslowakei und der gewaltsamen Niederschlagung der Reformbemühungen Dubčeks, so Alekseeva, habe das Interesse an sozialistischen Theorien und Modellen in den Kreisen der Andersdenkenden stark abgenommen.[4] Gleichzeitig wurden immer weniger Untergrundgruppen gegründet.[5] Der Schwerpunkt oppositioneller Tätigkeit verlagerte sich vielmehr in Richtung eines „entpolitisierten" Kampfes um die allgemeinen Menschen-

[1] Vgl. z. B. *Robert Horvath*, The Legacy of Soviet Dissent. Dissidents, Democratisation and Radical Nationalism in Russia, London 2005; *Uta Gerlant*, The Law is our only Language. Soviet Dissidents and the Human Rights, in: Rainer Huhle (Hrsg.), Human Rights and History. A Challenge for Education, Berlin 2010, 130–141.

[2] Vgl. *Ljudmila Alekseeva*, Istorija inakomyslija v SSSR. Novejšij period, Moskau 2006.

[3] Vgl. *Larisa Bogoraz/Aleksander Daniel'*, V poiskach nesuščestvujuščej nauki. Dissidentstvo kak istoričeskaja problema, in: Problemy Vostočnoj Evropy 37–38, 1993, 142–161.

[4] Vgl. *Alekseeva*, Istorija inakomyslija v SSSR, 327–353.

[5] Nikolaj Mitrochin erklärt das Verschwinden der Untergrundgruppen als Massenphänomen Mitte der 1960er Jahre mit zwei Faktoren: verbesserter Integration der potentiellen Unruhestifter in das sowjetische System und einer verbesserten sozialen Situation. Vgl. *Nikolaj Mitrochin*, Russkaja partija. Dviženie russkich nacionalistov v SSSR 1953–1985, Moskau 2003, hier 182–184.

rechte.[6] Vor allem in Moskau wurden die Menschenrechtler zur bedeutendsten Strömung. Die Spaltung des Phänomens, das allgemein als „sowjetischer Dissens" bezeichnet wird, in halboffen agierende *dissidenty* und klandestine *podpol'ščiki* („Untergrundler") wurde zementiert.[7] Jene Gruppen, die sich in explizit inhaltlicher und nicht in formell-rechtlicher Opposition zum sowjetischen Staat verstanden, sahen daher keine Alternative zu „untergrundlerischer" Praxis. Sie waren in der ersten Hälfte der 1970er Jahre vor allem in der Provinz, teilweise auch in Leningrad aktiv.[8] Doch ab der zweiten Hälfte des Jahrzehnts lässt sich die erneute Zunahme von Publikationen und Gruppen mit dezidiert sozialistischer Kritik an der sowjetischen Realität beobachten.[9] Während die Menschenrechtler nach dem Abschluss der Helsinki-Verträge den letzten Höhepunkt ihrer Bewegung vor der *perestrojka* erlebten, bildeten sich immer mehr Gruppen, die für soziale Interessen und die Unterstützung einzelner Bevölkerungsgruppen eintraten und sich nicht mehr einzig den Einsatz für Bürgerrechte für alle auf die Fahnen schrieben.[10] Die ersten Aktivitäten hin zu einer Organisation der unabhängigen Frauen-[11], Behinderten-[12] und Arbeiterbewegung[13] in der UdSSR fanden in diesen Jahren statt. Karl Schlögel stellte fest, dass in den Dokumenten des *samizdats* der späten 1970er Jahre sich „ein Anwachsen all jener Themen" beobachten lässt, „die sich – über die Menschenrechtsprobleme hinausgehend –

[6] Vgl. *Dietrich Beyrau*, Intelligenz und Dissens. Die russischen Bildungsschichten in der Sowjetunion 1917 bis 1985, Göttingen 1993, hier 248–250; *Vladimir Kozlov*, Neizvestnyj SSSR. Protivistojanie naroda i vlasti. 1953–1985, Moskau 2006, hier 427–428.

[7] Vgl. *Aleksander Daniel'*, Istoki i korni dissidentskoj akstivnosti v SSSR, in: Neprikosnovennyj zapas 21, 2002, 51–65, hier 52 und 63. Im Folgenden werden die Begriffe Menschenrechtler und Dissident weitgehend als Synonyme verwendet. Oft werden jedoch alle Oppositionellen in der UdSSR – wenig korrekt – unter „Dissidenten" subsumiert.

[8] Die Untergrundler sahen sich als – im Vergleich zu den Dissidenten – radikalere Gegner der bestehenden Ordnung. Neben den zahlreichen sozialistisch und nationalistisch bzw. religiös-konservativ orientierten Gruppen, gab es auch immer wieder Versuche Untergrundgruppen mit dezidiert pro-westlicher Programmatik zu gründen. Vgl. *Rostislav Evdokimov-Vogak*, Piterskie podpol'ščiki i dialektika gorodskogo mifa, 2007, http://megaregion.narod.ru/articles_text_23.htm (01.03.2013).

[9] *Matvej Polynov*, Istoričeskije predposylki perestrojki v SSSR. Vtoraja polovina 1940-pervaja polovina 1980ch gg., Sankt Peterburg 2010, hier 329.

[10] Vgl. *Alekseeva*, Istorija inakomyslija v SSSR, 339–353.

[11] Vgl. Die Frau und Russland: Almanach von Frauen für Frauen. No. 1. Texte aus dem Almanach, No. 2 „Rossijanka", Zeitschrift „Marija" No. 1, München 1980; *Anke Stephan*, Zwischen Ost und West. Die unabhängige Frauenbewegung in Leningrad 1979–1982, in: Archiv für Sozialgeschichte 45, 2005, 407–425.

[12] Vgl. Iniciativnaja gruppa zaščity prav invalidov v SSSR. Dokumenty, (Vol'noe slovo 41–42), Frankfurt am Main 1981; *Wallerij Fefelow*, Behinderte in der UdSSR. Ballast für die Gesellschaft, Dokumentation, Frankfurt am Main 1985; *Paul D. Raymond*, Disability as Dissidence. The Action Group to Defend the Rights of People with Disabilities in the USSR, in: William O. McCagg/Lewis Siegelbaum (Hrsg.), People with Disabilities in the Soviet Union. Past and Present, Theory and Practice, Pittsburgh 1989, 235–252.

[13] Vgl. *Karl Schlögel*, Opposition sowjetischer Arbeiter heute, (Berichte des Bundesinstituts für ostwissenschaftliche und internationale Studien (BIOst) 1, 1981), Köln 1981.

mit sozialen und kulturellen Belangen des ‚einfachen Volkes' befassen".[14] Als ab 1979 die Erosion der Menschenrechtsbewegung einsetzte, herrschte auf der linken Flanke des sowjetischen Dissenses ein regelrechtes Gründungsfieber.

Wie ist dieses Phänomen – der langsame Niedergang der Menschenrechtsbewegung auf der einen Seite und auf der anderen Seite das Erstarken der linken Opposition – zu erklären? Im Beitrag soll der Frage nachgegangen werden, inwieweit das Wiedererstarken der linken Strömungen als Reaktion auf die staatlichen Repressionen gegen Andersdenkende oder aber als eine Reaktion auf die scheinbar inhaltlichen und organisatorischen Defizite der „klassischen" Menschenrechtsdissidenten gewertet werden kann. Beide Faktoren sind eng mit der Frage nach Ordnungskonzepten und Bedrohungskommunikationen in der Brežnev-Zeit verbunden. Ferner stellt sich die Frage, ob die Hinwendung zu sozialistischen Theorien eine Radikalisierung des sowjetischen Dissenses darstellte oder umgekehrt, die versöhnliche Haltung gegenüber der herrschenden Ideologie (im Vergleich zur vorherigen Generation der Andersdenkenden) bedeutete. Wer war letztendlich radikaler: linke Untergrundler, die sich auf den, wenn es sein musste bewaffneten, Kampf für den „wahren Sozialismus" vorbereiteten oder die Menschenrechtsdissidenten, die einerseits die ideologischen Grundlagen des Systems immer mehr in Frage stellten, sich aber dafür bis zuletzt an möglichst legale, öffentliche und „unpolitische" (gemäß der Doktrin „Menschenrechtler machen keine Parteipolitik") Praxisformen hielten?

Die Forschungsliteratur über die linke Opposition in der Sowjetunion der Brežnev-Zeit ist relativ übersichtlich, zudem wenig aktuell. Neben einem Kapitel über „sozialistische Dissidenten", das Alekseeva erst nach dem Erscheinen der ersten Ausgabe ihres Buches hinzufügte[15], existiert noch eine Überblicksdarstellung über das Entstehen linker Strömungen im sowjetischen und postsowjetischen Russland von Aleksandr Tarasov, der selbst während der Brežnev-Zeit in diversen linken Gruppen aktiv war und dessen Werk mehrmals unter verschiedenen Titeln veröffentlicht wurde.[16] Allerdings beklagen viele ehemalige Protagonisten einen mangelnden Wahrheitsgehalt von Tarasovs Arbeit.[17] Ein weiterer „Veteran" der sowjetischen Opposition, Aleksandr Šubin, schenkte den linken Strömungen vergleichsweise viel Aufmerksamkeit innerhalb seiner Veröffentlichungen. Allerdings geht Šubin relativ wenig auf die einzelnen Gruppen

[14] *Karl Schlögel*, Dissens in der Sowjetunion, in: Barbara Dietz (Hrsg.), Zukunftsperspektiven der Sowjetunion. Programm und Wirklichkeit, München 1984, 117–141, hier 130.

[15] *Alekseeva*, Istorija inakomyslija v SSSR, 327–338.

[16] *Aleksandr Tarasov/Gleb Čerkasov/Tat'jana Šavšukova*, Levye v Rossii. Ot umerennych do ekstremistov, Moskau 1997; *Aleksandr Tarasov*, Nesovetskie levye, in: Svobodnaja mysl' 8, 2007, 34–45.

[17] Vgl. Kniga politologa Wrungelja. Polnoe moral'no-političeskoe edinstvo v odnom otdel'no vzjatom voprose, in: Organ – Gazeta moskovskich anarchistov 3, 1998, 4–5.

ein, mit Ausnahme derjenigen, bei denen er selber mitgewirkt hat.[18] Ein für die Erforschung des Themas unersetzliches Nachschlagewerk stellt der „annotierte Katalog" der politischen Strafverfahren „58 10" dar, wobei die ideologischen Hintergründe der Angeklagten nicht immer klar ersichtlich sind.[19] Die Standardwerke über die Verfolgung politischer Delikte in der poststalinistischen UdSSR haben nur Untergrundgruppen der 1950er–1960er erfasst und unterstützen damit die etablierte Sichtweise, die 1970er Jahre gehörten ganz den Dissidenten.[20]

Die Quellenlage zum Thema gestaltet sich ebenfalls schwierig. Eine von der Menschenrechtsorganisation Memorial eingerichtete Website versucht die Erinnerungen aus dem besagten Spektrum zu sammeln, ohne dass es jedoch sonderlich umfassend wirkt.[21] Es scheint, dass sowohl die Erforschung der sowjetischen linken Opposition als auch das Sammeln von Quellen eher die Arbeit einiger Enthusiasten darstellt.[22] Generell richtet die Dissensforschung selten den Blick auf einzelne Organisationen und Medien, vor allem wenn sie fernab der (von Menschenrechtlern dominierten) Oppositionsszene der Hauptstadt agiert haben. Die Möglichkeit der Befragung noch lebender Protagonisten, sofern es sich nicht um bekannte Persönlichkeiten handelt, wird eher selten genutzt.

1. Entstehung – Vorwärts zur revolutionären Vergangenheit

Die im Folgenden behandelten Gruppen hatten eine sehr unterschiedliche Anzahl von Mitgliedern und unterschieden sich stark in Bezug auf ihre Lebensdauer und Wirkungskraft. Über einige gibt es erschöpfende Forschungs- und Erinnerungsliteratur, von anderen wiederum sind nur einige Vermerke im bekannten Untergrundbulletin *Chronik der laufenden Ereignisse* (*Chronika tekuščich sobytij*) überliefert. Doch lassen sich einige allgemeine Faktoren festhalten, die die Entstehung einer linken Opposition in der UdSSR begünstigten. Es mag zunächst verwundern, dass in einem Staat, in dem Sozialismus als offizielle Staatsdoktrin galt, diverse sozialistische Theorien ausgerechnet für Gegner der bestehenden Ordnung besonders attraktiv erschienen. Doch waren es gerade die

---

[18] Vgl. *Aleksandr Šubin*, Predannaja demokratija. SSSR i neformaly, Moskau 2006; *Aleksandr Šubin*, Dissidenty, neformaly i svoboda v SSSR, Moskau 2008.

[19] Vgl. *Vladimir Kozlov* (Hrsg.), 58 10: Nadzornye proizvodstva Prokuratury SSSR po delam ob antisovetskoj agitacii i propagande. Mart 1953–1991. Annotirovannyj katalog, (Rossija XX vek. Dokumenty), Moskau 1999.

[20] Vgl. *Vladimir Kozlov/Sergej Mironenko*, Kramola. Inakomyslie v SSSR pri Chruščeve i Brežneve, 1953–1982 gg. Rassekrečennye dokumenty Verchovnogo Suda i Prokuratury SSSR, Moskau 2005.

[21] http://socialist.memo.ru/1991/index.htm (23.05.2014)

[22] Vgl. *Il'ja Budrajtskis*, Drugie dissidenty. Začem nužno izučat' istoriju socialističeskoj oppozicii v SSSR, in: Varianty 1, 2009, 6–14; *Vsevolod Sergeev*, Problemy pereodizacii istorii dissidentskoj levoj, in: Varianty 1, 2009, 77–82.

sowjetischen Ideale, die kräftig am Weltbild der Opposition mitgewirkt haben. Elena Markasova beispielsweise zeigte anhand von schulischer Bildung auf, wie die junge Generation systematisch mit positiven Vorbildern der illegalen, konspirativen Tätigkeit konfrontiert wurde und dieser vom Staat geförderte Kult der (revolutionären bzw. patriotischen) Selbstaufopferung geradezu in allen Untergrundgruppen der Nachkriegs- und Tauwetterzeit bereitwillig aufgenommen wurde. Die Unmöglichkeit der offenen Konfrontation entbinde nicht von ihrer Pflicht zum Aufbegehren gegen die „Ungerechtigkeit" – so war, laut Markasova, die Quintessenz der sowjetischen Erziehung der jungen Bürger.[23] Der Kult um Revolutionäre, Partisanen und Rebellen hat seine Wirkung bei der heranwachsenden Generation nicht verfehlt. Die ausschließlich auf sich selbst verweisende Hyperstabilität der breževschen Gesellschaftsordnung entfaltete hier also eine verhängnisvolle Wirkung: Die Referenz auf die eigene untergründlerische, revolutionäre Vergangenheit erzeugte in der jungen Generation ein Moment der Bedrohung für die sowjetische Ordnung.

Durch staatliche Agitation und Propaganda waren die Werke der revolutionären Theoretiker, die „Klassiker des Marxismus-Leninismus", omnipräsent. Auch wenn die Mehrheit der sowjetischen Bevölkerung es als lästige Pflicht empfunden hatte, die Theorien von Marx, Engels und Lenin zu studieren, so kamen diejenigen, die sich im Zuge zunehmenden linken Engagements eingehender damit auseinandergesetzt hatten, zum Schluss, dass die sowjetische Wirklichkeit mit der in den Lehren dargestellten Welt wenig gemein hatte und jede Menge Widersprüchlichkeiten zu finden waren. In den Diskussionen linker oppositioneller Gruppen tauchten am häufigsten die Topoi „Rolle der Räte" im Besonderen und „Demokratie" im Allgemeinen auf, wobei die sowjetische Realität mit den vorrevolutionären Vorstellungen Lenins aus *Staat und Revolution* verglichen wurde. Die Auseinandersetzung mit explizit ökonomischen Themen war für die Laien wohl schwieriger und kam etwas seltener vor. Selbst wenn sich hinter der sozialistischen Rhetorik andere politische Einstellungen verstecken konnten, so war die Berufung auf die Klassiker im Kampf gegen die sowjetische Realität eine sehr verbreitete oppositionelle Praxis. Lenins *Staat und Revolution* war für den sowjetischen Dissens ein nicht minder wichtiges Werk als Aleksandr Solženicyns *Archipel GULag*.

Die Klassiker wiederum pochten auf die praktischen Konsequenzen aus den theoretischen Erkenntnissen. Sätze wie „Die Philosophen haben die Welt nur verschieden interpretiert; es kommt aber darauf an, sie zu verändern" oder „Der Marxismus ist kein Dogma, sondern eine Anleitung zum Handeln" begegneten dem sowjetischen Bürger überall. Inwieweit und warum diese Aufforderungen

[23] Vgl. *Elena Markasova*, „A vot praktiku my znaem po gerojam Krasnodona …", in: Neprikosnovennyj zapas 58, 2008, 207–219; *Mitrochin*, Russkaja partija, 186–187.

den Entschluss einiger geprägt haben, vom bloß „Andersdenkenden" zum „Andershandelnden" zu werden, muss noch näher untersucht werden.

Zwar war die revolutionäre Romantik in der Sowjetunion zum Ritual erstarrt, aber gerade aus der offiziellen Literatur und den Medien erfuhren – vor allem junge – Sowjetbürger von den revolutionären Kämpfen in der Gegenwart, in den Ländern, wo der klandestine, bisweilen auch bewaffnete Kampf Realität war. Berichte der sowjetischen Medien über die Befreiungsbewegungen in der Dritten Welt inspirierten die legal agierenden „Klubs der internationalen Freundschaft", in deren Rahmen abweichende linke Ideen reiften und kursierten.[24] Ein „internationalistischer" Schwerpunkt erlaubte auch Kontakte zu Vertretern diverser linksradikaler Bewegungen aus der „Dritten Welt", die in der UdSSR studierten oder sich nach den Kampfhandlungen zu Kur aufhielten.[25] Der bekannte Lateinamerikaexperte Kiva Majdanik prägte z. B. sowohl die „Untergrundler"-Gruppe, die sich in früheren Tauwetterzeiten konstituierte, als auch die „intra-systemischen Dissidenten"[26], mit denen er in der Redaktion der Zeitschrift *Probleme des Friedens und des Sozialismus* arbeitete, als auch die spätere links-dissidentische Gruppe der „Jungen Sozialisten".[27]

2. Praxis – Organisationsformen und Konflikte

Sind obenstehend eher allgemeine Faktoren und Wechselwirkungen zwischen staatlicher Propaganda und linken Gruppierungen dargestellt worden, die die Genese des linken Dissenses begünstigten, so sollten auch die spezifischen Faktoren der späteren Brežnev-Zeit beachtet werden. Als häufigste Erklärung für das Wiederaufkommen der „Untergrundler" in der zweiten Hälfte der 1970er Jahre werden zumeist die staatlichen Repressionen angeführt.[28] Die fixierte Mitgliedschaft und die Statute der Organisationen und die betont konspirative Agitation machten die Untergrundler zu einer leichten Beute für die sowjetische Strafverfolgung – das Risiko von Adressaten der Agitation denunziert zu werden war groß, die Schuld im Falle der Aufdeckung schnell nachgewiesen.[29] Denn wer

[24] Vgl. *Tarasov/Čerkasov/Šavšukova*, Levye, 15–16; *Julija Gradskova*, Internacional'noe vospitanie i pozdnesovetskaja solidarnost' s Čili i Latinskoj Amerikoj. Meždu geopolitikoj, protestom i samorealizaciej?, in: Laboratorium 3, 2011, 118–142.

[25] Interview des Autors mit Maksim Kučinskij, ehemaligem Mitglied der „Internationalen Brigade Aleksandr Dias" am 11. November 2012.

[26] Über das Phänomen der „inneren Dissidenten" in Apparat und Wissenschaft siehe *Roderic Pittey*, Imagining Liberation: Russian Critiques of Stalinism, in: Debatte 1:17, 2009, 99–116. Zu Kiva Majdanik vgl. auch den Beitrag von Tobias Rupprecht in diesem Band.

[27] Vgl. *Nikolaj Mitrochin*, Anarcho-syndikalizm i ottepel', in: Obščina 50, 1997, 39–46.

[28] Vgl. *Alekseeva*, Istorija inakomyslija v SSSR, 332–333; *Mitrochin*, Russkaja partija, 183.

[29] *Mitrochin*, Russkaja partija, 235; *Aleksandr Bezborodov*, Fenomen akademičeskogo dissidentstva v SSSR, Moskau 1998, 31.

seine Aktionen von Anfang an durch die Konspiration zu verdecken versucht hat, konnte sich nicht – wie es bei den Dissidenten oft die Praxis war – auf die Legalität seines Tuns im Rahmen der sowjetischen Verfassung berufen. In der Forschungsliteratur wird immer wieder darauf hingewiesen, dass der Untergrund eine Sackgasse darstellte.[30] Die „auf den Kampf um die Menschenrechte" konzentrierten, betont gewaltlosen Dissidenten wollten die legalen Möglichkeiten maximal nutzen und formulierten – auch der Selbstabgrenzung wegen – dezidierte Kritik an den Untergrundmethoden.[31] „Im Untergrund sind nur Ratten zu finden", so betitelte der bekannte Menschenrechtler Pjotr Grigorenko seine später veröffentlichten Aufzeichnungen.[32] Doch die Praxis der Menschenrechtler, die auf Transparenz und Legalität setzte, erwies sich ab Mitte der 1970er Jahre selbst zunehmend als Sackgasse. Die sowjetische Regierung zeigte kein Interesse an ihren Versuchen eines konstruktiven Dialogs. Die zahlreichen Denk- und Bittschriften blieben ohne Wirkung. Das schlug sich auch in der Stimmung der Aktivisten nieder.[33] Der Kampf gegen die Repressionen, der sich vor allem darin erschöpfte, Informationen über diese zu verbreiten, hatte paradoxerweise vor allem Repressionen gegen die Verbreiter selbst zur Folge. Die Praxis der Menschenrechtler wirkte zunehmend wie ein erstarrtes Ritual.[34] Il'ja Kukulin verweist daher darauf, dass die Dissidentenbewegung ohne Öffentlichkeit per definitionem nicht existieren konnte und daher ihr Abdrängen in den Untergrund durch die Zunahme der Repressionen der Zerschlagung gleich kam.[35]

Die Attraktivität für Unterstützer war begrenzt. Denn die Parole „Kampf um die Rechte" bzw. „Kampf für das Recht, Rechte zu haben" gab keine Antwort auf viele Fragen, die für Unzufriedene oft existenziell wichtig waren. Wie sollte die Gesellschaft in der UdSSR aussehen? Welche Veränderungen sollten durch wen konkret umgesetzt werden? Die Menschenrechtler postulierten zwar die Rechte auf freie Meinungsäußerung und auf die Gründung unabhängiger Organisationen. Doch Versuche, von diesen Rechten Gebrauch zu machen und z. B. eine neue Partei zu gründen, gingen vielen Anhängern zu weit.[36] Dies wiederum stieß auf Unzufriedenheit in den eigenen Reihen. Die Entstehungsgeschichte

---

[30] Vgl. *Beyrau*, Intelligenz, 249–250; *Mitrochin*, Russkaja partija, 235.

[31] *Vladimir Bukovskij*, I vozvraščaetsja veter, Moskau 2007, 226.

[32] Vgl. *Pjotr Grigorenko*, V podpol'e možno vstretit' tol'ko krys, Moskau 1997.

[33] Vgl. *Gleb Pavlovskij*, Prošloe real'no, produktivno i nasuščno, in: Inoe. Chrestomatija novogo rossijskogo samosoznanija, http://old.russ.ru/antolog/inoe/pavlov_o.htm (01.03.2013); *Alexei Yurchak*, Everything Was Forever, Until It Was No More: the Last Soviet Generation, Princeton, NJ 2006, 102–108.

[34] Vgl. *A. N. Kljonov* [Abram Fet], Anatomija dissidentstva, in: Inakomyslie 5, 2006, 12–21; *Mario Korti*, O nekotorych aspektach dissidentskogo dviženija, in: Karta 6, 1994, 42–46, hier 45.

[35] Vgl. *Il'ja Kukulin*, Al'ternativnoe social'noe proektirovanie v sovetskom obščestve 1960–1970-ch godov, ili Počemu v sovremennoj Rossii ne prižilis' levye političeskie praktiki, in: Novoe literaturnoe obozrenie 88, 2007, 169–201, hier 193.

[36] Vgl. *Alekseeva*, Istorija inakomyslija v SSSR, 282–283; *Kljonov*, Anatomija; *Valerija Novodvorskaja*, Po tu storonu otčajanija, Moskau 1993, hier 76–77; *Šubin*, Dissidenty, 250.

der 1978 gegründeten *samizdat*-Zeitschrift mit dem vielsagenden Titel *Poiski* (Suche) spiegelt diese innere Zerrissenheit der Bewegung wider und wirkt symptomatisch für die damalige Situation. Zu den Herausgebern gehörten sowohl die gemäßigten linken Dissidenten der älteren Generation wie Pjotr Abovin-Egides und Raissa Lert, ehemalige linke „Untergrundler" der Tauwetter-Zeit, wie Valerij Ronkin und Sergej Chachaev, verdiente Wissenschaftler wie der ehemalige Leiter des Akademiesektors des Institutes für Geschichte der Akademie der Wissenschaft Michail Gefter, als auch die Vertreter der jüngeren Generation, wie Gleb Pavlovskij, der bereits zuvor Erfahrungen in einer linksradikalen konspirativen Gruppe hatte sammeln können.[37] Ein weiteres Mitglied des Redaktionsteams war Viktor Sokirko, der sich als fast einziger Dissident schon damals offen zur Marktwirtschaft und „bürgerlichen Demokratie" bekannte (was sich sogar in seinem Pseudonym „Buržuademov" manifestierte). Allen diesen unterschiedlichen Akteuren war gemeinsam, dass sie nach inhaltlicher Kritik und nach politischen Lösungen suchen wollten, statt wie Menschenrechtler die Verletzung formaler Kriterien laut anzuklagen.

Die Verteidigung der Menschenrechte war sowieso in den Händen der kleinen, inzwischen auch im Westen bekannten Gruppe von Moskauer Intellektuellen konzentriert. Alekseeva verweist auf diesen Generationenkonflikt, der sich in den 1970er Jahren manifestierte. Für den Kern der Moskauer Helsinki-Gruppe hatte der Kampf gegen Menschenrechtsverletzungen vor allem einen ethischen Selbstwert, dagegen sehnten sich die in die oppositionellen Kreise neu hinzugekommenen jungen Menschen nach praktischen Ergebnissen.[38] Boris Kagarlickij sieht den großen Unterschied der *samizdat*-Debatten der späten 1970er zu denen der vorherigen Jahre darin, dass die Hoffnung auf jegliche praktische Verwirklichung schwand.[39] Die Ideologie der Menschenrechte erlebte eine Krise, die Möglichkeiten der Menschenrechtler waren ausgeschöpft und Veränderungen waren nach wie vor nicht in Sicht. Repressionen und die (teils erzwungene) Auswanderung der Aktivisten schwächten die Organisationsstrukturen der Bewegung. Die inneren Spaltungen wurden tiefer und gingen auch unter den exilierten Dissidenten weiter.[40] So hat sich z. B. Aleksandr Solženicyn – einer der weltweit bekanntesten Vertreter des sowjetischen Dissenses – nach 1978 endgültig von den Menschenrechtlern distanziert.[41]

Auch die soziale Zusammensetzung der sowjetischen Andersdenkenden und Andershandelnden änderte sich zunehmend. Alekseeva stellte fest, dass ab 1976

---

[37] Vgl. *Horvath*, The Legacy, 67–68; *Vjačeslav Kilesa*, SID. Simferopol' 2008.

[38] Vgl. *Alekseeva*, Istorija inakomyslija v SSSR, 305.

[39] Vgl. *Boris Kagarlickij*, Epocha tupikovych diskussij, in: Neprikosnovennyj zapas 52, 2007, 98–110, hier 99.

[40] Vgl. *Emma Gilligan*, Defending Human Rights in Russia. Sergei Kovalyov, Dissident and Human Rights Commissioner, 1969–2003, London, 2004, 31.

[41] Vgl. *Alekseeva*, Istorija inakomyslija v SSSR, 261.

über 40 Prozent der aufgrund eines politischen Delikts Verhafteten „einfache Arbeiter" waren.[42] Diese Zahlen sind mit Vorsicht zu behandeln, denn als Arbeiter wurde man von den offiziellen Behörden zum Zeitpunkt der Verhaftung eingestuft. Einer Verhaftung ging jedoch oftmals der Verlust des Arbeitsplatzes oder der Ausschluss von der Hochschule voraus. Viele derjenigen, die in den *Chroniken der laufenden Ereignisse* als „Arbeiter" genannt werden, hatten einen soliden akademischen Hintergrund. Die Repressionen hatten deren wissenschaftlich-beruflichen Karrieren ein jähes Ende gesetzt und sie in weniger angesehene Berufe des „Arbeiterstaates" gedrängt. Es bedarf jedoch noch einer näheren Untersuchung, wie die Verschlechterung der wirtschaftlichen Lage, welche in diesen Jahren einsetzte, sich auf die artikulierte Unzufriedenheit der „unpolitischen" Arbeiter auswirkte.[43] Karl Schlögel berichtet mit Verweis auf dürftige *samizdat*-Quellen über ein Ansteigen der Arbeiterproteste in den letzten Jahren der Breżnev-Herrschaft, wobei die Aktionen nur in den seltensten Fällen „politischen Akzent" trugen.[44] Insgesamt lässt sich innerhalb des sowjetischen Dissenses im untersuchten Zeitabschnitt eine Tendenz zur Radikalisierung feststellen. Das gilt auch für nationale Bewegungen in einzelnen Unionsrepubliken – verwiesen sei nur auf den 1977 von armenischen Nationalisten verübten U-Bahn-Anschlag in Moskau[45], den Anschlag von Imre Arakas auf den ersten Sekretär der Estnischen KP Karl Vaino von 1979[46], oder die – ungewöhnlich militanten – Jugendunruhen im Herbst 1980 in Tallinn.[47] Vladimir Kozlov verweist auf das Wiederaufkommen der Massenunruhen, nachdem zwischen 1969 und 1977 keine stattgefunden hatten.[48] Im Zeitraum von 1975–1979 fixierte der KGB 26 bis 48 „terroristische Bestrebungen" pro Jahr, dazu kamen zwischen 1975–1983 72 bis 126 Fälle von Gewaltandrohung gegen „Partei- und Staatsaktiv".[49] Manche terroristische Drohungen waren explizit mit den sozialen Forderungen verknüpft.[50] Die Zeit der Stabilität unter Brežnev neigte sich deutlich ihrem Ende entgegen. Selbst wenn sich aus der Statistik nicht feststellen lässt, ob und inwiefern alle diese Taten und Drohungen wirklich politisch motiviert waren, ist nicht zu übersehen, dass es neben der dissidentischen Praxis des friedlichen Auftretens auf der Grundlage der sowjetischen Verfassung, der UNO-Menschenrechtscharta und der Helsinki-Akte noch viele andere Praktiken der Opposition gab.

[42] Vgl. ebd., 351.

[43] *Melanie Tatur*, Taylorismus in der Sowjetunion. Die Rationalisierungspolitik der UdSSR in den siebziger Jahren, Frankfurt am Main / New York 1983.

[44] *Schlögel*, Dissens in der Sowjetunion, 138–139.

[45] *Alekseeva*, Istorija inakomyslija v SSSR, 84–85.

[46] Vgl. ebd., 65–66.

[47] Vgl. ebd., 64–65.

[48] *Kozlov*, Neizvestnyj SSSR, 421–434.

[49] Vgl. *Aleksandr Smykalin*, Ideologičeskij kontrol' i Pjatoe upravlenie KGB SSSR v 1967–1989 gg., in: Voprosy istorii 8, 2011, 30–40, hier 38.

[50] Vgl. *Kozlov*, Neizvestnyj SSSR, 435–436.

Vladimir Kozlov sieht einen Zusammenhang zwischen der Krise der Dissidenten und der Zunahme von anderen Unzufriedenheitsäußerungen. Nach ihm waren Dissidenten gerade in den Zeiten aktiv, als die Mehrheit der Bevölkerung durch soziale Zugeständnisse relativ zufrieden war. Die Dissidenten vermissten die Aufarbeitung des Stalinismus, während die Mehrheit der Bevölkerung von Chruščevs ökonomischen Experimenten gereizt war. Das Dissidententum war geboren aus dem Geiste der Aufarbeitung der stalinistischen Vergangenheit, während die Proteste der Bevölkerung oft positiven Bezug auf Stalin nahmen.[51] Das Wachsen der sozialen Unzufriedenheit konnten die Dissidenten in der UdSSR im Gegensatz zu denjenigen in Polen nicht für ihre Ziele nutzen.[52] Menschenrechtler haben seit dem „Tauwetter“ die Wiederkehr des Stalinismus befürchtet und ihre Aktionen waren von „Wehret den Anfängen“-Pathos gekennzeichnet.

Heute erscheint dieser Pathos oft unverständlich – doch für die jeweilige Protestbewegung waren personelle Kontinuitäten unbestreitbarer Beweis für die akute Gefahr der Wiederkehr der Vergangenheit. Indes erscheint es heute, dass die (relative) Verschwiegenheit über die „dunklen Seiten der Vergangenheit“ in Breznevs UdSSR (ähnlich wie im Westdeutschland der Nachkriegszeit) keineswegs Nostalgie oder Restauration geschuldet waren, sondern zur Stabilität beitragen sollten. Die von Kozlov beschriebenen „Massenproteste“, die sich zu der Frage der Vergangenheit nicht positionierten oder gar positiv Bezug auf sie nahmen, waren den Dissidenten aus den Bildungsschichten suspekt.

Nicht ignoriert werden sollten auch die Auswirkungen der Debatten um die 1977 beschlossene neue sowjetische Verfassung. Die seit den 1950er Jahren geführten Diskussionen über den Übergang der „Diktatur des Proletariats“ zum „Staat des gesamten Volkes“ kamen mit der Verabschiedung der Verfassung zum offiziellen Abschluss.[53] Die „Diktatur des Proletariats“ wurde nun endgültig ad acta gelegt, dafür wurde zum ersten Mal in der sowjetischen Geschichte die führende Rolle der Partei per Gesetz festgeschrieben.[54] Da das Verhältnis von Partei und Klasse für die linken Dissidenten und Untergrundler ein Dauerthema bildete, hatten die Debatten über die Verfassung, die sowohl in offiziellen Medien, als auch im *samizdat* geführt wurden[55], zum Aufwerfen der Frage nach dem Klassencharakter der UdSSR in den sozialistischen Kreisen beigetragen.

---

[51] Vgl. ebd., 433.

[52] Vgl. *Patrizia Hey*, Die sowjetische Polenpolitik Anfang der 1980er Jahre und die Verhängung des Kriegsrechts in der Volksrepublik Polen. Tatsächliche sowjetische Bedrohung oder erfolgreicher Bluff?, Berlin 2010, 84–86.

[53] Vgl. *Aleksandr Pyžikov*, Ot „diktatury proletariata“ k „obščenarodnomu gosudarstvu“, in: Voprosy istorii 12, 2003, 107–113; *Benjamin Nathans*, Soviet Rights-Talk in the Post-Stalin Era, in: Stefan-Ludwig Hoffmann (Hrsg.), Human Rights in the Twentieth Century, Cambridge 2011, 166–190, hier 183–187.

[54] Vgl. *Rudol'f Pichoja*, Sovetskij Sojuz. Istorija vlasti 1945–1991, Moskau 1998, 367–369.

[55] Vgl. *Serguei A. Oushakine*, The Terrifying Mimicry of Samizdat, in: Public Culture 13, 2001, 191–214.

Die relativ zurückhaltende Außenpolitik der Détente-Periode konnte den im Geiste der Revolutionsromantik erzogenen Jugendlichen ebenfalls missfallen. Das Interesse an Befreiungsbewegungen in der Dritten Welt war oft mit Enttäuschung über deren mangelnde Unterstützung seitens des Ostblocks verbunden. In diesem Punkt waren sich die jungen sowjetischen Verehrer von Che Guevara durchaus mit vielen „Neuen Linken" im Westen einig.[56]

Ende der 1970er hatten die linken Kräfte in der „Dritten Welt" einige Erfolge zu verzeichnen – diese kamen an die Macht in Afghanistan (1978), Grenada, Rhodesien / Simbabwe und schließlich in Nicaragua (alle 1979). Der Ostblock schien wieder in der Offensive zu sein. Die Hoffnungen auf die Weltrevolution der romantisierten Jugendlichen waren dadurch womöglich neu beflügelt worden. Gleichzeitig bringt Aleksander Šubin die Verschärfung der Repressionen gegen Andersdenkende mit dem Anstieg der internationalen Spannungen seit 1979 in Verbindung.[57] Die internationale Politik beeinflusste sowohl die Entwicklung der Opposition, als auch die Repressionspolitik des sowjetischen Staates.

3. Lokale Freiräume – regionale Ausdifferenzierungen

Bei den untersuchten Gruppen lässt sich eine deutlich regionale Spezifik feststellen. Die in Leningrad aktive „Leningrader Kommune" (1976) aus der später der Kreis um die Zeitschrift *Perspektiva* (1978) (bzw. Gruppe „Linke Opposition") entstand[58], die „Union der revolutionären Kommunarden"[59], sowie die terroristisch angehauchte „Schwarze Neuaufteilung-2" (beide 1979) waren stark an den Theorien der westlichen „Neuen Linken" und an Kontakten zu jugendlichen Subkulturen interessiert.[60] Aleksandr Skobov, ein Mitglied der *Perspektiva*-Redaktion, erinnert sich, bis zu seiner Verhaftung kaum *sam-* oder *tamizdat* gelesen zu haben.[61] Als Hoffnungsträger der zukünftigen Revolution galten im *Perspektiva*-Kreis die Intellektuellen und die subkulturellen Jugendlichen, speziell die Hippies. Folgerichtig veröffentlichte die Zeitschrift Berichte über die Leningrader Jugendunruhen am 4. Juli 1978, als ein zuvor angekündigtes Rockkonzert im letzten Moment abgesagt wurde.[62] Einige Mitglieder der

---

[56] Als Beispiel dafür könnte die in der kommunardischen Bewegung aktive Organisation „Abteilung (Otrjad) Che Guevara" dienen, die ab 1978 unter der Anleitung des später bekannten Pädagogen Jevgenij Markelov (1962–2010) tätig war. Siehe *Tarasov,* Levye v Rossii, 14.

[57] Vgl. *Šubin*, Dissidenty, 276.

[58] Vgl. *Alekseeva*, Istorija inakomyslija v SSSR, 291, 333; *Vadim Netchaev*, Les tracts subversifs et la communaute d'A. Skobov, in: Libération, 04. April 1979.

[59] Vgl. *Alekseeva*, Istorija inakomyslija v SSSR, 291, 335–336.

[60] Vgl. *Moše Gončarok*, Iz vospominanij evrejskogo anarchista, in: http://socialist.memo.ru/1991/GoncharokMoshe.htm (01.03.2013).

[61] Vgl. *Aleksandr Skobov*, Perspektiva – žurnal novych levych, in: Levyj povorot 13, 2004, 5.

[62] Vgl. ebd.

Gruppe sahen im Intellektuellen das neue revolutionäre Subjekt und sympathisierten gleichzeitig mit der chinesischen „Kulturrevolution", andere sahen sich als Anarchisten.[63] Über die Ansichten der anderen Leningrader Gruppen ist deutlich weniger bekannt, aber als erwiesen gilt, dass die „Union der revolutionären Kommunarden", welche wohl aus nur drei bis vier Personen bestand, sich positiv auf die Pariser Studentenunruhen 1968 berief und die Sowjetunion als „Staatskapitalismus" bezeichnete.[64] „Guten Tag, das sind wir! Geburtsort: Planet Erde. Geburtsdatum: 1968 Mai-Juni, Nationalität: –, Glaubensangehörigkeit: WELTREVOLUTION!" – so stellten sich die „Kommunarden" in ihrem handgeschriebenen Flugblatt vor.[65]

Dagegen waren die in Kujbyšev entstandene Gruppe um Aleksej Razlackij (1976–1981)[66] und der Kreis um Boris Ichlov in Perm' (1982/83)[67] vor allem an Arbeitskämpfen in Betrieben interessiert. Diese von Ingenieuren aus großen Industriezentren gebildeten Gruppen betonten die Abgrenzung zu Dissidenten und klagten vor allem über den „unproletarischen" Charakter des sowjetischen Staates. Bezeichnenderweise war der Blick der beiden, von einander nichts wissenden Gruppen nicht auf die Auseinandersetzung mit Stalin und dem „Personenkult" fixiert, was einen deutlichen Unterschied zu den ähnlichen Gruppen der Tauwetterzeit bildet. Die Sicht auf Stalin war differenziert, wobei Razlackij eher dazu neigte, ihn positiver als die offizielle Parteilinie zu bewerten und sich auch auf Mao Tse-tung berief.[68] Beide Gruppen wurden von den Vertretern der „ingenieur-technischen Angestellten" (ITRs) und der Arbeiterschaft gegründet. Sie zeichneten sich durch akribische Studien der ökonomischen Schriften der Klassiker des Marxismus und originelle theoretische Konzeptionen aus. So gab sich Ichlovs Gruppe den doppeldeutigen Namen „Gruppe des verlängerten Tages" (*gruppa prodlennogo dnja*) – was in der Sowjetunion für eine Ganztagsschulgruppe stand. Damit spielten die Permer Marxisten auf Lenins Arbeit *Die nächsten Aufgaben der Sowjetmacht* von 1918 an.[69] Dort plädiert Lenin dafür, den Arbeitstag mit Hilfe der größeren Produktivität zu verkürzen, um dann den Arbeitern zu ermöglichen, an Regierungsgeschäften teilzunehmen. Der

[63] Vgl. *Dmitrij Rubljov*, „Novye levye" v SSSR, in: Alternativy 2, 2012, 141–155.

[64] Vgl. *Alekseeva*, Istorija inakomyslija v SSSR, 291, 333–334.

[65] Archiv „Istorija inakomyslija v SSSR" Meždunarodnogo Memoriala. f. 172., op. 3. N. Miletič. Listovka revoljucionnych kommunarov.

[66] Alekseeva berichtet flüchtig über die Gruppe, da ihr weder der Gruppenname, noch die Namen der Protagonisten bekannt waren. Vgl. *Alekseeva*, Istorija inakomyslija v SSSR, 295. In dem später hinzugefügten Kapitel über Sozialisten wird die Gruppe als „Initiativgruppe Vetrovs" erwähnt, nach dem Pseudonym von Razlackij. Vgl. *Alekseeva*, Istorija inakomyslija v SSSR, 336.

[67] Vgl. *Tarasov/Čerkasov/Šavšukova*, Levye, 15, 17.

[68] Vgl. *Aleksej Razlackij*, Vtoroj kommunističeskij manifest, Novosibirsk 1991.

[69] *Wladimir Lenin*, Die nächsten Aufgaben der Sowjetmacht (1918), (Lenin-Werke 27), Berlin/Ost 1971.

Name sollte an dieses nicht eingelöste Programm erinnern.[70] Die Gruppe ging davon aus, dass in der UdSSR „ein Sozialismus nach Dühring" (also in der marxistischen Terminologie ein „Kasernensozialismus") aufgebaut sei, in dem jegliche Kontrolle von unten fehle und von einer Räteherrschaft nicht die Rede sein könne.[71]

In ihrer Kritik am Kapitalismus und Realsozialismus ist die „Gruppe des verlängerten Tages" einigen Strömungen des westlichen Marxismus, von denen man damals in der UdSSR kaum etwas erfahren konnte, wie z. B. dem Operaismus, recht ähnlich. Die Biographie des Physikers Boris Ichlov (geboren 1956) zeigt Verknüpfungen von diversen Strängen des sowjetischen Dissens' auf. Seine ältere Schwester war eine bekennende Aktivistin der alternativ-pädagogischen Kommunardenbewegung.[72] Die in der Tauwetterzeit entstandenen Kommunarden agierten zwar legal, wurden aber vom Komsomol misstrauisch beobachtet. In deren Reihen kursierten viele nicht „linientreue" Ideen, die Kontakte zu verschiedenen oppositionellen Kreisen waren zahlreich.[73] Ichlov selbst hat schon als Schüler einen offenen Konflikt mit der Komsomol-Organisation ausgetragen. Später, als er als Aspirant nach Moskau reiste, lernte er *samizdat*-Literatur und die Dissidentendebatten kennen. Sein Verwandter, Evgenij Ichlov, war ein engagierter Dissident. Die Gruppe wurde regelmäßig mit *sam*- und *tamizdat* versorgt. Ichlov berichtet, dass später auch die antikommunistischen Zeitschriften *Posev* und *Kontinent* von ihnen vervielfältigt und unter den Arbeitern verteilt wurden. Die Resonanz in den Betrieben war aber, auch im Vergleich zu eigenen politischen Schriften, gering.[74] Im Wesentlichen bestand die Praxis von Ichlovs Gruppe bis zur *perestrojka* in Theoriearbeit, die die Grundlage für spätere Agitation bilden sollte.

Der Erdölingenieur Aleksej Razlackij (1935–1989) verfasste 1979 mit seinem Mitstreiter, dem Schlosser und gelernten Ingenieur-Mechaniker Grigorij Isaev (geboren 1943) das *Zweite kommunistische Manifest* (*Vtoroj kommunističeskij manifest*). Als eines der zentralen Probleme der sowjetischen Gesellschaft machte er die Loslösung der Partei von der Arbeiterklasse und den Verlust der Kontrolle der Arbeiter über die Produktion verantwortlich. Razlackij sah einen zunehmend wachsenden Konflikt zwischen der Arbeiterschaft und der „Administration". Nach Razlackij hat sich die Administration nach Stalins Tod

---

[70] Vgl. *Boris Ichlov*, Očerki sovremennogo rabočego dviženija na Urale, Perm 1994, 8; *Tarasov/Čerkasov/Šavšukova*, Levye, 15.

[71] Vgl. *Boris Ichlov*, 20 let s rabočim klassom, in: Levyj povorot 12, 2004, 2.

[72] Brief von Boris Ichlov an den Verfasser, 16. Januar 2012.

[73] Über die Kommunardenbewegung, die viele Berührungspunkte mit dem linken Dissens hatte, vgl. *Michail Kordonskij*, Vvedenie v kommunarskoe dviženie, www.altruism.ru/sengine.cgi/5/22/1 (01.03.2013); *Simon Solovejčik*, Čas učeničestva, Moskau 1986; *Tarasov/Čerkasov/Šavšukova*, Levye, 16–17.

[74] Brief von Boris Ichlov an den Verfasser, 19. August 2011.

zu einer Klasse mit feudalen Beziehungen sowohl untereinander als auch im Verhältnis zum ihr untergeordneten Proletariat entwickelt.[75] Dabei warnte er davor, die Kritik auf die bekanntgewordenen Skandale und Verfehlungen der einzelnen Vertreter zu fokussieren. Für Razlackij konnte die Administration aus objektiven Gründen nicht anders handeln, es sei denn, das Proletariat gewinnt wieder Kontrolle über die gesamten Produktionsmittel.[76] Er plädierte für die Trennung der Partei von Verwaltung und Regierung – wer einen Posten in der Administration übernimmt, muss seine Mitgliedschaft in der Partei für die Zeit im Amt ruhen lassen.[77] Noch kurz vor seiner Verhaftung 1981 soll Razlackij Polnisch gelernt haben, um die Solidarność-Proteste über die polnische Presse verfolgen zu können.[78]

Eine Gruppe junger Intellektueller aus Moskau, die ab 1976 diverse *samizdat*-Zeitschriften (*Varianty*, *Levyj povorot*, *Socializm i buduščee*) herausgab, ist wohl eine der am besten von der Forschung erfassten Organisationen aus dem untersuchten Spektrum.[79] Die so genannten „Jungen Sozialisten" (einen offiziellen Organisationsnamen gab es nicht) um Andrej Fadin, Boris Kagarlickij und Pavel Kudjukin aus Moskau (1976–1983) waren in vielen Punkten näher an den Dissidenten als an den „Untergrundlern". Mit ihren Publikationen wollten sie weniger agitieren, sondern eher Diskussionen anstoßen. Die Hoffnung galt den demokratisierenden Reformen von oben, die von unten kritisch begleitet werden sollten.[80] Diese Haltung wird verständlicher, wenn man bedenkt, dass die Protagonisten rege Kontakte zur intellektuellen Elite der Hauptstadt pflegten und daher die Hoffnung hatten, ihre Stimme werde auch von Teilen der Staats- und Parteiführung gehört. Die Mitglieder der Gruppe entstammten größtenteils den Familien angesehener sowjetischer Intellektueller. Der Vater von Fadin war in Norwegen eingesetzter Referent des ZK der KPdSU. Fadin und Kudjukin arbeiteten am Moskauer Institut für Weltwirtschaft und internationale Beziehungen (IMEMO).[81] Die Mitglieder der Gruppe hatten also Zugang zu den damals aktuellen linken Theorien aus dem Westen und Kontakte zu politischen Entscheidungsträgern, die zum Bekanntenkreis der Familien gehörten. Ihre

---

[75] Vgl. *Aleksej Razlackij*, Vtoroj kommunističeskij manifest, April 1979 [Digitalisierte ursprüngliche Variante – Anm. d. Verfassers] www.proletarism.proletarism.ru/m1.shtml (01.03.2013).

[76] Vgl. *Aleksej Razlackij*, Komu otvečat'?, 1977, www.proletarism.proletarism.ru/ko1.shtml (01.03.2013).

[77] Vgl. *Razlackij*, Vtoroj manifest, www.proletarism.proletarism.ru/m4.shtml (01.03.2013).

[78] Brief von Razlackijs Sohn Aleksej Razlazckij an den Verfasser, 22. Januar 2012.

[79] Vgl. *Alekseeva*, Istorija inakomyslija v SSSR, 308, 334–336; *Tarasov/Čerkasov/Šavšukova*, Levye, 14–15; *Šubin*, Predannaja, 15–19; *Konstantin Morozov*, Beseda s P. M. Kudjukinom o s.-d. organizacii rubeža 70-ch–80-ch gg., 27. Januar 2007, http://socialist.memo.ru/1991/kudukin_interview.html (01.03.2013); *Šubin*, Dissidenty, 279–280, 289.

[80] Vgl. *Šubin*, Dissidenty, 289.

[81] Vgl. *Alekseeva*, Istorija inakomyslija v SSSR, 334.

Sympathien lagen bei der Sozialdemokratie, dem Linkssozialismus und dem Eurokommunismus.

Der Kreis am Moskauer Staatlichen Pädagogischen Institut (MGPI) um Aleksej Vasiliveckij, Andrej Isaev und Aleksandr Šubin (ab 1979/80), welcher sich später „Organisationskomitee der Allunions-Revolutionären Marxistischen Partei“ nannte, schwankte zwischen der Suche nach dem authentischen Leninismus und der sozialdemokratischen Kritik an Lenin.[82] Diskutiert wurden die Staatskapitalismustheorie und die Ereignisse in Polen. Später in der perestrojka-Zeit wandte sich der immer noch bestehende Kreis dem Anarchismus zu. Vasiliveckij war schon als Schüler in einer kleinen namenlosen Gruppe organisiert, die versucht hatte, Sympathisantenzellen zu gründen. Im Vorbereitungskurs des MGPI lernte er Isaev und seine Freunde kennen. Vasiliveckij erklärt, dass die wachsende Gruppe deswegen unentdeckt blieb, weil der Schwerpunkt auf interner Theoriearbeit lag und noch keine Flugblätter nach außen verteilt wurden.[83]

Über die Inhalte der Gruppe „Jugend für den Kommunismus“ (1979–1980) ist relativ wenig bekannt, allerdings war sie eines der wenigen überregionalen Projekte mit Ortsgruppen in Moskau, Jaroslavl‘ und Tula. Sie bemühte sich ebenfalls um Kontakte mit der pädagogischen Bewegung der „Kommunarden“.[84]

Ebenfalls in Tula existierte 1980–1982 eine Schülergruppe mit dem Namen „Avantgarde der kommunistischen Jugend“, die sich in der Tradition der chinesischen Kulturrevolution sah, aber gleichzeitig mit dem Verweis auf die „Lasst hundert Blumen blühen“-Kampagne (die in China lange vor der Kulturrevolution offiziell eingestellt und verurteilt wurde) mehr Pluralismus in der sowjetischen Gesellschaft forderte. In den Vorstellungen der Tulaer Maoisten war Brežnev ein „sowjetischer Mao Tse-tung“, der von der Bürokratie längst im Schach gehalten wurde und die Unterstützung der revolutionären Jugend brauchte.[85]

Die Gruppe „Antares“, 1975 vom Schüler Il’ja Smirnov gegründet, der schon bald eine wichtige Person in der Rockszene darstellte, war stark auf subkulturelle Kreise ausgerichtet – die Kontakte reichten bis in die Künstlerkreise der Moskauer Konzeptualisten.[86] Es lässt sich schwer feststellen, wie ernst es den jungen Vertretern der alternativen Kultur mit der Politik war. Anscheinend befürchtete man im KGB die Politisierung der rasch wachsenden Jugendsubkulturen: Im Februar 1982 wurde im Rahmen der Fünften Hauptverwaltung die „13. Abteilung“ gebildet, die sich speziell diesem Problem widmete.[87]

---

[82] Vgl. *Šubin*, Predannaja, 22–34; *Tarasov/Čerkasov/Šavšukova*, Levye, 14.

[83] Brief von Aleksej Vasiliveckij an den Verfasser, 07. Dezember 2011.

[84] Vgl. *Tarasov/Čerkasov/Šavšukova*, Levye, 13–14.

[85] *Igor’ Akimov*, Echo velikoj revoljucii. Istorija odnoj organizacii, in: Tul’skaja Movla 1, 1990, 3.

[86] Vgl. *Il’ja Smirnov*, Vremja kolokol’čikov. Žizn’ i smert’ russkogo roka, Moskau 1994, 88; *Tarasov/Čerkasov/Šavšukova*, Levye, 16–17.

[87] Vgl. *Smykalin*, Ideologičeskij kontrol’, 31–32.

Es würde zwar den Rahmen dieses Beitrages sprengen, über die (durchaus vorhandenen) linken Tendenzen in den Kreisen der national motivierten Opposition einzelner Republiken zu sprechen, aber allein in der Ukraine agierten im untersuchten Zeitrahmen mehrere russischsprachige Gruppen. In Zaporož'e hat Vladimir Kiričenko, KPdSU-Mitglied und überzeugter Anarchist, aktiv in dissidentischen Kreisen gewirkt und später versucht, mit ihnen zusammen eine Gruppe zu gründen. In Dnepropetrovsk agierten gleich mehrere Gruppen mit ebenfalls anarchistischer Programmatik: Vladislav Strelkovskij gründete erst 1977 die mehrheitlich aus Studenten bestehende „Kommunistische Union der Anarchisten". Nach der Zerschlagung der Union sowie einer vorübergehenden Zwangspsychiatrisierung versuchte Strelkovskij 1981 eine Gewerkschaft nach dem Vorbild der polnischen Solidarność zu gründen. Es gelang ihm in einem Betrieb einen „italienischen Streik" (nach dem *work-to-rule*-Prinzip) zu organisieren, aber die zweite Verhaftung beendete seine Pläne. Ohne jegliches Wissen über Strelkovskijs Aktivitäten versuchte der Anarchosyndikalist Oleg Dubrovskij in der gleichen Stadt 1979 seine Arbeitskollegen zu agitieren. In Char'kov entstand 1982 eine Gruppe aus heimgekehrten Afghanistan-Veteranen, die sich auf den Anarchismus beriefen und sogar ein Attentat auf Brežnev planten.[88]

Neben den Gruppen mit allgemeinpolitischem Anspruch entstanden mehrere Initiativen, die sich auf einzelne Themen konzentrierten. So gaben zum Beispiel Arbeiterunruhen in Polen und der Afghanistankrieg die Initialzündungen für Versuche staatsunabhängige Gewerkschaften zu gründen (Gruppe um Vladimir Klebanov[89], „Freie Interprofessionelle Vereinigung der Werktätigen" SMOT[90]) und den „Kampf für den Frieden" auch gegen die Politik des eigenen Staates zu wenden („Gruppe für die Herstellung des Vertrauens zwischen UdSSR und der USA").[91] Die Wendung zu den Themenschwerpunkten, die zumindest im Westen als traditionell „links" gelten, lässt jedoch noch keine Zuordnung dieser Gruppen in die untersuchte Kategorie zu. Zumindest die „Gewerkschaft" SMOT war klar antikommunistisch orientiert – dennoch trat mindestens ein Mitglied des Leningrader *Perspektiva*-Kreises der Vereinigung bei. Die erste Grußadresse aus der Sowjetunion, welche bei der Solidarność 1981 ankam, stammte aus den Kreis der Moskauer „Jungen Sozialisten" um Fadin und Kudjukin. Sie wurde mit „Gründungskomitee der freien Gewerkschaften in der UdSSR" unterschrieben.[92] Eine parteiunabhängige Arbeiterbewegung war für die oppositionellen Linken auch dann interessant, wenn sie kein linkes Selbstverständnis hatte.

---

[88] Vgl. *Anatolij Dubovik*, Anarchisty Ukrainy 1960–1980 gg., in: Varianty 1, 2009, 15–20.

[89] Vgl. *Alekseeva*, Istorija inakomyslija v SSSR, 341, 343–345.

[90] Vgl. *Alekseeva*, Istorija inakomyslija v SSSR, 345–348; Das unterirdische Feuer. Texte der russischen Gewerkschaftsopposition SMOT, (Critica diabolis 7), Berlin 1985.

[91] Vgl. *Tat'jana Teljukova*, Moskovskaja gruppa „Doverie" (1982–1989), in: Dolgij put' rossijskogo pacifizma, Moskau 1997, 325–336.

[92] Vgl. *Nikolaj Ivanov*, Solidarnost' i sovetskie dissidenty, in: Novaja Pol'šča 11, 2005, 34–38.

4. Fazit

Dieser Beitrag hat gezeigt, wie unterschiedlich und diametral entgegengesetzt Protestformen in der Breżnev-Zeit sein konnten. Ein wichtiger Unterschied manifestierte sich in den Adressaten der Bedrohungskommunikation. Die Dissidenten adressierten sie vor allem „nach oben", die Untergrundler „nach unten". Die Dissidenten kannten ihre Feinde oder mögliche Verbündete im Apparat oft persönlich. Ihre Praxis war im Grunde eine elitäre Protestform, die vor allem in der Hauptstadt möglich war. Kontakte zum Westen, Möglichkeiten an die internationale Öffentlichkeit zu appellieren (was für die Menschenrechtler zunehmend zum wichtigsten Punkt ihrer Praxis wurde), bekannte Namen in den eigenen Reihen – all das ermöglichte die (halb)legale Vorgehensweise. Von den hier untersuchten linken Gruppen haben nur die Moskauer „Jungen Sozialisten" diese Möglichkeiten gehabt. Alle anderen Gruppen waren auf konspirative Untergrundpraxis angewiesen. Die meisten versuchten, die Bevölkerung durch Flugblätter und selbstgemachte Medien zu agitieren, was das Risiko der Festnahme massiv erhöhte. Ihre Adressaten waren entweder Kollegen oder (vor allem) Menschen, die ihnen persönlich unbekannt waren, aber bei denen die gleichen gesellschaftlich bedingten Probleme vermutet wurden. Auch das unterscheidet ihre schriftliche Produktion von vielen *samizdat*-Projekten der Dissidenten, die sich an ein vertrautes Publikum wendeten – und so schnell Verbreitung fanden. Diese Anonymität und Konspiration führte dazu, dass die Untergrundler viel weniger über die Grenzen der eigenen Gruppe vernetzt waren als die Dissidenten. Der *Perspektiva*-Kreis in Leningrad schien von der „Union der revolutionären Kommunarden" in derselben Stadt nichts gewusst zu haben[93], die beiden parallel agierenden Dnepropetrovsker Gruppen wurden bereits oben erwähnt. Bei den beiden Beispielen handelt es sich um sich inhaltlich recht nahestehende Gruppen. Das zeigt jedoch auch, dass junge Sowjetbürger unabhängig voneinander zu ähnlichen Fragen und Antworten über ihre Gesellschaft kamen.

Die oft halbspielerische Praxis der Untergrundler versuchte politische Versammlungen, Abstimmungen, Demonstrationen, also genauso omnipräsente, wie entpolitisierte Rituale des sowjetischen Lebens in kleinen Rahmen nachzuahmen und zu repolitisieren.[94]

Fast alle in diesem Beitrag erfassten Gruppen wurden von noch sehr jungen, meist männlichen Personen gebildet. Altersmäßig sticht die Gruppe um Razlackij und Isaev hervor – deren Mitglieder hatten zum Zeitpunkt der Gründung mittleres Alter und feste berufliche Positionen erreicht. Meist waren die Teilnehmer Schüler und Studenten, seltener „ITRs" oder junge Arbeiter.

---

[93] Brief vom ehemaligen Aktivisten Aleksandr Skobov an den Verfasser, 20. Januar 2012.

[94] Vgl. *Yurchak*, Everything, 15.

Genau wie die Dissidenten, deuteten die Untergrundler ihre mangelnden Mobilisierungserfolge und die Gleichgültigkeit der Bevölkerung als Beweis für die Existenz besonders perfider Unterdrückungsmechanismen – Gründe für die Zufriedenheit mit den Verhältnissen, die allerdings in der untersuchten Periode wieder abzunehmen begann, wurden kaum thematisiert.

Trotz ihres Anspruches, für die Interessen der sozial Benachteiligten einzutreten, hatten linke Gruppen meist keinen direkten Einfluss auf die immer wieder aufflammenden Kämpfe für die Verbesserung der materiellen Lage (ob Beschwerden, Streiks oder Unruhen). Nur vereinzelt führten die agitatorischen Aktivitäten zu Aktionen der Betroffenen – wenn auch nur im kleinen Rahmen. Fast alle diese Gruppen betrachteten das ökonomische System der UdSSR als einen „Staatskapitalismus" – Razlackij ging noch weiter und sprach von einem „Staatsfeudalismus". Auch in der westlichen Linken gab es derartige Bewertungen der Sowjetunion, aber die Staatskapitalismustheorien der sowjetischen Linken waren kein Importprodukt – am häufigsten wird Lenins *Staat und Revolution* als Inspirationsquelle genannt. Die These, den Staat gäbe es nur dort, wo es Klassenwidersprüche gibt, hat die Suche nach den antagonistischen Klassen in der Sowjetunion angestoßen. Aus der Existenz des Klassenkonflikts wurde meist die Notwendigkeit von revolutionärem Umsturz geschlussfolgert, eine friedliche Transformation schlossen die meisten Gruppen aus, zumal mit der Zeit die Zahl der gewaltsamen und gewaltbereiten Unzufriedenheitsäußerungen in der Sowjetunion zunahm. Auch ideologisch bildeten die Moskauer „Jungen Sozialisten" in der Hinsicht eine Ausnahme, da sie weder den „authentischen Leninismus" noch eine „linksabweichlerische" Kritik daran propagierten, sondern zur moderaten Sozialdemokratie tendierten. Im Vergleich zu den linken Untergrundgruppen aus der Zeit vor 1968 lässt sich jedoch eine größere Vertrautheit mit den neueren linken Konzeptionen von der anderen Seite des „Eisernen Vorhangs" feststellen. Trotzdem erreichten die Ideen der westlichen Linken die sowjetischen Linken mit einer gewissen Verzögerung: Ende der 1970er Jahre scheinen Hippies, Marcuse und Sartre in Leningrad für die linksradikalen Kreise noch die Bedeutung zu haben, die sie im Westen bereits zehn Jahre vorher wieder eingebüßt hatten. Die transnationale Verflechtung vieler gesellschaftlicher Gruppen, auch abseits der großen Politik, ist deutlich nachweisbar.

Zum Schluss bleibt noch zu erwähnen, dass die Gruppen, die in der zweiten Hälfte der 1970er Jahre entstanden sind, eine wichtige Kaderschmiede für Akteure der *perestrojka* waren. Einige Gruppen blieben bis 1985 von Staatsorganen unentdeckt (MGPI-Kreis, „Gruppe des verlängerten Tages", viele kommunardische Pädagogik-Projekte), andere hatten nach den Repressionen schnell wieder zusammengefunden („Junge Sozialisten", Razlackij-Gruppe), auch vereinzelte Aktivisten fanden neue Anhängerschaft (Vladislav Strelkovskij). In der *perestrojka* bekamen sie dann die Chance ihre Ideen einem breiten Publikum zu unterbreiten. Die Schlagworte der linken Opposition, wie „Kampf gegen die

Bürokratie", „Arbeiterselbstverwaltung" und „sozialistische Alternativen" genossen in der *perestrojka* für kurze Zeit große Aufmerksamkeit, aber da diese inzwischen von oben aufgegriffen wurden, konnten sich die Linken in der Zeit kaum als politische Kraft profilieren. Während die früheren Gruppen aus den 1950er–1970er Jahren sang- und klanglos verschwanden, agieren einige der in der späten Brežnev-Zeit gegründeten Zusammenschlüsse auch heute noch und haben somit den Zusammenbruch der Sowjetunion überdauert. Die sowjetischen Behörden konnten zwar die Oppositionsgruppen weitgehend neutralisieren, aber nicht die Entstehung von immer neuen verhindern. Die in der offiziellen Ideologie propagierten Ideale hatten sich immer wieder verselbständigt. Die Verschlechterung der ökonomischen Lage in der zweiten Hälfte der Brežnev-Zeit rief auch die Protestformen der früheren Jahre wieder verstärkt auf den Plan.

Literatur

Akimov, Igor', Echo velikoj revoljucii. Istorija odnoj organizacii, in: Tul'skaja Movla 1, 1990, 3.

Alekseeva, Ljudmila, Istorija inakomyslija v SSSR. Novejšij period, Moskau 2006.

Archiv „Istorija inakomyslija v SSSR" Meždunarodnogo Memoriala. f. 172., op. 3. N. Miletič. Listovka revoljucionnych kommunarov.

Beyrau, Dietrich, Intelligenz und Dissens. Die russischen Bildungsschichten in der Sowjetunion 1917 bis 1985, Göttingen 1993.

Bezborodov, Aleksandr, Fenomen akademičeskogo dissidentstva v SSSR, Moskau 1998.

Bogoraz, Larisa / Daniel', Aleksandr, V poiskach nesuščestvujuščej nauki. Dissidentstvo kak istoričeskaja problema, in: Problemy Vostočnoj Evropy 37–38, 1993, 142–161.

Budrajtskis, Il'ja, Drugie dissidenty. Začem nužno izučat' istoriju socialističeskoj oppozicii v SSSR, in: Varianty 1, 2009, 6–14.

Bukovskij, Vladimir, I vozvraščaetsja veter, Moskau 2007.

Daniel', Aleksander, Istoki i korni dissidentskoj akstivnosti v SSSR, in: Neprikosnovennyj zapas 21, 2002, 51–65.

Das unterirdische Feuer. Texte der russischen Gewerkschaftsopposition SMOT, (Critica diabolis 7), Berlin 1985.

Dubovik, Anatolij, Anarchisty Ukrainy 1960–1980 gg., in: Varianty 1, 2009, 15–20.

Die Frau und Russland. Almanach von Frauen für Frauen. No. 1. Texte aus dem Almanach, No. 2 „Rossijanka", Zeitschrift „Marija" No. 1, München 1980.

Evdokimov-Vogak, Rostislav, Piterskie podpol'ščiki i dialektika gorodskogo mifa, 2007, http://megaregion.narod.ru/articles_text_23.htm (01.03.2013).

Fefelow, Wallerij, Behinderte in der UdSSR. Ballast für die Gesellschaft, Dokumentation, Frankfurt am Main 1985.

Gerlant, Uta, The Law is our only Language. Soviet Dissidents and the Human Rights, in: Rainer Huhle (Hrsg.), Human Rights and History. A Challenge for Education, Berlin 2010, 130–141.

Gilligan, Emma, Defending Human Rights in Russia. Sergei Kovalyov, Dissident and human Rights Commissioner, 1969–2003, London 2004.

Gončarok, Moše, Iz vospominanij evrejskogo anarchista, in: http://socialist.memo.ru/1991/GoncharokMoshe.htm (01.03.2013).

Gradskova, Julija, Internacional'noe vospitanie i pozdnesovetskaja solidarnost' s Čili i Latinskoj Amerikoj. Meždu geopolitikoj, protestom i samorealizaciej?, in: Laboratorium 3, 2011, 118–142.

Grigorenko, Pjotr, V podpol'e možno vstretit' tol'ko krys, Moskau 1997.

Hey, Patrizia, Die sowjetische Polenpolitik Anfang der 1980er Jahre und die Verhängung des Kriegsrechts in der Volksrepublik Polen. Tatsächliche sowjetische Bedrohung oder erfolgreicher Bluff?, Berlin 2010.

Horvath, Robert, The Legacy of Soviet Dissent. Dissidents, democratisation and radical nationalism in Russia, London 2005.

Ichlov, Boris, Očerki sovremennogo rabočego dviženija na Urale, Perm 1994.

–, 20 let s rabočim klassom, in: Levyj povorot 12, 2004.

Iniciativnaja gruppa zaščity prav invalidov v SSSR. Dokumenty, (Vol'noe slovo 41–42), Frankfurt am Main 1981.

Ivanov, Nikolaj, Solidarnost' i sovetskie dissidenty, in: Novaja Pol'šča 11, 2005, 34–38.

Kagarlickij, Boris, Epocha tupikovych diskussij, in: Neprikosnovennyj zapas 52, 2007, 98–110.

Kilesa, Vjačeslav, SID. Simferopol', 2008.

Kljonov, A. N. [Abram Fet], Anatomija dissidentstva, in: Inakomyslie 5, 2006, 12–21.

Kniga politologa Wrungelja. Polnoe moral'no-političeskoe edinstvo v odnom otdel'no vzjatom voprose, in: Organ – Gazeta moskovskich anarchistov 3, 1998, 4–5.

Kordonskij, Michail, Vvedenie v kommunarskoe dviženie, www.altruism.ru/sengine.cgi/5/22/1 (01.03.2013).

Korti, Mario, O nekotorych aspektach dissidentskogo dviženija, in: Karta 6, 1994, 42–46.

Kozlov, Vladimir (Hrsg.), Nadzornye proizvodstva Prokuratury SSSR po delam ob antisovetskoj agitacii i propagande. Mart 1953–1991. Annotirovannyj katalog, (Rossija XX vek. Dokumenty), Moskau 1999.

Kozlov, Vladimir, Neizvestnyj SSSR. Protivostojanie naroda i vlasti. 1953–1985, Moskau 2006.

– / *Mironenko, Sergej*, Kramola. Inakomyslie v SSSR pri Chruščeve i Brežneve, 1953–1982 gg. Rassekrečennye dokumenty Verchovnogo Suda i Prokuratury SSSR, Moskau 2005.

Kukulin, Il'ja, Al'ternativnoe social'noe proektirovanie v sovetskom obščestve 1960–1970-ch godov, ili Počemu v sovremennoj Rossii ne prižilis' levye političeskie praktiki, in: Novoe literaturnoe obozrenie 88, 2007, 169–201.

Lenin, Wladimir, Die nächsten Aufgaben der Sowjetmacht (1918), (Lenin-Werke 27), Berlin / Ost 1971.

Markasova, Elena, „A vot praktiku my znaem po gerojam Krasnodona ...“, in: Neprikosnovennyj zapas 58, 2008, 207–219.

Mitrochin, Nikolaj, Anarcho-syndikalizm i ottepel', in: Obščina 50, 1997, 39–46.

–, Russkaja partija. Dviženie russkich nacionalistov v SSSR 1953–1985, Moskau 2003.

Morozov, Konstantin, Beseda s P. M. Kudjukinom o s.-d. organizacii rubeža 70-ch–80-ch gg., 27. Januar 2007, http://socialist.memo.ru/1991/kudukin_interview.html (01.03.2013).

Nathans, Benjamin, Soviet Rights-Talk in the Post-Stalin Era, in: Stefan-Ludwig Hoffmann (Hrsg.), Human Rights in the Twentieth Century, Cambridge 2011, 166–190.

Netchaev, Vadim, Les tracts subversifs et la communaute d'A. Skobov, in: Libération, 4. April 1979.

Novodvorskaja, Valerija, Po tu storonu otčajanija, Moskau 1993.
Oushakin, Serguei A., The Terrifying Mimicry of Samizdat, in: Public Culture 13, 2001, 191–214.
Pavlovskij, Gleb, Prošloe real'no, produktivno i nasuščno, in: Inoe. Chrestomatija novogo rossijskogo samosoznanija, http://old.russ.ru/antolog/inoe/pavlov_o.htm (01.03.2013).
Pichoja, Rudol'f, Sovetskij Sojuz. Istorija vlasti 1945–1991, Moskau 1998.
Pittey, Roderic, Imagining Liberation: Russian Critiques of Stalinism, in: Debatte 1:17, 2009, 99–116.
Polynov, Matvej, Istoričeskie predposylki perestrojki v SSSR. Vtoraja polovina 1940-pervaja polovina 1980ch gg., Sankt-Peterburg 2010.
Pyžikov, Aleksandr, Ot „diktatury proletariata" k „obščenarodnomu gosudarstvu", in: Voprosy istorii 12, 2003, 107–113.
Raymond, Paul D., Disability as Dissidence. The Action Group to Defend the Rights of People with Disabilities in the USSR, in: William O. McCagg/Lewis Siegelbaum (Hrsg.), People with Disabilities in the Soviet Union. Past and Present, Theory and Practice, Pittsburgh 1989, 235–252.
Razlackij, Aleksej, Komu otvečat'?, 1977, www.proletarism.proletarism.ru/ko1.shtml (01.03.2013).
–, Vtoroj kommunističeskij manifest, Novosibirsk 1991.
–, Vtoroj kommunističeskij manifest, April 1979 [Digitalisierte ursprüngliche Variante – Anm. d. Verfassers] www.proletarism.proletarism.ru/m1.shtml (01.03.2013).
Rublëv, Dmitrij, „Novye levye" v SSSR, in: Alternativy 2, 2012, 141–155.
Sergeev, Vsevolod, Problemy pereodizacii istorii dissidentskoj levoj, in: Varianty 1, 2009, 77–82.
Schlögel, Karl, Dissens in der Sowjetunion, in: Barbara Dietz (Hrsg.), Zukunftsperspektiven der Sowjetunion. Programm und Wirklichkeit, München 1984, 117–141.
–, Opposition sowjetischer Arbeiter heute, (Berichte des BIOst 1, 1981), Köln 1981.
Skobov, Aleksandr, Perspektiva – žurnal novych levych, in: Levyj povorot 13, 2004, 5.
Smirnov, Il'ja, Vremja kolokol'čikov. Žizn' i smert' russkogo roka, Moskau 1994.
Smykalin, Aleksandr, Ideologičeskij kontrol' i Pjatoe upravlenie KGB SSSR v 1967–1989 gg., in: Voprosy istorii 8, 2011, 30–40.
Solovejčik, Simon, Čas učeničestva, Moskau 1986.
Stephan, Anke, Zwischen Ost und West. Die unabhängige Frauenbewegung in Leningrad 1979–1982, in: Archiv für Sozialgeschichte 45, 2005, 407–425.
Šubin, Aleksandr, Dissidenty, neformaly i svoboda v SSSR, Moskau 2008.
–, Predannaja demokratija. SSSR i neformaly, Moskau 2006.
Tarasov, Aleksandr/Čerkasov, Gleb/Šavšukova, Tat'jana, Levye v Rossii. Ot umerennych do ekstremistov, Moskau 1997.
–, Nesovetsskie levye, in: Svobodnaja mysl' 8, 2007, 34–45.
Tatur, Melanie, Taylorismus in der Sowjetunion. Die Rationalisierungspolitik der UdSSR in den siebziger Jahren, Frankfurt am Main/New York 1983.
Teljukova, Tat'jana, Moskovskaja gruppa „Doverie" (1982–1989), in: Dolgij put' rossijskogo pacifizma, Moskau 1997, 326–336.
Yurchak, Alexei, Everything Was Forever, Until It Was No More: the Last Soviet Generation. Princeton, NJ 2006.

Stadt der Wissenschaftlich-Technischen Revolution: Ševčenko, Kasachstan

Stefan Guth

Wenn du im Geiste den Blick über das weite Meer mit seinen Tankern schweifen lässt, über die Eisenbahnmagistralen, die die Wüste durchschneiden, über die Trassen der Gas- und Ölpipelines, die Hochspannungsleitungen und den am Meeresufer emporwachsenden Atomreaktor, über Ševčenko, die Stadt der Romantiker, und über die niemals verlöschenden Fackeln der Fördertürme von Uzen', dann siehst du Mangyšlak ganz plastisch als gewaltigen, komplexen Neubau. Und du erkennst in ihm eine gigantische Startrampe, von der aus wir uns mit neuem Schwung in die lichte Zukunft des Kommunismus katapultieren.[1]

Mit solchen Worten pries eine Broschüre Ende der 1960er Jahre, auf dem Höhepunkt der Breżnev-Zeit, die Wüstenhalbinsel Mangyšlak als Bauplatz des kommunistischen Morgen. Vordergründig nüchterner, aber nicht weniger enthusiastisch verortete ein Leitartikel in *Nauka i Žizn'* den Zukunftsort 1985 im sowjetischen Fortschrittsnarrativ:

Ševčenko, emporgewachsen aus der wüsten, felsigen Küste des Kaspischen Meeres, ist in gewissem Sinne zum Vorläufer für die Städte der Zukunft geworden. [Hier] ist etwas Neues zu beobachten, und zwar, dass sich die Entwicklung [...] auf die Errungenschaften der Wissenschaftlich-Technischen Revolution stützt.[2]

Offenbar war man im Zeichen der Gorbačev'schen *perestrojka* bestrebt, das unter Chruščev ersonnene und unter Breżnev zur Entfaltung gebrachte Projekt ein weiteres Mal zum Sinnbild für den Aufbruch in die lichte Zukunft zu erheben. Um das sowjetische Modernisierungsprojekt zu veranschaulichen, hätte sich in der Tat kaum ein besserer Ort finden lassen als die ungastliche, aber rohstoffreiche Wüstenhalbinsel Mangyšlak am Kaspischen Meer im äußersten Westen Kasachstans. Inmitten der Wüste erhob sich Ende der 1970er Jahre eine sozialistische Musterstadt mit zukunftsträchtigem Industriekomplex, deren Puls im Takte eines „atomaren Herzens" schlug – des ersten industriell genutzten Schnellen Brüters der Welt, der die Stadt nicht nur mit Energie, sondern auch mit Süßwasser versorgte und dadurch die künstliche Oase in der Wüste für nahezu eine Viertelmillion Einwohner überhaupt erst ermöglichte. Dass der Reaktor

[1] *Vasilij J. Gerasimenko*, Poluostrov Sokrovišč, Alma-Ata 1968, 62.
[2] *S. Mukašev*, Mangyšlakskij Variant, in: Nauka i Žizn' 2, 1985, 34–35.

nebenbei waffenfähiges Plutonium erzeugte[3], wurde ebenso geheim gehalten wie die eigentliche *raison d'être* der Stadt: die Uranförderung und -verarbeitung in einem der größten hydrometallurgischen Komplexe der UdSSR. Großer Vorzeigewert kam hingegen der lokalen Erdöl- und Erdgasförderung sowie der angeschlossenen petrochemischen Industrie zu. Zweifellos wurden in Ševčenko enorme Ressourcen konzentriert, um die Versprechen der sowjetischen Moderne zu realisieren und den Sowjetbürgern wie der Weltöffentlichkeit zu zeigen, wozu die UdSSR technologisch, wirtschaftlich und sozialpolitisch im Stande war.[4] Vor diesem Hintergrund empfiehlt sich die Retortenstadt als paradigmatischer *Chronotopos der spätsowjetischen Moderne*, die sich an diesem Beispiel als komplexe Technokratie offenbart. Vier Leitthesen sollen die Stoßrichtung der anschließenden Überlegungen summarisch vorwegnehmen: 1. Die poststalinistische sowjetische Moderne war Teil einer globalen technokratischen Moderne, die das Wohl des Gemeinwesens möglichst weitgehend auf wissenschaftlichen Sachverstand zu gründen suchte.[5] Deren (vorläufig letzter) Höhepunkt fiel international auf das dritte Viertel des zwanzigsten Jahrhunderts; für die Sowjetunion lässt er sich mit guten Argumenten auf die Brežnev-Ära datieren.[6] Technokratisches Denken beschränkte sich dabei nicht auf technizistische Visionen, sondern umfasste auch den Versuch, die Gesellschaft als kybernetisches System zu steuern.[7] 2. Die sowjetische Spielart dieser Moderne unterschied sich von der westlichen weniger in der Wahl ihrer technologischen Mittel als vielmehr durch ihre stärkere Einbettung in weltanschauliche Zusammenhänge: denn während in parlamentarischen Demokratien westlichen Zuschnitts übergeordnete Zwecksetzung und untergeordnete Handlungsrationalität (trotz enger Verwobenheit) grundsätzlich im Gegensatzpaar Demokratie – Expertokratie unterscheidbar blieben, fanden sie im sowjetischen Fall im Verhältnis Ideologie – Expertokra-

---

[3] *V.N. Savel'ev/O. V. Bystrickij*, Atomnoj promyšlennosti Kazachstana 65 let, in: Chabaršy Vestnik 25:3, 2010, 7–17.

[4] *I. Gonopol'skii*, Proščanie s sablej (Dokumentarfilm), Alma-Ata 1990; *Oleg Kvjatkovskii*, Proščanie s sablej, in: Kazachstanskaja Pravda, 12. August 2005; *Andrej Gubenko*, Pionery Zapada, in: Novoe Pokolenie, 28. Februar 2003.

[5] *Hermann Lübbe*, Technokratie. Politische und wirtschaftliche Schicksale einer philosophischen Idee, in: WeltTrends 18, 1998, 39–61.

[6] So argumentieren etwa Hoffman und Laird: „Significantly altered is Stalin's highly autocratic power over the polity and society as well as Khrushchev's reorganizations of the bureaucracies and mass campaigns in the pursuit of utopian goals. Instead, Brezhnev's Politburo established an oligarchical but consultative policy process that elicited information from the political-administrative and scientific-political elites in exchange for [...] cooperation in the implementation of centrally prescribed policies." *Erik Hoffmann/Robbin Laird*, Technocratic Socialism: The Soviet Union in the Advanced Industrial Era, Durham 1985, 171.

[7] *Alexander Schmidt-Gernig*, Die gesellschaftliche Konstruktion der Zukunft. Westeuropäische Zukunftsvorstellungen und Gesellschaftsplanung zwischen 1950 und 1980, in: WeltTrends 18, 1998, 63–84.

tie zu einer symbiotischen Einheit zusammen.[8] Dadurch gewann einerseits die kommunistische Utopie konkreten Anschauungswert; umgekehrt erfuhr der wissenschaftlich-technische Fortschritt eine eschatologische Aufladung. 3. Auf diese Weise band die poststalinistische Sowjetunion ihre Legitimation unauflöslich an das technokratische Entwicklungsmodell, denn an seinen Maßstäben musste sie fortan ihre Leistungen messen lassen. Die UdSSR war gewissermaßen zum Fortschritt verdammt. 4. Ševčenko kann als komprimierter Ausdruck dieser technokratischen Vision verstanden werden: als *Miniaturisierung der Utopie*.[9] An seinem Beispiel soll im Folgenden die diskursive Virtualität der *Wissenschaftlich-Technischen Revolution* auf ihre gelebte Realität bezogen werden und nach dem prekären Bezug dieses *Zukunftsortes* im sowjetischen Gesamtzusammenhang gefragt werden, wo sich der Modellfall doch stets auch als „Heterotopie" des real existierenden Sozialismus erwies.[10]

1. Die poststalinistische Sowjetunion und das technokratische Zeitalter

Auf den Begriff gebracht wurde die Technokratie am Ende des Ersten Weltkriegs in den USA, um den von Thorstein Veblen entwickelten Gedanken zu fassen, wonach Ingenieure die Leitung des Gemeinwesens übernehmen sollten, da sie am ehesten befähigt seien, kybernetische Systeme zu steuern.[11] Die zugrunde liegenden Vorstellungen gehen bis auf Francis Bacon zurück, der 1627 in *Nova Atlantis* die Vision entwickelt hatte, Herrschaftspraxis in wissenschaftlich basierte Sachherrschaft zu überführen. Macht über die Natur – Wissenschaft – diene dem Gemeinwesen mehr als Macht über Menschen – Politik –, denn sie ermögliche Produktion und mithin Wohlstand für alle statt Herrschaft und Reichtum für

[8] Freilich sind aus modernisierungskritischer Perspektive auch westeuropäische und nordamerikanische Varianten technokratischen Denkens immer wieder unter Ideologieverdacht gestellt worden. Siehe z.B. *Hans Lenk* (Hrsg.), Technokratie als Ideologie. Sozialphilosophische Beiträge zu einem politischen Dilemma, Stuttgart/Berlin/Köln u.a. 1973. Anders als in autoritären Gesellschaften traf die „high-modernist ideology" der Technokraten hier allerdings auf das den Mitgestaltungsanspruch mündiger Zivilgesellschaften. *James C. Scott*, Seeing Like a State. How Certain Schemes to Improve the Human Condition Have Failed, New Haven/London 1998, 5. Westlicher „high modernism" blieb mithin auf den Rang einer teilgesellschaftlichen, mit alternativen Programmen konkurrierenden Ideologie beschränkt, während sein sowjetisches Gegenstück die Approbation einer autoritären Einheitspartei – und mithin den Status einer hegemonialen Ideologie – genoss.

[9] Scott kennzeichnet die „Miniaturisierung" utopischer Großentwürfe auf überschaubare „Mikro-Ordnungen" wie Modellstädte als typische Strategie technokratischer Visionäre, die sich mit der flächendeckenden Umsetzungen ihrer Visionen überfordert sahen. *Scott*, State, 4.

[10] Zum Begriff der Heterotopie *Michel Foucault*, Von anderen Räumen, in: Jörg Dünne/Stephan Günzel (Hrsg.), Raumtheorie, Frankfurt am Main 2008, 317–329.

[11] *Daniel Bell*, Veblen and the Technocrats, in: ders. (Hrsg.), The Winding Passage. Essays and Soziological Journeys 1960–1980, Cambridge, MA 1980.

wenige – so die Grundannahme. Ähnliche Vorstellungen entwickelte Tommaso Campanella 1602 in seiner *Città del Sole*. Über Henri Saint-Simon (1760–1825) und Friedrich Engels fanden technokratische Vorstellungen an prominenter Stelle Eingang in den Marxismus-Leninismus.[12] Dieser ging davon aus, dass eine politische (proletarische) Revolution die angestrebte Verteilungsgerechtigkeit nur im Sinne der Leistungsgerechtigkeit herstellen könne („Sozialismus"). Der angestrebte Übergang zur Bedürfnisgerechtigkeit („Kommunismus") erfordere zusätzlich die Überwindung der Knappheit und mithin eine tiefgreifende ökonomische Umwälzung, in deren Ergebnis die unbegrenzte Nutzbarmachung aller natürlichen Ressourcen möglich würde.[13]

Nach dem Zweiten Weltkrieg erfuhren technokratische Visionen weltweit einen beachtlichen Aufschwung.[14] Die Sowjetunion reagierte indes mit größter programmatischer Konsequenz auf die wahrgenommene Beschleunigung der wissenschaftlich-technischen Entwicklung. Hier fand der erwartete Wandel um die Mitte der fünfziger Jahre eine vorauseilende Würdigung als *Wissenschaftlich-Technische Revolution* (WTR)[15], die in einer Reihe mit der neolithischen und der industriellen Revolution als fundamentaler Umbruch der Produktionsprozesse gedeutet wurde.[16] „Die Wissenschaft wird direkte Produktivkraft", lautete der Merksatz, mit dem ein selbstverstärkender Zirkel zwischen Unter- und Überbau postuliert wurde.[17] Technologische Durchbrüche und damit verbundene Erfolge in der Rohstoffförderung schienen solche Erwartungen zu rechtfertigen. Öl und Gas, vor allem aber das Atom versprachen präzedenzlose Perspektiven und befeuerten Machbarkeitsphantasien von enormen Ausmaßen. Auf dem XX. Partei-

---

[12] So pries etwa das kommunistische Manifest 1848 die Errungenschaften des technischen Fortschritts: „Unterjochung der Naturkräfte, Maschinerie, Anwendung der Chemie auf Industrie und Ackerbau, Dampfschiffahrt, Eisenbahnen, elektrische Telegraphen, Urbarmachung ganzer Weltteile, Schiffbarmachung der Flüsse, ganze aus dem Boden hervorgestampfte Bevölkerungen". *Karl Marx/Friedrich Engels*, Werke, Bd. 4, Berlin 1959, 459–493, hier 467.

[13] *Vladimir I. Lenin*, Staat und Revolution [1917], in: Werke, Bd. 25, Berlin 1972, 393–507, hier 463–477; Programma Kommunističeskoj Partii Sovetskogo Sojuza, Moskau 1961, 63.

[14] *Schmidt-Gernig*, Konstruktion.

[15] Laut Petr Fedoseev fand der Begriff der WTR erstmals in einer Rede Bulganins auf der Plenarsitzung des ZK der KPdSU vom Juli 1955 Verwendung. Doklad tovarišča N. A. Bulganina, in: Pravda, 17. Juli 1955, 1–6, hier 2. *Pyotr Fedoseyev*, Social Significance of the Scientific and Technological Revolution, in: World Congress of Sociology (Hrsg.), Scientific-Technological Revolution. Social Aspects, London/Beverly Hills 1977, 83–107, hier 87.

[16] *Hoffmann/Laird*, Technocratic Socialism, 6, 22.

[17] Programma, 125–126, 128–129. Im theoretischen Kontext des sowjetischen Marxismus-Kommunismus stellte diese Aufwertung des ‚Überbaus' gegenüber dem ‚Unterbau' eine aufsehenerregende Neuerung dar. *Arnold Buchholz*, Die Rolle der Naturwissenschaft im Historischen Materialismus, in: Studies in Soviet Thought 1:7, 1967, 35–51. Bei Marx findet sich die Wendung von der Wissenschaft als unmittelbarer Produktivkraft nur in einem ursprünglich unveröffentlichten Manuskript. *Karl Marx*, Grundrisse der Kritik der Politischen Ökonomie [Rohentwurf, 1857–1858], Berlin 1953, 594. Zu den praktischen Implikationen *Paul Josephson*, Science and Ideology in the Soviet Union: The Transformation of Science into a Direct Productive Force, in: Soviet Union 2:8, 1981, 159–185.

tag ließ Chruščev den Vater der sowjetischen Atombombe, Igor' Kurčatov, eine nukleare Zukunft ausmalen, in der das Atom Wüsten in Gärten verwandeln und neue Industrien selbst in den entlegensten Regionen des Landes mit unbegrenzten Energien versorgen würde.[18] Diese Begeisterung für den *atomic-powered communism* setzte sich unter Brežnev ungebrochen fort. „Weiterer zivilisatorischer Fortschritt ist ohne Atomenergie unmöglich", lautete die Devise.[19]

In einer kaum zu überblickenden Literatur wurden die „neuen Horizonte" ausgemalt, die sich dem Sowjetmenschen im Zuge dieser Umwälzung eröffnen sollten, und die als Vorwärtsstürmen an allen Fronten veranschaulicht wurden: in der Zeit als pausenloser Fortschritt; im Raum als Vordringen in die unwirtliche Peripherie des Landes und weiter in den Kosmos; aber auch im Leben jedes einzelnen Sowjetbürgers als Vorwärtskommen in Bildung, Karriere und Lebensstandard.[20] Dabei verdeutlichte Chruščevs Diktum vom „Ein- und Überholen" Amerikas, dass man sich in wissenschaftlich-technischer Hinsicht mit dem Westen auf dem selben Entwicklungspfade wusste. Westliche Konvergenzthesen wiesen sowjetische Theoretiker freilich unter Verweis auf das zentrale Alleinstellungsmerkmal der sowjetischen Vision zurück. Nur diese leiste – so das Argument – eine Einbettung des per se ambivalenten Potenzials wissenschaftlicher Erkenntnis und technologischer Neuerung in ein kohärentes Programm sozioökonomischen Fortschritts, und nur auf der Grundlage einer proletarischen Revolution werde die wissenschaftlich-technische Revolution ihr Potenzial zum Nutzen der Gesamtgesellschaft entfalten.[21] Chruščev verstand es, diesem Versprechen im neuen Parteiprogramm der KPdSU von 1961 plakativen Ausdruck zu verleihen, indem er den Aufbau des Kommunismus in 20 Jahren versprach und damit das utopische Versprechen einer idealen Gesellschaft erneuerte, die noch zu Lebzeiten der Zeitgenossen eintreten sollte.[22] Diese Verknüpfung von wissenschaftlich-technischer und sozialer Vision behielt auch unter Brežnev ihre Gültigkeit.[23]

---

[18] *Paul Josephson*, Atomic-Powered Communism, in: Slavic Review 2:55, 1996, 297–324, hier 302–303.

[19] So Vasilij S. Emel'janov auf der Pugwash-Konferenz 1969, zitiert nach *Gloria Duffy*, Soviet Nuclear Energy, Santa Monica 1979, 46. Brežnev selbst verlangte 1981 auf dem XXVI. Parteikongress, „die Atomenergie schneller [zu] entwickeln, insbesondere die Schnellen Brüterreaktoren". Zitiert nach Archiv Rossijskoj Akademii Nauk [im Weiteren: ARAN] f. 1916, op. 1, d. 19, l. 1. Den Begriff des „atomic-powered Communism" hat Josephson geprägt.

[20] S. z. B. *K. P. Buslov* (Hrsg.), Naučno-techničeskaja Revoljutsija i novye gorizonty sovetskogo čeloveka, Minsk 1978.

[21] Programma, 67. Insbesondere in der Ära Brežnev wurde ein beachtlicher Aufwand darauf verwendet, die WTR in den Historischen Materialismus einzuschreiben. Siehe z. B. *Fedoseev*, Revolution, sowie die bei *Hoffmann/Laird*, Technocratic Socialism, verzeichnete sowjetische Literatur.

[22] Programma, 65 u. 142.

[23] „Die Partei der Kommunisten geht davon aus, dass der Bau der neuen Gesellschaft ohne die Wissenschaft schlicht nicht vorstellbar ist", ließ Brežnev 1981 auf dem XXVI. Parteikongress verlauten. Zitiert nach ARAN f. 1916, op. 1, d. 23, l. 1.

2. Kommunismus – ausgemalt und ausgestellt

Ševčenko verlieh solchen Zukunftsversprechen exemplarischen Anschauungswert. Die „Atomoase" versinnbildlichte den technizistischen Aufbruch in die Zukunft und war in sozialer Hinsicht zum Inkubator der kommunistischen Gesellschaft prädestiniert: Auf ihren Baustellen sollten sich die Sowjetmenschen als aktive „Erbauer des Kommunismus" unter Beweis stellen, um daraufhin in ihren hochtechnologisierten Industriebetrieben die monotone Schwerarbeit früherer Tage hinter sich zu lassen und in den Stand von Produktionsingenieuren aufzusteigen, in deren Reihen Klassen-, Geschlechter- und Nationalitätenunterschiede endgültig obsolet werden sollten.[24] Als Belohnung winkte die umfängliche Befriedigung materieller und kultureller Bedürfnisse – Ševčenko war zum Schaufenster eines *sovetskij byt* – eines *Soviet way of life* – bestimmt, der den Vergleich mit dem Westen (zumindest aus sowjetischer Sicht) nicht zu scheuen brauchte. Der Umstand, dass all diese Errungenschaften an der unterentwickelten Peripherie der Sowjetunion Wirklichkeit wurden, bekräftigte nach offizieller Lesart die Allgemeingültigkeit des sowjetischen Entwicklungsversprechens selbst für die rückständigsten Regionen des weiten Landes; darüber hinaus sollte Ševčenkos Strahlkraft auch die Länder der Dritten Welt erreichen.[25] Gleichzeitig oblag es der Zukunftsstadt, die UdSSR positiv vom kapitalistischen Systemgegner abzuheben, wobei der zivilen Atomnutzung hoher Stellenwert zukam. Mit den Atombombenabwürfen über Hiroshima und Nagasaki hatten die USA der Sowjetunion eine Steilvorlage geliefert, die auszukosten sie sich nicht entgehen ließ, und mit Eisenhowers *Atoms-for-Peace*-Programm bereiteten sie 1953 auch noch die Bühne, auf der sich die UdSSR als friedliebende Technologienation präsentieren konnte. Auf internationalen Konferenzen und Weltausstellungen wurde dem „kriegerischen kapitalistischen Atom" fortan das „friedliche sozialistische Atom" entgegengehalten. Vor diesem Hintergrund stellte die „Atomoase" Ševčenko einen spektakulären Triumph im Systemwettbewerb dar.[26] Einen zweiten, impliziten Abstoßungspunkt besaß die Stadt im Stalinismus: Im Verhältnis zur sowjetischen Vergangenheit symbolisierte Ševčenko Überwindung durch Vollendung. Besonders augenfällig ließ

[24] Zum Übergang von „sozialistischer" zu „kommunistischer Arbeit" Programma, 63–64, 67. Die kommunistische Arbeit in Ševčenko setzt *Gonopol'skii*, Proščanie, ausführlich ins Bild.

[25] Dokumentiert ist u.a. der Besuch einer libyschen Delegation im Atomenergiekombinat Ševčenkos im Februar 1982. Muzej MAEK, Gästebuch, Eintrag vom 05. Februar 1982.

[26] Laut Anatolij P. Aleksandrov demonstrierte die UdSSR seit der Inbetriebnahme des ersten Atomkraftwerks der Welt in Obninsk 1954 für jeden sichtbar „die Möglichkeit der friedlichen Anwendung der Atomenergie – einer Energie, die bis anhin im Bewusstsein vieler Menschen ein Symbol für Zerstörung darstellte und mit ‚Hiroshima' und ‚Nagasaki' assoziiert wurde". ARAN f. 1916, op. 1, d. 64, l. 4. Ševčenkos Reaktor wurde – lange vor seiner Inbetriebnahme – auf internationalen Konferenzen in Genf 1964, Detroit 1965 und London 1966 präsentiert. *Vjačeslav Belov*, Mangyšlak – solnečnaja zemlja, Moskau 1981, 38.

sich das im Vergleich mit Magnitogorsk herausstellen: Dort die nachholende industrielle Revolution, gegründet auf Kohle und Stahl; hier die vorpreschende Wissenschaftlich-Technische Revolution, befeuert von Uran und Erdöl. Dort harte körperliche Mühe, hier hochqualifizierte, abwechslungsreiche und vorwiegend intellektuelle Arbeit. Damals noch Ungleichheit zwischen Klassen, Geschlechtern und Nationalitäten, nun weitestgehende Egalität und Homogenität der städtischen Gesellschaft; einst Entbehrung, nun Wohlstand – kurz: dort Sozialismus, hier Vorgriff auf den Kommunismus.[27]

Ševčenko war ein Anschauungsbeispiel, das dem Propaganda-Stakkato triumphaler Wochenschauberichte und Fernsehdokumentationen forsche Tempi verlieh, eindrückliches Bild- und Textmaterial für Aufbaureportagen in Illustrierten und Büchern lieferte[28] und sich in maßstäblicher Verkleinerung auf Schauständen im Atompavillon der Moskauer Ausstellung der volkswirtschaftlichen Errungenschaften der Sowjetunion (VDNCh) präsentieren ließ.[29] „Aus der Wissenschaft geboren" sei die Stadt, behauptete eine sowjetische Fernsehdokumentation von 1977 bereits im Titel, um sodann zu erläutern:

> Der Bau des Atomkraftwerks in Ševčenko hat nicht nur gewaltige wissenschaftliche und wirtschaftliche, sondern auch soziale Fragen gelöst. [...] Hier, in diesem Kraftwerk, ist die Verbindung zwischen Wissenschaft und menschlicher Existenz besonders wahrnehmbar. [...] [Ševčenko] verkörpert den Gedanken, den Leonid Il'ič Brežnev auf dem 25. Parteikongress der KPdSU formuliert hat: „Wir Kommunisten gehen davon aus, dass nur unter den Bedingungen des Sozialismus die wissenschaftlich-technische Revolution in die richtigen, den Interessen des Menschen entsprechenden Bahnen gelenkt wird. Und ebenso können nur auf der Grundlage einer beschleunigten Entwicklung von Wissenschaft und Technik die letzten Aufgaben der sozialen Revolution gelöst werden – der Bau der kommunistischen Gesellschaft."[30]

Diesseits der großen, gesamtstaatlichen Perspektive sollten Reportagen, Dokumentar- und Spielfilme dem einzelnen Sowjetbürger vermitteln, wie er sich in das gemeinsame Aufbauprojekt einbringen konnte – und vor allem: dass sein persönliches Fortkommen unauflöslich mit der gedeihlichen Entwicklung des großen Ganzen zusammenhing. Dokumentar- und Spielfilme wie *Mangyšlak – Am Anfang des Weges* (1966), *Auf der Jagd nach dem Glück* (1982) und *Abschied vom Haudegen* (1989) verwoben persönliche Lebenswege mit der Entwicklung Ševčenkos, Mangyšlaks und letztlich des ganzen Landes, ja des Kommunis-

[27] Explizite Vergleiche zwischen beiden Städten u. a. bei *Mukašev*, Variant; *L. I. Artamonova*, Gorod-sad v pustyne, in: Zdorov'e 11, 1977.

[28] Z. B. *Belov*, Mangyšlak; oder der Themenschwerpunkt zu Mangyšlak in: Nauka i Žizn 2, 1985.

[29] Atom-Truženik, in: VDNCh SSSR 2, 1972, 32–34.

[30] Rossijskij gossudarstvennyj archiv kino- i fotodokumentov [im Weiteren: RGAKFD], Sig. 1-25975.

mus.[31] „Ohne Dich ist die Sowjetunion nichts, und ohne die Sowjetunion bist Du nichts", ließe sich die vermittelte Botschaft auf den Punkt bringen.

Auch international fand das Schaustück Ševčenko die erhoffte Aufmerksamkeit. 1975 wurde die Stadt für die gelungene „Humanisierung einer lebensfeindlichen Umwelt" mit dem Sir-Patrick-Abercrombie-Preis der Internationalen Architektenvereinigung bedacht und in verschiedenen ausländischen Architekturzeitschriften portraitiert.[32] 1979 ernannte eine französische Delegation Ševčenko zur inoffiziellen Welthauptstadt der Wasserentsalzung, und der Direktor der Internationalen Atomenergiebehörde bescheinigte dem Reaktor noch 1988 eine einzigartige Funktion, ohne die weder das Überleben der Menschen in der Wüste noch das Bergen von deren Bodenschätzen denkbar sei – und dies alles „ohne Verschmutzung der Umwelt!"[33] Im technokratischen Diskurs fanden Ost und West eine gemeinsame Sprache.

3. Kommunismus – gebaut und unterminiert

Der Bau des Kommunismus soll hier mit Kotkin als Umsetzung des *grand design* verstanden werden. Gemäß Drehbuch ging es um die Verwandlung der rückständigen Peripherie in einen Chronotopos der sowjetischen Moderne. Dabei erwies sich freilich als hinderlich, dass das Land mit einem Fuß tief in der stalinistischen Vergangenheit steckte. Das Atomministerium, das für die Erschließung Mangyšlaks und den Bau Ševčenkos verantwortlich zeichnete, verkörperte diesen Spagat zwischen Vergangenheit und Zukunft sinnbildlich. Auf ihm ruhten nicht nur die prometheischen Zukunftshoffnungen des *atomic-powered communism*, sondern auch das Erbe des GULag. Gegründet gegen Ende des Zweiten Weltkriegs mit dem alleinigen Zweck, die sowjetische Atombombe zu bauen, unterstand es als Erste Hauptverwaltung zunächst Lavrentij Berija, der als Haupt des Volkskommissariats für Innere Angelegenheiten (NKVD) ein Heer von Zwangsarbeitern für den Aufbau der nuklearen Infrastruktur mobilisierte.[34] Nach dem Tode Stalins unter dem Decknamen Ministerium für Mittleren Maschinenbau (Ministerstvo Srednego Mašinostroenija, kurz MSM oder *Sredmaš*) umgebildet, avancierte es unter der langjährigen Führung von Efim P. Slavskij zum Hoffnungsträger der WTR. In dieser Rolle sollte es künftig nicht nur einen „atomaren Schutzschild" über das Land der Sowjets breiten, sondern

[31] *L. Grigor'ian, / V. Lisakovič*, Mangyšlak – načalo puti, 1966; *A. Grigor'ev*, Za sčast'em, 1982; *I. Gonopol'skij*, Proščanie s sablej, 1989.

[32] Vgl. z. B. Architecture d'Aujourd'hui 41, Dez.-Jan. 1969/1970, 98–99.

[33] Einträge einer französischen Delegation am 10. März 1978 und von Hans Blix am 13. Mai 1988 im Gästebuch des MAEK. GAMO f. 173, op. Jurčenko, d. 3, l. 4 und 10; *Belov*, Zemlja, 42.

[34] *David Holloway*, Stalin and the Bomb. The Soviet Union and Atomic Energy 1939–1956, New Haven / London 1994.

unter seinem Schutze auch den zivilen Zukunftsvisionen des Atomzeitalters zum Durchbruch verhelfen.

Nicht selten markierte die Ankunft der *atomščiki* für die entlegenen Regionen des Landes, in denen Uranlagerstätten oder günstige Örtlichkeiten für die Ansiedlung atomarer Produktions- und Versuchsstätten geortet wurden, den eigentlichen Aufbruch in die Moderne. So war es auch im Falle Mangyšlaks, das bis dahin von nomadischer Viehwirtschaft und Fischfang geprägt gewesen war und erst gegen Ende der fünfziger Jahre von den Bautrupps des *Sredmaš* aus seinem „Dornröschenschlaf" gerissen wurde.[35] Seit 1952 suchten Prospektoren auf der Halbinsel nach Uran; fündig wurden sie in der Karagie-Senke, wo etwa 40.000 Tonnen Uranerz in oberflächennaher Lage der Ausbeutung harrten.[36] Per Doppelbeschluss des ZK der KPdSU vom 7. August 1958 und des Ministerrats der UdSSR vom 18. Januar 1959 wurde dem MSM die Ausbeutung der Lagerstätte aufgetragen.[37] Die folgende Entwicklung kennzeichnete erstens die Geschwindigkeit, mit der die abenteuerlichen, geradezu pfadfinderhaften Anfänge vor Ort in einer gigantischen Großbaustelle aufgingen, zweitens die rasche Aufskalierung des Projekts von der monoindustriellen Uranförderung hin zur umfassenden industriellen und kolonisatorischen Aneignung (*osvoenie*) der Region und ihrer Bodenschätze, und drittens der prometheisch-zivilisatorische Impetus, den das Projekt im Zuge dessen entfaltete.

Berichten die Heldengeschichten der *Pervoprochodcy* („Erstankömmlinge") aus dem Winter 1958/1959 noch von Lastwagenkonvois durch die weglose Wüste, so gewährleisteten im folgenden Sommer bereits eine aufwendige Luftbrücke und ein improvisierter Pier die Versorgung der entlegenen Großbaustelle mit Wasser, Lebensmitteln, Brennstoffen und schwerem Gerät. Fünf Jahre später rollten die ersten Züge über einen soeben fertiggestellten 700 km langen Eisenbahnzubringer, dessen Bau 120 Mio. Rubel verschlungen und 10.000 Arbeiter beschäftigt hatte.[38] Der erste Sondierungsstollen wurde 1958 noch mit Pickeln und Schaufeln in die Erde getrieben, das geförderte uranhaltige Phosphat sodann in einer experimentellen Anreicherungsanlage aufbereitet, die auf der Ladefläche eines Lastwagens Platz fand (Abb. 1).[39]

---

[35] Die Dornröschenmetapher („spjaščaja krasavica") geht auf den Geologen K. Satbaev zurück, der in den Umrissen der Halbinsel ein weibliches Antlitz im Profil erkannte. Zitiert etwa bei *E. Spanov/E. Satybaldiev*, Mangistau – Stanovlenie industrii i ljudi, Astana 1999, 145.

[36] *G. A. Maškovcev/A. K. Mıgupa/V. N. Ščetočkın*, Naučno-metodičeskie, apparaturnoe i kadrovoe obespečenie geologorazvedočnych rabot na uran, in: Razvedka i ochraza nedr 10, 2005, 59–66, hier 60; Atomnyj proekt SSSR. Katalog vystavki, Moskau 2010, 26.

[37] *Savel'ev/Bystrickij*, 65 let.

[38] Rossijskij Gossudarstvennyj Archiv Ekonomiki [im Weiteren: RGAE], f. 1884, op. 103, d. 129, l. 17.

[39] Gosudarstvennyj Archiv Mangistauskoj Oblasti [im Weiteren: GAMO], f. 476, op. 1, d. 476; Muzej Trudovoj Slavy PGMK [im Weiteren: MPGMK], Fotoalbum „PUS – 30 let".

Abb. 1: Die erste Anreicherungsanlage. Foto aus dem Bildarchiv des Muzej Trudovoj Slavy PGMK, Aktau.

1963 nahm die Urangrube als riesige Tagebaumine den industriellen Betrieb auf und wuchs binnen zehn Jahren zum Kaspischen Montanmetallurgischen Kombinat (PGMK) heran – einem Industriegiganten, der 1974 bereits 12.000, 1991 gar über 20.000 Mitarbeiter beschäftigte.[40] Unter seinem Dach wurde das geförderte Uranerz in einer hydrometallurgischen Fabrik weiterverarbeitet; angegliedert waren ein Forschungslabor, eine Chemiefabrik zur Herstellung aller benötigten Reagenzien, eine Düngerfabrik zur Verwertung des bei der Uranförderung anfallenden Phosphats, ein Kraftwerkskomplex und ein gewaltiges Bauunternehmen. Während die *pervostroiteli* („Ersterbauer") 1958–1960 noch Erdhütten gruben, entwarf ein Architektenkollektiv im fernen Leningrad bereits eine Retortenstadt für 120.000–180.000 Einwohner, die ab 1961 von bald einmal 20.000 Arbeitern aus dem Wüstensand gestampft wurde.[41] Im selben Jahr fiel der Entschluss zum Bau einer Wasserentsalzungsanlage, ein Jahr später wurde der Ort, in den zu diesem Zeitpunkt noch keine Straße und keine Eisenbahnlinie führte, bereits zum Standort des ersten industriellen Brutreaktors der Welt auserkoren.[42] Mit dessen Bau befassten sich von 1964 bis zur Inbetriebnahme

[40] GAMO f. 3P, op. 1, d. 451, l. 9–11.

[41] Dasselbe Architektenkollektiv zeichnete für Akademgorodok, Navoi, Zarafšan und Sosnovyj Bor verantwortlich. *V. Glazyčev*, Primorskij gorod v pustyne, in: Izvestija, 28. Dezember 1977, 11.

[42] *G[ennadij]. V. Kiselev*, Moi jadernye universitety. Očerk tretij: Upravlenčeskij jadernyj universitet, in: ProAtom, 15.02.2011, http://www.proatom.ru/modules.php?name=News&file=ar

1972 unter dem Dach des MSM über hundert Konstruktionsbüros, Fertigungs-, Montage- und Baubetriebe.[43]

Der Entscheid, Mangyšlak über die Uranförderung hinaus zu einem multiindustriellen *Territorialen Produktionskomplex* (TPK) zu entwickeln, fiel 1961, nachdem in den Tiefen der Halbinsel ergiebige Erdöl- und Erdgasvorräte entdeckt worden waren.[44] Damit sollte die Region in modellhafter Abkehr von der ebenso oft geschmähten wie praktizierten monoindustriellen Ressourcenförderung zum Gegenstand einer komplexen industriellen und zivilisatorischen Entwicklung werden.[45] In raschem Tempo wurde Mangyšlak mit Fördertürmen, Pipelines, Hochspannungsleitungen und Eisenbahngleisen überzogen, und im staubigen Hinterland Ševčenkos wuchsen die Erdölstädte Uzen' und Žetybaj empor, die rasch Zehntausende von Einwohnern zählten. In den siebziger Jahren folgten eine Gasraffinerie sowie die größte Kunststofffabrik der Sowjetunion, es entstanden Baustoff-, Maschinenbau-, Textil- und Lebensmittelindustrien. Spätestens zu diesem Zeitpunkt avancierte Mangyšlak zur zentralen Größe im Kalkül unionsweiter Entwicklungspläne. Neue Pipeline- und Eisenbahnmagistralen verbanden die Halbinsel nach Nordwesten mit Zentralrussland, nach Südosten mit Zentralasien.[46] Auch die Wasserversorgung Mangyšlaks verlangte, über die atomare Entsalzungsanlage hinaus, nach großmaßstäblichem Denken. Pläne, eine Süßwasser-Pipeline von der Wolgamündung über den Grund des Kaspischen Meeres nach Ševčenko zu führen, wurden zwischenzeitlich von der Vision einer Umleitung sibirischer Flüsse nach Süden überflügelt, die in einer Planungsvariante auch das Kaspische Meer speisen und unterwegs die Wüste Mangyšlaks begrünen sollten.[47] Efim P. Slavskij träumte von einem atomar gesprengten Kanal und einer Reaktorfarm, die die notwendigen Pumpwerke betreiben sollte. In Anbetracht dieser Machbarkeitsphantasien nimmt es sich beinahe wie maßvolle Zurückhaltung aus, dass schließlich nur die Wolgawasserleitung realisiert wurde, die bis heute im Betrieb ist.[48] Im Zuge solcher Großplanung traten *Gosplan* sowie zahlreiche Branchenministerien in Aktion – federführend

ticle&sid=2828 (12.01.2013), sowie Gespräch mit Gennadij V. Kiselev am 05. Februar 2013 in Moskau.

[43] *Rudolf Baklušin*, RU BN-350. Nakoplennyj opyt. Čast' 1, in: Atominfo, 16. März 2008, http://www.atominfo.ru/news/air3534.htm (12.01.2013).

[44] Erstere allein wurden auf eine Milliarde Tonnen geschätzt. GARF f. P5446, op. 96, d. 671, l. 120–122.

[45] *Peter De Souza*, Territorial Production Complexes in the Soviet Union, Gothenburg 1989, darin zu Mangyšlak 118, 120–121; *A. A. Bazikov / U. K. Šedenov*, Problemy formirovanija Mangyšlakskogo territorial'no-proizvodstvennogo kompleksa, Alma-Ata 1983.

[46] GAMO f. 186, Istoričeskaja spravka; *Jörg Stadelbauer*, Die wirtschaftliche Regionalentwicklung zwischen Amu-Darja-Delta und Westkazachstan unter dem Einfluss des Eisenbahnbaus, in: Erdkunde 28, 1974, 282–295.

[47] *Sarah White*, Siberian Water to Flow to the Caspian?, in: New Scientist and Science Journal, 20.05.1971, 472–473.

[48] GAMO f. 486, op. 1-1, d. 21, l. 40–45.

blieb indes das *Sredmaš*, das zwar gewisse Abstriche bei der Geheimhaltung in Kauf nehmen musste, dafür aber auch einen Teil der astronomischen Investitionskosten auf weitere Akteure abwälzen konnte.

Wichtiger war freilich der Umstand, dass das Atomministerium in der Wüste Mangyšlaks erstmals die Gelegenheit erhielt, sein zivilisationsstiftendes Potenzial in vollem Umfang unter Beweis zu stellen. Hier nahm der technokratische Traum von der unbeschränkten Ressourcenverfügbarmachung und Naturverbesserung zusehends Gestalt an. In Ševčenko wurde Kernbrennstoff nicht nur gefördert, sondern auch gleich zur Energiegewinnung genutzt und dabei – der Brütertechnologie sei Dank – auch noch auf wundersame Weise vermehrt. Während der Westen gerade eine Energiekrise erlebte, konnte die Sowjetunion unter Verweis auf Ševčenkos Reaktor selbstbewusst verkünden: „Der BN-350 [erzeugt] mehr Kernbrennstoff [...], als er verbraucht. Diese Besonderheit kann auf Jahrtausende hinaus die Energiekrise lösen."[49] Besser noch: Die Energie wurde nicht nur zur Stromerzeugung verwendet, sondern betrieb zudem eine gewaltige Wasserentsalzungsanlage, die Industrie und Haushalte der Stadt täglich mit 120.000 Tonnen Süßwasser versorge. Eine „Aufgabe von nationaler Bedeutung" war technisch gelöst: „Die Trinkwasserversorgung der Trockenregionen der Sowjetunion."[50] Ähnliche Anlagen wurden auf Basis der in Ševčenko entwickelten Technologie in den siebziger Jahren für weitere sowjetische Städte geplant und sollten unter anderem die Wasserversorgungsprobleme Vladivostoks lösen.[51] „Hier haben Sie ein Beispiel, wie die Tätigkeit des Menschen der Natur nicht zum Schaden, sondern zum Nutzen gereicht", kommentierte einer der Väter des sowjetischen Brüterprogramms, Jurij Kazačkovskij, das technologische Meisterstück.[52] Die Natur selbst schien diese Auffassung zu bestätigen: Im warmen Abwasser des AKWs machten jährlich bald Tausende von Zugvögeln Halt; mit großer Geste wurde der Teich zum Naturschutzgebiet erklärt.[53] Dem technokratischen Traum vom harmonischen Mit- und Füreinander von Natur und Technik huldigte derweil auch das Urankombinat. Hier wurde nicht nur die nach Auffassung der *atomščiki* einzige umweltneutrale Energiequelle gefördert, sondern auch eine gewaltige Düngerproduktion aufgezogen. Das Phosphat, das man dem kargen Wüstenboden entnahm, ließ fortan das Korn in den Ackerbauregionen des Landes sprießen. Ihre augenfälligste Anwendung fand die Naturverbesserung freilich vor Ort: Dünger aus der Uranmine und Süßwasser aus dem Atomreaktor verwandelten selbst die

[49] GAMO f. 3P, op. 1, d. 126, l. 28.

[50] GAMO f. 10P, op. 1, d. 591, l. 13.

[51] Die dortige Anlage sollte allerdings vorerst mit konventioneller Energie betrieben werden. Das von Anatolij Aleksandrov angeregte und bereits in Auftrag gegebene Projekt wurde letztlich aus Kostengründen gestoppt. *Natalija Alešina*, Kak sozdat' oazis, in: Eždnevnie novosti, 02. Juli 2004, http://dlib.eastview.com/browse/doc/6440137 (17.01.2013).

[52] *Oleg Kazačkovskij*, Povelitel' bystrych nejtronov, in: Strana Rosatom, 11. Mai 2011, http://www.atomic-energy.ru/print/22067.

[53] Muzej MAEK, Aktau.

Abb. 2: Die Atomoase in der Wüste – im Hintergrund eine Wasserentsalzungsbatterie. Poster aus den 1970er Jahren, Bildarchiv des MPGMK.

Wüste Mangyšlaks in einen Garten (Abb. 2). Schon bald würde die Halbinsel Hunderttausende von Menschen aus eigenen Kräften ernähren können, prophezeiten überoptimistische Agronomen 1965.[54] In einem weiteren Schritt gewann man aus den Nebenprodukten der Uranförderung Kraftfutterzusätze, und Ende der achtziger Jahre lief die Herstellung von Kosmetika und Zahnpasta an. 260 Millionen Tuben jährlich sollten einem Viertel der Unionsbevölkerung künftig ein strahlendes Lächeln bescheren.[55]

Krönung der zivilisatorischen Mission des *Sredmaš* auf Mangyšlak war aber zweifellos die Musterstadt Ševčenko, die 1963 auf der Landkarte erschien und in den folgenden Jahren in industrieller Fertigung errichtet wurde. Bis 1973 waren 870.000 m^2 Wohnraum gebaut und von ca. 70.000 Menschen bezogen worden; ein neuer Generalplan nahm 1984 bereits eine Stadt mit 350.000 Einwohnern vorweg.[56] Während andere sowjetische Neustädte oft wenig mehr als wilde Auswüchse lokaler Industriebetriebe darstellten oder, wie die Orte entlang der Baikal-Amur-Magistrale, gegenüber dem Plan nur in Schwundstufen realisiert wurden, erfolgte der Ausbau Ševčenkos „komplex", wie das Atomministerium

[54] RGAE f. 4372, op. 66, d. 1280, l. 22–38; 42–50. Dieses Ziel wurde freilich weit verfehlt.

[55] RGASPI f. 17, op. 159, d. 1553, l. 18.

[56] Gespräch des Verfassers mit Michail I. Levin, St. Petersburg, 02. Februar 2013; Schautafeln zur Stadtplanung im MPGMK.

1982 gegenüber den kasachischen Republikorganen erläuterte: „[D]ie Ausgaben für den Wohnungsbau beinhalten Aufwendungen für den Bau von Schulen, Vorschuleinrichtungen, Handels- und Kultureinrichtungen usw. [...] Deshalb liegen die Kosten pro Quadratmeter über dem Durchschnitt der Republik."[57] Im Bemühen, die „kommunistische Sorge um den Menschen" mit handfesten Zahlen zu unterlegen, rechneten sowjetische Ökonomen einer staunenden Öffentlichkeit vor, dass der Staat für jeden Neuzuzügler in Ševčenko noch vor dessen Ankunft über 20.000 Rubel in kommunale Infrastruktur investiere.[58]

In ästhetischer und funktionaler Hinsicht fühlte Ševčenko der internationalen städtebaulichen Moderne den Puls. Deren Entwicklungen verfolgten die Stadtarchitekten intensiv[59], und ihre gelungene Umsetzung bildete ein Leitmotiv in der medialen Darstellung der Stadt – etwa wenn sich eine Journalistin beim Anblick Ševčenkos an Le Corbusiers berühmten Ausspruch erinnert sah, wonach der moderne Städtebau nur drei Baumaterialien kenne: „saubere Luft, Sonne und Vegetation."[60] Kennzeichnend für die urbanistische Moderne internationaler wie sowjetischer Prägung war die funktionale Trennung der Bereiche Wohnen, Arbeit und Erholung, eine Gliederung in Nachbarschaftseinheiten mit eigenen Versorgungs- und Sozialeinrichtungen und eine standardisierte Baukastenarchitektur, wobei für Ševčenko eigene Serien entworfen wurden.[61] Gleichzeitig repräsentierte Ševčenko einen *gereiften* Modernismus, der die Kritik an den brutalistischen Entwürfen eines Le Corbusier – Monumentalität und Kontextlosigkeit – bereits in sich aufgenommen hatte und Wert auf einen „menschlichen Maßstab" und eine harmonische Einschreibung in die natürliche Umgebung legte.[62] Die Qualitäten der resultierenden Stadt wurden im sowjetischen Kontext sowohl von ihren Einwohnern wie auch von Soziologen und Stadtplanern als exemplarisch beschrieben. Letzteren diente sie gerne als positive Vergleichsfolie, um die desaströse Entwicklung anderer Neustädte zu kritisieren.[63] Im Staatspreis-

[57] GAMO f. 330, d. 710, l. 64–65.

[58] *L. Češkova/V. Orlov*, Sinij cvet pustyni, in: Vokrug Sveta 8 [2599], 1975, 10–16.

[59] Die federführenden Architekten des Leningrader VNIPIET – eines zentralen Bau- und Planungsinstituts des *Sredmaš* – trafen sich regelmäßig in einem Lektürezirkel, um die neusten Erscheinungen der westlichen Fachliteratur zu diskutieren. Gespräch mit Aleksandr S. Krivov, Moskau, 10. Juni 2012.

[60] *Češkova/Orlov*, Sinij cvet, 13.

[61] *Aleksandr S. Krivov/Michail I. Levin*, Ševčenko – architektura novogo goroda, Alma-Ata 1982; *Henning Büchler/Ingo Zasada*, Perspektiven des denkmalpflegerischen Umgangs mit den Zeugnissen des sozialistischen Städtebaus am Beispiel Aktau/Kasachstan, Berlin 2008.

[62] Letzteres wurde durch eine Anpassung der Häuserzeilen an die lokale Topographie, breite unbebaute Uferzonen und die Verwendung des örtlichen Muschelkalksteins als Baumaterial erreicht. Gespräch mit Levin, 02. Februar 2013.

[63] Erinnerungen von Valerija Rachenkova in *Birgit Schlieps*, Rohmodelle. Raw Models, Frankfurt am Main 2005, 18–19; *Glazyčev*, Gorod. Im Gegensatz dazu stand etwa die unbefriedigende Entwicklung der Neustädte entlang der BAM. *Johannes Grützmacher*, Die Baikal-Amur-Magistrale. Vom stalinistischen Lager zum Modernisierungsprojekt unter Brežnev, München 2012, insbesondere 308–344.

Komitee für Architektur weckte die Bewerbung Ševčenkos 1977 einhellige Begeisterung. Sergej B. Speranskij kommentierte: „Innert kürzester Zeit hat die Stadt die gesamte Kultur der modernen Urbanistik in sich aufgenommen. [... Diese Stadt] ist unser urbanistischer Stolz." Und sein Kollege Georgij M. Orlov ergänzte:

> Ich habe viele Städte gesehen, bei uns und im Ausland, aber hier ist eine wahrhafte Oase entstanden, eine ausgesprochen humane Stadt. [...] Ja, es ist eine wahrhaft sozialistische Stadt – so mein Eindruck.[64]

Das Fallbeispiel Ševčenko bietet mithin die seltene Möglichkeit, die Qualitäten sowjetischer Stadt- und Regionalplanung unter den Bedingungen ihrer vollständigen Realisierung zu betrachten, nährt in Anbetracht der unübersehbaren Privilegierung der Stadt aber auch die Skepsis hinsichtlich ihrer flächendeckenden Umsetzbarkeit.

In Ševčenko wurde indes nicht nur eine physische Stadt gebaut, sondern gleichzeitig auch eine lokale Gesellschaft aus dem Boden gestampft. In technologischer und wirtschaftlicher Hinsicht mochte das *Sredmaš* zum Aufbau des *atomic-powered communism* prädestiniert sein – sein diesbezüglicher Leistungsausweis in sozialer Hinsicht präsentierte sich hingegen zwiespältig. Gewiss waren seit den späten vierziger Jahren Mustersiedlungen für die Ingenieurseliten des Atomprojekts errichtet worden; typischer für Berijas Nukleararchipel waren indes die Zwangsarbeitslager.[65] Noch 1956 beschäftigten die Baustellen des Ministeriums gut 90.000 Sträflinge. Im selben Jahr wies der Ministerrat das Ministerium jedoch an, „zu freier Lohnarbeit über[zu]gehen".[66] Konsequenterweise wurde Ševčenko nicht als Lagerkomplex entworfen, sondern von Beginn an als Großstadt geplant, die der gesamten Belegschaft des Urankombinats Raum bieten und in der Perspektive auch die Beschäftigten der Erdölindustrie aufnehmen sollte.[67] In der Folge korrespondierte der zügige Aufbau der Stadt mit einer raschen Bevölkerungszunahme. Versetzungs- und Entsendemechanismen brachten einen Kern erfahrener Spezialisten und junger Fachkräfte in die Stadt, die das Ministerium an ausgewählten Hochschulen des ganzen Landes rekrutierte.[68] Qualifizierte Facharbeiter blieben indes Mangelware, so dass die Betriebe vor Ort bald schon zur dezentralen und bisweilen auch informellen Arbeitskräfteanwerbung über-

[64] RGALI f. 2916, op. 3, d. 82, l. 18–21, 121; ebd., d. 84, l. 119–120.

[65] *Holloway*, Stalin; *Kate Brown*, Utopia Gone Terribly Right. Plutonium's „Gated Communities" in the Soviet Union and the United States, in: Paulina Bren/Mary Neuburger (Hrsg.), Communism Unwrapped, Oxford 2012, 49–67.

[66] RGANI f. 89, op. 16, d. 1, l. 12; GARF f. R-9401, op. 2, d. 498, l. 393–394.

[67] So war bei Gosplan bereits 1966 die Rede davon, dass die Stadt nebst 120.000–180.000 Angehörigen des *Sredmaš* auch bis zu 70.000 Arbeitskräfte der Erdölindustrie aufnehmen sollte. RGAE f. 4372, op. 66, d. 2042, l. 162. Baracken waren anfänglich nur für die Bausoldatenregimenter (VSO) geplant, wurden dann aber rasch auch für die Unterbringung von Strafarbeitern errichtet.

[68] Zu Entsendemechanismen für Universitätsabgänger *Victor Zaslavsky*, The Neo-Stalinist State, New York 1982, 149.

gingen. Die Palette möglicher Rekrutierungsstrategien reichte von organisierten Kampagnen unter Wehrdienstabgängern über verdeckte Abwerbungsaktionen an den Standorten großer Industriebetriebe – wobei man nicht selten Schwesterbetrieben aus dem System des *Sredmaš* die Kader abspenstig machte – bis hin zur Ermunterung an die bereits Beschäftigten, arbeitsuchende Verwandte und Bekannte nach Ševčenko einzuladen.[69] Anreize wie hohe Lohnzuschläge und soziale Vergünstigungen bescherten diesen Kampagnen beachtliche Erfolge. „Fahr' nach Mangyšlak in Kasachstan, da gibt's jede Menge Arbeit, sie teilen Dir schnell eine Wohnung zu und zahlen Dir 70 % Lohnzulage" – so oder ähnlich sprach es sich unter den Arbeitssuchenden herum.[70]

Die großzügige soziale Infrastruktur der Stadt bot von Beginn an außergewöhnlich günstige Bedingungen für ein vielschichtiges *social engineering* – im sowjetischen Kontext gerne als wissenschaftliche Gesellschaftslenkung [*Naučnoe upravlenie obščestvom – NUO*] bezeichnet.[71] Im Museum für Arbeitsruhm des PGMK – eröffnet Mitte der siebziger Jahre – vermitteln erbauliche Losungen, Organigramme, statistische Reihen, Photographien und Modelle von Produktionsanlagen, Sozialeinrichtungen und Wohngebieten bis heute die Vision einer technokratisch optimierten Gesellschaft.[72] Als Keimzelle einer gesunden Gesellschaft galten Ehe und Familie, die durch rasche Wohnraumzuteilung und Stellenvermittlung für den nachziehenden Ehepartner auch gezielt begünstigt wurden.[73] Auf diese Weise entrann Ševčenko den sozialen Problemen reiner Männergesellschaften, die für so viele sowjetische Pionierstädte typisch waren.[74] Hochzeitsgesellschaften und Kinderwägen gehörten hier bereits früh zum Stadtbild (Abb. 3). Im Urankombinat, wo nebst Schwerarbeitern auch ausgebildete Chemiker, Metallurgen und Ingenieure benötigt wurden, spielten Frauen von Beginn an eine wichtige Rolle.[75] Bereits 1961 lebten mehrere hundert Familien in der Siedlung, es gab einen Gynäkologen, einen Kindergarten, eine Krippe, eine Mittelschule und gar eine Musikschule für Kinder. Drei Jahre später zählte der Ort schon fast 1.500 Schulkinder, Mitte der achtziger Jahre waren es 11.000.[76] Das Bemühen um stabile soziale Verhältnisse war dabei nicht nur Selbstzweck,

[69] *Otdel Kadrov* [*Die Personalabteilung*], in: Gazeta MAEK, Juni 2008, http://www.maek.kz/press-centry/gazeta-maek/2008/gazeta-no-006-006-noyabr-2008/otdel-kadrov (15.07.2013).

[70] *Sergej Gorbatych*, Ty našla menja, mama, in: Vesti trudovoj migracii 20:7, 2010, 8.

[71] Einen Eindruck von der sozialen Infrastruktur der Stadt vermittelt *V. Gridnev*, Reščajuščij faktor, Kinostudija Ministerstvo Oborony 1988 [Dokumentarfilm für den Dienstgebrauch – Kopie im Besitz des Autors].

[72] Muzej Trudovoj Slavy PGMK, Promzona, Aktau.

[73] Gespräche des Verfassers mit Gennadij M. Isakov, Moskau, 03. Dezember 2012; mit Klara I. Smagina, Moskau, 06. Dezember 2012; mit Tamara M. Pavlenko, Aktau, 27. März 2013.

[74] *Aleksandr Prochanov*, Porvat' s odinočestvom, in: Izvestija, 09. Februar 1977, 12. Vgl. zur Situation an der BAM *Grützmacher*, Magistrale, 290–298.

[75] *Spanov/Satybaldiev*, Mangistau, 165–166.

[76] *Ol'ga Zajac/Tamara Pavlenko*, Gorod u morja. 40 let, o. O. 2003, 79. Siehe auch GAMO f. 180 (Mittelschule Nr. 1) und f. 39 (Musikschule).

Abb. 3: Junges Familienglück in Ševčenko, inszeniert für den Fotografen. Vladimir Granovskij, RIA Novosti, 1973.

sondern galt den Verantwortlichen des *Sredmaš* auch als unabdingbare Voraussetzung für einen reibungslosen Betrieb der hochkomplexen Betriebe der „Branche" (*otrasl'*).[77] Eine tragende Rolle in der Sozialisierung des Sowjetbürgers kam ferner dem Betrieb zu.[78] Das stadtbegründende PGMK lockte Neuankömmlinge mit der Aussicht auf überdurchschnittliche Löhne, steile Karrieren und umfassende Versorgung.[79] Prämiensysteme, Wettbewerbe, wissenschaftliche Arbeitsorganisation und ein ausgeklügeltes Erfinder- und Rationalisatorenwesen sollten den Werktätigen ständig den Zusammenhang von Arbeitsleistung und Lebensqualität vor Augen halten.[80] Mit der betrieblichen Gliederung des Kom-

[77] Zur Bedeutung „geordneter sozialer Verhältnisse" in den Atomstädten der UdSSR und der USA vgl. *Kate Brown*, Plutopia. Nuclear Families, Atomic Cities and the Great Soviet and American Plutonium Disasters, Oxford 2013.

[78] Anregend hierzu *Wolfgang Teckenberg*, Gegenwartsgesellschaften: UdSSR, Stuttgart 1983, 261–274.

[79] Bei gleicher Qualifikation und Einstufung verdienten Ingenieure im *Sredmaš* gut anderthalb mal so viel wie außerhalb, Arbeiter etwa 15–20 % mehr (Stand 1985). GAMO f. 10P, op. 24, d. 87, l. 32.

[80] Die einschlägigen Stichworte lauteten *Socialističeskoe sorevnovanie, Naučnaja organizacija truda (NOT), Sovety izobretatel'stva i racionalizatorstva.*

binats korrespondierte ein gestaffeltes System von politischen, kulturellen und sportlichen Aktivitäten, das der umfassenden Sozialisierung im Arbeitskollektiv Vorschub leistete. Gleichzeitig barg die Abhängigkeit vom Betrieb bei Bedarf reichlich Disziplinierungspotenzial.

Der Fragmentierung der Gesellschaft nach Betriebsbelegschaften, Berufsgruppen und Nationalitäten sollte die Sozialisierung im Rahmen gut durchmischter Nachbarschaften entgegenwirken. Mikrorajons, ja selbst Häuser wurden jeweils anteilsmäßig mit Werktätigen verschiedener Berufsgattungen besiedelt, Arbeiter und Betriebsdirektoren in den selben Häusern einquartiert. Offenbar hatte man hier bereits die Lehren aus den zahlreichen Problemen gezogen, die anderen Neustädten aus den unkontrolliert nebeneinanderher laufenden städtebaulichen und sozialpolitischen Bemühungen verschiedener Ministerien (*vedomstvennost'*) erwachsen waren.[81] Hohen Stellenwert genoss die ideologisch-erzieherische Arbeit am Wohnort – etwa im Rahmen von Hauskomitees und Einwohnerräten (*sovety obščestvennosti*), die sich um gesellschaftliche Ordnung und Quartierverschönerung zu kümmern hatten und Jugendarbeit, politische Bildung und sportliche Wettbewerbe organisierten.[82] Der sozialen Kontrolle dienten Quartierstützpunkte der Miliz, Kameradschaftsgerichte und Bürgerpatrouillen. Unter dem Grauschleier der offiziellen Darstellung dominierte indes meist der gesellige Aspekt des Quartierlebens: In Hofklubs schraubten Jugendliche Go-Karts zusammen, probten Ballett oder tauschten Briefmarken, auf den Agitationsplattformen spielten Bands zum Tanz auf, auf den Sportplätzen kämpfte Hof gegen Hof, Mikrorajon gegen Mikrorajon.[83] Dass Partei und Komsomol einen umfassenden Führungs- und Kontrollanspruch erhoben, der über die Positionierung von Kommunisten und Komsomolzen an den Schlüsselstellen von Wirtschaft und Gesellschaft (*rasstanovka*) sowie die Parteidurchdringung von Berufsgattungen und Betrieben (*partijnaja proslojka*) durchgesetzt werden sollte, versteht sich von selbst.[84] In welchem Maße unter diesen Umständen der Bau des Kommunismus im gesellschaftlichen Raum gelang, bzw. inwieweit die Realität hinter dem Ideal zurückblieb, ist an dieser Stelle nicht abschließend zu beantworten. Außer Zweifel steht, dass Ševčenko im Kontext der spätsowjetischen Überproduktion von Spezialisten und Kadern, angesichts derer es dem System zunehmend schwerer fiel, eine ausreichende soziale Mobilität zu gewährleisten, ein wichtiges Auslass-

[81] Dieser „Ressortegoismus" schadete den urbanen Qualitäten anderer sowjetischer Neustädte oft mehr als die Unterfinanzierung. *Grützmacher*, Magistrale, 345–358. Auch in Ševčenko waren anfänglich separate Teilstädte für verschiedene Industriezweige vorgesehen. *Spanov/Satylbadiev*, Mangistau, 198. Dieser Ansatz wurde aber rasch durch das Prinzip einer durchmischten Besiedelung ersetzt, wobei sich die involvierten Ministerien anteilig an den Baukosten für Wohnungen und Sozialeinrichtungen beteiligten (*dolevoj princip*). Die Gesamtkoordination verblieb dabei beim *Sredmaš*. Zum *dolevoj princip* z. B. RGASPI f. 17, op. 150, d. 2105, l. 56.

[82] RGASPI f. 17, op. 150, d. 2104, l. 229.

[83] Dies dokumentieren u. a. die Fotoalben des MPGMK.

[84] So etwa RGASPI f. 17, op. 141, d. 1713, l. 32; ebd., op. 150, d. 2106, l. 49.

ventil für junge ambitionierte Aufsteiger darstellte.[85] Vieles spricht deshalb dafür, dass die Partei in privilegierten Städten vom Typ Ševčenkos auch eine Brutstätte loyaler Systembefürworter und ein Rekrutierungsreservoir für Parteikader sah.

Die Mustergesellschaft Ševčenkos fand freilich eine hässliche Kehrseite in den Arbeitsbesserungslagern vor den Toren der Stadt. Um den gewaltigen Arbeitskräftebedarf der Großbaustelle Mangyšlak zu decken, waren freie Lohnarbeiter zu teuer und nicht in ausreichender Zahl verfügbar. Auch die Bausoldaten (*voenno-stroitel'nye otrjady* – VSO), die sich das *Sredmaš* zu Tausenden beim Verteidigungsministerium auslieh, konnten den Arbeitskräftemangel nicht vollständig lindern.[86] Unter diesen Umständen verkündete Ruben A. Grigorjan, der Direktor des Urankombinats, bereits 1960 die Rückkehr zur Zwangsarbeit auf breiter Front:

> Auf Beschluss Moskaus erfolgt die Arbeitskräfteversorgung des Platzes in Zukunft hauptsächlich mit Häftlingen. Auf allen im Bau befindlichen Objekten (Bau der Siedlung, Bauindustrie, Hauptbaustelle [i. e. Urankombinat]) werden Gefangene arbeiten. Die Zahl der Gefangenen wird laufend zunehmen.[87]

Eingesetzt wurden die Häftlinge auf den Baustellen Ševčenkos und in der Produktion des Urankombinats; auch das Erdölministerium griff bald im großen Stil auf die billigen Arbeitskräfte zurück[88]; später ließ das Innenministerium von den Häftlingen Landwirtschaftstechnik fertigen.[89] Es scheint realistisch, für das Mangyšlak der siebziger und achtziger Jahre von einem Dutzend großer Lager mit insgesamt etwa 20.000 Insassen auszugehen.[90] Das Ergebnis war in jeder Hinsicht unbefriedigend: Hinter Stacheldraht und unter Wachtürmen hielten die Häftlinge auf den allgegenwärtigen Baustellen der Stadt die Erinnerung an den Stalinismus wach und spotteten den Sonntagsreden auf den freiwilligen Enthusiasmus der Erbauer des Kommunismus. Arbeitsverweigerungsstrategien verzögerten selbst wichtige Bauprojekte[91], Diebstähle und Sabotageakte führten zu Baumängeln, Materialknappheit und Maschinenschäden; in den Lagern terrorisierten Schwerstkriminelle ihre weniger erfahrenen Mithäftlinge und

---

[85] Zur „overproduction of specialists" *Zaslavsky*, State, 147–151.

[86] Zum Kontext *Vladimir A. Kozlov*, Massovye bezporjadki v SSSR pri Chruščeve i Brežneve, 3. Aufl. Moskau 2009, 171–202.

[87] GAMO f. 10P, op. 1, d. 9, l. 41–42.

[88] 1968 beschäftigte es auf Mangyšlak bereits 5.000 Zwangsarbeiter. RGAE f. 4372, op. 66, d. 953, l. 87.

[89] RGASPI f. 17, op. 150, d. 2106, l. 17.

[90] *CIA*, Soviet Forced Labor. An Update, 1985, http://www.foia.cia.gov/sites/default/files/document_conversions/89801/DOC_0000109013.pdf (23.05.2014); *Kviatkovskij*, Prosščanie; Levin in *Schlieps*, Rohmodelle, 58; *Al'bert Tjan*, Rokot priboja, in: Aktau.kz, http://aqtau.kz.blog/ rokot_blog (03.05.2011); reißerisch *Avraham Shifrin*, The First Guidebook to Prisons and Concentration Camps of the Soviet Union, New York 1982, 152–153, 344.

[91] GAMO f. 10P, op. 1, d. 10, l. 6–7 (1960); ebd., f. 4P, op. 1, d. 230 (1973); ebd., f. 3P, op. 29, d. 73 (1985).

meuterten gegen das Aufsichtspersonal (ein Zwischenfall 1972 forderte 16 Tote und elf Verletzte[92]); auf den Baustellen bedrohten sie freie Lohnarbeiter.[93] Haftentlassene bescherten der Stadt hohe Kriminalitätsraten – Vergewaltigungen, Morde, Raubüberfälle und Drogendelikte nahmen erschreckende Ausmaße an.[94] Selbstredend stand der Einsatz von Zwangsarbeit im scharfen Widerspruch zum *grand design* einer integrativen, auf vollkommener Freiwilligkeit beruhenden poststalinistischen Gesellschaft. Einmal mehr wurde die lichte Zukunft mit schweren Anleihen bei der düsteren Vergangenheit erkauft.

Wie lässt sich der „Bau des Kommunismus" auf Mangyšlak im internationalen Kontext jener Zeit verorten? In urbanistischer Hinsicht zeigt der Vergleich mit Brasília (erbaut 1956–60) den gemeinsamen Bezug auf die städtebauliche Moderne. Das urbanistische Grundmuster bestand in beiden Fällen in der Reihung verkehrsberuhigter Nachbarschaftseinheiten mit fußläufig erreichbaren Versorgungseinrichtungen (*Mikrorajon* bzw. *Supersquadra*). Die Ideale von Gleichheit und Gerechtigkeit hatten sich Oscar Niemeyer und Lucio Costa ebenso auf die Fahnen geschrieben wie die sowjetischen Urbanisten.[95] Erreicht werden sollte sie durch die soziale Durchmischung der Nachbarschaftseinheiten, wie sie auch in der UdSSR angestrebt wurde. Freilich fand die ideale urbane Gesellschaft hier wie dort ihre Kehrseite in einer unterprivilegierten Arbeiterkaste. Den Zwangsarbeitern Ševčenkos entsprach in Brasília ein Heer von hunderttausenden ungelernten Arbeitern und Handlangern, die für den Bau der Stadt aus dem Umland zugezogen wurden und sich schließlich dauerhaft in improvisierten Trabantenstädten niederließen. Die Existenz solcher Gegengesellschaften stellte in beiden Fällen den selbsttragenden Charakter der geschaffenen Vorzeigegesellschaften in Frage.

Im internationalen Vergleich bestätigt sich ferner die These, wonach die technokratischen Entwicklungsvektoren in Ost und West in dieselbe Richtung wiesen. Dabei offenbart das Exempel Mangyšlaks nicht nur auffällige Parallelen, sondern auch vielfältige Verflechtungen mit westlichen Industrienationen. Auf den Erdölfeldern Mangyšlaks kam amerikanische und japanische Fördertechnik zum Einsatz[96]; die Kunststofffabrik Ševčenkos war ein Komplettimport aus Frankreich, und die Zahnpastaproduktion des PGMK lief auf italienischen Fertigungsstraßen.[97] In umgekehrter Richtung flossen Öl und Gas, Dünger und Tierfutterzusätze nach Westeuropa, Nordamerika und China.[98] Der Austausch

[92] GAMO f. 4P, op. 1, d. 184, l. 8.

[93] *Michail Pavlovič Grabovskij*, Puskovoj Ob"ekt, Moskau 1999.

[94] GAMO f. 4P, op. 1, d. 230, l. 9–30.

[95] *James Holston*, The Modernist City. An Anthropological Critique of Brasilia, Chicago 1989; *Stylliane Philippou*, Oscar Niemeyer – Curves of Irreverence, New Haven 2008.

[96] RGASPI f. 17, op. 150, d. 2105, l. 231; GAMO f. 186, Istoričeskaja Spravka.

[97] GAMO f. 3P, op. 5, d. 328; GAMO f. 530, op. 1, d. 871, l. 4–6.

[98] *I. Mosin*, Ananasy dlja rabočich, in: Pravda, 10. November 1989, 4; GAMO f. 330, d. 51; f. 444, d. 359.

mit dem Westen beschränkte sich indes nicht auf Technologieimporte gegen Rohstofflieferungen: Auf dem Feld der Atomtechnologie und der Wasserentsalzung begegnete die Sowjetunion dem Westen auf Augenhöhe. Insbesondere mit Frankreich gingen die Kontakte weit über eine vertrauensbildende Nukleardiplomatie hinaus; nach Abschluss eines Nuklearabkommen 1977 tauschten beide Seiten detaillierte Baupläne ihrer Schnellen Brüter aus und waren sich gar gegenseitig bei der Konstruktion schwieriger Komponenten behilflich.[99] Amerikanische Nuklearexperten warnten ihre Landsleute in Anbetracht des BN-350 währenddessen vor einem „atomaren Sputnik-Schock" und empfahlen das sowjetische Brüterprogramm wärmstens zur Nachahmung.[100] Im Rahmen der IAEA galt die atomare Wasserentsalzungsanlage von Ševčenko schließlich jahrzehntelang als Modellfall für die Segnungen des Atomzeitalters.[101]

Gemessen am hehren Ziel – dem Bau des Kommunismus – hinterließ Ševčenko aus der Nähe betrachtet indes eine zwiespältige Bilanz. Einerseits entstanden hier tatsächlich in rasantem Tempo die materiellen Grundlagen des Kommunismus. „Unter den Augen einer einzigen Generation [...] verwandelte sich die leblose Wüste in ein industrielles Zentrum", versicherten sich die Protagonisten ihres eigenen Erfolgs.[102] Andererseits kam der Bau des Kommunismus mit den Mitteln und Prioritäten des Stalinismus seiner ideellen Unterminierung gleich. Letztlich war die Oase in der Wüste weniger der kommunistischen „Sorge um den Menschen" geschuldet als vielmehr den Interessen der Schwer- und Rüstungsindustrie, und hinter den freiwilligen „Bezwingern Mangyšlaks" stand ein zigtausendköpfiges Heer von Zwangsarbeitern.

4. Sozialismus – gelebt und überlebt

Gebaut wurde auf Mangyšlak der Kommunismus, doch bis zu dessen Vollendung lebte man nach Breżnevs Sprachregelung im „entwickelten Sozialismus". Was also verrät uns Ševčenko über Lebensbedingungen und Lebensentwürfe im Vorhof zum kommunistischen Paradies? Anders als der Begriff vom spätsozialistischen *little deal* gemeinhin suggeriert, präsentierte sich gelebter Sozialismus im Kontext einer lokal gerade erst entstehenden Gesellschaftsordnung als ausgesprochen dynamischer Aushandlungsprozess.[103] Unmittelbar greifbar wird dieser Prozess im Verhältnis von *tekučest'* und *zakreplenie* – also zwischen Arbeitskräfte-

[99] Gespräch des Verfassers mit Gennadij V. Kiselev, Moskau, 05. Februar 2013.

[100] *Duffy*, Energy, 51.

[101] Siehe die öffentliche Datenbank der IAEA unter http://inis.iaea.org/search/search.aspx?orig_q=aktau (22.01.2013).

[102] RGASPI f. 17, op. 158, d. 1307, l. 117.

[103] *James R. Millar*, The Little Deal: Brezhnev's Contribution to Acquisitive Socialism, in: Slavic Review 4:44, 1985, 694–706.

fluktuation einerseits und materiellen Versorgungsangeboten andererseits, mit denen die Obrigkeit Anreize zum Bleiben schuf. Wer nach Ševčenko zog, wurde mit privilegierten Lebens- und Arbeitsbedingungen belohnt: Es winkten Lohnzuschläge, Wohnungen wurden meist binnen weniger Monate zugeteilt, und auf einen eigenen Wagen musste in den siebziger Jahren kaum jemand länger als ein Jahr warten.[104] „Tschechisches Bier und finnische Wurst gab es hier immer, nur durfte man sie nicht in den Rest der Sowjetunion ausführen", erinnert sich ein Stadtbewohner, und ein anderer berichtet, die Smetana der örtlichen Milchfabrik sei so dick gewesen, dass der Löffel darin stehenblieb. Wenn der Kühlschrank kaputt ging, „kaufte man eben einen neuen", und an Waschmaschinen und Fernsehern herrschte ebenfalls kein Mangel.[105] Auch das Unterhaltungsangebot in der entlegenen Wüstenstadt war mit Kino, Theater und Lunapark, Ballabenden und Gastkonzerten Moskauer Stars großzügig bemessen. Die Stadtbewohner wussten die Lebensqualität zu schätzen und blieben. Im PGMK betrug die Arbeitskräftefluktuation 1972 niedrige elf Prozent – für eine gerade erst aus dem Boden gestampfte Pionierstadt ein sehr passabler Wert.[106] Die gebotenen Anreize lockten allerdings nicht nur die erwünschten Idealisten, sondern auch allerlei Hasardeure und Vagabunden auf der Jagd nach dem schnellen Rubel in die Stadt. So sahen es zumindest die Sicherheitsorgane, die 1972 das Fehlen einer organisierten Arbeitskräfteanwerbung (*orgnabor*) beklagten. Vielmehr werde die Auswahl dem Zufall überlassen, woraus sich der Zuzug „einer großen Zahl von Müßiggängern und kriminellen Elementen" erkläre. Bisweilen müssen die Verhältnisse in Ševčenko an die Großbaustellen des Stalinismus erinnert haben. Zahlen zur demographischen Dynamik unterstreichen diesen Eindruck: So strömten 1971 mehr als 10.000 Menschen in die Stadt, über 3.000 reisten in derselben Zeit wieder ab.[107]

Wünschenswerter als oberflächliche „materielle Interessiertheit" erschien den Ideologen des kommunistischen Aufbaus daher der aufrichtige „Enthusiasmus"

---

[104] Gespräch des Verfassers mit Klara I. Smagina, Moskau, 06. Dezember 2012; RGASPI f. 17, op. 150, d. 2107, l. 41.

[105] Erinnerungen von Stadtbewohnern in *Schlieps*, Rohmodelle; *Jakov M. Magid*, Pervaja komandirovka, http://samlib.ru/editors/m/magid_j_m/firstbusinesstrip.shtml (02.03.2012).

[106] GAMO f. 530, op. 1, d. 319, l. 151. 1989 war die Fluktuation gar auf 2,5 % gesunken. *Mosin*, Ananasy. Dagegen erreichte sie in den Erdölstädten des Hinterlandes 1970 alarmierende 40 %. RGAE f. 70, op. 1, d. 3933, l. 210.

[107] GAMO f. 4, op. 1, d. 230, l. 9. Zitat ebd. Festzuhalten ist, dass dieser hohe „Turnover" der Stadtbevölkerung nur gedämpft auf die Belegschaften der städtischen Betriebe durchschlug – offenbar handelte es sich bei einem Großteil der An- und Abreisenden tatsächlich um eine Art demographischen Überhang – um „Glücksritter", die ohne vorherigen Arbeitsvertrag auf der Suche nach attraktiven Stellen oder lukrativen (und oftmals kurzfristigen) Verdienstmöglichkeiten (Schwarzhandel etc.) aufs Geratewohl in die Stadt reisten und diese auch wieder verließen, wenn sich die ursprünglichen Hoffnungen nicht erfüllten oder sich anderswo neue Aussichten zu eröffnen schienen. Den Typ dieser Glücksritter skizziert am Beispiel Ševčenkos *Vladimir Taranenko*, Uranovye Rudniki, ili, moj put' k sčast'e, in: Proza.ru, 23. November 2009, www.proza.ru/2009/11/23/1485 (09.11.2012).

zupackender Tatmenschen. Ein Blick auf die wissenschaftlich-technischen Eliten der Stadt legt nahe, dass die Aufforderung, den Kommunismus mit Leben zu erfüllen (*pretvorjat' v žizn'*), im privilegierten Mikrokosmos Ševčenkos durchaus plausibel klang und auch entsprechenden Anklang fand. Wer als Spezialist hierher kam, hatte sich seinen Aufstieg in die sowjetische Ingenieurselite oftmals hart erkämpft, suchte die berufliche Herausforderung, wurde jung mit verantwortungsvollen Aufgaben betraut und konnte einer steilen Karriere entgegenblicken. Ein junger Architekt erinnert sich: „Es war viel Romantik dabei: daran beteiligt zu sein, aus nichts etwas zu machen". Und ein Ingenieur schreibt: „Es war [...] eine Stadt [...] des Aufbruchs und des Neuanfangs. Wer wollte, konnte hier seine Ideen umsetzen." „Ševčenko hieß Jugend: unsere, die des Betriebs, die der Stadt", entsinnt sich Klara Smagina, die ehemalige Direktorin der Hydrometallurgischen Fabrik des PGMK. Und ein Facharbeiter der ersten Stunde erinnert sich an den „Geist, der hier herrschte" und an das Elitebewusstsein selbst der einfachen Arbeiter.[108] Freiräume und Entfaltungsmöglichkeiten suchten und fanden diese Spezialisten weniger in gesellschaftlichen Rückzugsräumen als vielmehr in der selbstbewussten Partizipation an der Macht.[109] Diese Eliten machten sich das sowjetische Projekt zu eigen – es war *ihr* Projekt.

Weniger offensichtlich, aber nicht weniger interessant waren jene Aushandlungsprozesse, die auf dem immateriellen Feld sozialer Verhaltensweisen und symbolischer Signifikanten ausgetragen wurden und sich auf die Grenzen des Erlaubten in Sachen Arbeitsdisziplin, Abgrenzung der Privatsphäre, Religiosität, Geschmackspräferenzen und Freizeitverhalten bezogen, aber auch die sinnstiftende Symbolik der *sovetskost'* betrafen. Für regelmäßige Irritationen sorgte die Jugendkultur – etwa wenn die Tanzlokale der Stadt in den achtziger Jahren westliche Popmusik spielten, was von Generalsekretär Kunaev als Anzeichen kultureller Verkommenheit und kosmopolitischer Tendenzen gegeißelt wurde.[110] Offiziellen Argwohn erregte auch das religiöse Leben, obschon es in einer Stadt ohne Kirchen und Moscheen schwerlich systemsprengende Kraft entfaltete. Die einzige registrierte Glaubensgemeinschaft bildete in den achtziger Jahren ein Kreis von 20 Baptisten. Mit einem Anflug von Rührung notierte der zuständige Spitzel (dessen Anwesenheit der Gemeinde wohl bewusst war), dass die Gläubigen in ihren Gebeten für Frieden und Glaubensfreiheit danken, die ihnen der sowjetische Staat gewährte.[111] Freilich fanden Aushandlungsprozesse nicht nur zwischen „unten" und „oben" statt, sondern auch auf den Kommandohöhen der sowjetischen Apparate. Exemplarisch steht hierfür im Falle Ševčenkos der klein-

[108] *Michail I. Levin*, in: Schlieps, Rohmodelle, 56–62, hier 56; *Michail Ašomok*, in: ebd., 38–39, hier 39; *Tomas Avenarius*, Tränen kann man nicht entsalzen, in: Süddeutsche Zeitung, 24. April 1999, 3; Smagina, 06. Dezember 2012.

[109] Vgl. *Michel Foucault*, Der Wille zum Wissen, Frankfurt am Main 1991, 113–118.

[110] Kazachstanskaja Pravda, 30. Juni 1983.

[111] GAMO f. 330, op. 1, d. 1327, l. 13; *Taranenko*, Rudniki, Kap. 6.

russische Patriotismus des ukrainischstämmigen Slavskij, der – zum Gedenken an die Verbannung Taras Ševčenkos auf Mangyšlak im 19. Jahrhundert – gegen alle Widerstände darauf beharrte, die Stadt nach dem ukrainischen Nationaldichter zu benennen. Dass er sie später mit einem monumentalen Standbild für den Dichter ausstattete, noch bevor sie mit einem Lenin-Denkmal ausstaffiert war, sorgte in der Parteizentrale in Alma-Ata für Stirnrunzeln, fand aber letztlich die Billigung Brežnevs.[112]

Sehr viel eher an den Grundfesten der sowjetischen Gesellschaftsordnung rüttelte die offensichtliche Nonchalance, mit der viele Sowjetbürger die starren Regeln des sowjetischen Zusammenlebens umgingen. Schon zu Zeiten, als der Zuzug in die Stadt noch strengen Kontrollen unterlag, wurden zahlreiche Verstöße gegen das Passregime registriert. 1981 lebten allein in den Wohnheimen der Stadt viele Tausende ohne offizielle Anmeldung.[113] Wenn die Familie die Keimzelle der sowjetischen Gesellschaftsordnung bilden sollte, bedeuteten auch Scheidungsraten von 50 Prozent nichts Gutes. Die Partei erblickte darin eine staatszersetzende Tendenz und antwortete mit einer Kampagne zur „Festigung der Familie".[114] Einem der Hauptgründe für das Zerbrechen vieler Ehen – dem weit verbreiteten Alkoholismus – war freilich mit ritualisierten Kampagnen nicht beizukommen, ebenso wenig wie dem grassierenden Rauschgiftkonsum.[115]

Besonders prekär waren zweifellos die Lebensbedingungen der Zwangsarbeiter, auch wenn seit den späten fünfziger Jahren etliche Reformen in die Wege geleitet wurden und die konkreten Haftbedingungen von Fall zu Fall stark variieren konnten. Hatte der NKVD auf den Großbaustellen der dreißiger Jahre eine ungeteilte Willkürherrschaft ausgeübt (*edinonačalie*), so unterstanden Beschäftigung, Unterbringung und Bewachung der Häftlinge nun verschiedenen Instanzen, wodurch Arbeitsleistung und Haftbedingungen zumindest im Grundsatz entkoppelt wurden.[116] Den Parteiinstanzen vor Ort oblag die regelmäßige Kontrolle der Lager, und deren Insassen wurde das Recht auf Anhörung durch formal unabhängige Instanzen zugestanden.[117] Den unmittelbar Involvierten stach freilich der weitgehend formale Charakter solcher Vorkehrungen ins Auge. Auf die Frage, was vom GULag nach all den poststalinistischen Reformen übrig

[112] *Sovet Tatambaev*, Radioaktivnoe nasledie atomnoi imperii, Almaty 2006, 44–45; Levin, in: *Schlieps*, Rohmodelle, 57.

[113] GAMO f. 10P, op. 1, d. 10, l. 39–40; RGASPI f. 17, op. 150, d. 2108, l. 51. Statt der vorgesehenen 8.500 zählten die Behörden 1981 über 13.000 Wohnheimbewohner.

[114] GAMO f. 3P, op. 34, d. 135.

[115] GAMO f. 3P, op. 32, d. 105.

[116] Als Abnehmer der Arbeitskräfte traten die jeweiligen Betriebe des *Sredmaš* auf, die mit dem Innenministerium als Lagerbetreiber jeweils jährliche „Kollektivarbeitsverträge" vereinbarten. Innerhalb des Innenministeriums waren wiederum zwei verschiedene *Glavki* für Lagerbetrieb und -bewachung zuständig. *Leonid B. Ben-Šir* [*Bešer-Belin'ski*], Vzgljad Iznutri, 3 Bde., Bd. 2, http://www.proza.ru/2009/11/24/591 (29.11.2012).

[117] GAMO f. 4P, op. 1, d. 230, l. 39.

geblieben sei, antwortete Ševčenkos Stadtbaumeister, Stavro S. Efremov, rückblickend lakonisch: „Die Sträflinge und die Soldaten."[118] Oberflächlich als sozialistische Gesellschaften im Kleinen organisiert, faktisch aber schlecht versorgt und verwaltet, boten die Kolonien im Rahmen der offiziellen Strukturen bei kargen Lebensbedingungen und harter Arbeit zwar bescheidene Löhne und Leistungsprämien,[119] darüber hinaus aber bestenfalls Aussicht auf den Erwerb einfacher Berufsqualifikationen und vorzeitige Haftentlassung. Arbeitsvermeidungsstrategien, die in den siebziger Jahren Massencharakter annahmen, erschienen vielen Häftlingen unter diesen Umständen als attraktivere Option.[120] Andere verstanden es, sich in den täglichen Arbeitskontakten mit den *Vol'nonaemniki* kooperatives Verhalten mit Gefälligkeiten entgelten zu lassen und verschafften sich so, nebst Genuss- und Rauschmitteln, teilweise erstaunliche Freiheiten – unerlaubten Ausgang aus dem Lager, Kontakte zu Prostituierten, Ferngespräche über Diensttelefone und die gewinnbringende Veräußerung entwendeten Volkseigentums, um nur einige Beispiele zu nennen. Davon profitierten in erster Linie die „Diebe im Gesetz", die im Machtvakuum einer zumeist auf die Lagergrenzen beschränkten Aufsicht ihre eigene Ordnung etablierten und kriminelle Aktivitäten wie etwa den Drogenhandel oftmals auch aus der Haft heraus weiterzuführen wussten.[121] Immerhin zeigten sich die Strafvollzugsbehörden in Ansätzen bemüht, die oft geäußerte Forderung nach einer Trennung von Schwerkriminellen und politischen Häftlingen umzusetzen. So beschreibt der Bürgerrechtsaktivist Viktor Sokirko seine Haft auf Mangyšlak in Kategorien, die eher an einen Komsomolzeneinsatz als an Lagerhaft erinnern: Seine kleine, nur aus „Politischen" zusammengesetzte Brigade hatte ein Wohnheim für Erdölarbeiter zu errichten – in schwerer körperlicher Arbeit und unter Zeitdruck, doch ohne den üblichen Terror durch kriminelle Mithäftlinge. Sokirko schaffte es während seiner Haft gar, Frau und Kinder für einige Wochen aus Moskau in die Kolonie zu bringen, um so das Versprechen vom Familienurlaub am Meer einzulösen.[122] Berichte über das Schicksal anderer Dissidenten – etwa der Helsinki-Aktivistin Tat'jana Velikanovna – bestätigen das Bild karger, aber weitgehend geschützter Haftbedingungen. Dabei kam den Betroffenen fraglos zustatten, dass sich die

[118] *Nikos Sidiropoulos*, Uchodjat poslednie iz našich mogikan (Interview mit Stavro S. Efremov), in: Grečeskij Portal, http://www.greece-portal.ru/novosti-greece-portal/stavro-savelevich-efremov-uchodyat-poslednie-iz-nashich-mogikan-chelovek-dolzhen-umirat-tam-gde-on-rodilsya.html. (08.11.2012).

[119] Für fristgerecht erledigte Aufgaben wurden in den siebziger Jahren bis zu 40 % Lohnzuschlag bezahlt. *Viktor V. Sokirko / Lidija N. Tkačenko*, Mangyšlak-79, in: Partizanskoe Kino. Archiv diafil'mov odnoj Sovetskoj sem'i 1966–1989, 28. Dezember 2003, http://victor.sokirko.com/Part1/Mangischlak/ (21.02.2013).

[120] Ein einschlägiger Bericht des Oblast'-Parteikomitees notierte im Januar 1977: „Reihenweise kommt es zu massenhaften Arbeitsverweigerungen." GAMO f. 3, op. 4, d. 149, l. 2.

[121] Vgl. z. B. GAMO f. 4P, d. 230, l. 52–55; *Grabovskij*, Ob"ekt, 62–63.

[122] *Sokirko / Tkačenko*, Mangyšlak-79.

Strafvollzugsbehörden spätestens seit Mitte der siebziger Jahre nicht mehr vor dem Blick einer wachsenden, mit dem Ausland vernetzten Bürgerrechtsbewegung sicher wussten.[123]

Gemessen am kommunistischen Ideal musste die gelebte Realität des „entwickelten Sozialismus" Enttäuschungen hervorbringen, die sich im Lauf der Zeit angesichts hartnäckiger Missstände und fortbestehender Unzulänglichkeiten zur Desillusionierung verdichten konnten. Festzuhalten ist aber, dass im Falle Ševčenkos nicht die Brežnev-Zeit – die hier als Phase rasanter Entwicklung wahrgenommen wurde –, sondern erst die Ära Gorbačev Anlass zur grundsätzlichen Infragestellung des Systems gab. Ein Blick auf den internationalen Kontext ruft in Erinnerung, dass damals nicht nur die Sowjetunion, sondern auch der globale Westen eine gewisse Fortschrittsmüdigkeit erkennen ließ. Einer „ausgereizte[n] wirtschaftlich-technische[n] Rationalität" wurden kaum mehr systemverändernde Potenziale zugetraut.[124] Wenn sich die westlichen Demokratien in den folgenden Jahrzehnten dennoch als wandelbar erwiesen, dann deshalb, weil sie neben der technokratischen eine demokratische Sphäre der Entscheidungsfindung pflegten, in deren Rahmen Kritik am *status quo* nicht nur geäußert, sondern auch systemverändernd eingebunden werden konnte. Beides war in der hyperstabilen UdSSR lange kaum möglich – erstens, weil die demokratische Sphäre eine Scheinexistenz führte und zweitens, weil Ideologie und Technokratie unlöslich miteinander verbunden waren und Fortschrittskritik deshalb zwangsläufig Systemkritik sein musste. Die unverbrüchliche Bindung von Ideologie und Technokratie wurde freilich in dem Maße zur Hypothek, in dem der Nutzen des technischen Fortschritts fraglicher, seine Kosten indes immer augenfälliger wurden. Im Lichte der *glasnost'* traten die Lebenslügen und Konstruktionsfehler des ‚kommunistischen Aufbaus' auch in Ševčenko deutlich zutage, wie ein kurzer Durchgang durch einige Problemfelder veranschaulicht.

Was mit dem Versprechen einer Verbesserung der Natur begonnen hatte, erwies sich zunehmend als ökologisches Desaster. Das PGMK leitete seit 1965 mehr als 350 Millionen Tonnen schwach- und mittelradioaktive Abwässer sowie Schwermetalle, Säuren und andere Gifte in die Koškar-ata-Senke im Norden der Stadt, von wo aus sie das Grund- und Meerwasser sowie die Luft verschmutzten.[125] Unmittelbarer als diese schleichende Gefahr machte das Reaktorunglück von Černobyl' die Risiken des Atomzeitalters erfahrbar – für viele Einwohner Ševčenkos buchstäblich am eigenen Leibe: Über 2000 von ihnen wurden als Liquidatoren in die Ukraine entsandt, etliche trugen schwere Gesundheitsschä-

---

[123] Strana i mir 1–2, 1984, 30.

[124] *Winfried Schulze*, Ende der Moderne? Zur Korrektur unseres Begriffs der Moderne aus historischer Sicht, in: Heinrich Meier (Hrsg.), Zur Diagnose der Moderne, München 1990, 69–97, hier 77.

[125] Siehe etwa *Ieva Rucevska/Otto Simonett* (Hrsg.), Vital Caspian Graphics, 2. Aufl. Arendal 2011, 49–51.

Abb. 4: Graffitis der Mangyšlaker Liquidatoren auf einer Wand des vierten Reaktorblocks in Černobyl'. Rechts oben der Stadtname „Ševčenko". Aus den Bildbeständen des GAMO.

den davon (Abb. 4).[126] 1991 wurde schließlich bekannt, dass Mangyšlak in den siebziger Jahren zum Schauplatz nuklearer Testexplosionen geworden war – mit schwer abschätzbaren Folgen für Mensch und Natur.[127] Beträchtliche Umweltschäden hinterließ auch die Erdölförderung; Schätzungen gingen 1991 davon aus, dass bei Havarien etwa drei Millionen Kubikmeter Öl in die Umwelt gelangt waren.[128] Gleichzeitig brachte die Übernutzung der Grundwasserreserven Quellen zum Versiegen und zerstörte in weiten Landstrichen die ohnehin karge Vegetation.[129] Schließlich bargen die chemischen Betriebe der Stadt ein hohes Risiko großmaßstäblicher Chemieunfälle – insbesondere im Zeichen des Niedergangs in den frühen neunziger Jahren.[130]

Auch in wirtschaftlicher Hinsicht entpuppte sich der Territoriale Produktionskomplex im Lichte der *perestrojka* als weitgehend dysfunktional. Exorbitanten Investitionskosten von „Dutzenden von Milliarden Rubeln" (nach dem Preis-

[126] *M. M. Utebaeva / A. F. Garkuša / N. B. Duurnšurova* (Hrsg.), Černobyl': Mangistauscy prichodjat na pomošč, Almaty 2012.

[127] Neizvestnyj jadernyj polygon, in: Izvestija, 22. Januar 1991, 2.

[128] GAMO f. 330, op. 1, d. 1571, l. 16; RGASPI f. 17, op. 158, d. 1307, l. 154.

[129] GAMO f. 486, op. 1-1, d. 20, l. 50–51.

[130] Smagina, 06. Dezember 2012; *Roger Case*, Aktau Plastics Plant Explosives Material Report, 22. Dezember 1999, http://prod.sandia.gov/techlib/access-control.cgi/1999/993092.pdf (25.02.2013).

index von 1982) stand ein zweifelhafter ökonomischer Nutzen gegenüber.[131] Die Entdeckung ergiebiger Uranlagerstätten in anderen Landesteilen stellte die Uranmine Ševčenkos bereits kurz nach ihrer Eröffnung unter den Verdacht einer teuren Fehlinvestition;[132] für die schwungvolle Düngerproduktion des PGMK erwies sich der Urangehalt des Phosphats gar als hinderlich, machte er doch die aufwendige Abscheidung der radioaktiven Isotope nötig.[133] So wurde in immer größerem Umfang auf auswärtige Rohstoffe zurückgegriffen – nicht weniger als 64.000 Eisenbahnwaggons schafften in den letzten Jahren der Sowjetunion jährlich Apatit von der fast 5000 Kilometer entfernten Kola-Halbinsel herbei.[134] Gänzlich fehl am Platz war in Ševčenko die Kunststofffabrik: Nachdem die lokalen Erdgasressourcen hinter den qualitativen Erwartungen der Geologen zurückblieben, mussten 96 % der benötigten Ausgangsprodukte aus einer ukrainischen Raffinerie herbeigeschafft werden. Dagegen fehlten vor Ort Kapazitäten zur Verarbeitung des geförderten Erdöls. Weniger volumenmäßig als vielmehr sicherheitstechnisch ins Gewicht fielen die langen Rundreisen, die der in Ševčenko erzeugte bzw. benötigte Kernbrennstoff per Bahn zurücklegte: Das PGMK schickte sein Urankonzentrat als „yellow cake" nach Tomsk und Čeljabinsk (Majak)[135], in entgegengesetzter Richtung wurden Brennelemente angeliefert, und schließlich musste das vom BN-350 ausgebrütete Plutonium zur Weiterverarbeitung erneut nach Majak verfrachtet werden.[136] Vom bestechenden Konzept des Territorialen Produktionskomplexes, Ressourcenförderung und -verarbeitung an einem Ort zu konzentrieren, war die Realität weit entfernt. Mehr als 90 % der benötigten Rohstoffe kamen von außerhalb, und über 80 % der Produkte verließen den TPK nach erfolgter Verarbeitung wieder.[137]

Mangyšlaks Ruf als „Hort sowjetischer Völkerfreundschaft" erlitt im Juni 1989 schweren Schaden, als in Novyj Uzen' Nationalitätenkrawalle ausbrachen, die bald auch auf Ševčenko übergriffen. Ultimativ forderten militante kasachische Nationalisten kaukasische Berufsmigranten zum Verlassen der Halbinsel auf; Tausende beugten sich dem Druck.[138] Anlass der nationalistischen Ressentiments war eine Entwicklungspolitik, die über Jahrzehnte qualifizierte Facharbeiter und Ingenieure aus den slawischen und kaukasischen Unionsrepubliken nach

[131] GAMO f. 486, op. 1–1, d. 2, l. 37.

[132] Die 40.000 Tonnen Uran der Mangyšlaker Lagerstätte Melovoe machen nur gut zwei Prozent der heute bekannten Uranreserven Kasachstans (1,7 Mio. Tonnen) aus. Uranovye mestoroždenija Kazachstana, http://www.kazatomprom.kz/ru/pages/uranovye_mestorozhdeniya_kazahstana (09.02.2013).

[133] GAMO f. 486, op. 1–1, d. 28, l. 8; ebd., f. 532, op. 1, d. 56, l. 215 u. 217.

[134] RGASPI f. 17, op. 158, d. 1303, l. 48; GAMO f. 532, op. 1, d. 56, l. 3.

[135] *Taranenko*, Rudniki.

[136] *Yu. K. Bibilashvil/G. F. Reshetnikov*, Russia's nuclear fuel cycle. An industrial perspective, in: IAEA Bulletin 3, 1993, 28–33, hier 31.

[137] GAMO f. 486, op. 1–1, d. 2, l. 37.

[138] RGASPI f. 17, op. 158, d. 1307, l. 86–107; Posleslovie (Dokumentarfilm), Kazachfil'm 1990, RGAKFD Sig. 1-30783.

Mangyšlak geschleust und für ihre Arbeit mit hohen Lohnzuschlägen entschädigt hatte, während die ansässige Bevölkerung mangels Ausbildungsmöglichkeiten von der Entwicklung der Region weitgehend ausgeschlossen blieb und im Hinterland oder in slum-ähnlichen Vororten Ševčenkos und Novyj Uzen's eine klägliche Existenz fristete.[139]

Die Enthüllungen der *perestrojka* entlarvten schließlich auch den Topos von der Besiedlung der menschenleeren Wüste als Fiktion. Die Stalinistische Kollektivierungskampagne hatte unter den nomadischen Hirtenstämmen Mangyšlaks 1929–1931 einen Aufstand provoziert, der blutig niedergeschlagen wurde. Repressive Gewalt, Hungersnot und Abwanderung dezimierten die lokale Bevölkerung damals binnen weniger Jahre von ca. 350.000 auf 26.000 Einwohner.[140] So hatte die frühe Sowjetherrschaft in zynischer Weise erst die Voraussetzungen für den späteren Mythos von der Besiedlung des leeren Landes geschaffen, der seit den 1960er Jahren wortreich besungen wurde.

Die Liste ließe sich fortsetzen. Unter diesen Umständen griff auch unter den Enthusiasten Mangyšlaks die Desillusionierung um sich. In den sich lichtenden Reihen der Kommunistischen Partei war die Verunsicherung 1990 mit Händen zu greifen: „Was um alles in der Welt geht denn nun bei uns vor – etwa der Übergang zum Kapitalismus? Werden wir unseren Idealen untreu, der kommunistischen Perspektive und so weiter?" Solche Fragen würden ihm oft gestellt, verkündete 1990 kein geringerer als der aus Alma-Ata angereiste Nursultan Nazarbaev dem versammelten Parteiaktiv in Ševčenko. Er antworte dann jeweils, der Sozialismus postuliere eine demokratische Leistungsgesellschaft mit hohem Lebensstandard. „Leider", so Nazarbaev weiter,

> wurden diese Prinzipien nicht bei uns, sondern in den westlichen Ländern verwirklicht. So haben wir denn auch nie unter den Bedingungen des Sozialismus gelebt. [...] Das Leben im Sozialismus steht uns erst noch bevor – insofern gibt es keinerlei Kursänderung.[141]

Mochte der starke Mann am Steuer der Unionsrepublik auch stoisch Kurs halten – das Auseinanderbrechen der Sowjetunion warf Ševčenko dennoch weit aus der Bahn. Es raubte der Zukunftsstadt ihren geographischen und teleologischen Bezugsrahmen und durchtrennte die Nabelschnur zum *Minsredmaš*, das sie bisher so großzügig versorgt hatte. Ausbleibende Investitionen und unterbrochene Versorgungs- und Absatzkanäle zwangen die Industriegiganten der Region in die Knie; selbst die Ölförderung verzeichnete einen scharfen Einbruch.[142] Mit dem wirtschaftlichen Niedergang setzte ein Exodus slawischer Spezialisten ein, dessen Konsequenzen kasachische Autoren bisweilen mit den Folgen der Dekolonisie-

139 RGASPI f. 17, op. 160, d. 1434, l. 24–25.
140 *Žaugašty Nabiev*, Stepnaja tragedija. Adajskoe vosstanie 1929–1930, Almaty 2010, 5.
141 RGASPI f. 17, op. 159, d. 1553, l. 13–14.
142 GAMO f. 532, ebd., f. 10.

rung in Afrika verglichen.[143] Allein 1994 verließen weit über 20.000 ethnische Russen die Stadt, die inzwischen Aktau hieß; ihr Anteil an der Bevölkerung sank von etwa 80 auf nur mehr 20 %, Wohnungen wechselten für 500 Dollar den Besitzer.[144] Auf Kasachstans Abschied von der Atomenergie folgte 1999 die Stilllegung des prestigeträchtigen Reaktors. Doch der Eindruck vom definitiven Ende einer Ära trog, denn im neuen Jahrtausend etablierte sich Kasachstan erneut als weltweit größter Uran-Exporteur[145] und entdeckte infolgedessen auch sein Interesse an der Reaktortechnologie aufs Neue. Ende März 2011 – auf dem Höhepunkt der Krise im japanischen Fukushima – schloss es ein umfangreiches Nuklearabkommen mit Russland, das im Bau eines neuen Atomkraftwerks in Aktau erste Früchte tragen soll.[146] Erholt hat sich mittlerweile die Ölförderung, die inzwischen wieder die Volumina der siebziger Jahre erreicht und der Stadt Einkommen weit über dem Landesdurchschnitt beschert; die erhoffte Entwicklung zur *Technopolis*, die an das Erbe der WTR anschließen sollte, ist bisher allerdings ausgeblieben.[147] Nun soll das ehrgeizige Entwicklungsprojekt *Aktau-City* die Stadt in die Zukunft zurückkatapultieren. Für 38 Milliarden Dollar ist ein Abbild der Arabischen Emirate am Kaspischen Meer geplant, das als Sonderwirtschaftszone dereinst nicht nur den Erdölexport, sondern auch den Transithandel über eine neue Seidenstraße beflügeln, Hightech-Industrien und einen *turističeskij klaster* beherbergen und bis zu einer Millionen Menschen einen „hypermodernen Lebensstil" bieten soll.[148] Der Glaube an den technokratischen Traum scheint ungebrochen. Ob das für die Weitsichtigkeit der sowjetischen Vision spricht oder für den rückwärtsgewandten Charakter der heutigen Projektion, sei an dieser Stelle dahingestellt. Außer Zweifel steht, dass ein Vorhaben dieser Größenordnung das Durchsetzungsvermögen und Mobilisierungspotential einer autoritären, kommandowirtschaftlichen Staatsmacht voraussetzt und folglich auch politische Entwicklungen kanalisiert.

Bilanzierend charakterisiert Ševčenko die Sowjetunion unter Brežnev als ambitionierte Technokratie, die im vorliegenden Idealfall – bei klarer Weisungskompetenz und gesicherter Finanzierung – ein beachtliches Maß an Expertenkompetenz, materiellen und menschlichen Ressourcen in einem Großprojekt zu bündeln wusste, das internationale Anerkennung fand. Das finanzielle, soziale

---

143 *Spanov/Satybaldiev*, Mangistau, 254–255.

144 GAMO f. 197, op. 1, d. 2109, l. 1.

145 *World Nuclear Association*, Uranium and Nuclear Power in Kazakhstan, http://www.world-nuclear.org/info/Country-Profiles/Countries-G-N/Kazakhstan/#.UTr4Oqkd3nc (09.02.2013); *Marat Šibutov*, Kazachstan i Srednjaja Azija – veduščij region dobyči urana, in: *Modest A. Kolerov* (Hrsg.), Srednjaja Azija. Novye koordinaty, Moskau 2013, 12–23.

146 *Botagoz Sejdakhmetova*, Mirnyj Atom, in: Novoe Pokolenie, 05. Mai 2011.

147 GAMO f. 486, op. 1-1, d. 2, l. 30–34.

148 *Joanna Lillis/David Trilling*, Kazakhstan: A Showpiece of Energy Wealth Rises in the Western Desert, in: Eurasianet, 28. Oktober 2009, http://www.eurasianet.org/departments/insightb/articles/eav102909.shtml (22.01.2013).

und ökologische Kosten-Nutzen-Verhältnis des Großprojekts lässt dennoch an der ökonomischen Rationalität, Sozialverträglichkeit und Nachhaltigkeit sowjetischer Entwicklungsstrategien zweifeln. Problematisch erscheinen vor allem zwei Aspekte: Zum einen war das Vorhaben überambitioniert – die hohe Geschwindigkeit des industriellen Aufbaus, der Einsatz weitgehend unerprobter Zukunftstechnologien und ihre Lokalisierung an der entlegenen Peripherie des Landes in schwierigen geographisch-klimatischen Bedingungen führten zu überhöhten Kosten und hinter den Erwartungen zurückbleibenden Erträgen. Zum Zweiten trachtete die Sowjetunion die Segnungen der wissenschaftlich-technischen Zivilisation bis zu ihrem Ableben unverdrossen mit den überkommenen Mitteln der industriellen Revolution herbeizuführen – im Rahmen zentralistisch organisierter Großprojekte unter Federführung eines kriegswirtschaftlich organisierten militärindustriellen Komplexes, der Geheimhaltung verlangte, statt jene Informationsgesellschaft zu begünstigen, die sich für den technologischen Fortschritt im globalen Westen letztlich als entscheidende Voraussetzung herausstellte.

Was aus der Nähe besehen als grundlegender Gegensatz zwischen einem erfolgreichen westlichen und einem zum Scheitern verurteilten sowjetischen Entwicklungspfad erscheint, ließe sich aus größerer Distanz freilich auch als lediglich graduelle Differenz zwischen zwei Varianten ein und derselben technokratischen Entwicklungsvision verstehen – einer Entwicklungsvision, die bislang den Beweis schuldig geblieben ist, dass ihre wissenschaftlich-technischen Lösungskompetenzen schneller wachsen als die von ihr verursachten Probleme.[149] Eine solche Sichtweise rückt jenseits inkrementeller Entwicklungsunterschiede zwischen Ost und West die grundsätzlichen Herausforderungen der Hochmoderne in den Blick: den forcierten Konsum endlicher natürlicher Ressourcen, das fortgesetzte Nutznießertum privilegierter Wohlstandsgesellschaften von benachteiligten Bevölkerungsgruppen, die verspätete Wahrnehmung versteckter Folgekosten anfänglich vielversprechender Zukunftstechnologien. So gesehen mag Ševčenko heutigen Industriegesellschaften als Karikatur im eigentlichen Sinne dienen – als überzeichnetes, aber letztlich treffendes Spiegelbild ihrer selbst.

Literatur

Alešina, Natalija, Kak sozdat' oazis, in: Eždnevnie novosti, 02. Juli 2004, http://dlib.eastview.com/browse/doc/6440137 (17.01.2013).

Architecture d'Aujourd'hui 41, Dez.-Jan. 1969/1970, 98–99.

[149] Daran hat bisher auch die Vorstellung einer bewussteren, „reflexiven“ Moderne oder gar die Ausrufung einer neuen postmodernen Epoche substantiell wenig geändert. *Jean-François Lyotard*, Das postmoderne Wissen. Ein Bericht, Wien 2009 [frz. Original 1979], insbesondere 131–144; *Ulrich Beck/Anthony Giddens/Scott Lash*, Reflexive Modernisierung. Eine Kontroverse, Frankfurt am Main 1996.

Artamonova, L. I., Gorod-sad v pustyne, in: Zdorov'e 11, 1977.
Atomnyj proekt SSSR. Katalog vystavki, Moskau 2010.
Atom-Truženik, in: VDNCh SSSR 2, 1972, 32–34.
Avenarius, Tomas, Tränen kann man nicht entsalzen, in: Süddeutsche Zeitung, 24. April 1999, 3.
Baklušin, Rudolf, RU BN-350. Nakoplennyj opyt. Čast' 1, in: Atominfo, 16. März 2008, http://www.atominfo.ru/news/air3534.htm (12.01.2013).
Bazikov, A. A./Šedenov, U. K., Problemy formirovanija Mangyšlakskogo territorialno-proizvodstvennogo kompleksa, Alma-Ata 1983.
Beck, Ulrich/Giddens, Anthony/Lash, Scott, Reflexive Modernisierung. Eine Kontroverse, Frankfurt 1996.
Bell, Daniel, Veblen and the Technocrats, in: ders. (Hrsg.), The Winding Passage, Cambridge, MA 1980.
Belov, Vjačeslav, Mangyšlak – solnečnaja zemlja, Moskau 1981.
Ben-Šir, Leonid B. [*Bešer-Belin'ski*], Vzgljad Iznutri, 3 Bde., Bd. 2, http://www.proza.ru/2009/11/24/591 (29.11.2012).
Bibilashvili, Yu. K./Reshetnikov, G. F., Russia's Nuclear Fuel Cycle. An Industrial Perspective, in: IAEA Bulletin 3, 1993, 28–33.
Brown, Kate, Plutopia. Nuclear Families, Atomic Cities and the Great Soviet and American Plutonium Disasters, Oxford 2013.
–, Utopia Gone Terribly Right. Plutonium's „Gated Communities" in the Soviet Union and the United States, in: Paulina Bren/Mary Neuburger (Hrsg.), Communism Unwrapped, Oxford 2012, 49–67.
Buchholz, Arnold, Die Rolle der Naturwissenschaft im Historischen Materialismus, in: Studies in Soviet Thought 1:7, 1967, 35–51.
Büchler, Henning/Zasada, Ingo, Perspektiven des denkmalpflegerischen Umgangs mit den Zeugnissen des sozialistischen Städtebaus am Beispiel Aktau/Kasachstan, Berlin 2008.
Buslov, K. P. (Hrsg.), Naučno-techničeskaja Revoljutsija i novye gorizonty sovetskogo čeloveka, Minsk 1978.
Case, Roger, Aktau Plastics Plant Explosives Material Report, 22. Dezember 1999, http://prod.sandia.gov/techlib/access-control.cgi/1999/993092.pdf (25.02.2013).
Češkova, L./Orlov, V., Sinij cvet pustyni, in: Vokrug Sveta 8 [2599], 1975, 10–16.
CIA, Soviet Forced Labor. An Update, 1985, http://www.foia.cia.gov/sites/default/files/document_conversions/89801/DOC_0000109013.pdf (23.05.2014).
De Souza, Peter, Territorial Production Complexes in the Soviet Union, Gothenburg 1989.
Doklad Tovarišča N. A. Bulganina, in: Pravda, 17. Juli 1955, 1–6.
Duffy, Gloria, Soviet Nuclear Energy, Santa Monica 1979.
Fedoseyev, Pyotr, Social Significance of the Scientific and Technological Revolution, in: World Congress of Sociology (Hrsg.), Scientific-Technological Revolution. Social Aspects, London/Beverly Hills 1977, 83–107.
Foucault, Michel, Der Wille zum Wissen, Frankfurt am Main 1991.
–, Von anderen Räumen, in: Jörg Dünne/Stephan Günzel (Hrsg.), Raumtheorie, Frankfurt am Main 2008, 317–329.
Gerasimenko, Vasilij J., Poluostrov Sokrovišč, Alma-Ata 1968.
Glazyčev, V., Primorskij gorod v pustyne, in: Izvestija, 28. Dezember 1977, 11.
Gorbatych, Sergej, Ty našla menja, mama, in: Vesti trudovoj migracii 20:7, 2010, 8.
Grabovskij, Michail Pavlovič, Puskovoj Ob"ekt, Moskau 1999.

Grützmacher, Johannes, Die Baikal-Amur-Magistrale. Vom stalinistischen Lager zum Modernisierungsprojekt unter Breznev, München 2012.
Gubenko, Andrej, Pionery Zapada, in: Novoe Pokolenie, 28. Februar 2003.
Hoffmann, Erik/Laird, Robbin, Technocratic Socialism: The Soviet Union in the Advanced Industrial Era, Durham 1985.
Holloway, David, Stalin And the Bomb. The Soviet Union and Atomic Energy 1939–1956, New Haven/London 1994.
Holston, James, The Modernist City. An Anthropological Critique of Brasilia, Chicago 1989.
Josephson, Paul, Atomic-Powered Communism, in: Slavic Review 2:55, 1996, 297–324.
–, Science and Ideology in the Soviet Union. The Transformation of Science into a Direct Productive Force, in: Soviet Union 2:8, 1981, 159–185.
Kazačkovskij, Oleg, Povelitel' bystrych nejtronov, in: Strana Rosatom, 11. Mai 2011, http://www.atomic-energy.ru/print/22067.
Kiselev, G[ennadij]. V., Moi jadernye universitety. Očerk tretij: Upravlenčeskij jadernyj universitet, in: ProAtom, 15.02.2011, http://www.proatom.ru/modules.php?name=News&file=article&sid=2828 (12.01.2013)
Kozlov, Vladimir A., Massovye bezporjadki v SSSR pri Chruščeve i Brežneve, 3. Aufl. Moskau 2009.
Krivov, Aleksandr S./Levin, Michail I., Ševčenko – architektura novogo goroda, Alma-Ata 1982.
Kvjatkovskii, Oleg, Proščanie s sablej, in: Kazachstanskaja Pravda, 12. August 2005.
Lenin, Vladimir I., Staat und Revolution [1917], in: Werke, Bd. 25, Berlin 1972, 393–507.
Lenk, Hans (Hrsg.), Technokratie als Ideologie. Sozialphilosophische Beiträge zu einem politischen Dilemma, Stuttgart/Berlin/Köln u. a. 1973.
Lillis, Joanna/Trilling, David, Kazakhstan: A Showpiece of Energy Wealth Rises in the Western Desert, in: Eurasianet, 28. Oktober 2009, http://www.eurasianet.org/departments/insightb/articles/eav102909.shtml (22.01.2013).
Lübbe, Hermann, Technokratie. Politische und wirtschaftliche Schicksale einer philosophischen Idee, in: WeltTrends 18, 1998, 39–61.
Lyotard, Jean-François, Das postmoderne Wissen. Ein Bericht, Wien 2009 [frz. Original 1979].
Magid, Jakov M., Pervaja komandirovka, 2012, http://samlib.ru/editors/m/magid_j_m/firstbusinesstrip.shtml (02.03.2012).
Marx, Karl/Engels, Friedrich, Werke, Bd. 4, Berlin 1959.
–, Grundrisse der Kritik der Politischen Ökonomie [Rohentwurf, 1857–1858], Berlin 1953.
Maškovcev, G. A./Migupa, A. K./Ščetočkin, V. N., Naučno-metodičeskie, apparaturnoe i kadrovoe obespečenie geologorazvedočnych rabot na uran, in: Razvedka i ochraza nedr 10, 2005, 59–66.
Millar, James R., The Little Deal. Brezhnev's Contribution to Acquisitive Socialism, in: Slavic Review 4:44, 1985, 694–706.
Mosin, I., Ananasy dlja rabočich, in: Pravda, 10. Novemeber 1989, 4.
Mukašev, S., Mangyšlakskij Variant, in: Nauka i Žizn' 2, 1985, 34–35.
Nabiev, Žaugašty, Stepnaja tragedija. Adajskoe vosstanie 1929–1930, Almaty 2010.
Neizvestnyj jadernyj polygon, in: Izvestija, 22. Januar 1991, 2.
Otdel Kadrov, in: Gazeta MAEK, Juni 2008, http://www.maek.kz/press-centry/gazeta-maek/2008/gazeta-no-006-006-noyabr-2008/otdel-kadrov. (15.07.2013).

Kazachstanskaja Pravda, 30. Juni 1983.
Philippou, Stylliane, Oscar Niemeyer – Curves of Irreverence, New Haven 2008.
Prochanov, Aleksandr, Porvat' s odinočestvom, in: Izvestija, 09. Februar 1977, 12.
Programma Kommunističeskoj Partii Sovetskogo Sojuza, Moskau 1961.
Rucevska, Ieva/Simonett, Otto (Hrsg.), Vital Caspian Graphics, 2. Aufl. Arendal 2011.
Savel'ev, V. N./Bystrickij, O. V., Atomnoj promyšlennosti Kazachstana 65 let, in: Chabaršy Vestnik 25:3, 2010, 7–17.
Schlieps, Birgit, Rohmodelle. Raw Models, Frankfurt am Main 2005.
Schmidt-Gernig, Alexander, Die gesellschaftliche Konstruktion der Zukunft. Westeuropäische Zukunftsvorstellungen und Gesellschaftsplanung zwischen 1950 und 1980, in: WeltTrends 18, 1998, 63–84.
Schulze, Winfried, Ende der Moderne? Zur Korrektur unseres Begriffs der Moderne aus historischer Sicht, in: Heinrich Meier (Hrsg.), Zur Diagnose der Moderne, München 1990, 69–97.
Scott, James C., Seeing Like a State, How Certain Schemes to Improve the Human Condition Have Failed, New Haven/London 1998.
Sejdakhmetova, Botagoz, Mirnyj Atom, in: Novoe Pokolenie, 05. Mai 2011.
Shifrin, Avraham, The First Guidebook to Prisons and Concentration Camps of the Soviet Union, New York 1982.
Šibutov, Marat, Kazachstan i Srednjaja Azija – veduščij region dobyči urana, in: Modest A. Kolerov (Hrsg.), Srednjaja Azija. Novye koordinaty, Moskau 2013, 12–23.
Sidiropoulos, Nikos, Uchodjat poslednie iz našich mogikan (Interview mit Stavro S. Efremov)], in: Grečeskij Portal, http://www.greece-portal.ru/novosti-greece-portal/stavro-savelevich-efremov-uchodyat-poslednie-iz-nashich-mogikan-chelovek-dolzhen-umirat-tam-gde-on-rodilsya.html. (08.11.2012).
Sokirko, Viktor V./Tkačenko, Lidija N., Mangyšlak-79, in: Partizanskoe Kino. Archiv diafil'mov odnoj Sovetskoj sem'i 1966–1989, 28. Dezember 2003, http://victor.sokirko.com/Part1/Mangischlak/. (21.02.2013).
Spanov, E./Satybaldiev, E., Mangistau – Stanovlenie industrii i ljudi, Astana 1999.
Stadelbauer, Jörg, Die wirtschaftliche Regionalentwicklung zwischen Amu-Darja-Delta und Westkazachstan unter dem Einfluss des Eisenbahnbaus, in: Erdkunde 28, 1974, 282–295.
Strana i mir 1–2, 1984, 30.
Taranenko, Vladimir, Uranovye Rudniki, ili, moj put' k sčast'e, in: Proza.ru, 23. November 2009, www.proza.ru/2009/11/23/1485 (09.11.2012).
Tatambaev, Sovet, Radioaktivnoe nasledie atomnoi imperii, Almaty 2006.
Teckenberg, Wolfgang, Gegenwartsgesellschaften. UdSSR, Stuttgart 1983.
Tjan, Al'bert, Rokot priboja, in: Aktau.kz, http://aqtau.kz.blog/rokot_blog (03.05.2011).
Utebaeva, M. M./Garkuša, A. F./Daumšarova, N. B. (Hrsg.), Černobyl'. Mangistauscy prichodjat na pomošč, Almaty 2012.
White, Sarah, Siberian Water to Flow to the Caspian?, in: New Scientist and Science Journal, 1971, 472–473.
World Nuclear Association, Uranium and Nuclear Power in Kazakhstan, http://www.world-nuclear.org/info/Country-Profiles/Countries-G-N/Kazakhstan/#.UTr4Oqkd3nc (09.02.2013).
Zajac, Ol'ga/Pavlenko, Tamara, Gorod u morja. 40 let, o. O. 2003.
Zaslavsky, Victor, The Neo-Stalinist State, New York 1982.

Die Brežnev-Zeit verorten: Internationale Verflechtungen und Regionalisierung

„Er richtet sich besonders an die janz Scharfen“

Der sowjetische Schlager in den 1960er und frühen 1970er Jahren

Ingo Grabowsky

Gegenüber der Populärmusik pflegten die Politik und die von ihr abhängigen Medien und Wissenschaften in der Sowjetunion starke Vorbehalte. Die *Bol'šaja Sovetskaja Enciklopedija* etwa sah in der „Leichten Musik“ eine „Vielzahl von Erzeugnissen niedrigen Niveaus, vulgär im Inhalt, entsprechend den Geschmäckern eines bourgeois-kleinbürgerlichen Publikums“.[1] Zugleich postulierte sie allerdings die Existenz einer sozialistischen *Estrada*-Musik, die sich durch das Vorhandensein vieler „talentierter Unterhaltungskünstler“ vom kapitalistischen Schlager abhebe.[2] Die Übernahme dieser Zweiteilung in der Forschung führte zumeist dazu, zwischen einer offiziellen *Estrada* und der Gegenkultur der Jazz-Musiker, Barden oder Rocker zu unterscheiden.[3] Die *Estrada* besaß jedoch Qualitäten, die sich mittels dieses dichotomischen Modells nicht erklären lassen. Trotz aller Versuche der regierenden Partei und der Staatsmacht, das kulturelle Feld nicht allein zu kontrollieren, sondern überdies zu steuern, ist offenkundig, dass sich die Sowjetmenschen aus dem popmusikalischen Angebot diejenigen Lieder wählten, die ihnen als „Träger von Werten, Wünschen, Normen, Identität“ (Edward Lar-

[1] Legkaja muzyka, in: Bol'šaja sovetskaja enciklopedija, Tom 14, 3. izdanie, Moskau 1973, 250.

[2] *J[urij] Dmitriev*, Estrada, in: Bol'šaja sovetskaja enciklopedija, Tom 30, 3. izdanie, Moskau 1978, 285.

[3] Siehe z. B. zu den Barden: *Karl-Dieter van Ackern*, Okudžava und die kritische Literatur über den Krieg, München 1976; *Dagmar Boss*, Das sowjetrussische Autorenlied: Eine Untersuchung am Beispiel des Schaffens von Aleksandr Galič, Bulat Okudžava und Vladimir Vysockij, München 1985; *Katharina Berndt*, Das sowjetische Autorenlied der 60–80er Jahre als lyrisches Genre. Eine Untersuchung unter besonderer Berücksichtigung des Liedschaffens von Vladimir Vysockij, Greifswald 1990. Einen mittlerweile noch breiteren Raum nehmen Untersuchungen zur Rock-Musik und zur Kulturpolitik ein, in denen auf die offizielle Estrada mitunter am Rande eingegangen wird: *Dirk Kretzschmar*, Die sowjetische Kulturpolitik 1970–1985. Von der verwalteten zur selbstverwalteten Kultur. Analyse und Dokumentation. Bd. 4, Bochum 1993, 197–202; *Vladimir Maročkin*, Povsednevnaja žizn' rossijskogo rok-muzykanta, Moskau 2003; *Timothy W. Ryback*, Rock Around the Bloc. A History of Rock Music in Eastern Europe and the Soviet Union, New York/Oxford 1990; *Mark Yoffe/Dave Laig*, Russia, in: John Shepherd/David Horn/Dave Laing (Hrsg.), Continuum Encyclopedia of Popular Music of the World, Volume VII Europe, London u. a. 2005, 57–72; *Alexei Yurchak*, Everything Was Forever, Until It Was No More. The Last Soviet Generation, Princeton/Oxford 2006; *Sergei Zhuk*, Rock and Roll in the Rocket City. The West, Identity, and Ideology in Soviet Dniepropetrovsk, 1960–1985, Washington, DC/Baltimore 2010.

key) attraktiv erschienen.[4] Den Ausschlag gab hier nicht die ontologische Wirklichkeit des Schlagers als musikalisches Werk, sondern seine kognitive Realität: Schlager wurden ebenso zu Produkten des Publikums, wie sie Hervorbringungen ihrer Schöpfer waren. Für die sowjetische *Estrada* greift nicht zuletzt Peter Wickes Beobachtung, im 20. Jahrhundert habe sich „die Klangwelt der Musik und die Alltagswelt der Menschen zu einer nie gekannten Symbiose"[5] verbunden. Kaum zufällig appliziert Wicke den räumlichen Begriff „Welt" auf ein vordergründig klangliches Phänomen, den Schlager.[6] Denn als *Raum* des Anderen, als Heterotopie, lässt sich die *Estrada* im Sinne eines der Theoreme Michel Foucaults begreifen: Foucault definiert Heterotopien als potentiell in allen Kulturen oder Zivilisationen vorhandene wirkliche bzw. wirksame Räume, die als „Gegenplatzierungen" oder „tatsächlich realisierte Utopien" gleichsam in den Raum des Lebens hineingeschriebene Parallelwirklichkeiten schaffen, „gewissermaßen Orte außerhalb aller Orte, wiewohl sie tatsächlich geortet werden können. Weil diese Orte ganz *andere* sind als alle Plätze, die sie reflektieren oder von denen sie sprechen, nenne ich sie im Gegensatz zu den Utopien die *Heterotopien.*"[7]

Als Beispiele für solche anderen Räume nennt Foucault den Friedhof, die Hochzeitsreise, den Garten, das Museum, das Sanatorium und das Bordell. Ihre Funktion ist es, gegenüber der übrigen Welt einen Raum der Illusion oder Kompensation zu schaffen.[8] Das „größte Imaginationsarsenal" sieht Foucault im Schiff, das „ein schaukelndes Stück Raum ist, ein Ort ohne Ort, [...] der aus sich selber lebt, der in sich geschlossen ist und gleichzeitig dem Unendlichen des Meeres ausgeliefert ist".[9] Auch der Schlager, und nachgerade seine sowjetische Variante, das *Estrada*-Lied, verfügt über eine bedeutende heterotope Qualität, die nicht mit dem klassischen Sender-Empfänger-Modell zu beschreiben ist. Vielmehr äußerte sich in der Rezeption von Schlagern, um mit Ernst von Glasersfeldt zu sprechen, eine „Tätigkeit, die von einem aktiven Subjekt ausgeführt wird".[10]

---

[4] Zitiert nach: *Árpád von Klimó*, Ein seltsamer Fund. Fragen zur Popkultur im Staatssozialismus, in: Árpád von Klímo / Jürgen Danyel (Hrsg.), Zeitgeschichte-online. Thema: Pop in Ost und West. Populäre Kultur zwischen Ästhetik und Politik, April 2006, 12, http://www.zeitgeschichte-online.de/zol/portals/_rainbow/documents/pdf/pop_klimo.pdf. (14.10.2010).

[5] *Peter Wicke*, „Wenn der Zeitgeist singt". Warum Schlager klingen, wie sie klingen, in: Stiftung Haus der Geschichte der Bundesrepublik Deutschland (Hrsg.), Melodien für Millionen. Das Jahrhundert des Schlagers, Bonn 2008, 14–21, hier 15.

[6] Folgerichtig wird auch der deutsche Schlager zu den Erinnerungs*räumen* gezählt: *Rainer Moritz*, Der Schlager, in: Etienne François / Hagen Schulze (Hrsg.), Deutsche Erinnerungsorte III, München 2001, 201–218.

[7] *Michel Foucault*, Andere Räume, in: Karlheinz Barck u. a. (Hrsg.), Aisthesis. Wahrnehmung heute oder Perspektiven einer anderen Ästhetik. Essais, Leipzig 1990, 34–46, hier 39 (Hervorhebungen im Original).

[8] Ebd., passim.

[9] Ebd., 46.

[10] *Ernst von Glasersfeldt*, Abschied von der Objektivität, in: Paul Watzlawick / Peter Krieg (Hrsg.), Das Auge des Betrachters. Beiträge zum Konstruktivismus. Festschrift für Heinz von Foerster, München / Zürich 1991, 17–30, hier 18.

Die Musik an sich bildete dabei nur einen Bestandteil der Heterotopie *Estrada*: Ebenso bedeutsam waren Liedtexte, Erscheinung, Haltung und Gehaben der Künstler sowie die Verwendung von Genres wie Konzeptalbum oder Rock-Oper, die auf die Menschen neuartig wirkten. Vor allem Konzerte, aber auch Schallplatten, Tonbandaufnahmen und Fernsehsendungen schufen „‚hétérotopies chroniques' […], d. h. Orte einer geradezu festlich begangenen flüchtigen Zeit“, die es erlaubten, dem sowjetischen Alltag zu entfliehen, ohne ihn bekämpfen zu müssen.[11] Auf der anderen Seite versuchten die Machthaber mit der Förderung einer bestimmten Spezies von Baritonen und anderer Künstler, die ihrem Ideal entsprachen, auf der *Estrada* einen einheitlichen *Raum* zu schaffen, der von sowjetischen Werten geprägt war. Homotopie nennt Rainer Warning einen solchen Raum in Erweiterung von Foucaults Konzept.[12] In wichtigen Jubiläumsjahren herrschte, wie es der Komponist Egil Schwarz ironisch charakterisiert, eine „Diktatur der Baritone“ auf den sowjetischen Bühnen. Dies betraf etwa das Jahr 1967, in dem die fünfzigste Wiederkehr der Oktoberrevolution oder auch das Jahr 1970, in dem Lenins hundertster Geburtstag gefeiert wurde.[13] Nichtsdestominder ließ sich die heterotope Kraft der *Estrada* von diesem Streben nach einem Einheitsraum nicht nachhaltig schwächen.

1. Herkunft

Ein Grund für den indifferenten Charakter des sowjetischen *Estrada*-Liedes liegt in seiner Geschichte. Zwei Traditionslinien bestimmen im Wesentlichen die Entwicklung des sowjetischen Schlagers: Der eine Quell entspringt auf der *estrade*, der Bühne des vorrevolutionären, international orientierten Varietés mit seinen Operettenschlagern, Romanzen und frivolen Kabarettliedern, der andere im Massenlied proletarischer Prägung der 1920er und 1930er Jahre. Der Begriff „Schlager“ (*šljager*) wird in sowjetischen Veröffentlichungen zumeist abschätzig verwendet.[14] Er bezeichnet ein Lied, das zwar nicht verboten, aber auch nicht erwünscht ist. Als Herkunftsort des Schlagers erscheint in sowjetischen Publikationen der „Westen“, selbst wenn er ein Produkt russischer Künstler ist. Nahezu synonym, aber zumeist wertfrei, wird „*Estrada*-Lied“ (*estradnja pesnja*)

---

[11] *Rainer Warning*, Heterotopien als Räume ästhetischer Erfahrung, München/Paderborn. 2009, 13.

[12] Ebd., 14.

[13] *Ingo Grabowsky*, Zeitzeugeninterview mit Larisa Mondrus und Egil Schwarz zum Schlager der 1950er bis 1970er Jahre, Grünwald, 26. Oktober 2011.

[14] Zum Beispiel bei *Anatolij Novikov*, Naš festival'. Muzyka na VI Vsemirnom festivale molodeži i studentov, in: Sovetskaja muzyka 7, 1957, 3–7, hier 5–6; *Evgenij Epštejn*, Estradnoe obozrenie, in: Muzykal'naja žizn' 21, 1965, 22–23, hier 22; *E. Nadeinskij*, Estradnoe obozrenie, in: Muzykal'naja žizn' 16, 1966, 6–8, hier 6; Za idejnuju čistotu i podlinnuju chudožestvennost', in: Sovetskaja muzyka 7, 1966, 6–7, hier 7.

gebraucht. Als Lied, das nicht von einer Menge von Menschen, sondern für sie gesungen wird, steht es im Gegensatz zum Massenlied. Durchgängig wird zwischen „staatsbürgerlichen" und „lyrischen" Liedern unterschieden. Erstere können aufgrund der Aufführungspraxis – nicht eine Gruppe, sondern nur eine Person singt sie – nicht zum Genre des Massenliedes gezählt werden, letztere sind von politischen Anklängen frei. Als Zensur-, aber auch als Qualitätssicherungsinstanz gab es beim Kulturministerium, bei Konzertorganisationen, bei der Schallplattenfirma *Melodija* und anderen Institutionen einen so genannten „künstlerischen Rat" (*Chudsovet*), der mitunter zu erstaunlich freizügigen Urteilen geneigt war.

2. Präsentation

Das Äußere des *Estrada*-Sängers war besonders wichtig: Der ideale Sowjet-Sänger kleidete sich stets korrekt. Ein theatralischer Kontext mochte rechtfertigen, dass er sich auf der Bühne zwar bewegte, er tanzte aber zur Musik weder frei noch spontan. Die Notenwerte sang er eindeutig, ohne jazzhaft zu phrasieren, zu hauchen oder sich vom Mikrophon zu Sprechgesang oder *crooning* verleiten zu lassen. Der Sänger blieb bei seinem Fach und vermied darüber hinaus die Kommunikation mit dem Publikum. Die Haare waren kurz geschnitten. In den frühen 1970er Jahren gab es hier lediglich bei Folkloregruppen wie den weißrussischen *Pesnjary* Ausnahmen.[15] Frauen (und erst recht Männer) zeigten wenig Haut. Alles, was als dekadent, gar vulgär, hysterisch, übertrieben, maßlos oder rauschhaft gedeutet werden konnte, war tabu, auch wenn das Publikum zum Bedauern der Funktionäre gerade an diesen Dingen interessiert war.[16]

Auf den Konzertbühnen der Kulturhäuser oder Sportpaläste waren größere Freiheiten gegeben als im Fernsehen oder Radio, denn die Konzertorganisationen mussten im Gegensatz zu den Medien einen Wirtschaftsplan erfüllen.[17] Die Inhalte der „staatsbürgerlichen" Lieder waren im Idealfall eng an der Parteilinie und an durch Jahrestage oder politische Kampagnen vorgegebenen Themen orientiert. Musikalisch sollte das *Estrada*-Lied auf der Folklore der sowjetischen Völker basieren. Das leitende Kriterium in diesem Zusammenhang hieß „Volkstümlichkeit" (*narodnost'*).[18]

---

[15] *Ingo Grabowsky*, Zeitzeugeninterview mit Ol'ga Molčanova zum Schlager im Fernsehen der 1970er Jahre, Moskau, 13. September 2012.

[16] Die Zahl der Klagen darüber ist Legion: Sie finden sich zum Beispiel bei *D[mitrij] Kabalevskij*, „... Orientirujas' na vysokie idejnye nravstvennye idealy ...", in: Sovetskaja muzyka 7, 1966, 15–17, hier 15; oder bei *Nadeinskij*, Obozrenie, 6.

[17] *Ingo Grabowsky*, Zeitzeugeninterview mit Ljubov Granstrem zum Schlager der 1960er bis 1980er Jahre, Sankt Petersburg, 26. Juni 2011; *Ingo Grabowsky*, Zeitzeugeninterview mit Aleksandr Gradskij zum Schlager der 1970er Jahre, Moskau, 16. Februar 2011.

[18] z. B. bei: *G[eorgij] Sviridov*, Narodnost' – osnova osnov. S ob"edinennogo plenuma pravlenij

Dieses Schema des idealen Sowjetschlagers hatte zwar Gültigkeit bis zur *perestrojka*; allerdings setzte sich seit Stalins Tod eine zivilere und internationalere Schlagerkultur durch, die das offizielle Leitbild sukzessive zurückdrängte. Die Chruščev-Zeit brachte einerseits eine Befreiung für die im sogenannten „leichten Genre" tätigen Künstler mit sich.[19] Andererseits sahen sich Interpreten, Komponisten, Textdichter und Musiker, die sich in ihrem Schaffen an westlichen Mustern orientierten oder auch nur zu offen diesen gegenüber zeigten, harscher Kritik ausgesetzt. Selbst extrem populäre Interpreten wie Mark Bernes und Klavdija Šul'zenko waren davor nicht gefeit. Die Entwicklung seit Mitte der 1960er Jahre etablierte dann jedoch den Schlager als einen Ort „außerhalb aller Orte", an dem das sowjetische Publikum Erlebnisse hatte, die ihm in der homotopen Welt der dem sowjetischen Ideal folgenden *Estrada* verwehrt blieben. Dieser Ort lag jedenfalls westlich von der UdSSR.

3. Der sowjetische Twist

Im Februar 1962 berichtete das Komsomol-Organ *Smena* über einen neuen „Rekord des Idiotismus", der sich, von Paris ausgehend, nach New York verbreitet habe:

> Der Sinn des „Tanzes" ist es, den eigenen Körper in eine möglichst unnatürliche Haltung zu verdrehen und sich dabei unablässig zu schütteln. [...] „Der Twist" lässt sich auch als Rock'n'Roll charakterisieren, aus dem alle Reste von Musikalität entfernt wurden.[20]

Auch in anderen Publikationen wurde der Twist nach Kräften verunglimpft.[21] Ohne dass es zu verhindern gewesen wäre, verbreitete sich der neue Tanz allerdings geradezu epidemisch. Versuche des sowjetischen Rundfunks, neue sozialistische Tänze wie *Družba*, *Liričeskij*, *Progulka*, *Pertutti* und *Lipsi* durchzusetzen, mussten sämtlich als gescheitert angesehen werden.[22] In einem von nahezu 100 Schülern aus Saratov unterschriebenen Brief, den der Chefredakteur bei einer Sitzung von Musikfunktionären als Beleg für die kritische Lage anführt, wird

---

tvorčeskich sojuzov SSSR, in: Sovetskaja muzyka 2, 1970, 6–8; *Arnol'd Sochor*, Sovetskaja pesnja segodnja, in: Voprosy teorii i estetiki muzyki 2, 1963, 56–83, hier 69.

[19] Vom leichten Genre ist durchweg, mitunter auch kontradiktorisch, die Rede, siehe etwa *Eduard Kolmanovskij*, Trudnoe položenie v legkom žanre, in: Sovetskaja muzyka 1, 1953, 31–34; *S. Borisova*, I v legkom žanre nel'zja idti legkim putem. Ob estradnych koncertach v klubach, in: Muzykal'naja žizn' 9, 1959, 17–18, *Leonid Afanas'ev*, Penja – žanr trudnyj. Naši interv'ju, in: Sovetskaja estrada i cirk 6, 1973, 8–9; *L[ev] Marchasev*, V legkom žanre, Leningrad 1986.

[20] Ešče odin rekord idiotizma, in: Smena 2, 1962, o.S.

[21] *Ryback*, Rock, 52–53 nennt verschiedene Reaktionen.

[22] *Gosteleradio*, Stenogramma soveščanija rukovoditelej estradnych orkestrov, rukovodjaščich i tvorčeskich rabotnikov Goskomiteta, GARF, f. R.-6903, op. 1, d. 807, l. 32–34; auch die *Sovetskaja kul'tura* hatte durch Veröffentlichungen der Tanzschritte versucht, bei der Durchsetzung dieser Tänze mitzuwirken (*Ryback*, Rock, 53).

ЕЩЕ ОДИН РЕКОРД ИДИОТИЗМА

Новая «музыкальная» эпидемия, вспыхнув в Париже, перенеслась в Нью-Йорк. Главные очаги заразы — аристократические ночные клубы. По свидетельству журнала «Пари Матч», новый «танец» приобрел горячих сторонников в лице Рокфеллеров, Вандербильдов, Херстов и герцогини Беррийской. «Как мило забавляются эти миллиардеры!» — сюсюкает журнал, помещая снимки «твистеров». Название танца «твист» лучше всего перевести на русский язык глаголом «выкореживаться». Смысл «танца» — извернуть собственное тело в наиболее неестественное состояние и при этом непрерывно трястись. Главная цель — полное исступление — достигается «твистерами» без труда. «Твист» можно также охарактеризовать как рок-н-ролл, из которого удалены последние остатки музыкальности.

Abb. 1: „Noch ein Rekord des Idiotismus", aus: Smena 2, 1962, ohne Seitenangabe.

Широко распахнуты двери танцевального зала...

Abb. 2: „Die Türen des Tanzsaals sind weit geöffnet ...“, aus: Smena 8, 1963, 5

vom Rundfunk gefordert, „Boogie-Woogie, Twist und Rock'n'Roll“ („*bugi-vugi, tvist, roken-roll*“) zu spielen.[23]

Sowjetische Künstler, die diese Musik aufführen wollten, mussten zunächst zu unkonventionellen Mitteln greifen.[24] Ein solcher Auftritt ist von der Gruppe *Družba* („Freundschaft“) überliefert: Sie gastierte 1963 in der DDR und machte dabei auch Fernsehaufnahmen. Der Sprecher des DDR-Fernsehens kündigte den Tanz mit einem Augenzwinkern an:

> In der Tonkabine hat man inzwischen einen Twist aufgelegt. Nur damit Sie sich nicht wundern: Er richtet sich besonders an die janz [sic] Scharfen unter den Twist-Anhängern.

Der mit einem Fell und angeklebtem Bart als Steinzeitmensch verkleidete Sänger interpretiert die Chubby-Checker-Nummer *Let's Twist Again*. Unter anderem schießt er mit Platzpatronen um sich, nachdem sich ein weiterer Rabauke mit freiem Oberkörper, Elvis-Tolle und Sonnenbrille hinzugesellt hat. Deutlich ist den Musikern anzumerken, dass sie mit Enthusiasmus bei der Sache sind. Eine Stellungnahme im *Chudsovet* des Kulturministeriums belegt, dass den Funk-

---

[23] *Gosteleradio*, Stenogramma soveščanija, GARF f. R.-6903, op. 1, d. 807, l. 13.

[24] Ihre Kollegen in der DDR durften die „Nato-Musik“ zu diesem Zeitpunkt schon spielen (Erst kommst du. DDR. Unterhaltung, in: Der Spiegel 13, 1963, 92).

tionären durchaus klar war, wie es sich um die angebliche Parodie, die *Družba* auch bei Konzerten in der Sowjetunion darbot, verhielt:

Es ist darauf hinzuweisen, dass wir es statt mit echter Satire mit der Verbreitung uns fremder Ideen und Formen unter dem Deckmantel der Satire und Parodie zu tun haben. Da [...] werden [...] die Augen davor geschlossen, dass der Erfolg dieser Nummern bei einem Teil des Auditoriums, nicht der Parodie, der Satire, sondern dem Rock'n'Roll oder Twist selbst geschuldet ist.[25]

Rasch erlahmten die Versuche des Apparates, den Twist zu bekämpfen, so wie es auch bei Jazz, Boogie-Woogie oder Tango der Fall gewesen war. Zugleich gab es stets Bestrebungen, angebliche Übertreibungen zu verhindern. Schon bald schrieben auch sowjetische Komponisten in dem neuen Stil. Anatolij Agamirov nennt als ersten originär sowjetischen Twist den Titel *Černyj kot* („Schwarzer Kater"), eine Komposition von Jurij Saul'skij auf den Text von Michail Tanič, die Ende 1963 entstand.[26] Obgleich Saul'skij vor allem als Jazz-Musiker tätig war, wird sein Name bis heute vor allem mit *Černyj kot* verbunden.[27] Der Twist, gespielt von einem Orchester mit Schlagzeug, Kontrabass, elektrisch verstärkter Gitarre und Bläsergruppe, schlug in der Gesangsfassung von Tamara Miansarova „wie eine Bombe" ein.[28] Er erzählt die Geschichte eines schwarzen Katers, der von allen gemieden wird, da ihm der Ruf anhängt, Unglück zu bringen. Ohne Schwierigkeiten lässt sich der Text als Parabel auf die Folgen der Ausgrenzung des einzelnen Anderen durch eine Masse verstehen: Eine solche Interpretation impliziert freilich eine Kritik am sowjetischen System.

Um die Ecke lebte ein schwarzer Kater.
Und den Kater hasste das ganze Haus.
Doch das Lied handelt nicht davon,
Wie die Leute nicht mit dem Kater zurechtkamen.
Man sagt, es bringt Unglück,
Wenn ein schwarzer Kater die Straße überquert.
Doch noch ist es umgekehrt.
Nur dem schwarzen Kater bringt das Unglück.[29]

Ein Fernsehauftritt Miansarovas mit *Černyj kot* im sowjetischen Fernsehen ist nicht überliefert. Sehr wahrscheinlich war ein solcher aus politischen Gründen

[25] *Ministerstvo kul'tury SSSR*, Otdel muzykal'nych učreždenij, Stenogramm einer Sitzung des Chud. Sovet, RGALI, f. 2329, op. 23, d. 13, l. 22–23.

[26] Jurij Saul'skij. Zapiski A. S. A., Echo Moskvy, RF 2002. Konzeption und Moderation: *Anatolij Agamirov*; *Arkadij Petrov*, Kompozitor Jurij Saul'skij: Moj ‚Černyj kot' byl pervym sovetskim tvistom, 30. April 2001, http://www.jewish.ru/theme/media/2001/04/news226.php (11.12.2012).

[27] *Agamirov*, Saul'skij.

[28] So im O-Ton eines Dokumentarfilms über Saul'skij (Jurij Saul'skij. Černyj kot na sčast'e. Dokumental'nyj fil'm, 04. Januar 2010, http://www.1tv.ru/documentary/fi6377/fd201001041210 [11.12.2012]).

[29] Komposition: Jurij Saul'skij, Text: Michail Tanič, Černyj kot, 1964.

auch nicht möglich. Allerdings gibt es eine Aufnahme des polnischen Fernsehens. Miansarovas ansonsten temperamentvolle Interpretation ist hier auf fast vollständige Bewegungslosigkeit zurückgeführt. Aussagekräftiger für ihren Erfolg beim Publikum ist daher ein Auftritt in der Silvestersendung des *Goluboj ogonek* vom 31. Dezember 1964, in der sie – in einem sittsamen, auch die Arme bedeckenden Kleid – den Twist „Reizker" (*Ryžik*) singt. Sie wird von einem kleinen Ensemble aus Kontrabass, Halbresonanzgitarre, Flügel, Saxophon und Schlagzeug begleitet. Miansarova wagt hier Tanzbewegungen, die die Ausdrucksformen des Twist andeuten und von den entsprechenden Funktionären bei bösem Willen als leichtsinnig verstanden werden könnten.[30] Ende der 1960er Jahre fiel die Sängerin in Ungnade. Vernichtende Stellungnahmen in der sowjetischen Musikpresse, in denen Miansarova als „grob-schreihälsig" (*grubovat-kriklivo*) oder „aufdringlich-vulgär" (*navjazčivo-vul'garno*) beschrieben wurde, deuteten schon Mitte der 1960er Jahre die Kaltstellung der Sängerin an.[31] In den 1970er Jahren arbeitete Miansarova erfolgreich für die Philharmonie von Doneck – aus den Medien verschwand sie völlig.[32]

Einen weiteren frühen Twist schrieb der „König des Schlagers", Arno Babadžanjan, mit *Koroleva krasoty*.[33] Muslim Magomaev, der kurz zuvor landesweit bekannt geworden war, sang das Lied, dessen von Anatolij Gorochov verfasster Text konventionelle Liebeslyrik bot. Die Musik Babadžanjans aber ist schnell, temperamentvoll und tanzbar und machte das Lied rasch populär. Selbst die Zeitung *Sovetskaja kul'tura*, ein Organ des Zentralkomitees der KPdSU, kürte es neben dem ideologiesicheren sowjetischen Friedenslied *Golos zemli* („Die Stimme der Erde") zum besten Titel des Jahres 1965. Beim Generalsekretär des Komponistenverbandes, Tichon Chrennikov, stieß diese Wertung auf Widerspruch. Er sah durch solche Lieder nachgerade eine „kritische Lage" beschworen. Für Chrennikov bildete der Erfolg von Babadžanjans Schlager einen Beleg, dass sich das sowjetische Lied in einer Krise befand.[34]

Um Muslim Magomaev entstand eine Fanhysterie. Die sowjetische Presse, die Starrummel um populäre Sänger konsequent totschwieg, kam nicht umhin, seine Beliebtheit zu konzedieren. Die *Smena* brachte im Oktober 1964 eine Titelgeschichte über den Sänger, die ihn zwar nicht im Text, so doch aber auf den Fotos wie einen westlichen Pop-Star präsentierte. Das Titelbild zeigt ihn im

---

[30] Novogodnjaja jarmarka, Central'noe televidenie, UdSSR 1964, Regie: V. Ivanov. Für Auftritte mit kleinem Ensemble und in „entsprechend nackter Erscheinung" war die Sängerin im April 1963 noch kritisiert worden (Ministerstvo kul'tury, Stenogramm, RGALI f. 2329, op. 23, d. 13, l. 46–47).

[31] *S. Borisova/I[rma] Jaunzem*, Žanr objazyvaet, in: Sovetskaja muzyka 2, 1966, 90–98; *Epštejn*, Obozrenie, 22–23.

[32] *O. Kuznecova*, Miansarova, Tamara Grigor'evna, in: Elizaveta Uvarova (Hrsg.), Estrada Rossii. XX vek. Enciklopedija, Moskau 2004, 388–389, hier 389.

[33] Zit. nach: *Fedor Razzakov*, Skandaly sovetskoj epochi, Moskau 2008, 216.

[34] *Tichon Chrennikov*, ‚... Rabotat' soobšča ...' in: Sovetskaja muzyka 7, 1966, 8–10, hier 9–10.

Abb. 3: Muslim Magomaev, aus: Smena 20, 1964.

roten, oben lässig aufgeknöpften Hemd ohne Krawatte. Links ist der Kragen nach oben geschlagen. Ein anderes Foto präsentiert den Sänger in einem modischen schwarzen Lederjackett und schwarzer Hose. Darin erinnert er an die Idole der Halbstarken in den 1950er Jahren oder auch an die Fotos, die Astrid Kirchherr in Hamburg von den *Beatles* gemacht hatte.[35]

[35] *Viktor Snigirev*, Pesnja dlja nas. O pevce M. Magomaeve. Očerk, in: Smena 20, 1964, 30.

Magomaev entsprach dem Bild des sowjetischen Sängers nur noch bedingt. In seinem Verhalten erinnerte er vielmehr an die erfolgsverwöhnten Stars des Rock'n'Roll: Zeitzeuginnen beschreiben ihn als sexuell attraktiven und diese Eigenschaft weidlich nutzenden Mann. Als „vollkommen westlichen Typ" („*soveršenno zapadnyj tip*") charakterisiert ihn die Sängerin Larisa Mondrus. Ihm sei mehr erlaubt gewesen als anderen, da er auch viele Fans in der Nomenklatura hatte und ein „Liebling" („*ljubimčik*") von Brežnev selbst gewesen sei.[36] Wegen seines Talents sei ihm sogar verziehen worden, wenn er Regierungsmitgliedern seine Meinung offen sagte.[37] Der Komponist Eduard Chanok beschreibt Magomaev als „Superstar der 1960er und des Beginns der 1970er Jahre", der mit seinem Image als „Held und Liebhaber" („*geroj-ljubovnik*") Hysterien ausgelöst habe wie kein anderer sowjetischer Interpret, eingeschlossen Alla Pugačeva. Seine Konzerte seien sämtlich von berittener Miliz gesichert worden.[38] Magomaevs Pianist Čingiz Sadychov erinnert sich ebenfalls an die Hysteriewellen, die der Sänger auslöste:

> Die Aufregung [*Ažiotaž*] um die Konzerte Magomaevs war phantastisch. Stellen Sie sich ein Stadion mit 40.000 bis 60.000 Menschen vor. Das Konzert endet. Ein *Uazik* mit offenem Dach fährt auf die Aschenbahn. Musja [Muslim] und wir stehen darin und drehen unsere traditionelle Ehrenrunde. Das Volk stürmt von den Tribünen, keine Miliz kann das aufhalten. Den „Uazik" heben sie hoch. Ich schwöre es! Männer, Frauen, alle trugen ihn. In Odessa hoben sie einmal den *Volga* hoch, in dem ich, Džejran, Muslim, seine aktuelle Leidenschaft und der Fahrer saßen. Und nicht nur das, sie trugen ihn in Windeseile zum Hotel *Krasnaja* [...] Ich habe [...] nachgerechnet, das Auto befand sich nahezu drei Kilometer in der Luft.[39]

Magomaev sang hervorragend und beschränkte sich dabei nicht auf das erlernte Opernfach. Dabei sah er im Urteil der Zeitgenossen blendend aus und bot mit Babadžanjans Twist-Schlagern und seinen Interpretationen italienischer Twists dem Publikum zumindest einen heterotopen Ersatz für westliche Pop-Musik. Bald spielten weitere Gruppen und Interpreten die neue Tanzmusik. Die Sängerin Edita P'echa – sie war der Star der bereits erwähnten Gruppe *Družba* – sang fröhliche Titel wie „Gut" (*Chorošo*), „Das ist prima" (*Eto zdorovo*) oder *Manžerok*. Die meisten davon wurden, obgleich sie sehr beliebt waren, in späteren sowjetischen Werken über die *Estrada* totgeschwiegen.[40]

---

[36] *Grabowsky*, Interview mit Larisa Mondrus.

[37] *Larisa Mondrus*, Pust' govorjat, http://www.youtube.com/watch?v=ZhM3yP88FM8&feature=related (22.10.2012); *Grabowsky*, Interview mit Larisa Mondrus; ähnlich beschreibt den Sänger *L. Tichvinskaja*, Kuda isčezla ‚nastojaščaja estrada'!, in: Tamara Baženova (Hrsg.), Estrada bez parada. Moskau 1991, 383–404, hier 389.

[38] *Eduard Chanok*, Pu-ga-čev-šči-na ... desjat' let spustja (tri ‚ottepeli' v žizni primadonny), Moskau 2008, 21–22.

[39] *Razzakov*, Skandaly, 216.

[40] Vgl. *Elizaveta Uvarova* (Hrsg.), Russkaja sovetskaja estrada. Očerki istorii, Moskau 1981. Uvarova erwähnt nicht einmal, dass es in der Sowjetunion Twist gab. Zur Biographie von Edita

Abb. 4: Larisa Mondus und Jurij Gagarin im Kreis von Kosmonauten, aus dem Privatarchiv von L. Mondrus.

Die Euphorie um die Kosmonauten und der optimistische Twist bildeten Mitte der 1960er Jahre ein Gespann der Zukunftsfreude, das in der nach wie vor dominierenden „Tauwetter“-Atmosphäre von den Zukunftsversprechen des XXI. Parteitags zusätzlich genährt wurde.[41] In der Silvestershow des sowjetischen Fernsehens am 31. Dezember 1965 trat die populäre Sängerin Larisa Mondrus auf, sang den thematisch bereits auf das Thema Weltraum verweisenden Slow-Fox „Die Sterne erwarten uns“ (*Nas zvezdy ždut*) und tanzte mit einem Kosmonauten zur Musik ihres Twists „Mein lieber Phantast“ (*Milyj moj fantazer*), der den Wunsch nach einem Treffen von Verliebten auf dem Mond zum Thema hat. Mondrus und der Kosmonaut tanzten allerdings zusammen: Ein auseinander tanzender Kosmonaut war im sowjetischen Fernsehen sicher nicht denkbar.[42]

P'echa siehe auch: *David Ward MacFadyen*, Red Stars. Personality and the Soviet Popular Song, 1955–1991, Montreal 2001, 80–109.

[41] Siehe hierzu v. a. *Petr Vajl'/Aleksandr Genis*, 60-e. Mir sovetskogo čelovekam, Moskau 1998.

[42] Novogodnij kalendar', Central'noe televidenie, UdSSR 1965, Regie: *Ju. Saakov*.

Neben Babadžanjan schrieben auch andere sowjetische Komponisten Twists, zum Beispiel Oskar Fel'cman.[43] Andrej Petrov, Sekretär der Leningrader Sektion des Komponistenverbandes, forderte im Juli 1966 in der *Sovetskaja estrada i cirk* ein Abrücken von der kompromisslosen Haltung gegenüber den westlichen Einflüssen in der *Estrada*. Werfe man nämlich Liedern, die ein massenhaftes Publikum fänden, Eigenschaften wie „Abgeschmacktheit" oder „Vulgarität" vor, fördere man damit letztlich ihre Popularität – eine bemerkenswerte Einsicht im Text eines sowjetischen Autors.[44] Selbst die *Smena*, die wenige Jahre zuvor noch dagegen gehetzt hatte, fand im April 1967 nichts mehr dabei, Noten eines *Tvist* abzudrucken.[45] Jahrelang begeisterte der Tanz die jungen Sowjetmenschen. Die *New York Times* berichtete sogar von einem halben Dutzend Twist-Anhängern, die am 1. Mai 1967 auf dem Roten Platz zur musikalischen Begleitung von zwei Gitarristen tanzten:

> As other twisters joined in, police arrived and scattered the crowd. The police were kept busy late into the night dispersing other spontaneous groups of twisters in Red Square and in the surrounding streets.[46]

4. Russlands erste Beat-Band

Im Februar 1964 berichtete die *Smena* unter dem Titel „Die Irrwische" (*Poprygunčiki*) über eine „Epidemie", die sich bald auch nachhaltig auf der sowjetischen *Estrada*-Bühne bemerkbar machte:

> Vor einigen Monaten fiel auf einem „Amateur"-Konzert eines erfolgreichen Quartetts in Liverpool eine der Hörerinnen in Ohnmacht. Diese psychische Erkrankung erwies sich unerwartet als sehr modern. Über die „Beatles" begann die Presse zu sprechen, ihnen wurden die besten Konzertsäle überlassen, Radio und Fernsehen stritten sich um sie.[47]

Neben den „Käferchen-Stümpern", den *Beatles* also[48], die die unangefochtene Hauptrolle spielten, bildeten auch die *Shadows* oder *Tremeloes* wesentliche Inspirationsquellen der ersten Sowjet-Beat-Bands, die bereits im Herbst 1963 im

---

[43] *Ingo Grabowsky*, Zeitzeugeninterview mit Oskar Fel'cman zum Schlager der 1950er Jahre, Moskau, 11. Februar 2011.

[44] *Andrej Petrov*, Pesne – okrylennost'. K voprosu o razvitii sovremennogo sovetskogo pesennogo žanra, in: Sovetskaja estrada i cirk 7, 1966, 6–9.

[45] *Aleksandr Zacepin*, Pesenka o medvedjach, in: Smena 7, 1967, o.S.

[46] *Ryback*, Rock, 55. In der Interpretation von Ryback wird dem Twist ein nahezu ausschließlich konterkulturelles Potential zugeschrieben. Dass er seinen Weg auf die offizielle Estrada fand, bleibt ausgespart.

[47] Poprygunčiki, in: Smena 2, 1964, 17.

[48] So Arkadij Ostrovskij 1966 in der *Sovetskaja estrada i cirk*, die wörtliche Übersetzung von „beetle" verwendend (*Arkadij Ostrovskij*, Pesnja vsegda s čelovekom. O tvorčeskom sodružestve kompozitora, poeta i ispolnitel'ja, in: Sovetskaja estrada i cirk 8, 1966, 12–13, hier 12).

Baltikum und in Moskau aufgetreten sein sollen.[49] Hierbei handelte es sich um lokale Phänomene, die aber Ausdruck eines entsprechenden Bedürfnisses nach der neuartigen Musik waren und insofern auch auf die offizielle *Estrada* wirkten. Diese erreichte die Musik der *Beatles* bzw. ein daran angelehntes sowjetisches Phänomen erst im Jahr 1966 in Gestalt der „Vokal-Instrumental-Ensembles" (*Vokal'no-instrumental'nye ansambli*, kurz *VIA*). Als erste Gruppe westlicher Prägung hatte *Družba* zu diesem Zeitpunkt bereits mit dem Einsatz einer E-Gitarre experimentiert. Allerdings hatte Aleksandr Bronevickij, ihr künstlerischer Leiter, nur einen Gitarristen eingesetzt, während die westlichen Rock-Bands – so auch die *Beatles* – zumeist dem Vorbild Buddy Hollys folgten, der die Kombination von Schlagzeug, E-Bass, Rhythmus- und Lead-Gitarre geprägt hatte. Als erster Musiker in Diensten einer sowjetischen Konzertorganisation übertrug Anatolij Vasil'ev, bis dahin Gitarrist bei Bronevickij, dieses Konzept, freilich noch um eine Gitarre erweitert, auf die *Estrada*. Vasil'ev verließ *Družba* Ende 1965/Anfang 1966, um eine eigene Band aufzubauen.[50] Mit den von ihm versammelten Musikern spielte er in einem Kurheim am Schwarzen Meer für Kost, Logis und die Gelegenheit, ein Programm einzustudieren, das er im September 1966 dem Künstlerischen Rat von *Lenkoncert* vorstellte. Georgij Korkin, ein – wie Vasil'ev sagt – „Mann mit modernen Ansichten" sorgte als Vorsitzender des Rates für die Annahme des Programms der Band, das neben *Beatles*-Songs auch Bearbeitungen sowjetischer *Estrada*-Lieder enthielt.[51] Da bei den *Pojuščie gitary* alle spielten und sangen – eine Neuheit auf der *Estrada*, auf der bis dahin strikt zwischen Instrumentalisten und Sängern unterschieden worden war –, führte *Lenkoncert* die neue Kategorie *VIA* ein, um damit für eine angemessenere Entlohnung sorgen zu können.[52] Der Erfolg beim Publikum und in der Presse war von Beginn an überwältigend.[53] Die *Pojuščie gitary* wurden zur „angesagtesten Gruppe der 60er Jahre" („*samyj stil'nyj ansambl' 60-ch*").[54] Mit Interpretationen von *Beatles*-Liedern wie „*Girl*" und „*Can't Buy Me Love*", die die Gruppe mit einer aus der Sicht eines sowjetischen Journalisten übertriebenen Bühnenshow darbot,

[49] *Andrej Ignat'ev/Vladimir Maročkin*, Chronoskop russkogo roka, Moskau 2005, 53, 57 und 66; *Valerij Ščelkin/Sergej Frolov*, Legendy VIA, Moskau 2007, 13.

[50] Das Datum konnte nicht genau rekonstruiert werden. *Jurij Ryndin*, VIA Pojuščie gitary, 08. Juni 2005, http://donbass56mp3.narod.ru/poucie_gitari.html (17.12.2012) nennt das Frühjahr 1966; die Enzyklopädie der Estrada ordnet Vasil'ev dem Ensemble „Družba" bis 1966 zu (*L. Bubennikova*, Pojuščie gitary, in: Uvarova, Estrada 2004, 529–530, hier 529).

[51] *Kira Malevskaja*, Deduška russkogo roka, http://donbass56mp3.narod.ru/historyofvia2.html (17.12.2012); *Ščelkin* Legendy, 19.

[52] Pojuščie gitary. Mesto v istorii, Pervyj kanal, RF 2004, Regie: *O. Andreeva/Ljubov' Granstrem*.

[53] Eine Beschreibung der ersten Auftritte findet sich etwa bei *L. Stepovaja*, Pojuščie gitary, in: Dneprovskaja Pravda, 25. Dezember 1966, o.S.

[54] So Oleg Nesterov in: Po volne moej pamjati. Pojuščie gitary, Pervyj kanal, RF 2012; Moderation: Oleg Nesterov.

Abb. 5: Pojuščie gitary, aus dem Privatarchiv von A. Vasil'ev.

schufen die Musiker eine neuartige Heterotopie.[55] Die *Pojuščie gitary* befanden sich nahezu ununterbrochen auf Tournee. Sie füllten nicht nur Sportpaläste. Fotos zeigen das Leningrader Kirov-Stadion um 1970: Dort besetzten, so Vasil'ev, 100.000 Besucher die Ränge.[56] Da die Musik, wie Vasil'ev berichtet, kaum zu hören war, liegt nahe, dass es den Menschen um etwas anderes ging, nämlich um das gemeinsame Erleben eines anderen *Raumes*, als ihn der Alltag bot.

Die Bühnen- bzw. sehr seltenen Fernsehauftritte der *Pojuščie gitary* orientierten sich an westlichen Vorbildern, auch wenn die Gruppe Kompromisse einzugehen hatte: Die Musiker traten in Kostümen auf, die an die frühen *Beatles* gemahnten. Sie trugen ihre Haare zwar so lang wie möglich, im Vergleich zu westlichen Gruppen der Zeit jedoch extrem kurz. Eine interessante Methode, trotz der Beschränkungen möglichst viel an westlichen Signalen in einem Lied zu vermitteln, bietet der Titel „Es gab einen jungen Mann" (*Byl odin paren'*).[57]

[55] *Lev Gavrilov*, Estrada, in: Večernij Leningrad, 01. März 1967, o.S.

[56] *Ingo Grabowsky*, Zeitzeugeninterview mit Anatolij Vasil'ev zum Schlager der 1950er bis 1970er Jahre, Sankt Petersburg, 29. Februar 2012.

[57] Im inhaltlich identischen Original singt Gianni Morandi dieses Anti-Vietnamlied, das allerdings im sowjetischen Kontext eine andere Bedeutung gewinnt. Den Hinweis auf die textliche Identität verdanke ich Riccardo Nicolosi.

Es gab einen jungen Mann, der wie ich
Die Beatles und Rolling Stones liebte.
Er zog, ihre Lieder singend, mit der Gitarre umher
Und kam aus Amerika zu uns.
[…]
Er sang „Help" und „Ticket to Ride"
und „Lady Jane" und „Yesterday".
[…]
Plötzlich erhielt er einen Brief:
„Komm sofort nach Amerika zurück!"
STOP für die Rolling Stones,
STOP für die Beatles, STOP.
„Du musst nach Vietnam fahren,
Dort schießen und kämpfen."[58]

Vordergründig handelt es sich um ein Antikriegslied. Wie etliche Titel jener Jahre richtet er sich gegen den Krieg in Vietnam. Redundanz erhält diese Botschaft im sowjetischen Kontext jedoch, da sie zum staatlich vorgeprägten Diskurs zählt. Die textliche Lösung ist ungewöhnlich: Zunächst werden die populären Symbole des Westens beschworen, nämlich die *Beatles* und *Rolling Stones* mit ihren Liedern. In einem sowjetischen Lied, das sich ansonsten nicht ausgesprochen gegen die Politik des Westens richtete, wäre dies, ebenso wie sich selbst als Anhänger dieser Gruppen zu bekennen, nicht möglich gewesen. Die Nennung der Namen der beiden Bands und ihrer Lieder lässt sich mit der Präsentation anderer Statussymbole des Westens wie leerer Marlboro-Schachteln oder Coca-Cola-Flaschen vergleichen, die in sowjetischen Wohnungen und Büros üblich war.[59] Auf die Lieder der *Pojuščie gitary* lässt sich eine Feststellung beziehen, die Alexei Yurchak im Hinblick auf den Protestsong *Sixteen Tons* trifft: Sie dienten den Fans dazu, eine heterotope Welt zu entwerfen, die jedenfalls mehr mit dem Westen als mit der sowjetischen Wirklichkeit zu tun hatte.[60] „Eskapismus und Kompensation", Funktionen, die dem deutschen Schlager häufig zugeschrieben sind, wurden in der Sowjetunion besonders wirkungsmächtig.[61]

Ihre erste Schallplatte für die *Melodija* nahmen die *Pojuščie gitary* bereits 1968 auf. Wenn es sich bei den Titeln um ausländische Kompositionen handelte, wurde dies weitgehend verschwiegen, um ihr Erscheinen in der Sowjetunion über-

---

[58] Komposition: Mauro Lusini, Text: Franco Migliacci, Byl odin paren' (C'era un ragazzo che come me amava i Beatles e i Rolling Stones), 1966.

[59] *Yurchak*, Everything, 192–193.

[60] Ebd., 191. Eine ähnliche Beobachtung stellten die Macher des Spielfilms *Stiljagi* an. Einer der amerikanischen Vorbildern nacheifernden Protagonisten, ein „*stiljag*", der an der Moskauer Diplomatenakademie (MGIMO) studiert und im Rahmen seiner Ausbildung die USA besucht, kehrt desillusioniert mit der Nachricht zurück, es gebe in den USA keine *Stiljagi* (Stiljagi, RF 2008, Regie: *Valerij Todorovskij*).

[61] *Rudolf Großkopff*, Unsere 50er Jahre. Wie wir wurden, was wir sind, Frankfurt am Main 2005, 197.

haupt zu ermöglichen. Ein Verbot, das ausgesprochen wurde, weil die Gruppe englischsprachige Lieder gesungen hatte, blieb nur kurzzeitig in Kraft, bewog aber den Pianisten dazu, die Band zu verlassen.[62] Die *Pojuščie gitary* spielten weitere russische Fassungen internationaler Schlager ein und brachten Mitte der 1970er Jahre unter dem Titel *Orfej i Evridika* („Orpheus und Eurydike") die erste sowjetische Rock-Oper auf die Bühne.[63] Den *Pojuščie gitary* folgten etliche *VIA*: Zu den wichtigsten zählen *Veselye rebjata* („Lustige Burschen"), *Pesnjary* (abgeleitet vom Wort „pesnja" = „Lied"), *Samocvety* („Edelsteine") und *Lejsja, pesnja* („Ergieß dich, Lied"). Michail Šufutinskij, der künstlerische Leiter von *Lejsja, pesnja* berichtet von der Beliebtheit der Band, die Stadien füllte, jedoch aufgrund der restriktiven Politik der Rundfunkanstalt nur einmal im Fernsehen auftrat.[64] Die Gitarrenbands hatten sich zu diesem Zeitpunkt rasant entwickelt. Allein in Moskau wurden 1975 5.000 Gruppen in Universitäten, Schulen und Fabriken gezählt. Für die offizielle Kritik bildeten sie nach wie vor ein skeptisch beobachtetes Randphänomen: Skorochodov etwa betont in seiner Darstellung der sowjetischen *Estrada* von 1982 die niedrigen musikalischen Hürden, die für die Gründung einer Amateur-*VIA* zu nehmen waren. Einen weiteren Grund ihrer Popularität sah er im „neuartigen Charakter" der Musik, die sich überkommenen Vorstellungen mit „scharfen Rhythmen" und „unnatürlich hohen Stimmen" entgegenstelle.[65] Die *VIA* nutzten den Raum, der im sowjetischen Kontext professionellen, also ausschließlich von der Musik lebenden Gruppen für Rock-Musik gegeben war. Dabei hatten die Musiker stets mit größeren Schwierigkeiten zu kämpfen, als das im Westen der Fall war, wo der Markt über die Existenz eines Pop-Musikerlebens entschied.

5. Sowjetische Konzeptalben

Auf der sowjetischen *Estrada* waren qualitativ hochwertige Produktionen möglich. Dies belegen – neben der oben erwähnten Rock-Oper *Orfej i Evridika* – zum Beispiel die Konzeptalben David Tuchmanovs *Kak prekrasen etot mir* („Wie wundervoll ist diese Welt", 1972/73) und *Po volne moej pamjati* („Auf der Welle meiner Erinnerung", 1975/76), die der Komponist nach dem Vorbild der späten *Beatles*-Alben schuf.[66] Tuchmanov erarbeitete sich durch geschicktes Lavieren

---

62 *Ščelkin*, Legendy, 21.

63 Siehe dazu v. a. *Peter J. Schmelz*, ‚Crucified on the Cross of Mass Culture'. Late Soviet Genre Politics in Alexander *Zhurbin*'s Rock Opera ‚Orpheus and Eurydice', in: Journal of Musicological Research, 28:1, 2009, 61–88.

64 *Ingo Grabowsky*, Zeitzeugeninterview mit Michail Šufutinskij zum Schlager der 1970er Jahre, Moskau, 20. November 2011.

65 *Gleb Skorochodov*, Zvezdy sovetskoj estrady, Moskau 1982, 95.

66 *Dmitrij Gordon*, David Tuchmanov, „Konečno, ja sčastliv, čto napisal ‚Den' Pobedy'. Dal Bog!", 18. August 2009, http://www.bulvar.com.ua/arch/2009/33/4a8ab5c6b0fd9/(30.12.2012).

künstlerische Freiräume, indem er einerseits ideologisch korrekte Titel wie *Moj adres - Sovetskij sojuz* („Meine Adresse ist die Sowjetunion") schrieb, die häufig über die Bildschirme flimmerten, andererseits aber westliche Muster vor allem nach dem Vorbild der *Beatles*, wie er betont, in seine Musik integrierte und ausbaute.[67] Bei seinen Alben arbeitete er nicht mit einem festen Ensemble, sondern verpflichtete unterschiedliche *VIA*, Interpreten und Textdichter, die er für talentiert hielt. Dazu zählten zum Beispiel Aleksandr Gradskij, Nina Brodskaja, Evgenij Evtušenko, Jurij Antonov, *Veselye rebjata* oder *Lejsja, pesnja*.[68] Mehr als ein Jahr lang konnte das später sehr populäre Album *Kak prekrasen etot mir* aufgrund der Bedenken eines *Chudsovet* nicht erscheinen.[69] Ein von Nina Brodskaja gesungenes Lied mit dem Titel *San-Sanyč* (Kurzform von „Aleksandr Aleksandrovič") hatte die Liebe einer Schülerin zum Inhalt, die ihren Lehrer davon überzeugen möchte, nicht zu heiraten. Der *Chudsovet* der Firma *Melodija* lehnte den Text aus moralischen Gründen ab. Die Lösung bestand darin, das Lied nicht aus der Perspektive einer einzelnen Schülerin, sondern der ganzen Klasse singen zu lassen: „[U]nter großen Schwierigkeiten wurde das Lied angenommen, obgleich es natürlich den anfänglichen Reiz verloren hatte."[70] An diesem Fall springt eine weitere Funktion der *Melodija* ins Auge: Für manche Künstler, die im Fernsehen nicht auftreten durften, bot sie eine Zeitlang eine der wenigen Veröffentlichungsmöglichkeiten.[71]

6. Schluss

Den auch wirtschaftlich erfolgreicheren Teil der *Estrada* bildete in den 1960er und 70er Jahren der weder dem völlig ideologisierten Bereich, noch der Konterkultur eindeutig zuzuordnende Schlager. Die schematische Unterscheidung von alternativer und offizieller *Estrada*-Kultur greift, wie zu sehen war, zu kurz. Zwar gab es bis zur *perestrojka* den Versuch, eine sozialistische *Estrada* zu etablieren, die auf der Bühne „propagandistischen Lärm" („*propagandistsk*[*ij*] *krik*") präsentieren sollte.[72] Die Aufführungspraxis zahlreicher Produkte der *Estrada* war jedoch Heterotopie, Ort, an dem anderes möglich, denkbar und fühlbar

[67] *Arkadij Petrov*, David Tuchmanov, http://popsa.info/bio/006/006b.html (05.04.2012).

[68] Komposition: David Tuchmanov, Kak prekrasen etot mir. Pesni Davida Tuchmanova, 1973; ders., Po volne moej pamjati, 1976.

[69] *Nina Brodskaja*, Golaja pravda o zvezdach estrady, Moskau 2007, 139. Die Idee des ersten sowjetischen Konzeptalbums reklamiert Aleksandr Gradskij für sich. Sein 1971 aufgenommenes Werk *Razmyšlenija šuta* konnte jedoch erst 1987 erscheinen; *Ingo Grabowsky*, Zeitzeugeninterview mit Aleksandr Gradskij zum Schlager der 1970er Jahre, Moskau, 16. Februar 2011.

[70] Ebd., 138.

[71] Ebd., 118.

[72] *Mark Bernes*, Zapiski A. S. A., Echo Moskvy, RF 2003. Konzeption und Moderation: *Anatolij Agamirov*.

war, als es die staatlicherseits protegierte „Diktatur der Baritone" eine Phalanx von Sängern, die vor allem im Fernsehen, aber selbstverständlich auch auf den Bühnen im Land, lauthals ideologische Botschaften heraussang, ahnen ließ.[73] Auf der *Estrada* etablierten sich während der Regierungszeit Brežnevs Aufführungsformen und Musiken, die nicht von der „Macht" geplant waren, denen aber andererseits keineswegs oppositionelle Motive zugrunde lagen. Damit stillten Magomaev, P'echa, Mondrus oder die *Pojuščie gitary* zweifellos ein virulentes Bedürfnis vieler Zuhörer und Zuschauer, die des homotopen Charakters der *Estrada*, wie er in der späten Stalin-Zeit und teilweise noch unter Chruščev dominiert hatte, müde waren. Mittelfristig trug die *Estrada* dazu bei, ohne selbst eine eindeutige politische Relevanz zu entwickeln oder gar eine entsprechende Botschaft zu formulieren, die Glaubwürdigkeit des Systems zu beschädigen.

Literatur

Ackern, Karl-Dieter von, Okudžava und die kritische Literatur über den Krieg, München 1976.

Afanas'ev, Leonid, Penja – žanr trudnyj. Naši interv'ju, in: Sovetskaja ėstrada i cirk 6, 1973, 8–9.

Berndt, Katharina, Das sowjetische Autorenlied der 60–80er Jahre als lyrisches Genre. Eine Untersuchung unter besonderer Berücksichtigung des Liedschaffens von Vladimir Vysockij, Greifswald 1990.

Borisova, S., I v legkom žanre nel'zja idti legkim putem. Ob ėstradnych koncertach v klubach, in: Muzykal'naja žizn' 9, 1959, 17–18.

– / Jaunzem, I., Žanr objazyvaet, in: Sovetskaja muzyka 2, 1966, 90–98.

Boss, Dagmar, Das sowjetrussische Autorenlied. Eine Untersuchung am Beispiel des Schaffens von Aleksandr Galič, Bulat Okudžava und Vladimir Vysockij, München 1985.

Brodskaja, Nina, Golaja pravda o zvezdach ėstrady, Moskau 2007.

Bubennikova, L., Pojuščie gitary, in: Uvarova, Estrada 2004, 529–530.

Chanok, Eduard, Pu-ga-čëv-šči-na … desjat' let spustja (tri ‚ottepeli' v žizni primadonny), Moskau 2008.

Chrennikov, Tichon, „… Rabotat' soobšča …", in: Sovetskaja muzyka 7, 1966, 8–10.

Dmitriev, Jurij, Estrada, in: Bol'šaja sovetskaja ėnciklopedija, Tom 30, 3. izdanie, Moskau 1978.

Epštejn, Evgenij, Estradnoe obozrenie, in: Muzykal'naja žizn' 21, 1965, 22–23.

Erst kommst du. DDR. Unterhaltung, in: Der Spiegel 13, 1963, 92.

Ešče odin rekord idiotizma, in: Smena 2, 1962, o.S.

Foucault, Michel, Andere Räume, in: Karlheinz Barck u.a. (Hrsg.), Aisthesis. Wahrnehmung heute oder Perspektiven einer anderen Ästhetik. Essais, Leipzig 1990, 34–46.

Gavrilov, Lev, Estrada, in: Večernij Leningrad, 01. März 1967.

[73] „Diktatur der Baritone" nennt der Komponist Egil Schwarz mit ironischem Unterton die Jahre etwa seit 1967 (*Grabowsky*, Interview mit Larisa Mondrus; zu den wichtigsten Vertretern dieses Fachs zählen Iosif Kobzon, Eduard Chil' und Viktor Vujačič.)

Glasersfeldt, Ernst von, Abschied von der Objektivität, in: Paul Watzlawick/Peter Krieg (Hrsg.), Das Auge des Betrachters. Beiträge zum Konstruktivismus. Festschrift für Heinz von Foerster, München/Zürich 1991, 17–30.

Gordon, Dmitrij/Tuchmanov, David, „Konečno, ja sčastliv, čto napisal ‚Den Pobedy'. Dal Bog!", 18. August 2009, http://www.bulvar.com.ua/arch/2009/33/4a8ab5c6b0fd9/ (30.12.2012).

Großkopff, Rudolf, Unsere 50er Jahre. Wie wir wurden, was wir sind, Frankfurt am Main 2005.

Ignat'ev, Andrej/Maročkin, Vladimir, Chronoskop russkogo roka, Moskau 2005.

Kabalevskij, Dmitrij, ‚... Orientirujas' na vysokie idejnye nravstvennye idealy ...', in: Sovetskaja muzyka 7, 1966, 15–17.

Klimó, Árpád von, Ein seltsamer Fund. Fragen zur Popkultur im Staatssozialismus, in: ders./Jürgen Danyel (Hrsg.), Zeitgeschichte-online. Thema: Pop in Ost und West. Populäre Kultur zwischen Ästhetik und Politik, April 2006, 12, http://www.zeitgeschichte-online.de/zol/portals/_rainbow/documents/pdf/pop_klimo.pdf (30.05.2014).

Kolmanovskij, Eduard, Trudnoe položenie v legkom žanre, in: Sovetskaja muzyka 1, 1953, 31–34.

Kretzschmar, Dirk, Die sowjetische Kulturpolitik 1970–1985. Von der verwalteten zur selbstverwalteten Kultur. Analyse und Dokumentation, Bd. 4, Bochum 1993.

Kuznecova, O., Miansarova, Tamara Grigor'evna, in: Elizaveta Uvarova (Hrsg.), Estrada Rossii. XX vek. Enciklopedija, Moskau 2004, 388–389.

Lëgkaja muzyka, in: Bol'šaja sovetskaja ėnciklopedija. Tom 14, 3. izdanie, Moskau 1973.

MacFadyen, David Ward, Red Stars. Personality and the Soviet Popular Song, 1955–1991, Montreal 2001.

Marchasev, Lev, V legkom žanre, Leningrad 1986.

Maročkin, Vladimir, Povsednevnaja žizn' rossijskogo rok-muzykanta, Moskau 2003.

Moritz, Rainer, Der Schlager, in: Etienne François/Hagen Schulze (Hrsg.), Deutsche Erinnerungsorte III, München 2001, 201–218.

Nadeinskij, E., Estradnoe obozrenie, in: Muzykal'naja žizn' 16, 1966, 6–8.

Novikov, Anatolij, Naš festival'. Muzyka na VI Vsemirnom festivale molodeži i studentov, in: Sovetskaja muzyka 7, 1957, 3–7.

Ostrovskij, Arkadij, Pesnja vsegda s čelovekom. O tvorčeskom sodružestve kompozitora, poeta i ispolnitel'ja, in: Sovetskaja estrada i cirk 8, 1966, 12–13.

Petrov, Andrej, Pesne – okrylennost'. K voprosu o razvitii sovremennogo sovetskogo pesennogo žanra, in: Sovetskaja estrada i cirk 7, 1966, 6–9.

Petrov, Arkadij, David Tuchmanov, http://popsa.info/bio/006/006b.html (05.04.2012).

–, Kompozitor Jurij Saul'skij: Moj ‚Čërnyj kot' byl pervym sovetskim tvistom, 30. April 2001, http://www.jewish.ru/theme/media/2001/04/news226.php (11.12.2012).

Poprygunčiki, in: Smena 2, 1964, 17.

Razzakov, Fedor, Skandaly sovetskoj epochi, Moskau 2008.

Ryback, Timothy W., Rock Around the Bloc. A History of Rock Music in Eastern Europe and the Soviet Union, New York/Oxford 1990.

Ščelkin, Valerij/Frolov, Sergej, Legendy VIA, Moskau 2007.

Schmelz, Peter J., ‚Crucified on the Cross of Mass Culture'. Late Soviet Genre Politics in Alexander Zhurbin's Rock Opera ‚Orpheus and Eurydice', in: Journal of Musicological Research, 28:1, 2009, 61–88.

Skorochodov, Gleb, Zvezdy sovetskoj estrady, Moskau 1982.

Snigirev, Viktor, Pesnja dlja nas. O pevce M. Magomaeve. Očerk, in: Smena 20, 1964, 30, 4ob.
Sochor, Arnol'd, Sovetskaja pesnja segodnja, in: Voprosy teorii i estetiki muzyki 2, 1963, 56–83.
Stepovaja, L., Pojuščie gitary, in: Dneprovskaja Pravda, 25. Dezember 1966, o.S.
Sviridov, Georgij, Narodnost' – osnova osnov. S ob"edinennogo plenuma pravlenij tvorčeskich sojuzov SSSR, in: Sovetskaja muzyka 2, 1970, 6–8.
Tichvinskaja, L., Kuda isčezla ‚nastojaščaja estrada'!, in: Tamara Baženova (Hrsg.), Estrada bez parada, Moskau 1991, 383–404.
Uvarova, Elizaveta (Hrsg.), Russkaja sovetskaja estrada. Očerki istorii, Moskau 1981.
Vajl, Petr / Genis, Aleksandr, 60-e. Mir sovetskogo čeloveka, Moskau 1998.
Warning, Rainer, Heterotopien als Räume ästhetischer Erfahrung, München / Paderborn 2009.
Wicke, Peter, „Wenn der Zeitgeist singt". Warum Schlager klingen, wie sie klingen, in: Stiftung Haus der Geschichte der Bundesrepublik Deutschland (Hrsg.), Melodien für Millionen. Das Jahrhundert des Schlagers, Bonn 2008, 14–21.
Yoffe, Mark / Laig, Dave, Russia, in: John Shepherd / David Horn / Dave Laing (Hrsg.), Continuum Encyclopedia of Popular Music of the World, Volume VII: Europe, London 2005, 57–72.
Yurchak, Alexei, Everything Was Forever, Until It Was No More. The Last Soviet Generation, Princeton / Oxford 2006.
Zacepin, Aleksandr, Pesenka o medvedjach, in: Smena 7, 1967, o.S.
Za idejnuju čistotu i podlinnuju chudožestvennost', in: Sovetskaja muzyka 7, 1966, 6–7.
Zhuk, Sergei, Rock and Roll in the Rocket City. The West, identity, and ideology in Soviet Dniepropetrovsk, 1960–1985, Washington, DC / Baltimore 2010.

Filme und Videos

Novogodnjaja jarmarka, Central'noe televidenie, UdSSR 1964, Regie: *V. Ivanov*.
Novogodnij kalendar', Central'noe televidenie, UdSSR 1965, Regie: *Ju. Saakov*.
Mondrus, Larisa, Pust' govorjat, http://www.youtube.com/watch?v=ZhM3yP88FM8&feature=related (22.10.2012).
Pojuščie gitary. Mesto v istorii, Pervyj kanal, RF 2004, Regie: *O. Andreeva / Ljubov' Granstrem*.
Po volne moej pamjati. Pojuščie gitary, Pervyj kanal, RF 2012.
Stiljagi, RF 2008, Regie: *Valerij Todorovskij*.
Jurij Saul'skij. Čërnyj kot na sčast'e. Dokumental'nyj fil'm, 04. Januar 2010, http://www.1tv.ru/documentary/fi6377/fd201001041210 (11.12.2012).

Brežnevs Ingenieure

Die Stadt Naberežnye Čelny und das Lastwagenwerk KamAZ

Esther Meier

Nach dem Tod Leonid Brežnevs im Jahr 1982 wurde die Stadt Naberežnye Čelny in Brežnev umbenannt und hiermit von der politischen Führung des Landes zum Symbol für eine ganze Epoche erklärt.[1] Die Musterstadt Naberežnye Čelny mit dem Lastwagenwerk KamAZ war eines der größten sowjetischen Bauprojekte der Brežnev-Ära. In den 1970er Jahren wanderten mehrere Hunderttausend Menschen aus verschiedenen Regionen der Sowjetunion zu. Im Unterschied zu anderen Großprojekten dieser Zeit, wie etwa der Baikal-Amur-Magistrale (BAM), die auch ein städtebauliches Konzept beinhaltete, ließen sich die Arbeitskräfte in der in Tatarstan gelegenen Stadt dauerhaft nieder.[2]

In Kooperation mit westlichen Firmen entstand ein Industriegigant, dessen technische Ausrüstung hohen Standards entsprach. Wie die Großbaustellen des Stalinismus, so boten auch die technologischen Projekte der Brežnev-Ära insbesondere der Berufsgruppe der Ingenieure eine Reihe von Partizipations- und Identifikationsmöglichkeiten. Susanne Schattenberg hat den sowjetischen Ingenieur für die 1930er Jahre als „Vollstrecker und Endprodukt der sozialistischen Utopie zugleich"[3] beschrieben. Im Zuge der sowjetischen Bildungsrevolution und Elitenbildungsprozesse hat sich die Gruppe der Ingenieure im Hinblick auf ihre Qualifizierung und Quantität zwar stark verändert. Die Führungsrolle, die dieser privilegierten Schicht zugeschrieben wurde, blieb jedoch auch in der Brežnev-Ära ungebrochen.

Der vorliegende Beitrag untersucht am Beispiel von Naberežnye Čelny den Werdegang sowjetischer Ingenieure und ihre (Selbst-)Verortung in der Brežnev-Ära. Die Programme, die die politische Führung initiierte, um Fachkräfte für das Großprojekt zu gewinnen, wurden von den Ingenieuren unterschiedlich gedeutet und in ihren Alltag übersetzt. Von Bedeutung waren hier auch die Be-

[1] Imeni plamennogo borca za mir i kommunizm, in: Znamja kommunizma, 24. November 1982; Gordoe imja, vysokaja česť, in: Rabočij KamAZa, 24. November 1982.

[2] Zur BAM siehe *Johannes Grützmacher*, Die Baikal-Amur-Magistrale. Vom stalinistischen Lager zum Mobilisierungsprojekt unter Brežnev, München 2012.

[3] *Susanne Schattenberg*, Stalins Ingenieure. Lebenswelten zwischen Technik und Terror in den 1930er Jahren, München 2002, 11.

gegnungen mit Kollegen aus dem Westen, die durch die Ausweitung der internationalen Zusammenarbeit in der Brežnev-Ära stark zunahmen.

Während der Stalinismus als Zeit radikaler sozialer Umwälzungen in die Geschichtsschreibung eingegangen ist, dominiert für die Brežnev-Ära das Postulat der geringen sozialen Mobilität. Die alten, müde wirkenden Herren im Kreml, die der jungen Generation den Zugang zur Macht verweigerten, wurden zum Symbol einer Zeit mangelnder Aufstiegsmöglichkeiten. Dabei blieb die Frage nach der Integration und der sozialen Mobilität ehemaliger Bauern, die auch in den 1960er und 1970er Jahren in großer Zahl in die Städte strömten, lange unbeachtet. Erst seit kurzem wird intensiv zur Urbanisierung in der Chruščev- und Brežnev-Ära geforscht und auf die Land-Stadt-Migration verwiesen. Naberežnye Čelny war nur eine von zahlreichen Städten, wenn auch eine der größten, die in der Tradition der stalinistischen Großprojekte unter Brežnev entstanden und zu einem beträchtlichen Teil von ehemaligen Bauern besiedelt wurden.[4]

Der amerikanische Traum „Vom Tellerwäscher zum Millionär" hieß in seiner sowjetischen Übersetzung „Vom Kolchos-Bauern zum Ingenieur", wobei der Bauer in dem vorliegenden Fall zumeist Tatare war. Der Boom der 1970er Jahre war, wie zu zeigen sein wird, ein regional begrenzter, der seine Gewinner und Verlierer hatte. Jenen, denen der soziale Aufstieg gelang, eröffneten sich neue Handlungsspielräume, die sie unterschiedlich nutzten. Berücksichtigt werden soll auch, ob die Selbst- und Fremdwahrnehmung der sowjetischen Ingenieure geeignet war, integrative Identitäten zu schaffen, was für den Alltag in einer Stadt von Zuwanderern von zentraler Bedeutung ist.

Die Forschung zu sowjetischen Großprojekten, die sich lange auf die 1930er Jahre konzentrierte, nimmt seit einigen Jahren auch die späte Sowjetunion in den Blick. Für diesen Forschungsgegenstand, so wird deutlich, ist die Periodisierung in Stalinismus, Chruščev- und Brežnev-Ära nur sehr bedingt geeignet.[5]

---

[4] Verwiesen sei auf den Forschungsverbund „Second World Urbanity" mit laufenden Projekten http://secondworldurbanity.org/ (28.03.2013). Siehe auch den Beitrag von Stefan Guth in diesem Band. Zur Urbanisierung nach 1945 vgl. *Thomas M. Bohn*, Minsk – Musterstadt des Sozialismus. Stadtplanung und Urbanisierung in der Sowjetunion nach 1945, Köln / Weimar / Wien 2008; *Paul R. Josephson*, New Atlantis Revisited. Akademgorodok, the Siberian City of Science, Princeton / NJ 1997; *Lennart Samuelson*, Tankograd. The Formation of a Soviet Company Town. Cheliabinsk, 1900s–1950s, Basingstoke 2011; *Monica Rüthers*, Moskau bauen von Lenin bis Chruščev. Öffentliche Räume zwischen Utopie, Terror und Alltag, Köln / Weimar / Wien 2007; *Paul Stronski*, Tashkent. Forging a Soviet City, 1930–1966, Pittsburgh 2010.

[5] *Klaus Gestwa*, Die Stalinschen Großbauten des Kommunismus. Sowjetische Technik- und Umweltgeschichte, 1948–1967, München 2010; *Grützmacher*, Die Baikal-Amur-Magistrale; *Christoph Ward*, Brezhnev's Folly. The Building of BAM and Late Socialism, Pittsburgh 2009; *Lewis Siegelbaum*, Cars for Comrades. The Life of the Soviet Automobile, Ithaca / London 2008, 80–124 (zu Tol'jatti); *S. V. Žuravlev / M. P. Zezina / P. G. Pichoja u. a.* (Hrsg.), AvtoVAZ meždu prošlim i buduščim. Istorija Volžskogo avtomobil'nogo zavoda 1966–2005, Moskau 2006; *Michaela Pohl*, The Virgin Lands Campaign, Ph.D. Bloomington, IN 1999; *Alan Barenberg*, Vorkuta, 1930s–1970s, Ph.D. Chicago 2007; *Julia Obertreis*, Imperiale Wüstenträume. Baumwollanbau und Bewässerung in Zentralasien, 1870er Jahre bis 1991, Habil. Freiburg 2010; Die

1. Von der tatarischen Kleinstadt zum sowjetischen Großprojekt

Im Jahr 1969 wurde an der Kama in der Kleinstadt Naberežnye Čelny mit dem Bau eines der größten Lastwagenwerke der Welt begonnen, das einige Monate später den Namen KamAZ (Kamskij avtomobil'nyj zavod – die Kama-Automobilwerke) tragen sollte. Die Entscheidung der Moskauer Führung zur Initiierung dieses Großprojekts ist im Kontext einer Politik zu verorten, die die Legitimität der Herrschenden über eine Hebung des Lebensstandards breiter Schichten der Bevölkerung zu erzeugen versuchte und als *social contract* oder *little deal* in die Forschung eingegangen ist.[6] Kernstück dieser Politik waren die umfangreichen Programme zum Bau von Wohnraum, für die Lastwagen gebraucht wurden. Zugleich produzierte KamAZ auch für die Armee. 1976 lief der erste KamAZ vom Band, drei Jahre später wurden KamAZ-Lastwagen auch im Krieg in Afghanistan eingesetzt. Nach dem Zusammenbruch der Sowjetunion konnte sich KAMAZ als einer der wenigen sowjetischen Großbetriebe auf dem internationalen Markt behaupten.[7]

Naberežnye Čelny oder Jar Čally, so der tatarische Name der Stadt, wurde nach einigen Diskussionen und entgegen zahlreicher Bedenken einer Expertenkommission als Standort für das Werk gewählt.[8] Die Stadt befindet sich im Osten der Republik Tatarstan, ca. 1000 Kilometer östlich von Moskau. Sie lag somit für sowjetische Verhältnisse relativ zentral, was für die Zuwanderer ein entscheidendes Kriterium war. Von Naberežnye Čelny aus war Moskau in nur einem Tag zu erreichen. Das war für viele nicht die schlechteste Wahl. Attraktiver als die Großbaustellen Sibiriens war die Stadt an der Kama mit ihren „angenehmeren Temperaturen im Winter" allemal.[9]

Vor Baubeginn zählte Naberežnye Čelny knapp 40.000 Einwohner. Die alte Stadt wurde fast vollständig abgerissen. Die Einwohner wurden in die neuen

---

erste westliche Untersuchung zu einem poststalinistischen Großprojekt ist *Martin McCauley*, Khrushchev and the Development of Soviet Agriculture. The Virgin Land Programme, 1953–1964, New York 1976.

[6] *Linda J. Cook*, The Soviet Social Contract and Why it Failed. Welfare Policy and Workers' Politics from Brezhnev to Yeltsin, Cambridge, MA 1993; *James R. Millar*, The Little Deal. Brezhnev's Contribution to Acquisitive Socialism, in: Terry L. Thompson/Richard Sheldon (Hrsg.), Soviet Society and Culture. Essays in Honor of Vera S. Dunham, Boulder/London 1988, 3–19. Millar überträgt Vera Dunhams Begriff des „big deal", der die Beziehungen zwischen der politischen Führung und der neuen sowjetischen Mittelklasse im Stalinismus beschreibt, auf die Brežnev-Ära. Der „big deal" schuf materielle Mobilisierungsanreize für Fachkräfte und Technokraten, der „little deal" für breite Schichten der Bevölkerung. *Vera S. Dunham*, In Stalin's Time. Middleclass Values in Soviet Fiction, New York 1976.

[7] Seit der Umwandlung in eine Aktiengesellschaft im Jahr 1990 schreibt sich das Unternehmen nicht mehr KamAZ, sondern KAMAZ.

[8] RGAE (Rossijskij gosudarstvennyj archiv ekonomiki), f. 4372, op. 66, d. 3554.

[9] Dokumenty rasskazyvajut. Dokladnaja zapiska Ministra A. Tarasova v Sovet Ministrov SSSR, in: Prikam'e. Al'manach No. 8, Naberežnye Čelny 1989, 7.

Plattenbauten umgesiedelt. Manche entschieden sich gegen das Großprojekt und verließen die Region. Der Architekt Boris Rubanenko, unter dessen Federführung einige Jahre zuvor bereits Tol'jatti mit dem Žiguli-Autowerk (für den Export Lada) geplant worden war, entwarf in Abhängigkeit von KamAZ eine neue Stadt, die wie Magnitogorsk als „Stadt der Zukunft" gefeiert wurde. Die Größe des Industriebetriebs entschied hierbei über die Größe der Stadt. Für ein Werk, das jährlich 150.000 Lastwagen produzieren sollte, berechneten die Planer in Moskau eine Bevölkerung von 400.000 Menschen.[10] Mit dem Bau der neuen Stadt wurde die lokale Bauorganisation Kamgesenergostroj beauftragt.[11]

In den frühen 1970er Jahren kamen jährlich bis zu 40.000 Menschen nach Naberežnye Čelny. Sie wanderten aus verschiedenen Regionen der Sowjetunion zu. Die meisten von ihnen waren Russen, gefolgt von den Tataren. Bei KamAZ waren im Jahr 1979 60 „Nationalitäten" vertreten.[12] Bildeten die Tataren vor Baubeginn mit 50 % knapp die größte Gruppe in der Stadt – der Anteil der Russen war mit 47 % bereits sehr hoch –, so lebten Ende der 1970er Jahre 60 % Russen, 30 % Tataren und 10 % weitere „Nationalitäten" in Naberežnye Čelny. Die Stadt war bereits wenige Jahre nach Baubeginn die zweitgrößte in Tatarstan (nach Kazan') und zählt heute eine halbe Million Einwohner.[13]

2. Ingenieure zwischen Moskau und Paris

In den 1970er Jahren trafen in Naberežnye Čelny zahlreiche Briefe junger Menschen ein, die sich um eine Stelle bewarben. Von dem Projekt an der Kama hatten sie durch die groß angelegten Kampagnen in den Medien erfahren.[14] Unter ihnen war auch der Maschinenbauingenieur Biljal Abdrachmanovič Kaneev. Kaneev wurde 1941 in dem Dorf Kikino in dem Gebiet Penza (zwischen Samara und Tambov gelegen) geboren und ist Tatare. Von 1961 bis 1964 absolvierte er seinen Militärdienst im Nordkaukasus und studierte anschließend Maschinenbau in Kazan'. 1969 trat er dort seine erste Stelle an. 1971 bewarb er sich bei KamAZ.

[10] *B. Rubanenko/R. Pateev*, Naberežnye Čelny. Proektirovanie, stroitel'stvo, in: Architektura SSSR 8, 1976, 5–23.

[11] KamAZ. Organizacija stroitel'stva i proizvodstvo stroitel'nych rabot. Dlja služebnogo pol'zovanija, eks. No. 003438, Moskau 1986; Stupeni rosta. Enciklopedija strojki. 40-letiju Kamgesenergostroja posvjaščaetsja, Naberežnye Čelny 2004.

[12] CGA IPD RT (Central'nyj gosudarstvennyj archiv istoriko-političeskoj dokumentacii Respubliki Tatarstan), f. 7403, op. 1, d. 435, l. 6. In den Mitgliedslisten der Kommunistischen Partei von Naberežnye Čelny wurden im Jahr 1976 45 „Nationalitäten" geführt: CGA IPD RT, f. 7403, op. 1, d. 330, l. 5ob.

[13] *Jagfar Garipov*, Molodye goroda: formirovanie naselenija, mežnacional'nye i mežkonfessional'nye otnošenija, in: Islam v tatarskom mire. Istorija i sovremennost' (Materialy meždunarodnogo simpoziuma, Kazan' 29 aprelja–1 maja 1996 g., Panorama-forum 12, 1997 – Special'nyj vypusk), Kazan' 1997, 267.

[14] CGA IPD RT, f. 7467, op. 1, d. 122.

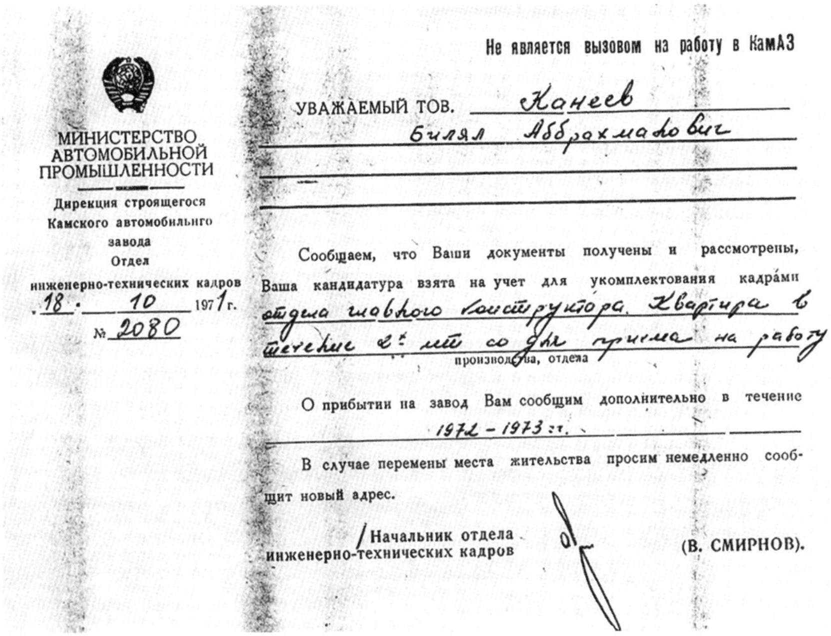

Не является вызовом на работу в КамАЗ

МИНИСТЕРСТВО АВТОМОБИЛЬНОЙ ПРОМЫШЛЕННОСТИ

Дирекция строящегося Камского автомобильного завода Отдел инженерно-технических кадров

18. 10 1971 г.

№ 2080

УВАЖАЕМЫЙ ТОВ. Канеев Билял Абдрахманович

Сообщаем, что Ваши документы получены и рассмотрены, Ваша кандидатура взята на учет для укомплектования кадрами отдела главного конструктора. Квартира в течение 2-х лет со дня приема на работу

производства, отдела

О прибытии на завод Вам сообщим дополнительно в течение 1972 – 1973 гг.

В случае перемены места жительства просим немедленно сообщит новый адрес.

Начальник отдела инженерно-технических кадров (В. СМИРНОВ).

Abb. 1: Schreiben von KamAZ an den Ingenieur Biljal Kaneev, aus dem Privatarchiv von B. Kaneev.

Obwohl Kaneev nicht auf den Bau von Lastwagen spezialisiert war und nur über wenig Berufserfahrung verfügte, bot ihm KamAZ eine Stelle im Büro des Hauptkonstrukteurs an. KamAZ eröffnete dem Ingenieur eine Karriere, die diesen langfristig an den Betrieb zu binden vermochte. Zudem bekam der ledige und kinderlose Kaneev nach einer Wartezeit von nur zwei Jahren eine Zwei-Zimmer-Wohnung für sich alleine, was für die Sowjetunion der 1970er Jahre der pure Luxus war.[15] Auch in der Brežnev-Ära waren in vielen sowjetischen Städten trotz des seit den 1950er Jahren forcierten Massenwohnungsbaus Wartezeiten von zehn Jahren an der Tagesordnung.[16]

Die Biographien der Ingenieure der Bau- und Automobilindustrie zeigen, dass viele für ihre Arbeit an dem Großprojekt mit einem Karrieresprung belohnt wurden. Junge Ingenieure besetzten bei KamAZ und der Bauorganisation Kamgesenergostroj attraktive Stellen. Dies wiederum verbesserte ihren Zugang

[15] Ličnyj listok po učetu kadrov, Kaneev Biljal Abdrachmanovič, 09. maja 1991, Privatarchiv B. Kaneev; Schreiben von KamAZ (Nr. 2080) an Biljal Kaneev vom 18. Oktober 1971, Privatarchiv B. Kaneev; Interview der Autorin mit Biljal Kaneev, Nabereżnye Čelny, 10. Oktober 2004.

[16] *Henry W. Morton*, Who Gets What, When and How? Housing in the Soviet Union, in: Soviet Studies 32, 1980, 235–259.

zu den begehrten Gütern und Dienstleistungen, da Fachkräfte seit den 1930er Jahren bei der Zuweisung bevorzugt wurden.[17]

Mit dem Bau einer ganzen Stadt gab es Tausende neuer Wohnungen zu verteilen. Die Stadt wuchs schnell, doch das Wohnungsangebot deckte auch in Naberežnye Čelny zu keiner Zeit die Nachfrage. Dabei war der Mangel der Brežnev-Ära auch ein Produkt medialer Inszenierung: Mit den Konsumversprechen, die in den Kampagnen zur Mobilisierung der Arbeitskräfte transportiert wurden[18], stiegen auch die Erwartungen der Zuwanderer. In den 1970er Jahren kamen nicht nur Tausende nach Naberežnye Čelny, viele, die ihre Hoffnungen nicht erfüllt sahen, gingen auch wieder. Die Fluktuation war hier noch höher als dies in der sowjetischen Industrie ohnehin der Fall war, wobei sie unter den Ingenieuren weitaus geringer war als unter ungelernten Arbeitern.[19] Die Fachkräfte galt es durch die Gewährung von Privilegien – bei der Verteilung von Wohnungen, Autos, Kühlschränken, Möbeln, Teppichen, Kinderbetreuungsplätzen, Urlaubsreisen und Kuraufenthalten sowie durch hohe Löhne – zu halten.[20]

Im Unterschied zur BAM, an der der Städtebau weitgehend gescheitert war, mobilisierte KamAZ sehr viele Frauen. Bei KamAZ arbeiteten Ende der 1970er Jahre 52 % Frauen und 48 % Männer.[21] Die Aussicht auf eine eigene Wohnung war für Frauen besonders attraktiv, waren sie doch aufgrund der sowjetischen Geschlechterrollen von den Konflikten in den Kommunalkas, die vor allem in der Küche ausgetragen wurden, stärker betroffen als Männer.

In Filmen, Romanen und in der Malerei wurden die Frauen von Naberežnye Čelny, allen voran die Ingenieurinnen, mit viel Aufwand als „Erbauerinnen des Kommunismus" inszeniert. Für sie wurden gar neue Worte geschaffen: die Kamazonki oder Kamazovki.[22] An den rhetorischen Figuren der 1930er Jahre und ihrer Verbreitung durch die Künste wurde in den 1970er Jahren festgehalten, doch es kamen neue Stimmen hinzu. Nach Stalins Tod wurde in der Sowjetunion die Soziologie wieder gefördert, was wesentlich zur Thematisierung sozialer Probleme beitrug. In den 1960er Jahren entwickelte sich die Betriebssoziolo-

---

[17] CGA IPD RT, f. 7403, op. 1, d. 334; zu den 1930er Jahren s. *Schattenberg*, Ingenieure, 287–338.

[18] Besonders eindrucksvoll geschah dies in Architekturzeichnungen und Filmen, so z. B. in dem Dokumentarfilm „KamAZ – eto my!", Kazan' 1971, Fil'moteka Naberežnye Čelny (im Besitz der Autorin).

[19] CGA IPD RT, f. 7403, op. 1, d. 227, l. 9–10; CGA IPD RT, f. 7403, op. 1, d. 213, l. 2; KamAZ. Organizacija stroitel'stva, 111.

[20] CGA IPD RT, f. 7403, op. 1, d. 334.

[21] CGA IPD RT, f. 7403, op. 1, d. 435, l. 6. Johannes Grützmacher hat die BAM als „Projekt von Männern" bezeichnet. *Grützmacher*, Die Baikal-Amur-Magistrale, 290.

[22] *S. M. Červonnaja*, Živopis' avtonomnych respublik RSFSR (1917–1977), Moskau 1978, 89; *Nina Grjaznova*, Eti devočki – stroiteli KamAZa, in: Kazan' 1–2, 1994, 87; Dokumentarfilm Batyr stroitsja, Kazan' ca. 1977, Fil'moteka Naberežnye Čelny (im Besitz der Autorin).

gie.[23] Auch bei KamAZ wurden soziologische Untersuchungen durchgeführt, die unter anderem die gebrochenen Karrieren von Frauen kritisierten: Die Arbeiten, die Frauen bei KamAZ verrichteten, entsprächen in vielen Fällen nicht ihrem Bildungsstand.[24] Dieser Befund bestätigte, dass der Aufstieg der Frauen auch bei KamAZ nach dem für die sowjetische Industrie und Politik typischen Muster verlief: Sie waren auf der unteren und mittleren Ebene gut vertreten, in Führungspositionen schafften es nur wenige und im obersten Management gab es gar keine Frauen.[25]

Viele junge Ingenieure, die noch am Anfang ihrer Karriere standen, ließen sich dauerhaft in Naberežnye Čelny nieder. Hoch qualifizierte Fachkräfte hingegen, die aus den bestehenden Betrieben der sowjetischen Automobilindustrie abgezogen wurden, zumeist etwas älter waren und ihre Familien in Moskau oder Minsk hatten, waren wenig daran interessiert, den Rest ihres Lebens an der Kama zu verbringen. Für sie waren unter anderem die internationalen Kooperationsprojekte des Lastwagenproduzenten Anreiz, eine gewisse Zeit für KamAZ zu arbeiten.

In der Brežnev-Ära übernahmen die beiden Großprojekte der Automobilindustrie, VAZ in Tol'jatti und KamAZ in Naberežnye Čelny, im Hinblick auf die Ausweitung des Ost-West-Handels sowie den Technologie- und Kulturtransfer eine Vorreiterrolle. Für den Bau des Žiguli-/Lada-Werks VAZ schloss die Sowjetunion 1966 einen Vertrag mit Fiat, der als „the Deal of the Century" in die Forschung eingegangen ist. Im Zuge dieses Vertrags passierten große Geldsummen, Maschinen sowie italienische und sowjetische Ingenieure den „Eisernen Vorhang".[26]

Mit KamAZ hatte die sowjetische Führung Ähnliches vor. Sie trat in Gespräche mit Fiat, Mack Trucks, Renault, Toyota, British Leyland, Volkswagen und anderen Firmen ein.[27] Eine Delegation von Daimler-Benz, die von Hanns Martin Schleyer geführt wurde, war im Jahr 1970 in Moskau zu Gast.[28] Vertreter der sowjetischen Automobilindustrie und Aleksej Kosygin führten in demselben

---

[23] *Elizabeth Ann Weinberg*, Sociology in the Soviet Union and Beyond. Social Enquiry and Social Change, Aldershot 2004.

[24] *N.A. Aipov*, Sovetskij rabočij, Moskau 1981, 12–13.

[25] Otčet o komplektovanii i rasstanovke kadrov Kamskogo kompleksa zavodov po proizvodstvu bol'šegruznych avtomobilej (KamAZ) na 1 janvarja 1974 g.; Otčet o komplektovanii i rasstanovke kadrov Kamskogo ob"edinenija po proizvodstvu bol'šegruznych avtomobilej (KamAZ) na 1 janvarja 1979 g.; Otčet o komplektovanii i rasstanovke kadrov akcionernogo obščestva „KAMAZ" na 1 janvarja 1993 g., Abt. XI. Alle Dokumente im Privatarchiv B. Kaneev.

[26] *Siegelbaum*, Cars for Comrades, 80–124; *Žuravlev*, AvtoVAZ.

[27] *George Donald Holliday*, Western Technology Transfer to the Soviet Union, 1928–1937 and 1966–1975. With a Case Study in the Transfer of Automotive Technology, Ph.D. Washington 1978, 164–184; *Philip Hanson*, Trade and Technology in Soviet-Western Relations, London/Basingstoke 1981, 108–110.

[28] RGAE, f. 398, op. 1, d. 2842, l. 125–132. Schleyer leitete bei Daimler-Benz die Unternehmungsplanung.

Jahr in Moskau mehrtägige Gespräche mit Henry Ford, in denen beide Seiten weitreichende Kooperationsmodelle in Betracht zogen.[29] Diese Gespräche mussten auf Intervention des US-amerikanischen Verteidigungsministeriums abgebrochen werden. Die USA befanden sich zu dieser Zeit im Vietnam-Krieg, in dem die Sowjetunion Nordvietnam mit Waffen und Lastwagen belieferte.[30] Aus militärischen Gründen gestaltete sich die Zusammenarbeit bei KamAZ schwieriger als bei VAZ, so dass für das Lastwagenwerk kein Hauptvertragspartner gefunden werden konnte. Die Verträge fielen kleiner aus, waren in ihrer Summe aber dennoch beträchtlich. KamAZ kooperierte mit Renault (Frankreich), Liebherr (Deutschland), Swindell-Dressler (USA), Kamatsu, Hitachi (Japan) und anderen Firmen.[31]

In den 1970er Jahren schickte KamAZ 629 Fachkräfte zur Fortbildung ins Ausland, viele von ihnen nach Pittsburgh und Paris. Der Kalte Krieg, der diese Reiseziele so reizvoll machte, hatte ein neues Mobilisierungsmotiv geschaffen. Wer den Eiffelturm sehen wollte, ging nach Naberežnye Čelny. Und wer ihn gesehen hatte, ging wieder. Viele hoch qualifizierte Ingenieure, die von ihrer Dienstreise zurückkehrten, kündigten danach ihre Arbeitsverträge bei KamAZ. Vertreter der lokalen Parteiorgane warfen diesen Ingenieuren mangelnde „moralisch-politische Qualitäten" vor und ermahnten die Betriebsführung von KamAZ, bei der Auswahl ihrer Spezialisten größere Sorgfalt walten zu lassen.[32]

Ingenieure der westlichen Kooperationspartner arbeiteten in Naberežnye Čelny an der technischen Ausrüstung des Lastwagenwerks. In dem sowjetischen Spielfilm „Man wechselt die Pferde nicht an der Furt", den Mosfilm im Jahr 1980 über das Großprojekt drehte, begeistern sich die italienischen Ingenieure weniger für Technik als vielmehr für die Schönheit der sowjetischen Frauen. Auch wenn ihr Werben nicht gerade von Erfolg gekrönt wird, vermittelt der Film zwei zentrale Aussagen: Da, wo auch Italiener hingehen, kann es so schlecht nicht sein und Naberežnye Čelny ist ein Ort der Begegnung.[33] Zumindest der zweite Punkt findet sich auch in Erzählungen von Zeitzeugen wieder. Vera Sokolova nennt KamAZ „ein Fenster zum Westen". Sie wurde 1952 geboren, war Studentin der Germanistik an der Moskauer Staatlichen Universität und arbeitete im Jahr 1975 sechs Monate als Übersetzerin bei KamAZ. Diese Erfahrung beschreibt sie rückblickend als

[29] RGAE, f. 398, op. 1, d. 3009, l. 1–37.

[30] *Harlan S. Finer / Howard Gobstein / George D. Holliday*, KamAZ. U. S. Technology Transfer to the Soviet Union, in: Henry R. Nau (Hrsg.), Technology Transfer and U. S. Foreign Policy, New York / Washington / London 1974, 90–95.

[31] *Holliday*, Western Technology Transfer, 82–116.

[32] CGA IPD RT, f. 7403, op. 1, d. 435, l. 10–11; Priloženie No. 14 k aktu priemki v ekspluataciju pervoj očeredi Kamskogo kompleksa zavodov po proizvodstvu bol'šegruznych avtomobilej ob"edinenija KamAZ, dekabr' 1976, Privatarchiv B. Kaneev.

[33] Konej na pereprave ne menjajut, Spielfim, Moskau 1980, Fil'moteka Naberežnye Čelny (im Besitz der Autorin).

[...] unglaublichen Glücksfall. [...] Zuvor konnte ich den Aufbau eines Romans und einer Novelle erläutern [...], aber gesprochenes Deutsch habe ich überhaupt nicht verstanden. [...] KamAZ hat mich die deutsche Sprache gelehrt. [...] KamAZ, das war ein Wendepunkt für mich. [...] Das war eine große Erschütterung für mich. Von KamAZ kam ich mit völlig veränderten Vorstellungen zurück.

In ihrer Selbstbeschreibung war sie vor KamAZ eine aktive Komsomolzin gewesen, deren Bild des Westens aus „bösen Kapitalisten, Ausbeutern und Menschenfressern" bestanden habe. „Und als ich völlig normale Menschen sah, [...], da begann ich zu verstehen." Es seien die westlichen Ingenieure in Naberežnye Čelny gewesen und nicht die *šestidesjatniki*, mit denen sie in Moskau in Kontakt gestanden habe, die sie bewogen hätten, ihr Weltbild neu zu ordnen und den Kommunismus in Frage zu stellen.[34]

Die Bedeutung der spätsowjetischen Großbaustellen als Orte des Kulturtransfers kann hier nur grob skizziert werden und bleibt Aufgabe weiterführender Forschung. Feststellen lässt sich, dass die Brežnev-Ära in Naberežnye Čelny bis heute als Zeit der internationalen Begegnungen erinnert wird. Bei meinen Besuchen in der Stadt scherzten die Einwohner, ich sei die erste Ausländerin, die sie seit den 1970er Jahren gesehen hätten. In ihrer Wahrnehmung war die Brežnev-Ära eine Zeit der Öffnung, die ihnen einen Blick in die große, weite Welt gewährte, während die *perestrojka* mit ihrer ökonomischen Krise „das Fenster zum Westen" wieder schloss.

3. Der regionale Umbruch: die Bauern

Die Bevölkerung der neuen Stadt setzte sich zum einen aus Städtern zusammen, die aus verschiedenen Regionen der Sowjetunion zuwanderten, und zum anderen aus ehemaligen Bauern, die überwiegend aus dem Osten Tatarstans kamen. Die Migration der Landbevölkerung ist im Kontext einer ganzen Reihe von Industrialisierungs- und Urbanisierungsprojekten zu sehen, die den Osten Tatarstans seit den 1950er Jahren grundlegend veränderten. Die Erdölgewinnung und -verarbeitung wurde ausgebaut, die Städte Al'met'evsk, Leninogorsk und Nižnekamsk entstanden.[35] Zu Beginn der 1960er Jahre wurde bei Naberežnye Čelny mit dem Bau eines Wasserkraftwerks begonnen. Dies war für die Planer nicht nur im Hinblick auf die Stromversorgung, sondern auch auf die Arbeits-

[34] Interview mit Vera Sokolova (Name geändert), Krasnogorsk, 10. November 2004. Das Interview wurde von Isabelle de Keghel im Rahmen des Forschungsprojekts „Generationenwechsel und Identität im neuen Russland" durchgeführt. Ich danke Isabelle de Keghel ganz herzlich, dass sie mir dieses Interview zur Verfügung gestellt hat.

[35] *A. G. Dubrovskij*, Respublika Tatarstan. Kratkij istoriko-geografičeskij obzor, Heft 8, Naberežnye Čelny 1996.

kräfte ein entscheidendes Kriterium, das geplante Lastwagenwerk in Naberežnye Čelny anzusiedeln.[36]

Mit einer geplanten Fläche von 2.850 km² sollte der Stausee von Nižnekamsk beträchtliche Teile Tatarstans, Udmurtiens und Baškiriens überfluten. 158 Siedlungspunkte, die meisten von ihnen im Osten Tatarstans gelegen, wurden als Überflutungszone ausgewiesen. Darunter befanden sich auch sechs Kleinstädte: Menzelinsk, Sarapul, Kambarka, Nikolo-Berezovka, Mendeleev und Naberežnye Čelny. Ein Drittel der bebauten Fläche des alten Naberežnye Čelny wurde im Jahr 1978 geflutet.[37] Eine Expertenkommission, die sich aus Wissenschaftlern und Ingenieuren unterschiedlicher Fachrichtungen zusammensetzte, berechnete 1969, dass für den Stausee 74.150 Menschen umgesiedelt werden müssen.[38]

Das Projekt setzte große Migrationsströme in Gang. Zahlreiche Dörfer wurden abgerissen oder aber, wenn sie nicht in die Überflutungszone des Stausees fielen, dem Verfall preisgegeben. Auf dem Land fehlte es an Lehrern, Ärzten und Geld. Die Expertenkommission verwies mit Nachdruck darauf, dass in die Überflutungszone auch 106 Schulen fielen, für die Ersatz geschaffen werden müsse. Ihre Forderung, in Tatarstan „unbedingt" mehr Geld für den Bau von Schulen zur Verfügung zu stellen, konnte sie für die Dörfer nicht durchsetzen. Stimmen, die die Forcierung der Landflucht als Mittel der Besiedlungspolitik kritisierten, fanden kein Gehör.[39] Während in vielen Dörfern die Investitionsprogramme gestrichen wurden, floss in der „Stadt der Zukunft" das Geld in den Aufbau eines Bildungssystems mit Hochschulen. Den Preis für den Boom, den Naberežnye Čelny in den 1970er Jahren erlebte, hatte die Landbevölkerung zu bezahlen. In den 1930er Jahren waren es der Hunger und die Gewalt gewesen, die die Bauern auf die Großbaustellen getrieben hatten[40], in den 1970er Jahren war es die Perspektivlosigkeit. Von den 1970er bis zu Beginn der 1990er Jahre verschwanden im unteren Kama-Gebiet 300 Siedlungspunkte von der Landkarte.[41]

---

[36] Dokumenty rasskazyvajut, 3–9.

[37] CGA IPD RT, f. 7403, op. 1, d. 169, l. 1; RGAE, f. 4372, op. 66, d. 3569; *R. G. Ajsin* (Hrsg.), V zolotych ognjach gidrostancii, Naberežnye Čelny 2004, 19, 23. Erste Überlegungen, in der Region ein Wasserkraftwerk zu bauen, hatte es bereits in den 1930er Jahren gegeben.

[38] RGAE, f. 4372, op. 66, d. 3569, l. 24. An anderer Stelle hat die Kommission eine Zahl von 56.100 Menschen berechnet (ebd., l. 177). Mit Blick auf die Einwohnerzahlen der gefluteten Siedlungen erscheinen mir beide Zahlen als zu niedrig. Der geplante Wasserspiegel wurde allerdings nie erreicht.

[39] RGAE, f. 4372, op. 66, d. 3569, l. 25, l. 299.

[40] *Julia Franziska Landau*, Wir bauen den großen Kuzbass! Bergarbeiteralltag im Stalinismus 1921–1941, Stuttgart 2012; *Tanja Penter*, Kohle für Hitler und Stalin. Arbeiten und Leben im Donbass 1929 bis 1953, Essen 2010; *Dietmar Neutatz*, Die Moskauer Metro. Von den ersten Plänen bis zur Großbaustelle des Stalinismus (1897–1935), Köln / Wien / Weimar 2001; *Stephen Kotkin*, Magnetic Mountain. Stalinism as a Civilization, Berkeley, CA / Los Angeles / London 1995.

[41] *A. G. Dubrovskij*, Nižnee Prikam'e – primečatel'nyj region Tatarstana. Zanimatel'noe kraevedenie v voprosach i otvetach, Bd. 1, Naberežnye Čelny 1993, 111; *ders.* (Hrsg.), Sosedi Naberežnych Čelnov, Naberežnye Čelny 2000.

4. „Cultural Division of Labour" oder eine „Zweite Korenizacija"?

1972 kam die tatarische Familie Achmadeev mit ihren drei kleinen Töchtern aus dem Dorf Kama-Ismagilovo im Südosten Tatarstans nach Naberežnye Čelny. „Wir kamen wegen der Kinder. Sie sollten eine gute Ausbildung erhalten", sagt Frau Achmadeeva heute. Alle drei Töchter haben in Naberežnye Čelny studiert. Zwei sind Ingenieurinnen.[42]

Der Zugang zu Bildung, der im Zuge der sowjetischen Bildungsexpansion zu einem der zentralen Kriterien für soziale Mobilität wurde, war für die Landbevölkerung ein wichtiges Migrationsmotiv. Bot KamAZ den ehemaligen Bauern eine Perspektive, die geeignet war, ihre Erwartungen zu erfüllen, sie in das Großprojekt zu integrieren und ihre Partizipation zu sichern?

Die Bauern, die nach Naberežnye Čelny migrierten, waren überwiegend Tataren und in einem tatarischsprachigen Umfeld sozialisiert worden. Die Führungs- und Fachkräfte von KamAZ waren bei Baubeginn mehrheitlich Slawen, vor allem Russen. Sie wurden aus den bestehenden Betrieben des sowjetischen Fahrzeugbaus rekrutiert, die sich in überwiegend von Slawen bewohnten Städten befanden (Moskau, Gor'kij, Vladimir, Jaroslavl', Volgograd, Tol'jatti, Ul'janovsk, Brjansk, Kremenčuk, L'vov, Mogilev, Miass, Minsk u. a.). In Tatarstan selbst gab es vor dem Bau von KamAZ keine Automobilindustrie und somit auch nur wenige tatarische Fachkräfte, auf die der Großbetrieb hätte zurückgreifen können. In den frühen 1970er Jahren waren die Tataren bei KamAZ insgesamt schwach vertreten. Die Mehrheit der Tataren in Naberežnye Čelny arbeitete auf dem Bau. Bei KamAZ übernahmen die Tataren überwiegend unqualifizierte und die Russen qualifizierte Tätigkeiten – eine Arbeitsteilung, die in Studien zur Kolonialgeschichte als „cultural division of labour" bezeichnet wird.[43]

Dies änderte sich, als die ersten Hochschulen in Naberežnye Čelny ihre Tore öffneten. Der entscheidende Schritt zur Ausbildung lokaler Fachkräfte war der Bau des Polytechnischen Instituts (KamPI).[44] Die Planer der poststalinistischen Industrialisierungsprojekte hatten erkannt, dass Bildung ein wichtiges Mittel war, um Arbeitskräfte zu binden. 1963 war ein Dekret erlassen worden, das einen verstärkten Aufbau von Hochschulen in Gebieten mit forcierter Indus-

---

[42] Interview der Autorin mit Lilija Achmadeeva (Name geändert), Naberežnye Čelny, 01. Januar 2004.

[43] CGA IPD RT, f. 7403, op. 1, d. 435, l. 6; *Ja. Z. Garipov*, Social'no-etničeskaja struktura rabotnikov i mežnacional'nye otnošenija na KamAZe, in: Sovremennye nacional'nye processy v Respublike Tatarstan 1, 1992, 65–82. Zur sowjetischen Automobilindustrie allgemein vgl. *W. H. Parker*, The Soviet Motor Industry, in: Soviet Studies 32, 1980, 515–541. Zur „cultural division of labour" vgl. *Michael Hechter*, Internal Colonialism. The Celtic Fringe in British National Development, 2. überarb. Aufl. New Brunswick, NJ 1999.

[44] Postanovlenie Soveta Ministrov SSSR ob organizacii Kamskogo politechničeskogo instituta v g. Naberežnye Čelny, in: Sobranie postanovlenij pravitel'stva Sojuza Sovetskich Socialističeskich Respublik 8, 1976, 176.

trialisierung vorsah.[45] In einer Zeit, in der die Arbeitskräfte nicht mehr auf die Baustellen deportiert werden konnten, ging die politische Führung dazu über, die lokale Bevölkerung wieder stärker zu fördern. Wer aus einem tatarischen Dorf kam und in Naberežnye Čelny zum Ingenieur ausgebildet wurde, hatte gute Gründe zu bleiben.

Das Bildungssystem, das im Zuge des Großprojekts aufgebaut wurde, orientierte sich an den Erfordernissen der Automobil- und Bauindustrie und ließ alle anderen Bereiche weitgehend unberücksichtigt. Dies überrascht wenig, war doch das Ministerium für Automobilindustrie nicht nur der Hauptauftraggeber des Lastwagenwerks, sondern auch der Stadt mit ihren Wohnungen, Abwasserleitungen, Straßen, Kindergärten – und Hochschulen.[46] Unter Brežnev wurde die Wirtschaftsverwaltung wieder wie in den 1930er Jahren nach Branchen und nicht mehr wie unter Chruščev nach territorialen Einheiten organisiert, was wesentlich dazu beitrug, dass monoindustrielle Städte auch eine Monostruktur im Bildungsbereich aufwiesen. Wer es in Naberežnye Čelny zu etwas bringen wollte, hatte bei der Berufswahl zwei Optionen: Automobilbauingenieur oder Bauingenieur.

1974 waren bei KamAZ 12 % der Führungs- und Fachkräfte Tataren und 76 % Russen. 1990 waren es rund 30 % Tataren und 60 % Russen bei einer Stadtbevölkerung von insgesamt 41 % Tataren und 49 % Russen.[47] Die Tataren waren somit in dieser Gruppe, aus der sich der Großteil der lokalen Elite formierte, zwar weiterhin unter- und die Russen überproportional vertreten, die Differenz hat sich jedoch durch den Bildungsausbau deutlich verringert.

War Naberežnye Čelny somit ein Projekt, das den Aufstieg der tatarischen Bevölkerung beförderte? Für die späte Sowjetunion wurde in anderen Kontexten mehrfach die These einer „zweiten *korenizacija*" formuliert.[48] Die *korenizacija* (wörtl. Einwurzelung) bezeichnet die in den 1920er Jahren initiierte Politik einer

---

[45] Postanovlenie CK KPSS i Soveta Ministrov SSSR o merach po dal'nejšemu razvitiju vysšego i srednego special'nogo obrazovanija, ulučšeniju podgotovki i ispol'zovanija specialistov, 9 maja 1963 g., in: Kommunističeskaja Partija Sovetskogo Sojuza v rezoljucijach i rešenijach s"ezdov, konferencij i plenumov CK, Bd. 10, 9. erw. u. überarb. Aufl. Moskau 1986, 344–351.

[46] KamAZ. Organizacija stroitel'stva.

[47] Otčet o komplektovanii i rasstanovke kadrov Kamskogo kompleksa zavodov po proizvodstvu bol'šegruznych avtomobilej (KamAZ) na 1 janvarja 1974 g., l. 11, Privatarchiv B. Kaneev; Otčet o komplektovanii i rasstanovke kadrov akcionernogo obščestva „KAMAZ" na 1 janvarja 1993 g., Privatarchiv B. Kaneev; *Garipov*, Social'no-etničeskaja struktura, 66.

[48] *L. V. Sagitova*, Etničnost' v sovremennom Tatarstane. Vosproizvodstvo etničnosti v tatarstanskom obščestve na rubeže 1980–1990-ch gg. (po materialam respublikanskoj pressy i etnosociologičeskich issledovanij), Kazan' 1998, 162, Anm. 4; *Astrid S. Tuminez*, Russian Nationalism since 1856. Ideology and the Making of Foreign Policy, Lauham / Boulder / New York 2000, 42; *David Feest*, „Neo-Korenizacija" in den baltischen Sowjetrepubliken? Die Kommunistische Partei Estlands nach dem Zweiten Weltkrieg, in: Zeitschrift für Geschichtswissenschaft 54, 2006, 263–280; *Gerhard Simon*, Nationalismus und Nationalitätenpolitik in der Sowjetunion. Von der totalitären Diktatur zur nachstalinschen Gesellschaft, Baden-Baden 1986, 311. Simon spricht von einer „lautlosen *korenizacija* in der Nach-Stalin-Zeit", betont jedoch, dass diese mit

gezielten Förderung der nichtrussischen „Nationalitäten", die insbesondere durch die Schaffung nationaler Eliten sowie die Kodifizierung und den verstärkten Gebrauch der Nationalsprachen erfolgte. Sie war ein Mobilisierungs- und Integrationsprojekt der in vielen Regionen noch ungefestigten Sowjetmacht.[49] Einige Autoren vertreten die These einer Wiederaufnahme dieser Politik nach Stalins Tod.

Im Unterschied zur frühen Sowjetunion verlief die Schaffung nationaler Eliten unter Chruščev und Brežnev jedoch nicht über die Nationalsprachen, sondern über die russische Sprache. Bildungssprache am KamPI und Betriebssprache bei KamAZ war Russisch. Die Zuwanderer vom Land hatten somit einen doppelten kulturellen Bruch zu bewältigen: vom Bauern zum Industriearbeiter und vom Tatarischen zum Russischen. Quantitativ hat die These der „zweiten *korenizacija*" eine gewisse Berechtigung, nicht jedoch qualitativ. Sozialen Aufstieg gab es nur um den Preis der Nationalsprachen.

Zudem blieb die Integration der tatarischen Bevölkerung in den russisch dominierten Großbetrieb partiell. Der Aufstieg der Tataren bei KamAZ war – wie derjenige der Frauen – zwar durchaus beachtlich, kam jedoch auf halber Strecke zum Erliegen. In der Chefetage waren und sind Tataren die Ausnahme. Und bis nach ganz oben hat es bis heute noch keiner geschafft: Unter den Generaldirektoren von KamAZ/KAMAZ – Lev Vasil'ev (1969–1981), Vasilij Faustov (1981–1987), Nikolaj Bech (1987–1997), Ivan Kostin (1997–2002), Sergej Kogogin (seit 2002) – war bislang noch kein Tatare.[50]

Die ungleichen Startbedingungen von Russen und Tataren wurden einerseits durch gezielte Maßnahmen im Bildungsbereich (Fort- und Ausbildungsmaßnahmen, Aufnahmebedingungen an Hochschulen) auszugleichen versucht. Andererseits verschärfte die sowjetische Verteilungspolitik das Problem der sozialen Differenzierung. Die Privilegierung der Fachkräfte hatte zur Folge, dass der Lebensstandard der Russen höher war als derjenige der Tataren. Als die ersten tatarischen Ingenieure in den frühen 1980er Jahren die Hochschulen verließen, war der Großteil der neu gebauten Wohnungen bereits vergeben, so dass die Wohnsituation der Tataren in Naberežnye Čelny auch heute noch schlechter ist als diejenige der Russen.[51]

Tatarische nationalistische Organisationen, die sich in der *perestrojka* formierten, setzen die soziale Ungleichheit ein, um tatarische Migranten für ihre Zwecke zu gewinnen. Erfolgreich waren Organisationen wie TOC, Ittifak, Azatlyk, Milli

einer forcierten Durchsetzung der russischen Sprache einherging. Siehe auch den Beitrag von Malte Rolf in diesem Band.

[49] *Terry Martin*, The Affirmative Action Empire. Nations and Nationalism in the Soviet Union, 1923–1939, Ithaca 2001; *Ronald Grigor Suny*, The Revenge of the Past. Nationalism, Revolution, and the Collapse of the Soviet Union, Stanford, CA 1993; *Andreas Frings*, Sowjetische Schriftpolitik zwischen 1917 und 1941. Eine handlungstheoretische Analyse, Stuttgart 2007.

[50] Vysšie rukovoditeli OAO KAMAZ so dnja osnovanija, http://kamaz.net/ru/company/history/gendirs/ (28.03.2013).

[51] *Garipov*, Molodye goroda, 270.

Medžlis u. a. insbesondere in der Phase der Transformation und der ökonomischen Krise der späten 1980er und frühen 1990er Jahre, in der sie sich auf eine relativ breite Basis stützen konnten. Diese Zeit des Umbruchs war auch in anderen Regionen der (ehemaligen) Sowjetunion die Hochzeit der nationalistischen Mobilisierung. Im Vergleich mit Kazan' lässt sich jedoch feststellen, dass der Zulauf zu nationalistischen Organisationen in Naberežnye Čelny größer war und ethnische Konflikte gewaltsamer ausgetragen wurden. Die Massenmobilisierung der tatarischen Arbeiter, die radikale Nationalisten in Naberežnye Čelny anstrebten, blieb allerdings aus.[52]

Die verschiedenen Erklärungsansätze für den verstärkten tatarischen Nationalismus in Naberežnye Čelny und ihre theoretischen Grundlagen können hier nicht diskutiert werden.[53] Unumstritten ist, dass die heutigen sozialen und ethnischen Konflikte ihren Ausgangspunkt in der Breznev-Ära haben und dass hier auch die Selbst- und Fremdwahrnehmung der sowjetischen Ingenieure eine gewisse Rolle spielt.[54] Das in den 1930er Jahren geschaffene und in den Medien der 1970er Jahre vielfach reproduzierte Bild des sowjetischen Ingenieurs, der unter dem Vorzeichen der „brüderlichen Hilfe" den Fortschritt in rückständige Gebiete trägt, implizierte im Kontext des hier untersuchten Großprojekts die Überlegenheit der Russen über die Tataren. Die Figur des sowjetischen Ingenieurs als Entwicklungshelfer hat somit negative Stereotype – „der primitive Tatare" – befördert. Tatarische Nationalisten wiederum deuten den sowjetischen Ingenieur als Handlanger Moskaus, das mit KamAZ seine Unterdrückungs- und Russifizierungspolitik in Tatarstan forciert habe.[55] Wissenschaftler appellieren an KAMAZ, Fragen der ethno-sozialen Ungleichheit nicht den tatarischen Nationalisten zu überlassen und ethnische Kategorien in der Personalpolitik stärker zu berücksichtigen.[56]

5. Die Geschichte vom atheistischen Bauingenieur und der orthodoxen Kirche

Die Planer in Moskau entwarfen an der Kama eine „Stadt der Zukunft", in der es keine Moscheen, Kirchen und Synagogen geben sollte. Doch mitten in der

---

[52] *Elise Giuliano*, Constructing Grievance. Ethnic Nationalism in Russia's Republics, Ithaca 2011, 126–144.

[53] Siehe hierzu die Doktorarbeit der Autorin „Breznevs Boomtown. Die Stadt Naberežnye Čelny und das Lastwagenwerk KamAZ 1969–1982", die sich im Druck befindet.

[54] *R. N. Musina*, Etnokul'turnye orientacii i mežnacional'nye otnošenija: Analiz situacii v gorodach Respubliki Tatarstan, in: Sovremennye nacional'nye processy v Respublike Tatarstan 2, 1994, 46–58; *Sagitova*, Etničnost', 149–156; *Giuliano*, Grievance, 126–144; *Garipov*, Social'no-etničeskaja struktura, 65–82.

[55] *I. M. Lotfullin/F. T. Islaev*, Džichad tatarskogo naroda. Geroičeskaja bor'ba tatar-musul'man s pravoslavnoj inkviziciej na primere istorii novokreščenskoj kontory, Kazan' 1998, 40–41.

[56] *Garipov*, Social'no-etničeskaja struktura, 69–77.

Abb. 2: Die Kirche von Orlovka. Foto: E. Meier.

neuen Stadt stand und steht bis heute die Kirche von Orlovka. Im Narrativ der Bevölkerung von Naberežnye Čelny wurde sie zum Symbol des Widerstands eines lokalen Bauingenieurs gegen zentrale Akteure.

Vor 1969 lag das überwiegend von russischen Bauern bewohnte Dorf Orlovka am nordöstlichen Stadtrand des alten Naberežnye Čelny. Nach dem Bebauungsplan für das neue Naberežnye Čelny befand sich Orlovka mitten in der neuen Stadt. Das Dorf wurde weitgehend abgerissen und auf Erlass des Obersten Sowjets der RSFSR eingemeindet. Nicht abgetragen wurde die 1859 erbaute orthodoxe Kirche der Heiligen Kosma und Damian. Die Kirche wurde zwar seit den 1930er Jahren nicht mehr für religiöse Zwecke genutzt. Sie diente jedoch als Lagerraum.[57] Aus parteiinternen Diskussionen sowie aus Erzählungen von Zeitzeugen kann aber geschlossen werden, dass die aktuelle Funktion des Gebäudes für die Bedeutung, die die Menschen diesem Gebäude zuschrieben, keine Rolle spielte. Die architektonischen Zeichen verwiesen auf eine Kirche und als solche wurde das Gebäude von den Menschen wahrgenommen.[58]

Aus den Plänen geht hervor, dass die Verbindungsstraße zwischen dem südwestlichen und dem nordöstlichen Teil der Stadt hier durchführen sollte, dann

---

[57] Ukaz Prezidiuma Verchovnogo Soveta RSFSR No. 916 ob utverždenii vključenija v sostav goroda Brežneva Tatarskoj ASSR nekotorych naselennych punktov Tukaevskogo rajona, in: Vedomosti Verchovnogo Soveta RSFSR 28 (1342), 666 (Erlass vom 12. Juli 1987); *Dubrovskij*, Sosedi, 20–21; *L. Jakovleva*, Pamjatniki architektury. Kul'tovye sooruženija g. Naberežnye Čelny i naselennych punktov Tukaevskogo rajona, in: Prikam'e. Al'manach No. 12, Naberežnye Čelny 1990, 16–22.

[58] CGA IPD RT, f. 7403, op. 1, d. 528, l. 1. Zu den Zeitzeugen s. u., 171.

Abb. 3: Andrej Kirilenko (1. Reihe Mitte) und Marat Bibišev (1. Reihe rechts) in Naberežnye Čelny, aus dem Privatarchiv von B. Kaneev.

aber knapp an der Kirche vorbei gebaut wurde. Wer hierfür verantwortlich zeichnete, ist den Akten nicht zu entnehmen.[59]

Um die Kirche von Orlovka ranken sich heute in Naberežnye Čelny viele Geschichten. Unumstrittener Held in all diesen Erzählungen ist der Bauingenieur Marat Bibišev. Der Tatare Bibišev war als Leiter des örtlichen Wohnungsbaukombinats einer der führenden lokalen Akteure beim Aufbau der Stadt. Er war derjenige, der die Pläne des Moskauer Architekten Boris Rubanenko und anderer vor Ort umsetzte bzw. umsetzen sollte. An seiner Seite besichtigte Andrej Kirilenko, der für die Industrie zuständige ZK-Sekretär der KPdSU, die neue Stadt. Bibišev wurde 1929 im tatarischen Dorf Nurkeevo geboren, studierte Bauingenieurwesen in Kazan' und war seit den 1950er Jahren an mehreren Industrieprojekten im Osten Tatarstans beteiligt. Das Prestigeobjekt Naberežnye Čelny brachte dann den Sprung nach oben. Bibišev hatte Zugang zu den Mächtigen des Landes und wurde Teil der sich neu formierenden lokalen Elite. Für den Bau der neuen Stadt wurde er mit den höchsten sowjetischen Orden ausgezeichnet. Dem Schriftsteller Sobbuch Rafikov diente Bibišev als

[59] Archiv Naberežno-Čelninskogo Otdelenija Sojuza Architektorov, GP 262 (Genplan g. Naberežnye Čelny).

Prototyp für seinen 1972 erschienenen tatarischsprachigen Aufbauroman „Am stillen Fluss“ (*Tyn elga buenda*).[60]

Bibišev erzählt, er habe sich geweigert, die Kirche von Orlovka abreißen zu lassen. Er selbst sei zwar Atheist, doch sollte die neue Stadt für den Menschen sein, und wenn die Menschen eine Kirche bräuchten, sollten sie eine Kirche haben. Die Kirche von Orlovka schaffe Abwechslung in der architektonischen Gestaltung der Stadt. Sie sei – nicht nur für Christen – eine Quelle der Eingebung, der Inspiration (*vdochnovenie*) und als solche schützenswert.[61]

Zeitzeugen erinnern Bibišev für die 1970er Jahre als Mann, der „weder Gott noch den Zaren fürchtete“ und stützen Bibiševs Selbstdarstellung.[62] In diesen Erzählungen erscheinen die lokalen Akteure als diejenigen, die die Bedürfnisse der Menschen kannten, während die Moskauer diese nicht ausreichend berücksichtigten.

Die städtebaulichen Konzepte von Naberežnye Čelny, insbesondere die Monotonie der Architektur, sind seit der *perestrojka* Anlass scharfer Kritik und werden auch im Hinblick auf die sozialen Konflikte in der Stadt diskutiert. In diesem Klima dient den lokalen Ingenieuren der Verweis auf einen Konflikt zwischen Zentrum und Peripherie auch dazu, ihre Verantwortung für Fehlentwicklungen an Moskau abzugeben.

Bemerkenswert bleibt, dass sich ein Tatare, Atheist und Kommunist als Retter einer orthodoxen Kirche in die Geschichte der Stadt eingeschrieben hat. In dieser Erzählung über den Verstoß gegen die Anordnungen aus der Machtzentrale zeigt sich paradoxerweise, dass die Schaffung des „neuen Menschen“, der die Bedeutung religiöser und ethnischer Kategorien überwindet, zumindest partiell als erfolgreich wahrgenommen wird.

Zudem hat die Kirche von Orlovka wesentlich zur Bildung einer lokalen Identität beigetragen. Zum einen ist sie Symbol für die zerstörten Dörfer und Zeugnis dafür, dass die Region eine Geschichte hat, die entgegen der sowjetischen Darstellung nicht erst mit dem Bau von KamAZ begann. Zum anderen strukturiert dieses architektonische Denkmal, das die Gleichförmigkeit der Plattenbauten radikal durchbricht, den städtischen Raum für Russen und Tataren gleichermaßen.

---

[60] *B. Kaneev*, Bibišev Marat Šakirovič, in: Fän häm mäktäp Nauka i škola 2, 1999, 68–69; Nagraždenie rabočich, inženerno-techničeskich rabotnikov, služaščich, partijnych, sovetskich, profsojuznych i komsomol'skich rabotnikov, naibolee otličivšichsja pri sooruženii pervoj očeredi Kamskogo kompleksa zavodov po proizvodstvu bol'šegruznych avtomobilej i smežnych k nim predprijatij, in: Vedomosti Verchovnogo Soveta Sojuza Sovetskich Socialističeskich Respublik. Priloženie k No. 16 (1882) ot 20 aprelja 1977 g., 33; Čally-Jort. Jalkynly ellar chatiräse. Čally-Jort. Pamjat' plamennych let, Jar Čally / Naberežnye Čelny 1998, 290–303.

[61] Interview der Autorin mit Marat Bibišev, Naberežnye Čelny, 16. Januar 2004.

[62] Interview der Autorin mit Biljal Kaneev, Naberežnye Čelny, 10. Oktober 2004.

6. Die Helden der Zeit

Johannes Grützmacher und Christoph Ward haben die Baikal-Amur-Magistrale zu Recht als ein gescheitertes Projekt der Massenmobilisierung bewertet.[63] Während sich die BAM problemlos in das Narrativ der Stagnation einfügt, ist das hier untersuchte Großprojekt mit dieser Zuschreibung nur partiell zu erfassen. Ein zentraler Unterschied zur BAM ist der Städtebau, der im Hinblick auf die Anwerbung der Arbeitskräfte und ihre soziale Mobilität von entscheidender Bedeutung war. Naberežnye Čelny ist zwar bis heute eine Baustelle geblieben, eine unvollendete Stadt: Die vielen Bauruinen sind augenfällige Zeugen einer nicht realisierten Idee. Dennoch entstanden in der Brežnev-Ära Wohnungen für mehrere Hunderttausend Menschen und Bildungseinrichtungen, die eine lokale Elite hervorbrachten. Diese Angebote – Wohnung und Bildung – waren auch für Familien attraktiv, was neben den klimatischen Bedingungen eine dauerhafte Ansiedlung der Arbeitskräfte und ihre Bindung an den Industriebetrieb begünstigte.

Naberežnye Čelny eröffnete insbesondere der Gruppe der Ingenieure berufliche Herausforderungen, wie sie die Orte, aus denen die Zuwanderer kamen, nicht bieten konnten. Für sie war die Brežnev-Ära mit ihren groß angelegten internationalen Kooperationsprojekten und den sozialen Aufstiegsmöglichkeiten eine dynamische Zeit. Mit den Dienstreisen ins westliche Ausland wurde ein neuer Mobilisierungsanreiz geschaffen. Zugleich förderten diese Reisen, die nur ein enger Kreis hoch qualifizierter Ingenieure antreten konnte, ebenso wie die Gewährung einer Vielzahl weiterer Privilegien das unter Stalin geschaffene Elitebewusstsein der Ingenieure. Mit Großprojekten wie KamAZ wurde in der Brežnev-Ära der *status quo* dieser Gruppe bekräftigt.

Die Handlungsmöglichkeiten der Ingenieure erweiterten sich im Zuge ihres Aufstiegs erheblich. Einige nutzten sie, um die Grenzen des Möglichen neu zu definieren – ohne diese jedoch zu überschreiten. Es finden sich Beispiele von Ingenieuren, die Kritik an der Umsetzung des Großprojekts übten und eigenmächtig handelten. Zu keiner Zeit sahen sich diese Akteure jedoch in Opposition zur Ordnung der Brežnev-Ära. Vielmehr waren sie daran interessiert, die sowjetische technokratische Ordnung, die ihnen ihre Führungsrolle garantierte, zu erhalten. So erstaunt es wenig, dass insbesondere die Ingenieure die Brežnev-Ära als „goldenes Zeitalter" erinnern.

Bis heute beziehen sie ihr Selbstverständnis aus dem Mythos des heroischen Aufbaus der 1970er Jahre. KAMAZ feiert die Ingenieure der Brežnev-Ära weiterhin als Helden und gießt ihnen nach ihrem Tod Denkmäler. Straßen werden

[63] *Grützmacher*, Die Baikal-Amur-Magistrale; *Ward*, Brezhnev's Folly.

Abb. 4: Denkmal für den Bauingenieur Evgenij Batenčuk. Foto: E. Meier.

nach ihnen benannt.[64] Die Ingenieure publizieren ihre Memoiren.[65] Verschiedene Gruppen – tatarische Nationalisten und junge Menschen – protestieren gegen diese Geschichtspolitik, die die Verlierer des regionalen Booms der 1970er Jahre ausblendet.

Den Preis für die forcierte Industrialisierung hatten auch in der Brežnev-Ära die Bauern zu bezahlen. Viele von ihnen trafen die Entscheidung, Teil des Großprojekts zu sein, nicht selbst. Die Lebensläufe der umgesiedelten Bauern machen deutlich, dass die Möglichkeiten des Aufstiegs begrenzt waren. Bestrebungen einer „zweiten *korenizacija*" kamen auf halber Strecke zum Erliegen. Auch trugen die rhetorischen Figuren der Mobilisierungskampagnen zur Verstärkung negativer, antitatarischer Stereotype bei. Die Ursachen für die heutigen sozialen

[64] „Ne vsem dano tak ščedro žit'...", in: Čelninskie izvestija, 9. August 2002.

[65] *Evgenij Batenčuk*, Vse ostaetsja ljudjam. Vospominanija energostroitelja, Naberežnye Čelny 2003.

und ethnischen Konflikte in Naberežnye Čelny sind nicht zuletzt in der Verteilungs- und Mobilisierungspolitik der Brežnev-Ära zu suchen.

Die Forschung zu den neuen Städten der Brežnev-Ära befindet sich noch in den Anfängen. Wie Naberežnye Čelny hier zu verorten ist, wird sich zeigen, wenn weitere Studien vorliegen. Erste Ergebnisse machen deutlich, dass Naberežnye Čelny zwar ein besonders großer Fall war. Es waren die beiden Autostädte Naberežnye Čelny und Tol'jatti, die in der Sowjetunion der 1970er Jahren den stärksten Bevölkerungszuwachs zu verzeichnen hatten.[66] Doch Naberežnye Čelny war keineswegs ein Sonderfall. Auch andere technologische Großprojekte dieser Zeit, wie etwa Severodvinsk und Ševčenko, hatten Ingenieuren durchaus Attraktives zu bieten.[67] Manche Projekte trugen wesentlich zu einer Ausweitung der Ost-West-Kontakte bei. Mag *glasnost'* in mancherlei Hinsicht das Fenster zur Welt geöffnet haben, im Bereich der wirtschaftlichen Zusammenarbeit hat der ökonomische Zusammenbruch der Gorbačev-Ära diesen unter Chruščev und Brežnev geschaffenen Zugang wieder verschlossen. Nicht die Dissidenten in den Hauptstädten, die lange im Fokus der Forschung standen, sondern vielmehr die Ingenieure der neuen, monoindustriellen Städte haben diese Entwicklung als Bruch verstanden. Das Motiv der Isolation – mit Gorbačev von Moskau und der Welt vergessen – hat ihre Wahrnehmung der Brežnev-Ära entscheidend geprägt. Für die Ingenieure von Naberežnye Čelny begann die Ära der Stagnation nicht mit, sondern nach Brežnev.

Literatur

Aipov, N. A., Sovetskij rabočij, Moskau 1981.

Ajsin, R. G. (Hrsg.), V zolotych ognjach gidrostancii, Naberežnye Čelny 2004.

Barenberg, Alan, Vorkuta, 1930s–1970s, Ph.D. Chicago 2007.

Batenčuk, Evgenij, Vse ostaetsja ljudjam. Vospominanija energostroitelja, Naberežnye Čelny 2003.

Bohn, Thomas M., Minsk – Musterstadt des Sozialismus. Stadtplanung und Urbanisierung in der Sowjetunion nach 1945, Köln / Weimar / Wien 2008.

Brade, Isolde / Perzik, Jewgeni N. / Piterski, Dimitri S., Die Raum-, Regional- und Städteplanung in der früheren UdSSR. Voraussetzungen für die Herausbildung des gegenwärtigen Städtesystems in der Russischen Föderation, in: Isolde Brade / Frank-Dieter

[66] *Isolde Brade / Jewgeni N. Perzik / Dimitri S. Piterski*, Die Raum-, Regional- und Städteplanung in der früheren UdSSR. Voraussetzungen für die Herausbildung des gegenwärtigen Städtesystems in der Russischen Föderation, in: Isolde Brade / Frank-Dieter Grimm (Hrsg.), Städtesysteme und Regionalentwicklungen in Mittel- und Osteuropa. Rußland, Ukraine, Polen, (Beiträge zur regionalen Geographie 46), Leipzig 1998, 7–72, hier 45.

[67] Siehe den Beitrag von Stefan Guth in diesem Band. Ekaterina Emeliantseva arbeitet zur U-Boot-Stadt Severodvinsk, http://secondworldurbanity.org/ (28.03.2013); zu den geschlossenen Städten s. das Themenheft Ab Imperio 2, 2011: Closed City, Closed Economy, Closed Society. The Utopian Normalization of Autarky.

Grimm (Hrsg.), Städtesysteme und Regionalentwicklungen in Mittel- und Osteuropa. Rußland, Ukraine, Polen, Leipzig 1998, 7–72.
Čally-Jort. Jalkynly ellar chatiräse. Čally-Jort. Pamjat' plamennych let, Jar Čally / Nabereżnye Čelny 1998.
Červonnaja, S. M., Živopis' avtonomnych respublik RSFSR (1917–1977), Moskau 1978.
Cook, Linda J., The Soviet Social Contract and Why it Failed. Welfare Policy and Workers' Politics from Brezhnev to Yeltsin, Cambridge, MA 1993.
Dokumenty rasskazyvajut. Dokladnaja zapiska Ministra A. Tarasova v Sovet Ministrov SSSR, in: Prikam'e. Al'manach No. 8, Nabereżnye Čelny 1989, 3–9.
Dubrovskij, A. G., Respublika Tatarstan. Kratkij istoriko-geografičeskij obzor, Heft 8, Nabereżnye Čelny 1996.
–, Nižnee Prikam'e – primečatel'nyj region Tatarstana. Zanimatel'noe kraevedenie v voprosach i otvetach, Bd. 1, Nabereżnye Čelny 1993.
–, (Hrsg.), Sosedi Nabereżnych Čelnov, Nabereżnye Čelny 2000.
Dunham, Vera S., In Stalin's Time. Middleclass Values in Soviet Fiction, New York 1976.
Feest, David, „Neo-Korenizacija" in den baltischen Sowjetrepubliken? Die Kommunistische Partei Estlands nach dem Zweiten Weltkrieg, in: Zeitschrift für Geschichtswissenschaft 54, 2006, 263–280.
Finer, Harlan S. / Gobstein, Howard / Holliday, George D., KamAZ. U. S. Technology Transfer to the Soviet Union, in: Henry R. Nau (Hrsg.), Technology Transfer and U. S. Foreign Policy, New York / Washington / London 1974, 90–95.
Frings, Andreas, Sowjetische Schriftpolitik zwischen 1917 und 1941. Eine handlungstheoretische Analyse, Stuttgart 2007.
Garipov, Jagfar, Molodye goroda: formirovanie naselenija, mežnacional'nye i mežkonfessional'nye otnošenija, in: Islam v tatarskom mire. Istorija i sovremennost' (Materialy meždunarodnogo simpoziuma, Kazan' 29 aprelja–1 maja 1996 g., Panorama-forum 12, 1997 – Special'nyj vypusk), Kazan' 1997.
–, Social'no-etničeskaja struktura rabotnikov i mežnacional'nye otnošenija na KamAZe, in: Sovremennye nacional'nye processy v Respublike Tatarstan 1, 1992, 65–82.
Gestwa, Klaus, Die Stalinschen Großbauten des Kommunismus. Sowjetische Technik- und Umweltgeschichte, 1948–1967, München 2010.
Giuliano, Elise, Constructing Grievance. Ethnic Nationalism in Russia's Republics, Ithaca 2011.
Gordoe imja, vysokaja čest', in: Rabočij KamAZa, 24. November 1982.
Grjaznova, Nina, Eti devočki – stroiteli KamAZa, in: Kazan' 1–2, 1994, 87.
Grützmacher, Johannes, Die Baikal-Amur-Magistrale. Vom stalinistischen Lager zum Mobilisierungsprojekt unter Breżnev, München 2012.
Hechter, Michael, Internal Colonialism. The Celtic Fringe in British National Development, 2. überarb. Aufl. New Brunswick, NJ 1999.
Holliday, George Donald, Western Technology Transfer to the Soviet Union, 1928–1937 and 1966–1975. With a Case Study in the Transfer of Automotive Technology, Ph.D. Washington 1978.
Hanson, Philip, Trade and Technology in Soviet-Western Relations, London / Basingstoke 1981.
Imeni plamennogo borca za mir i kommunizm, in: Znamja kommunizma, 24. November 1982.
Josephson, Paul R., New Atlantis Revisited. Akademgorodok, the Siberian City of Science, Princeton, NJ 1997.

KamAZ. Organizacija stroitel'stva i proizvodstvo stroitel'nych rabot. Dlja služebnogo pol'zovanija, eks. No. 003438, Moskau 1986.

Kaneev, B., Bibišev Marat Šakirovič, in: Fän häm mäktäp – Nauka i škola 2, 1999, 68–69.

Kotkin, Stephen, Magnetic Mountain. Stalinism as a Civilization, Berkeley, CA / Los Angeles / London 1995.

Landau, Julia Franziska, Wir bauen den großen Kuzbass! Bergarbeiteralltag im Stalinismus 1921–1941, Stuttgart 2012.

Lotfullin, I. M. / Islaev, F. T., Džichad tatarskogo naroda. Geroičeskaja bor'ba tatar-musul'man s pravoslavnoj inkviziciej na primere istorii novokreščenskoj kontory, Kazan' 1998.

Martin, Terry, The Affirmative Action Empire. Nations and Nationalism in the Soviet Union, 1923–1939, Ithaca 2001.

McCauley, Martin, Khrushchev and the Development of Soviet Agriculture. The Virgin Land Programme, 1953–1964, New York 1976.

Millar, James R., The Little Deal. Brezhnev's Contribution to Acquisitive Socialism, in: Slavic Review 44:4, 1985, 694–706.

Morton, Henry W., Who Gets What, When and How? Housing in the Soviet Union, in: Soviet Studies 32, 1980, 235–259.

Musina, R. N., Etnokul'turnye orientacii i mežnacional'nye otnošenija: Analiz situacii v gorodach Respubliki Tatarstan, in: Sovremennye nacional'nye processy v Respublike Tatarstan 2, 1994, 46–58.

„Ne vsem dano tak ščedro žit'…", in: Čelninskie izvestija, 9. August 2002.

Neutatz, Dietmar, Die Moskauer Metro. Von den ersten Plänen bis zur Großbaustelle des Stalinismus (1897–1935), Köln / Wien / Weimar 2001.

Obertreis, Julia, Imperiale Wüstenträume. Baumwollanbau und Bewässerung in Zentralasien, 1870er Jahre bis 1991, Habil. Freiburg 2010.

Parker, W. H., The Soviet Motor Industry, in: Soviet Studies 32, 1980, 515–541.

Penter, Tanja, Kohle für Hitler und Stalin. Arbeiten und Leben im Donbass 1929 bis 1953, Essen 2010.

Pohl, Michaela, The Virgin Lands Campaign, Ph.D. Bloomington, IN 1999.

Rubanenko, B. / Pateev, R., Naberežnye Čelny. Proektirovanie, stroitel'stvo, in: Architektura SSSR 8, 1976, 5–23.

Rüthers, Monica, Moskau bauen von Lenin bis Chruščev. Öffentliche Räume zwischen Utopie, Terror und Alltag, Köln / Weimar / Wien 2007.

Sagitova, L. V., Etničnost' v sovremennom Tatarstane. Vosproizvodstvo etničnosti v tatarstanskom obščestve na rubeže 1980–1990-ch gg. (po materialam respublikanskoj pressy i etnosociologičeskich issledovanij), Kazan' 1998.

Samuelson, Lennart, Tankograd. The Formation of a Soviet Company Town. Cheliabinsk, 1900s–1950s, Basingstoke 2011.

Schattenberg, Susanne, Stalins Ingenieure. Lebenswelten zwischen Technik und Terror in den 1930er Jahren, München 2002.

Siegelbaum, Lewis, Cars for Comrades. The Life of the Soviet Automobile, Ithaca / London 2008.

Simon, Gerhard, Nationalismus und Nationalitätenpolitik in der Sowjetunion. Von der totalitären Diktatur zur nachstalinschen Gesellschaft, Baden-Baden 1986.

Stronski, Paul, Tashkent. Forging a Soviet City, 1930–1966, Pittsburgh 2010.

Stupeni rosta. Enciklopedija strojki. 40-letiju Kamgesenergostroja posvjaščaetsja, Naberežnye Čelny 2004.

Suny, Ronald Grigor, The Revenge of the Past. Nationalism, Revolution, and the Collapse of the Soviet Union, Stanford, CA 1993.
Tuminez, Astrid S., Russian Nationalism since 1856. Ideology and the Making of Foreign Policy, Lauham / Boulder / New York 2000.
Ward, Christopher, Brezhnev's Folly. The Building of BAM and Late Socialism, Pittsburgh 2009.
Weinberg, Elizabeth Ann, Sociology in the Soviet Union and Beyond. Social Enquiry and Social Change, Aldershot 2004.
Žuravlev, S. V. / Zezina, M. P. / Pichoja, P. G. u. a. (Hrsg.), AvtoVAZ meždu prošlim i buduščim. Istorija Volžskogo avtomobil'nogo zavoda 1966–2005, Moskau 2006.

„Bei uns gab es keine Dissidenten“

Kritik und Dissidenz an der zentralasiatischen Peripherie, 1964–1982

Moritz Florin

„Bei uns gab es keine Dissidenten“, so reagierte eine Mehrheit der von mir in den Jahren 2010 und 2011 interviewten kirgisischen Intellektuellen und Politiker auf die Frage, ob ihnen Beispiele für offen geäußerte Kritik an der Parteilinie aus den Jahren vor 1985 bekannt seien.[1] Viele verneinten auch die Frage, ob es in Zentralasien *samizdat* gegeben habe. Das Statement begegnete mir auch bei denjenigen, die während der *perestrojka* in den Unabhängigkeitsbewegungen aktiv waren.[2] Damit scheint sich die kirgisische von anderen Republiken zu unterscheiden, in denen es mit der Unabhängigkeit und der gleichzeitigen Welle des Nationalismus als schick galt, „dissident“ gewesen zu sein.

Nun ist das Zitat „Bei uns gab es keine Dissidenten“ als Ausgangspunkt für eine Analyse der sowjetischen Geschichte problematisch: Es handelt sich um eine Aussage über eine Vergangenheit, die heute, im Kontext des Zusammenbruchs von Wirtschaft und Sozialsystemen, oft ein Bezugspunkt für Nostalgie ist. Die Sowjetunion zu kritisieren ist mehr als zwanzig Jahre nach der *perestrojka* in Kirgistan – und nicht nur dort – kaum noch *en vogue*. Zudem verstehen kirgisische Interviewpartner unter dem Begriff „Dissident“ etwas anderes als die westliche Forschung. Unter dem Einfluss sowjetischer Propaganda erhielt der Begriff eine negative Konnotation: „Dissidenten“ waren der sowjetischen Propaganda zufolge „Staatsfeinde“, „Vaterlandsverräter“, „Westler“. Es kann also als ein Beleg für das Fortbestehen dieser sowjetischen Konnotationen des Begriffes gedeutet werden, dass sich bis heute kaum jemand als „Dissident“ bezeichnen möchte. Über die sowjetische Vergangenheit sagt dies deshalb nur wenig aus.

Dennoch lohnt es sich, die Aussage „Bei uns gab es keine Dissidenten“ zum Ausgangspunkt für diesen Aufsatz zu machen. Denn der Satz gibt Anlass, darü-

[1] Vom Verfasser wurden insgesamt 50 Interviews in Kirgistan geführt, darunter über dreißig Interviews mit Vertreterinnen und Vertretern der Kulturelite des Landes. Zudem hatte ich Zugriff auf über 200 Interviews, die im Rahmen eines Projektes der OSZE-Akademie Bischkek in ganz Kirgistan geführt wurden.

[2] Vom Verfasser wurden u. a. die beiden Unabhängigkeitsführer Kazat Akmatov und Žypar Žekšeev interviewt. Von beiden liegen auch autobiographische Arbeiten vor: *Kazat Akmatov*, Okujalar, adamdar. Min bir kün, Bischkek 1997, und *Žypar Žekšeev*, Čyndyk bir gana özündö, Bischkek 1997.

ber nachzudenken, wie in der Breżnev-Zeit Kritik, Dissidenz und Konformismus jenseits der bekannten Zentren der Dissidenz funktionierten. Über Kirgistan, allgemeiner über Zentralasien ist in dieser Hinsicht bislang nur wenig bekannt. Zwar vermutete manch ein westlicher Sowjetunionforscher, „die Muslime" müssten irgendwann, in nicht allzu ferner Zukunft, gegen den von Russen dominierten sowjetischen Staat aufbegehren. Es gab jedoch kaum Informationen über Kritik oder Dissidenz in den zentralasiatischen Republiken.[3] Während die Proteste im Jahr 1965 in Armenien anlässlich des 50. Jahrestages des Genozids als Anzeichen für das Aufkommen eines „dissidentischen Nationalismus" gedeutet wurden[4] und aus der Ukraine oder den baltischen Republiken einige Dissidenten bekannt waren[5], drang aus Zentralasien kaum etwas nach außen. Lag dies nur daran, dass diese Regionen schwer zugänglich waren? Waren hier die Kontrollen besonders strikt? Oder gab es in Zentralasien tatsächlich besonders wenige Kritiker des Sowjetstaates? Allgemeiner bietet das Beispiel Zentralasien Anlass, darüber nachzudenken, wie Kritik jenseits der Dissidentenbewegung funktionierte. Bedeutet der Mangel an Informationen über Dissidenz tatsächlich, dass es keine Kritik und kein Andersdenken gab? Falls es tatsächlich keine Dissidenten gab: Wie funktionierten Kritik und Andersdenken jenseits der bekannten, moskauzentrierten Dissidentenbewegung? Was war erlaubt, und wo lagen die Grenzen des Sagbaren an der sowjetischen Peripherie?

Der Begriff „Dissidenz" impliziert Andersdenken (von lateinisch *dissidere*: uneinig sein, nicht übereinstimmen), doch hat Ann Komaromi zu Recht darauf hingewiesen, dass die Grenze zwischen Konformismus, Kritik, Dissens und Dissidenz oft nicht eindeutig zu ziehen sei. Selbst diejenigen, die gemeinhin als „Dissidenten" bezeichnet würden, hätten sich nicht notwendigerweise als Opponenten des Systems gesehen. Schon die Strategie des „Legalismus" spreche dagegen. Komaromi bezeichnet deshalb all diejenigen als Dissidenten, die sich am *samizdat* beteiligten, bzw. diejenigen, die zumindest versuchten, ihre abweichenden Ansichten auch an die Öffentlichkeit zu tragen.[6] Mitglieder konspirativer Untergrundgruppen waren demzufolge keine Dissidenten, auch ein vom KGB mitgehörtes kritisches Gespräch bedeutete nicht notwendigerweise

[3] Für eine Kritik an der damaligen Zentralasienforschung siehe ausführlich: *Will Myer*, Islam and Colonialism. Western Perspectives on Soviet Asia, London 2002, und *Devin DeWeese*, Islam and the Legacy of Sovietology. A Review Essay on Yaacov Ro'i's Islam in the Soviet Union, in: Journal of Islamic Studies 13:3, 2002, 298–330.

[4] Vgl. *Ronald Grigor Suny*, Looking Toward Ararat. Armenia in Modern History, Bloomington 1993. Für eine Kritik am Konzept eines „dissidentischen Nationalismus" vgl. *Maike Lehmann*, Eine sowjetische Nation. Nationale Sozialismusinterpretationen in Armenien seit 1945, Frankfurt am Main 2012, 20.

[5] Vgl. die klassische Studie: *Ljudmila M. Alekseeva*, Soviet Dissent. Contemporary Movements for National, Religious, and Human Rights, Middletown 1985. Zu Litauen bzw. allgemeiner den baltischen Republiken vgl. den Beitrag von Malte Rolf in diesem Band.

[6] Vgl. *Ann Komaromi*, Samizdat and Soviet Dissident Publics, in: Slavic Review 71:1, 2012, 70–90, hier 73.

Dissidenz. Damit verweist Komaromi auf eine entscheidende Frage: Wie wurde in der Sowjetunion Kritik geäußert? Welche Art von Kritik konnte auch über öffentliche Kanäle vorgebracht werden? Wann war die Grenze überschritten, die zu Zensur führte und die Kritiker damit in die Dissidenz trieb?

Im vorliegenden Aufsatz wird der Versuch unternommen, diese Fragen anhand des Beispiels einer der kleinsten sowjetischen Republiken zu untersuchen: der Kirgisischen Sowjetrepublik. In meiner Analyse konzentriere ich mich auf das hauptstädtische Milieu in Frunze und insbesondere auf die kirgisischen Eliten. Dabei ist zu bedenken, dass die Hauptstadt Kirgistans eine mehrheitlich nichtkirgisische Stadt war: Bereits seit der Vorkriegszeit lebten in Frunze mehrheitlich Russen. Durch die Evakuierungen während des Zweiten Weltkrieges wuchs ihre Zahl noch weiter an.[7] Dennoch lohnt sich der Fokus auf die kirgisischen Eliten. Diese hatten als Angehörige der Titularnation eine besondere Funktion innerhalb „ihrer“ Republik. In der Partei, aber auch im Bildungswesen oder innerhalb des Schriftstellerverbandes waren Kirgisen überproportional vertreten. Es kann in diesem Zusammenhang von einer in der Brežnev-Zeit fortgesetzten Politik der positiven Diskriminierung der Titularnation gesprochen werden.[8]

Doch soll es in diesem Aufsatz weniger um die Stabilität gehen, die das vermeintlich „goldene Zeitalter“ vor allem aus der Perspektive der (Partei-)Eliten fraglos kennzeichnete. Kirgistan *war* eine Republik der „Hyperstabilität“ der Kader – der erste Parteisekretär Turdakun Usubaliev blieb von 1961 bis 1985 im Amt – und zumindest die Eliten hatten daran wenig auszusetzen. Dennoch verstärkten sich in der Brežnev-Zeit auch Konflikte. Die propagierte „Stabilität“ bedingte einen erheblichen Konformitätsdruck bei gleichzeitigem gesellschaftlichem Wandel. Bevölkerungswachstum – besonders eine hohe Geburtenrate auf dem Land – führten zu einem erheblichen Migrationsdruck auf die mehrheitlich russischen Städte. Der Anteil der Kirgisen an der Stadtbevölkerung nahm in der Brežnev-Zeit daher rapide zu.[9] Daraus ergab sich ein Spannungsverhältnis: Immer häufiger wurde die Frage gestellt, in welchem Verhältnis russische, kirgisische und sowjetische Kulturen zueinander stünden. Allgemeiner ging es um die Frage nach dem Verhältnis zwischen den Postulaten der Annäherung, Verschmelzung und Indigenisierung. Wie in anderen Teilrepubliken auch[10] offenbarte sich hier ein ungelöster Konflikt zwischen der ritualisierten Sprache der Partei und einer Alltagsrealität, die damit kaum in Einklang zu bringen war.

[7] Insgesamt wurden zu diesem Zeitpunkt 619.903 Einwohner in Frunze gezählt, davon waren 141.841 Kirgisen, 345.387 Russen, 34.321 Ukrainer, 16.984 Tataren, 13.619 Deutsche, 10.977 Uiguren, 10.390 Usbeken, 10.043 Koreaner usw. Vgl. *Itogi Vsesojuznoj*, perepisi naselenija 1970 goda, Bd. 4, Moskau 1973, 284–289.

[8] Für Kirgistan vgl. *Moritz Florin*, Sowjetpatriotismus und Nation in Kirgistan, 1941–1991, Diss. Phil. Hamburg 2013, 173–178. Für allgemeine Überlegungen zu diesem Thema siehe auch den Beitrag von Malte Rolf in diesem Band.

[9] *Oskon D. Osmonov*, Istorija Kyrgyzstana, Bischkek 2004, 450.

[10] Vgl. u. a. den Beitrag von Malte Rolf in diesem Band.

Der folgende Aufsatz ist in zwei Teile gegliedert: Zunächst untersuche ich anhand der Debatten über den Ort der kirgisischen Nation innerhalb der Sowjetunion die Frage, was verboten war. Wann griff die Zensurbehörde ein und trieb damit Intellektuelle in den *samizdat*? Dabei werde ich zeigen, dass die Grenzen der Zensur von politischen Konjunkturen abhingen. Diese ergaben sich aufgrund vielschichtiger politischer Aushandlungsprozesse zwischen dem Moskauer Parteiapparat und jenem an der zentralasiatischen Peripherie. Im zweiten Teil des Aufsatzes frage ich danach, was trotz der Zensur, die sich zu Beginn der 1970er Jahre noch einmal verhärtete, möglich blieb. Denn obwohl es Zensur gab, konnten Intellektuelle an der Peripherie immer wieder erstaunlich offen Kritik äußern und damit der Politik Unmut signalisieren.

1. Zensur und die Grenzen des Sagbaren

Nachdem sich im Tauwetter die Kritik am Stalinismus erschöpft hatte und die Zensur weitere Debatten zu diesem Thema rigoros unterband[11], war die nationale Frage in Kirgistan – wie in anderen Regionen der Sowjetunion auch – *das* zentrale Debattierfeld der Breženv-Zeit.[12] Insbesondere die Frage nach dem Verhältnis Zentralasiens zu Russland war heikel, rührte sie doch an der Legitimität sowjetischer Herrschaft an der nationalen Peripherie: Bedeutete die Dominanz russischer Kultur und Sprache innerhalb der Sowjetunion, dass sich der sowjetische Staat zunehmend zu einer einheitlichen russischen Nation entwickelte? Bedeutete die Dominanz von Russen in den höchsten Führungspositionen innerhalb der Kommunistischen Partei, dass die Sowjetunion an der Peripherie wie ein Imperium agierte? Welchen Platz hatten die Kirgisen innerhalb eines Staates, der von der Hauptstadt der Russischen Sowjetrepublik aus regiert wurde?

[11] Der in Kirgistan lebende Schriftsteller Leonid Djadjučenko beispielsweise versuchte 1967 eine Erzählung über den Terror im Moskau der Jahre 1937/38 zu veröffentlichen. Dies wurde ihm jedoch mit Verweis auf Solženicyn, dessen Werk „Der erste Kreis der Hölle" (*V kruge pervom*) 1965 verboten worden war, untersagt. Ein weiteres Buch des Autors Nikolaj Udalov zu diesem Thema wurde 1968 verboten. Godovye otčety o rabote glavlitov sojuznych respublik za 1967 g., Gosudarstvennyj Archiv Rossijskoj Federacii (GARF), f. 9425, op. 1, d. 1304, l. 164, l. 187.

[12] Zu Debatten über die nationale Frage in Russland vgl. u. a. *Yitzhak M. Brudny*, Reinventing Russia. Russian Nationalism and the Soviet State, 1953–1991, Cambridge 1998; *Nikolaj A. Mitrochin*, Russkaja partija. Dviženie russkich nacionalistov v SSSR 1953–1985 gody, Moskau 2003; *Hildegard Kochanek*, Die russisch-nationale Rechte von 1968 bis zum Ende der Sowjetunion, Stuttgart 1999. Gerhard Simon bemerkt in seinem Standardwerk auch für die Peripherien eine ähnliche Tendenz, er wusste jedoch wenig über das genaue Ausmaß oder die Inhalte. Vgl. *Gerhard Simon*, Nationalismus und Nationalitätenpolitik in der Sowjetunion. Von der totalitären Diktatur zur nachstalinschen Gesellschaft, Baden-Baden 1986, 395–418. Zu Litauen siehe auch den Beitrag von Malte Rolf in diesem Band.

Derartige Fragen wurden zwar nie in dieser Direktheit gestellt, sie bilden jedoch den Hintergrund für das Verständnis kirgisischer Debatten in der Breżnev-Zeit.

Das Verhältnis zu Russland war in den Debatten der kirgisischen Schriftsteller ein heiß umkämpftes Thema. Die Grundzüge des Konfliktes lassen sich besonders gut anhand des Streits um den Film „Der erste Lehrer“ von Andrej Končalovskij verdeutlichen.[13] In dem 1965 veröffentlichten, auf einer Ajtmatov-Erzählung basierenden Film wird die Ankunft eines Lehrers und die Gründung einer Schule in einem kirgisischen Dorf der 1920er Jahre gezeigt. Der Film wurde in Kirgistan zunächst einer Gruppe von Kulturschaffenden und Parteifunktionären vorgeführt. Bei einem Teil der Zuschauer stieß der Film auf spontane Ablehnung. Aziz Saliev, ein Vertreter der älteren kirgisischen Schriftstellergeneration, fasste die Kritik an dem Film auf einem Schriftstellerplenum in deutliche Worte:

> In dem Film wird unmissverständlich suggeriert, dass die Revolution Wilden aufgezwungen worden sei, Wilden, die unfähig gewesen seien, irgendetwas Menschliches zu verstehen oder anzunehmen. Und der Vertreter der Revolution ist ein hohler Fanatiker, Schreihals und Gewalttäter. […] In dem Film wird uns eine trotzkistische Auslegung der Revolution präsentiert. Wir wissen doch noch alle gut, wer die Oktoberrevolution darstellen wollte, als sei sie dem Volke fremd, als sei sie uns von oben, von Russland aus aufgezwungen worden.[14]

Besonderen Applaus erntete Saliev für folgende Polemik:

> Die Unterstützer des Filmes in Moskau versuchen ihn anzupreisen, und hier, in unserer Republik wird geschwiegen. […] Ich kann mir die Haltung der Zeitungen und Kritiker nicht erklären. Über seine Einstellung zur Revolution soll das Volk sich selbst aussprechen und nicht Simonov oder Gerasimov [die den Film in Moskau positiv besprochen hatten, M. F.], die dieses Volk nicht gesehen haben, es nicht kennen.[15]

Mit dieser Aussage wandte Saliev sich vor allem an das russische Zentrum, an die russischen Regisseure und Kritiker, die das kirgisische Volk nicht kennen würden. Gleichzeitig bestritt er, dass in der Sowjetunion den Kirgisen irgendetwas aufgezwungen werde oder wurde, weder von „den Russen“, noch von sonst irgendjemandem.

Obwohl Saliev sich damit deutlich gegen „Russifizierung“ und einen vermeintlichen „russischen Chauvinismus“ wandte, ist bemerkenswert, dass er und die anderen Kritiker des Films zunächst Rückenwind aus dem Kirgisischen

---

[13] Der Streit kam erstmals auf einer Schriftstellerversammlung im Mai 1965 offen zum Ausbruch, als seine Gegner Ajtmatov u. a. vorwarfen, er sei kein Kirgise, würde noch nicht einmal die kirgisische Sprache beherrschen. Vgl. Stenogramma otčetno-perevybornogo sobranija partijnoj organizacii Sojuza Pisatelej Kirgizii, Rossijskij Gosudarstvennyj Archiv Literatury i Isskusstva (RGALI), f. 631, op. 42, d. 307, l. 43.

[14] Stenogramma Plenuma Sojuza Pisatelej Kirgizii o sostojanii kritiki, 27.–28. Dezember 1965, Central'nyj Gosudarstvennyj Archiv Kyrgyzskoj Respubliki (CGAKR), f. 1645, op. 2, d. 246, l. 219.

[15] Ebd., l. 220.

Zentralkomitee erhielten. Der erste Parteisekretär Turdakun Usubaliev sorgte persönlich dafür, dass der Film noch einmal der Moskauer Generalverwaltung für Filmkunst vorgelegt wurde.[16] Im Gegensatz zu Usubalievs retrospektiver Darstellung stieß der Film dort keineswegs auf Ablehnung, aber um das Kirgisische Zentralkomitee nicht gänzlich vor den Kopf zu stoßen, wurden einige Veränderungen angeordnet.[17] Der Film kam danach im Juli 1965 unionsweit in die Kinos, in Kirgistan verhinderte hingegen das Zentralkomitee die Aufführung bis September 1966.[18] Erst nachdem zahlreiche Beschwerdebriefe das Zentralkomitee erreicht hatten und Michail Suslov, der inoffizielle Chefideologe der KPdSU, noch einmal persönlich mit Usubaliev gesprochen hatte, wurde der Film auch in der Kirgisischen SSR gezeigt.[19]

Über die Eingriffe des sowjetischen Zentrums war insbesondere Turdakun Usubaliev erbost. In seinen Memoiren schreibt er in diesem Zusammenhang:

> Die Vertreter vieler zentraler Staatsorgane ließen sich schon seit langem von imperialer Gesinnung leiten. Sie meinten, dass das Zentrum immer und in allem Recht habe, es mache niemals Fehler. Die Peripherie sollte auf das Zentrum hören, widerspruchslos alle Befehle ausführen.[20]

Damit verwies Usubaliev auf eine Tendenz, die in der Forschung zur Brežnev-Zeit oft bemerkt wird: Er beklagte sich über den zunehmenden russischen Nationalismus, der staatlicherseits geduldet wurde und sich bis in die höchsten Parteiebenen nachweisen lässt.[21] So nützlich die Strategie der Kooptierung russisch-nationalistischer Intellektueller für das Zentrum auch sein mochte, erwies sie sich doch im Verhältnis zur nationalen Peripherie als konfliktträchtig.

Während sich die Kirgisen in den Diskussionen um den Film „Der erste Lehrer“ dem Druck aus Moskau beugten, verhärteten sich die Fronten im Laufe der Zeit. Aus einer Auseinandersetzung innerhalb des intellektuellen Milieus wurde zu Beginn der 1970er Jahre zunehmend eine Debatte, innerhalb derer auch die Politik Moskaus direkt kritisiert wurde. Der hoch angesehene, vielfach mit Preisen und Orden bedachte kirgisische Schriftsteller Tügölbaj Sydykbekov fasste seine Kritik

[16] *Turdakun U. Usubaliev*, Epocha, sozidanie, sud'by (=Memoiren, Bd. 1), Bischkek 1995, 311.

[17] Dies berichten jedenfalls übereinstimmend der Regisseur Andrej Končalovskij sowie Juz Gerštejn in ihren Memoiren. Vgl. *Andrej Končalovskij*, Vozvyšajuščij obman, Moskau 1999, 14–15; *Juz Gerštejn*, Oblomok Imperii, unveröff. Memoiren, Jerusalem 2007, 484. Auch Usubaliev selbst bestätigt in seinen Memoiren, dass es in Moskau sehr viele Unterstützer des Filmes gegeben habe, und es deshalb unmöglich gewesen sei, ein Verbot des Filmes durchzusetzen. Vgl. *Usubaliev*, Epocha, sozidanie, sud'by, 312.

[18] Vgl. Protokol 23B zasedanija bjuro CK KP Kirgizii, Central'nyj Gosudarstvennyj Archiv Političeskoj Dokumentacii Kyrgyzskoj Respubliki (CGAPDKR), f. 56, op. 155, d. 43, l. 2, 34–35; *Usubaliev*, Epocha, sozidanie, sud'by, 318–319.

[19] *Usubaliev*, Epocha, sozidanie, sud'by, 318–319.

[20] Ebd., 313.

[21] Vgl. *Brudny*, Reinventing Russia, sowie *Kochanek*, Die russisch-nationale Rechte. Zum russischen Nationalismus auf höchster Parteiebene vgl. *Mitrochin*, Russkaja partija.

an Moskau in Reden auf Parteiversammlungen und Briefen an das kirgisische Zentralkomitee in besonders deutliche Worte. In einem dieser Briefe schrieb er:

Die ständige Selbsterniedrigung der Kirgisen hat dazu geführt, dass auf der einen Seite die kirgisische Volksseele (*duša naroda*) unterdrückt wird, und auf der anderen Seite einzelne politisch ungebildete, sich auf eine höhere Position stellende Russen die Freiheit besitzen, offen zu sagen: „Wozu sollt ihr lernen, in der Stadt zu leben? Für euch ist es doch besser in den Bergen das Vieh zu hüten." [...] Und in diesem Moment, wenn eine derart chauvinistische Tendenz aufscheint, sagen wir: „Die russische Sprache ist unsere zweite Muttersprache. Wir sind verpflichtet, die Sprache zu kennen, auf der Puškin, Turgenev und Lenin gesprochen haben." [...] Ist es denn nicht offensichtlich, dass eine solche Losung den Feinden in die Hände spielt, die behaupten, dass die Russen die Völker Zentralasiens zwangsweise russifizieren würden?

Umgekehrt haben doch auch die Araber im Mittelalter in Zentralasien die arabische Sprache verbreitet und gesagt, dass dies die Sprache des Korans sei und die Sprache des Korans die Sprache Allahs. Die Geschichte lehrt, dass von solchem Zwang am Ende nur die Araber selbst büßen mussten.[22]

Sydykbekov wandte sich gegen die „Russifizierung" Zentralasiens, wobei er auch vor dem aus sowjetischer Sicht unvorteilhaften Vergleich zwischen arabischer und sowjetischer Herrschaft über Zentralasien nicht zurückschreckte. Der Schriftsteller war durchaus für „Modernisierung" und „Sowjetisierung": Ihm zufolge sollten nicht weniger, sondern mehr Kirgisen als Arbeiter in die Städte gehen, die Schulbildung müsse dringend verbessert und der Städtebau vorangetrieben werden. Die Kirgisen seien eben keine „Wilden", sondern in der Lage, sich selbst zu modernisieren. Dies sollte jedoch nicht so aussehen, als würde ihnen ein russisches Ideal aufgezwungen. Modernisierung und kirgisische Traditionen müssten miteinander in Einklang gebracht werden.

Das Kirgisische Zentralkomitee nahm zunächst eine Mittlerrolle ein. In seiner Antwort auf Sydykbekov schrieb der für die Kulturpolitik verantwortliche Sekretär des Zentralkomitees Bejšenbaj Murataliev:

In Verbindung mit dem Problem des historischen Erbes des kirgisischen Volkes und im Zusammenhang mit der Sprache tauchen immer emotionale und nationale Fragen auf. Wenn die Genossen dabei jedoch von Nationalismus sprechen, muss ich feststellen, dass der Nationalismus eine langsam Gestalt annehmende politische Position ist. Wir müssen dabei allerdings bedenken, dass es sich noch nicht um Nationalismus handelt, wenn wir einzelne Gefühle, Emotionen auszudrücken versuchen. Deshalb gilt für diejenigen Genossen, die über ihre Gefühle sprechen und diese fälschlicherweise als nationalistisch bezeichnen, dass es sich dabei um subjektive Fehler handelt. Deshalb macht niemand denjenigen Genossen einen Vorwurf, die aus einer richtigen Position heraus Fragen der Literatur und der Geschichte des Volkes objektiv und wissenschaftlich aufwerfen.[23]

---

[22] *Tügölbaj Sydykbekov*, Men miṅ žyl žašadym. Ajan, aṅgemeler, maekter, kattar, Bischkek 1998, 373 (Auf Russisch in: *Turdakun U. Usubaliev*, Nado znat' prošloe, čtoby ne ošibat'sja v buduščem [=Memoiren, Bd. 2], Bischkek 1996, 223).

[23] Stenogramma V s"ezda pisatelej kirgizii za 1971 god, 14. Mai 1971, CGAKR, f. 1465, op. 1, d. 284, l. 53.

Indirekt stellte sich Murataliev damit auf die Seite Sydykbekovs. Er unterstützte dessen Forderung, dass mehr für die Erforschung der kirgisischen Geschichte getan werden müsse. Er zeigte sich offen für Versuche, die kirgisische Schriftlichkeit bis in frühere Jahrhunderte zurückzuverfolgen, und war nach eigener Aussage prinzipiell auch „für die Reinheit der Literatursprache".[24]

Auch Turdakun Usubaliev setzte sich noch Anfang des Jahres 1972 in Moskau dafür ein, dass Sydykbekov als einem der anerkanntesten kirgisischen Schriftsteller anlässlich seines 60. Geburtstages der Staatspreis der Sowjetunion verliehen würde. Usubaliev wurde mit dieser Frage im Frühjahr 1972 bei Michail Suslov vorstellig. Suslov jedoch lehnte die Vergabe des Preises an Sydykbekov wegen dessen vermeintlichen „Nationalismus" und „antirussischen Chauvinismus" ab.[25] Usubaliev verteidigte lange Zeit Tügölbaj Sydykbekov. In diesem Sinne betrieb er eine Politik der „Inklusion" wie sie Yitzhak Brudny anhand des russischen Beispiels beschrieben hat: Er nutzte die Debatte, um sich auf die Seite der vermeintlich dominanten Strömung unter den Intellektuellen zu stellen und damit seine eigene Machtposition innerhalb der kirgisischen politischen und intellektuellen Elite zu stärken.[26] Obwohl das Moskauer Zentralkomitee selbst eine ähnliche Strategie gegenüber den „eigenen" Nationalisten verfolgte, duldete es Usubalievs Abweichung nicht. Er wurde für seine Unterstützung Sydykbekovs im Sommer 1972 gerügt; danach war er gezwungen, sich auf die Seite der Kritiker Sydykbekovs zu stellen.

Derartige Eingriffe Moskaus zu diesem Zeitpunkt waren nicht zufällig oder spezifisch für Kirgistan. So hatte sich Sydykvbekov zwar in seinen Äußerungen immer weiter radikalisiert, die Kritik an ihm und damit auch an Usubaliev war jedoch gleichzeitig Bestandteil des unionsweiten Versuchs, Nationalismen zurückzudrängen. So wird die Entlassung des ersten Parteisekretärs der Ukraine, Petro Šelest, am 19. Mai 1972 oft als ein Signal dafür interpretiert, dass Nationalismus in den Republiken zunehmend bekämpft werden sollte.[27] Am 15. November 1972 veröffentlichte zudem Aleksandr Jakovlev, zu diesem Zeitpunkt Leiter der Propagandaabteilung des Moskauer Zentralkomitees, seinen Artikel „Gegen den Antihistorismus" (*Protiv antiistorizma*). Jakovlev kritisierte darin einerseits russische Nationalisten, andererseits aber auch die georgische Glorifizierung der Regentin Tamara, die usbekische Idealisierung Timurs oder – sehr allgemein – die kirgisische Idealisierung der eigenen „Staatlichkeit" – gemeint war vermutlich der Versuch, die kirgisische Staatlichkeit anhand des Manas-Epos bis ins 9. Jahrhundert zurückzuverfolgen.[28] Der Artikel Jakovlevs kann als Versuch gewertet werden, na-

[24] Ebd.

[25] *Usubaliev*, Nado znat' prošloe, 248–249.

[26] Zum Begriff der Inklusion vgl. *Brudny*, Reinventing Russia, 99–101.

[27] Vgl. *Lowell Tillett*, Ukrainian Nationalism and the Fall of Shelest, in: Slavic Review 34:4, 1975, 752–768. Siehe auch *Simon*, Nationalismus und Nationalitätenpolitik, 395–401.

[28] *Aleksandr Jakovlev*, Protiv antiistorizma, in: Literaturnaja gazeta, 15. November 1972.

tionalistische Tendenzen nicht nur in der Russischen Föderativen Sowjetrepublik (RSFSR), sondern vielmehr in der gesamten Sowjetunion zurückzudrängen.[29]

In Folge dieses Artikels wurde die mit der Entlassung von Šelest begonnene Suche nach „Nationalisten“ in den Teilrepubliken noch einmal verstärkt.[30] Innerhalb Kirgistans konnten sowohl Kirgisen als auch Russen von dieser Kampagne betroffen sein. Der prominenteste Fall war Tügölbaj Sydykbekov, der 1973 vom kirgisischen Zentralkomitee gerügt wurde und sich vor einer Schriftstellerversammlung im Ritual der Selbstkritik üben musste – eine Forderung, der er allenfalls der Form halber nachkam.[31] Doch auch andere waren betroffen. Einige dieser Anschuldigungen wirken weit hergeholt: So wurde Vladimir Ploskich, Historiker an der Akademie der Wissenschaften, dafür kritisiert, dass es ihm in einem Buch über die kirgisisch-russische „Vereinigung“ im 19. Jahrhundert nicht gelungen sei, diese „klassenanalytisch“ zu fassen.[32] Ähnlich gesucht wirken die Anschuldigungen gegen Kubanyčbek Nurbekov, einem Jura-Professor an der kirgisischen Staatsuniversität, der im Jahre 1970 einen Band unter dem unverfänglichen Titel „V. I. Lenin und der rechtsstaatliche Aufbau der Kirgisischen SSR“ herausgegeben hatte.[33] Darin hatte Nurbekov betont, dass die kirgisische Republik laut Verfassung ein Recht auf Unabhängigkeit habe. Dies diente Nurbekov jedoch nur als Aufhänger, um zu zeigen, dass Kirgistan freiwillig Teil der Sowjetunion sei. Dies entspreche einer freien Entscheidung der Republik, die sie theoretisch jederzeit rückgängig machen könnte. Die Schaffung der Bergoblast' im Jahr 1924, der Vorläuferin der Kirgisischen SSR, bezeichnete Nurbekov als „Ausdruck des Willens des kirgisischen Volkes und Strebens nach unabhängiger Staatlichkeit“.[34] Insofern zeigt die Tatsache, dass Nurbekov in Folge des Artikels von Jakovlev kritisiert und von der kirgisischen Nationaluniversität entlassen wurde, besonders deutlich, dass es weniger darum ging, real existierende „Nationalisten“ kaltzustellen. Vielmehr lieferte das Kirgisische Zentralkomitee dem Moskauer Zentrum auf diese Weise Belege für die Wachsamkeit der kirgisischen Parteioberen, die die von Jakovlev kritisierten russischen (Ploskich) oder kirgisischen (Nurbekov) Nationalisten ausfindig machte.

Das Kirgisische Zentralkomitee war bemüht, eine Mittlerposition zwischen kirgisischen Patrioten und der Position Moskaus einzunehmen. Bestandteil die-

---

[29] Yitzhak Brudny sieht den Artikel als Auslöser dafür, dass die „Politik der Inklusion“, d. h. die bewusste Duldung nationalistischer Themen in der russischen Presse, vorläufig ausgesetzt wurde. *Brudny*, Reinventing Russia, 99–101.

[30] Ebd.

[31] Eine stenographische Abschrift der Sitzung ist zu finden in: *Usubaliev*, Nado znat' prošloe, 253–285.

[32] *Aleksandr Ivanov*, Vladimir Ploskich, Bischkek 2010, 169–171.

[33] *Kubanyčbek Nurbekov* (Hrsg.), V. I. Lenin i gosudarstvenno-pravovoe stroitel'stvo v Kirgizskoj SSR, Frunze 1970.

[34] Ebd., 12–13. Vgl. auch Protokol No. 40 zasedanija bjuro CK KP Kirgizii, 01. September 1972, CGAPDKR f. 56, op. 188, d. 70, l. 11–12.

ser Strategie war es, eher unbekannte Persönlichkeiten wie Nurbekov oder Ploskich zu Sündenböcken zu machen. Um sich allerdings auch innerkirgisisch zu positionieren, nutzte das Zentralkomitee noch einen weiteren Fall. Es handelte sich dabei um eine Kampagne gegen Saul Abramzon, einen bekannten Ethnographen. Es wurde später spekuliert, dass das Zentralkomitee Abramzon auswählte, weil er Jude war.[35] Noch interessanter sind die Argumente. So lautete einer der zentralen Kritikpunkte an Abramzon, er habe sich übermäßig detailliert mit kirgisischen Stammesstrukturen befasst und mindestens suggeriert – wenn auch nicht explizit behauptet – dass diese bis in die Gegenwart fortexistierten.[36] Diesen Eindruck mag das Buch Abramzons erweckt haben, weil er als Ethnograph Feldforschungen in Kirgistan betrieben hatte. Seine Erkenntnisse über die Stammesstrukturen der Vergangenheit gewann er unter anderem aus diesen Forschungen in der Gegenwart; Abramzon wies implizit nach, dass viele Kirgisen ihre Stammeszugehörigkeit noch immer kannten, dass viele Menschen noch wussten, welche Region ursprünglich von welchem Stamm besiedelt war und dass die Nachfahren der Stämme in der Gegenwart noch immer in den Gebieten ihrer Vorfahren lebten. Mit seinen Forschungen habe er, so hieß es in der Kritik an seinem Werk, bei vielen Menschen ein Wiederaufleben des Stammesdenkens ausgelöst: Indem sie sich mit dem Buch befassten, erwache auch das Interesse an der eigenen Herkunft. Das Buch trage „zu einer Spaltung der kirgisischen Nation bei".[37] Dabei sei sie „in der Gegenwart […], so wie alle sowjetischen Nationen, monolithisch, einheitlich und steht geschlossen um die kommunistische Partei."[38] Die Gegner Abramzons argumentierten aus einer patriotischen Position heraus: Die kirgisische Nation sei erst dank der russischen Revolution zu dem einheitlichen Staat geworden, den sie in der Gegenwart bilde. Insofern verteidigten die Gegner Abramzons keineswegs kirgisische Traditionen gegenüber einem westlichen Modernisierungsdenken, sondern die kirgisische Fortschrittlichkeit gegenüber der Arroganz des sowjetischen Westlers Saul Abramzon, der die Kirgisen in der Gegenwart noch immer als „Wilde" oder „Halbwilde" beschreibe.[39]

Falls die Vertreter des Kirgisischen Zentralkomitees sich erhofft hatten, die kirgisischen Intellektuellen auch in der Kritik an Abramzon auf ihre Seite ziehen zu können, so hatten sie sich verkalkuliert.[40] Tügölbaj Sydykbekov, der sich ei-

---

[35] *Aleksandr Baršaj*, Saul Abramzon. Istorija smertel'nogo oskorblenija, in: http://www.literatura.kg/articles/?aid=456 (10.10.2012).

[36] *Usubaliev*, Nado znat' prošloe, 317.

[37] Vgl. *S. I. Il'jasov / A. G. Zima*, Ocenivat' prošloe s partijnych pozicij. O nekotorych ošibkach v osveščenii istorii i etnografii kirgizskogo naroda, in: Sovetskaja Kirgizija, 28. Februar 1973.

[38] Ebd.; vgl. auch *S. T. Tabyšaliev*, Vstupitel'nyja stat'ja, in: Saul M. Abramzon, Kirgizy i ich etnogenetičeskie i istoriko-kul'turnye svjazi, Leningrad 1990, 9.

[39] Siehe hierzu u. a. *Usubaliev*, Nado znat' prošloe, 322–323.

[40] Vgl. *Baršaj*, Saul Abramzon. Letztlich wird Baršajs These auch durch das bestätigt, was Turdakun Usubaliev in seinen Memoiren schreibt: Usubaliev zitiert in seinem Buch das offizielle Schreiben der Akademie der Wissenschaften der UdSSR über Abramzons Buch. In dieser ab-

gentlich als Nationalist hervorgetan hatte, warf Usubaliev in einem Brief aus dem Mai 1973 vor, eine Kampagne gegen Abramzon angezettelt zu haben.[41] Doch auch Čyṅgyz Ajtmatov setzte sich für Abramzon ein. Im März 1973 schrieb er an ihn: „Saul Matveevič, vergessen Sie nicht, dass die kirgisische Intelligencija Sie verehrt und Sie schätzt als einen der Unsrigen und als neugierigen und talentierten Wissenschaftler."[42]

Sydykbekov und Ajtmatov unterstützten Abramzon vor allem, weil dieser einer der systematischsten Kenner kirgisischer Traditionen war. Abramzons Arbeiten galten ihnen als wichtige Quelle für das Verständnis der eigenen Vergangenheit. Das ungeschickte Agieren des Zentralkomitees führte deshalb dazu, dass die von Einzelnen vorgebrachte Kritik an der Russifizierung sich nicht mehr nur gegen Moskau richtete, sondern nunmehr auch Turdakun Usubaliev selbst für die Russifizierungspolitik verantwortlich gemacht wurde. Aus der Sicht Moskaus war dies möglicherweise opportun, aus der Sicht Kirgistans bedeutete dies jedoch, dass der zuvor noch enge Kontakt zwischen nationalistischen Intellektuellen und dem Zentralkomitee nunmehr durchtrennt war.

Die Kampagne gegen Sydykbekov, Abramzon und andere führte dazu, dass die kirgisischen Intellektuellen immer häufiger eine bewusst oppositionelle Haltung gegenüber dem Kirgisischen Zentralkomitee einnahmen. Nach den Angriffen gab es zudem Anfänge eines kirgisisch-nationalistischen *samizdat*: Die Briefe, die Sydykbekov an das Zentralkomitee geschickt hatte, zirkulierten unter kirgisischen Intellektuellen.[43] Da er sich auch in der Folgezeit nicht davon abhalten ließ, Briefe an das Zentralkomitee zu verfassen, wurde er gelegentlich in meinen Interviews auf die Nachfrage, ob es in Kirgistan *wirklich* keine Dissidenten gegeben habe, als einzige Ausnahme genannt: Sydykbekov sei ein „innerer Dissident" gewesen.[44] Doch zeigen gerade die Diskussionen um den Schriftsteller, dass erst seit der Bekämpfung seiner Ansichten durch die Politik ein Antagonismus zwischen einem Teil der Intellektuellen und offiziellen Stellen bestand. Damit bestätigt das kirgisische Beispiel eine allgemeine Tendenz, die auch im Falle der russischen Dissidentenbewegung festzustellen ist: Der Staat „machte" Dissidenten, indem er eindeutig ideologisch und machtpolitisch Position bezog.

schließenden Beurteilung ist kaum echte Kritik zu erkennen. Vgl. die Zitate in *Usubaliev*, Nado znat' prošloe, 322–323.

[41] Abgedruckt in: *Sydykbekov*, Men miṅ žyl žašadym, 392.

[42] Zitiert in: *Tabyšaliev*, Vstupitel'nyja stat'ja, 10–11.

[43] Interview des Autors mit Tynčtykbek Čoroev (*1959), Bischkek, am 16. September 2010.

[44] Wenn ich nach „kirgisischen Dissidenten" und nicht nach „Dissidenten in Kirgistan" fragte, wurde mir als weiterer Dissident gelegentlich Azamat Altaj genannt, ein Kirgise, der nach dem Zweiten Weltkrieg als Displaced Person in Deutschland blieb und seit den 1950er Jahren bei „Radio Azattyk", dem kirgisischen „Radio Free Europe", arbeitete. Altaj war aber Emigrant, kein Dissident. Vgl. den biographischen Abriss: *Tynčtykbek Čorotegin*, Ala-Toonun batyštagy bürkütü. Azamat Altajdyn 90 žyldyk maarakesine karata, Bischkek 2010.

Insgesamt verstärkte sich die Zensur des Kirgisischen Zentralkomitees gegenüber den Schriftstellern in den frühen 1970er Jahren. Mit der Berufung Tendik Askarovs zum Vorsitzenden des Schriftstellerverbandes wählte Usubaliev einen treuen Anhänger, der bis heute von sich sagt, dass er immer „die Linie des Zentralkomitees" bzw. „die Parteilinie, die sowjetische Linie" vertreten habe.

Wenn ein Autor sich in seinen Ansichten auch nur ein bisschen von dem damaligen politischen System entfernte, haben wir ihn mitleidlos kritisiert, so war das damals leider. Das muss man im Kopf behalten: Bei uns gab es keine Dissidenten.[45]

Askarov, der sich bei vielen Schriftstellerkollegen sehr unbeliebt machte,[46] sollte dafür sorgen, dass diejenigen, die seit 1971 in Kirgistan veröffentlichten, sehr genau auf ihre Parteilichkeit achten mussten.

Letztlich, dies macht der vorherige Punkt noch einmal deutlich, gab es politische Konjunkturen, die durchaus von Republik zu Republik unterschiedlich sein konnten: Einen scharfen Wächter wie Askarov gab es nicht überall. Doch in anderer Hinsicht entsprach die Entwicklung in Kirgistan durchaus einem gesamtsowjetischen Trend: Zu Beginn der 1970er Jahre wandelte sich Brežnevs Politik sowohl im Zentrum als auch an den Peripherien. Nach dem Ende der Sechziger als dem sowjetischen Jahrzehnt des Aufbruchs, der Rebellion und Dissidenz[47] wurden Kritiker nicht nur durch verstärkte Zensur, sondern zunehmend auch durch Kooptation und Bürokratisierung entwaffnet.

2. Die siebziger Jahre

Als ein zentrales Phänomen der 1970er Jahre gilt vielen Intellektuellen die sich verstärkende Zensur. Diese ging einher mit einer Bürokratisierung und einer – zumindest im Nachhinein wahrgenommenen – „Stagnation". Der Drehbuchautor Kadyr Ömürkulov erinnert sich:

Nach den Sechzigern waren wir schon erwachsen geworden, wir arbeiteten dann ja schon 5–10 Jahre für das Kino, wir hatten jeder schon an drei bis vier Filmen mitgearbeitet. Und dann war dieser besondere Moment der Sechziger schon vorbei, es wurde plötzlich still. [...] Und danach spürten wir schon die Stagnation (*zastojnyj moment*), diese Stagnationsatmosphäre (*zastojnaja atmosfera*). [...] Als wir damals unsere Ideen weiterverfolgen wollten, wurde uns keineswegs gesagt: „Nein, das darfst du nicht schreiben, das darfst du nicht drehen." Wir wurden vielmehr unterstützt, wir jungen Leute wurden mit Preisen überhäuft, wir bekamen gute Wohnungen. Nach außen hin war alles gut, aber wenn wir

[45] Interview des Autors mit Tendik Askarov (*1937), Bischkek, am 10. Dezember 2010.
[46] Siehe z. B. besonders deutlich: *Akmatov*, Okujalar, adamdar, 32.
[47] Siehe hierzu aktuell: *Anne E. Gorsuch/Diane P. Koenker* (Hrsg.), Introduction, in: dies. (Hrsg.), The Socialist Sixties. Crossing Borders in the Second World, Bloomington 2013, 3–25.

anregten, einen Film über ein heikles Thema zu drehen, wurde uns gesagt: „Nein, könnte man das nicht auch anders machen? Und das ist doch nicht nötig usw.“[48]

Ömürkulov spricht in dieser Passage einige wichtige Punkte an, die für viele nicht nur in Kirgistan, sondern in der gesamten Sowjetunion die 1970er Jahre ausmachten: Einerseits das Gefühl, gut versorgt zu sein. Dabei erinnern sich gerade die damals bereits sehr erfolgreichen Schriftsteller, dass es ihnen in Frunze sehr gut gegangen sei und ihnen ein Staatspreis nach dem anderen verliehen worden sei. Andererseits teilen viele das Gefühl, kooptiert worden zu sein, für den eigenen Wohlstand auch Werke erschaffen zu haben, die nicht wirklich dem entsprachen, was sie von sich erwarteten. Vor allem, so meint Ömürkulov, hätte er gern mehr „problemnye“, heikle Themen angesprochen.[49] Damit reiht sich Ömürkulov bewusst in eine Generation der „Sechziger“ ein, die sich republikübergreifend als Einheit begriff. In der Rückschau gelten ihm die sechziger Jahre als besonders prägend, die siebziger Jahre hingegen als Zeit der „Stagnation“.

Zahlreiche der von Ömürkulov geschilderten endlosen Debatten über neue Filme sind im Archiv des kirgisischen Kulturministeriums nachzulesen. Bei einer dieser Diskussionen im Februar 1972 ging es auch um ein neues Drehbuch Ömürkulovs mit dem Titel „Volljährigkeit“ (*Soveršennoletie*), an dem er gemeinsam mit Omor Sultanov und Ašym Žakypbekov bereits seit zwei Jahren arbeitete. Dieses Drehbuch war schon drei Mal im Drehbuchkollegium (*scenarnaja kollegija*) und zwei Mal im „Chudsovet“, dem künstlerischen Rat, besprochen worden. Aufgrund der dort geäußerten Wünsche hatten die Autoren zu diesem Zeitpunkt bereits „große Veränderungen“ vorgenommen.[50] Dies genügte den Teilnehmern der nunmehr sechsten Sitzung jedoch noch immer nicht: Die Darstellung einzelner Charaktere müsse noch „vertieft“ werden, jedes Detail wurde auf die Frage hin abgeklopft, wozu es gezeigt werde.[51] Warum solle in dem Film eine Beerdigung gezeigt werden, fragte beispielsweise der damalige Kulturminister Bajalinov. „Was ist der Nutzen davon?“ Ein gewisser Išemkulov brachte grundsätzlichere Kritik an: Es sollten in dem Film nur alte, traditionelle Jurten gezeigt werden, altes Leben (*staryj byt*) im Überfluss, es gebe in dem Drehbuch jedoch nichts Progressives. Dann diskutierte man eine Reihe von Änderungsvorschlägen. Die drei Autoren verteidigten ihr Drehbuch nach Kräften: Die Beerdigung sei unbedingt notwendig, es solle damit weder Pessimismus noch Rückwärtsgewandtheit ausgedrückt werden, insgesamt solle das traditionelle Leben keineswegs idealisiert werden. Vor allem aber drängten die Autoren darauf, das Drehbuch möglichst bald durchzuwinken, da sonst der gesamte Zeitplan nicht eingehalten werden könne. Erst auf dieses Drängen reagierte eine Vertreterin des

[48] Interview des Autors mit Kadyrkul Ömürkulov (*1941), Bischkek, am 18. Januar 2011.

[49] Ebd.

[50] Zapis' s zasedanija kollegii Ministerstva kul'tury Kirgizskoj SSR, 04. Februar 1972, CGAKR, f. 2582, op. 3, d. 613, l. 141–147.

[51] Ebd., l. 144.

Kulturministeriums ungehalten: Niemand diktiere einen Zeitplan, das Drehbuch werde erst angenommen, wenn es den Anforderungen entspreche. Damit endete die Sitzung.[52]

Dass derartige Sitzungen die Drehbuchautoren verzweifeln ließen, ist vollkommen glaubhaft. Kristin Roth-Ey beschreibt die verschiedenen Stationen, die Filme durchlaufen mussten: Zunächst musste das Drehbuch dem jeweiligen Filmstudio vorgelegt, dann von den jeweils zuständigen Institutionen auf Republikebene geprüft werden. Anschließend hatten Zentralkomitee und die zentrale Verwaltung *Goskino* das letzte Wort. Auf allen Ebenen konnte auch der Geheimdienst Einspruch einlegen oder Institutionen, die in dem Film gezeigt werden sollten. Auch während der Dreharbeiten mussten immer wieder Genehmigungen eingeholt werden und der fertige Film schließlich noch einmal *Goskino* vorgelegt werden sowie – falls dies für notwendig erachtet wurde – wichtigen Politikern.[53]

Doch nicht nur die Bürokratie, auch die alltäglichen Verpflichtungen machten den Intellektuellen zu schaffen. „Stagnation" bedeutete aus der Perspektive der Intellektuellen auch den Zwang, dem autoritativen Diskurs des Staates immer neue Formen zu verleihen.[54] Gerade den etablierten Kulturschaffenden wurden dafür, dass sie vom Geld des Staates ein angenehmes Leben führen konnten, regelmäßig Themen und Aufgaben zugewiesen: Anlässlich der Geburts- und Todestage von Lenin oder Brežnev, von Puškin und Tolstoj, von Karl Marx und Friedrich Engels, von Kollegen wie Čyṅgyz Ajtmatov, Tügölbaj Sydykbekov oder Aaly Tokombaev, von kirgisischen Helden der sozialistischen Arbeit, bekannten Volkssängern, von Schriftstellern der „Bruderrepubliken", wie beispielsweise des Ukrainers Taras Ševčenko, anlässlich der Jahrestage der Oktoberrevolution, des Sieges im Zweiten Weltkrieg oder der Gründung der kirgisischen Sowjetrepublik beauftragte der Staat jeweils Schriftsteller und Kulturschaffende damit, Themenhefte zu gestalten, Feierlichkeiten zu organisieren, Theaterstücke zu schreiben oder Filme zu drehen.[55] Die Intellektuellen verbrachten einen Großteil ihrer Zeit mit Bürokratie, Repetition und Variation immer gleicher Themen.

---

[52] Ebd., l. 147.

[53] *Kristin Roth-Ey*, Moscow Prime Time. How the Soviet Union Built the Media Empire that Lost the Cultural Cold War, Ithaca 2011, 31.

[54] Vgl. *Alexei Yurchak*, Everything Was Forever Until It Was No More. The Last Soviet Generation, Princeton 2006.

[55] In *Literaturnyj Kirgizstan* hieß es 1962, die meisten Aufsätze der Literaturkritik hätten einen zentralen Fehler: Sie hätten immer einen Anlass, ein Jubiläum und würden sich darauf beschränken, zu schreiben, was andere schon „unzählige Male" geschrieben hätten, sie „reproduzieren Variationen allgemein bekannter Umstände, die es geschafft haben, in einen geschwollenen Kanon aufgenommen zu werden. [...] Wir wollen aber nicht davon lesen, *dass* Tokombaev eine neue Serie Gedichte mit dem Titel ‚In der Leninbibliothek' verfasst hat, sondern etwas darüber erfahren, *wie* diese Gedichte geschrieben sind." Vgl. *Tendik Askarov*, Za aktivnost' literaturnoj kritiki, in: Literaturnyj Kirgizstan 47:5, 1962, 87–91.

Doch trotz alledem wurde auch in den 1970er Jahren das Potential zur Kritik nie vollständig erstickt. Im Folgenden soll anhand zweier Beispiele – dem Film „Goldener Herbst“ (*Zolotaja osen'*) des Regisseurs Tölömüš Okeev aus dem Jahr 1979 sowie dem Roman „Ein Tag länger als ein Leben“ (*I dol'še veka dlitsja den'*) aus dem Jahr 1980 von Čyṅgyz Ajtmatov – näher beschrieben werden, wie Kritik und Konformismus in Debatten über Fragen der Identität parallel zueinander existieren konnten. Die Beispiele machen deutlich, dass trotz Zensur immer wieder erstaunlich kritische Werke veröffentlicht werden konnten.

Der Film „Goldener Herbst“ beginnt mit Bildern der kirgisischen Hauptstadt Frunze von ungeahnter Spätherbstromantik. Auf dem zentralen Dzeržinskij-Boulevard der Hauptstadt steht im gemächlich von den Bäumen herabgleitenden Laub ein junger Fernsehjournalist namens Murat und interviewt die beiden Patriarchen der kirgisischen Literatur, die Aksakale („Weißbärte“) Aaly Tokombaev und Tügölbaj Sydykbekov. Die Fragen, die er den beiden stellt, sind harmlos: „Sie sind vor der Revolution geboren, Aksakal. Vor Ihren Augen ist unser großer, mächtiger Staat gewachsen. Was möchten Sie Ihren Kindern und Enkeln in dieser Zeit Ihres goldenen Herbstes sagen?“[56] Als Murat den Film seiner Redaktion vorlegt, erscheint dieser selbst eine solch harmlose Frage und die ebenso harmlose Antwort zu kritisch. Die Ablehnung des Filmes löst bei dem jungen Reporter eine tiefe Lebenskrise aus. Murat überwirft sich mit seiner Frau, die seit Jahren nicht zum Schreiben ihrer Doktorarbeit kommt, weil ihr Mann sie regelmäßig mit dem Kind allein lässt. Danach flüchtet er in das Partyleben von Frunze: Einige Bekannte feiern die Ankunft einer importierten Schlafgarnitur. Bis in die Morgenstunden wird dort im Freundeskreis gesungen, getanzt, gefeiert. All seinen Kummer ertränkt der Held des Filmes dort im Alkohol.[57] Nachdem ihm von seiner Redaktion mitgeteilt wird, dass er nicht mehr gebraucht werde, kehrt Murat schließlich in sein Heimatdorf zurück. Sein Vater ist ein gläubiger alter Mann. Murat sagt nach seiner Rückkehr zu ihm: „Vater, ich habe Sie betrogen. Ich habe Ihrem Namen keine Ehre gemacht.“[58] Der Vater antwortet darauf: „Ich habe dich nicht großgezogen, damit du eines Tages Ruhm erntest, sondern damit du auf dieser Erde lebst und unser Geschlecht fortführst.“[59] Danach trinken sie Tee, der Vater liest den Koran für seine bereits verstorbene Frau. Murat bittet seine Mutter um Verzeihung dafür, dass er ihr Haus verlassen hat, um ein Leben in der Stadt zu führen. Er erkennt: Das wichtigste im Leben ist die Familie, der eigene Sohn. Mit diesem Gedanken kehrt er nach Frunze zurück, und versöhnt sich dort mit seiner alleingelassenen Frau und seinem Sohn.

Der Film ist erstaunlich kritisch. Er bringt eine Stimmung zum Ausdruck, die vielen bis heute als typisch für die späte Brežnev-Zeit gilt: das Gefühl, materiell

[56] *Tölömüš O. Okeev*, (Reg.), Zolotaja osen', Kirgizfil'm 1980, Min. 2–3.
[57] Ebd., Min. 10–15.
[58] Ebd., Min. 63–70.
[59] Ebd.

gut versorgt gewesen zu sein und ein sorgloses Leben geführt zu haben, gleichzeitig jedoch eine zunehmende innere Leere und das Gefühl der Sinnlosigkeit des eigenen Tuns. Dabei schienen sich die Intellektuellen in der späten Brežnev-Zeit oberflächlich betrachtet mit der Staatsmacht arrangiert zu haben: Die Zensur blieb weiterhin allgegenwärtig, offene Dissidenz gab es in Kirgistan nicht. Der Film suggeriert, dass dies an einem vorauseilenden Gehorsam der Intellektuellen gelegen habe. Um zu veröffentlichen, hätten sie sich bemüht, so konformistisch wie möglich zu sein: Murats Film wird zunächst von der Redaktion abgelehnt, obwohl er vollkommen harmlos ist. Der Drehbuchautor, Mar Bajžiev, versteckte in dem Film also eine Kritik, die er selbst seit den 1960er Jahren auf internen Sitzungen immer wieder geäußert hatte: dass die Zensur zu vorauseilendem Gehorsam führe.[60] Der Film selbst ist daher Teil eines Konfliktes: Einerseits gab es die Möglichkeit, versteckt Kritik zu äußern, andererseits reichte dies einigen Intellektuellen nicht mehr aus. Sie wollten offen sagen, was sie dachten, und aus der Endlosschleife des autoritativen Diskurses ausbrechen.

Der Regisseur Okeev und der Drehbuchautor Bajžiev sprachen in dem Film ein Thema an, das viele Intellektuelle beschäftigt zu haben scheint: das schlechte Gewissen der Söhne und Töchter, die ihre armen, gläubigen Eltern in ihren Heimatdörfern alleingelassen hatten. Doch noch grundsätzlicher stellte Okeev die Frage, inwieweit mehr Glaube, Tradition und Weisheit der einfachen Menschen auch in der modernen Welt gebraucht würden. Für den Helden Murat jedenfalls bedeutet seine Hinwendung zu den Traditionen der Vorfahren eine Erleichterung, gleichzeitig jedoch auch eine Loslösung von dem Ideal, das er zuvor gelebt hat, von dem Ideal eines gebildeten, kultivierten, angesehenen Sowjetmenschen.[61]

Das radikalste Zeugnis des Nachdenkens über das Verhältnis von Tradition und Moderne in der späten Brežnev-Zeit war jedoch Čyṅgyz Ajtmatovs Roman, „Ein Tag länger als ein Leben" (*I dol'še veka dlitsja den'*) von 1980. Das Buch war ein unionsweiter Erfolg, in Moskau war es bald so begehrt, dass amerikanische Journalisten gebeten wurden, bei ihrer nächsten Reise doch Kopien aus den USA mitzubringen.[62] Ajtmatov, der Schriftsteller der Peripherie, war endgültig im Zentrum des literarischen Lebens angekommen. In Kirgistan war Ajtmatov wenn schon nicht physisch, so doch medial omnipräsent.

Der Roman hat mehrere Erzählebenen: Die zentrale, in der damaligen Gegenwart angesiedelte Ebene handelt vom Tod und der Beerdigung eines alten in der kasachischen Steppe lebenden Eisenbahners namens Karangap. Sein bester

---

60 Stenogramma soveščanija molodych pisatelej Kirgizii, 09.–10. Januar 1965, RGALI, f. 631, op. 42, d. 358, l. 32.

61 *Tölömüš O. Okeev* (Reg.), Zolotaja osen', Kirgizfil'm 1980. Für eine Analyse der Motive des Filmes vgl. *Leonid Djadjučenko*, Tolomuš Okeev, Bischkek 2005, 264–282.

62 Vgl. *Joseph P. Mozur*, Parables from the Past. The Prose Fiction of Chingiz Aitmatov, Pittsburgh 1995, 97.

Freund, der alte Edigej, möchte Karangap auf dem entlegenen Friedhof der Vorfahren beerdigen. Der Friedhof befindet sich in Ana-Bejit, benannt nach der Mutter des mythischen Mankurt. Die Mankurt-Legende bildet die zweite Erzählebene. Die Legende handelt von einem Kind, das von einem verfeindeten Volksstamm geraubt wird, dem auf brutale Weise sein Gedächtnis genommen wird, das zum willenlosen Befehlsempfänger seiner neuen Herren wird und zuletzt seine eigene Mutter ermordet. Die dritte Erzählebene ist Science-Fiction: Die vom Kosmodrom in der Nähe des Friedhofes startenden Kosmonauten nehmen Kontakt mit Außerirdischen auf, halten diese Nachricht aber von der Erde geheim, um keinen weltweiten Atomkrieg auszulösen.[63]

In dem Roman erkannten die damaligen Kritiker eine Auseinandersetzung mit den großen philosophischen Fragen: Was ist der Sinn des Lebens? Wie begegnet der Mensch dem Tod? Wie können Traditionen in der Moderne bewahrt werden? Aber auch: Wie entsteht Idealismus? Was bedeuten uns historische Wurzeln? Was bedeutet Religion in einem atheistischen Staat?[64] In dem Roman griff Ajtmatov zudem Elemente der Dorfprosa auf: Den Gegensatz zwischen Stadt und Land, zwischen einer jungen, geschichtsvergessenen Generation und den Bewahrern der Tradition. Besonders bekannt wurde die Mankurt-Legende, die als Parabel auf die Geschichtsvergessenheit und den Traditionsverlust der Menschen in der Sowjetunion gelesen wurde.[65]

Ajtmatovs Stärke bestand darin, dass für ihn – anders als für viele andere Vertreter der sowjetischen Dorfprosa – Ethnie bzw. Nationalität kaum eine Rolle spielten: Zwar sind die Hauptfiguren in dem Roman, Karangap und Edigej, Aral-Kasachen, doch ebenso sehr sind sie Teil der allgemeinsowjetischen Geschichte: Von der Kollektivierung hart getroffen, melden sie sich im Krieg freiwillig für die Front, nach dem Krieg bleiben sie mitten in der kasachischen Steppe auf einer einsamen Bahnstation. Ajtmatov gelang es, in dem Roman zentrale, oft in nationalen Kontexten formulierte Fragen ins Universelle zu überführen: Ökologie, so machte er deutlich, sei nicht nur ein Problem in Russland, sondern auch in Zentralasien. Geschichtsvergessenheit und Traditionsverlust, der Gegensatz zwischen Stadt und Land, der Verfall der Dörfer seien Themen, die alle gleichermaßen betrafen. Mit seinem Roman zeigte Ajtmatov, dass Kritik möglich war, ohne dabei notwendigerweise dissident zu werden. Geschickt umschiffte er den möglichen Vorwurf des Nationalismus. Der Roman ist deshalb ein gutes Beispiel dafür, wie Kritik ohne Dissidenz in den 1970er Jahren geäußert werden konnte.

---

[63] Für eine Zusammenfassung des Inhaltes vgl. *Mozur*, Parables from the Past, 96–129, sowie *Katerina Clark*, The Mutability of the Canon. Socialist Realism and Chingiz Aitmatov's I dol'she veka dlitsja den', in: Slavic Review 43:4, 1984, 573–587.

[64] Für eine Zusammenfassung der wichtigsten Kritikerstimmen zu dem Roman vgl. *Mozur*, Parables from the Past, 102–115; *Clark*, The Mutability of the Canon.

[65] Die beste Analyse des Romans ist: *Clark*, The Mutability of the Canon.

Der Drehbuchautor Ömürkulov und der Schriftsteller Ajtmatov positionierten sich mit ihren Werken in einem diskursiven Feld, in dem die staatliche Kontrolle allgegenwärtig blieb. Gleichzeitig fanden die Intellektuellen immer neue Wege, gesellschaftliche Probleme anzusprechen. Die Intellektuellen fassten ihre Rolle dabei durchaus politisch auf; in diesem Sinne betrieben sie „Politik durch Kultur" (Brudny)[66]: In ihren Werken schrieben sie einerseits sowjetische Identitätsnarrative fort, andererseits kritisierten sie durchaus Einzelaspekte der *Politik* der Gegenwart. Insbesondere der Verlust nationaler Traditionen und Bräuche sowie die Geschichtsvergessenheit der Gegenwart versuchten sie in der Form von Politik durch Kultur zu thematisieren. Es scheint nicht etwa so, dass sich die Intellektuellen ihrer Rolle als Kritiker und Analysten gesellschaftlichen Wandels einfach entziehen konnten, um sich als außerhalb („vne") der sowjetischen Gesellschaft und Politik zu imaginieren.[67] Vielmehr kämpften die Intellektuellen mit der allgegenwärtigen Zensur und damit, immer wieder daran gehindert zu werden, das zu tun, was sie sich eigentlich innerlich und geistig („duchovno") wünschten.

3. Fazit

„Bei uns gab es keine Dissidenten", dies teilten mir meine Interviewpartner mit. Doch berührte diese Aussage letztlich nur die Oberfläche, denn Kritik, Zensur und zumindest ansatzweise auch Andersdenken gab es durchaus. Dissidenten blieben dabei – wie überall in der Sowjetunion – eine Ausnahmeerscheinung: Ein Intellektueller wie Tügölbaj Sydykbekov kann möglicherweise als ein solcher bezeichnet werden. Doch ist die Abwesenheit von Dissidenten keineswegs ungewöhnlich: Dissidenten waren nirgendwo in der Sowjetunion zahlreich, selbst innerhalb Moskaus, dem Zentrum der Dissidentenbewegung, blieben sie innerhalb der Intellektuellenszene eine kleine Minderheit. Es stellt sich deshalb nicht nur für Zentralasien, sondern für die gesamte Sowjetunion die Frage, wie Kritik jenseits von Dissidenz funktionierte. Denn vollkommen konformistisch waren auch diejenigen, die sich nie als „dissident" bezeichneten, keineswegs.

Ich habe versucht, diese Frage anhand der kirgisischen Sowjetrepublik zu untersuchen. Dabei lenkt die Tatsache, dass es in Kirgistan praktisch niemanden gab, der sich als „Dissident" bezeichnete, den Blick darauf, dass Kritik nicht erst durch Dissidenz möglich wurde. Vielmehr nutzten Intellektuelle in Kirgistan Freiräume, die sich aus einem komplexen Aushandlungsprozess zwischen Zentrum und Peripherien ergaben. Diese Freiräume hingen von politischen Konjunkturen ab. Zwar gab es durchaus immer wieder Anzeichen für eine zu-

[66] *Brudny*, Reinventing Russia, 13.
[67] Zu dem Begriff „vne" vgl. *Yurchak*, Everything Was Forever, 15.

nehmende Autonomisierung der Peripherien; möglicherweise kann in diesem Zusammenhang von einer Tendenz der „Republikanisierung“ in der Brežnev-Zeit gesprochen werden. Das letzte Wort hatte jedoch immer noch das Moskauer Zentrum: Wenn Aleksandr Jakovlev dazu aufrief, Nationalismus zu bekämpfen, so musste auch das Kirgisische Zentralkomitee darauf reagieren. Die kirgisische Parteielite testete die Grenzen zwar oft aus; gänzlich unabhängig von Moskau war sie jedoch nie.

Es war dabei keineswegs so, dass die Kritiker der Parteilinie den sowjetischen Staat insgesamt in Frage gestellt hätten. Vielmehr argumentierte auch ein besonders radikaler Kritiker wie Tügölbaj Sydykbekov aus der Position eines sowjetischen Patrioten und Sozialisten. Doch interpretierte er den Sozialismus auf eigene Weise, er leistete also, um mit Maike Lehmann zu sprechen, eine „nationale Sozialismusinterpretation“.[68] Wo die Grenze des Sagbaren lag, bestimmte dabei die Politik; die Interpretation Sydykbekovs galt der kirgisischen Parteielite zunächst durchaus als akzeptabel. Als jedoch Moskau eingriff und Sydykbekov als „Nationalisten“ brandmarkte, griff auch das Kirgisische Zentralkomitee ein. Erst jetzt wurde aus einer „Interpretation“ eine „Abweichung“; Sydykbekov geriet in die Nähe der Dissidenz, seine Briefe zirkulierten im *samizdat*. Die Grenze zur Dissidenz war also nie vollkommen starr und eindeutig, vielmehr unterlag sie einem Aushandlungsprozess, an dem eine ganze Reihe von Akteuren beteiligt waren: Die Parteiführung in Moskau, die Parteispitzen an der Peripherie und die Intellektuellen, die die Grenzen immer wieder austesteten.

Die Intellektuellen nahmen dabei eine wichtige Zwischenstellung ein: Einerseits waren sie Teil des Staates, der sie finanzierte, ihre Werke veröffentlichte und ihre Existenz überhaupt erst möglich machte. Andererseits sahen sie sich aber durchaus als Interpreten und Mittler. Dies schloss eine gewisse Eigenständigkeit ein, die sich selten in offener Opposition zum Regime bzw. – in Kirgistan kaum vorhanden – Dissidenz äußerte, aber doch in der Fähigkeit zu eigenständigen Schlussfolgerungen zu gelangen. Die Intellektuellen sahen sich eben bewusst *nicht* als „Mankurts“, d. h. als willenlose Diener des Staates.[69] Insofern ist das, was die Intellektuellen zu sagen hatten, als Interpretation der sowjetischen Realität besonders interessant. Bei den Intellektuellen handelt es sich um die wichtigste Gruppe, die innerhalb enger diskursiver Grenzen eine eigenwillige Interpretation des Zeitgeschehens leisten konnte.[70]

---

[68] *Lehmann*, Eine sowjetische Nation, 26–31.

[69] Der Begriff „Mankurt“ stammt aus dem Roman „Ein Tag länger als ein Leben“ („I dol'še veka dlitsja den'“) von Čyňgyz Ajtmatov, der im Abschnitt über die Brežnev-Zeit ausführlich diskutiert wird.

[70] Zu einseitig formuliert dies Vladimir Shlapentokh, der die Intellektuellen in der sowjetischen Gesellschaft als eigene soziale Klasse betrachtet und zu dem Schluss gelangt: „In general, the intellectuals are much closer to the masses politically and are best regarded as a segment of the ruled rather than of the rulers.“ *Vladimir Shlapentokh*, Soviet Intellectuals and Political Power. The post-Stalin era, Princeton 1990, 5. Differenzierter erscheint hier Dietrich Beyrau,

Das Privileg, sich über die staatlich kontrollierten, für propagandistische Zwecke reservierten Kanäle zu äußern, wurde nur einer ausgewählten Gruppe von Menschen gewährt. Voraussetzung war ein bestimmtes Maß an kulturellem Wissen, sprachlicher Fertigkeit und nach außen präsentierter ideologischer Überzeugung.[71] Der wesentliche Unterschied zwischen einem „einfachen" Propagandisten und einem Intellektuellen war, dass Propagandisten lediglich Ideologie reproduzierten, in neue, möglichst ansprechende Formen brachten, Intellektuelle hingegen debattierten, kritisierten, Kontroversen anstießen und diese in die gelenkte Öffentlichkeit trugen. Dabei war der so verstandene sowjetische Intellektuelle nicht notwendigerweise „dissident".[72] Auch schloss die Beteiligung an Debatten nicht aus, dass derselbe Intellektuelle in anderen Kontexten als einfacher Propagandist fungierte. Intellektuelle wiegelten selten auf, sie waren nur in seltenen Ausnahmen an subversiven Aktivitäten beteiligt. Vielmehr nutzten sie die Kanäle, die der sowjetische Staat ihnen bot, um Dinge neu zu beleuchten und innerhalb der Grenzen des vom Staat kontrollierten Sagbaren zu hinterfragen. Oft handelten Intellektuelle wie Ajtmatov dabei aus der Überzeugung, mit ihrem öffentlich geäußerten Wort die Gesellschaft oder auch die Politik des Staates beeinflussen zu können.[73]

---

der zwar einerseits von einer „Diskursgemeinschaft" schreibt, die „mit der Stabilisierung des Regimes seit den 1950er Jahren in Konkurrenz zur parteiamtlichen Öffentlichkeit" getreten sei. Andererseits schreibt er: „Die Träger der politischen Macht und Funktionseliten waren zu eng mit den Literaten und Künstlern verzahnt, als daß sie als Gegensatzpole gesehen werden könnten." *Dietrich Beyrau*, Intelligenz und Dissens. Die russischen Bildungsschichten in der Sowjetunion, 1917–1985, Göttingen 1993, 12, 159.

[71] Dietrich Beyrau spricht in diesem Zusammenhang von einem „Nimbus", der der Intelligencija in „Osteuropa" (Beyrau argumentiert vor allem anhand der Sowjetunion) anhafte. Der Begriff benenne eine Schicht und manchmal ein Milieu, „dessen Mitglieder zwar über eine höhere Bildung verfügen, aber zugleich eines spezifischen ethisch und intellektuell begründeten Habitus bedürfen, um dieser Gruppe zugerechnet zu werden." *Beyrau*, Intelligenz und Dissens, 9–10.

[72] Ich sehe dabei keinen Nutzen in dem Begriff des „erlaubten Dissenses", den Dina Spechler vorgeschlagen hat, denn was erlaubt war, war kein Dissens. Geeigneter scheint deshalb der Begriff der „Kritik". Vgl. *Dina Spechler*, Permitted Dissent in the USSR. Novy Mir and the Soviet Regime, New York 1982.

[73] Tatsächlich lässt sich argumentieren, dass der Staat nicht vollkommen losgelöst von einer intellektuellen „Öffentlichkeit" agierte, sondern vielmehr ebenso oft reagierte. So hat David Brandenberger für die Stalinzeit argumentiert, dass die zunehmende Tolerierung, vielleicht sogar Förderung des russischen Nationalbewusstseins seit den späten 1930er Jahren ein „big deal of sorts" gewesen sei. Im Gegenzug habe sich das Regime Loyalität der russischen Nationalisten bzw. allgemeiner seitens der Russen erhofft. Vgl. *David Brandenberger*, Soviet Social Mentalité and Russocentrism on the Eve of War, 1936–1941, in: Jahrbücher für Geschichte Osteuropas 48:3, 2000, 388–406, hier 405. Ähnlich argumentiert Yitzhak Brudny für die 1960er und 1970er Jahre. Brudny zufolge duldete das Politbüro in dieser Zeit einen gewissen Nationalismus in der Presse und versuchte sich letztlich durch diese „Politik der Inklusion" die nationalistischen Intellektuellen zu kooptieren. *Brudny*, Reinventing Russia. Gerade in der Nachkriegszeit interagierte der sowjetische Staat mit dem, was vielleicht als sowjetische „Öffentlichkeit" bezeichnet werden kann; in diesem Kontext sind Chruščevs Reformen des Bildungssystems, allgemeiner

Es mag insgesamt darüber spekuliert werden, inwieweit das Ausmaß an Unzufriedenheit mit dem sowjetischen Staat in Zentralasien geringer war als in anderen Gebieten: Die soziale Mobilität blieb höher, die so genannte „zweite *korenizacija*“ („Einwurzelung“), d. h. die inoffiziell betriebene positive Diskriminierung nationaler Kader in ihrer jeweiligen Republik, mag Kritik abgeschwächt haben.[74] Der wesentliche Unterschied zwischen Kritik und Dissidenz an der Peripherie und in Moskau bestand jedoch darin, dass die lokale Parteiführung nie unabhängig agierte. Sie musste immer zwischen Moskau und den Intellektuellen vermitteln. Dabei waren die Parteiführer oft einer Meinung mit den selbsternannten „Nationalisten“ in der eigenen Republik, gegenüber Moskau forderten sie zunehmend offen mehr Gestaltungsspielraum ein. Eine echte Autonomie erwuchs daraus jedoch nicht, denn Moskau bestimmte weiterhin die Generallinie der Politik. Letztlich ergab sich daraus ein latenter Konflikt nicht nur zwischen der Partei und den Intellektuellen, sondern auch zwischen der Parteiführung in Moskau und jener in Frunze. Es ist dieser latent vorhandene Konflikt, der dann während der *perestrojka* einer der Beweggründe für immer lautere Forderungen nach Autonomie werden sollte. Nicht die eine einheitliche Partei, sondern die *Moskauer* Partei wurde dabei an der Peripherie zur Zielscheibe von Kritik nicht nur der Intellektuellen, sondern auch derjenigen kirgisischen Parteieliten, die ihre Republik in die Unabhängigkeit führen sollten.

Literatur

Ajtmatov, Čingiz, V soavtorstve s zemleju i vodoju. Očerki, stat'i, besedy, interv'ju, Frunze 1978.

Akmatov, Kazat, Okujalar, adamdar. Min bir kün, Bischkek 1997.

Alekseeva, Ljudmila M., Soviet Dissent. Contemporary Movements for National, Religious, and Human Rights, Middletown 1985.

Askarov, Tendik, Za aktivnost' literaturnoj kritiki, in: Literaturnyj Kirgizstan 47:5, 1962, 87–91.

Baršaj, Aleksandr, Saul Abramzon. Istorija smertel'nogo oskorblenija, in: http://www.literatura.kg/articles/?aid=456 (10.10.2012).

Beyrau, Dietrich, Intelligenz und Dissens. Die russischen Bildungsschichten in der Sowjetunion 1917–1985, Göttingen 1993.

Brandenberger, David, Soviet Social Mentalité and Russocentrism on the Eve of War, 1936–1941, in: Jahrbücher für Geschichte Osteuropas 48:3, 2000, 388–406.

Brudny, Yitzhak M., Reinventing Russia. Russian Nationalism and the Soviet State, 1953–1991, Cambridge 1998.

Clark, Katerina, The Mutability of the Canon. Socialist Realism and Chingiz Aitmatov's I dol'she veka dlitsja den', in: Slavic Review 43:4, 1984, 573–587.

das „Tauwetter“ zu sehen, oder auch das Ende der antireligiösen Kampagne, die Entlassung Chruščevs und die Politik der „Kaderstabilität“ danach.

[74] Vgl. *Simon*, Nationalismus, 345–349. Vgl. auch den Beitrag von Malte Rolf in diesem Band.

DeWeese, Devin, Islam and the Legacy of Sovietology. A Review Essay on Yaacov Ro'i's Islam in the Soviet Union, in: Journal of Islamic Studies 13:3, 2002, 298–330.
Djadjučenko, Leonid, Tolomuš Okeev, Bischkek 2005.
Florin, Moritz, Sowjetpatriotismus und Nation in Kirgistan, 1941–1991. Diss. Phil. Hamburg 2013.
Gerštejn, Juz, Oblomok Imperii, unveröff. Memoiren, Jerusalem 2007.
Gorsuch, Anne E. / Koenker, Diane P. (Hrsg.), Introduction, in: dies. (Hrsg.), The Socialist Sixties. Crossing Borders in the Second World, Bloomington 2013, 3–25.
Il'jasov, S. I. / Zima, A. G., Ocenivat' prošloe s partijnych pozicij. O nekotorych ošibkach v osveščenii istorii i etnografii kirgizskogo naroda, in: Sovetskaja Kirgizija, 28. Februar 1973.
Jakovlev, Aleksandr, Protiv antiistorizma, in: Literaturnaja gazeta, 15. November 1972.
Kochanek, Hildegard, Die russisch-nationale Rechte von 1968 bis zum Ende der Sowjetunion, Stuttgart 1999.
Komaromi, Ann, Samizdat and Soviet Dissident Publics, in: Slavic Review 71:1, 2012, 70–90.
Končalovskij, Andrej, Vozvyšajuščij obman, Moskau 1999.
Lehmann, Maike, Eine sowjetische Nation. Nationale Sozialismusinterpretationen in Armenien seit 1945, Frankfurt am Main 2012.
Mitrochin, Nikolaj A., Russkaja partija. Dviženie russkich nacionalistov v SSSR 1953–1985 gody, Moskau 2003.
Mozur, Joseph P., Parables from the Past. The Prose Fiction of Chingiz Aitmatov, Pittsburgh 1995.
Myer, Will, Islam and Colonialism. Western Perspectives on Soviet Asia, London 2002.
Nurbekov, Kubanyčbek (Hrsg.), V. I. Lenin i gosudarstvenno-pravovoe stroitel'stvo v Kirgizskoj SSR, Frunze 1970.
Osmonov, Oskon D., Istorija Kyrgyzstana, Bischkek 2004.
Roth-Ey, Kristin, Moscow Prime Time. How the Soviet Union Built the Media Empire that Lost the Cultural Cold War, Ithaca 2011.
Shlapentokh, Vladimir, Soviet Intellectuals and Political Power. The post-Stalin era, Princeton 1990.
Simon, Gerhard, Nationalismus und Nationalitätenpolitik in der Sowjetunion. Von der totalitären Diktatur zur nachstalinschen Gesellschaft, Baden-Baden 1986.
Spechler, Dina, Permitted Dissent in the USSR. Novy Mir and the Soviet Regime, New York 1982.
Suny, Ronald Grigor, Looking Toward Ararat. Armenia in Modern History, Bloomington 1993.
Sydykbekov, Tügölbaj, Men miṅ žyl žašadym. Ajan, aṅgemeler, maekter, kattar, Bischkek 1998. (Auf Russisch in: *Turdakun U. Usubaliev*, Nado znat' prošloe, čtoby ne ošibat'sja v buduščem [=Memoiren, Bd. 2], Bischkek 1996, 223).
Tabyšaliev, S. T., Vstupitel'nyja stat'ja, in: Saul M. Abramzon, Kirgizy i ich etnogenetičeskie i istoriko-kul'turnye svjazi, Leningrad 1990.
Tillett, Lowell, Ukrainian Nationalism and the Fall of Shelest, in: Slavic Review 34:4, 1975, 752–768.
Tynčtykbek, Čorotegin, Ala-Toonun batyštagy bürkütü. Azamat Altajdyn 90 žyldyk maarakesine karata, Bischkek 2010.
Usubaliev, Turdakun U., Epocha, sozidanie, sud'by (=Memoiren, Bd. 1), Bischkek 1995.
Itogi Vsesojuznoj, perepisi naselenija 1970 goda, Bd. 4, Moskau 1973.

Yurchak, Alexei, Everything Was Forever, Until It Was No More. The Last Soviet Generation, Princeton, 2006.
Žekšeev, Žypar, Čyndyk bir gana özündö, Bischkek 1997.

Interviews

Interview mit *Kadyrkul Ömürkulov* (*1941), Bischkek, am 18. Januar 2011.
Interview mit *Tendik Askarov* (*1937), Bischkek, am 10. Dezember 2010.
Interview mit *Tynčtykbek Čoroev* (*1959), Bischkek, am 16. September 2010.

Film

Tölömüš Okeev (Reg.), Zolotaja osen', Kirgizfil'm 1980.

Die Nationalisierung der Sowjetunion

Indigenisierungspolitik, nationale Kader und die Entstehung von Dissens in der Litauischen Sowjetrepublik der Ära Brežnev

Malte Rolf

Ob als Periode der Stabilität oder der Stagnation – bei der Beschreibung der zweiten Hälfte der Ära Brežnev herrschen Begriffe der „Bewegungsarmut", wenn nicht „Bewegungslosigkeit" vor. Die 1970er und frühen 1980er Jahre erscheinen als Phase des Stillstands, der Erstarrung, aber zugleich auch als ruhigere Zeiten, als eine Dekade der „Normalität", die sich deutlich von den Ausnahmezuständen der Stalinschen und Chruščevschen Mobilisierungsdiktatur abzuheben scheint. Richtet man jedoch den Blick auf die Randrepubliken der Sowjetunion, so wird schnell deutlich, wie wenig eine solche Charakterisierung zutrifft. Denn an den Peripherien der UdSSR waren die 1970er Jahre viel eher von Unruhe und Aufruhr, von einer Erosion alter Erwartungsgewissheiten und tradierter Normsetzungen gekennzeichnet. Das Jahrzehnt war hier eine Periode der Spannungen und Konflikte, in denen sich ein nationalisierter Dissens immer lauter zu Gehör brachte, ungeahnte Protestformen die Machtapparate herausforderten und sich die lokalen und zentralen Autoritäten mit einer fundamentalen Infragestellung der bestehenden Ordnung konfrontiert sahen. Mit Stabilität und Stillstand hatte all dies wenig zu tun.

Für kaum eine Unionsrepublik gilt dies in solchem Maße wie für die Litauische Sozialistische Sowjetrepublik (LSSR). In keinem anderen Gebiet der Sowjetunion war die Dichte von *Samizdat*-Publikationen vergleichbar hoch, kam es zu ähnlich zahlenstarken Massenprotesten und nirgends wurde die Zugehörigkeit zur UdSSR radikaler in Frage gestellt. Die LSSR war zweifellos ein Krisenherd, der das Ordnungsgefüge der Sowjetunion bedrohte. Zur Erklärung beschreibt die Forschungsliteratur die Litauer nicht selten als „rebellische Nation", der es auch in den Zeiten Moskauer Fremdherrschaft gelang, ihre kulturelle Identität zu bewahren, und die sich durch ihren hartnäckigen Widerstand gegen die Okkupation und die Russifizierungsversuche des Regimes auszeichnete. Ihr Kampf gegen die sowjetische Besatzung war letztlich nicht nur von Erfolg gekrönt, er brachte zudem das Kartenhaus der UdSSR insgesamt zum Einsturz. In einer solchen Teleologie fügen sich das Aufbegehren einer litauischen Nationalbewegung gegen die zarische Russifizierungspolitik im 19. Jahrhundert, der antisowjetische

Partisanenkrieg der „Waldbrüder" in der Nachkriegsperiode, die Aktivitäten des litauischen *Samizdat* der 1970er und die Massenproteste für die staatliche Unabhängigkeit der 1980er Jahre bruchlos in das große heroische Narrativ des anhaltenden Widerstands und der Unbeugsamkeit der Litauer.[1]

Eine solche Perspektive übersieht jedoch nicht nur, dass die Geschichte der LSSR neben Phasen des Protestes auch weitgehend konfliktfreie Perioden vorzuweisen hat. Sie verkennt vor allem, wie stark die Akteure, die in den 1970er und 1980er Jahren ihren Unmut über die Moskauer Hegemonie äußerten, selbst vom sowjetischen System geprägt waren; wie sehr sich ihre Forderungen und Handlungen auf die offizielle Nationalisierungspolitik bezogen, die das Regime über Jahrzehnte betrieben und die die Entstehung einer nationalen Elite gefördert und die Pflege nationaler Kultur ermöglicht hatte. Die Spannungen, die in der LSSR in den 1970er Jahren zu Tage traten, sind daher nur im Kontext einer sowjetischen Indigenisierungsprogrammatik und deren Modifikationen in der Brežnev-Ära zu verstehen. Der nationale Dissens dieser Dekade markierte weniger einen radikalen Gegenentwurf zum sowjetischen Gesamtgefüge. Vielmehr entwickelte er sich aus diesem mentalen und gesellschaftlichen Referenzsystem heraus und blieb an zentrale Prämissen sowjetischer Nationalitätenpolitik zurückgebunden.

Um eben diesen Zusammenhang soll es im folgenden Beitrag gehen. Es sind dabei nicht nur die unbeabsichtigten Folgewirkungen und inneren Widersprüche eines parteistaatlichen *korenizacija*-Paradigmas – jener Politik der „Einwurzelung", die auf die Indigenisierung sowjetischer Herrschaft abzielte – zu identifizieren. Es ist ebenso nach den Kurskorrekturen unter Brežnev zu fragen und nachzuzeichnen, welche Konfliktdynamiken diese neuen Akzentsetzungen in den Randgebieten der UdSSR in den 1970er Jahren auslösten. Dabei gilt es zugleich, die Wirkungsmacht des Brežnevschen Normalitäts- und Stabilitätsdiktats herauszuarbeiten. Mit welchen Deutungsmustern interpretierten die Parteiinstanzen die ungeahnten Herausforderungen an den Peripherien des Staatsgebiets? Inwieweit waren sie in der Lage, Zielkonflikte ihrer Prämissen zu benennen und Spannungspotentiale zu entschärfen? Es ist dabei zu diskutieren, wie stark hier die Selbstreferentialität des Regimes und die entsprechende diskursive Autosuggestion von Konsens und harmonischem Einklang konfliktverschärfend wirkten. Und welche Reaktionen wiederum die Verordnungen und die Disziplinarmaßnahmen der Diktatur in den stark nationalisierten Gesellschaften der Unionsrepubliken initiierten.

---

[1] Vgl. z. B. *Romualdas Bagusauskas/Arunas Streikus* (Hrsg.), Lietuvos kultūra sovietinės ideologijos nelaisvėje, 1940–1990. Dokumentų rinkinys, Vilnius 2005; *Zigmantas Kiaupa*, The History of Lithuania, Vilnius 2005, 298–324; *Romuald J. Misiunas/Rein Taagepera*, The Baltic States. Years of Dependence, 1940–1990, Berkeley 1993; *V. Stanley Vardys/Judith B. Sedaitis*, Lithuania. The Rebel Nation, Boulder, CO 1997. An dieser Stelle möchte der Autor zugleich Odeta Mikstaite und Vilius Ivanauskas für ihre wichtigen Literaturhinweise und Übersetzungshilfen danken.

Der Beitrag will damit am Beispiel der Litauischen Sozialistischen Sowjetrepublik die Erosion der Integrationskraft einer sowjetischen Indigenisierungsprogrammatik in den 1970er Jahren nachzeichnen. Und es soll mithilfe der sowjetischen Nationalitätenpolitik und ihren Fallstricken zugleich grundsätzlich gefragt werden, inwieweit das Brežnev-Regime mit seiner Normalitätsverordnung in der Lage war, gesellschaftliche Dynamiken und daraus resultierende soziale und kulturelle Spannungen aufzufangen sowie Konfliktpotentiale zu entschärfen. Mit welchen Begriffen also erfassten die Entscheidungsträger die sich abzeichnende Krisenverdichtung in der sowjetischen Gesellschaft der 1970er Jahre und mit welchen Instrumenten und mit welchem Erfolg versuchten sie, die bedrohte Ordnung aufrechtzuerhalten?

Im ersten Teil des Beitrags stehen die wesentlichen Grundzüge sowjetischer Nationalitätenpolitik und Merkmale der Lituanisierungsprogrammatik in der LSSR der Nachkriegszeit im Mittelpunkt. In einem zweiten Abschnitt soll das Indigenisierungsparadigma während der Brežnev-Ära verfolgt werden. Dabei werden nicht nur die Kader-, Bildungs- und Kulturpolitiken in der LSSR, sondern auch der Wandel der Moskauer Zielvorstellungen vom „Zusammenleben der Völker“ in der UdSSR beleuchtet. Im dritten Teil werden die in der LSSR auftretenden Konflikte in den 1970er Jahren skizziert und der Zusammenhang zwischen nationalisiertem Protest und Brežnevschem Stabilitätsdiktat thematisiert. Abschließend ist zu diskutieren, wie sehr sich die Vorstellungen, die die sezessionistische litauische Nationalbewegung in den späten 1980er Jahren prägen sollten, bereits in der letzten Dekade Brežnevscher Herrschaft entwickelten. Inwieweit also schon die Brežnev-Ära zumindest in den Randrepubliken der Sowjetunion von einer fundamentalen Infragestellung der existierenden Ordnung gekennzeichnet war.

1. *korenizacija* und Neo-*korenizacija*: Grundzüge sowjetischer Nationalitätenpolitik und die Lituanisierung der Litauischen Sozialistischen Sowjetrepublik

1922 hatten die Bolschewiki ihre „rote Reconquista“[2], die Wiedereroberung der Territorien des alten russländischen Imperiums, militärisch abgeschlossen. Doch noch im Laufe des blutigen Bürgerkriegs war den jungen Machthabern in Moskau klar geworden, dass eine dauerhafte Machtsicherung und die staatlich-ideologische Durchdringung der heterogenen Randgebiete des Vielvölkerreiches nur in Gestalt einer Indigenisierung sowjetischer Herrschaft Erfolg haben würde. Die daraus abgeleitete Politik der „Einwurzelung“ (*korenizacija*) fußte auf dem

[2] *Dietrich Geyer*, Russland in den Epochen des zwanzigsten Jahrhunderts. Eine zeitgenössische Problemskizze, in: Geschichte und Gesellschaft 23, 1997, 258–294, hier 271.

Grundsatz, dass die neue Herrschafts- und Gesellschaftsform an der Peripherie nur in einem Modus vermittelbar war, der zumindest partiell an vorhandene Kulturmuster anknüpfte. Es sollten deshalb gerade die lokalen Kader sein, die – unter Moskaus Anleitung und Kontrolle – das sowjetische Modernisierungsprojekt in eine vor Ort verständliche Sprache übersetzen würden. Auf einer solchen Konzeption von *korenizacija* basierte die parteistaatliche Förderung von Bildungs- und Kultureinrichtungen der jeweiligen Nationalitäten. Iosif Stalin brachte diese Einsicht in seinem bekannten Diktum „national in der Form, sozialistisch im Inhalt" 1928 auf den Punkt.[3]

Zugleich territorialisierte die sowjetische Herrschaftspraxis Nationalitäten, indem sie jeder offiziell anerkannten Volksgruppe ein festes Gebiet zuwies und dieses administrativ als Unionsrepublik oder als Autonomes Gebiet einer Titularnation zuordnete. Als Zielvorstellung bestand damit schon in den 1920er Jahren ein ethnisch homogenisiertes Territorium.[4]

An der Programmatik der *korenizacija* änderte sich auch in den 1930er Jahren wenig, wenngleich im Zuge der ausgerufenen Kulturrevolution manchen traditionellen Praktiken offen der Kampf angesagt wurde.[5] Der grundlegende Ansatz, dass der nun deklarierte Aufbau des „Sozialismus in einem Lande" nur im Medium der Förderung einer nationalen Kultur erfolgen konnte, blieb dennoch unangetastet. Auch in den 1930er Jahren bedeutete die Expansion des sowjetischen Bildungswesens vor allem einen Ausbau der partikularen Bildungseinheiten, die entlang der „nationalen" Grenzen der Sowjetrepubliken organisiert waren und in denen in den jeweiligen Republiksprachen unterrichtet wurde.[6]

---

[3] Vgl. Stalins Rede auf dem XVI. Parteitag der VKP(b) zur sowjetischen Nationalitäten- und Indigenisierungspolitik, in: *Josef W. Stalin*, Werke, Berlin 1955, 316–324. Zur *korenizacija* vgl. u. a. *Jörg Baberowski*, Stalinismus und Nation. Die Sowjetunion als Vielvölkerreich 1917–1953, in: Zeitschrift für Geschichtswissenschaft 3:54, 2006, 199–213; *Francine Hirsch*, Empire of Nations. Ethnographic Knowledge and the Making of the Soviet Union, Ithaca 2005, 101–144; *Terry Martin*, Modernization or neo-traditionalism? Ascribed nationality and Soviet primordialism, in: Sheila Fitzpatrick (Hrsg.), Stalinism. New Directions, London 2000, 348–367; *Yuri Slezkine*, Imperialism as the Highest Stage of Socialism, in: Russian Review 59, 2000, 227–234; *Jeremy R. Smith*, The Bolsheviks and the National Question, 1917–1923, Houndmills 1999; *Ronald Grigor Suny / Terry Martin*, The Empire Strikes Out. Imperial Russia, „National" Identity, and Theories of Empire, in: Ronald G. Suny / Terry Martin (Hrsg.), A State of Nations. Empire and Nation-Making in the Age of Lenin and Stalin, Oxford 2001, 23–66.

[4] Siehe u. a. *Uwe Halbach*, Das sowjetische Vielvölkerimperium. Nationalitätenpolitik und nationale Frage, Mannheim 1992, 82–89; *Terry Martin*, The Affirmative Action Empire. Nations and Nationalism in the Soviet Union, 1923–1939, Ithaca / NY 2001, 605.

[5] Vgl. z. B. *Jörg Baberowski*, Verschleierte Feinde. Stalinismus im sowjetischen Orient, in: Geschichte und Gesellschaft 1:30, 2004, 10–36; *Marianne Kamp*, The New Woman in Uzbekistan. Islam, Modernity, and Unveiling under Communism, Seattle 2006; *Douglas T. Northrop*, Hujum. Unveiling Campaigns and Local Responses in Uzbekistan, 1927, in: Donald J. Raleigh (Hrsg.), Provincial Landscapes. Local Dimensions of Soviet Power 1917–1953, Pittsburgh 2001, 125–145.

[6] Siehe *Yuri Slezkine*, The USSR as a Communal Apartment, or How a Socialist State Promoted Ethnic Particularism, in: Slavic Review 2:52, 1994, 414–452.

Im Stalinismus verfestigte sich zudem „Nationalität" von einem kontingenten kulturellen Merkmal immer mehr zur objektivierten Zugehörigkeit zu einer Schicksalsgemeinschaft, der sich das Individuum nicht mehr entziehen konnte. Hatte die erste sowjetische Volkszählung von 1926 noch die Kategorie *nacional'nost'* als frei wählbare Einheit verstanden, so wandelte sich diese in der Volkszählung von 1937 zu einem unveränderlichen Bestimmungsfaktor, der jedem Individuum in den Pass eingetragen wurde. Die Nationalität wurde zu einer ebenso festen wie eindeutigen Fremdzuschreibung. Entsprechend wurden seit 1938, als sich der „Große Terror" zunehmend ethnisierte und das Regime ganze Völkerschaften als „Feindnationen" stigmatisierte, ethnisch bestimmte Großkollektive deportiert, ohne dass der soziale Status oder die politische Loyalität der Betroffenen eine Rolle gespielt hätten.[7]

Diese Grundzüge des sowjetischen „affirmative action Empire" der 1930er Jahre behielten auch in der Nachkriegsperiode ihre Gültigkeit. Vor allem in den 1939–41 annektierten und 1944 erneut eroberten Westgebieten griff das Regime auf die eingespielten Muster der Indigenisierungspolitik zurück. Bei dieser „Neo-*korenizacija*" ging es nicht alleine darum, in machtstrategischem Kalkül die Etablierung Moskauer Fremdherrschaft im vom Bürger- und Partisanenkampf geprägten Terrain zu erleichtern. Vielmehr stellte die Nationalisierung von Kadern und Kultur in den jeweiligen Republiken einen zentralen Baustein des Sowjetisierungsprojekts insgesamt dar.[8]

Wie stark sich dabei Sowjetisierungs- und Nationalisierungsmaßnahmen überlagerten und miteinander verschränkt waren, lässt sich eindringlich am Beispiel der litauischen Unionsrepublik nachzeichnen. Zugleich zeigt sich, wie stark die Zwangsintegration in die UdSSR von der für den Stalinismus kennzeichnenden Gewalttätigkeit begleitet war. Die politische, ökonomische und kulturelle Gleichschaltung der LSSR war von Massendeportationen und politischem Terror geprägt.[9] An dem Zwangscharakter und der Gewaltintensität der Sowjetisierung

[7] Vgl. dazu *Jörg Baberowski*, Der rote Terror. Die Geschichte des Stalinismus, München 2003; *Francine Hirsch*, The Soviet Union as a Work-in-Progress. Ethnographers and the Category Nationality in the 1926, 1937, and 1939 Censuses, in: Slavic Review 2:56, 1997, 251–279; *Terry Martin*, The Origins of Soviet Ethnic Cleansing, in: Journal of Modern History 70, 1998, 813–861; *Terry Martin*, Terror gegen Nationen in der Sowjetunion, in: Osteuropa 6:50, 2000, 606–616.

[8] Vgl. *Peter A. Blitstein*, Nation-Building or Russification? Obligatory Russian Instruction in the Soviet non-Russian Schools, 1938–1953, in: Ronald G. Suny / Terry Martin (Hrsg.), A State of Nations, 253–274; *David Feest*, Neo-*korenizacija* in den baltischen Sowjetrepubliken? Die Kommunistische Partei Estlands nach dem Zweiten Weltkrieg, in: Zeitschrift für Geschichtswissenschaft 3:54, 2006, 263–280; *Elena Zubkova*, Pribaltika i Kreml', 1940–1953, Moskau 2008, 145–152 und 300–319. Zum antisowjetischen Partisanenkampf nach 1944 vgl. *Dalia Kuodytė*, Karas po karo / War after War. Armed anti-Soviet Resistance in Lithuania in 1944–1953, Vilnius 2004; und allg. den Band *Arvydas Anušauskas* (Hrsg.), The Anti-Soviet Resistance in the Baltic States, Vilnius 2006.

[9] Schätzungen gehen davon aus, dass alleine im Zeitraum 1944–1951 ungefähr 128.000 Menschen und damit circa 5 % der Bevölkerung der litauischen Unionsrepublik zum Opfer von Massendeportation wurden. Insgesamt waren von den Repressionen des stalinschen Terror-

besteht somit kein Zweifel. Aber ein solcher Befund stellt die Bedeutung der sowjetischen Indigenisierungspolitik nicht in Frage. Es waren hier vor allem die lokalen Kommunisten, die bestrebt waren, die Moskauer Anforderungen an die lokalen Bedingungen anzupassen und in eine nationale Sprache zu übersetzen. Akteure wie der langjährige Erste Sekretär der litauischen Kommunistischen Partei Antanas Sniečkus oder der Vorsitzende des Rates der Volkskommissare der LSSR Mecislovas Gedvilas, aber auch Kulturfunktionäre wie Antanas Venclova trugen erheblich dazu bei, dass sowjetisierende Maßnahmen zugleich den Charakter einer Lituanisierung annahmen. Es ging ihnen um die Förderung einer litauischen Nation nach sowjetischem Zuschnitt. Sowjetisierung und die explizite Förderung der Nationalkultur wurden hier nicht als Gegensätze, sondern als sich ergänzende und gegenseitig verstärkende Aspekte verstanden.[10]

Am deutlichsten tritt einem das Lituanisierungsprojekt der frühen Nachkriegsperiode bei der Umgestaltung der neuen Hauptstadt der LSSR, Vilnius, entgegen. Vilnius/Wilno war bis zum Zweiten Weltkrieg Teil der Polnischen Republik gewesen und hatte über eine mehrheitlich polnische und jüdische Bevölkerung verfügt. Litauer hatten vor 1939 weniger als ein Prozent der städtischen Bevölkerung ausgemacht. Nach der Okkupation durch sowjetische Truppen hatte Moskau 1939 die Stadt den Litauern übergeben, 1940 wurde sie zur Hauptstadt der in die Sowjetunion zwangsintegrierten LSSR. Die erneute Etablierung sowjetlitauischer Herrschaft nach 1944 vollzog sich dann als Verdrängung der noch präsenten polnischen Stadtbevölkerung und als Tilgung der Erinnerung an die polnische und jüdische Vergangenheit. Der Großteil der verbliebenen polnischen Bevölkerung wurde während der so genannten „Repatriierungs"-Kampagnen der Jahre 1944–46 nach Polen ausgesiedelt. Diese ethnischen Säuberungen, wie sie auch in der Ukrainischen und Belorussischen SSR stattfanden, wurden von Moskau initiiert. Aber die konkrete Organisation des Bevölkerungstransfers und das Aushandeln der „Repatriierungs"-Kontingente oblagen den lokalen Amtsträgern. Es waren hier die litauischen Kommunisten, die die polnische Bevölkerung be-

apparates über 350.000 Menschen und damit ungefähr 13 % der Bürger der LSSR betroffen. Vgl. *Kiaupa*, The History of Lithuania, 308–310.

[10] Zu den litauischen Nationalkommunisten vgl. auch *Timothy Snyder*, The Reconstruction of Nations. Poland, Ukraine, Lithuania, Belarus, 1569–1999, New Haven 2003, 90–95. Ähnliche Prozesse lassen sich im Übrigen auch für andere Unionsrepubliken nachzeichnen. Vgl. zur Armenischen SSR *Maike Lehmann*, Bargaining Armenian-ness. National Politics of Identity in the Soviet Union after 1945, in: Darieva Tsypylma/Wolfgang Kaschuba (Hrsg.), Representations on the Margins of Europe. Politics and Identities in the Baltic and South Caucasian States, Frankfurt am Main 2007, 166–189; *Maike Lehmann*, Eine sowjetische Nation. Nationale Sozialismusinterpretationen in Armenien seit 1945, Frankfurt am Main 2012. Vgl. ebenso den Beitrag von Moritz Florin in diesem Band. Zur vergleichbaren Parallelität von Sowjetisierung- und Nationalisierungspolitiken in den ostmitteleuropäischen Volksrepubliken siehe u. a. *Katherine Verdery*, National Ideology under Socialism. Identity and Cultural Politics in Ceausescu's Romania, Berkeley 1991; *Marcin Zaremba*, Im nationalen Gewande. Strategien kommunistischer Herrschaftslegitimation in Polen 1944–1980, Osnabrück 2011.

sonders energisch aus Vilnius drängten. Die sowjetische Umgestaltung der neuen Republikhauptstadt konnte in ihren Augen nur in ethnisch homogenisierter, litauischer Form vollzogen werden.[11] Mittelfristig waren sie mit ihrer Lituanisierungspolitik durchaus erfolgreich. Litauer machten bereits 1959 mehr als 30 % der rasch wachsenden Stadtbevölkerung aus; ein Anteil, der bis zum Ende der UdSSR auf über 50 % steigen sollte. Dagegen ging der Anteil der Polen von fast 70 % vor dem Krieg auf 20 % nach 1946 zurück.[12]

Zugleich beschwiegen und marginalisierten die neuen Machthaber die Erinnerung an das jüdische Vilne. Die jüdische Gemeinde war während der deutschen Besatzung zum Großteil ermordet worden.[13] Die sowjetlitauischen Funktionäre bemühten sich nach dem Krieg, auch die steinerne Erinnerung an den jüdischen Charakter der Stadt zu tilgen. So wurden die Reste der Großen Synagoge abgetragen und auf jüdischen Friedhöfen Sportanlagen oder Krematorien errichtet. Zugleich veränderten zahlreiche bauliche Maßnahmen das alte jüdische Viertel bis zur Unkenntlichkeit. Kein öffentliches Denkmal und keine Gedenktafel erinnerte hier an die lange jüdische Tradition der Stadt oder die jüdischen Opfer der deutschen Besatzung.[14]

Dagegen versuchten zahlreiche Inszenierungen in den 1940er und 1950er Jahren, den vermeintlich litauischen Nationalcharakter von Vilnius herauszustellen. Vor allem die öffentliche Zurschaustellung litauischer Folklore avancierte zum beliebten Repräsentationsmittel der lokalen Parteifunktionäre. So wurde bereits 1946 ein litauisches Sängerfest in Vilnius aufwändig gefeiert. Im gleichen

---

[11] Insgesamt wurden 1945–46 und 1955–58 circa 200.000 Polen „repatriiert". Vgl. dazu im Detail *Jerzy Kochanowski*, Die Aussiedlung der Polen aus den östlichen Woiwodschaften der II. Republik (1944–1946), in: Forum für osteuropäische Ideen- und Zeitgeschichte 1:3, 1999, 169–197; *Jerzy Kochanowski*, Repatrianten oder Expatrianten? Die Umsiedlung polnischer Bürger aus den ehemaligen Ostgebieten der Republik Polen (Kresy) 1944–1946, in: Ralph Melville / Jiri Pesek / Claus Scharf (Hrsg.), Zwangsmigrationen im mittleren und östlichen Europa, Mainz 2007, 421–429; *Snyder*, The Reconstruction of Nations, 90–95; *Theodore R. Weeks*, Population Politics in Vilnius 1944–1947. A Case Study of State-Sponsored Ethnic Cleansing, in: Post-Soviet Affairs 1:23, 2007, 76–95; *Theodore R. Weeks*, Remembering and Forgetting. Creating a Soviet Lithuanian Capital. Vilnius 1944–1949, in: Jörg Hackmann / Marko Lehti (Hrsg.), Contested and Shared Places of Memory. History and Politics in North Eastern Europe, London 2010, 134–150.

[12] Vgl. *Kiaupa*, The History of Lithuania, 310; *Joachim Tauber / Ralph Tuchtenhagen*, Vilnius. Eine kleine Geschichte der Stadt, Köln 2008, 226. Zudem stellten Russen mit mehr als 20 % und Belorussen mit ca. 6 % große ethnische Minderheiten in der Stadt.

[13] Vgl. dazu *Arūnas Bubnys*, The Holocaust in Lithuania between 1941–1944, Vilnius 2008; *Christoph Dieckmann / Saulius Sužiedėlis*, The Persecution and Mass Murder of Lithuanian Jews during Summer and Fall of 1941, Vilnius 2006; *Christoph Dieckmann*, Deutsche Besatzungspolitik in Litauen 1941–1944, Göttingen 2011; *Alfonsas Eidintas*, Jews, Lithuanians and the Holocaust, Vilnius 2003; *Joseph Levinson* (Hrsg.), The Shoah (Holocaust) in Lithuania, Vilnius 2006; *Wolfram Wette*, Karl Jäger. Mörder der litauischen Juden, Frankfurt am Main 2011.

[14] Siehe *Jan Arend u. a.*, „Jerusalem des Nordens". Das jüdische Vilnius in Geschichte und Erinnerung, in: Irene Götz / Ekaterina Makhotina / Martin Schulze Wessel (Hrsg.), Vilnius. Geschichte und Gedächtnis einer Stadt zwischen den Kulturen, Frankfurt am Main 2010, 74–114, hier 103–104.

Jahr trat das litauische „Volksensemble für Lieder und Tänze" unter der Leitung des hofierten Staatskünstlers Jonas Švedas mehrfach mit öffentlichen Konzerten im Stadtzentrum auf. Die Lituanisierung des urbanen Raums durch Ritualveranstaltungen gipfelte zweifellos im großangelegten Republikliederfest von 1955, bei dem Vilnius im Zentrum der Choreographie stand. All diese Schauspiele proklamierten die Symbiose einer litauischen und zugleich sowjetischen Überformung der Stadt. Die offizielle Rhetorik betonte beständig, dass es erst die Sowjetmacht gewesen sei, die den Litauern ihre „angestammte Hauptstadt" „zurückgegeben" habe.[15]

Dieses scheinbar konfliktfreie Zusammendenken von litauischen und sowjetischen Referenzpunkten zeigte sich auch bei der parteistaatlichen Propagierung einer Nationalgeschichte. Die kommunistischen Kader wurden nicht müde, die LSSR in die historische Genealogie litauischer Staatlichkeit einzureihen. Dazu dienten einige Vorzeigeprojekte parteistaatlicher Geschichtspolitik und Monumentalpädagogik. So restaurierten die litauischen Parteifunktionäre beispielsweise den Gediminas-Turm auf dem Schlossberg in Vilnius bereits in den 1940er Jahren, da dieser an den mythischen Stadtgründer, den litauischen Großfürsten Gediminas, erinnerte. Seit den 1950er Jahren konnten die Vilniuser sich dort in einem Stadtmuseum über die vermeintlich litauische Gründungsgeschichte der Stadt informieren. In der offiziellen Ikonographie des lokalen Regimes spielte der Turm im Folgenden eine herausragende Rolle. Zahlreiche Bildarrangements, die die mittelalterliche Anlage mit der wehenden Fahne der Litauischen Sowjetrepublik zusammenführten, verdeutlichten, wie stark der Sowjetisierungs- und Lituanisierungsimpetus als Einheit gedacht wurde.[16]

Die „Leistungen der Sowjetmacht" als Hüterin der litauischen Geschichte und Tradition ließen sich auch in anderen Bereichen ausspielen. Seien es die aufwändigen Feierlichkeiten zum 650. Jahrestag der Gründung von Vilnius im Jahr 1966, sei es die kostspielige Restaurierung der Burg des litauischen Großfürsten in Trakai vor den Toren Vilnius'. Letztere, deren Anfänge ebenfalls in die späten 1940er Jahre datierten, bot sich besonders als Inszenierungsoberfläche für das sowjetlitauische Engagement bei der Pflege eines „nationalen Erbes" an,

[15] Vgl. dazu die Dokumentensammlung *Algirdas Vyžintas* (Hrsg.), Ateities kartoms. Naujas žvilgsnis į Jono Švedo gyvenimą ir veiklą, Vilnius 2008. Siehe ebenso *Odeta Mikstaite*, Zwischen Sowjetisierung und Nationalisierung. Litauische Folklore in der Nachkriegssowjetunion (1944–1964), Magisterarbeit, Universität Hannover 2005; *Odeta Mikstaite*, Sowjetische Karriere für nationale Kultur? Zum Verhältnis von Sowjetisierung und Konstituierung nationaler Kultur am Beispiel des Wirkens herausragender Kulturfunktionäre der Stalin- und Chruščev-Ära in der litauischen SSR, in: Edward Włodarczyk (Hrsg.), Studia Maritima XXV, Szczecin 2012, 239–254; *Odeta Mikstaite*, Der „Singende Stalinismus": Zur Entstehung der Massenkultur auf dem Gebiet der Folklore in der Litauischen SSR, in: Forschungen zur baltischen Geschichte 8, 2013, 192–213; *Algirdas Vyžintas*, Gyvenimas – tautos kultūrai, in: Algirdas Vyžintas (Hrsg.), Ateities kartoms. Naujas žvilgsnis į Jono Švedo gyvenimą ir veiklą, Vilnius 2008, 10–39.

[16] Vgl. z. B. die Titelgestaltung bei *Balys Bučelis/Antanas Dalinevičius*, Tarybų Lietuva, Vilnius 1980.

da die Burg in der Zwischenkriegszeit unter polnischer Verwaltung gestanden hatte und von den lokalen Autoritäten dem Verfall preisgegeben worden war. Die litauischen Kommunisten konnten sich in unmittelbarem Kontrast zur polnischen Missachtung nun als die Retter dieses nationalen Erinnerungsortes in Szene setzen.[17]

In dem hier propagierten Geschichtsbild wurde das historische Narrativ konsequent ethnisiert und lituanisiert. Erinnerungen an polnische oder jüdische Elemente der Geschichte wurden dagegen verdrängt oder negativ bewertet.[18] Die von Moskau geforderte und von den lokalen Akteuren umgesetzte Indigenisierungspolitik einer „Neo-*korenizacija*" erfolgte also in der LSSR als eindeutige Privilegierung des Litauischen und der Litauer. An der sowjetischen Ausrichtung der Republik und ihrer Kultur bestand kein Zweifel, aber die vielbeschworene „nationale Form" prägte den Modus, in dem sich die Parteiherrschaft vor Ort repräsentierte. Die kulturelle Hegemonie des Litauischen in der Unionsrepublik stand außer Frage.

2. Nationalisierung der Kader, Bildungsexpansion und Kulturpolitik: Das Indigenisierungsparadigma in der LSSR während der Breżnev-Ära

Die parteistaatlich sanktionierte Nationalisierung von Kultur und Öffentlichkeit auf Republikebene verlor mit dem Machtantritt Leonid Breżnevs keinesfalls an Bedeutung. Im Gegenteil, sie intensivierte sich nach 1964 zunächst erheblich. Denn zum *New Deal* der Breżnev-Ära gehörte zunächst ein Arrangement, in dem die lokalen Parteicliquen in den Unionsrepubliken gestärkt wurden. Das Breżnevsche Diktum der „Stabilität der Kader" wurde in kaum einer anderen Hinsicht derart konsequent umgesetzt wie in Bezug auf die Regionalfürsten und ihre Gefolgschaften.[19] Die Durchschnittsamtszeit eines Ersten Parteisekretärs einer der Unionsrepubliken betrug unter Breżnev elf Jahre. Nur in wenigen Fällen kam es zu vorzeitigen Ablösungen, nicht selten verschieden die alternden

---

[17] Vgl. dazu *Rasa Čepaitienė*, Laikas ir akmenys. Kultūros paveldo sampratos moderniojoje Lietuvoje, Vilnius 2005; *Eglė Rindzevičiūtė*, Imagining the Grand Duchy of Lithuania. The Politics and Economics of the Rebuilding of Trakai Castle and the "Palace of Sovereigns" in Vilnius, in: Central Europe 2:8, 2010, 181–203.

[18] Vgl. *Darius Staljunas*, Imperskij režim v Litve v XIX veke (Po litovskim učebnikam istorii), in: Ab Imperio 4, 2002, 365–390, hier 374–380.

[19] Vgl. dazu *Seweryn Bialer*, Soviet Stability and the National Problem, in: Gail W. Lapidus (Hrsg.), The „Nationality Question" in the Soviet Union, New York 1992, 189–207; *Ben Fowkes*, The National Question in the Soviet Union under Leonid Brezhnev. Policy and Response, in: Edwin Bacon/Mark Sandle (Hrsg.), Brezhnev Reconsidered, Houndmills 2002, 68–89, hier 70–74; *Ronald Grigor Suny*, The Revenge of the Past: Nationalism, Revolution, and the Collapse of the Soviet Union, Stanford 1994, 118.

Amtsinhaber im Dienst. In der litauischen Sowjetrepublik verweilte zum Beispiel Antanas Sniečkus bis zu seinem Tod im Januar 1974 auf dem Posten des lokalen Parteiführers. Er brachte es damit auf das stolze Dienstalter von 34 Jahren, da er bereits in der Vorkriegsperiode als Sekretär installiert worden war. Gleiches galt für die Stelleninhaber der Staatsverwaltung. Auch der Vorsitzende des Ministerrates der Litauischen SSR, Juozas Maniūšis, hatte sein Amt von 1967 bis 1981 insgesamt 14 Jahre und damit fast die gesamte Breżnev-Zeit inne. Das Wort vom „goldenen Zeitalter der Stabilität" galt also in besonderem Maße für die regionalen Parteiführungen.[20]

Die regionalen Repräsentanten des Parteistaats setzten dabei das alte Indigenisierungsprojekt ungebrochen fort. In einigen Bereichen konnten sie überhaupt erst in den 1960er Jahren breitenwirksamere Erfolge präsentieren. Deutlich zeigt sich das beispielsweise in der Bildungs- und Kaderpolitik in der LSSR. So war die sprachliche Lituanisierung des Bildungssystems ein zentrales Anliegen der Vilniuser Parteiführung um Antanas Sniečkus. Das Projekt war noch unter Stalin begonnen und unter Chruščev fortgeführt worden. Nicht einmal die umstrittene Reform Chruščevs von 1958 hatte hier Grundsätzliches verändert, stärkte sie doch das Russische als Zweitsprache, ohne die fortschreitende Dominanz des Litauischen im Bildungssektor in Frage zu stellen.[21] Und dennoch datierte der Breitenaufstieg einer litauischsprachigen Bildungselite erst in die 1960er Jahre. Das hing zum einen mit der unionsweiten Bildungsexpansion zusammen, die in der UdSSR insgesamt zu einer Gründungswelle von mittleren und höheren Bildungsinstitutionen führte. Zugleich trug aber auch die regionale Bildungspolitik ihren Teil dazu bei. So schrieben die Direktiven, die die litauische Parteiführung 1965 erließ, auch für die neu verfasste elfjährige Oberschule das Litauische als Unterrichtssprache fest. Parallel dazu wurde an der Universität in Vilnius die Verwendung des Litauischen als Unterrichtssprache erheblich forciert. Ende der 1960er Jahre wurden hier bereits mehr als 90 % aller Lehrveranstaltungen in litauischer Sprache durchgeführt. Entsprechend waren laut einer Statistik aus dem Jahr 1973 mehr als 85 % des wissenschaftlichen Personals in der Republik ethnische Litauer. Zugleich etablierte sich das Institut für litauische Sprache und Kultur als eine der zentralen Einrichtungen an der Hochschule und gab der neuen Dominanz des Litauischen an der *alma mater* auch ihren symbolischen Ausdruck.[22]

---

[20] *Fowkes*, The National Question, 68–70; *Jeremy Smith*, Non-Russians in the Soviet Union and after, in: Ronald Grigor Suny (Hrsg.), The Cambridge History of Russia, Cambridge 2006, 495–521, hier 510–512. Die einzige große Ausnahme stellte hier der Erste Parteisekretär in der Ukraine, Petro Šelest', dar, dessen radikale Indigenisierungspolitik Moskau bereits Anfang der 1970er zu weit ging und die zu seiner Absetzung im Jahr 1972 führte.

[21] Zur Bildungsreform von 1958 und dem berüchtigten Artikel 19, der das Russische als Unterrichtssprache privilegierte, siehe u. a. *Smith*, Non-Russians in the Soviet Union and after, v. a. 510–511.

[22] Siehe *Bialer*, Soviet Stability and the National Problem, 198; *Tauber/Tuchtenhagen*, Vilnius,

Eine solche Sprach- und Bildungsagenda schuf in der LSSR innerhalb weniger Jahre eine neue sowjetlitauische Elite auf einer Breitenbasis, wie es weder die Zwischen- noch die Nachkriegszeit gekannt hatte.[23] Die Bildungsexpansion der 1960er Jahre trug damit erheblich zum Aufstieg einer litauischen Intelligenz bei. Die begleitende Kaderpolitik sicherte ihr eine Vormachtstellung in den Staats-, Partei-, Wirtschafts- und Kulturapparaten der Unionsrepublik. Denn die berufliche Förderung von Repräsentanten der regionalen Titularnation stellte einen integralen Bestandteil jener Indigenisierungsprogrammatik dar, wie sie für die Republikführungen in den 1960er Jahren handlungsleitend war. Deutlich zeigt sich das bei der fortschreitenden Lituanisierung der Kommunistischen Partei in der LSSR. Die maßgeblichen Funktionäre wie Antanas Sniečkus waren von Anfang an bemüht, den Anteil der ethnischen Litauer in der Partei zu steigern. Dennoch waren 1949 nur 20 % der Parteimitglieder Litauer gewesen, ein Anteil, der sich bis 1953 immerhin auf beinahe 40 % steigerte. Aber es war auch hier erst die Breżnevsche Periode, die eine solche Politik der Neo-*korenizacija* konsequent zu Ende führte. Nun gelang eine schnelle Nationalisierung der Parteiinstanzen: In den 1960er Jahren machten Litauer 70 % der Parteikader aus, in den 1970er Jahren stieg ihr Prozentsatz sogar auf 80 %. Damit waren die Litauer im Parteiapparat im Vergleich zur ethnischen Gesamtkomposition der Sowjetrepublik sogar deutlich überrepräsentiert. Selbst die einflussreichen Posten des lokalen Leiters des KGBs sowie des zweiten Parteisekretärs wurden in der LSSR von Litauern besetzt.[24]

Eine solche Lituanisierung der führenden Republikkader betraf ebenso die Staats- und Verwaltungsapparate, die Leitungsposten in der Wirtschaftsplanung, den Industriebetrieben sowie den Wissenschaftsinstitutionen und damit allgemein die Ebene höherer Führungskräfte. Sie prägte damit den Wandel der gesellschaftlichen Hierarchien und beförderte den sozialen Aufstieg der Litauer, der seinen symbolischen Ausdruck unter anderem in der neuen sozial-räumlichen Segregation von Vilnius fand: Die prestigeträchtigen und privilegierten Neubauviertel wurden überproportional von Litauern bewohnt, während die

225. Vgl. auch allg. *Romuald J. Misiunas/Rein Taagepera*, Baltic Nationalism and Soviet Language Policy. From Russification to Constitutional Amendment, in: Henry R. Huttenbach (Hrsg.), Soviet Nationality Policies. Ruling Ethnic Groups in the USSR, London 1990, 206–220, hier 208; *Stephen C. Rowell/Reda Griškaitė/Gediminas Rudis*, A History of Lithuania, Vilnius 2002, 44–45. Zeitgleich kam es zu einem erheblichen Rückbau der polnischsprachigen Schulen: Von 263 Schulen mit polnischer Unterrichtssprache im Jahr 1950 waren 1987 nur noch 45 Schulen geöffnet. Siehe *Tauber/Tuchtenhagen*, Vilnius, 218.

[23] Siehe zur nationalen Intelligenz allg. *Gerhard Simon*, Nationalismus und Nationalitätenpolitik in der Sowjetunion. Von der totalitären Diktatur zur nachstalinschen Gesellschaft, Baden-Baden 1986, Kap. IX. Zum geringen Ausbau des Schulwesens in der Zwischenkriegszeit siehe *Volker Blomeier*, Litauen in der Zwischenkriegszeit. Skizze eines Modernisierungskonflikts, Münster 1998, 16–55.

[24] Vgl. *Fowkes*, The National Question, 69 und 79; *Kiaupa*, The History of Lithuania, 300.

russischen und polnischen Bevölkerungsgruppen mehrheitlich in den vernachlässigten Stadtquartieren anzutreffen waren.[25] Zudem wurden sie durch eine offizielle Kulturpolitik flankiert, die ebenfalls dem Muster einer weitreichenden Nationalisierung folgte. Auch hier wurden sowjetische und nationale kulturelle Bezugspunkte als Symbiose inszeniert. Nichts zeigt dies deutlicher als der massive Ausbau der Förderung litauischer Folklore in der Brežnev-Zeit. Sie konnte auf ältere Traditionen aufbauen: Bereits in der Vorkriegsperiode des unabhängigen Litauen existierten Formen des professionalisierten Folklorismus. Allerdings datierte eine nennenswerte staatliche Subvention folkloristischer Aktivitäten erst in die Phase der Sowjetherrschaft. Aber die Ressourcenknappheit der Nachkriegsperiode behinderte einen schnellen Ausbau von Institutionen und Akteursnetzwerken in diesem Bereich. Erst in den 1960er Jahren intensivierte sich die staatliche Förderung von derartigen Aktivitäten in solchem Maße, dass eine professionelle und auch laienhafte Beschäftigung mit der litauischen Folklore in der LSSR zu einem flächendeckenden Phänomen wurde. Insgesamt hatten sich bis zur Mitte der 1970er Jahre mehr als 1.000 ethnographische und folkloristische Ensembles aller Art formiert.[26]

Dabei spielten das „Haus der Volkskunst" und das „Volksensemble für Lieder und Tänze" unter der Leitung von Jonas Švedas oder auch die regelmäßig stattfindenden Lieder- und Sängerfeste eine zentrale Rolle. In den 1960er Jahren investierte das Regime zudem in folkloristische Großinszenierungen. Die regionale Parteiführung eröffnete beispielsweise in Vilnius mehrere Freilichtbühnen, die Aufführungen mit Zehntausenden Teilnehmern erlaubten.[27] Die Bedeutung der Folklore in der offiziellen Kultur nahm derart zu, dass die lokale Parteiführung Ende der 1970er Jahre nicht einmal einen Widerspruch darin sah, den 60. Jahrestag der „Großen Sozialistischen Oktoberrevolution" in der Litauischen Sowjetrepublik als Folklorespektakel zu inszenieren. Sogar beim Staats- und Revolutionsjubiläum waren 1977 fast alle festlichen Choreographien in Vilnius von einer Zurschaustellung litauischer Trachten und Tänze gekennzeichnet. Das

---

[25] Siehe zur ausgeprägten und zugleich stark ethnisierten sozial-räumlichen Wohnsegregation in Vilnius *Jolita Lenkevičiūte*, Vilnius im Wandel. Wohnsegregation in einer ostmitteleuropäischen Hauptstadt, Berlin 2006, 229–235.

[26] Siehe allg. die Dokumentensammlung und Anthologie *Vyžintas* (Hrsg.), Ateities kartoms. Naujas žvilgsnis į Jono Švedo gyvenimą ir veiklą. Ebenso *Mikstaite*, Litauische Folklore in der Nachkriegssowjetunion; *Mikstaite*, Sowjetische Karriere für nationale Kultur?; *Vyžintas*, Gyvenimas – tautos kultūrai.

[27] Siehe *Mikstaite*, Sowjetische Karriere für nationale Kultur?; dies., Der „Singende Stalinismus". In diesen Kontext gehört auch der zeitgleiche Ausbau von ethnographischen Museen und Museumsdörfern; nicht zuletzt die öffentliche Zurschaustellung der traditionellen heidnischen Volkskunst. Vgl. zu ähnlichen Entwicklungen in der estnischen Unionsrepublik *Philipp Herzog*, Sozialistische Völkerfreundschaft, nationaler Widerstand oder harmloser Zeitvertreib? Zur politischen Funktion der Volkskunst im sowjetischen Estland, Stuttgart 2012.

zentrale sowjetische Festereignis war so zu einer Repräsentationsbühne für nationale Kultur mutiert.[28]

Ganz grundsätzlich lässt sich also festhalten, dass auch in der Brežnev-Ära Sowjetisierung und Nationalisierung keinesfalls als Gegensätze gesehen wurden. Im Denken der parteistaatlichen Entscheidungsträger gehörte beides weiterhin untrennbar zusammen. Die Umgestaltung der Gesellschaft nach unionsweiten sowjetischen Standards und die Durchsetzung des sowjetischen Modernisierungsprojektes waren in einer solchen Weltsicht nur möglich im Medium der Entwicklung und Pflege der jeweiligen nationalen Kulturen in den jeweiligen ihnen fest zugewiesenen Territorien.

Bereits das Chruščevsche Parteiprogramm von 1961 hatte das Begriffsinstrumentarium für ein Harmoniepostulat sowjetischer und nationaler Bezugspunkte bereitgestellt. Dort war die Erwartung formuliert worden, dass in der UdSSR eine „Annäherung“ (*sbliženie*) der Völker und gar ihre „Verschmelzung“ (*slijanie*) parallel zu ihrem nationalen „Aufblühen“ (*rascvet*) möglich sei. Darauf aufbauend etablierte sich unter Brežnev die Rede von der „Einheit“ (*edinstvo*), auf die die „sowjetische Gemeinschaft“ zustrebe. Damit wurde die Chruščevsche *sbliženie/slijanie*-Terminologie zunächst sogar entschärft, da unter „Einheit“ auch eine diffuse allgemeine Übereinkunft verstanden werden konnte, ohne dass damit eine weitergehende unionsweite Homogenisierung impliziert worden wäre. Die offizielle Propagierung von „Einheit“ entsprach so dem Stabilitätsdiktum der Brežnevschen Rhetorik, wenngleich es sich nicht völlig von der Vorstellung eines gewissen Wandlungsprozesses verabschiedete. Denn weiterhin galt eine graduelle Angleichung der Nationalitäten als erstrebenswert, als deren utopisches Endziel das „einheitliche Sowjetvolk“ seit 1971 auch wieder offiziell propagiert wurde. Die in den 1960er Jahren weiter betriebene Nationalisierung des Brežnevschen *affirmative action Empire* fügte sich in diesen Diskurs scheinbar konfliktfrei ein, da in der offiziellen Interpretation die Überhöhung zum Sowjetvolk nur nach einer Phase nationaler Selbstbewusstwerdung und kultureller Selbstverwirklichung denkbar sei. In diesem Stufenmodell konnten nach offizieller Lesart keine inneren Widersprüche zwischen Sowjetisierungs- und Nationalisierungsmaßnahmen bestehen.[29]

---

[28] Eindringliche zeitgenössische Photographien dazu finden sich in *Bučelis/Dalinevičius*, Tarybų Lietuva.

[29] Vgl. zu den sich wandelnden Konstruktionen eines „Sowjetvolks“ u.a. *Katrin Boeckh*, Das Konzept des „Sowjetvolks“ und die ukrainische Nation, in: Andreas Kappeler (Hrsg.), Die Ukraine. Prozesse der Nationsbildung, Köln 2011, 349–360; *Vilius Ivanauskas*, The projection of the „blossoming of the nation“ among the Lithuanian cultural elite during the soviet period, in: Meno istorija ir kritika, 2012, 172–178; *Lydia Klötzel*, Die Russlanddeutschen zwischen Autonomie und Auswanderung. Die Geschichte einer nationalen Minderheit vor dem Hintergrund des wechselhaften deutsch-sowjetischen/russischen Verhältnisses, Münster 1997, 134–141; *Boris Meissner*, Sowjetische Kurskorrekturen. Breschnew und seine Erben, Osnabrück 1984, 86–92; *Simon*, Nationalismus und Nationalitätenpolitik, 356–368.

Es war kennzeichnend für das Brežnevsche Harmoniediktat, dass aufscheinende Spannungen in diesem wie in anderen Bereichen externalisiert wurden. Traten Konflikte auf, so sahen die Behörden „nationalistische Kräfte" am Werk, die entweder noch aus einer Zeit des „bürgerlichen Nationalismus" stammten oder „vom Ausland" gesteuert wurden. Es bestand in einer solchen Perspektive eine vermeintlich klare Trennung zwischen „guten" und „schlechten" nationalen Ausdrucksformen: Die „Schlechten" galt es zu bekämpfen, die „Guten" waren dagegen ein zentrales Förderanliegen des sowjetischen Parteistaats. Die problematischen Implikationen und Zielkonflikte, die eine offiziell betriebene Nationalisierung des öffentlichen Lebens in den Unionsrepubliken erzeugte, waren dagegen im Normalitäts- und Harmoniediskurs der Brežnev-Ära nicht in Worte zu fassen. Das Regime war daher mit seiner Begrifflichkeit und Selbstanalysefähigkeit denkbar schlecht gerüstet, als das traditionelle Modell einer nationalisierenden Sowjetisierung in den 1970er Jahren in eine tiefe Krise geriet.

3. „Genug Russifizierung!" Nationalisierter Protest und das Brežnevsche Stabilitätsdiktat in den 1970er Jahren

Als sich Romas Kalanta am 14. Mai 1972 in Kaunas mit Benzin übergoss und in Flammen setzte, war es wohl nicht so sehr die Einzeltat eines Selbstmörders, die das Regime in Unruhe versetzte. Es waren vielmehr die nachfolgenden spontanen Großdemonstrationen, die am 18. und 19. Mai mehrere tausend Litauer im Zentrum von Kaunas zusammenführten und die von KGB- und Sonderverbänden gewaltsam aufgelöst werden mussten. Sie führten auch den lokalen Parteiführern deutlich vor Augen, dass sich unter der ruhigen Oberfläche des Ordnungsstaats erhebliche Spannungen aufgebaut hatten. Beängstigend für die Repräsentanten der Staatsmacht war hier zum einen, wie stark sich der Protest in einer Sprache des nationalen Widerstands gegen eine Fremdherrschaft artikulierte, zum anderen ließ die hohe Präsenz von Jugendlichen und Komsomolangehörigen in den Demonstrationszügen darauf schließen, dass auch jene Milieus von dem Bazillus der nationalisierten Rebellion infiziert waren, die als die verlässlichsten Stützen des Systems galten. Auch die rasche Unterwerfung des Protests in Kaunas konnte die Machtapparate kaum beruhigen, da weitere Demonstrationen an verschiedenen Orten in Litauen folgten und sich alleine im Jahr 1972 weitere 13 Menschen in der LSSR öffentlich selbst verbrannten.[30]

Die Erinnerungen an die Ereignisse des Prager und auch des Kroatischen „Frühlings" von 1968 waren zu diesem Zeitpunkt frisch, die blutigen Unruhen in Polen lagen nur anderthalb Jahre zurück. Das Regime war sich des prekären

[30] Siehe *Misiunas/Taagepera*, The Baltic States, 252–253; *Roger Dale Petersen*, Resistance and Rebellion. Lessons from Eastern Europe, Cambridge 2001, 291; *Vardys/Sedaitis*, Lithuania, 89.

Zustands des deklarierten Stabilitätsmodus zweifellos bewusst. Die Moskauer Instanzen registrierten in den frühen 1970er Jahren besorgt, dass antirussische Stimmungen in den Randrepubliken zugenommen hatten.[31] Die nun forcierten Aktivitäten des KGB und das schärfere Vorgehen gegen diejenigen, die die Sicherheitsorgane als Andersdenkende identifizierten, sind ein Ausdruck für die erhöhte Alarmbereitschaft der Machtapparate. Eine Erschütterung des offiziellen Harmoniediktats und der Breževschen Normalitätsrhetorik bedeutete dies jedoch keinesfalls. In der ebenso kommoden wie konfliktscheuen Diktatur lag eine kritische Reflexion über gesellschaftliche Schieflagen und Spannungspotentiale jenseits der Grenzen des Sagbaren. Unmuts- und Protestäußerungen konnten in dieser Logik nur als Ausdruck subversiver, zutiefst antisowjetischer Absichten gedeutet werden, die harsche Gegenmaßnahmen verlangten. Das entsprechende parteistaatliche Handeln in Gestalt von gewalttätiger Repression speiste aber eine Eskalationsdynamik, die letztlich das Integrationsvermögen des Staatssozialismus insgesamt bedrohte.

Diese Wirkungsschleife lässt sich deutlich am Beispiel der „nationalen Frage" und Nationalisierungspolitiken in der LSSR der 1970er Jahre aufzeigen. Seit Beginn dieser Dekade meinten die regionalen Sicherheitsbehörden, verstärkte Aktivitäten dessen auszumachen, was sie als „nationalistische Abweichung" diffamierten. Es waren dabei keinesfalls allein der Selbstmord Kalantas und die Folgekundgebungen, die den Autoritäten Kopfschmerzen bereiteten. Auch in anderen Bereichen schien die Politik der staatlich forcierten Nationalisierung aus dem Ruder zu laufen. Symptomatisch war hier der Umgang des Regimes mit der beliebten Vereinigung von Laienkünstlern und Folklorebegeisterten, *Ramuva*. Dieser Zusammenschluss jugendlicher Folkloreenthusiasten, der sich besonders der Wiederentdeckung der heidnischen Wurzeln der litauischen Kultur verschrieben hatte, war in den 1960er Jahren noch durch staatliche Ressourcen unterstützt worden. In den Augen der Parteifunktionäre hatte sich die Bewegung in den frühen 1970er Jahren jedoch in bedrohlicher Form verselbständigt. Die Mitglieder von *Ramuva* hatten sich eigenständig auf die Suche nach unbekannten Folkloretexten und Musikinstrumenten gemacht, in selbstorganisierten Exkursionen die Dörfer durchstreift und geglaubt, einer authentischen litauischen Nationalkultur auf der Fährte zu sein. Die über Jahrzehnte vom Parteistaat verordnete nationale Folklorebegeisterung erhielt damit eine Eigendynamik, die den regionalen Machthabern nicht mehr geheuer war. Bereits seit 1970 überwachte der KGB *Ramuva*, bevor die Organisation wenig später wegen „nationalistischer Umtriebe" verboten wurde.[32]

[31] *Fowkes*, The National Question, 76–77.

[32] Die Bezeichnung *Ramuva* wurde vom Begriff *Romuva* abgeleitet, der auf vorchristliche Kultstätten im Baltikum verweist. Siehe auch *Egidija Ramanauskaite*, Pagoniskosios Romuvos atsvaitai, in: Darbai ir dienos 6:15, 1998, 133–145, hier 133; *S. I. Ryžakova*, Romuva. Etničeskaja religioznost' v Litve, Moskau 2000.

Das durch die sowjetische Indigenisierungspolitik angestoßene Interesse für eine vermeintlich unverfälschte nationale Kultur erschien in ihrer Verselbständigung den Autoritäten also als eine Bedrohung der bestehenden Ordnung. Die Reaktion, die dem Regime darauf adäquat erschien, war der Einsatz von Repressionsmitteln. An der Nationalisierungspolitik als Parteistaatsräson änderte sich dagegen nichts. Eine selbstkritische Überprüfung der entsprechenden Grundannahmen war im diskursiven Gefängnis der Konsensdiktatur unmöglich. Den Eliten, die sich gegenseitig ihrer konfliktfreien Übereinstimmung unablässig vergewisserten, war der Ausgang aus den Ritualen der Normalitätsautosuggestion versperrt. Das Benennen von Spannungspotentialen, die in der offiziellen Agenda selbst angelegt waren, blieb ein Tabubruch, der die rhetorische Selbstvergewisserung von innerem Konsens und von einstimmiger und einmütiger Harmonie der Parteieliten in Frage gestellt hätte.[33]

Gegen all jene, die als außerhalb des Systems stehend stigmatisiert wurden, griff das Regime auf einen Katalog an Disziplinierungs- und Repressionsmaßnahmen zurück. Dies aber steigerte gesellschaftliche Frustrationserfahrungen erheblich. Harmlose Freizeitbeschäftigungen wie folkloristische Betätigung wurden hier kriminalisiert und deren Akteure in die Illegalität und die *Samizdat*-Netzwerke abgedrängt. Das Regime erzeugte mit seiner rigiden Aufrechterhaltung von tradierten Ordnungsmustern Scharen von Andersdenkenden, da es die Versuche einer jüngeren Generation, die eigenen Lebenswelten vielfältiger zu gestalten, aus der akzeptierten Norm und propagierten Normalität ausgrenzte und damit zugleich politisierte. Alternative Lebensstile wurden damit zunächst vom Regime zu einer politischen Aussage gemacht, bevor sie von denjenigen, die diese praktizierten, auch als solche verstanden wurden.[34]

Das galt ebenso für die vom Regime als „nationalistisch" eingestuften Praktiken der Suche nach einer „authentischen" Volkskultur. In der Sorge um einen

[33] Die begriffliche und gedankliche (Selbst-)Disziplinierung eines solchen „Diktats des Konsenses" betraf in erster Linie die Machteliten des Regimes und ihre internen Sagbarkeitssysteme selbst. Es geht hier weniger um die Wirkweise einer (zwangs-) konsensuellen Kommunikation zwischen Parteiführung und Segmenten der Gesellschaft, wie sie Martin Sabrow für die DDR beschrieben hat. *Martin Sabrow*, Der künstliche Konsens. Überlegungen zum Legitimationscharakter sozialistischer Herrschaftssysteme, in: Jahrbuch für Historische Kommunismusforschung 1999, 191–224.

[34] Vgl. hierzu auch *Živilė Mikailienė*, The Hippie Movement in Soviet Lithuania. Aspects of Cultural and Political Opposition to the Soviet Regime, in: Zeitschrift für Ostmitteleuropa-Forschung 60, 2011, 607–630; *Egidija Ramanauskaite*, Lithuanian Youth Culture versus Soviet Culture. On the Path of Cultural Liberalization towards Post Modernism, in: Anu Mai Köll (Hrsg.), The Baltic Countries under Occupation. Soviet and Nazi Rule 1939–1991, Stockholm 2003, 315–340. Zu ähnlichen Phänomenen in der lettischen Unionsrepublik siehe *Mark Allen Svede*, All You Need is Lovebeads. Lavia's Hippies Undress for Sucess, in: David Crowley / Susan E. Reid (Hrsg.), Style and Socialism. Material Culture in Post-war Eastern Europe, London 2000, 189–208; *Mark Allen Svede*, Lights, Camera, Suversive Action! Latvia's Hippie Auteurs, in: Anu Mai Köll (Hrsg.), The Baltic Countries under Occupation. Soviet and Nazi Rule 1939–1991, Stockholm 2003, 341–346. Vgl. ebenso den Beitrag von Moritz Florin in diesem Band.

Kontrollverlust versuchten die Autoritäten, eben jene Eigeninitiative und nationale Kulturpflege einzuschränken, deren höchste Priorität sie zugleich offiziell weiter verkündeten. Aber ein solches Festhalten an den Maximen einer Nationalisierungsagenda bei paralleler Beschneidung von zuvor gestatteten, ja geförderten Freiräumen mündete in einen erheblichen Glaubwürdigkeitsverlust der parteistaatlichen Instanzen.

Der spätere Mitbegründer der Sąjūdis und Parlamentspräsident Vytautas Landsbergis beschreibt in seinen Memoiren eindringlich diese Konfliktdynamik.[35] Wenngleich seine retrospektive Selbststilisierung als unerschütterlicher Gegner des Sowjetsystems seit Kindesjahren überzeichnet wirkt, wird in seinen Aufzeichnungen doch die Kontrast- und Konflikterfahrung der 1970er Jahre deutlich. Nun trat das Regime in einer Vielzahl von Lebensbereichen als ein System repressiver Apparate auf, das zuvor tolerierte Betätigungsfelder kulturellen Schaffens beschnitt. Bei Landsbergis wird zugleich deutlich, wie die Frustrationen über eine solche Einschränkung von Freiräumen in eine Wahrnehmung Moskauer Fremdheit überführt wurde. In dieser Perspektive erhielten zeitgenössische Krisensymptome und die allgegenwärtigen Willkürakte der Parteidiktatur einen neuen Sinn. Sie wurden nun allesamt durch ein Prisma wahrgenommen, in dem das Sowjetsystem als drückende Fremdherrschaft erschien. Debatten um ökonomische Engpässe des Staatssozialismus, ökologische Folgekosten der Industrialisierung oder auch die Gefährdung des architektonischen Erbes angesichts urbaner Modernisierungs- und Planungsphantasien stellten sich in einem solchen Deutungshorizont als Auswüchse eines fremden imperialen Machtzentrums dar, das die Peripherien als Kolonien ausbeutete. Ebenso wurden die zahlreichen Beschränkungen der Zensur und behördliche Verbote nun als Moskauer Angriffe auf die litauische Nationalkultur erfahren.[36]

Ein solches Wahrnehmungsmuster gewann in den 1970er Jahren bei vielen Bürgern der LSSR zunehmend an Plausibilität. Die geminderten Aufstiegschancen in einem politischen System, das die gesellschaftlichen Leitungspositionen für eine kleine Kaste der alternden Nomenklatura reservierte, konnten in dieser Perspektive leicht als Benachteiligung der autochthonen Bevölkerung interpre-

[35] Zur „Erneuerungsbewegung Litauens", die unter dem Namen *Sąjūdis* bekannt geworden ist und die in der Phase der Unabhängigkeitsbewegung in den 1980er Jahren eine entscheidende Rolle spielen sollte, vgl. u. a. *V. Stanley Vardys*, Lithuanian National Politics, in: Rachel Denber (Hrsg.), The Soviet Nationality Reader. The Disintegration in Context, Boulder/CO 1992, 441–484. Vgl. *Vytautas Landsbergis*, Lithuania Independent Again. The Autobiography of Vytautas Landsbergis, Seattle 2000, v. a. Kap. 7 und 8. Eine ganz ähnliche retrospektive Deutung findet sich bei dem Schriftsteller und Literaturwissenschaftler Tomas Venclova, der 1977 in die USA emigrierte. *Tomas Venclova*, Vilnius. A Personal History, Riverdale 2009, v. a. 208–212.

[36] *Landsbergis*, Lithuania Independent Again, v. a. 76–77, 89–94. Dabei thematisierte Landsbergis so verschiedene Konfliktfelder wie die potentielle Umweltverschmutzung der geplanten Ölraffinerie in Jurbakas, den Abriss von historisch wertvollen Gebäuden bei den brachialen Sanierungen der Vilniuser Altstadt oder die Be- und Verhinderung von Veröffentlichungen über den Komponisten und Maler Mikalojus Čiurlionis.

tiert werden, selbst wenn anders als in der lettischen oder estnischen Unionsrepublik die Anzahl der ortsfremden Moskauer Gesandten in den Vilniuser Amtsstuben gering blieb. Selbst die Verfolgungen, mit denen ein atheistisches Regime gegen die katholische Kirche vorging, waren als Feldzüge des Kremls gegen die nationale kulturelle Eigenständigkeit zu deuten, da der Katholizismus als Nationalkirche und damit als wesentlicher Träger der litauischen kulturellen Identität verstanden wurde.[37]

Repressive Maßnahmen des Regimes wurden also zunehmend als Angriff auf die litauische Kultur und damit auf die eigene nationale Identität interpretiert. In einer solchen Sichtweise wirkte das nationale Aufbaupathos der regionalen Parteiführung dagegen nur noch hohl und verlogen. Das seit der Nachkriegszeit bestehende Integrationsangebot eines Sowjetlitauens konnte hier nicht mehr attraktiv wirken, schien ihm doch ein deutliches Übergewicht der sowjetischen Anteile gegenüber den litauischen eingeschrieben zu sein. Das Tätigkeitsfeld der Republik wurde so eher als Beschränkung denn als Handlungsspielraum begriffen. Das Nationale hatte seinen Platz immer weniger im Rahmen der existierenden staatlichen Verfasstheit. Stattdessen wurde es jenseits davon, wenn nicht im Gegensatz dazu gedacht. Ganz grundsätzlich kam hier eine extrem nationalisierte Weltsicht zum Ausdruck, in der Problemlagen aller Art als ethnisierte Konflikte gedacht wurden.[38]

Zu einer solchen Sicht auf die Welt hatte das Regime maßgeblich selbst beigetragen, indem die Förderung der nationalen Kultur über Jahrzehnte zur Staatsräson erklärt worden war. Das Vorgehen gegen Teilbereiche einer ausgefächerten Nationalkultur und deren Träger musste in einer stark nationalisierten Gesellschaft Frustrationserfahrungen auslösen und Protestbereitschaft erzeugen.

---

[37] Siehe zur Nomenklatura in der LSSR *Vilius Ivanauskas*, Sovietinių biurokratų darbo etika, neformalios rutinos ir planavimo sistemos trūkumai (Lietuvos atvejis) / Work Ethics of Soviet Bureaucrats, Informal Routines and Shortages of the Planning System. The Case of Soviet Lithuania, in: Filosofija, Sociologija 4, 2006, 1–12, hier 11–12; *Vilius Ivanauskas*, Lietuviškoji nomenklatura biurokratineje sistemoje. Tarp stagnacijos ir dinamikos (1968–1988 m.), Vilnius 2011, 593–621 (englische Zusammenfassung); *Andrejs Plakans*, A Concise History of the Baltic States, Cambridge 2011, 384–385. Ein Zusammendenken des Anliegens der katholischen Kirche und der litauischen Nation findet sich in solchen Untergrundpublikationen wie der seit 1972 erscheinenden „Chronik der Katholischen Kirche in Litauen" oder der Zeitschrift „Aušra". Vgl. zur Chronik und ihrer Gründung v. a. *Konstantin Gulbinas*, Die neuesten Berichte und Dokumente über die Lage der Kirche in Litauen, in: Acta Baltica 12, 1972, 45–85; *R. Krasauskas / Konstantin Gulbinas*, Die Lage der katholischen Kirche in Litauen, in: Acta Baltica 12, 1972, 9–45. Zur katholischen Dissidenz in Litauen siehe auch *Erich Bryner*, Mit Vorsicht und Mut. Neue Wege der Kommunikation durch „Samizdat" am Beispiel russischer und litauischer Zeitschriften, in: Nada Boškovska u. a. (Hrsg.), Wege der Kommunikation in der Geschichte Osteuropas. Carsten Goehrke zum 65. Geburtstag, Köln 2002, 123–132; *Martin Jungraithmayr*, Der Staat und die Katholische Kirche in Litauen seit dem Ende des Zweiten Weltkriegs, Berlin 2002; *Gerhard Simon*, Die katholische Kirche in Litauen, Köln 1982; *V. Stanley Vardys*, The Catholic Church, Dissent and Nationality in Soviet Lithuania, New York 1978.

[38] Vgl. *Ivanauskas*, The projection of the „blossoming of the nation".

Mochten die Einzelmaßnahmen des Regimes in den frühen 1970er Jahren schon in diese Richtung gewirkt haben, so verschärfte sich die Konfliktsituation zweifellos im Kontext der Debatten um die Brežnev-Verfassung von 1977 erheblich. Denn die dritte Verfassung der UdSSR sollte nicht nur den hohen Entwicklungs- und Stabilitätsgrad des sowjetischen Staatsgefüges widerspiegeln, mit ihr sollte zugleich die fortschreitende „Einheit des Sowjetvolks" dokumentiert werden. Zwar war auch in der Verfassung von 1977 weiterhin viel die Rede von der Union als „multinationale[m] Bundesstaat, der auf der Grundlage des Prinzips des sozialistischen Föderalismus als Ergebnis der freien Selbstbestimmung der Nationen" basiert (Artikel 70), in dem die Bürger aller Nationalitäten über die gleichen Rechte verfügen und „die Möglichkeit gesichert [ist], die Muttersprache und die Sprachen anderer Völker der UdSSR zu gebrauchen" (Artikel 36) sowie „die Möglichkeit der Erteilung des Schulunterrichts in der Muttersprache" besteht (Artikel 45). Und doch machte bereits die Präambel klar, dass inzwischen

> „auf der Grundlage der Annäherung aller Klassen und sozialen Schichten, der juristischen und tatsächlichen Gleichheit aller Nationen und Völkerschaften und deren brüderlicher Zusammenarbeit eine neue historische Gemeinschaft von Menschen – das Sowjetvolk – entstanden ist."

Und die Verfassung ließ keinen Zweifel daran, dass die „Annäherung aller Nationen und Völkerschaften der UdSSR" nicht nur ein fernes Ziel darstelle, sondern sich „durch die Erziehung der Bürger im Geiste des sowjetischen Patriotismus" bereits in der Gegenwart realisiere (Artikel 36).[39]

Damit war das „Sowjetvolk" endgültig zum verfassungsfähigen Subjekt erklärt worden. Und es war nicht nur der symbolische Akt, dass im Artikel 71 die Russische Sozialistische Föderative Sowjetrepublik konträr zur alphabetischen Reihung an erster Stelle und damit als *primus inter pares* aufgeführt wurde, der an der neuen Dominanz der russischen „Leitkultur" im Brežnevschen Stabilitätszeitalter keinen Zweifel ließ. Denn in den nicht-russischen Unionsrepubliken waren die Jahre vor und nach der Verfassungsverkündung von einer ganzen Reihe von Maßnahmen gekennzeichnet, die allesamt auf eine neue Hegemonie russischer Sprache und Kultur in der offiziellen Kulturpolitik hindeuteten. So wurden beispielsweise in der LSSR bereits 1975 Bestimmungen erlassen, die festschrieben, dass die Unterrichtsfächer der russischen Sprache und Literatur anteilsmäßig am stärksten im Stundenplan der Mittel- und Oberschulen vertreten sein mussten. 1978 wurde der obligatorische Russischunterricht in die Erste Klasse vorverlegt und verfügt, dass zwei Fächer in der Sekundarstufe ausschließlich auf Russisch

[39] Ein Abdruck der Verfassung findet sich in *Georg Brunner/Boris Meissner* (Hrsg.), Verfassungen der kommunistischen Staaten, Paderborn 1980; Verfassung (Grundgesetz) der Union der Sozialistischen Sowjetrepubliken, Moskau 1987. Siehe zur Verfassung von 1977 auch *Boris Meissner*, Sowjetföderalismus und staatsrechtliche Stellung der Nationalitäten der RSFSR bis 1991, in: Andreas Kappeler (Hrsg.), Regionalismus und Nationalismus in Russland, Baden-Baden 1996, 41–55, v. a. 51–52.

zu unterrichten seien. Im folgenden Jahr wurde Russischunterricht sogar an Kindergärten und in Vorschulen für obligatorisch erklärt, während zeitgleich die Anzahl russischsprachiger Kurse an den Universitäten drastisch erhöht und eine Quote für russischsprachige Fach- und Diplomarbeiten eingeführt wurde.[40]

All diese Maßnahmen, die auf eine schmerzhafte Beschneidung der vormals gewährten Freiräume für nationale Kultur- und Sprachpflege hinausliefen, produzierten in der LSSR Protest und Widerstand. Es ist kein Zufall, dass eine neue Welle von national motiviertem Aufbegehren in diese Zeit fällt. Angesichts des repressiven Charakters des Regimes erreichte diese Welle erstaunlich breite gesellschaftliche Kreise, die weit über die kleinen Zirkel der bisherigen Aktivisten einer *samizdat*-Presse und des politischen Untergrunds hinausgingen. Das Schlagwort der drohenden „Russifizierung" vermochte zu mobilisieren, nicht zuletzt weil es sich nahtlos in das Widerstands- und Märtyrernarrativ eines litauischen Geschichtsepos einfügen ließ. Die Verfassung von 1977 wirkte auch diesbezüglich krisenverschärfend. Im gleichen Jahr kam es zu spontanen öffentlichen Demonstrationen in Vilnius und die nächsten zwei Jahre erlebten eine Gründungswelle von Vereinigungen, die wie das „Generalkomitee der Nationalen Bewegungen von Estland-Lettland-Litauen", die „Litauischen Freiheitsliga" oder die „Vereinigung für litauische Unabhängigkeit" für nationale Autonomie, wenn nicht für staatliche Selbstständigkeit eintraten. Entsprechende Publikationsorgane wie „Aušra" („Morgenröte") und „Alma mater" erreichten Auflagenstärken, die die bisherigen Erfolge des litauischen *samizdat* in den Schatten stellten. Im Herbst 1979 unterschrieben 5.000 Menschen eine Petition, die das ZK der KPdSU und die litauische Staats- und Parteiführung aufforderte, den verfassungsmäßigen Schutz der litauischen Sprache in Kindergärten, Schulen und Hochschulen sicherzustellen. Und 1981 folgte der Aufruf in der „Aušra", der unter dem Titel „Genug Russifizierung in Litauen!" zum Boykott der russischen Sprache aufrief und den ausschließlichen Gebrauch des Litauischen bei Amtsgängen als Form des passiven Widerstands gegen eine Fremdherrschaft pries.[41]

[40] Vgl. zur Sprachpolitik und ihren Folgen *Fowkes*, The National Question, 78–79; *Halbach*, Das sowjetische Vielvölkerimperium, 71–74; *Ivanauskas*, The projection of the "blossoming of the nation" among the Lithuanian cultural elite during the soviet period; *Vilius Ivanauskas*, Rusų kalbos plėtra ir Lietuvos TSR švietimo politika devintajame dešimtmetyje / The Spread of Russian Language and Educational Policy of Soviet Lithuania in 80s, in: Lietuvos istorijos metraštis 1, 2009, 111–135, hier 134–135 (englische Zusammenfassung); *Jouzas A. Krikstopaitis*, Intellectual Resistance to Soviet Coercion in the Baltic States, in: Anu Mai Kõll (Hrsg.), The Baltic Countries under Occupation. Soviet and Nazi Rule 1939–1991, Stockholm 2003, 347–356 v.a. 352–355; *Simon*, Nationalismus und Nationalitätenpolitik, 369–419; *Vardys*, Lithuanian National Politics.

[41] Vgl. zu diesen Protestformen im Detail *Zigmantas Kiaupa*, Geschichte des Baltikums, Tallinn 2002, 189–191; *Anatol Lieven*, The Baltic Revolution. Estonia, Latvia, Lithuania and the Path to Independence, New Haven 1993, v.a. 103–108; *Aldis Purs*, Baltic Facades. Estonia, Latvia and Lithuania since 1945, London 2012, 77–83; *J.A. Račkauskas*, National and Religious Protest in Lithuania, in: Lituanus. Lithuanian Quarterly Journal of Arts and Sciences 4:20, 2008; *Thomas Remeikis*, Opposition to Soviet Rule in Lithuania 1945–1980, Chicago 1980; *Simon*,

Diese öffentliche Kritik an den „russifizierenden" Maßnahmen einer durch Moskau initiierten Sprach- und Kulturpolitik hatte sich damit bis zum Ende der 1970er Jahre bereits so sehr radikalisiert, dass ältere Forderungen nach einer Ausweitung der Kulturautonomie der Unionsrepublik an Überzeugungskraft eingebüßt hatten. Betonten im Jahr 1973 politische Gefangene aus den baltischen Republiken in einer Petition an den Obersten Sowjet der Nationalitäten der UdSSR noch das Recht der Titularnation auf die indigene Amtssprache, so forderte der „baltische Appell" von 1979 bereits die Veröffentlichung des geheimen Zusatzprotokolls des deutsch-sowjetischen Nichtangriffspakts von 1939, um damit die Rechtswidrigkeit der sowjetischen Okkupation der baltischen Staaten zu dokumentieren. 1982 zitierte ein „Memorandum der Repräsentanten der indigenen Bevölkerung Estlands, Lettlands und Litauens" die Charta der Vereinten Nationen sowie die KSZE-Konferenz und die Schlussakte von Helsinki, um die Forderung auf ein Recht der Sezession von der UdSSR zu begründen.[42]

So unwahrscheinlich eine Ablösung Litauens von der UdSSR zu diesem Zeitpunkt auch schien, die Forderung nach Wiederherstellung der staatlichen Unabhängigkeit war in der LSSR seit Ende der 1970er Jahre erneut ein Referenzpunkt, zu dem sich sowohl die Autoritäten wie auch eine breitere gesellschaftliche Öffentlichkeit verhalten mussten. Das Stabilitätsdiktat der Breževschen Ordnung wurde hier bereits zum Dekadenwechsel durch konkurrierende Modelle von Loyalität und Legitimität fundamental in Frage gestellt.

4. Ein Fazit: Nationalisiert in der Form, aber welcher Inhalt? Die sowjetlitauische Intelligenz und der Abschied von der Sowjetunion

Letztlich hatte das Moskauer Zentrum in den 1970er Jahren selbst erheblich zur Erosion der Integrationskraft seiner traditionellen Nationalisierungspolitik beigetragen. Mit der Forcierung einer Einheitsideologie und den unternommenen Maßnahmen, sowjetische Herrschaft als *russische* Dominanz zu gestalten, dynamisierte der Kreml nationalisierte Abgrenzungsdiskurse in den Randrepubliken. Das Diktat des „Sowjetvolks" in der Breževschen Verfassung von 1977 und die flankierenden Direktiven in der Sprach- und Bildungspolitik wirkten hier kon-

Nationalismus und Nationalitätenpolitik, 394–395, 403–408; *Stasys Stungurys*, Dem Sonnenaufgang entgegen. Erinnerungen an den unbewaffneten Widerstand in Litauen 1952–1980, in: Acta Baltica 30:29, 1991/1992, 271–280; *Vardys/Sedaitis*, Lithuania, 84–90; *Dina Zisserman-Brodsky*, Constructing Ethnopolitics in the Soviet Union. Samizdat, Deprivation and the Rise of Ethnic Nationalism, Houndmills 2003, 128–131; und allg. die Bände *Anušauskas* (Hrsg.), The Anti-Soviet Resistance in the Baltic States; *Jurate Kavaliauskaite/Aine Ramonaite* (Hrsg.), Sajudzio istaku beieskant. Nepaklusniuju tinklaveikos galia, Vilnius 2011.

[42] Siehe *Lieven*, The Baltic Revolution, 103–108; *Vardys/Sedaitis*, Lithuania, 84–90; *Zisserman-Brodsky*, Constructing Ethnopolitics in the Soviet Union, 62–63 und 195–201.

fliktverschärfend. Die Rücknahme zuvor gewährter Freiräume der sowjetischen Indigenisierungspolitik evozierte Frustrationen und Proteste bei den betroffenen Bevölkerungsgruppen. In der LSSR waren es vor allem Angehörige jener gut ausgebildeten nationalen Intelligenz, die sich nach Jahren parteistaatlicher Förderung nun zu Kritikern an den neuen Zwangserlassen einer „Russifizierung“ wandelten und die wesentlich zur Stigmatisierung des Sowjetsystems als Fremdherrschaft beitrugen.

Zweifellos wirkten in dieser Situation zahlreiche Faktoren eskalationsfördernd. Auch im Baltikum machten sich die vielen Engpässe der Planwirtschaft spürbar bemerkbar, war das Regime immer weniger in der Lage, politische Loyalität oder zumindest ein diffuses Gefühl der Verbundenheit durch ökonomische Stratifikation zu erwirken. Zudem war die Erwartungssicherheit eines beruflichen Aufstiegs für eine jüngere Generation von Hochschulabsolventen in dem verkrusteten und überalterten Nomenklatura-System auch in der LSSR erschüttert. Und nicht zuletzt erlebten eben diese jüngeren Kohorten den starren Formalismus der sowjetischen Erziehungsdiktatur oft als beklemmendes Zwangskorsett in einer Zeit, in der der Wunsch nach einer Pluralisierung der Lebensgestaltung immer lauter wurde. Es war hier die Spezifik des Baltikums, dass die Ostseeprovinzen in einem deutlich intensiveren Austausch mit dem westlichen Ausland und den zahlenstarken Diasporen standen und daher besser über die dortigen Entwicklungen, Moden und Musikstile informiert waren.

All diese Faktoren leisteten einen Beitrag, gesellschaftliche Unzufriedenheit zu verstärken. Aber es war doch erst der Zielkonflikt sowjetischer Nationalitätenpolitik, der Unmut und Erwartungsunsicherheit in ein stark nationalisiertes Deutungsschema überführte, in dem Konflikte aller Art als Auseinandersetzung zwischen litauischer Selbstbehauptung und „russifizierender“ Fremdherrschaft verstanden wurden. Denn das sowjetische Indigenisierungsparadigma hatte über Jahrzehnte eine solche nationalisierte Wahrnehmung begünstigt, sie hatte das Verständnis von „Nation“ radikal ethnisiert und zugleich die Förderung der nationalen Kultur zur Staatsräson erhoben. Die ausgebildeten nationalen Kader waren in einer Weltsicht sozialisiert worden, in der sich Nationen als feste, unveränderliche und alles bestimmende Einheiten begegneten. Hatte dieses Denken schon den harmonisierenden offiziellen Diskurs der Völkerfreundschaft geprägt, so war ein solches Deutungsangebot ebenso plausibel, um aufkommende Spannungen und Konflikte zu erklären. Die Nationalisierung der Welt, die die sowjetische Indigenisierungspolitik betrieben hatte, konterkarierte damit die ideologischen Vorgaben einer „Annäherung“ der Völker und ihre „Verschmelzung“ von Anfang an. Das „Aufblühen“ der Nationen vertrug sich nicht mit ihrer deklarierten Überführung in die „Einheit“ des „Sowjetvolks“.

Das Harmoniediktat des Breženvschen Stabilitäts- und Konsensdiskurses machte es allerdings unmöglich, dieses Grundproblem in Worte zu fassen. Die konsensfixierte Selbstreferentialität der politischen Kaste in der UdSSR bewirkte, dass eine kritische Reflexion über die inneren Widersprüche der parallel verfolgten Sowjetisierungs- und Indigenisierungsprogrammatiken jenseits des Sagbaren lag. Die „sowjetische Moderne" entwickelte sich auch diesbezüglich nicht zu einer reflexiven Moderne, die in der Lage war, ihre eigenen Prämissen kritisch zu hinterfragen. Die Stabilitätsverordnung und die Autosuggestion von Normalität schlossen das diskursive Teilsystem parteiprogrammatischer Zielsetzung und politischer Entscheidungsfindung ab von jenen spannungsreichen Prozessen, die ihre Umwelt prägten. Dies bedeutete einen ritualisierten diskursiven Stillstand, der nicht nur die Formelhaftigkeit der gleichtönigen Propagandasprache betraf, sondern auch die Selbstanalyse des Regimes in seinen Machtzentralen prägte und somit die Möglichkeiten zu Kurskorrekturen drastisch einschränkte.

Im konkreten Fall der Nationalitätenfrage war das Moskauer Zentrum daher weitgehend überfordert, konfliktentschärfende Maßnahmen in den Randrepubliken zu ergreifen. Denn um die Brežnevsche Normalitäts- und Stabilitätsverordnung aufrechtzuerhalten, mussten alle Formen offener Kritik und Proteste externalisiert und entsprechend inkriminiert werden. Das Aufbegehren gegen Beschränkungen tradierter Freiheiten der nationalen Sprach- und Kulturpflege in den Randrepubliken wurde somit schnell in eine Fundamentalopposition gedrängt. Das System war nicht in der Lage, Foren abweichender Meinungen zu gestatten und damit zugleich zu domestizieren. Das gesellschaftliche Frustrationspotential war dementsprechend hoch und der Schritt von einer Kritik an den neuen Sprachverordnungen hin zu einer grundlegenden Ablehnung des Sowjetsystems als Fremdherrschaft klein. Letztlich legte einem das Regime in seinem Reflex, Widerspruch zu Dissidententum zu erklären, diesen Schritt selbst nahe.

Damit wird deutlich, dass es sich bei der Litauischen Sowjetrepublik auch weniger um einen extremen Ausnahmefall handelt, in dem eine vermeintliche „rebell nation" nach Jahrzehnten des Bewahrens der eigenen Identität und des heroischen Widerstands in der Lage war, die „Moskauer Gefangenschaft" abzuschütteln.[43] Bei allen Besonderheiten, die die LSSR auszeichnete, handelte es sich doch um Konfliktlogiken und -dynamiken, die eine Vielzahl der Randgebiete der UdSSR kennzeichneten und die nur aus den inhärenten Widersprüchen der sowjetischen Indigenisierungspolitik und der diskursiven Erstarrung der Brežnevschen Stabilitätsverordnung zu erklären sind.[44]

---

[43] So nahegelegt z.B. bei *Vardys/Sedaitis*, Lithuania; oder bei Formulierungen wie: „Die litauische Kultur in der Gefangenschaft sowjetischer Ideologie", *Bagusauskas/Streikus* (Hrsg.), Lietuvos kultūra sovietinės ideologijos nelaisvėje; oder auch: „Das Sowjetsystem hat die Seele der Litauer nicht zu zerstören vermocht." *Blomeier*, Litauen in der Zwischenkriegszeit, 268.

[44] Vgl. dazu ebenso den Beitrag von Moritz Florin in diesem Band. Als zentrale baltische Besonderheit ist zweifellos die in den 1970er Jahren auch generationell noch nicht erloschene Erinnerung an eine staatliche Unabhängigkeit zu nennen. Dieser vorsowjetische *status quo ante* bot sich als Projektionsfläche für verklärende Freiheitsvorstellungen ebenso an wie als Referenzpunkt für konkrete politische Forderungen der *Wiederherstellung* staatlicher Souveränität.

Gorbačevs nachfolgende *perestrojka* zerstörte die Schweigemauern, die der Zwangskonsens der Brežnev-Ära errichtet hatte. Nun durfte Kritik auch an Missständen der sowjetischen Nationalitätenpolitik öffentlich geäußert werden. Auch hier waren es vor allem die Vertreter der nationalen Intelligenz, die sich in der LSSR der 1980er Jahre zu Meinungsführern aufschwangen.[45] Es war die im Rahmen der (Neo-) *korenizacija* geförderte litauische Elite, die die neuen Freiräume der Gorbačevschen *glasnost'* nutzte, um eine Nationalbewegung auf Massenbasis zu schaffen und die Sezession Litauens von der UdSSR zu fordern.

Das Fundament ihres Zugehörigkeitsgefühls zum sowjetischen Staatszusammenhang war allerdings bereits vorher zerbrochen. Die Stabilitätsdiktatur unter Brežnev wurde von diesen sowjetlitauischen Bildungsschichten vor allem als eine Periode der schmerzhaften Einschränkungen und Disziplinierungsmaßnahmen und als bleiernes Korsett des Zwangskonsenses einer ritualisierten Normalitätsrhetorik erfahren. Die starren Ge- und Verbote des Breževschen Sagbarkeitsregimes hatten damit eine Gegensatzwahrnehmung befördert, in der „das Litauische" als etwas weitgehend Unabhängiges von „dem Sowjetischen" gedacht wurde, wenn nicht sogar ein klarer Gegensatz zwischen diesen Entitäten konstruiert wurde. Ein solches dichotomisches Denken, das das „eigene" nationale Referenzsystem scharf vom „fremden" sowjetischen Kontext trennte, datierte aus der Krise der sowjetischen Indigenisierungspolitik der 1970er Jahre. Damit war noch vor Brežnevs Ableben das mentale Rüstzeug bereitgestellt, mit der die Unabhängigkeitsbewegung in den späten 1980er Jahren so erfolgreich operierte. Der emotionale Abschied von der Sowjetunion hatte bereits in den Zeiten des Brežnevschen Normalitätsdiktats eingesetzt.

Literatur

Anušauskas, Arvydas (Hrsg.), The Anti-Soviet Resistance in the Baltic States, Vilnius 2006.

Arend, Jan / Beremski, Bojidar Katsun, Kateryna / Möhring, Jörg / Tatu, Emanuel, „Jerusalem des Nordens". Das jüdische Vilnius in Geschichte und Erinnerung, in: Irene Götz / Ekaterina Makhotina / Martin Schulze Wessel (Hrsg.), Vilnius. Geschichte und Gedächtnis einer Stadt zwischen den Kulturen, Frankfurt am Main 2010.

Bagusauskas, Romualdas / Streikus, Arunas (Hrsg.), Lietuvos kultūra sovietinės ideologijos nelaisvėje, 1940–1990. Dokumentų rinkinys, Vilnius 2005.

Baberowski, Jörg, Der rote Terror. Die Geschichte des Stalinismus, München 2003.

–, Verschleierte Feinde. Stalinismus im sowjetischen Orient, in: Geschichte und Gesellschaft 1:30, 2004, 10–36.

[45] Der Anteil der Gründungsmitglieder der 1988 ins Leben gerufenen „Erneuerungsbewegung Litauens" (*Sąjūdis*), die über einen Hochschulabschluss verfügten, betrug über 70 Prozent. Vgl. *Halbach*, Das sowjetische Vielvölkerimperium, 66–67; *Kiaupa*, The History of Lithuania, 318–324; *Vardys*, Lithuanian National Politics.

–, Stalinismus und Nation. Die Sowjetunion als Vielvölkerreich 1917–1953, in: Zeitschrift für Geschichtswissenschaft 3:54, 2006, 199–213.

Bialer, Seweryn, Soviet Stability and the National Problem, in: Gail W. Lapidus (Hrsg.), The „Nationality Question" in the Soviet Union, New York 1992.

Blitstein, Peter A., Nation-Building or Russification? Obligatory Russian Instruction in the Soviet non-Russian Schools, 1938–1953, in: Ronald G. Suny/Terry Martin (Hrsg.), A State of Nations. Empire and Nation-Making in the Age of Lenin and Stalin, Oxford 2001, 253–274.

Blomeier, Volker, Litauen in der Zwischenkriegszeit. Skizze eines Modernisierungskonflikts, Münster 1998.

Boeckh, Katrin, Das Konzept des „Sowjetvolks" und die ukrainische Nation, in: Andreas Kappeler (Hrsg.), Die Ukraine. Prozesse der Nationsbildung, Köln 2011, 349–360.

Brunner, Georg/Meissner, Boris (Hrsg.), Verfassungen der kommunistischen Staaten, Paderborn 1980.

Bryner, Erich, Mit Vorsicht und Mut. Neue Wege der Kommunikation durch „Samizdat" am Beispiel russischer und litauischer Zeitschriften, in: Nada Boškovska/et al. (Hrsg.), Wege der Kommunikation in der Geschichte Osteuropas. Carsten Goehrke zum 65. Geburtstag, Köln 2002.

Bubnys, Arūnas, The Holocaust in Lithuania between 1941–1944, Vilnius 2008.

Bučelis, Balys/Dalinevičius, Antanas, Tarybų Lietuva, Vilnius 1980.

Čepaitienė, Rasa, Laikas ir akmenys. Kultūros paveldo sampratos moderniojoje Lietuvoje, Vilnius 2005.

Dieckmann, Christoph, Deutsche Besatzungspolitik in Litauen 1941–1944, Göttingen 2011.

–/*Sužiedėlis, Saulius*, The Persecution and Mass Murder of Lithuanian Jews during Summer and Fall of 1941, Vilnius 2006.

Eidintas, Alfonsas, Jews, Lithuanians and the Holocaust, Vilnius 2003.

Feest, David, Neo-*korenizacija* in den baltischen Sowjetrepubliken? Die Kommunistische Partei Estlands nach dem Zweiten Weltkrieg, in: Zeitschrift für Geschichtswissenschaft 3:54, 2006, 263–280.

Fowkes, Ben, The National Question in the Soviet Union under Leonid Brezhnev. Policy and Response, in: Edwin Bacon/Mark Sandle (Hrsg.), Brezhnev Reconsidered, Houndmills 2002, 68–89.

Geyer, Dietrich, Russland in den Epochen des zwanzigsten Jahrhunderts. Eine zeitgenössische Problemskizze, in: Geschichte und Gesellschaft 23, 1997, 258–294.

Halbach, Uwe, Das sowjetische Vielvölkerimperium. Nationalitätenpolitik und nationale Frage, Mannheim 1992.

Herzog, Philipp, Sozialistische Völkerfreundschaft, nationaler Widerstand oder harmloser Zeitvertreib? Zur politischen Funktion der Volkskunst im sowjetischen Estland, Stuttgart 2012.

Hirsch, Francine, Empire of Nations. Ethnographic Knowledge and the Making of the Soviet Union, Ithaca 2005.

–, The Soviet Union as a Work-in-Progress. Ethnographers and the Category Nationality in the 1926, 1937, and 1939 Censuses, in: Slavic Review 2:56, 1997, 251–297.

Ivanauskas, Vilius, Lietuviškoji nomenklatura biurokratineje sistemoje. Tarp stagnacijos ir dinamikos (1968–1988 m.), Vilnius 2011.

–, The projection of the „blossoming of the nation" among the Lithuanian cultural elite during the soviet period, in: Meno istorija ir kritika, 2012, 172–178.

–, Rusų kalbos plėtra ir Lietuvos TSR švietimo politika devintajame dešimtmetyje / The Spread of Russian Language and Educational Policy of Soviet Lithuania in 80s, in: Lietuvos istorijos metraštis 1, 2009, 111–135.

–, Sovietinių biurokratų darbo etika, neformalios rutinos ir planavimo sistemos trūkumai (Lietuvos atvejis) / Work Ethics of Soviet Bureaucrats, Informal Routines and Shortages of the Planning System. The Case of Soviet Lithuania, in: Filosofija, Sociologija 4, 2006, 1–12.

Jungraithmayr, Martin, Der Staat und die Katholische Kirche in Litauen seit dem Ende des Zweiten Weltkriegs, Berlin 2002.

Kamp, Marianne, The New Woman in Uzbekistan. Islam, Modernity, and Unveiling under Communism, Seattle 2006.

Kiaupa, Zigmantas, Geschichte des Baltikums, Tallinn 2002.

–, The History of Lithuania, Vilnius 2005.

Klötzel, Lydia, Die Russlanddeutschen zwischen Autonomie und Auswanderung. Die Geschichte einer nationalen Minderheit vor dem Hintergrund des wechselhaften deutsch-sowjetischen / russischen Verhältnisses, Münster 1997.

Kochanowski, Jerzy, Die Aussiedlung der Polen aus den östlichen Woiwodschaften der II. Republik (1944–1946), in: Forum für osteuropäische Ideen- und Zeitgeschichte 1:3, 1999, 169–197.

–, Repatrianten oder Expatrianten? Die Umsiedlung polnischer Bürger aus den ehemaligen Ostgebieten der Republik Polen (Kresy) 1944–1946, in: Ralph Melville / Jiri Pesek / Claus Scharf (Hrsg.), Zwangsmigrationen im mittleren und östlichen Europa, Mainz 2007, 421–429.

Kuodytė, Dalia, Karas po karo / War after War. Armed anti-Soviet Resistance in Lithuania in 1944–1953, Vilnius 2004.

Krasauskas, R. / Gulbinas, Konstantin, Die Lage der katholischen Kirche in Litauen, in: Acta Baltica 12, 1972.

Krikstopaitis, Jouzas A., Intellectual Resistance to Soviet Coercion in the Baltic States, in: Anu Mai Kõll (Hrsg.), The Baltic Countries under Occupation. Soviet and Nazi Rule 1939–1991, Stockholm 2003, 347–356.

Landsbergis, Vytautas, Lithuania Independent Again. The Autobiography of Vytautas Landsbergis, Seattle 2000.

Lehmann, Maike, Bargaining Armenian-ness. National Politics of Identity in the Soviet Union after 1945, in: Darieva Tsypylma / Wolfgang Kaschuba (Hrsg.), Representations on the Margins of Europe. Politics and Identities in the Baltic and South Caucasian States, Frankfurt am Main 2007, 166–189.

–, Eine sowjetische Nation. Nationale Sozialismusinterpretationen in Armenien seit 1945, Frankfurt am Main 2012.

Lenkevičiūte, Jolita, Vilnius im Wandel. Wohnsegregation in einer ostmitteleuropäischen Hauptstadt, Berlin 2006.

Levinson, Joseph (Hrsg.), The Shoah (Holocaust) in Lithuania, Vilnius 2006.

Lieven, Anatol, The Baltic Revolution. Estonia, Latvia, Lithuania and the Path to Independence, New Haven 1993.

Martin, Terry, The Origins of Soviet Ethnic Cleansing, in: Journal of Modern History 70, 1998, 813–861.

–, Modernization or neo-traditionalism? Ascribed nationality and Soviet primordialism, in: Sheila Fitzpatrick (Hrsg.), Stalinism. New Directions, London 2000, 348–367.

–, Terror gegen Nationen in der Sowjetunion, in: Osteuropa 6:50, 2000, 606–616.

–, The Affirmative Action Empire. Nations and Nationalism in the Soviet Union, 1923–1939, Ithaca, NY 2001.

Meissner, Boris, Sowjetische Kurskorrekturen. Breschnew und seine Erben, Osnabrück 1984.

–, Sowjetföderalismus und staatsrechtliche Stellung der Nationalitäten der RSFSR bis 1991, in: Andreas Kappeler (Hrsg.), Regionalismus und Nationalismus in Russland, Baden-Baden 1996, 41–55.

Mikailienė, Živilė, The Hippie Movement in Soviet Lithuania. Aspects of Cultural and Political Opposition to the Soviet Regime, in: Zeitschrift für Ostmitteleuropa-Forschung 60, 2011, 607–630.

Mikstaite, Odeta, Zwischen Sowjetisierung und Nationalisierung. Litauische Folklore in der Nachkriegssowjetunion (1944–1964), Magisterarbeit, Universität Hannover 2005.

–, Sowjetische Karriere für nationale Kultur? Zum Verhältnis von Sowjetisierung und Konstituierung nationaler Kultur am Beispiel des Wirkens herausragender Kulturfunktionäre der Stalin- und Chruščev-Ära in der litauischen SSR, in: Edward Włodarczyk (Hrsg.), Studia Maritima XXV, Szczecin 2012, 239–254.

–, Der „Singende Stalinismus“: Zur Entstehung der Massenkultur auf dem Gebiet der Folklore in der Litauischen SSR, in: Forschungen zur baltischen Geschichte 8, 2013, 192–213.

Misiunas, Romuald J./Taagepera, Rein, Baltic Nationalism and Soviet Language Policy. From Russification to Constitutional Amendment, in: Henry R. Huttenbach (Hrsg.), Soviet Nationality Policies. Ruling Ethnic Groups in the USSR, London 1990.

–, The Baltic States. Years of Dependence, 1940–1990, Berkeley 1993.

Northrop, Douglas T., Hujum. Unveiling Campaigns and Local Responses in Uzbekistan, 1927, in: Donald J. Raleigh (Hrsg.), Provincial Landscapes. Local Dimensions of Soviet Power 1917–1953, Pittsburgh 2001, 125–154.

Petersen, Roger Dale, Resistance and Rebellion. Lessons from Eastern Europe, Cambridge 2001.

Plakans, Andrejs, A Concise History of the Baltic States, Cambridge 2011.

Račkauskas, J. A., National and Religious Protest in Lithuania, in: Lituanus. Lithuanian Quarterly Journal of Arts and Sciences 4:20, 2008.

Ramanauskaite, Egidija, Pagoniskosios Romuvos atsvaitai, in: Darbai ir dienos 6:15, 1998, 133–145.

–, Lithuanian Youth Culture versus Soviet Culture. On the Path of Cultural Liberalization towards Post Modernism, in: Anu Mai Kõll (Hrsg.), The Baltic Countries under Occupation. Soviet and Nazi Rule 1939–1991, Stockholm 2003, 315–340.

Remeikis, Thomas, Opposition to Soviet Rule in Lithuania 1945–1980, Chicago 1980.

Rindzevičiūtė, Eglė, Imagining the Grand Duchy of Lithuania. The Politics and Economics of the Rebuilding of Trakai Castle and the “Palace of Sovereigns” in Vilnius, in: Central Europe 2:8, 2010, 181–203.

Rowell, Stephen C./Griškaitė, Reda/Rudis, Gediminas, A History of Lithuania, Vilnius 2002.

Ryžakova, S. I., Romuva. Etničeskaja religioznost’ v Litve, Moskau 2000.

Sabrow, Martin, Der künstliche Konsens. Überlegungen zum Legitimationscharakter sozialistischer Herrschaftssysteme, in: Jahrbuch für Historische Kommunismusforschung 1999, 191–224.

Simon, Gerhard, Die katholische Kirche in Litauen, Köln 1982.

–, Nationalismus und Nationalitätenpolitik in der Sowjetunion. Von der totalitären Diktatur zur nachstalinschen Gesellschaft, Baden-Baden 1986.

Slezkine, Yuri, The USSR as a Communal Apartment, or How a Socialist State Promoted Ethnic Particularism, in: Slavic Review 2:52, 1994, 414–452.

–, Imperialism as the Highest Stage of Socialism, in: Russian Review 59, 2000, 227–234.

Smith, Jeremy, Non-Russians in the Soviet Union and after, in: Ronald Grigor Suny (Hrsg.), The Cambridge History of Russia, Cambridge 2006, 495–521.

–, The Bolsheviks and the National Question, 1917–1923, Houndmills 1999.

Snyder, Timothy, The Reconstruction of Nations. Poland, Ukraine, Lithuania, Belarus, 1569–1999, New Haven 2003.

Stalin, Josef W., Werke, Berlin 1955.

Staljunas, Darius, Imperskij režim v Litve v XIX veke (Po litovskim učebnikam istorii), in: Ab Imperio 4, 2002, 365–390.

Stungurys, Stasys, Dem Sonnenaufgang entgegen. Erinnerungen an den unbewaffneten Widerstand in Litauen 1952–1980, in: Acta Baltica 29–30, 1991–1992, 271–280.

Suny, Ronald Grigor/Martin, Terry, The Empire Strikes Out. Imperial Russia, „National" Identity, and Theories of Empire, in: Ronald G. Suny/Terry Martin (Hrsg.), A State of Nations. Empire and Nation-Making in the Age of Lenin and Stalin, Oxford 2001, 23–66.

Suny, Ronald Grigor, The Revenge of the Past: Nationalism, Revolution, and the Collapse of the Soviet Union, Stanford 1994.

Svede, Mark Allen, All You Need is Lovebeads. Lavia's Hippies Undress for Sucess, in: David Crowley/Susan E. Reid (Hrsg.), Style and Socialism. Material Culture in Postwar Eastern Europe, London 2000, 189–208.

Tauber, Joachim/Tuchtenhagen, Ralph, Vilnius. Eine kleine Geschichte der Stadt, Köln 2008.

Vardys, Stanley, The Catholic Church, Dissent and Nationality in Soviet Lithuania, New York 1978.

–, Lithuanian National Politics, in: Rachel Denber (Hrsg.), The Soviet Nationality Reader. The Disintegration in Context, Boulder, CO 1992, 441–484.

Vardys, V. Stanley/Sedaitis, Judith B., Lithuania. The Rebel Nation, Boulder/CO 1997.

Venclova, Tomas, Vilnius. A Personal History, Riverdale 2009.

Verdery, Katherine, National Ideology under Socialism. Identity and Cultural Politics in Ceausescu's Romania, Berkeley 1991.

Vyžintas, Algirdas (Hrsg.), Ateities kartoms. Naujas žvilgsnis į Jono Švedo gyvenimą ir veiklą, Vilnius 2008.

–, Gyvenimas – tautos kultūrai, in: Algirdas Vyžintas (Hrsg.), Ateities kartoms. Naujas žvilgsnis į Jono Švedo gyvenimą ir veiklą, Vilnius 2008, 10–39.

Weeks, Theodore R., Population Politics in Vilnius 1944–1947. A Case Study of State-Sponsored Ethnic Cleansing, in: Post-Soviet Affairs 1:23, 2007, 76–95.

–, Remembering and Forgetting. Creating a Soviet Lithuanian Capital. Vilnius 1944–1949, in: Jörg Hackmann/Marko Lehti (Hrsg.), Contested and Shared Places of Memory. History and Politics in North Eastern Europe, London 2010, 134–150.

Wette, Wolfram, Karl Jäger. Mörder der litauischen Juden, Frankfurt am Main 2011.

Zaremba, Marcin, Im nationalen Gewande. Strategien kommunistischer Herrschaftslegitimation in Polen 1944–1980, Osnabrück 2011.

Zisserman-Brodsky, Dina, Constructing Ethnopolitics in the Soviet Union. Samizdat, Deprivation and the Rise of Ethnic Nationalism, Houndmills 2003.

Zubkova, Elena, Pribaltika i Kreml', 1940–1953, Moskau 2008.

Schreibtischrevolutionäre

Die meždunarodniki als Bannerträger des sozialistischen Internationalismus in der späten Sowjetunion*

Tobias Rupprecht

Mitte der 1970er Jahre, zu Zeiten innenpolitischer Verkrustung und einer offiziellen Rehabilitierung Stalins, erschien im Moskauer Verlag *Nauka* ein Buch mit dem Titel *Revolution und Diktatur*. Moisej Al'perovič, Historiker an der Sowjetischen Akademie der Wissenschaften, beschrieb darin den Aufstieg eines Priesterseminaristen zum allmächtigen Diktator seines Landes. Während er seinen Untertanen jeden Kontakt zur vermeintlich bedrohlichen Außenwelt verbot, strebte der Herrscher im Inneren die Umsetzung des utopischen Staats aus Rousseaus *contrat social* an. Eine egalitäre Bildungs- und Bevölkerungspolitik entmachtete die alten Eliten, Kirchenbesitz wurde enteignet, und eine zentral geplante Wirtschaft modernisierte die rückständige nationale Produktion. Gleichzeitig atomisierte eine Geheimpolizei die Gesellschaft und terrorisierte die Bevölkerung. Im Alter litt der Diktator zunehmend unter Verfolgungswahn, ließ beliebig Verhaftete foltern und öffentliche Bekenntnisse leisten. Als er schließlich starb, wurden zwar die vielen Gefangenen im Land in die Freiheit entlassen, aber seinen Nachfolgern gelang es nicht, das entstehende Chaos in den Griff zu bekommen; immer positiver schien vielen im Volk nun der Diktator in der Erinnerung. Al'perovič resümierte sein Buch über José Gaspar Rodríguez de Francia, Alleinherrscher Paraguays von 1814 bis 1840: Selbstisolierung, Zentralismus und das Fehlen demokratischer Institutionen verhinderten die Entwicklung des Landes hin zu Freiheit und Prosperität.[1]

Die offensichtliche Parabel des Lateinamerika-Spezialisten auf die jüngste sowjetische Geschichte war einer von mehreren bekannten Versuchen akademischer Intellektueller der späten Sowjetunion, die Verhältnisse ihres Landes im Spiegel ausländischer und historischer Erfahrungen und damit an der staatlichen Zensur vorbei zu diskutieren. Das bislang am besten untersuchte Fallbeispiel sind die sowjetischen Sinologen: Als Ende der 1970er Jahre die China-Forschung nach jahrelanger Vernachlässigung wieder ausgebaut wurde, begannen bald De-

* Ich danke dem Schreibtischrevolutionär Steve Smith sowie Dietrich Beyrau für wertvolle Hinweise zum Thema und hilfreiche Kommentare zu früheren Entwürfen des Textes.

[1] *Moisej Al'perovič*, Revoljucija i diktatura v Paragvae, Moskau 1975.

batten um die großen Reformen Deng Xiaopings, die immer auch Möglichkeiten des Wandels in der UdSSR auf den Prüfstand stellten.[2] Letztlich aber setzte sich in der Sowjetunion die pragmatische chinesische Variante, die den politischen Autoritarismus auf die Basis einer liberalisierten Wirtschaft stellte, nicht durch, obwohl vor allem Jurij Andropov großes Interesse an China gezeigt und zwei Sinologen in seinen engeren Beraterkreis geholt hatte.[3] Blieb der Marxismus in China stets ein Mittel zum Zweck der Modernisierung des Landes, der Massenmobilisierung und damit der nationalen Integrität, so waren die politischen und intellektuellen Eliten der Sowjetunion Überzeugungstäter, deren Weltsicht von Grund auf durch ihre Interpretationen des wissenschaftlichen Sozialismus Marx' und Lenins geprägt war.[4]

Dieser Befund gilt im Besonderen für die sowjetischen akademischen Auslandsexperten, die so genannten *meždunarodniki* (ein Begriff, der den Terminus *internacionalisty* aus der Zwischenkriegszeit ablöste). Politische Entscheidungsträger der späten Sowjetunion stützten sich nicht nur auf devote Apparatschiki, sondern auch auf die Expertise von verschiedensten Spezialisten. Allein zu den Außenbeziehungen arbeiteten Tausende Historiker, Politologen, Linguisten, Anthropologen und Ökonomen mit teilweise hervorragenden Kenntnissen diverser Weltregionen an zahlreichen Forschungseinrichtungen in Moskau. Zeitgenössische westliche Sowjetologen hatten die Regionalexperten von Anfang an genau beobachtet, in der Hoffnung, aus deren Schriften Rückschlüsse auf die Außenpolitik der UdSSR ziehen zu können – oder Anzeichen für ideologische Zersetzung oder gar Widerstand gegen den staatlich verordneten Kommunismus zu entdecken.[5] Die aktuelle Forschung dagegen hat sich bislang kaum für die *meždunarodniki* interessiert. Intensive Untersuchungen zu den parallel in den USA etablierten *area studies* haben nur wenige Pendants auf der sowjetischen

[2] *Gilbert Rozman*, A Mirror for Socialism. Soviet Criticisms of China, London 1985.

[3] *Nikolai Leonov/Eugenia Fediakova/Joaquin Fermandois*, El general Nikolai Leonov en el CEP, in: Estudios Públicos 73, 1999, 65–102, hier 83.

[4] *Odd Arne Westad*, The Great Transformation. China in the Long 1970s, in: Niall Ferguson (Hrsg.), The Shock of the Global. The 1970s in Perspective, Cambridge 2010, 65–79; zu den unterschiedlichen Auffassungen, was Sozialismus in der späten Sowjetunion bedeutete, siehe: *Dietrich Beyrau*, Das sowjetische Modell. Über Fiktionen zu den Realitäten, in: Peter Hübner/Christoph Kleßmann/Klaus Tenfelde (Hrsg.), Arbeiter im Staatssozialismus. Ideologischer Anspruch und soziale Wirklichkeit, Wien 2005, 47–70.

[5] *Ilya Prizel*, Latin America through Soviet Eyes. The Evolution of Soviet Perceptions during the Brezhnev Era 1964–1982, Cambridge/New York 1990; *Rose Gottemoeller/Paul Fritz Langer*, Foreign Area Studies in the USSR. Training and Employment of Specialists, Santa Monica 1983; *Tyrus W. Cobb*, National Security Perspectives of Soviet „Think Tanks", in: Problems of Communism 6, 1981, 51–59; *Oded Eran*, Mezhdunarodniki. An Assessment of Professional Expertise in the Making of Soviet Foreign Policy, Ramat Gan 1979; *Joseph Gregory Oswald/Robert Carlton* (Hrsg.), Soviet Image of Contemporary Latin America. Compiled and Translated from Russian. A Documentary History 1960–1968, Austin 1970; *Joseph Gregory Oswald*, Contemporary Soviet Research on Latin America, in: Latin American Research Review 1:2, 1966, 77–96; *P. Urban*, Los estudios iberoamericanos en la URSS, in: Estudios sobre la Unión Soviética 3, 1962, 27–40.

Seite gefunden[6]; wie die Sowjetunion-Historiographie allgemein, haben sich auch Arbeiten zur sowjetischen Intelligencija auf die „inner history“ konzentriert und die Auslandsexperten nicht in ihre Analysen miteinbezogen.[7] Das um 1980 bei den Kremologen vorherrschende Bild von einer sowjetischen akademischen Elite, die sich nach westlichem Liberalismus und Konsumismus sehne, schien sich um 1990 zu bewahrheiten, bedarf jedoch einer Neubetrachtung. Gerade die kritischeren Akteure in der späten Sowjetunion waren oft die aktivsten sozialistischen Internationalisten, die sich gleichzeitig für eine Reform der verkrusteten sowjetischen Strukturen und für ein stärkeres Engagement in der Dritten Welt einsetzten. Für diese Haltung steht auch der eingangs erwähnte Lateinamerika-Experte Moisej Al'perovič. Seine zahlreichen weiteren Bücher über lateinamerikanische Revolutionshelden und sein Engagement für mehr akademische Freiheiten in der Sowjetunion brachten ihm vielfach politische Rügen von oben ein. Dennoch blieb er stets ein überzeugter Internationalist, der sich offen für die stärkere Unterstützung von Befreiungsbewegungen in der Dritten Welt aussprach. Al'perovič und sein langjähriger Kollege Lev Slezkin waren „richtige Sowjetmenschen“, aber „im besten nicht-offiziellen Sinne“, wie sie von Weggefährten später hochbetagt beschrieben wurden.[8]

Dieser Beitrag ergründet die Ursprünge und ideengeschichtlichen Prägungen der *meždunarodniki* wie sie in den 1950er und 1960er Jahren entstanden und beleuchtet ihre Rolle und ihr Handeln in den 1970er und 1980er Jahren. Er unternimmt damit auch eine Annäherung an die schwierige Frage nach dem Einfluss von Intellektuellen auf politische Entscheidungen in der späten Sowjet-

[6] Zu den US-amerikanischen *area studies* des Kalten Kriegs: *David Engerman*, Know your Enemy. The Rise and Fall of America's Soviet Experts, Oxford 2009; *Michael Adas*, Dominance by Design. Technological Imperatives and America's Civilizing Mission, Cambridge, MA 2006; *Nils Gilman*, Mandarins of the Future. Modernization Theory in Cold War America, Baltimore 2003; *Christopher Simpson* (Hrsg.), Universities and Empire. Money and Politics in the Social Sciences during the Cold War, New York 1998, 68; *Laura Nader*, The Phantom Factor. Impact of the Cold War on Anthropology, in: Noam Chomsky (Hrsg.), The Cold War & the University. Toward an Intellectual History of the Postwar Years, New York 1997, 107–146, hier 129–130; *Immanuel Wallerstein*, The Unintended Consequences of Cold War Area Studies, in: Chomsky (Hrsg.), Cold War, 195–231, hier 202. Für die sowjetische Seite hat *David Engerman* ein Desiderat formuliert: The Second World's Third World, in: Kritika 12:1, 2011, 183–211, hier 203–205; bislang zum Thema: *Vladislav Zubok*, Sowjetische Westexperten, in: Bernd Greiner / Tim Müller / Claudia Weber (Hrsg.), Macht und Geist im Kalten Krieg, Hamburg 2011, 108–135; *Pëtr Čerkasov*, IMEMO. Institut Mirovoj Ekonomiki i Meždunarodnych Otnošenij. Portret na fone epochi, Moskau 2004; *Marie Pierre Rey*, Le Départment International du Comité Central du PCUS, le MID et la Politique Extérieur Soviétique de 1953 à 1991, in: Communism 74/75, 2003, 179–215.

[7] *Dietrich Beyrau*, Intelligenz und Dissens. Die russischen Bildungsschichten in der Sowjetunion 1917–1985, Göttingen 1993.

[8] *Boris Koval'*, K jubileju L'va Jur'eviča Slezkina, in: Novaja i Novejšaja Istorija 3, 2010, 250–251; *Boris Koval'*, Korifej otečestvennoj latinoamerikanistiki. K 90-letiju Moiseja Samuiloviča Al'peroviča, in: Latinskaja Amerika 9, 2008, 92–96; *Moisej Al'perovič*, Sovetskaja istoriografija stran Latinskoj Ameriki, Moskau 1968, 31.

union. Als *case study* dienen die sowjetischen Lateinamerikanisten. Ihr Arbeitsgebiet war Teil der sich ab den 1950er Jahren formierenden Dritten Welt, die andere, und bislang unzureichend erforschte Einflüsse auf die Entwicklung der UdSSR nahm als die gewöhnlich betrachteten Länder des Nordatlantiks. Diese Verschiebung der Perspektive weg von der gewohnten Ost-West-Achse vermeidet daher eine methodisch unlautere Verkürzung der Außeneinflüsse auf die späte Sowjetunion zu einer Geschichte der Verwestlichung. Des Weiteren erlaubt das Beispiel Lateinamerika Anknüpfungspunkte an sowjetische Kontakte zur hispanischen Welt in der Zwischenkriegszeit aufzuzeigen – im Gegensatz zu Südostasien, dem Nahen Osten und Schwarzafrika, die erst ab den 1950ern in den Blick sowjetischer Forscher gelangten. Damit können auch personelle und ideelle Kontinuitäten zum Internationalismus der 1920er und 1930er Jahre aufgedeckt werden, die die Geschichte der Sowjetunion bis zu ihrem Zerfall prägten.

1. Institutionen: Der Aufbau der sowjetischen *area studies*

Als Stalin 1953 starb, befand sich die Sowjetunion in der isoliertesten Phase ihrer Geschichte. Die Paranoia des Diktators und die jahrelange Gängelung und Terrorisierung von Wissenschaftlern durch seinen Chefideologen Andrej Ždanov hinterließen den politischen Nachfolgern eine enorme Unkenntnis über die Welt jenseits des von der sowjetischen Armee kontrollierten Territoriums. Diese Ignoranz wurde der neuen Führungsriege um Nikita Chruščev besonders schmerzlich bewusst, als sich der Kalte Krieg weg von Europa und hin zu den entfernteren Teilen der Welt verlagerte, die sich nach der Bandung-Konferenz 1955 zur losen Einheit der Blockfreien Staaten zusammenschlossen. Für die erfolgreiche Umgarnung der potentiellen neuen antiimperialistischen Partner in der Dritten Welt brauchten die sowjetischen Staats- und Parteiorgane dringend Expertise über diese Regionen. Inspiration für die intellektuelle Durchdringung der Welt und den nun forcierten Aufbau von Regionalforschungsinstituten holten sie sich von zwei Seiten, von der eigenen russisch-sowjetischen akademischen Tradition und vom Westen: Bereits 1954 wurde das altehrwürdige *Moskovskij institut vostokovedenija* („Moskauer Orientalismus-Institut") mit der spätstalinistischen diplomatischen Kaderschmiede *Moskovskij gosudarstvennyj institut meždunarodnych otnošenij* („Moskauer staatliches Institut für internationale Beziehungen", MGIMO) fusioniert.[9] Auf die Notwendigkeit, vom Gegner zu lernen, verwies Anastas Mikojan auf dem XX. Parteitag der KPdSU 1956: „In den Vereinigten Staaten analysieren über 15 wissenschaftliche Institute allein die

[9] *Anatolij Torkunov* (Hrsg.), MGIMO Universitet. Tradicii i sovremennost' (1944–2009), Moskau 2009.

sowjetische Wirtschaft. [...] Und wir schnarchen und schließen alte Forschungszentren!"[10]

Die darauf folgende bedeutendste Institutionsgründung war eigentlich eine Wiedereröffnung: Das *Institut mirovogo chozjajstva i mirovoj politiki* („Institut für Weltwirtschaft und Weltpolitik") war 1947 geschlossen worden, da dort alle Fäden in der Hand eines Ausländers, des Ungarn Jenö Varga, gelegen hatten, einem marxistischen Ökonomen, der sich nicht der Primitivisierung der Wissenschaft im Spätstalinismus unterwerfen wollte. Kurz nach dem XX. Parteitag eröffnete der neue Chef, der Armenier Anušavan Arzumanjan, das Institut mit dem aufgefrischten Namen *Institut mirovogo ekonomiki i meždunarodnych otnošenij* („Institut für Weltökonomie und internationale Beziehungen", IMEMO). Unter seinem Nachfolger Nikolaj Inozemcev wuchs das IMEMO ab 1959 auf über 700 Mitarbeiter an. In ihrem eigenen Hochhaus im Moskauer Stadtteil Novye Čerëmuški forschten sie zu Politik, Wirtschaft und gesellschaftlichen Entwicklungen weltweit und versorgten alle interessierten sowjetischen Organe mit Informationen über den Rest der Welt.[11]

Dieser bereits enorme Wissensgewinn genügte der Akademie der Wissenschaften aber noch nicht: Ab Ende der 1950er Jahre richtete sie zahlreiche großzügig ausgestattete Forschungszentren ein, die sich intensiv und multidisziplinär mit jeweils einer Weltregion befassten. Ein eigenständiges *Institut Afriki* („Institut Afrikas", IAF) eröffnete 1959. Im Jahr darauf entstand, aufbauend auf bestehenden Einrichtungen der russischen Orientalistik, das *Institut narodov Azii* („Institut der Völker Asiens", INA); zahlreiche Unterabteilungen beschäftigten sich dort unabhängig voneinander unter anderem mit Japan, der Pazifikregion und dem Nahen Osten. Nach der Kubanischen Revolution war es wiederum Mikojan, der 1961 die Gründung des *Institut Latinskoj Ameriki* („Institut Lateinamerikas", ILA) anregte, an dem über 100 Experten zu allen Facetten lateinamerikanischer Staaten, Gesellschaften, Kulturen und Geschichte forschten. Schließlich bekam auch der ideologische Gegner sein eigenes, 1967 eröffnetes *Institut SŠA i Kanady* („Institut der USA und Kanadas", ISK).[12]

Neben diesen neugegründeten wissenschaftlichen und politischen Regionalinstituten wurden seit Mitte der 1950er Jahre auch alle anderen Abteilungen der

[10] Zitiert nach: *Gerhard Duda*, Jenö Varga und die Geschichte des Instituts für Weltwirtschaft und Weltpolitik in Moskau 1921–1970. Zu den Möglichkeiten und Grenzen wissenschaftlicher Auslandsanalyse in der Sowjetunion, Berlin 1994, 284.

[11] Ebd.

[12] *Apollon Davidson/Irina Filatova*, African History. A View from Behind the Kremlin Wall, in: Maxim Matusevich (Hrsg.), Africa in Russia, Russia in Africa. Three Centuries of Encounters, Trenton 2007, 111–131, hier 118; *Yale Richmond*, Cultural Exchange and the Cold War. Raising the Iron Curtain, University Park 2003, 81; *Al'perovič*, Sovetskaja Istoriografija, 17; *Viktor Vol'skij*, The Study of Latin America in the U. S. S. R., in: Latin American Research Review 3:1, 1967, 77–87, hier 85; *Institut Latinskoj Ameriki* (Hrsg.), Latinskaja Amerika v Sovetskoj pečati, Moskau 1964.

Akademie und die Universitäten angehalten, sich stärker mit internationalen Themen auseinanderzusetzen und dafür eigene Unterabteilungen zu gründen. Nach Jahren stalinistischer Selbstisolierung öffnete sich die sowjetische Wissenschaft wieder der Welt, freilich immer im Rahmen marxistisch-leninistischer Dogmatik. Schon 1959 berichtete ein beeindruckter chilenischer Gast der Akademie, sowjetische Akademiker läsen und analysierten jährlich 6.900 internationale wissenschaftliche Zeitschriften.[13] Ob diese Zahl stimmt, lässt sich heute schwer überprüfen, aber es ist sicher, dass den *meždunarodniki* Zugang zu ausländischer Literatur gewährt wurde – und dass sie in zunehmendem Umfang auch die Möglichkeit hatten, selbst in ihre Zielländer zu fahren und dort zu forschen. Ihr soziales Prestige und ihre Gehälter waren hoch, wie viele Drittwelt-Intellektuelle auf Besuch in der Sowjetunion immer wieder bewundernd feststellten.[14] Nicht ganz zu Unrecht sind sie daher eine „privilegierte Kaste“[15] genannt worden. Entsprechend verschafften sowjetische Würdenträger ihrem Nachwuchs, dem nach sowjetischem Gewohnheitsrecht der Zugang zu höchsten Ämtern in der Partei verwehrt blieb, gerne Posten als Auslandsexperten: Die Töchter von Vjačeslav Molotov und Aleksej Kosygin studierten zusammen mit Georgij Žukovs Sohn am MGIMO. Jurij Brežnev war eine Zeitlang sowjetischer Handelsvertreter in der Schweiz, seine Schwester Galina hatte eine Stelle bei der internationalen Presseagentur *Novosti*. Andrej Gromykos Sohn Anatolij war zuerst Gesandter in Großbritannien und dann Chef des Afrika-Instituts. Ljudmila Kosygina war Direktorin der Bibliothek für ausländische Literatur; Sergej „Sergo“ Mikojan ein leitender wissenschaftlicher Mitarbeiter des Lateinamerika-Instituts.[16]

Die sowjetische Regionalforschung war aber nie beschränkt auf die *synki* („Söhnchen“) genannten Kinder der Nomenklatura. Mit der Etablierung der genannten Institute und durch ihre Ausdifferenzierung bis Ende der 1960er Jahre schuf sich die sowjetische Politik tatsächlich einen enormen Wissenszuwachs über die Geschehnisse der Außenwelt und erlangte die benötigte Expertise vor allem zur Dritten Welt. So wie in der Sowjetunion Sozial- und Geisteswissenschaftler allgemein als Legitimationsressource des Regimes gesehen wurden, wurde auch von den *meždunarodniki* erwartet, dass sie Beiträge zur internen und externen Propagierung der sowjetischen Politik leisteten.[17] Aber die Institute und die darin tätigen Akademiker hatten auch ihre eigenen ideellen Wurzeln und eigene Vorstellungen von ihren Aufgaben. Die *meždunarodniki* versuchten selbst

[13] *Raúl Aldunate*, En Moscú, Santiago de Chile o. J., 68.

[14] *Davidson/Filatova*, African History, 118; *Francisco Ferreira*, 26 Años na União Soviética. Notas de exilio do Chico da U. C. F., Lisboa 1975, 105–106; *Aldunate*, En Moscú, 67.

[15] *Eran*, Mezhdunarodniki, 183.

[16] *Karen Chačaturov*, Zapiski očevidca, Moskau 1996, 67–69; *Nikolai Leonov*, Licholet'e. Sekretnye missii, Moskau 1995, 258; *Gottemoeller/Langer*, Foreign Area Studies, 23.

[17] *Duda*, Jenö Varga; *Clive Rose*, The Soviet Propaganda Network. A Directory of Organisations Serving Soviet Foreign Policy, London 1988, 269.

aktiv Einfluss auf Politik und Gesellschaft zu nehmen und entwickelten damit eine Eigendynamik, die sich nicht immer auf Parteidoktrin und -intentionen beschränkte. Statt mit einer Institutionsgeschichte lässt sich dies besser aus individueller Perspektive veranschaulichen. Im Folgenden werden anhand von biographischen Abrissen zwei sowjetische Lateinamerika-Experten vorgestellt. Ihre Herkunft, Ausbildung und Karrieren in den 1950er und 1960er Jahren prägten ihre moralischen und politischen Wertehorizonte, die sich an den sowjetischen Debatten um den Fall des sozialistischen Präsidenten Chiles, Salvador Allende, im Jahr 1973 aufzeigen lassen. Die Versuche der *meždunarodniki*, Einfluss auf die Politik zu nehmen, werden am Beispiel der linken Regierung in Nikaragua und der marxistischen Guerilla in El Salvador in den frühen 1980er Jahren gezeigt. Repräsentativ für eine Generation sowjetischer Auslandsexperten stehen hier zwei internationalistische Historiker: der Linkssozialist Kiva Majdanik (1929–2006) und der 1928 geborene Lateinamerikaexperte des KGB Nikolaj Leonov.

2. Akteure: Die sowjetischen Lateinamerikanisten

Wie die meisten *meždunarodniki* der ersten Generation kamen Leonov und Majdanik in den 1920er Jahren zur Welt und erlebten in ihrer Jugend drei Großereignisse, die sie ein Leben lang prägen sollten: Im Großen Terror mussten viele von ihnen mit ansehen, wie ältere Verwandte verhaftet oder sogar ermordet wurden. Der Angriff der deutschen Wehrmacht auf die Sowjetunion hinterließ bei ihnen den bleibenden Eindruck, dass Imperialismus und Faschismus keine nur abstrakten Bedrohungen waren. Dazwischen hatte der Spanische Bürgerkrieg unter vielen sowjetischen Jugendlichen eine romantische Sicht auf den Kampf für die gerechte Sache des Sozialismus ausgelöst, der noch dazu in einem aufregenden exotischen Setting stattfand. In den späten 1940er und frühen 1950er Jahren bekamen viele der späteren Regionalexperten ihre höhere Ausbildung am neugegründeten MGIMO. Für Leonov war die „Sympathie für die internationalistischen Kämpfer des Spanischen Bürgerkriegs" der Grund, seinen regionalen Schwerpunkt auf die hispanische Welt zu legen, als er sich 1947 als Student am MGIMO einschrieb.[18] Auch ein späterer Kollege erinnerte sich:

> Alle Jungs in der Schule waren begeistert […] wir träumten vom Ebro und Madrid. Abends in der Schule sahen wir die *Kinokronika* und der Rektor las uns die Neuigkeiten aus Spanien vor. […] Es war dieses sentimental-romantische Motiv, warum ich [am MGIMO] Spanisch als Schwerpunkt wählte, das ich mit internationalistischer Solidarität assoziierte.[19]

[18] *Leonov*, Licholet'e, 20.
[19] *Chačaturov*, Zapiski, 67–69.

Zur Zeit des Spätstalinismus herrschten zwar auch am MGIMO Repression, Bespitzelung der Studenten untereinander sowie ideologische Gängelung durch „graue Dozenten des Marxismus-Leninismus".[20] Zum Lehrkörper gehörten aber auch die renommiertesten verbliebenen Sozial- und Geisteswissenschaftler der Sowjetunion. Viele Studenten erinnerten sich, wie auch Leonov später, an eine hervorragende Ausbildung durch Orientalisten wie Grigorij Erenburg und Charlampij Baranov, Philosophen wie Michail Lifšic und Mark Rozental oder Völkerrechtler wie Sergej Krylov, einem der Autoren der UN-Charta und erster sowjetischer Richter am Internationalen Gerichtshof in Den Haag. Die Historiker Evgenij Tarle, Anatolij Bokščanin, Ivan Vitver und der „Patriarch der sowjetischen Lateinamerikanistik"[21], Aleksandr Guber, lehrten eine Geschichtswissenschaft, die weit über die plumpen Schemata der Staatsideologen hinausging. Neben exilierten spanischen Veteranen des Bürgerkriegs unterrichteten dazu viele altgediente sozialistische Internationalisten, von denen einige noch kurz vor Stalins Tod in die Mühlen der letzten Terrorwelle gerieten. Solomon Lozovskij, Chef des *Sovinformbjuro* und Sekretär des Jüdischen Antifaschistischen Komitees, dozierte regelmäßig – bis er geschasst und schließlich 1952 exekutiert wurde. Ivan Majskij, aus der vorrevolutionären sozialistischen Intelligenz stammend und langjähriger sowjetischer Botschafter in Großbritannien, arbeitete als Spanienexperte am MGIMO, bis er 1953 in Lagerhaft kam. Mehr Glück hatte Lev Zubok, Chronist und Historiker der Zweiten Internationale. Als „Kosmopolit" verlor er zwar 1949 alle anderen Anstellungen, konnte aber am MGIMO bleiben. In privaten Gesprächen zwischen Professoren und ausgewählten Studenten scheint damals auch harte Kritik an den Verhältnissen geäußert worden zu sein. Zumindest in Retrospektive zeigte sich ein Alumnus tief beeindruckt darüber, dass ein Dozent ihm gegenüber Stalin als *staryj čërt* („alten Teufel") bezeichnet hatte.[22]

Von diesen Lehrern übernahmen die Studenten am MGIMO also nicht nur eine für die Zeit und die Umstände exzellente Allgemeinbildung, sondern auch den Esprit des sozialistischen Internationalismus und etwas, das viele zumindest später als antistalinistische Sentiments bezeichneten. Das galt auch für Nikolaj Leonov, der wegen eines Streits mit spitzelnden Kommilitonen 1952 in die Lubjanka beordert wurde und im Verhör durch den Außenminister Andrej Vyšinskij Todesängste ausstand.[23]

Kiva Majdanik, der aus einer jüdischen Intellektuellenfamilie stammte, hatte im Spätstalinismus keinen Zugang zum MGIMO, wo sich der staatliche Antisemitismus auch in der selektiven Aufnahme von Studenten widerspiegelte. Nach

[20] *Leonov*, Licholet'e, 18–20.

[21] *Vera Kutejščikova*, Moskau-Meksiko-Moskau. Doroga dlinoju v žizn', Moskau 2000, 153.

[22] *A. Šestopal/N. Anikeeva*, Iberoamerikanistika v MGIMO. Tradicii i sovremennost', in: Latinskaja Amerika 4, 2001, 24–29; *Chačaturov*, Zapiski, 70; *Lev Zubok*, Istorija vtorogo internacionala, Moskau 1966.

[23] *Leonov*, Licholet'e, 8–22.

seinem hervorragenden Abschluss an der Historischen Fakultät der Moskauer Staatlichen Universität musste er sich in der ukrainischen Provinz als Gymnasiallehrer verdingen.

Wie die meisten späteren *meždunarodniki* waren Leonov und Majdanik aufgrund ihrer Erfahrungen des Stalinismus begeistert von den Beschlüssen des XX. Parteitags der KPdSU und den darauffolgenden Reformen des neuen Parteichefs: „Damals wie heute fühle ich eine große Sympathie für [Chruščev] und bin mir heute sicher, dass mit ihm Russland beziehungsweise die UdSSR den letzten politischen Führer von Format verlor",[24] schwärmte Leonov in seinen Memoiren. Auch Majdaniks Biograph ist sich sicher: „Kiva hatte die allerhöchste Wertschätzung für den XX. Parteitag [...] und große Sympathie für Nikita Chruščev."[25] Er konnte bald nach dem Kurswechsel im Kreml nach Moskau zurückkehren, wo er umgehend beim selbst erst aus dem GULag entlassenen Majskij seine Dissertation zum Spanischen Bürgerkrieg verfasste.

Auch für Leonov waren unmittelbar nach Stalins Tod die Querelen mit der Staatsmacht vergessen und er wurde als Praktikant an die sowjetische Botschaft in Mexiko geschickt, eine damals gängige Praxis für angehende *meždunarodniki*. Auf der Schiffsreise freundete er sich mit einem jungen Kubaner an, der auf der Heimreise vom Weltjugendfestival in Prag war – Raúl Castro. Über Raúl lernte Leonov die jungen Mitglieder der *Bewegung des 26. Juli* kennen, darunter Fidel Castro und Che Guevara, die im mexikanischen Exil einen zweiten Versuch planten, den kubanischen Diktator Fulgencio Batista zu stürzen. Als die mexikanischen Behörden bei einer vorläufigen Festnahme Guevaras in dessen Tasche die Visitenkarte Leonovs fanden und sich bei der sowjetischen Botschaft beschwerten, wurde Leonov vorerst zurück nach Moskau strafversetzt. Für den Kreml überraschend übernahm die Widerstandsbewegung um Fidel Castro nach einem drei Jahre lang andauernden Guerillakampf tatsächlich die Macht in Kuba. Leonov war nun ein sehr gefragter Mann in Moskau. Er stellte den Kontakt zu den Revolutionären her, reiste als Berater und Übersetzer mit Mikojan auf die Insel und übernahm – trotz anfänglicher Skrupel – eine langjährige Stelle als Lateinamerika-Experte des KGB in Mexiko.

Kiva Majdanik verbrachte die 1960er Jahre ebenfalls meist im Ausland und auch er knüpfte Kontakte zu Linken in der hispanischen Welt. Nach einigen Kubabesuchen arbeitete er in Prag als Redakteur der internationalen Zeitschrift *Problemy mira i socializma* (die deutsche Ausgabe erschien als „Probleme des Friedens und des Sozialismus", die englische als „World Marxist Review"), die aus den Kominform-Strukturen hervorgegangen war und ideologische Debatten über Art und Zukunft des weltweiten Sozialismus führte. Majdanik schloss

---

[24] Ebd, 93.

[25] *Narciso Isa Conde*, Kiva Maidanik. Humanidad sin límites y herejía revolucionaria, Santo Domingo 2007, 57.

unter anderem Bekanntschaften mit den salvadorianischen Kommunisten und späteren Guerillakämpfern Schafik Handal und Roque Dalton sowie mit Narciso Isa Conde, dem dominikanischen KP-Chef. Auch Dolores Ibárruri, genannt „La Pasionaria", gehörte zu seinem engen Freundeskreis. Die langjährige Chefin der spanischen KP im Moskauer Exil wandelte sich nach dem Einmarsch sowjetischer Truppen in die Tschechoslowakei 1968 allmählich von einer überzeugten Stalinistin zu einer gemäßigten Sozialdemokratin. Majdanik kritisierte die Invasion ebenfalls harsch – und verlor auf Order aus Moskau dafür seine Stelle.

Etwa zur gleichen Zeit kehrten Nikolaj Leonov und Kiva Majdanik zurück in die Sowjetunion – und beide fanden ihre Nische als Historiker an der Akademie der Wissenschaften. Später erinnerte sich Leonov:

> In der Wissenschaft [...] herrschte weiter ein gewisser demokratischer Geist [...] man ging dorthin wie man früher ins Kloster ging: um eine größtmögliche Distanz zu den Forderungen und Wirren des politischen und sozialen Lebens zu bekommen. Es war nicht völlig sicher, aber es war wirklich ein Zufluchtsort.[26]

Sein Vorbild sah Leonov dort in seinem „väterlichen Freund" Iosif Grigulevič.[27] Der altgediente militante litauisch-jüdische Internationalist, der im Spanischen Bürgerkrieg als NKVD-Scherge gekämpft und Lev Trockijs Ermordung in Mexiko organisiert hatte, war nach Stalins Tod in die UdSSR gezogen und dort unter neuem Namen ein sehr produktiver Historiker am Lateinamerika-Institut der Akademie geworden.[28]

Majdanik schrieb nun zahlreiche Bücher über lateinamerikanische Arbeiter- und Befreiungsbewegungen aus linkssozialistischer und explizit antistalinistischer Warte. Regelmäßig eckte er deshalb mit den Behörden an: Für seinen Freund, den Historiker und späteren Dissidenten Michail Gefter schrieb er ein Vorwort – das Buch wurde auf Anordnung des Zentralkomitees der KPdSU (ZK) gleich wieder eingestampft. Seine Broschüre „Linksradikale Befreiungsbewegungen in Asien, Afrika und Lateinamerika", die er vorsichtshalber als „nur für den internen Gebrauch" markiert hatte, wurde angeblich von der Leitung der Akademie als so gefährlich eingestuft, dass sie sie an Ort und Stelle verbrannte. Allerdings konnte Majdanik in den 1970er Jahren immer wieder seinen Kopf aus der Schlinge ziehen – weil er mit den richtigen Leuten befreundet war. Vor allem seine einflussreichen Kollegen Nikolaj Leonov und Sergej Mikojan setzten sich beim ZK immer wieder für ihn ein.[29]

---

[26] *Leonov*, Licholet'e, 36.

[27] *Leonov/Fediakova/Fermandois*, El general, 77.

[28] *Marjorie Ross*, El secreto encanto de la KGB. Las cinco vidas de Iósif Griguliévich, San José 2004; Grigulevič veröffentlichte in der Sowjetunion, z. T. unter dem Namen Lavreckij, insgesamt 58 Bücher über lateinamerikanische Geschichte mit einer Gesamtauflage von über einer Million Exemplaren.

[29] *Isa Conde*, Kiva Majdanik; *Sergej Mikojan*, Neuželi tridcat' piat' let?, in: Latinskaja Ame-

3. Diskurs: Die Debatte um den Fall Salvador Allendes

Mit den Forschungen von Leonov, Majdanik und vielen hundert weiteren *meždunarodniki* entwickelte sich während der Brežnev-Jahre ein gut informiertes wissenschaftliches Bild der Dritten Welt in der Sowjetunion, das auch Beachtung und Lob westlicher Forscher fand.[30] Mit der Differenzierung des Wissens entstanden allerdings auch gegenläufige Meinungen innerhalb der sowjetischen Wissenschaft. Historiker und Ökonomen des Lateinamerika-Instituts etwa debattierten die Dependenztheorie. Einige stellten die Zugehörigkeit Lateinamerikas zum Lager der afroasiatischen Länder in Frage, andere begrüßten immer mehr die Rolle von populistisch-nationalistischen Regimen. Majdanik erwarb sich zu dieser Zeit den Ruf eines „sowjetischen Che Guevaras", indem er immer wieder gegen diese konservativen Entwicklungstheorien anredete und auf das revolutionäre Potential in Lateinamerika verwies.[31] Solange diese Diskussionen wissenschaftsintern geführt wurden, stellte das kein politisches Problem dar. In Veröffentlichungen waren diese Fronten stets verklausuliert als Kritik an westlichen Positionen vertreten worden.

Das galt auch für die Debatten um den Sieg Salvador Allendes bei den chilenischen Wahlen 1970. Zum ersten Mal war ein Marxist auf legalem Weg Präsident geworden, aber die sowjetischen Reaktionen waren ambivalent. Die internationale Abteilung des ZK begrüßte erfreut den neuen Partner in Südamerika und lud Allende umgehend nach Moskau ein. Das Außenministerium wollte aber auf keinen Fall einen weiteren teuren und eigensinnigen Drittweltstaat wie Kuba am Tropf der UdSSR hängen sehen und machte deutlich, dass kaum finanzielle Hilfen bereitstünden.[32] Diese Fronten spiegelten sich in der Wissenschaft wieder. Als aber Allende 1973 vom eigenen Militär entmachtet und in den Selbstmord getrieben wurde, emotionalisierten und verschärften sich diese Debatten – und nun drangen sie zum ersten Mal an die Öffentlichkeit. Majdanik sah den Putsch als Beweis für die Unmöglichkeit eines legalistischen Wegs zum Sozialismus und reichte der populärwissenschaftlichen Zeitschrift *Latinskaja Amerika* seinen Artikel „Die Dämmerung des bourgeoisen Reformismus" ein. Zugeständnisse an das Bürgertum und Gewaltverzicht spielten nur den Imperialisten in die Hände, so Majdanik. Die exakt konträren Schlussfolgerungen zog sein Kollege Evgenij Kosarev in seinem Beitragsvorschlag „Gegen den revolutionären Romantizismus

---

rika 7, 2004, 25–39, hier 30–31; die Anekdote des verbrannten Buchs ist der russischsprachigen Wikipediaseite zu Majdanik entnommen.

[30] *Russel Bartley*, On Scholarly Dialogue. The Case of U. S. and Soviet Latin Americanists, in: Latin American Research Review 1, 1970, 59–62, hier 60.

[31] *Jerry Hough*, The Struggle for the Third World. Soviet Debates and American Options, Washington 1986, 169–177.

[32] *Leonov/Fediakova/Fermandois*, El general, 78.

und die Illusionen": Ungeduld und Disziplinlosigkeit linksextremer Strömungen hätten Allende zu Fall gebracht.[33]

Sergej Mikojan, der Herausgeber der Zeitschrift, die wie alle sowjetischen Publikationen immer nur eine, nämlich die offizielle Meinung vertreten hatte, erinnerte sich:

> Unser Pressewesen […] war damals dominiert von einer Generation von ideologischen Dogmatikern; […] im ZK fragten sie, ob es sich lohnt über Themen zu diskutieren, über die wir noch keine feststehende Meinung haben. […] Damals sah „Diskussion" ja so aus: „Genosse X hat völlig Recht mit der Behauptung …, ich schließe mich der Meinung des Genossen Y an … Wir wollten das anders machen."

Mikojan beschloss beide Artikel in der selben Ausgabe zu bringen: „Ich wollte ein interessantes und aktuelles Heft machen, und dem Leser Argumente geben, damit er sich seine eigene Meinung bilden kann."[34] Dieser vermutlich erste Ansatz einer öffentlichen Debatte in der Sowjetunion löste zunächst einen Proteststurm der Redaktion aus, und die Leiter des Lateinamerika-Instituts verweigerten ihr nötiges Plazet. Sie gaben aber ebenso wie das skeptische Direktorium der Akademie der Wissenschaften nach, als Mikojan mit seinem Rücktritt drohte. Ins ZK, der letzten Instanz sowjetischer Wissenschaft war Mikojan dank familiärer Bande bestens vernetzt. Mit diesem Rückhalt und der Fürsprache von einflussreichen Freunden, zu denen wiederum auch der KGB-Mann Leonov gehörte, war schließlich auch der letzte einer langen Reihe von Zensoren, – die sich nicht so sehr für ideologische Fragen, sondern vorrangig für Staatssicherheit und militärische Geheimhaltung interessierte – die *Glavlit*[35] zur Drucklegung bereit.[36]

Die Episode zeigt zweierlei: Erstens hatte durch den jahrelangen Ausbau der Regionalstudien in der Sowjetunion und durch ihre vergleichsweise freie Diskussionskultur eine derartige Ausdifferenzierung des Wissens stattgefunden, dass konträre Interpretationen und damit ein eigenständiger akademischer Diskurs wiederbelebt wurden. Zweitens ist deutlich geworden: Was man als Akademiker unter Brežnev in der entstehenden sowjetischen Öffentlichkeit sagen konnte und was nicht, hing in erster Linie von persönlichen Kontakten ab.

4. Praxis: Die *meždunarodniki* in Stagnation und Perestrojka

Persönliche Netzwerke sind auch der Schlüssel zum Verständnis des Einflusses von Intellektuellen beziehungsweise Akademikern auf die Politik der späten Sowjetunion. Etwa 7.400 *meždunarodniki* forschten gegen Ende von Brežnevs

[33] Vokrug urokov Čili, Latinskaja Amerika 5, 1974.

[34] *Mikojan*, Neuželi, 29–31.

[35] Glavnoje upravlenije po delam literatury i isdatelstv (Hauptverwaltung für die Angelegenheiten der Literatur und der Künste).

[36] *Sergej Mikojan*, Anatomija Karibskogo krizisa, Moskau 2006, 50.

Regnum an zwölf Moskauer Instituten zu internationalen Themen.[37] Auch wenn das ZK gelegentlich Rechercheaufträge an diese Regionalforschungsinstitute vergab, wurde das meiste, was dort tagtäglich geschrieben wurde, nicht von den Entscheidungsträgern sowjetischer Außenpolitik im Politbüro gelesen. Dieser fehlende unmittelbare Einfluss von Intellektuellen auf die Politikgestaltung lässt sich freilich genauso in westlichen Staaten konstatieren.[38] Viele der sowjetischen Forscher hatten aber parallel einflussreiche Posten in Staats- und Parteiorganen, in den Medien und den „gesellschaftlichen" Organisationen inne. Leonov verfolgte neben seiner wissenschaftlichen Arbeit eine Karriere beim KGB, war ab 1973 Vizechef der Analyseabteilung, ab 1983 Vizechef des gesamten Geheimdienstes und Mitglied des nationalen Verteidigungsrats.[39] Viele seiner Kollegen des IMEMO oder des Lateinamerika-Instituts, dem er ebenfalls angehörte, fluktuierten von einer der prestigereichen und lukrativen Stellen für internationale Spezialisten bei *Novosti*, *Tass* oder der *Izvestija* zur nächsten und bekleideten ehrenamtlich Beraterstellen oder Repräsentativaufgaben für internationalistische Freundschaftsverbände und Solidaritätskomitees. Nicht wenige schafften es sogar auf einflussreiche Posten in die Internationale Abteilung des ZK, das in der späten Sowjetunion fast ausschließlich aus *doktory nauk*, also aus Akademikern bestand.[40]

Durch diese Tuchfühlung und die damit entstandenen persönlichen Kontakte zu den Schalthebeln der Macht trugen die *meždunarodniki* ihre Vorstellungen in die Politik, wo sich viele für ein stärkeres Engagement der Sowjetunion in der Dritten Welt stark machten. Majdanik und vielen anderen jüdischen Akademikern war der direkte Zugang zur Politik erschwert. Aber auch sie agierten in einem Netzwerk von befreundeten Forschern, in dem sie ihren internationalistischen Esprit verbreiteten. Damit wurden die *meždunarodniki* zu Bannerträgern des sozialistischen Internationalismus in einer Zeit, als die künstlerische Intelligenz sich zum Dissens, zum Zionismus, zum russischen Nationalismus oder einfach ins Private gewandt hatte[41] – und als viele hochrangige Politiker offene Verachtung gegenüber der Dritten Welt hegten, die der Sowjetunion angeblich nur auf der Tasche lag und die Détente mit dem Westen störte. Das galt insbesondere für Außenminister Andrej Gromyko: „Nicht einmal das ZK konnte

---

37 *Richmond*, Cultural Exchange, 81.

38 *Peter Weingart*, Wissen – Beraten – Entscheiden. Form und Funktion wissenschaftlicher Politikberatung in Deutschland, Weilerswist 2008; *Justus Lentsch/Peter Weingart*, The Politics of Scientific Advice, Cambridge 2011.

39 *Leonov/Fediakova/Fermandois*, El general, 72.

40 *Sergej Kisljak*, K ego sovetam prislušivalsja MID Rossii, in: Latinskaja Amerika 9, 2005, 7; *Gottemoeller/Langer*, Foreign Area Studies, 93.

41 *Vladislav Zubok*, Zhivago's Children. The Last Russian Intelligentsia, Cambridge 2009, v. a. 79–84.

ihn dazu bewegen, einmal in den Nahen Osten, nach Afrika oder Lateinamerika zu reisen", erinnerte sich Leonov.[42]

Er selbst, der wie Majdanik zeitlebens eine fast religiöse Verehrung für Che Guevara hegte[43], reiste 1979 nach Nikaragua. Die *Sandinistas* hatten dort den langjährigen Diktator Anastasio Somoza gestürzt und suchten Unterstützung aus dem sozialistischen Lager. Leonov warb nach seiner Rückkehr zunächst vergeblich für umfangreichere Hilfen für die revolutionäre Regierung. Erst als die USA unter ihrem neuen Präsidenten Ronald Reagan immer stärker Anti-Regierungs-Guerillas unterstützte, begann die sowjetische Regierung mit einer großangelegten Militärhilfe, wobei sie viele Aufgaben auf die kubanischen und osteuropäischen Verbündeten verteilte.[44]

Majdanik hatte zu diesem Zeitpunkt schon längst alle Hebel in Moskau in Bewegung gesetzt um Hilfe für seine zentralamerikanischen Freunde zu organisieren und wandte dafür erhebliche eigene finanzielle Mittel auf. Als der nikaraguanische Bürgerkrieg ins benachbarte El Salvador übergriff, unternahm Schafik Handal, nun Guerillakämpfer der *Frente Farabundo Martí para la Liberación Nacional* (FMLN), mit zwei Mitgliedern der Internationalen Abteilung des ZKs eine Rundreise durch die sozialistischen Staaten und erreichte immerhin einige Zusagen über Waffenlieferungen. Wie wenig viele andere Offizielle in der Sowjetunion von diesen Dritt-Welt-Abenteuern hielten, wurde klar, als Handal bei der Gelegenheit noch seinen alten Freund Kiva Majdanik in Moskau besuchte. Majdanik, den Behörden seit langer Zeit suspekt, wurde im Anschluss auf der Grundlage des absurden Vorwurfs „unerlaubter Kontakt zu Ausländern" – immerhin zu einem KP-Generalsekretär – 1980 aus der KPdSU ausgeschlossen, verlor für zwei Jahre seinen Posten am IMEMO und sein Ausreisevisum.[45] Die Begeisterung für die Revolution verlor Kiva Majdanik nicht. Sein nächstes Buch über lateinamerikanische Rebellionen musste er jedoch auf Spanisch in der Dominikanischen Republik veröffentlichen – eine Art Dritte-Welt-*tamizdat*.[46]

Gegen Ende der Amtszeit Brežnevs fanden die *meždunarodniki* mit ihrem Ruf nach stärkerem Engagement in der Dritten Welt nur noch bedingt Gehör. Nikolaj Leonov und Kiva Majdanik zeigten sich zudem kritisch gegenüber den verkrusteten politischen Strukturen, dem Einfluss des Militärs und den Restriktionen des Alltags in der Sowjetunion. Dennoch waren sie keineswegs Dis-

[42] *Odd Arne Westad*, The Global Cold War. Third World Interventions and the Making of our Times, Cambridge 2007; *Leonov/Fediakova/Fermandois*, El general, 78; Zitat: *Leonov*, Licholet'e, 141.

[43] *Leonov*, Licholet'e, 99–100; *Kiva Majdanik*, Ernesto Če Gevara. Ego Žizn', ego Amerika, Ad Marginem, Moskau 2004

[44] *Nicola Miller*, Soviet Relations with Latin America, 1959–1987, Cambridge 1989, 202.

[45] *Isa Conde*, Kiva Majdanik 2007, 50.

[46] *Kiva Maidánik/Narciso Isa Conde/Shafic Jorge Handal*, El proceso revolucionario de América Latina visto desde la URSS. Desde la revolución cubana hasta la insurrección en Centroamérica, Santo Domingo 1985.

sidenten. Sie fühlten sich weiter dem Weltkommunismus verbunden und sahen es als eine Aufgabe der Sowjetunion, des Mutterlandes des Sozialismus, Befreiungsbewegungen in der Dritten Welt zu unterstützen. „Die Partei war der Staat, war die Heimat"[47], erinnerte sich Leonov. Bis zum Schluss blieb er ein „orthodoxer Kommunist und treuer Diener. [...] Uns führte der Glauben, dass sich das Schicksal des Weltkonflikts zwischen Kapitalismus und Sozialismus in der Dritten Welt entscheiden würde."[48]

Leonov wie Majdanik setzten daher beide große Hoffnungen in die *perestrojka*, die sie als eine Rückkehr zu den Idealen der Oktoberrevolution und damit auch des Internationalismus sahen.

Michail Gorbačev, aus der gleichen Generation wie die ersten *meždunarodniki* stammend, teilte in der Tat ihren Wertehorizont. In seinen ersten Amtsjahren baute er das Engagement der Sowjetunion in der Dritten Welt aus; die Wirtschaftshilfe für die *Sandinistas* erhöhte er um 40 % und warnte noch 1987 den Westen: „Niemals überlassen wir Nikaragua der Gnade der Imperialisten."[49] Majdanik popularisierte Gorbačevs Reformprogramm in der spanischsprachigen Welt mit seinem enthusiastischen Buch „Die Revolution der Hoffnungen", das auf einem langen Interview mit der Chilenin Marta Harnecker basierte.[50] 1987 durfte er wieder nach Havanna ausreisen, wo er auf einem kubanisch-sowjetischen Jugendfestival flammende Reden über die Zukunft des Internationalismus hielt, für die er zuhause einmal mehr schwer kritisiert wurde.[51] Dort nämlich war in den späten 1980er Jahren der Rückhalt sowohl für internationalistisches Engagement („Geldverschwendung") als auch für die *perestrojka* im eigenen Land („Instabilität") sowohl in der politischen Elite als auch in der breiten Bevölkerung äußerst gering geworden. Gorbačev sah sich in der letzten Phase seiner Amtszeit gezwungen, die Unterstützung für Projekte in der Dritten Welt einzustellen.

Damit war der sowjetische Internationalismus am Ende. Nach dem Tod Stalins war er wiederbelebt worden, und der damalige Aufbau der *area studies* erwies sich als Garant seiner Wirkmächtigkeit bis kurz vor den Zerfall der UdSSR. Mit den *meždunarodniki* war ein Milieu von akademischen Experten entstanden, die ihre Regionen aus eigener, oft langjähriger, Anschauung kannten, freien Zugang zu Literatur hatten und somit teilweise hervorragend über den Rest der Welt informiert waren. Sie sorgten so für eine, zumindest in ihrem privilegierten akademischen Kreisen, immer dichtere Vernetzung der Sowjetunion mit dem Rest der Welt. Ihre Kontakte mit der nicht-westlichen, „unterentwickelten" Außenwelt

---

[47] *Leonov*, Licholet'e, 22.

[48] *Leonov/Fediakova/Fermandois*, El general, 91.

[49] *Westad*, Global Cold War, 370; *Michail Gorbatschow*, Perestroika. Die zweite Russische Revolution, München 1987, 221–246.

[50] *Marta Harnecker*, Perestroika. La revolución de las esperanzas. Entrevista a Kiva Maidanik, Buenos Aires 1988.

[51] *A. Snitko*, Skol'ko stoit naša sovest' v Latinskoj Amerike? Zametki ešče bolee neravnodušnye, in: Latinskaja Amerika 4, 1991, 38–44, hier 40.

stellten aber ihre Weltsicht nicht in Frage, sondern bestätigten ihre Theorien über den Fortgang der Weltgeschichte und die Rolle der Sowjetunion in ihr. Die Veröffentlichungen der Auslandsexperten waren nicht nur ein Widerhall der Politik, wie die Kremologen dachten. Auch die Historiker waren nicht nur staatstragende, konformistische „Einfaltspinsel", als die sie oft gesehen wurden. Moisej Al'perovič etwa wurde für seine Arbeiten über Mexiko die Ehrendoktorwürde der *Universidad Nacional Autónoma de México* und der staatliche Azteken-Orden verliehen.[52] Majdanik war ein international respektierter und umtriebiger Wissenschaftler, und auch der staatsnahe Leonov war ein hervorragender Analytiker, der aktiv sowjetische Politik mitgestaltete. Die Welt der *meždunarodniki* hatte ihre Eigendynamik und übte aktiv Einfluss auf die sowjetische Politik und Gesellschaft aus. Internationalismus war für sie auch in der späten Sowjetunion keine bedeutungslose Phrase, sondern ihre Weltsicht, ihr geistiger Horizont, ihr Glaube, den sie innerhalb wie außerhalb der Sowjetunion aktiv propagierten.

Zweierlei lässt sich am Beispiel der *area studies* also zeigen: Erstens war der sowjetische Internationalismus kein ausschließliches *top-down*-Phänomen oder leere Propagandarhetorik, sondern die Weltsicht vieler akademischer Intellektueller, die aktiv und mit wechselndem Erfolg versuchten, die Politik der UdSSR in ihrem Sinne zu beeinflussen. Zweitens waren in der Sowjetunion auch in der Brežnev-Ära interne Entwicklung und externe Einflüsse auf vielfältige Weise verknüpft. Die *meždunarodniki* waren eine der wichtigsten Vermittler dieser Innen- und Außendimensionen, die stets vielschichtiger waren als das Narrativ eines parochialen Systems, das sich durch Kontakte mit dem Ausland verwestlicht und daher einstürzt, vorgibt. Der vorliegende Band hat es sich zur Aufgabe gemacht, die Regierungszeit Brežnevs nicht auf das Signum „Stagnation" zu reduzieren, sondern sie in einigen Milieus bereits als Entstehungszeit der *perestrojka* zu betrachten. Die *meždunarodniki* waren eine wichtige Trägergruppe dieses neuen Idealismus' und ein wichtiger Teil der sowjetischen intellektuellen und politischen Elite, die Mitte der 1980er Jahre im Rückgriff auf Lenin den real existierenden Sozialismus reformieren wollten – und damit ungewollt das Ende der Sowjetunion einleiteten.[53]

---

[52] Jubilej Moiseja Samuiloviča Al'peroviča, in: Novaja i Novejšaja Istorija 2, 2009, 214–216; *Beyrau*, Intelligenz, 211, 216–217.

[53] Epilog: Kiva Majdanik blieb über das Scheitern der *perestrojka* und den Zerfall der Sowjetunion hinaus ein überzeugter Linker. Er schrieb Bücher über sein Idol Che Guevara, veröffentlichte dessen Schriften im Russland der 1990er Jahre, reiste durch Spanien und Lateinamerika und beteiligte sich am Weltsozialforum in Porto Alegre. Sein Sohn Artemij Troickij ist Russlands bekanntester Musikkritiker und Aktivist in der Bewegung für gerechte Wahlen. Nikolaj Leonov pflegte zwar weiter seine Kontakte zur lateinamerikanischen Linken und blieb ein gefragter Kommentator zu Lateinamerikabelangen im russischen Fernsehen. Politisch wandte er sich jedoch nach rechts, interpretierte nun sein Idol Che Guevara als einen entscheidungsfreudigen, harten politischen Führer, dem es Russland in den 1990er Jahren fehlte. Als Duma-Abgeordneter der nationalistischen Rodina-Partei bewahrte er seinen Einfluss in Geheimdienstkreisen

Literatur

Adas, Michael, Dominance by Design. Technological Imperatives and America's Civilizing Mission. Cambridge, MA 2006.

Aldunate, Raúl, En Moscú, Santiago de Chile, o. J.

Al'perovič, Moisej, Sovetskaja istoriografija stran Latinskoj Ameriki, Moskau 1968.

–, Revoljucija i diktatura v Paragvae, Moskau 1975.

Bartley, Russel, On Scholarly Dialogue. The Case of U. S. and Soviet Latin Americanists, in: Latin American Research Review 1, 1970, 59–62.

Beyrau, Dietrich, Intelligenz und Dissens. Die russischen Bildungsschichten in der Sowjetunion 1917–1985, Göttingen 1993.

–, Das sowjetische Modell. Über Fiktionen zu den Realitäten, in: Peter Hübner / Christoph Kleßmann / Klaus Tenfelde (Hrsg.), Arbeiter im Staatssozialismus. Ideologischer Anspruch und soziale Wirklichkeit, Wien 2005, 47–70.

Čerkasov, Petr, IMEMO. Institut Mirovoj Ekonomiki i Meždunarodnych Otnošenij. Portret na fone epochi, Moskau 2004.

Chačaturov, Karen, Zapiski očevidca, Moskau 1996.

Cobb, Tyrus W., National Security Perspectives of Soviet „Think Tanks", in: Problems of Communism 6, 1981, 51–59.

Davidson, Apollon / Filatova, Irina, African History. A View from behind the Kremlin Wall, in: Maxim Matusevich (Hrsg.), Africa in Russia, Russia in Africa. Three Centuries of Encounters, Trenton 2007, 111–131.

Duda, Gerhard, Jeno Varga und die Geschichte des Instituts für Weltwirtschaft und Weltpolitik in Moskau 1921–1970. Zu den Möglichkeiten und Grenzen wissenschaftlicher Auslandsanalyse in der Sowjetunion, Berlin 1994.

Engerman, David, Know Your Enemy. The Rise and Fall of America's Soviet Experts, Oxford 2009.

–, The Second World's Third World, in: Kritika 12, 2011, 183–211.

Eran, Oded, Mezhdunarodniki. An Assessment of Professional Expertise in the Making of Soviet Foreign Policy, Ramat Gan 1979.

Ferreira, Francisco, 26 Años na União Soviética. Notas de exilio do Chico da U. C. F., Lisboa 1975.

Gilman, Nils, Mandarins of the Future. Modernization Theory in Cold War America, Baltimore 2003.

Gorbatschow, Michail, Perestroika. Die zweite Russische Revolution, München 1987.

Gottemoeller, Rose / Langer, Paul Fritz, Foreign Area Studies in the USSR. Training and Employment of Specialists, Santa Monica 1983.

Harnecker, Marta, Perestroika. La revolución de las esperanzas. Entrevista a Kiva Maidanik, Buenos Aires 1988.

Hough, Jerry, The Struggle for the Third World. Soviet Debates and American Options, Washington 1986.

Institut Latinskoj Ameriki (Hrsg.), Latinskaja Amerika v Sovetskoj pečati, Moskau 1964.

Isa Conde, Narciso, Kiva Maidanik. Humanidad sin límites y herejía revolucionaria, Santo Domingo 2007.

Jubilej Moiseja Samuiloviča Al'peroviča, in: Novaja i Novejšaja Istorija 2, 2009, 214–216.

---

und unterstützte einen ehemaligen Schützling, der für ihn die *leadership* eines Ches bewies, bei dessen Aufstieg in die russische Politik: Vladimir Putin.

Kisljak, Sergej, K ego sovetam prislušivalsja MID Rossii, in: Latinskaja Amerika 9, 2005, 7.
Koval', Boris, Korifej otečestvennoj latinoamerikanistiki. K 90-letiju Moiseja Samuiloviča Al'peroviča, in: Latinskaja Amerika 9, 2008, 92–96.
–, K jubileju L'va Jur'eviča Slezkina, in: Novaja i Novejšaja Istorija 3, 2010, 250–251.
Kutejščikova, Vera, Moskau-Meksiko-Moskau. Doroga dlinoju v žizn', Moskau 2000.
Lentsch, Justus/Weingart, Peter, The Politics of Scientific Advice, Cambridge 2011.
Leonov, Nikolai, Licholet'e. Sekretnye missii, Moskau 1995.
Leonov, Nikolai/Fediakova, Eugenia/Fermandois, Joaquin, El general Nikolai Leonov en el CEP, in: Estudios Públicos 73, 1999, 65–102.
Maidánik, Kiva/Isa Conde, Narciso/Handal, Shafic Jorge, El proceso revolucionario de América Latina visto desde la URSS. Desde la revolución cubana hasta la insurrección en Centroamérica, Santo Domingo 1985.
Majdanik, Kiva, Ernesto Če Gevara. Ego Žizn', ego Amerika, Ad Marginem, Moskau 2004.
Mikojan, Sergej, Neuželi tridcat' piat' let?, in: Latinskaja Amerika 7, 2004, 25–39.
–, Anatomija Karibskogo krizisa, Moskau 2006.
Miller, Nicola, Soviet Relations with Latin America, 1959–1987, Cambridge 1989.
Nader, Laura, The Phantom Factor. Impact of the Cold War on Anthropology, in: Noam Chomsky (Hrsg.), The Cold War & the University. Toward an Intellectual History of the Postwar Years, New York 1997, 107–146.
Oswald, Joseph Gregory, Contemporary Soviet Research on Latin America, in: Latin American Research Review 1:2, 1966, 77–96.
Oswald, Joseph Gregory/Carlton, Robert, Soviet Image of Contemporary Latin America. Compiled and Translated From Russian. A Documentary History 1960–1968, Austin 1970.
Prizel, Ilya, Latin America through Soviet Eyes. The Evolution of Soviet Perceptions during the Brezhnev Era 1964–1982, Cambridge/New York 1990.
Rey, Marie-Pierre, Le Départment International du Comité Central du PCUS, le MID et la Politique Extérieur Soviétique de 1953 à 1991, in: Communism 74/75, 2003, 179–215.
Richmond, Yale, Cultural Exchange and the Cold War. Raising the Iron Curtain, University Park 2003.
Rose, Clive, The Soviet Propaganda Network. A Directory of Organisations Serving Soviet Foreign Policy, London 1988.
Ross, Marjorie, El secreto encanto de la KGB. Las cinco vidas de Iósif Griguliévich, San José 2004.
Rozman, Gilbert, A Mirror for Socialism. Soviet Criticisms of China, London 1985.
Šestopal, A./Anikeeva, N., Iberoamerikanistika v MGIMO. Tradicii i sovremennost', in: Latinskaja Amerika 4, 2001, 24–29.
Simpson, Christopher, Universities and Empire. Money and Politics in the Social Sciences during the Cold War, New York 1998.
Sntiko, A., Skol'ko stoit naša sovest v Latinskoj Amerike? Zametki ešče bolee neravnodušnye', in: Latinskaja Amerika 4, 1991, 38–44.
Torkunov, Anatolij, MGIMO Universitet. Tradicii i sovremennost' (1944–2009), Moskau 2009.
Urban, P., Los estudios iberoamericanos en la URSS, in: Estudios sobre la Unión Soviética 3, 1962, 27–40.
Vol'skii, Viktor, The Study of Latin America in the U. S. S. R., in: Latin American Research Review 3:1, 1967, 77–87.
Vokrug urokov Čili, in: Latinskaja Amerika 5, 1974.

Wallerstein, Immanuel, The Unintended Consequences of Cold War Area Studies, in: Noam Chomsky (Hrsg.), The Cold War & the University. Toward an Intellectual History of the Postwar Years, New York, 195–231.
Weingart, Peter, Wissen – Beraten – Entscheiden. Form und Funktion wissenschaftlicher Politikberatung in Deutschland, Weilerswist 2008.
Westad, Odd Arne, The Global Cold War. Third World Interventions and the Making of our Times, Cambridge 2007.
–, The Great Transformation. China in the Long 1970s, in: Niall Ferguson (Hrsg.), The Shock of the Global. The 1970s in Perspective, Cambridge 2010, 65–79.
Zubok, Lev, Istorija vtorogo internacionala, Moskau 1966.
Zubok, Vladislav, Zhivago's Children. The Last Russian Intelligentsia, Cambridge 2009.
–, Sowjetische Westexperten, in: Bernd Greiner/Tim Müller/Claudia Weber (Hrsg.), Macht und Geist im Kalten Krieg, Hamburg 2011, 108–135.

Die Brežnev-Zeit deuten: Grenzen der Hyperstabilität

Von der Stagnation zur Perestrojka

Der Wandel der Bedrohungskommunikation und das Ende der Sowjetunion

Klaus Gestwa

„Als Gorbatschow an die Macht kam, stand die Sowjetunion am Rande des Abgrunds. Unter seiner Führung haben wir einen großen Schritt nach vorn getan."
Populärer sowjetischer Witz der späten 1980er Jahre

Anfang der 1990er Jahre wurden die zu Osteuropa forschenden Sozial-, Wirtschafts- und Politikwissenschaftler heftig dafür gescholten, dass sie den Zusammenbruch der Sowjetunion nicht prognostiziert hätten.[1] Dieser Vorwurf unzureichender analytischer Weitsicht versetzte der akademischen Zunft einen schweren Schlag, von dem sich die Osteuropaforschung bis heute nicht erholt hat.[2] Zudem entwertete die unfaire Pauschalkritik die zahlreichen profunden Studien, die in den 1970er und 1980er Jahren vorgelegt wurden. Ihre genaue Lektüre vermittelt heute – wie auch der vorliegende Sammelband zeigt – weiterhin wichtige Einsichten. Auch wenn die Kumulation bedrohlicher Prozesse und bedenklicher Symptome meistens noch nicht den Anlass bot, ein düsteres Niedergangszenario zu skizzieren, so betonten die zeitgenössischen Analysen doch die enorme Reformbedürftigkeit des Sowjetimperiums.[3]

---

[1] Von „Versagen" und „Scheitern" sprachen explizit bes. *Gerhard Simon*, Die Osteuropaforschung, das Ende der Sowjetunion und die neuen Nationalstaaten, in: Aus Politik und Zeitgeschichte 52–53, 1992, 32–38; *Robert Conquest*, Academy and Soviet Myth, in: National Interest 31:1, 1993, 91–98; *Richard Pipes*, 1917 and the Revisionists, in: ebd., 68–79.

[2] Vgl. dazu *Christiane Barnickel/Timm Beichelt*, Netzwerke, Cluster, Einzelkämpfer. Universitäre Osteuropaforschung in Deutschland, in: Osteuropa, 61:7, 2011, 25–44.

[3] Charakteristisch für diese Sicht ist das Statement von *Timothy J. Colton*, The Dilemma of Reform in the Soviet Union, New York 1986, 32: „the survival of the Soviet system is not in question, but the utility of many of its policies is." Klaus Segbers sah die Sowjetunion deshalb noch nicht in einer Existenzkrise, aber doch in einer tiefen „Struktur-" und „Entwicklungskrise". Vgl. *Klaus Segbers*, Der sowjetische Systemwandel, Frankfurt am Main 1989, 17 u. 174. Eine ausgewogene Bilanz der deutschen und amerikanischen Osteuropaforschung bieten u. a. *Gisela Riescher/Raimund Gabriel*, Die Politikwissenschaft und der Systemwandel in Osteuropa, München 1993; *J. C. Sharman*, Vorhersage und Vergleich. Zur Osteuropaforschung in den USA, in: Stefan Creuzberger u. a. (Hrsg.), Wohin steuert die Osteuropaforschung? Eine Diskussion,

In den letzten Jahren haben sich Historikerinnen und Historiker der Geschichte der späten Sowjetunion angenommen. Nicht selten erliegen sie „dem Sirenengesang des rückblickenden Determinismus“[4]. Sie ignorieren leichtfertig die zeitgenössischen Analysen und gefallen sich als retrospektive Besserwisser. Selbstsicher erheben sie den Anspruch, endlich denjenigen Ursachen und Prozessen auf die Spur zu kommen, die Maßgebliches zum „seltsamen Tod des Sowjetkommunismus“[5] beigetragen hätten, um so „eines der großen Rätsel der Geschichte des 20. Jahrhunderts“[6] zu entschlüsseln.

Die Herausgeber des vorliegenden Sammelbandes, Boris Belge und Martin Deuerlein, wissen um die großen analytischen Herausforderungen, die mit „Brežnev als historiographische[m] Phantom“[7] verbunden sind. In ihrer konzeptionell angelegten Einleitung erklären sie, dass es ihnen vor allem um eine Historisierung der Brežnev-Ära jenseits vorschneller, politisch motivierter Zuschreibungen gehe. Bisher beschrieben Historiker die Brežnev-Zeit „ausschließlich als Nachwehe des Tauwetters bzw. Vorspiel zur *perestrojka*-Zeit“, um Aufschluss darüber zu erhalten, wann die Sowjetunion in jene bedrohliche Schieflage geraten wäre, die ihre „rasante Talfahrt der späten *perestrojka*- und *katastrojka*-Jahre“ erst möglich gemacht hätte. Allzu leicht würde übersehen, dass die Sowjetunion in der 18 Jahre dauernden Amtszeit von Leonid Brežnev „eine Vielzahl von Veränderungen“ und recht unterschiedlichen Phasen durchlaufen hätte.[8]

Die Prozesse, Stimmungen und Realitäten der ersten Zeit unterschieden sich tatsächlich merklich von denjenigen der späten Brežnev-Jahre. In den 1970er Jahren kam es dann zu einem oftmals gleitenden Übergang von einer durch Optimismus getragenen „Goldenen Zeit“ in eine zunehmend von Pessimismus gekennzeichnete Endphase.[9] Brežnev regierte noch mehrere Jahre über den Höhepunkt seiner Politik hinaus, in denen sich der für ihn anfänglich günstige Wind drehte. Während die Gesundheit und die politische Gestaltungskraft des Kremlchefs rapide schwanden, entwickelte sich ein absurder Personenkult.[10] Erst

Köln 2000, 189–204; *Frank Umbach*, Zukunftsperspektiven politikwissenschaftlicher Osteuropaforschung in Deutschland, in: ebd., 211–224.

[4] *Tony Judt*, Geschichte Europas von 1945 bis zur Gegenwart, München / Wien 2006, 722.

[5] So lautet der Titel eines Themenheftes des *National Interest* im Jahr 1993 (Heft 1): The Strange Death of Soviet Communism. An Autopsy.

[6] *Philip G. Roeder*, Red Sunset. The Failure of Soviet Politics, Princeton 1993, 11.

[7] *Susanne Schattenberg*, Von Chruščev zu Gorbačev. Die Sowjetunion zwischen Reform und Zusammenbruch, in: Neue Politische Literatur 55:2, 2010, 255–284, hier 265. Von einem „comparatively unexplored scholarly topic“ sprach noch *Stephen E. Hanson*, The Brezhnev Era, in: Ronald G. Suny (Hrsg.), The Cambridge History of Russia, Vol. 3: The Twentieth Century, Cambridge 2006, 292–315, hier 292.

[8] Vgl. die Einleitung dieses Sammelbandes, 15.

[9] Sie folgen hier John Bushnell, der schon in den 1970er Jahren einen „drift from optimism to pessimism“ feststellte. Vgl. *John Bushnell*, The „New Soviet Men“ Turns Pessimist, in: Stephen F. Cohen u. a. (Hrsg.), The Soviet Union Since Stalin, Bloomington 1980, 179–199, hier 181.

[10] Über den grotesken Brežnev-Kult schrieb Aleksandr Jakovlev, ein enger Mitstreiter Gorbačevs, in seiner Autobiographie: „Eine Lawine des Schwachsinns rollte über das Land hinweg,

gegen Ende wäre deshalb – so Belge und Deuerlein – die historische Bilanz der Regierungszeit Brežnevs ins Negative gekippt[11], als der enorme Reformstau eine Sklerose der gesamten sowjetischen Ordnung heraufbeschworen hätte. Nur wer diese Binnendifferenzierungen und -periodisierungen der Jahre von 1964 bis 1982 ernst nehme, dem eröffneten sich interessante Einblicke in die „Heterogenität der Brežnev-Ära zwischen Aufbruch und Erschöpfung".

Diese Perspektive hat zweifellos ihre Berechtigung und bietet Möglichkeiten für eine kritische Neubewertung der Brežnev-Ära jenseits der gebräuchlichen Verurteilung und Verklärung. Belge und Deuerlein betonen aber auch, dass die Brežnev-Ära keine in sich abgeschlossene Epoche darstelle, sondern sowohl mit dem vorhergehenden Tauwetter als auch mit der nachfolgenden *perestrojka* verbunden gewesen sei. Ihre historische Inventur muss darum mit einer phasenübergreifenden Verortung einhergehen, um so den Ort des „Brežnevismus"[12] im größeren Kontext der Sowjetgeschichte näher zu bestimmen. Das zeigt insbesondere die aktuelle Forschungsdiskussion. Bei ihr steht weiterhin die Frage im Vordergrund, wie die Brežnev-Ära sinnvoll in Bezug zur Amtszeit Gorbačevs gebracht werden kann, um eine Geschichte des späten Sozialismus zu schreiben. Die Diskussionen drehen sich zum einen immer wieder um die Suche nach den richtigen Zugängen und Ansätzen. Zum anderen geht es um die Schlagworte „Krise", „Stagnation", „Stabilität und Normalität" und die damit verbundene Frage, ob sie als Analysebegriffe dazu taugen, das komplexe Wechselspiel heterogener Kräfte und Entwicklungen zu erfassen, das der Brežnev-Ära ihre spezifische historische Signatur gab.

1. „Crisis? What Crisis?"[13] Der Krisendiskurs der Historiker

In einem 2011 veröffentlichten Beitrag verfährt Jörg Baberowski wenig zimperlich mit seiner eigenen Zunft. Unverblümt konstatiert er, die bisher vor-

als hätten alle einen Sonnenstich bekommen." Vgl. *Alexander Jakowlev*, Die Abgründe meines Jahrhunderts. Eine Autobiographie, Leipzig 2003, 427.

[11] Den „Brezhnevism in decline" datiert z. B. Stephen Hanson auf die Zeit von 1976–1982. Vgl. *Hanson*, Brezhnev Era, 308–315. Ähnlich *Stefan Plaggenborg*, „Entwickelter Sozialismus" und Supermacht 1964–1985, in: ders. (Hrsg.), Handbuch der Geschichte Russlands, Bd. 5: 1945–1991. Vom Ende des Zweiten Weltkriegs bis zum Zusammenbruch der Sowjetunion, Stuttgart 2002, 319–517, hier 322–325.

[12] Diesen Begriff verwenden z. B. *Colton*, Dilemma, 11; *Hanson*, Brezhnev Era, 13–15. Zuvor schon *Boris Kagarlickij*, Der schwere Weg von der Vergangenheit in die Zukunft, in: Klaus Segbers (Hrsg.), Perestrojka. Zwischenbilanz, Frankfurt am Main 1990, 12–30, hier 13–15.

[13] So der Titel des vierten 1975 erschienenen Studio-Albums der erfolgreichen britischen Rockband *Supertramp*. Politisiert wurde der Album-Titel im Januar 1979, als die britische Zeitschrift *The Sun* ihn als Schlagzeile benutzte, um den damaligen britischen Premierminister James Callaghan zu diskreditieren, der im so genannten „winter of discontent" die damals in London viel zitierte Krise als reine Erfindung der Medien bezeichnete.

gelegten Analysen zur späten Sowjetgeschichte seien nichts als „Unfug".[14] Seine provokative Interpretation greift schon von Stephen Kotkin und Archie Brown formulierte Thesen auf und spitzt sie zu.[15] Gorbačevs *perestrojka* versteht Baberowski nicht als „Ausdruck einer Krise; sie löste die Krise vielmehr aus."[16] Erst die sicherlich gut gemeinte, aber verfehlte Reformpolitik hätte die Finalitätskrise und damit den Zerfall des Sowjetimperiums heraufbeschworen. Mit *glasnost'* wäre der Kritik Tür und Tor geöffnet und dem Sowjetsystem dadurch jegliche Legitimation entzogen worden. Ungeachtet aller bedenklichen Systemmängel und der nicht eingelösten Heilsversprechen hätten sich die Sowjetmenschen ihr Leben im realexistierenden Sozialismus so eingerichtet, dass sie vor 1985 keine Krise der Sowjetordnung empfunden hätten.[17] Baberowski meint, eine klare Diskrepanz zwischen der zeitgenössischen Wahrnehmung der Sowjetbürger und der retrospektiven Deutung der Historiker erkennen zu können.

Bei Baberowski wird die Krise nicht aus Ordnungsdefiziten, Strukturmängeln und gesellschaftlichen Ungleichgewichten geboren, sondern als Wahrnehmungsphänomen und Instrument einer besonders kritischen gesellschaftlichen Selbstbeobachtung verstanden, um die bestehenden Verhältnisse schnell und grundlegend verändern zu können. Darin folgt Baberowski seinem Berliner Kollegen Thomas Mergel, der in Anlehnung an ein klassisches Werk von Reinhart Koselleck[18] die Krise als „eine Tochter der Kritik" definiert. Die Krise „kommt aus der Subversion des vermeintlich Selbstverständlichen durch die Einführung neuer Denkmöglichkeiten."[19] Dementsprechend meint Baberowski, den folgenden, 1989 durch die Sowjetpresse popularisierten Aphorismus in wissenschaftliche Erkenntnis ummünzen zu können: „Die Obduktion hat gezeigt, dass die Ursache des Todes die Obduktion war."[20]

Wer tiefer bohrt, erkennt sofort, dass dieses Verständnis von Krise und Kritik an den aus der Revolutionsforschung bekannten und viel diskutierten „Tocqueville-Effekt" anknüpft. Der französische Publizist und Historiker Alexis

---

[14] *Jörg Baberowski*, Kritik als Krise oder warum die Sowjetunion trotzdem unterging, in: Thomas Mergel (Hrsg.), Krisen verstehen. Historische und kulturwissenschaftliche Annäherungen, Frankfurt am Main 2012, 177–196, hier 180 (englische Version: Criticism as Crisis or Why the Soviet Union Still Collapsed, in: Journal of Modern European History 9, 2011, 148–166).

[15] Vgl. *Stephen Kotkin*, Armaggeddon Averted. The Soviet Collapse 1970–2000, Oxford 2001; *ders.*, Uncivil Society. 1989 and the Implosion of the Communist Establishment, New York 2009; *Archie Brown*, Aufstieg und Fall des Kommunismus, Berlin 2009, 649–650, 796; *ders.*, Seven Years That Changed The World. Perestroika in Perspective, Oxford 2009.

[16] *Baberowski*, Kritik als Krise, 180.

[17] Ebd., 179.

[18] *Reinhart Koselleck*, Kritik und Krise. Eine Studie zur Pathogenese der bürgerlichen Welt, Freiburg 1959.

[19] *Thomas Mergel*, Einleitung. Krisen als Wahrnehmungsphänoneme, in: ders. (Hrsg.), Krisen verstehen, 9–22, hier 12.

[20] Zitiert nach *György Dalos*, Lebt wohl, Genossen! Der Untergang des sowjetischen Imperiums, Bonn 2011, 79.

de Tocqueville hatte schon 1856 in seinem Werk „Der alte Staat und die Revolution" festgestellt, die Geschichte lehre, „daß der gefährlichste Augenblick für eine schlechte Regierung gewöhnlich derjenige ist, in dem sie sich zu reformieren beginnt."[21] In diesem Sinne verweist Baberowski auf die situative Offenheit des Jahres 1985. Die Sowjetunion hätte, gestützt auf die Macht des Polizei- und Repressionsapparats, „den chinesischen Weg gehen [… und] bleiben können, was sie war". Sie hätte auch die Möglichkeit gehabt, aus dem ruinösen Rüstungswettlauf mit den USA auszusteigen, um dank ihres Atomwaffenarsenals weiterhin über ausreichende Abschreckungsmacht zu verfügen, so dass der Fortbestand der Sowjetordnung und des Ostblocks gesichert gewesen wäre.[22] Allein Gorbačev und seine Berater hätten bei ihrem Machtantritt eine Krise wahrgenommen und den riskanten Weg der Demokratisierung gewählt, um einen „Sozialismus mit menschlichen Antlitz" zu schaffen und damit das Ansehen Moskaus global zu festigen.

Die in der historischen Forschung viel bemühte These vom unausweichlichen Niedergang der Sowjetunion deutet Baberowski als falsches Ergebnis eines westlichen Fortschrittsdenkens, das zuversichtlich davon ausgehe, Diktaturen müssten Demokratien weichen, weil die Menschen irgendwann beginnen würden, Partizipationsrechte und Meinungsfreiheit für sich einzufordern.[23] Die westlichen Meistererzählungen vom Sieg der Demokratie und der Marktwirtschaft sowie vom „Ende der Geschichte" erwiesen sich heute längst als obsolet. Der epochale Wandel im postsowjetischen Raum seit Ende der 1980er Jahre hätte gezeigt, dass die Demokratie keineswegs überall als die Regierungsform gelten könnte, an der das Wesen der modernen Welt genesen würde. Die späte Sowjetunion und das heutige Russland Putins seien – so Baberowski – vielmehr anschauliche Beispiele dafür, dass sich Menschen ein normales Leben auch in autoritären Regimen einrichten könnten.[24]

---

[21] Hier zitiert nach der deutschen Taschenbuch-Edition *Alexis de Tocqueville*, Der alte Staat und die Revolution, München 1978, 176 (3. Buch, Kapitel 4). Zum Revolutionsverständnis von Tocqueville vgl. bes. *Jacob. P. Mayer*, Alexis de Tocqueville. Analytiker des Massenzeitalters, München 1972, 75–96; *Robert T. Gannett*, The Shifting Puzzles of Tocqueville's *The Old Regime and the Revolution*, in: Cheryl B. Welch (Hrsg.), The Cambridge Companion to Tocqueville, Cambridge 2006, 188–215; auf die Sowjetunion und den Ostblock wurde der „Tocqueville-Effekt" u.a. schon bezogen von *Brown*, Aufstieg und Fall, 649–650; *Astrid von Borcke*, Die Sowjetunion und der Machtwechsel, in: Sowjetunion 1982/83, hrsg. vom Bundesinstitut für ostwissenschaftliche und internationale Studien, München/Wien 1983, 17–29, hier 25; *Robert V. Daniel*, Anti-Communist Revolutions. 1989–91, in: David Parker (Hrsg.), Revolutions and the Revolutionary Tradition in the West 1560–1991, New York 2000, 202–224, hier 208.

[22] *Baberowski*, Kritik als Krise, 191.

[23] Hier übernimmt Baberowski die umstrittene, weil pauschalisierende und überzogene Sichtweise von *Anna Krylova*, The Tenacious Liberal Subject in Soviet Studies, in: Kritika 1, 2000, 1–18.

[24] Kritik am westlichen Demokratiemodell ist in postmoderner Zeit modisch geworden. Bei der Thematisierung des chinesischen Wegs als mögliche Option scheint sie sich leicht mit einer gewissen Faszination für autoritäre Modernisierungsregime zu vermischen, die in bestimmten

Natürlich gibt es zwischen nostalgischer Verklärung und der historischen Forschung immer eine Trennlinie. Aber bei seinen Ausführungen zur Zerfallsgeschichte der Sowjetunion nimmt Baberowski explizit Bezug auf das *blame game*, das die postkommunistische Öffentlichkeit seit langem nur zu gern spielt. Dabei steht die Aufwertung Breżnevs im engen Zusammenhang mit der Diffamierung Gorbačevs. Während Gorbačev als welthistorische Lichtgestalt im Westen mit Auszeichnungen und Preisen überhäuft wird, gilt er im eigenen Land als „Totengräber“[25], der für die „größte geopolitische Katastrophe des 20. Jahrhunderts“ verantwortlich sei.[26] Bei einer vom Moskauer Levada-Institut im Frühjahr 2013 durchgeführten Meinungsumfrage stand Gorbačev erneut am unteren Ende der Beliebtheitsskala. Sein Zustimmungswert lag bei nur 21 % der Befragten, während zwei Drittel ihn als schlechten Staatschef bewerteten. Als beliebtesten russisch-sowjetischen Staatsmann des 20. Jahrhunderts ermittelte das Levada-Institut Leonid Brežnev. Mittlerweile finden ihn 56 % der Befragten „gut“. Nur bei 29 % löst sein Name noch negative Assoziationen aus.[27] In der öffentlichen Meinung hat die Amtszeit Brežnevs längst das Stigma der „Stagnation“ verloren. Angesichts der enormen Versorgungsschwierigkeiten der 1990er Jahre ist aus dem vormals abschätzig gemeinten russischen Begriff für Stagnation *zastoj* im postkommunistischen Volksmund mittlerweile sogar *zastol'e* geworden, was „gedeckter Tisch“ bedeutet.[28]

Durch Baberowskis Fundamentalkritik an der bisherigen Forschung herausgefordert, verweist Manfred Hildermeier darauf, dass der Beginn des Endes der Sowjetunion nicht erst auf das Jahr 1985 datiert werden könne. Schon in

---

historischen Konstellationen angeblich besser geeignet seien, durch die Aufrechterhaltung der politischen Ordnung (oft mit repressiven Mitteln) die Transformation von Wirtschaft und Gesellschaft zu managen. Eine solche politisch nicht unbedenkliche Sicht vernachlässigt aber, dass gerade in Osteuropa nach 1989 zahlreiche demokratische Staatswesen – trotz ihrer Geburtswehen – durchaus in der Lage waren, erfolgreich den Systemwechsel von der Plan- zur Marktwirtschaft voranzubringen und die jeweiligen Volkswirtschaften ohne dauerhafte soziale Verwerfungen und politische Unruhen in die Weltökonomie zu integrieren.

[25] *Gerhard Simon*, Gorbatschow – Totengräber der Sowjetunion?, in: Reinhard C. Meier-Walser / Bernd Rill (Hrsg.), Russland – Kontinuität, Konflikt und Wandel, München 2002, 201–211; *Archie Brown*, Der Gorbatschow-Faktor. Wandel einer Weltmacht, Frankfurt am Main 2000, 515.

[26] So das bekannte Zitat von Vladimir Putin. Vgl. dazu *Susanne Schattenberg*, Das Ende der Sowjetunion in der Historiographie, in: Aus Politik und Zeitgeschichte 49–50, 2011, 9–15, hier 9.

[27] Zu diesen Umfrageergebnissen vgl. den folgenden Beitrag in der Internet-Zeitung *Russland-Aktuell*: http://www.aktuell.ru/russland/politik/putin_und_breschnew_bei_russen_popu laer_gorbi_unbeliebt_4543.html (27.05.2014). Zu früheren Umfragen des Levada-Instituts (1994 und 2000), die bei Brežnevs Beliebtheit seit den 1990er Jahre schon einen klaren Aufwärtstrend belegen, vgl. *Brown*, Aufstieg und Fall, 559; *Edwin Bacon*, Reconsidering Brezhnev, in: ders. / Mark Sandle (Hrsg.), Brezhnev Reconsidered, Houndmills 2002, 1–21, hier 4–6.

[28] *Dalos*, Lebt wohl, Genossen!, 9. Ausführlich *Igor' Kurukin / Elena Nikulina*, Povsednevnaja žizn' russkogo kabaka ot Ivana Groznogo do Borisa El'cina, Moskau 2007, 446–458; *V. B. Aksenov*, Veselie Rusi. XX vek. Gradus novejšej rossijskoj istorii. Ot ‚p'janogo bjudžeta' do ‚suchogo zakona', Moskau 2007, 357–393.

der Brežnev-Zeit hätten sich die zahlreichen ungelösten Probleme soweit ineinander verschränkt und verdichtet, dass angesichts der ökonomischen Wachstumsschwäche, der politischen Immobilität und der wachsenden Versorgungsengpässe an der Spitze von Staat und Gesellschaft eine Krisendiagnostik um sich gegriffen hätte. Die Sicherheitsbehörden wären lange vor 1985 besorgt gewesen, das Krisenbewusstsein könnte tiefer in die Sowjetbevölkerung eindringen und somit die Autorität der Partei grundsätzlich in Frage stellen. Der chinesische Weg hätte zudem für die Sowjetunion keinen Ausweg geboten, weil der erste sozialistische Staat als eine in weltwirtschaftliche Zusammenhänge integrierte Supermacht anderen Sachzwängen unterlegen gewesen sei als die international weithin isolierte Volksrepublik China.[29]

Die Fragen, was eine Krise ist und wann der Beginn einer solchen in der späten Sowjetunion festgestellt werden kann, haben in letzter Zeit auch andere Historiker beschäftigt. Wie Manfred Hildermeier richtet Stephan Merl seinen Blick auf die Macht- und Fachelite.[30] Eine „Krise der sozialistischen Moderne" hält er für gegeben, wenn sich die Verantwortlichen über den üblichen administrativen „Reparaturbetrieb" hinaus dazu gezwungen sähen, in Form von Aktionsplänen und Reformprogrammen einzugreifen, um die bestehende Ordnung durch Veränderungen neu zu stabilisieren. Charakteristika einer Krise sind demnach für Merl eine durch die Entscheidungsträger wahrgenommene bedrohliche Situation, der Verlust an Regelvertrauen und eine dringlich erscheinende – oftmals durch hohen Zeitdruck diktierte – Notwendigkeit von durchgreifenden politischen Handlungen. Zu einer Politisierung der Funktionsdefizite der sowjetischen Kommando- und Planwirtschaft wäre es – so Merl – schon nach 1962 gekommen, als Ökonomen wie Evsej Liberman die zentralen Strukturprobleme diagnostiziert und grundlegende Reformen vorgeschlagen hätten. Bei der steten Suche nach der rechten Balance zwischen Bewahren und Verändern wäre die Parteiführung unter Brežnev aber tunlichst bemüht gewesen, jeden entschlossenen politischen Kurswechsel zu vermeiden. Sie hätte sich mit der

[29] *Manfred Hildermeier*, „Well said is half a lie". Observations on Jörg Baberowski's „Criticism as Crisis, or why the Soviet Union still Collapsed", in: Journal of Modern European History 9, 2011, 289–297. Im Kreml galt der „chinesische Weg" schon lange vor Gorbačev wegen der Andersartigkeit des sowjetischen Falls niemals als ernsthafte politische Option. Vgl. dazu *Georgi Schachnasarow*, Preis der Freiheit. Eine Bilanz von Gorbatschows Berater, Bonn 1996, 39–40. Auch *Paul R. Gregory*, Der Kalte Krieg und der Zusammenbruch der UdSSR, in: Bernd Greiner / Christian Th. Müller / Claudia Weber (Hrsg.), Ökonomie im Kalten Krieg, Bonn 2010, 311–325, hier 324–325. Dass der Vergleich zwischen den sowjetischen und chinesischen Transformationserfahrungen analytisch kaum etwas bringt, bestätigt auch *Marie-Luise Domes-Näth*, Die Sowjetunion und die Volksrepublik. Kommunistische Regime im Vergleich, in: Reinhard C. Meier-Walser / Bernd Rill (Hrsg.), Russland, 191–200.

[30] Vgl. zum Folgenden *Stephan Merl*, The Soviet Economy in the 1970s – Reflections on the Relationship between Socialist Modernity, Crisis, and the Administrative Command Economy, in: Marie-Janine Calic / Dietmar Neutatz / Julia Obertreis (Hrsg.), The Crisis of Socialist Modernity. The Soviet Union and Yugoslavia in the 1970s, Göttingen 2011, 28–65, bes. 28–29.

bestehenden fehlerhaften Ordnung zufrieden gegeben und lediglich eine „bruchstückhafte Strategie des Durchwurstelns“[31] praktiziert.

Während Baberowski und Merl ihre Krisendefinition über die Deutungen und Handlungen der Akteure der Zeit herleiten, verwenden Marie-Janine Calic, Dietmar Neutatz und Julia Obertreis einen anderen Krisenbegriff.[32] Unabhängig von den Diskursen und politischen Entscheidungen der Zeit könnten Historiker auch dann von einer Krise sprechen, wenn sie bei ihren Untersuchungen zurückblickend verborgene Strukturprobleme identifizieren würden, die später maßgeblich den Zusammenbruch sozialistischer Parteistaaten heraufbeschworen hätten. Als Handwerkszeug der Krisenbestimmung diene weniger die Identifikation eines Krisenbewusstseins, sondern vielmehr die Systemanalyse. Calic, Neutatz und Obertreis erklären damit die Historiker mit ihrer distanzierten, bewertenden Sicht der zurückblickenden Beobachter zu den maßgeblichen Krisenberichterstattern.[33] Krise wird hier als wissenschaftlicher Narrations- und Analysebegriff genutzt, um den verwirrenden Ereignissen und widersprüchlichen Prozessen eine gewisse Gradlinig- und Eindeutigkeit zu geben und damit die politisch-gesellschaftliche Entwicklung der späten Sowjetzeit chronologisch nachvollziehbar zu gliedern. Calic, Neutatz und Obertreis identifizieren bedrohlicher werdende Strukturprobleme vor allem im Bereich der Ökonomie und der ethnischen Spannungen.

Diese für die späte Sowjetzeit auf unterschiedlichen Wegen betriebene historische Krisenphänomenologie betont zwar mehrere für den vorliegenden Sammelband wichtige Themen und Fragen. Sie zeigt aber, dass „Krise“ ungeachtet aller Rettungsversuche[34] als Analysebegriff in der sozial- und kulturwissenschaftlichen Forschung mittlerweile in derart vielfältiger Weise benutzt wird, dass er kaum mehr dazu taugt, problematische und sich zuspitzende gesellschaftliche Entwicklungen zu diagnostizieren und in ihrer politischen sowie historischen Bedeutung zu bewerten.[35]

---

[31] So der Begriff von *Hans-Hermann Höhmann*, Die Ökonomik des Durchwurstelns. Probleme und Tendenzen der sowjetischen Wirtschaft zu Beginn der 80er Jahre, in: Berichte des Bundesinstituts für ostwissenschaftliche und internationale Studien 10, 1981, 5–6.

[32] *Marie-Janine Calic/Dietmar Neutatz/Julia Obertreis*, The Crisis of Socialist Modernity. The Soviet Union and Yugoslavia in the 1970s. Introduction, in: dies. (Hrsg.), Crisis of Socialist Modernity, 7–27, bes. 14.

[33] Die Legitimität dieser Krisendefinition bestätigten zuletzt *Carla Meyer/Katja Patzel-Mattern/Gerrit Jasper Schenk*, Krisengeschichte(n). „Krise“ als Leitbegriff und Erzählmuster in kulturwissenschaftlicher Perspektive – eine Einführung, in: dies. (Hrsg.), Krisengeschichte(n). „Krise“ als Leitbegriff und Erzählmuster in kulturwissenschaftlicher Perspektive, Stuttgart 2013, 9–24, hier 15.

[34] Vgl. beide Sammelbände *Mergel* (Hrsg.), Krisen verstehen; *Meyer/Patzel-Mattern/Schenk* (Hrsg.), Krisengeschichte(n). Zudem *Gerhard Schulze*, Krisen. Das Alarmdilemma, Frankfurt am Main 2011. Eine gute Besprechung dieser drei Werke bietet *Henning Tümmers* in: H-Soz-u-Kult, 25. September 2013, http://hsozkult.geschichte.hu-berlin.de/rezensionen/2013-3-184. (27.05.2014).

[35] Gerade die im *Journal of Modern European History* geführte Kontroverse um den Beitrag

2. Antagonistische Widersprüche und Entfremdung: Der sowjetische Bedrohungsdiskurs über Schwächeerscheinungen und Erschöpfungsprobleme

Diejenige, die wie Baberowski vor 1985 keine innersowjetische Krisenwahrnehmung zu erkennen meinen, lassen außer Acht, dass in der Welt des Sozialismus der Krisenbegriff meist für die westliche Welt reserviert blieb. Selbst intern vermied es die Staats- und Parteiführung, diesen Terminus zu verwenden, um damit die eigenen sich Ende der 1970er Jahre bedrohlich zuspitzenden Probleme zu thematisieren. Ein ähnliches Schicksal ereilte nach der Niederschlagung des Prager Frühlings der mit Krise oft verbundene Begriff der „Reform". Die turbulenten Geschehnisse des Jahres 1968 hatten gezeigt, wie leicht in sozialistischen Parteistaaten der politische Wandel ungewünschte Dynamiken auslösen konnte. Mit dem Wort Reform verbanden die Moskauer Parteibosse daher bald keinen zukunftsweisenden Aufbruch mehr, sondern vor allem die Gefahr, die Kontrolle über die gesellschaftliche Entwicklung zu verlieren. Stattdessen sprach man lieber von „Verbesserung" und „Vervollkommnung".[36] Diese beiden Begriffe suggerierten, die sowjetische Ordnung sei grundsätzlich leistungs- und zukunftsfähig. Deshalb bedürfe es keiner umfassenden Renovierungs- und Wandlungsprozesse; Entwicklungshemmnisse und Dysfunktionalitäten ließen sich durch kleinere systemimmanente Veränderungen beseitigen.[37]

Derartige Sprachregelungen trafen die sowjetischen Partei- und Staatsführer, um das Vertrauen in die bestehende Ordnung nicht zu erschüttern. Dennoch bot die ideologisierte Sprache des von seinen prognostischen Fähigkeiten überzeugten wissenschaftlichen Kommunismus Sagbarkeitsoptionen, um die Schwachstellen und Defekte der sozialistischen Ordnung offen anzusprechen. Die im Rahmen der marxistischen Analyse geübte Kritik ließ sogar eine gewisse Verwandtschaft zu westlichen Debatten erkennen.[38]

Den sowjetischen Ökonomen waren die Inkonsistenzen und Ineffizienzen der überzentralisierten Moskauer Kommandowirtschaft keineswegs entgangen. Sie

---

von Baberowski zeigt, wie leicht die Debatte um Krisencharakteristika zu definitorischen und geschichtsphilosophischen Exkursen führt und damit von der eigentlichen historischen Untersuchung nur ablenkt. Vgl. *Jörg Baberowski*, „Badly Said is Badly Lied". Reply to my Critics, in: Journal of Modern European History 10, 2012, 19–23.

[36] Ende der 1960er Jahre war Brežnev offensichtlich der Reformdiskussion ziemlich überdrüssig. Genervt ließ er verlauten: „Reform, Reform … die Leute sollten endlich besser arbeiten; das ist das eigentliche Problem." Zitiert nach *John Keep*, Last of the Empires. A History of the Soviet Union 1945–1991, Oxford 1996, 235.

[37] Vgl. *Hans-Hermann Höhmann*, Richtung und Grenzen neuer Wirtschaftsreformen in der UdSSR, in: Berichte des Bundesinstituts für ostwissenschaftliche und internationale Studien 44, 1983, hier 6; *Plaggenborg*, „Entwickelter Sozialismus", 320.

[38] Vgl. bes. *Robert D. English*, Russia and the Idea of the West. Gorbachev, Intellectuals and the End of the Cold War, New York 2000, 127–133, 141–147.

hatten schon in den 1960er Jahren einen Abwärtstrend prognostiziert. Ende der 1970er Jahre diagnostizierten sie dann immer wieder eine Negativspirale, in der die Sowjetökonomie zunehmend gefangen war, weil die reformparalysierenden Kräfte selbst zaghafte Reformansätze unterlaufen hätten. Die offensichtlichen Abnutzungserscheinungen der Kommandowirtschaft, die Produktivität und Eigeninitiative lähmte, betrachteten die sowjetischen Ökonomen nicht als eine vorübergehende Wachstumsverzögerung, sondern vielmehr als einen strukturellen Vorgang. Sie erkannten, dass sich die durch die erpresste Industrialisierung der 1930er Jahre entstandene Wirtschaftsordnung spätestens nach dem Wiederaufbau der Kriegszerstörungen überlebt hatte. Das sich zuspitzende Missverhältnis zwischen erbrachtem Wirtschaftsergebnis und selbstgesteckten Zielen führten sie auf die extensive Wirtschaftsweise zurück, die auf dem wachsenden Einsatz von Kapital, Ressourcen und Arbeitskräften beruhte. In den 1970er Jahren wurden die negativen Wirtschaftstendenzen in Form sinkender Arbeitsproduktivität, rückläufiger Kapitalproduktivität, der Verlangsamung des wissenschaftlich-technischen Fortschritts und des Verschleißes der überalterten Infrastrukturen zunehmend evidenter. Der immer wieder geforderte und versprochene Übergang zu einer intensiveren, produktivitätsorientierten Wirtschaftsentwicklung war in der Breżnev-Ära kläglich gescheitert.[39]

Hinlänglich bekannt sind auch die chronischen Übersetzungsprobleme zwischen Wirtschaftswissenschaften und Wirtschaftspraxis. Frustriert mussten die sowjetischen Ökonomen wiederholt erleben, wie ihre Vorschläge in den Schubladen der politischen Entscheidungsträger verschwanden und politische Debatten einfach aufgeschoben wurden.[40] Die Einsicht in die ungelösten Erschöpfungsprobleme und hemmenden Ordnungsdefekte blieb aber nicht nur den Wissenschaftlern vorbehalten. Nachdem Breżnev und seine engsten Gefolgsleute noch in den frühen 1970er Jahren dem Westen eine schwere Krise und der Sowjetunion den ungebrochenen Fortschritt prognostiziert hatten, erkannten

[39] Zur Entwicklung der sowjetischen Wirtschaftswissenschaften vgl. bes. *Merl*, Soviet Economy; *Segbers*, Systemwandel, 18–88, 174–266; *Pekka Sutela*, Economic Thought and Economic Reform in the Soviet Union, Cambridge 1991; *Vladimir Mau*, The Political History of Economic Reform in Russia, 1985–1994, London 1996, 17–32; *Peter C. Caldwell*, Sozialistische Wirtschaftslehre. Zur Planung und Kontrolle einer Disziplin, in: Bernd Greiner / Christian Th. Müller / Claudia Weber (Hrsg.), Macht und Geist im Kalten Krieg, Hamburg 2011, 136–158.

[40] Anfang der 1970er Jahre erstellten die Experten des Instituts für Weltwirtschaft und Internationale Beziehungen (IMEMO) ein vergleichendes Gutachten zur Entwicklung der Volkswirtschaft in den USA und der Sowjetunion. Sie kamen darin zu dem Schluss, dass die sowjetische Volkswirtschaft den Rückstand zu den USA in wichtigen Bereichen nicht hätte verkürzen können. Dadurch sahen die Verfasser der IMEMO-Studie die Wettbewerbsfähigkeit der Sowjetunion grundsätzlich gefährdet. Zur Geschichte und zu den Ergebnissen dieser Studie vgl. *Valentin Kudrov*, The Comparison of the USSR and USA economies by IMEMO in the 1970s, in: Europe-Asia Studies 49:5, 1997, 883–905. Dazu auch die Erinnerungen von *Georgi Arbatow*, Das System. Ein Leben im Zentrum der Sowjetpolitik, Frankfurt am Main 1993, 180–181.

sie gegen Ende dieser Dekade die brenzlige Lage der Sowjetwirtschaft.[41] Die von ihnen initiierten Kampagnen und Großprojekte hatten ungeachtet einzelner Errungenschaften keinen spürbaren nachhaltigen Aufschwung erbracht und endeten vielfach im kostspieligen Fiasko.[42] Die rückläufigen Wachstumsraten machten die dringend überfällige Modernisierung vieler Wirtschaftsbereiche kaum mehr möglich. Im Kreml gab es eine wachsende Enttäuschung und Resignation über die Erfolgslosigkeit der eigenen Politik und über die offenkundige Unreformierbarkeit der immer komplexer werdenden Sowjetökonomie.[43]

Angesichts der wachsenden „Symptome mangelnder Regierbarkeit"[44] wurde der Ton zynischer, die Reaktion verzweifelter und ärgerlicher. 1977 drängte Kosygin in Form einer letzten Notmaßnahme darauf, die Erdölproduktion weiter zu steigern, um durch die Erzielung von Extraprofiten die wachsenden wirtschaftlichen Schwierigkeiten zumindest vorübergehend kaschieren zu können.[45]

---

[41] Trotz aller Zuversicht gab es schon Ende der 1960er Jahre an der Spitze von Staat und Partei kritische Stimmen. Der Vorsitzende der Moskauer Staatlichen Planungskommission (Gosplan), Nikolaj Bajbakov, warnte damals vor der schwachen Performanz der Sowjetwirtschaft. Als Ursachen dafür nannte er neben der unverhältnismäßigen Ressourcenverschwendung vor allem das „systematische Versagen bei der Umsetzung von wissenschaftlichen und technischen Innovationen". In einer Rede vor dem Plenum des Zentralkomitees erklärte Brežnev schon am 15. Dezember 1969: „Unsere Mängel, Schwierigkeiten und Probleme sind nicht so klein, dass wir es uns erlauben könnten, davor die Augen zu verschließen." Vgl. *Dietmar Neutatz*, Träume und Alpträume. Eine Geschichte Russlands im 20. Jahrhundert, München 2013, 414–417. Auch Jurij Andropov, damals Chef des KGB, fand intern deutliche Worte und erklärte seinem Mitarbeiter Georgij Schachnaschorow: „[Im] Politbüro reift die Überzeugung, dass man unsere wirtschaftliche Sphäre richtig durchrütteln muss. Wir können uns nicht damit abfinden, dass wir das Land nicht ernähren können und von Jahr zu Jahr immer mehr Getreide aufkaufen müssen. Wenn das so weitergeht, werden wir bald überhaupt zur Hungerration verdammt." Zitiert nach *György Dalos*, Gorbatschow. Mensch und Macht, München 2011, 61.

[42] Als Beispiele seien hier nur die neu gebaute ostsibirische Eisenbahnstrecke der Baikal-Amur-Magistrale und die übermäßigen Bewässerungsprojekte in Zentralasien erwähnt. Vgl. *Christopher Ward*, Brezhnev's Folly. The Building of BAM and Late Soviet Socialism, Pittsburgh 2009; *Johannes Grützmacher*, Die Baikal-Amur-Magistrale. Vom stalinistischen Lager zum Mobilisierungsprojekt unter Brežnev, München 2012; *Michail Lemešev*, Wirtschaftsinteressen und soziale Naturnutzung, in: Juri Afanassjew (Hrsg.), Es gibt keine Alternative zu Perestroika. Glasnost, Demokratie, Sozialismus, Nördlingen 1988, 327–345; *Ernst Giese*, Die ökologische Krise des Aralsees und der Aralseeregion. Ursachen, Auswirkungen, Lösungsansätze, in: ders./Gundula Bahro/Dirk Betke, Umweltzerstörungen in Trockengebieten Zentralasiens (West- und Ost-Turkestan), Ursachen, Auswirkungen, Maßnahmen, Stuttgart 1998, 55–120; *Julia Obertreis*, Der „Angriff auf die Wüste" in Zentralasien. Zur Umweltgeschichte der Sowjetunion, in: Osteuropa 58:4–5, 2008, 37–65.

[43] *Colton*, Dilemma, 24–25.

[44] *Borcke*, Sowjetunion und der Machtwechsel, 26.

[45] *Colton*, Dilemma, 25. Vgl. ausführlich dazu die auf der Konferenz *The Energy Crises of the 1970s as Challenges to the Industrialized World* im September 2013 in Potsdam präsentierten Paper von *Jeronim Perović/Dunja Krempin*, The Soviet Union and the Energy Crises of the 1970s; *Valentina Roxo*, Competing Visions: West Siberian Oil, Russian Modernity and Environment. Siehe den Tagungsbericht zu dieser Konferenz in: H-Soz-u-Kult, 31. Oktober 2013, http://hsozkult.geschichte.hu-berlin.de/tagungsberichte/id=5092 (27.05.2014).

Auch die Gespräche, die Brežnev mit dem SED-Chef Erich Honecker während seines Urlaubs auf der Halbinsel Krim regelmäßig führte, zeigten, dass seit 1978 die Klagen über die Innovationsträgheit der Kommandowirtschaft zunahmen. Brežnev war es vor allem peinlich, dass die sowjetischen Lieferrückstände gegenüber der DDR beständig anwuchsen. Als die sowjetische Ölproduktion und der internationale Ölpreis zu fallen begannen, kam die Sowjetunion nicht umhin, ihre zugesagten Öllieferungen an ihre Bündnispartner zu reduzieren. Konstantin Rusakov, damals zuständiger ZK-Sekretär für die Beziehungen zu den sozialistischen Parteistaaten, teilte seinen Verhandlungspartnern in Ostberlin mit, angesichts der Missernten der letzten Jahre müsse die Sowjetunion durch wachsende Energieexporte dringend ihre Gewinne an westlichen Devisen steigern, um „ihre gegenwärtige Stellung in der Welt" behaupten zu können. 1981 sah sich Moskau gezwungen, statt wie in den Jahren zuvor 90 nun 240 Tonnen Gold auf dem Weltmarkt zu verkaufen, um das Zahlungsbilanzdefizit von 3 Mrd. US-Dollar auszugleichen.[46] Die fatale Abhängigkeit der Sowjetwirtschaft von ihren Gold- und Ölexporten wurde immer deutlicher. Der ausschließlich rohstofforientierte Außenhandel fungierte als Notnagel, an dem das Schicksal der sozialistischen Weltmacht und ihres Machtblocks hing. Das schuf neue wirtschaftliche Verwundbarkeiten, die in den 1980er Jahren immer schmerzhafter spürbar wurden.

Die Sowjetführung versuchte, der drohenden Zuspitzung der wirtschaftlichen Probleme entgegenzuwirken. Am 12. Juli 1979 verabschiedete das Zentralkomitee der Partei gemeinsam mit dem Ministerrat einen vierzigseitigen Erlass, der noch einmal „die Verbesserung der Planung und die Stärkung der Einwirkung des Wirtschaftsmechanismus auf die Erhöhung der Produktivität und Arbeitsqualität" anmahnte und sich wie eine im üblichen Parteijargon verfasste Bankrotterklärung der Wirtschaftspolitik der Brežnev-Ära las.[47] Damals kam es in Fernsehen und Presse neben den optimistischen Erfolgsberichten verstärkt zu scharfer Kritik an einzelnen Missständen, hinter denen die Umrisse einer verbreiteten Misswirtschaft immer erkennbarer wurden. Schon zu Anfang des Jahres 1979 hatte die Parteiführung einen geheimen Brief an leitende Funktionäre verschickt, in dem es in aller Offenheit hieß, dass die Lage der Wirtschaft die ernsteste seit vielen Jahren sei. Im November 1979 machte Brežnev in einer für ihn ungewöhnlichen Donnerrede die Funktionsträger in den einzelnen Behörden und Organisationen dafür verantwortlich, dass seine Politik nicht ausgeführt würde und die Wirtschaftspläne wiederholt scheiterten. Die „Kraft der Trägheit" sei wesentlich für die angespannte Wirtschaftslage verantwortlich. Einzelne Mi-

[46] *Hans-Hermann Hertle/Konrad H. Jarausch*, Vom Erfolg zur Krise. Innenansichten kommunistischer Herrschaft unter Breschnew und Honecker, in: dies. (Hrsg.), Risse im Bruderbund. Die Gespräche zwischen Honecker und Breschnew 1974–1982, Berlin 2006, 11–60, hier 31–60. Vgl. auch die Gesprächsprotolle in: ebd., 200–201, 235, 239.

[47] *Segbers*, Systemwandel, 70–71.

nister kanzelte Brežnev sogar öffentlich ab.[48] Diese Angriffe auf die selbstgefällige Bürokratie waren mehr als bloße Ablenkungsmanöver, um die politische Konzeptions- und Ratlosigkeit des Generalsekretärs zu kaschieren. Sie zeigten zugleich, dass im Kreml das „Vertrauen in die Kader" – auch wegen aufgedeckter spektakulärer Korruptionsfälle[49] – keineswegs mehr unbegrenzt war.[50] Das blieb auch in den Regionen des Sowjetimperiums nicht unbemerkt. Egor Ligačev, der von 1965 bis 1983 Erster Sekretär des Parteikomitees des westsibirischen Gebiets Tomsk gewesen war, berichtete in seinen Erinnerungen davon, dass er und viele seiner Amtskollegen zu Anfang der 1980er Jahre erkannt hatten, „dass das Land in eine sozioökonomische Sackgasse geraten war."[51]

Im marxistisch-leninistischen Weltbild galten wirtschaftliche Wachstums- und Strukturprobleme als zentrale Ursachen für gesamtgesellschaftliche Instabilitäten. Die politische Nervosität wuchs, als es 1980 in Polen zur Gründung der unabhängigen Gewerkschaft Solidarność kam, die den gesellschaftlichen Unmut organisierte und damit die Hegemonialstellung der kommunistischen Partei grundsätzlich in Frage stellte.[52] Die Moskauer Parteibosse warnten vor der großen „Ansteckungsgefahr" für den gesamten Ostblock, dessen marode und insolvent werdende Volkswirtschaften immer mehr auf „Dollarinjektionen des Westens"[53] angewiesen waren. Die Verhängung des Kriegsrechts im Dezember

[48] Zu dieser von Ton und Inhalt her ungewöhnlichen Philippika vgl. *Leonid Breschnew*, Auf dem Wege Lenins. Reden und Aufsätze, Bd. 8: April 1979–März 1981, Berlin 1982, 218–235, bes. 222–235. Eine gute Beurteilung dieser Rede bietet *Boris Meissner*, Die Sowjetunion zwischen dem XXV. und XXVI. Parteitag der KPdSU, in: Osteuropa 31:2, 1981, 128–148, hier 135–138.

[49] Im Frühjahr 1982 wurde der stellvertretende Minister für Fischereiwirtschaft der Sowjetunion, Vladimir Rytov, wegen Korruption hingerichtet. Sein Fall war schon 1980 aufgedeckt worden. Das hatte damals auch zur Verhaftung von 200 Angestellten des Ministeriums geführt. In einem langen Artikel berichtete die Parteizeitung *Pravda* am 27. April 1982 ausführlich über diese Affäre und drohte allen Amtsträger unverhohlen an, dass auch bei ihnen im Falle von Fehlverhalten die im Gesetz vorgesehenen harten Strafen verhängt würden. Vgl. zu diesem prominenten Korruptionsfall die Dokumentation: UdSSR. Generalstaatsanwalt klagt Wirtschaftskriminalität an, in: Osteuropa 32, 1982, A465–470. Einen Überblick über vergleichbare Fälle in der sowjetischen Berichterstattung geben auch die Dokumentationen: Sowjetunion. Die Sache mit der Moral, in: Osteuropa 33, 1983, A535–541; Formen der Korruption im sowjetischen Betrieb, in: ebd., A542–547.

[50] *Colton*, Dilemma, 29–30; *William Tompson*, The Soviet Union Under Brezhnev, London 2003, 22 u. 112. Zu den kritischen Folgen des „Vertrauens in die Kader" vgl. auch *Yoram Gorlicki*, Too Much Trust. Regional Party Leaders and Local Political Networks under Brezhnev, in: Slavic Review 69:3, 2010, 676–700.

[51] *Jegor Ligatschow*, Wer verriet die Sowjetunion?, Berlin 2012, 19.

[52] Vgl. zum „polnischen Bazillus" auch schon die Rede Brežnevs auf dem XXVI. Parteitag im Februar 1981. Die entsprechenden Passagen finden sich samt Kommentar in: Materialien zum XXVI. Parteitag. Aus dem Rechenschaftsbericht von Leonid Breshnew, in: Osteuropa-Archiv 31:9–10, 1981, A489–A537, hier A532–535.

[53] *Dalos*, Lebt wohl, Genossen!, 19.

1981 galt darum als Eindämmungsstrategie, um in Polen die verfahrene Situation zu stabilisieren und ein Überspringen des Protestfunkens zu verhindern.[54]

Die durch eine Schuldenkrise ausgelösten polnischen Turbulenzen waren ein Warnzeichen; sie zwangen zum Innehalten und zur intellektuellen Selbstvergewisserung.[55] Konstantin Černenko, treuester politischer Verbündeter Brežnevs, war besonders wegen einer möglichen Entfremdung zwischen der Partei und der Bevölkerung besorgt. Er mahnte damals eindringlich, die Partei müsse erkennen, wie wichtig es sei, die Interessen der Menschen zu beachten; andernfalls riskiere sie, „ihre feste soziale Basis, die Unterstützung durch die Massen, zu verlieren." Eine ungenügende Analyse der gesellschaftlichen Probleme „beschwört die Gefahr sozialer Spannung, einer politischen und sozioökonomische Krise herauf".[56] Als Jurij Andropov im November 1982 das Amt des Generalsekretärs antrat, beklagte er in seiner Antrittsrede auch die „Trägheit" der Apparate und „die Gewöhnung an das Alte".[57] Kurze Zeit später warnte er davor, dass andere (wie in Polen Lech Wałęsa) die berechtigten Interessen der Menschen aufgreifen und politisch für sich nutzen könnten, wenn die Partei es versäume, auf die Belange der Bevölkerung einzugehen.[58] Karl Marx zitierend, erklärten Černenko und Andropov, dass sich eine Idee blamiere, wenn sie nicht mehr mit den Interessen der Menschen verbunden sei.[59] Noch weiter ging der

---

[54] *Bernd Knabe*, Die Polenkrise 1980 bis 1982 – eine Herausforderung des sowjetischen Systems, in: Sowjetunion 1982/83, 71–81; *Gyula Józsa*, Das Machtzentrum. Der ZK-Apparat, in: ebd., 39–49, hier 46; *Stanley Vardys*, Polish Echoes in the Baltic, in: Problems of Communism 32:4, 1982, 21–35; *Dieter Bingen*, Die Rolle der Sowjetunion in der Polen-Krise 1981–1983, in: Berichte des Bundesinstituts für ostwissenschaftliche und internationale Studien 20, 1983; Abwehr „unerwünschter" Einflüsse aus dem Westen, in: Osteuropa 33, 1983, A509–513; *Patrizia Hey*, Die sowjetische Polenpolitik Anfang der 1980er Jahre und die Verhängung des Kriegsrechts in der Volksrepublik Polen. Tatsächliche sowjetische Bedrohung oder erfolgreicher Bluff?, Mannheim 2010; Mit wichtigen neuen Archivbelegen auch *Hertle/Jarausch*, Vom Erfolg zur Krise, 37–39, 204–206 u. 241; *Mark Kramer*, The Unintended Revolution. Commentary on „Criticism as Crisis, or Why the Soviet Union still Collapsed?", in: Journal of Modern European History 10:1, 2012, 5–18, hier 13–14.

[55] *English*, Russia and the Idea of the West, 159–161, 172–174 u. 191–192.

[56] *Konstantin Černenko*, Leninskaja strategija rukovodstva, in: Kommunist 1981, Nr. 13, 6–22, hier 10–11. Ähnlich *ders.*, Avangardnaja rol' partii kommunistov. Važnoe uslovie ee vozrastanija, in: ebd., 1982, Nr. 6, 25–43. Vgl. dazu auch *Colton*, Dilemma, 61; *Józsa*, Machtzentrum, 46; *Heinz Brahm*, Leitmotive in K. Tschernenkos Schriften, in: Berichte des Bundesinstituts für ostwissenschaftliche und internationale Studien 41, 1982; *ders.*, Andropow ante portas, in: ebd., 30, 1983, 12–13.

[57] Andropows ZK-Antrittsrede, in: Osteuropa-Archiv 33, 1983, A125–A131, hier A126.

[58] *Jurij Andropov*, Učenie Marksa i nekotorye voprosy socialističeskogo stroitel'stva v SSSR, in: Kommunist, 1983, Nr. 3, 9–23 hier 13–14. Dt. Übersetzung in: Andropows Entwurf eines innenpolitischen Programms, in: Osteuropa-Archiv 33, 1983, A271–A286. Dazu auch *Borcke*, Sowjetunion und der Machtwechsel, 25; *Colton*, Dilemma, 61. Zu Andropovs kritischer Deutung der sowjetischen Ordnung zu Beginn der 1980er Jahre und seine Forderung nach einer „Generalüberholung" vgl. bes. *Schachnasarow*, Preis der Freiheit, 37–38.

[59] *Černenko*, Leninskaja strategija, 11; Andropows Entwurf eines innenpolitischen Programms, A276.

Politologe und Ökonom Anatolij P. Butenko. Ende 1982 schrieb er in einer bedeutenden Fachzeitschrift, die einen großen Leserkreis hatte:

> Die Unfähigkeit der herrschenden Partei, angehäufte Mängel, abgestorbene Formen und erst recht entstandene Deformationen [...] früh genug zu bemerken und zu beseitigen, spricht dafür, dass die Partei dadurch ihre Avantgarde-Funktionen eingebüßt hat; und das führt die Gesellschaft politischen Krisen entgegen – mit allen Gefahren, die für die Geschicke des Sozialismus daraus entstehen.[60]

Butenkos vielbeachteter Artikel stand im Zusammenhang mit einer Reihe von Debatten und Konferenzen, die von Černenko und anderen Parteiführern (unter anderem Gorbačev) gefördert wurden. Damals diskutierte die Partei-Intelligenz über die drängenden Probleme der Zeit und legte in schonungsloser Offenheit dar, wie der ins Stocken geratene „ökonomische Mechanismus" als neuralgischer Punkt wechselseitig mit anderen Funktionsstörungen in der sowjetischen Gesellschaftsordnung verbunden war.[61] Deutlich wurde, dass es in einer zutiefst politisierten Gesellschaft keine Trennung zwischen dem Politischen, dem Ökonomischen und dem Sozialen geben konnte. Probleme in einem Bereich mussten sich damit direkt auf andere auswirken, so dass sich krisenhafte Prozesse wechselseitig verschärften. Unmissverständlich erklärte Butenko: „Ein veraltetes System hört auf, Antrieb des Fortschritts zu sein; es fängt an, die Entwicklung der Produktivkräfte zu hemmen."[62] Anders als die kommunistische Ideologie und Propaganda es glauben machen wollten, zeichnete sich auch die sowjetische Gesellschaft keineswegs durch das Fehlen von „antagonistischen Widersprüchen" und einer zunehmenden „sozialen Homogenität" aus. Vielmehr sei es zu einer fortschreitenden „Entfremdung der Werktätigen" sowohl von ihrer Arbeit als auch von den parteistaatlichen Organisationsstrukturen gekommen.[63]

---

[60] *Anatolij P. Butenko*, Protivorečija razvitija socializma kak obščestvennogo stroja, in: Voprosy Filosofii, 1982, Nr. 10, 20–27, hier 23. Diesen Beitrag übersetzte und kommentierte *Astrid von Borcke* in ihrer Dokumentation: Widersprüche im Sozialismus. Ein Moskauer Politologe über die Gründe sozialpolitischer Krisen in Systemen sowjetischen Typs, in: Osteuropa 33, 1983, A341–348. Zuvor auch schon *Anatolij P. Butenko*, Socializm; Formy i deformacii, in: Novoe Vremja, 1982, Nr. 6, 5–7. Ähnlich wie Butenko argumentierte damals *V. S. Semenov*, Problema protivorečija v uslovijach socializma, in: Voprosy filosofii, 1982, Nr. 7, 17–32 und Nr. 9, 3–21.

[61] Zu diesen Konferenzen und Diskussionen vgl. bes. *Helmut Dahm*, Marx-Lenin-Andropow. Ideologischer Lagebericht nach dem Führungswechsel in Moskau, in: Berichte des Bundesinstituts für ostwissenschftliche und internationale Studien 32, 1983. Dahm übersetzt auch einige zentrale Diskussionsbeiträge. Von „mehr als hundert ungeschminkte(n) Berichte(n) über die Sachlage", die damals vorbereitet wurden, sprach *Vadim Sagladin*, Und jetzt Welt Innenpolitik. Die Außenpolitik der Perestroika, Rosenheim 1990, 21.

[62] *Butenko*, Protivorečija, 23.

[63] Ebd., 21 u. 23. Zu Bedeutung dieses Beitrags vgl. *Segbers*, Systemwandel, 190–191; *Borcke*, Sowjetunion und der Machtwechsel, 20–21; *John Gooding*, The Roots of Perestroika, in: Bacon/Sandle (Hrsg.), Brezhnev Reconsidered, 188–202, hier 198; *Helmut Dahm*, Das ideologische Führungsamt. Die Nummer zwei der politischen Macht, in: Sowjetunion 1982/83, 50–60, hier 57–59; *Klaus von Beyme*, Einleitung: Sozialer Wandel und Sozialstruktur als Konzepte der sowjetischen Soziologie, in: Maria Elisabeth Ruban u.a. (Hrsg.), Wandel der Arbeits- und

Butenkos kritische Sicht griff die Novosibirsker Soziologin Tat'jana Zaslavskaja auf. Ihre aufrüttelnde Gesellschaftsanalyse stützte sie auf eine Vielzahl von empirischen Sozialstudien, die zuvor in Sibirien sowohl zu Industrie- und Bauarbeitern als auch zu Kolchosbauern durchgeführt worden waren. Im Rahmen eines geschlossenen Seminars für führende sowjetische Wirtschaftsfachleute, das im April 1983 in Moskau stattfand, betonte sie, die gesellschaftliche Entwicklung in der Sowjetunion sei keineswegs durch die „konfliktlose Entwicklung von Produktivkräften, Produktionsverhältnissen und sozialen Interessen" bestimmt. Vielmehr gebe es „antagonistischen Widersprüche zwischen persönlichen, kollektiven und gesellschaftlichen Interessen".[64] In ihrem geheim zu haltenden Alarmbericht, der dennoch in den Westen gelangte, konstatierte Zaslavskaja mit Rückgriff auf Karl Marx einen „beträchtlichen Rückstand der Produktionsverhältnisse der sowjetischen Gesellschaft gegenüber der Entwicklung der Produktivkräfte". Angesichts dieses Grundwiderspruchs der sozialistischen Produktionsweise prognostizierte sie unverblümt die schleichende Ermüdung der sowjetischen Volkswirtschaft und eine bevorstehende „Periode heftiger sozialökonomischer und politischer Erschütterung".[65]

Die Ursache dieses Bedrohungsszenarios sah Zaslavskaja vor allem darin, dass der sowjetische Parteistaat die Werktätigen nur als „Träger der Arbeitskraft" und seine Bürger lediglich „als ‚Schräubchen' im volkswirtschaftlichen Mechanismus betrachte", ohne deren „schöpferische Initiative" zu würdigen und dadurch zu aktivieren.[66] Mit der fortschreitenden Professionalisierung und Urbanisierung der Sowjetgesellschaft sei das Kultur- und Bildungsniveau der Werktätigen erheblich gestiegen. Folglich hätten sich neue soziale Bedürfnisse und Interessen entwickelt.

Des Weiteren sei es mit der „wissenschaftlich-technischen Revolution" und der Einführung neuerer Produktionsmethoden zu einer völlig veränderten Arbeitswelt gekommen. Sie würde von den Werktätigen mehr Verantwortungsbewusstsein und Eigeninitiative sowie eine größere Leistungsbereitschaft erfordern, um eine volle Entfaltung der Produktivkräfte und damit ein intensiveres Wirtschaftswachstum zu ermöglichen. Der autoritäre Politikstil des sowjetischen Partei-

---

Lebensbedingungen in der Sowjetunion 1955–1980. Planziele und Ergebnisse im Spiegelbild sozialer Indikatoren, Frankfurt am Main/New York 1983, 17–28, hier 27–28.

[64] Die Studie von Nowosibirsk, in: Osteuropa-Archiv 34, 1984, A1–A25, hier A6. Zur Geschichte dieser interessanten Studie vgl. bes. *Segbers*, Systemwandel, 192–194; *Helmut Dahm*, The Role of Economics in Soviet Political Ideology, in: Hans-Hermann Höhmann/Alec Nove/Heinrich Vogel (Hrsg.), Economics and Politics in the USSR. Problems of Interdependence, Boulder/London 1986, 17–40; *Philip Hanson*, From Stagnation to Catastroika. Commentaries on the Soviet Economy, 1983–1991, New York 1992, 55–62; *Michael Ellman/Vladimir Kontorovich*, The Destruction of the Soviet Economic System. An Insiders' History, Armonk/London 1998, 118–119; *Paul R. Josephson*, New Atlantis Revisited. Akademgorodok, the Siberian City of Science, Princeton 1997, 243–249.

[65] Studie von Nowosibirsk, A4, A9 und A13. Ähnlich zuvor schon *Butenko*, Protivorečija, 21.

[66] Studie von Nowosibirsk, A6f.

staats hätte mit seiner fortgesetzten Bevormundung aber keine „wesentliche Erweiterung der ökonomischen Verhaltensmöglichkeiten der Werktätigen und somit die Verstärkung der Rolle des subjektiven Faktors in der Wirtschaftsentwicklung“ gebracht.[67] Die fortgesetzte „Einengung der kreativen Elemente der Arbeit“ und die sträfliche Vernachlässigung der veränderten Bedürfnisse der Werktätigen seien maßgeblich dafür verantwortlich, dass die überlieferte sowjetische Ordnung die „vollständige und genügend effiziente Nutzung des materiellen und intellektuellen Potentials der Gesellschaft“ nicht gewährleisten könnte. In der daraus folgenden Entfremdung und Sinnentleerung des Daseins sah Zaslavskaja den entscheidenden Grund für die mangelnde Leistungsbereitschaft und den Verfall der Arbeitsdisziplin. Wenn die politisch Verantwortlichen die sozialen Interessen nicht ernstnähmen, würde „die Bevölkerung noch raffiniertere Verhaltensweisen ausfindig machen“, um ihre Bedürfnisse zu befriedigen. Der offensichtlich gestörte „Dialog zwischen Bevölkerung und Staat“ hätte direkte Auswirkungen auf die Arbeitsproduktivität, die Warenqualität und die Kapiteleffizienz gehabt und damit den ökonomischen Abschwung zementiert.[68]

Butenko, Zaslavskaja und ihre Mitstreiter hatten ihre eigene Krisendefinition, mit der sie Strukturprobleme und Wahrnehmungsphänomene miteinander verbanden: „Die Krise der substantiellen Grundlagen des Lebens beginnt dann, wenn das Interesse an der Arbeit verlorengeht, wenn Zustände von Apathie und Gleichgültigkeit sich in der Masse ausbreiten.“[69] Viele, die in der Sowjetunion mit wirtschaftlichen und sozialen Fragen beschäftigt waren, hatten längst erkannt, dass die sowjetische Ordnung die Menschen korrumpierte und demora-

[67] Vgl. zu den systembedingten Grenzen von Partizipation und Eigeninitiative, die in der Sowjetgesellschaft zu Lethargie und Apathie führten, bes. *Astrid von Borcke*, Partizipationsprobleme und Parteiregime in der Sowjetunion. Grenzen des bürokratischen Autoritarismus, in: Berichte des Bundesinstituts für ostwissenschaftliche und internationale Studien, 8, 1983. Dieser Beitrag, der die innersowjetische Debatte über Bürokratismus, Entfremdung und die mangelhafte „soziale Rückkoppelung“ sowjetischer Politik bilanzierte, verdeutlicht, dass schon zu Beginn der 1980er Jahre ernsthaft darüber nachgedacht wurde, mit welchen Maßnahmen und Programmen die Sowjetgesellschaft revitalisiert und der einzelne Sowjetbürger motiviert werden könnte, sich mit mehr Selbstverantwortung und Engagement für den Sozialismus einzusetzen und damit der sowjetischen Ordnung neue Dynamik zu verleihen.

[68] Studie von Nowosibirsk, A4, A9, A11–12, A21. Neben der bekannten Studie von Novosibirsk gab es 1982 und 1983 weitere kritische Expertenberichte, die zeigten, dass damals die kritische Selbstreflexion ein vorher nie gekanntes Niveau erreichte. Vgl. dazu auch *Hans-Hermann Höhmann*, Hoffnung auf die Produktivkraft Wirtschaftswissenschaft: Politische Ökonomie der UdSSR in Selbstreflexion und Parteikritik, in: Berichte des Bundesinstituts für ostwissenschaftliche und internationale Studien 14, 1984. Wie sehr die durch die sowjetische Kommandowirtschaft hervorgerufenen Probleme auch die Gemüter einer breiten Öffentlichkeit bewegte, bewies die in der vielgelesenen Literaturzeitschrift *Naš Sovremmenik* veröffentlichte fiktive Reportage, bei der Befürworter und Gegner der bestehenden Wirtschaftsordnung in einem kontroversen Meinungsaustausch zu Wort kamen. Sie ist übersetzt und dokumentiert in: Wie soll die Wirtschaft funktionieren? Eine fiktive Debatten über die Rolle der Ökonomie im Sozialismus, in: Osteuropa-Archiv 32, 1982, A538–A551.

[69] Zitiert nach *Dahm*, Ideologisches Führungsamt, 57.

lisierte. Die Gemeinschaft der unablässigen Warner war sich einig darin, dass nur die „Entfaltung positiver Initiativen der Werktätigen", die Einführung neuer, der modernen Technik angemessenen Arbeitsmethoden und ein damit verbundener gesellschaftlicher Aufbruch dem ökonomischen Mechanismus wieder den notwendigen Schwung verleihen könnten, um für die von ihrer inneren Schwäche bedrohten sowjetischen Gesellschaftsordnung noch eine Kehrtwende zum Besseren einzuleiten. Es gab sowohl in der Wissenschaft als auch in höheren Partei- und Regierungskreisen schon erste Stimmen, die es wagten, zu thematisieren, ob nicht im weit größerem Maß als bisher wieder privates Eigentum an Grund und Boden sowie an Produktionsmitteln zugelassen werden sollte.[70]

Die gegen Ende der Breżnev-Ära unter den Begriffen von „antagonistischen Widersprüchen" und „Entfremdung" geführten Diskussionen zeigen, dass man keineswegs „Gorbačev [heißen] und die Einsichten eines Politbüromitglieds" gehabt haben musste[71], um Anfang der 1980er Jahre zu erkennen, dass es um die Leistungs- und Innovationsfähigkeit der sowjetischen Ordnung keineswegs gut bestellt war. Unabhängig davon, ob sich der gesamte Komplex potentiell kritischer und sich zuspitzender Entwicklungen nun als Krise definieren lässt, bleibt festzuhalten, dass sich in den Fach- und Machteliten die Einsicht verbreitet hatte, die Sowjetunion sei an einer Wegscheide angekommen und stehe vor einer harten Belastungsprobe.

3. Brüchige Normalität und der Schein der Stabilität

Aktuell wird die Frage intensiv diskutiert, ob der sozialökonomische Abwärtstrend in den späten Breżnev-Jahren nur von der über Wissen und Informationen verfügenden exklusiven „Gesellschaft der nachdenklichen Menschen"[72] erkannt wurde, die in den „Oasen des offenen Denkens"[73] dem Luxus des Zweifels, der Skepsis und der Kritik frönten, oder ob darüber hinaus die Last der angehäuften Probleme auch die zentralen Lebensinteressen von Millionen Menschen berührte. Angesichts der zuletzt vorgelegten historischen Studien hat Juliane Fürst völlig berechtigt gefragt, wo denn die „normalen Menschen" in der aktuellen Forschung zur späten Sowjetgeschichte geblieben seien.[74]

---

[70] Vgl. *Vladimir Mau*, The Road to Perestroika. Economics in the USSR and the Problems of Reforming the Soviet Economic Order, in: Europe-Asia-Studies 48, 1996, 207–224, hier 219 u. 223 Anm. 35; *Nikolaj Ryschkow*, Mein Chef Gorbatschow. Die wahre Geschichte eines Untergangs, Berlin 2013, 15–16.

[71] So *Schattenberg*, Ende der Sowjetunion, 15.

[72] *Jakowlew*, Abgründe, 376.

[73] *Arbatow*, System, 80.

[74] *Juliane Fürst*, Where Did All the Normal People go? Another Look at the 1970s, in: Kritika 14, 2013, 621–640.

Als große Errungenschaft Brežnevs gilt – so schreiben auch Belge und Deuerlein –, dass er die Sowjetgesellschaft nach entbehrungsreichen und turbulenten Jahrzehnten endlich in ruhigeres Fahrwasser gesteuert habe. Selbst der sowjetische Dissident Andrej Sacharov erkannte später an, die Brežnev-Ära sei „in gewisser Hinsicht [...] für einen Teil der Bevölkerung psychologisch wohltuend“[75] gewesen. Die „Rückkehr zur Normalität“ einer modernen Industriegesellschaft und die dadurch geschaffene Stabilität des „entwickelten Sozialismus“ gründeten sich auf einem „wohlfahrtsstaatlicher Autoritarismus“.[76] In Form des spätsozialistischen *little deal*[77] sicherte der sowjetische Parteistaat, indem er sich in eine „Fürsorgediktatur“[78] transformierte, der Bevölkerung einen kontinuierlich steigenden Lebensstandard zu. Im Gegenzug dafür forderte er politische Loyalität oder zumindest Indifferenz ein.[79] Das Verhältnis zwischen Regime und Bevölkerung wandelte sich; das kommunistische Projekt erfuhr dadurch eine Engführung. Anders als seine Amtsvorgänger sorgte sich Brežnev statt um das Heil vor allem um das Wohl der Menschen. Die Wohlstands- und Konsumsteigerung in Form von Kühlschränken, Fernsehern und Autos galt immer mehr als entscheidender gesellschaftlicher Treibstoff des realexistierenden Sozialismus.[80] Im Zug eines informellen Sozialpakts stiegen die Sozialausgaben des Sowjetstaats in der Brežnev-Ära darum um ein Vielfaches an; auch das Lohnniveau wuchs merklich. Zudem kam der Wohnungsbau voran.[81] Trotz dieser „Subventionierung des Wohlergehens durch den Staat“[82] bleibt aber fraglich, ob „die große stabilisierende Macht der Normalität“ als

---

[75] *Andrej Sacharow*, Die Unvermeidbarkeit der Perestroika, in: Afanassjew (Hrsg.), Es gibt keine Alternative zu Perestroika, 160–176, hier 161.

[76] *George W. Breslauer*, On the Adaptability of Soviet Welfare-State Authoritarianism, in: Karl Ryavec (Hrsg.), Soviet Society and the Communist Party, Amherst 1978, 3–25.

[77] *James Millar*, The Little Deal. Brezhnev's Contribution to Acquisitive Socialism, in: Slavic Review 44:4, 1985, 694–706.

[78] Zu diesem Begriff vgl. allgemein *Konrad Jarausch*, Realer Sozialismus als Fürsorgediktatur. Zur begrifflichen Einordnung der DDR, in: Aus Politik und Zeitgeschichte 20, 1998, 33–46.

[79] Vgl. zum spätsowjetischen Sozialpakt bes. *Hanson*, The Brezhnev Era, 300–305; *Linda J. Cook*, The Soviet Social Contract and Why It Failed. Welfare Policy and Workers' Politics from Brezhnev to Yeltsin, London 1993.

[80] In seiner Rede vor dem XXVI. Parteitag im Februar 1981 erklärte Brežnev vollmundig: „Die konkrete Sorge um den konkreten Menschen, um seine Bedürfnisse und Forderungen ist das A und O der Wirtschaftspolitik der Partei.“ Vgl. *Breschnew*, Auf dem Wege Lenins, Bd. 8, 778.

[81] An dieser Stelle ist zu erwähnen, dass sich die Sowjetunion schon unter Chruščev auf den Weg zum „Konsumkommunismus“ gemacht hatte und viele der in der Brežnev-Ära realisierten Sozialprogramme vor 1964 konzipiert worden waren. Diese Erkenntnis spricht dafür, dass es nach 1964 in vielen Bereichen nicht zur Abkehr, sondern vielmehr zu einer Fortsetzung der Politik Chruschtschows kam. Vgl. *Cook*, Soviet Social Contract, 19–22; *Stephan Merl*, Von Chruschtschows Konsumkonzeption zur Politik des „Little Deals“ unter Breschnew, in: Greiner / Müller / Weber (Hrsg.), Ökonomie, 279–310.

[82] *Baberowski*, Kritik als Krise, 188.

Beleg für die Krisenfestigkeit verstanden und damit zum Signum der Brežnev-Ära erhoben werden kann.[83]

Nicht übersehen werden darf, dass die Phase des steigenden Konsums und verbesserten Lebensstandards mit der Ermüdung der Sowjetwirtschaft gegen Mitte der 1970er Jahre zu Ende ging und bis dahin nur ein bescheidenes Niveau erreicht hatte.[84] Brežnev selbst erkannte eine „brenzlige Situation", weil „das Lohnwachstum das Produktionswachstum überholt" hätte und die steigenden Bedürfnisse der Bevölkerung offensichtlich keine Grenzen kennen würden.[85] Eine bedenkliche Schere öffnete sich, weil die Parteiführung die volkswirtschaftlichen Kapazitäten überschätzt hatte. Die Strategie des sowjetischen Parteistaats, die politische Stabilität an die Erfüllung wachsender Konsumwünsche zu binden, stellte sich nunmehr als „faustischer Pakt"[86] heraus. Es gelang der Staats- und Parteiführung kaum mehr, ihren Teil des informellen Gesellschaftsvertrags einzuhalten. Eine spürbare Kehrtwende trat ein.[87]

Trotz steigender Investitionen erwies sich die sowjetische Landwirtschaft auch am Ende der Brežnev-Ära weiterhin als unfähig, die Bevölkerung zu ernähren. Die Zuversicht, dies lasse sich in absehbarer Zeit ändern, war in den führenden Partei- und Staatskreisen längst verschwunden.[88] Obwohl die Sowjetunion einen

---

[83] *Schattenberg*, Von Chruščev zu Gorbačev, 282. Sie verweist hier auf das Buch von *Donald J. Raleigh*, Soviet Baby Boomers. An Oral History of Russia's Cold War Generation, Oxford 2012.

[84] Zudem ist zu beachten, dass trotz aller Fortschritte im Bereich von Konsum und Lebensstand eine zeitgenössische komparative Untersuchung zeigte, dass die sowjetischen Konsummuster auch in den 1980er Jahren weiterhin weniger denen moderner Industriegesellschaften, sondern mehr denen von Entwicklungsländern ähnelten. Vgl. *Gertrude E. Schroeder*, Soviet Living Standards in Comparative Perspective, in: Horst Herlemann (Hrsg.), Quality of Life in the Soviet Union, Boulder/London 1987, 13–30. Eine andere komparative Untersuchung bestätigte dies: Während 1979 für den monatlichen Warenkorb an Grundnahrungsmitteln ein normaler Arbeiter in Washington durchschnittlich 12,5 Stunden und in London 21,4 Stunden arbeiten musste, erforderte diese in Moskau trotz aller Lebensmittelsubventionen eine monatliche Arbeitsleistung von 42,3 Stunden. Vgl. *Judt*, Geschichte Europas, 667. Das spricht dafür, dass der Sowjetstaat seinen Bürgern das westliche Wirtschaftswunder und Sozialstaatsmodell nur in einer viel bescheideneren Ausführung lieferte. Zu den keineswegs durchgreifenden Erfolgen bei der Armutsbekämpfung in der Sowjetunion vgl. zudem *Mervyn Matthews*, Aspects of Poverty in the Soviet Union, in: Herlemann (Hrsg.), Quality of Life, 43–64; *Nick Eberstadt*, The Poverty of Communism, New Brunswick 1988.

[85] Zitiert nach *Neutatz*, Träume und Alpträume, 417–418.

[86] *Lewis H. Siegelbaum*, Cars, Cars, and More Cars. The Faustian Bargain of the Brezhnev Era, in: ders. (Hrsg.), Borders of Socialism. Private Spheres of Soviet Russia, New York 2006, 83–103. In Anlehnung an André Steiner ließe sich sogar von einer Konsum- und Sozialstaatsfalle sprechen. Vgl. *André Steiner*, Bundesrepublik und DDR in der Doppelkrise europäischer Industriegesellschaften. Zum sozialökonomischen Wandel in den 1970er-Jahren, in: Zeithistorische Forschungen/Studies in Contemporary History 3:3, 2006, 342–362.

[87] *Cook*, Soviet Social Contract, 52–53, 80–81. Gorbačev warf deshalb Brežnev und Kosygin später vor, mit ihrer Politik eine „spießbürgerliche Konsummentalität" geschaffen zu haben. Vgl. *Michail Gorbatschow*, Perestrojka. Die zweite russische Revolution. Eine neue Politik für Europa und die Welt, 2. Aufl. München 1989, 35.

[88] *Philip Hanson*, The Rise and Fall of the Soviet Economy. An Economic History of the Soviet

wachsenden Teil der durch Ölexporte erzielten Devisen für Agrarimporte aufbrachte,[89] mussten Ende der 1970er Jahre selbst in den Großstädten bestimmte Lebensmittel rationiert und wieder Lebensmittelkarten ausgegeben werden. Das erinnerte an die Rückkehr vormaliger Notzeiten.[90] Als eine verzweifelte Rettungsmaßnahme ließ Brežnev daher kurz vor seinem Tod ein weiteres großes Agrarprogramm verabschieden.[91] Fünf Jahre später schrieb Gorbačev darüber, die erwirtschafteten Gewinne „verwandte man vornehmlich dazu, die Probleme des Augenblicks anzugehen, selten jedoch wurden sie für die Modernisierung der Wirtschaft und für die Schließung der technologischen Lücken eingesetzt."[92]

Eine stark rückläufige Entwicklung gab es zudem sowohl in der Einfuhr als auch in der Produktion von Konsumwaren, deren Qualität die sowjetischen Verbraucher nur selten zufriedenstellte.[93] Ein wichtiges Anzeichen für die steigende Ungeduld, mit der die Sowjetbürger auf die Einlösung der gegebenen Konsum-

Union from 1945, London 2003, 149–163; *Nikolai M. Dronin/Edward G. Bellinger*, Climate Dependence and Food Problems in Russia 1900–1990. The Interaction of Climate and Agricultural Policy and Their Effect on Food Problems, Budapest/New York 2005, 273 u. 303.

[89] In den Jahren 1970/71 gab die Sowjetunion 20 Prozent ihrer Devisengewinne für Lebensmittelimporte aus; ein Jahrzehnt später hatte sich dieser Anteil bei stark wachsendem Außenhandel schon verdoppelt. Vgl. *Hanson*, From Stagnation to Catastroika, 9. Ähnlich *Tompson*, Soviet Union, 69–72; *Plaggenborg*, „Entwickelter Sozialismus", 380–381; *Karl-Eugen Wädekin*, Soviet agriculture's dependence on the West, in: Foreign Affairs 60:4, 1982, 882–903.

[90] Vgl. *Neutatz*, Träume und Alpträume, 468–469; *Andreas Tenson*, Food Rationing in the Soviet Union, in: Radio Liberty Research Bulletin, RL 321/82 (11. August 1982). In der Sowjetpresse gab es 1982 eine ganze Serie von kritischen Beiträgen, die bei der Lebensmittelversorgung die weit verbreitete „Misswirtschaft" beklagten und auch den wachsenden Unmut der Bevölkerung thematisierten. Vgl. die Dokumentation: Kampf gegen Ursachen der schlechten Lebensmittelversorgung, in: Osteuropa 33, 1983, A288–305.

[91] Die gesamtstaatlichen Agrarsubventionen stiegen damals noch einmal von 30 auf 55 Mrd. Rubel an. Damit flossen in den frühen 1980er Jahren schließlich 27 Prozent aller sowjetischen Investitionen in den Agrarsektor. Angesichts dieses außerordentlich hohen Subventionsanteils sprach der britische Doyen der sowjetischen Wirtschaftsgeschichte Alec Nove deshalb von „the highest food-and-agriculture subsidy known in human history". Vgl. *Cook*, Soviet Social Contract, 58–60, 64–57; *Keep*, Last of the Empires, 244–246; *Dronin/Bellinger*, Climate Dependence and Food Problems, 221–222; Später bezeichnete Gorbačev die sowjetische Landwirtschaft als einen „hoffnungslos verlustbringenden Wirtschaftszweig" und als „Fass ohne Boden, das unzählige Ressourcen verschlinge, ohne Gegenleistungen zu erbringen." Die unter Brežnev praktizierte Agrarpolitik bewertete er sogar als „reinsten Irrsinn". Vgl. *Michail Gorbatschow*, Erinnerungen, Berlin 1995, 183 u. 193.

[92] *Gorbatschow*, Perestroika, 21.

[93] Ein harter finanzwirtschaftlicher Indikator für die unbefriedigende und sich zunehmende verschlechternde Konsumsituation war der in der Sowjetunion rasch anwachsende Kaufkraftüberhang. Die sowjetischen Bürger erhielten zwar steigende Löhne, wussten vielfach aber nicht, wie sie angesichts der eklatanten Qualitäts- und Sortimentsmängel ihr verdientes Geld sinnvoll konsumtiv umsetzen sollten. Der ungestillte Konsumhunger führte dazu, dass eine wachsende Rubelsumme in den Familien gehortet und nicht ausgegeben wurde. Dieser Kaufkraftüberhang stieg von 5,5 Mrd. (1971) auf 45,6 Mrd. (1982) an. Vgl. *Keep*, Last of the Empires, 228–229, 230–233; *Byung-Jeon Kim*, The Income, Savings, and Monetary Overhang of Soviet Households, in: Journal of Comparative Economics 27, 1999, 644–668; *Stefan Plaggenborg*, Experiment Moderne. Der sowjetische Weg, Frankfurt/New York 2006. Dazu auch die interessante Dokumentation

versprechungen warteten, ist darin zu sehen, dass die wichtige Kulturzeitschrift *Literaturnaja Gazeta* im August 1983 eine Vielzahl von sehr kritischen Leserbriefen zu den massiven Versorgungseinbrüchen abdruckte.[94] Die Geheimpolizei und die Parteibosse sowohl in Moskau als auch in den Regionen zeigten sich zunehmend besorgter über die endlosen Warteschlangen vor den Geschäften. Sie führten zu einem wachsenden sozialen Unmut sogar bei Offizieren der sowjetischen Armee[95] und zu ersten vereinzelten Arbeiter- und Verbraucherprotesten.[96]

Zwar war der sowjetische Repressionsapparat jederzeit Herr der Situation; aber es war offensichtlich, dass die gesellschaftliche Stimmung sank, weil die eigenen materiellen Lebensumstände anders als zuvor nicht mehr als Verbesserung, sondern als Verschlechterung wahrgenommen wurden. Die Ende der 1970er Jahre abknickende Entwicklungskurve schlug mit erheblichen Beschwernissen und alarmierenden Unzulänglichkeiten des Alltags unmittelbar auf die Lebenswelt von Millionen Sowjetbürgern durch. Weil das Leben im realexistierenden Sozialismus spürbar anstrengender wurde, entzogen die langen Schlangen, die leeren Regale und die regelmäßigen Demütigungen beim Einkaufen den vollmundigen Konsum- und Wohlfahrtsversprechungen des Regimes die Glaubwürdigkeit. Ein Prozess der schleichenden Entlegitimation kam in Gang.[97]

Anders als wiederholt vorgeschlagen, kann die sowjetische Konsumgeschichte auch nicht nur „an ihren eigenen Normen, Werten und Wahrheiten"[98] gemessen werden. Die große Mehrheit der sowjetischen Bürger gehörte seit Ende der 1970er Jahre nicht mehr der „heroischen Generation" der greisen Parteiführung an, deren Angehörige in den 1930er und 1940er Jahren die entbehrungsreichen Jahre von Zwangsindustrialisierung, Weltkrieg und Wiederaufbau erlebt hatten. Als sich die Brežnev-Ära ihrem Ende zuneigte, maßen nur noch wenige Sowjetbürger ihre Ansprüche allein am niedrigen Versorgungsniveau der stalinistischen Zeit. Ihre Erwartungshaltung wurde vielmehr von den durch die ambitiösen Planziele und die ideologischen Verheißungen geweckten Hoffnungen sowie von dem im Westen und vor allem auch in anderen sozialistischen Ländern erreichten Lebensstandard bestimmt. Mannigfaltige Demonstrationseffekte von außen

---

eines kritischen sowjetischen Artikels: Fragen der Kaufkraftabschöpfung und Kaufkraftlenkung in der UdSSR, in: Osteuropa-Archiv 32, 1982, A427–A432.

94 *Hanson*, From Stagnation to Catastroika, 12 u. 18.

95 *Colton*, Dilemma, 65

96 *Cook*, Soviet Social Contract, 72–73; *Kramer*, Unintended Revolution, 11–14; *Betsy Gidwitz*, Labor Unrest in the Soviet Union, in: Problems of Communism 31:6, 1982, 25–42; *Karl Schlögel*, Der renitente Held. Arbeiterprotest in der Sowjetunion 1953–1983, Hamburg 1984, 122–126; *Vladimir A. Kozlov/Sheila Fitzpatrick/Sergej V. Mironenko*, Sedition. Everyday Resistance in the Soviet Union under Khrushchev and Brezhnev, New Haven 2011, 59–61.

97 *Hanson*, From Stagnation to Catastroika, 9; *Plaggenborg*, „Entwickelter Sozialismus", 429, 497–501 u. 505–507; *Merl*, Von Chruschtschows Konsumkonzeption, 308; *Tompson*, Soviet Union, 83–84; *Maria Elisabeth Ruban*, Wandel der Arbeits- und Lebensverhältnisse in der Sowjetunion 1955–1980, in: Aus Politik und Zeitgeschichte 7, 1983, 21–33, hier 25.

98 *Schattenberg*, Ende der Sowjetunion, 11.

und innen – oftmals vermittelt durch Medien und Tourismus – wirkten auf die sowjetische Bevölkerung ein. Vor allem die Erfahrung, dass die Menschen in den anderen Ostblockstaaten offensichtlich besser lebten, hatte für viele Sowjetbürger etwas Demütigendes und Deprimierendes.[99]

Als die Bedeutung von steigendem Konsum und Lebensstandard nachließ, hatte das sozioökonomische Folgen vor allem auf Arbeitsmotivation und Arbeitsdisziplin.[100] Zudem versuchten die Beschäftigten im wahrsten Sinne des Wortes, aus ihrer Arbeit so viel wie möglich herauszuholen, um ihr Leben im reifen Sozialismus erträglich und womöglich einträglich zu gestalten. Sie eigneten sich staatliches und gesellschaftliches Eigentum widerrechtlich an, um es zu verkaufen, oder nutzten ihre Verfügungsbefugnisse über knappe Waren und Dienstleistungen, um sich durch informelle Arrangements im Grenzbereich zu Korruption und Schattenwirtschaft Vorteile zu verschaffen.[101]

Der Sowjetstaat, der die Arbeit zum Maßstab der menschlichen Würde erhoben hatte, geriet wegen der zunehmenden Beschaffungsaktivitäten und der mangelhaften Arbeitsmoral in akute Erklärungsnot.[102] Die Parteifunktionäre begannen daher, immer inständiger die Arbeitsdisziplin zu beschwören.[103] Mit

---

[99] *Bushnell*, New Soviet Man, 188–186; *Neutatz*, Träume und Alpträume, 455–457, 478–480, 486–487; *Höhmann*, Ökonomik des Durchwurstelns, 17–18; *Ellman/Kontorovich*, Destruction, 307; *Plaggenborg*, Experiment Moderne, 346. Von einer „Erwartungskrise" angesichts der in den 1970er Jahren erfolgten „Revolution der Erwartungen" sprachen *Egor Gajdar/Konstantin Kogalovskij*, Tendenzen der Wirtschaftskrise in der UdSSR, in: Segbers (Hrsg.), Perestrojka, 230–265, hier 235. Zur Bedeutung von Verbraucherprotesten als Indikatoren wachsenden gesellschaftlichen Unmuts im Staatssozialismus vgl. allgemein auch *Volker Wünderich*, Die „Kaffeekrise" von 1977. Genussmittel und Verbraucherprotest in der DDR, in: Historische Anthropologie 11, 2003, 240–261.

[100] Vgl. *Paul R. Gregory*, Productivity, Slack and Time Theft in the Soviet Economy, in: James R. Millar (Hrsg.), Politics, Work and Daily life in the USSR. A Survey of Former Soviet Citizens, Cambridge 1987, 241–287; *Mark Harrison*, Trends in Soviet Labour Productivity, 1928–1985. War, Postwar Recovery, and Slowdown, in: European Review of Economic History 2:2, 1998, 171–200.

[101] Diese gesellschaftlich weit verbreiteten Handlungsweisen hat Peter Hübner als „adaptiv" bezeichnet. Gemeint sind damit „Haltungen, die objektiv die deklarierten Normen verletzen, denen aber andererseits nicht das Motiv zugrunde liegt, das System, das Regime oder die Verhältnisse verändern zu wollen, sondern vielmehr der Wille, in der nun einmal gegebenen, als gewissermaßen unabänderlich hingenommenen Situation so gut wie möglich zu existieren und sie für sich zu nutzen." Vgl. *Peter Hübner*, Alternative Haltungen und Bewegungen. Eine zweite Realität in der UdSSR, in: Sowjetunion 1982/83, 92–102, hier 93–94.

[102] Vgl. zum Verständnis der sozialistischen Parteistaaten als Arbeitsgesellschaft bes. *Martin Kohli*, Die DDR als Arbeitsgesellschaft? Arbeit, Lebenslauf und soziale Differenzierung, in: Hartmut Kaelble/Jürgen Kocka/Hartmut Zwahr (Hrsg.), Sozialgeschichte der DDR, Stuttgart 1994, 31–61; *Ulf Brunnbauer*, „Die sozialistische Lebensweise". Ideologie, Gesellschaft, Familie und Politik in Bulgarien (1944–1989), Wien/Köln/Weimar 2007, 79–88.

[103] Damals behandelte die Sowjetpresse mit wachsender Intensität und Regelmäßigkeit die sich systembedingt verschlechternde Produktionsdisziplin, in denen zunehmend das Grundübel des sowjetischen Wirtschaftssystems gesehen wurde. Vgl. zu dieser kritischen Berichterstattung die Dokumentationen: Vorschläge zur Stärkung der Arbeitsdisziplin, in: Osteuropa-Archiv 32, 1982, A86–91; Mangelnde Arbeitsmotivation – ein Grundübel der sowjetischen Wirtschaft, in:

aufrüttelnden Beiträgen und Reden versuchten sie, die Arbeiter am Schopf des Eigeninteresses zu fassen. Nur die bessere Arbeitsleistung eines jeden Einzelnen garantiere die weitere Erhöhung des Lebensstandards.[104] Derartige Appelle schienen aber nicht zu fruchten. Angesichts des vielerorts zu beobachtenden großen „Spektrums gesellschaftsfeindlicher Verhaltensformen“ wurde Anfang des Jahres 1982 in einem Leitartikel der führenden Parteizeitschrift *Kommunist* „unverhohlene Besorgnis“ geäußert, dass

> eine nicht geringe Zahl von Menschen die kollektivistischen Gesellschaftsverhältnisse verformen und unserem wirtschaftlichen und kulturellen Aufbau ungeheuren Schaden zufügen.[105]

Wenige Monate später war in der führenden philosophischen Fachzeitschrift *Voprosy Filosofii* zu lesen, ein wichtiger Krisenindikator sei

> das Erlöschen der Lebensaktivität oder deren Übertragung von den Produktionsbereichen im weitesten Sinne, also einschließlich der Familie und der persönlichen Selbstverwirklichung, auf nebensächliche, marginale Lebensbereiche.[106]

Jurij Andropov bezeichnete die in der Sowjetunion um sich greifende Kultur des Hintergehens „als nichts weniger als einen Angriff auf die Existenz unseres Systems“.[107] Seinen Redenschreibern und Ratgebern hielt er im Herbst 1983 vor, sie hätten den Ernst der Lage immer noch nicht erkannt. Es sei an der Zeit, den unter Brežnev verbreiteten Unsinn vom „reifen Sozialismus“ zu vergessen und sich stattdessen darauf zu konzentrieren, den Sozialismus zeitgemäß zu gestalten.[108] Andropov suchte sein Heil allerdings nicht in grundlegenden Reformen; er setzte vielmehr auf drakonische polizeistaatliche Mittel und startete deshalb eine „Anti-Korruptionskampagne“, um die unter Brežnev wuchernden „Verformungen“ und die sich verschlechternde Wirtschaftsmoral entschlossen zu bekämpfen.[109] Zudem rief er zum Feldzug für Ordnung und Disziplin auf, initiierte rigide Aktionen gegen „Gesellschaftsschädlinge“ und ging mit öffentlichen Moralisierungskampagnen gegen den nachlassenden Leistungswillen der Belegschaften vor. Mit dieser harten ordnungspolitischen Strategie schlug An-

---

ebd., A600–607. Dazu auch *Peter Knirsch*, Der schwierige Weg zur wirtschaftlichen Effizienz, in: Osteuropa 31:9–10, 1981, 825–838.

[104] Vgl. bes. Lušče rabotat' – lušče žit', in: Kommunist, 1982, Nr. 2, 3–12.

[105] Nastojatel'noe velenie vremeni, in: Kommunist, 1982, Nr. 1, 22–33, hier 27. Vgl. auch *Dahm*, Ideologisches Führungsamt, 58; *ders.*, Marx-Lenin-Andropow, 24–25, 44.

[106] Zitiert nach *Dahm*, Marx-Lenin-Andropow, 40.

[107] *Colton*, Dilemma, 53.

[108] *Seweryn Bialer*, Der hohle Riese. Die Sowjetunion zwischen Anspruch und Wirklichkeit, Düsseldorf 1987, 120–121.

[109] Vgl. *Bernd Knabe*, Die neue Führung und die „Volksfeinde“, in: Sowjetunion 1982/83, 82–92. Zum Vorgehen gegen die massenhafte Mafiawirtschaft, die mit dem Partei- und Staatsapparat eng verbunden war, vgl. bes. *Luc Duhamel*, The KGB Campaign Against Corruption in Moscow, 1982–1987, Pittsburgh 2010.

dropov den Kurs einer „zögerlichen Modernisierung" ein.[110] So hoffte er, dem aus der Brežnev-Ära überlieferten allgemeinen Schlendrian ein Ende zu machen und so dem Teufelskreis von steigenden Wohlfahrts- und Konsumkosten bei sinkender Arbeits- und Wirtschaftsleistung zu entgehen.[111]

In seiner vielbeachteten anthropologisch konzipierten Studie arbeitet Alexej Yurchak für die späte Sowjetunion einen „performative shift" heraus. Seit den 1970er Jahren hätten die Sowjetbürger identitätsstiftende Gemeinschaft vornehmlich durch den Vollzug öffentlich ausgeführter Rituale hergestellt. In dieser Transformation der sozialistischen Ideologie ins rein Performative sieht Yurchak allerdings keine Verfallserscheinung, sondern vielmehr eine neue Form der Stabilitätssicherung.[112] Eine solche Interpretation vernachlässigt allerdings die hohen sozioökonomischen Kosten, die mit diesen aufwendigen Ritualisierungsprozessen einhergingen. Als die Ideologie ihre vormalige Antriebs- und Mobilisierungsfunktion verlor und sich in ein bloßes Mittel der Affirmation, Rechtfertigung und Verhüllung verwandelte, beschleunigte dies die Politikverdrossenheit. Der Sozialismus wurde zwar neu ausgehandelt und in ein eigensinniges Glaubensbekenntnis verwandelt. Zugleich war jedoch die Begeisterung für kollektive Ziele bald der immer obsessiveren Beschäftigung mit privaten (oft durch das Regime nicht erfüllten) Bedürfnissen und Interessen nachgeordnet. In der Sowjetunion stand seit den 1970er Jahren statt des Kollektivs und seiner Makrowelt darum immer mehr das Individuum und die von ihm gestaltete Mikrowelt im Mittelpunkt, die hartnäckig gegen neue Zugriffe und Zumutungen verteidigt wurde.[113] Während die offizielle Sphäre des Parteistaats als zunehmend absurder und abnormal gedeutet wurde, strebten viele Sowjetbürger danach, ein in ihrem Sinne „normales Leben" zu führen, das allerdings nur durch den permanenten Normbruch aufrecht erhalten werden konnte.[114] Die damit verbundene Umleitung sozialer Energie und das kreative Arrangieren mit den dysfunktionalen Arbeitsverhältnissen erwiesen sich schließlich als fatal für die Wirtschaftsleistung der Sowjetunion.[115]

---

[110] Zu diesem Begriff vgl. *Ronald Amann*, Searching For an Appropriate Concept of Soviet Politics. The Politics of Hesitant Modernisation, in: British Journal of Political Science 14:4, 1986, 475–494.

[111] Andropows Entwurf eines innenpolitischen Programms, A278–A282. Vgl. auch *Bialer*, Hohler Riese, 116–117; *Plaggenborg*, „Entwickelter Sozialismus", 500; *Hanson*, Rise and Fall of the Soviet Economy, 169–171.

[112] *Alexei Yurchak*, Everything Was Forever, Until It Was No More. The Last Soviet Generation, Princeton 2006, bes. 22–29, 285–290.

[113] Vgl. dazu *Kevin M. F. Platt/Benjamin Nathans*, Socialist in Form, Indeterminate in Content. The Ins and Outs of Late Soviet Culture, in: Ab Imperio 2, 2011, 301–324.

[114] *Fürst*, Where Did All the Normal People go, 637–639.

[115] Vgl. dazu *Grützmacher*, Baikal-Amur-Magistrale, 230; *Moshe Lewin*, Gorbatschows neue Politik. Die reformierte Realität und die Wirklichkeit der Reformen, Frankfurt am Main 1988, 65.

Während die performative Reproduktion der sowjetischen Ordnung alle Aufmerksamkeit erforderte, erhielt ihre ökonomische Reproduktion nicht die ihr eigentlich gebührende Beachtung. Die Angehörigen der „last Soviet generation" waren – um hier Yurchak weiterzudenken – nicht nur „system's heroes", die ihr Leben am autoritären Diskurs ausrichteten, und „system's authors", die mit ihren performativen Wirklichkeitsgestaltung eigene soziale Realitäten schufen.[116] Vielmehr waren sie auch *nolens volens* „system's decomposers", weil sie mit ihrem Arbeits- und Sozialverhalten dazu beitrugen, die gesellschaftlichen Bedingungen aufrechtzuerhalten, die ihnen eigentlich widersinnig vorkamen. Das Regime erlangte zwar kurzfristig Stabilität, verstärkte mit seiner Politik jedoch die Haltungen und Einstellungen der Menschen, die es unmöglich machten, die erforderliche ökonomische Trendwende einzuleiten. Hier zeigt sich, dass es keineswegs allein reicht, die sozialen Praktiken der Brežnev-Zeit zu beschreiben. Darüber hinaus müssen auch ihre oftmals nichtintendierten strukturellen Auswirkungen und Folgen in den Blick genommen werden. Statt die unterschiedlichen kultur- und strukturhistorischen Ansätze und Zugänge gegeneinander auszuspielen, sind sie vielmehr mit ihren jeweiligen Reichweiten aufeinander zu beziehen.[117]

Wie sehr die Sowjetgesellschaft trotz oder gerade wegen aller exzessiven Ritualisierung von sozialer Korrosion, Lethargie und Apathie gekennzeichnet war, zeigte sich in der starken Zunahme eskapistischer Haltungen. Der schlagende Beleg dafür war der in der Brežnev-Ära rasant wachsende Alkoholismus. Je nach Statistik verdoppelte oder vervierfachte sich der durchschnittliche jährliche Pro-Kopf-Verbrauch an alkoholischen Getränken. Vor allem der gefährliche Konsum hochprozentiger Alkoholika nahm bedenklich zu. Feiertage boten den Anlass nicht nur für öffentliche Formen ritualisierter Zugehörigkeits- und Konsensbekundungen, sondern auch für exzessive Saufgelage, bei denen gleichfalls (meist Männer-)Gemeinschaft zelebriert wurde. Die sich ausbreitende Trunksucht führte zu einer erheblichen Verschlechterung der Arbeitsdisziplin, zu einem enormen Anstieg von Betriebs- und Verkehrsunfällen und damit zu hohen Produktions- und Menschenverlusten. Zeitgenössische Schätzungen gingen davon aus, dass durch den maßlosen Alkoholkonsum die Arbeitsproduktivität in der Sowjetunion um zehn Prozent gesunken sei.[118] In seinen Erinnerungen sprach Egor Ligačev für die Brežnev-Zeit von einer beklemmenden „Alkoholisierung der Gesellschaft", die eine große Bedrohung sowohl für die Wirtschaft

[116] *Yurchak*, Everything Was Forever, 290.

[117] Das fordert auch *Schattenberg*, Von Chruščev zu Gorbačev, 282. An anderer Stelle schreibt sie, dass eine „theoretisch informierte Kulturgeschichte", der es um die „wahrgenommenen Wirklichkeiten der Sowjetmenschen" gehe, allein die Zerfallsgeschichte kaum angemessen erfassen könne. Vgl. *Schattenberg*, Ende der Sowjetunion, 15.

[118] *Vladimir G. Treml*, Alcohol Abuse and the Quality of Life in the Soviet Union, in: Herlemann (Hrsg.), Quality of Life, 151–162. Ähnlich *Tompson*, Soviet Union, 92.

als auch für die Gesellschaft dargestellt hätte.[119] Tatsächlich trug der zunehmende Alkoholmissbrauch maßgeblich zum Anstieg von Kriminalität und Gewalt bei, ließ Familien zerbrechen und war als „Geißel der Gesellschaft“[120] für weitere soziale Übel mitverantwortlich.[121] Als während der Olympischen Sommerspiele in Moskau 1980 der allseits verehrte Schauspieler, Liedermacher und „Volkstribun“ Vladimir Vysockij an seiner Alkoholsucht verstarb, stand sein persönliches Schicksal sinnbildlich für den Zustand des gesamten Landes.[122] Nachdem bis 1982 die Kremlführung keinerlei Anstrengungen unternommen hatte, um die ausufernde Trunkenheit als „enemy within“[123] zu bekämpfen, begann Andropov nach seinem Amtsantritt eine Anti-Alkoholismus-Kampagne, von der er sich verzweifelt eine Ankurbelung der Wirtschaftsleistung und die Überwindung unerträglicher gesellschaftlicher Missstände erhoffte.[124]

In den 1970er Jahre entwickelte die Sowjetgesellschaft nicht nur Züge einer „corrupt society“[125] und eines alkoholisierten Gemeinwesens.[126] Auch der Zustand des sowjetischen Gesundheitswesens zeigte, dass die Sozialpolitik in vielen Bereichen keineswegs zu sehr als Ruhmesblatt der Brežnev-Ära gepriesen werden darf. Während im Jahrzehnt vor 1965 der Anteil der Staatsausgaben für den Gesundheitssektor stark angewachsen war, drehte sich dieser positive Trend dann wieder um. Im Vergleich zu westlichen Industrienationen trug das

---

[119] *Ligatschow*, Wer verriet die Sowjetunion?, 261–270. Von einer „Gefahr für die Nation“ sprach *Gorbatschow*, Perestroika, 127.

[120] *Bialer*, Hohler Riese, 94.

[121] Eine sozialwissenschaftliche Studie sowjetischer Experten kam zum Ergebnis, dass 1981/82 zwei Drittel aller Ehen in der Sowjetunion wegen des Alkoholismus des Ehemanns geschieden wurden. Vgl. die deutsche Übersetzung dieser Studie: UdSSR. Ehescheidungen – Zahlen, Gründe, Folgen, in: Osteuropa-Archiv 33, 1983, A306–A312. Zum Anstieg der alkoholbedingten Kriminalität vgl. ferner *Vladimir A. Kozlov*, Mass Uprisings in the USSR. Protest and Rebellion in the Post-Stalin Years, New York 2002, 308–310.

[122] *Vladimir Novikov*, Vysockij, Moskau 2005.

[123] *Boris S. Bratus*, Alcoholism in Russia. The Enemy Within, in: Diane F. Halpern / Alexander E. Voiskounsky (Hrsg.), States of Mind. American and Post-Soviet Perspectives on Contemporary Issues in Psychology, New York / Oxford 1997, 198–212.

[124] Andropovs Initiative griff Gorbačev später auf und intensivierte sie. Deshalb wurde er bald als „Mineralsekretär“ geschmäht. Vgl. zur Trunksucht in der späten Sowjetunion und zu ihrer Bekämpfung *Kurukin / Nikulina*, Povsednevnaja žizn' russkogo kabaka, 446–471; *Aksenov*, Veselie Rusi, 357–439; *Keep*, Last of the Empires, 218–219, 266–268; *Brown*, Gorbatschow-Faktor, 237–240; *Bernd Knabe*, Der Kampf gegen die Trunksucht in der UdSSR, in: Osteuropa 36, 1986, 173–197; *Wolf Oschlies*, Der Wodka hat Folgen wie ein mittlerer Krieg. Gorbatschows Kampagne gegen Alkoholismus und Drogenmißbrauch, in: Sowjetunion 1986/87, hrsg. vom Bundesinstitut für ostwissenschaftliche und internationale Studien, München / Wien 1991, 74–81; *Stephen White*, Russia goes Dry. Alcohol, State and Society, Cambridge 1995.

[125] *Konstantin Simis*, USSR: The Corrupt Society. The Secret World of Soviet Capitalism, New York 1982.

[126] In grotesker Weise literarisch eindrucksvoll verarbeitet von *Venedikt Erofeev*, Die Reise nach Petuschki, München 1978 (russ. Erstausgabe 1973 in der israelischen Zeitschrift *Ami*). Erofeevs Beschreibungen der Deformation von Mensch und Gesellschaft gehörten zu den populärsten durch den *samizdat* verbreitetsten Werken der sowjetischen Untergrundliteratur.

Gesundheitswesen in der Sowjetunion Anfang der 1980er Jahre nur knapp halb so viel zum Bruttoinlandsprodukt bei. Zu einer spürbaren Verbesserung der medizinischen Versorgung kam es vielerorts nicht. In der Statistik der Weltgesundheitsorganisationen (WHO) belegte die Sowjetunion darum nur einen der hinteren Plätze.[127]

Die sowjetische Führung meinte sogar, ihren Bürgern eine aufklärerische Sexualerziehung und Verhütungsmittel vorenthalten zu können. Diese Tatenlosigkeit führte zum beschämenden Massenphänomen der Abtreibung. Mitte der 1980er wurde ein Drittel aller weltweit eingeleiteten Schwangerschaftsabbrüche in der Sowjetunion durchgeführt. Damals hatte schätzungsweise die Hälfte aller sowjetischen Frauen unter meist unwürdigen Umständen zumindest eine Abtreibung vornehmen lassen, bevor sie das Alter von 45 Jahren erreichten. Sie hatten für das gesundheitspolitische Versagen der sowjetischen Führung einen hohen Preis zu zahlen. In der Sowjetunion war es nicht die Pille, sondern die ausufernde „Abtreibungsepidemie", die seit den 1970er Jahren zu einem allgemeinen Geburtenrückgang führte.[128]

Auch andere Negativtrends belegen, dass sich das Wohlergehen der Sowjetmenschen keineswegs verbesserte. Während in den anderen Industrienationen die durchschnittliche Lebenserwartung durch die verbesserte medizinische Versorgung kontinuierlich anstieg, sank sie in der Sowjetunion gegen den allgemeinen Trend deutlich. In den 1970er Jahre nahm die Kindersterblichkeit sogar wieder zu, so dass die sozialistische Weltmacht in den globalen Statistiken auf das Niveau von Chile, Guyana, Panama, Uruguay und Grenada zurückfiel.[129]

---

[127] Der Anteil der Gesundheitsausgaben am Staatshaushalt sank von 6,5 % im Jahr 1965 in den folgenden zwei Jahrzehnten auf nur noch 4,6 %. Vgl. *Tompson*, Soviet Union, 89–90; *Christopher M. Davis*, Die wirtschaftlichen und sozialen Folgen der sowjetischen Militärausgaben, in: Greiner / Müller / Weber (Hrsg.), Ökonomie, 260–278. Ähnlich *Neutatz*, Träume und Alpträume, 476–477; *Eberstadt*, Poverty of Communism, 11–62; *Mark G. Field*, Medical Care in the Soviet Union. Problems and Realities, in: Herlemann (Hrsg.), Quality of Life, 65–82. Vor dem XXVI. Parteitag musste Brežnev Anfang 1981 „viele Unzulänglichkeiten" im sowjetischen Gesundheitswesen einräumen und berichtete von zahlreichen erschütternden Briefen, in denen sich die Sowjetbürger über die unhaltbaren Zustände und das gleichgültige, korrupte Personal in Krankenhäusern heftig beschwerten. Vgl. *Breschnew*, Auf dem Wege Lenins, Bd. 8, 791.

[128] Im Jahr 1980 gab es in der Sowjetunion 4,9 Mio. Geburten und allein über 7 Mio. offiziell registrierte Schwangerschaftsabbrüche. Vgl. *Keep*, Last of the Empires, 268–269. Ferner *Adrian Geiges / Tatjana Suworova*, Liebe steht nicht auf dem Plan. Sexualität in der Sowjetunion heute, Frankfurt am Main 1989; *Renate Baum*, Sexualität, Familienplanung, Abort – Tabuthemen in der sowjetischen Gesellschaft, in: Uta Grabmüller / Monika Katz (Hrsg.), Zwischen Anpassung und Widerspruch. Beiträge zur Frauenforschung am Osteuropa-Institut der Freien Universität Berlin, Wiesbaden 1993, 63–76; *Mary Buckley*, Redefining Russian Society and Polity, Boulder 1993, 87–100.

[129] *Keep*, Last of the Empires, 264–265; *Neutatz*, Träume und Alpträume, 440; *Tompson*, Soviet Union, 91–93; *Eberstadt*, The Poverty of Communism, 4–7; *Davis*, Wirtschaftlichen und sozialen Folgen, 277–278; *Brown*, Aufstieg und Fall, 560; *Thomas Bohn*, Bevölkerung und Sozialstruktur, in: *Plaggenborg* (Hrsg.), Handbuch der Geschichte Russlands, Bd. 5, 595–657, hier 615–620. Vgl. kritisch zu den Zahlen und Auswertungen *Ellen Jones / Fred. W. Grupp*,

Neben dem steigenden Alkoholmissbrauch und den unzureichenden Investitionen in den Gesundheitssektor lagen die Gründe für die bedenkliche Entwicklung der Lebenserwartung und der Kindersterblichkeit besonders in den sich in der Sowjetunion verschärfenden Umweltproblemen, die vielerorts ein extremes Ausmaß angenommen hatten. Zwar hatte der sowjetische Parteistaat seit Beginn der 1970er Jahre neue Umweltgesetze erlassen und die Umsetzung von Umweltschutzmaßnahmen gefordert. In der allein auf Planerfüllung und Produktionszuwachs ausgerichteten Kommandowirtschaft blieben viele ehrgeizige Programme aber Makulatur. Die umweltpolitischen Initiativen konnten in der Breżnev-Ära die fortschreitende Vergiftung von Mensch und Natur kaum aufhalten. Die „barbarische Ausplünderung unserer enormen, aber nicht grenzenlosen natürlichen Ressourcen"[130] war vielmehr die unmittelbare Folge der extensiven Wirtschaftsweise, der es immer schwerer fiel, noch Wachstumsraten zu erzielen. Die durch eine bescheidene Wohlstandssteigerung erreichte industriegesellschaftliche Normalität war ständig durch die wirtschafts- und umweltpolitischen Absurditäten der sowjetischen Ordnung bedroht. Insofern war der atomare Super-GAU in Černobyl' 1986 kein unglückliches Zusammenspiel von technischem und menschlichem Versagen, sondern lediglich die konsequente Folge der Vabanque spielenden Nuklearpolitik der Breżnev-Ära. Er deckte schonungslos die katastrophischen Seiten des sozialistischen Fortschritts auf.[131]

Die beunruhigenden gesundheits- und umweltpolitischen Fehlentwicklungen führten bei Millionen von Sowjetbürgern zu dramatischen und traumatischen Negativerfahrungen. Sie verdeutlichen, wie kurzsichtig es wäre, den damals im bescheidenen Maß zunehmenden Konsum und den weiterhin mageren Lebensstandard als den alleinigen Erfolgsmaßstab der Sozialpolitik Breżnevs heranzuziehen. Über die materiellen Zugewinne darf das soziale Sündenregister nicht in Vergessenheit geraten. Gerade gegen Ende der 1970er Jahre zeigten sich immer deutlichere Anzeichen der sozialen Überdehnung.[132] Der sowjetische Parteistaat konnte sich die sozialpolitischen Wohltaten und die umweltpolitischen Sanierungsmaßnahmen einfach nicht leisten. Angesichts der eklatanten Finanzierungsengpässe ging daher eine zeitgenössische sowjetische Schätzung davon aus, dass 1985 der Prozentsatz der Staatsausgaben für die Entwicklung des Bildungs- und Gesundheitswesens deutlich hinter die Vergleichszahlen von 1965

Infant Mortality Trends in the Soviet Union, in: Population and Development Review 8:2, 1983, 213–246.

[130] *Arbatow*, System, 239. Von einer „negativen Produktivität", weil mehr Ressourcen verbraucht als Güter und Dienstleistungen für die Bevölkerung produziert wurden, sprachen *Gajdar/Kogalovskij*, Tendenzen, 231.

[131] *Klaus Gestwa*, Ökologischer Notstand und sozialer Protest. Der umwelthistorische Blick auf die Reformunfähigkeit und den Zerfall der Sowjetunion, in: Archiv für Sozialgeschichte 43, 2003, 349–384.

[132] Zur sozialen Überdehnung vgl. bes. *Plaggenborg*, Experiment Moderne, 221–244.

zurückgefallen sei.[133] Die in der ersten Phase der Breznev-Ära erreichten Verbesserungen gingen später offensichtlich wieder verloren. Die „Schattenseiten des sozialen Fortschritts" traten Anfang der 1980er Jahre immer deutlicher hervor und wurden zunehmend öffentlich problematisiert. Normalitätszuschreibungen bezogen sich daher kaum mehr auf den Parteistaat und die von ihm gestaltete Sphäre des Offiziellen, sondern vielmehr auf das verzweifelte Bemühen der Sowjetbürger, mit allen erlaubten und geduldeten Mitteln eine halbwegs geregelte Lebensweise im eigenen sozialen Nahbereich zu erreichen.[134] Aber auch das erwies sich als zunehmend schwierig. Sowjetische Experten und Journalisten sahen aus der sich daraus ergebenden Überlastung der Familie den Grund für die wachsenden sozialen Probleme, die sich belastend auf Politik und Wirtschaft auswirken würden.[135]

Als Gorbačev 1985 im Kreml die politische Macht übernahm, prangerte er „die Welt des vorgetäuschten Wohlstands"[136] an und verkündete das, was viele schon lange vor ihm gedacht hatten: „So kann man nicht weiterleben".[137] Unter den Vorzeichen von *glasnost'* deckte die sowjetische Presse zahlreiche sozialpolitische Versäumnisse auf, die sich seit den 1970er Jahren in bedenklicher Weise verdichtet und ein Unheilsszenario heraufbeschworen hatten. Die erstaunliche Geschwindigkeit, mit der es dann zum Zusammenbruch des Sozialen kam, zeigte schließlich, wie brüchig das Fundament gewesen war, auf dem die Sowjetgesellschaft beruht hatte.[138]

4. Stagnation: Signalwort statt historischer Signatur

Während aktuell beim geschichtswissenschaftlichen „Reconsidering Brezhnev" positiv konnotierte Begriffe wie „Stabilität" und „Normalität" an Bedeutung gewinnen, steht der negativ besetzte Terminus der „Stagnation" (*zastoj*) zunehmend in der Kritik. Nicht zu Unrecht wird in den aktuellen historischen

[133] *Gajdar/Kogalovskij*, Tendenzen, 233.

[134] *Fürst*, Where Did All the Normal People go, 637–639.

[135] Vgl. zu dieser schonungslosen Diagnose die Dokumentation der sowjetischen Berichterstattung in: Die sowjetische Familie im Netz der Widersprüche. Von den Schattenseiten des sozialen Fortschritts in der UdSSR, in: Osteuropa 33, 1983, A447–460. Ferner die darauf aufbauende Analyse von *Wolfgang Schlott*, Der gefährdete soziale „Mikrokosmos". Sowjetische Familienpolitik in den 1980er Jahren, in: Osteuropa 33:9, 1983, 693–704.

[136] *Gorbatschow*, Perestroika, 24.

[137] *Gorbatschow*, Erinnerungen, 256. Ferner Tompson, Soviet Union, 112.

[138] *Grützmacher*, Baikal-Amur-Magistrale, 23. Ausführlich dazu auch *Klaus Gestwa*, Sicherheit in der Sowjetunion 1988/89. Perestrojka als missglückter Tanz auf dem zivilisatorischen Vulkan, in: Matthias Stadelmann/Lilia Antipow (Hrsg.), Schlüsseljahre. Zentrale Konstellationen der mittel- und osteuropäischen Geschichte. Festschrift für Helmut Altrichter zum 65. Geburtstag, Stuttgart 2011, 449–467.

Studien betont, dass Stagnation als „key signifier“[139] oder Epochenbegriff kaum dazu tauge, die facettenreichen und dynamischen Entwicklungen der Jahre von 1964 bis 1982 auf den Punkt zu bringen. Dagegen spricht vor allem, dass die Sowjetunion während der Breżnev-Ära die Phase der abgeschlossenen Industrialisierung, Urbanisierung und Professionalisierung erlebte. Angesichts dieser gesellschaftlichen Fundamentalprozesse vollzog sich ein tiefgehender Wandel des Bildungssystems sowie der Berufs- und Sozialstrukturen. Die Sowjetunion gewann merklich an wissenschaftlich-technischer Expertise, an sozialer Komplexität und kultureller Vielfalt.[140]

Während die einen den Begriff der „Stagnation“ daher gänzlich verwerfen, urteilen andere – so auch die Herausgeber und Autoren des vorliegenden Sammelbandes – weitaus vorsichtiger und vermeiden vorschnelle Generalisierungen. Sie verwenden den Stagnationsbegriff nicht mehr als Negativsignum für den „Breżnevismus“ an sich, sondern gebrauchen ihn nur noch gezielt in einem sektoral-partiellen Sinn weiter, um damit diejenigen schwerfälligen und inflexiblen Bereiche der Sowjetordnung zu beschreiben, die besonders gegen Ende der 1970er Jahre unübersehbar von Fehlentwicklungen und Reformstau gekennzeichnet waren.[141]

Der Begriff „Stagnation“ hat noch weiteres Forschungspotential, das sich vor allem erschließt, wenn näher danach gefragt wird, woher er eigentlich kam und warum Gorbačev ihn – oft in Verbindung mit affinen Termini wie „Trägheit“ und „Erstarrung“ – als politisches Schlagwort eingeführt und popularisiert hatte. Statt als historische Signatur der Breżnev-Ära sollte „Stagnation“ besser als Signalwort eines zeit- und zivilisationskritischen Beschreibungs- und Narrationsprozesses verstanden werden, das bis in die 1970er Jahren für die westlichen Industriegesellschaften angewandt wurde und dann seit Mitte der 1980er Jahre bei der kritischen Selbstpolitisierung der sowjetischen Ordnung eine wichtige Rolle spielte.

In seinem Weltbestseller *Perestrojka. Die zweite russische Revolution* erläuterte Gorbačev, warum er sein politisches Heil in einem kompletten Umbau der vorhandenen ökonomischen und politischen Strukturen suchte und damit ein hohes Risiko einging. Über die Dekade vor seinem Regierungsantritt schrieb er voller Desillusion und Frustration:

---

[139] *Bacon*, Reconsidering Brezhnev, 1–2.

[140] *Lewin*, Gorbatschows neue Politik, 36–37, 47–49; *Bohn*, Bevölkerung und Sozialstruktur, 621–630, 646–648; *Boris Meissner*, Bilanz der „Breschnew-Ära“, in: Aus Politik und Zeitgeschichte 7, 1983, 3–19, hier 13. Ferner *Manfred Hildermeier*, Geschichte der Sowjetunion 1917–1991. Entstehung und Niedergang des ersten sozialistischen Staates, München 1998, 903–905, 924–931.

[141] *Neutatz*, Träume und Alpträume, 410–411; *Edwin Bacon/Mark Sandle*, Brezhnev Reconsidered, in: dies. (Hrsg.), Brezhnev Reconsidered, 203–217, hier 217; *Plaggenborg*, „Entwickelter Sozialismus“, 325.

Die Antriebskraft, der Schwung im Land wurden immer geringer. Ökonomische Misserfolge nahmen zu, […] Anzeichen dessen, was wir Stagnation nennen, […] und andere Phänomene, die dem Sozialismus wesensfremd sind, tauchten im gesellschaftlichen Leben auf. Eine Art „Bremsmechanismus" lähmte die gesellschaftliche und ökonomische Entwicklung, und das zu einer Zeit, als die wissenschaftlich-technische Revolution dem ökonomischen und sozialen Fortschritt neue Perspektiven eröffnete. [142]

Verantwortlich dafür, dass in der Breżnev-Ära „die Probleme in der Entwicklung des Landes schneller zu[nahmen], als dass sie gelöst wurden"[143], machte Gorbačev vor allem die unzeitgemäße Politik, die sich den neuen Imperativen der veränderten Gegenwart nicht gestellt, daher vorhandene Ressourcen verwirtschaftet und Entwicklungspotentiale verspielt hätte. Die Sowjetpolitik hätte sich in den 1970er Jahren allein auf den Erhalt des *status quo* konzentriert, damit die transformative Dynamik der Zeit verpasst und sich „abseits jenes großen Stroms der Modernisierung und gesellschaftlichen Erneuerung"[144] gestellt. Die vergreisende Moskauer Führungsriege wäre durch die vom westsibirischen Ölboom ausgelöste „gold rush atmosphere"[145] korrumpiert worden. Der „unverdiente Reichtum […], der plötzlich auf uns herabregnete, [enthob] uns scheinbar der Notwendigkeit, etwas zu unternehmen."[146] Deshalb sei wichtige Zeit verronnen, um mit sinnvollen Investitionsprogrammen die marode Infrastruktur des Landes zu modernisieren und den technologischen Rückstand zu verkürzen. Die in ihrer Kernarchitektur auf dem Stand der 1930er Jahre eingefrorene sowjetische Plan- und Kommandowirtschaft hätte daher bald ihre „positiven Möglichkeiten ausgeschöpft" und bei der Bewältigung der selbstgeschaffenen Bedrohungen versagt.[147] Mit dem Alarmwort „Stagnation" akzentuierte Gorbačev die sich in der sowjetischen Ordnung seit den 1970er Jahren ausbreitenden Tempounterschiede, Ungleichgewichte und Missklänge (*rasoglasovannost'*).[148]

Bei Gorbačevs Stagnationsbegriff ging es um weit mehr als nur um die „Denunziation"[149] der politischen Leistungen Breżnevs. Er diente vor allem der Einführung eines neuen Blicks auf Gesellschaft und Politik. Gorbačevs Zeitdiagnose problematisierte das zutiefst Prekäre der Sowjetmoderne und ermöglichte durch die Zuspitzung der Bedrohungskommunikation eine neue Beweglichkeit im politischen Denken und Handeln. Zudem ließ sich damit die Alternativlosigkeit

---

142 *Gorbatschow*, Perestroika, 19.
143 Ebd., 25.
144 *Gorbatschow*, Erinnerungen, 214 u. 216.
145 *Keep*, Last of the Empires, 226.
146 *Arbatow*, System, 240.
147 *Gorbatschow*, Perestroika, 56. Ähnlich *Arbatow*, System, 240–243.
148 *Lewin*, Gorbatschows neue Politik, 57.
149 Von Gorbačevs „denunciation of Brezhnev's leadership" spricht explizit *Ian Thatcher*, Brezhnev as Leader, in: Bacon / Sandle (Hrsg.), Brezhnev Reconsidered, 22–37, hier 22. Egor Ligačev, der spätere konservative Gegenspieler Gorbačev, bezeichnet Stagnation sogar als „Terminus aus dem staatsanwaltlichen Vokabular". Vgl. *Ligatschow*, Wer verriet die Sowjetunion?, 19.

der Reformpolitik der *perestrojka* begründen und vermitteln. Der Stagnationsdiskurs entwarf das dichotomische Szenario von Über- oder Untergang; er diagnostizierte akute Probleme und skizzierte jenseits apokalyptischer Prognosen Chancen, der Sowjetgesellschaft neue Leistungskraft und Dynamik zu geben.

Der Begriff „Stagnation" bezeichnete explizit die Selbstbedrohungspotentiale, die schon 1982 und 1983 unter den Stichworten „antagonistische Widersprüche" und „Entfremdung" verhandelt worden waren. Ihre Fürsprecher, die sich als „systemimmanente Reformer" auf den Marsch durch die Institutionen des sowjetischen Parteistaats gemacht und die Anomalien der sowjetischen Ordnung unerlässlich problematisiert hatten, begannen nun, maßgeblich die politischen und publizistischen Debatten zu bestimmen.[150] Gorbačev signalisierte den kritischen Intellektuellen mit dem Stagnationsdiskurs, dass er ihren schon in der Brežnev-Ära gewachsenen Gestaltungsanspruch begrüße und sie als treibende Kräfte in seine Reformpolitik einbinden wolle. Rückblickend zeigt sich damit, wie sehr die Widerspruchs- und Entfremdungsdiskussion der Jahre 1982 und 1983 als Katalysator eines Krisenbewusstseins und einer Reformdebatte gewirkt hatte. Schon bei diesem ideologischen Vorlauf hatte sich Gorbačev in Vorträgen und Artikeln auf die Seite der Mahner gestellt und deren kritische Debatten begrüßt.[151] Nach seinem Einzug in den Kreml wies er selbst unermüdlich auf diese Diskussionsstränge hin, die er in direkte Kontinuität zu seinem neuen politischen Kurs stellte:

> Die Perestroika ist keine plötzliche Erleuchtung oder Offenbarung [...] Schon in den siebziger Jahren begriffen viele Menschen, dass es ohne drastische Veränderungen im Denken und im psychologischen Vorgehen, in der Organisation der Arbeit, beim Arbeitsstil und bei den Arbeitsmethoden nicht weitergehen konnte [...] Die Notwendigkeit einer Veränderung reifte nicht nur in den höheren politischen Kreisen, sondern auch im Bewusstsein der Öffentlichkeit immer sichtbarer heran.[152]

Gorbačevs „Neues Denken" fing keineswegs beim Nullpunkt an. Insbesondere auf der Ebene des politischen Denkens und der kritischen Selbstreflexion gab es starke Verschränkungen mit der Brežnev-Ära. Die während der 1960er und 1970er Jahre gegründeten oder ausgebauten halbwegs freien Denkfabriken entwickelten sich zu Brutstätten neuer Ideen; hier war lange vor 1985 mit der wissenschaftlichen Bestandsaufnahme der Ordnungsdefekte und Abnutzungsphä-

---

[150] Zu den „systemimmanenten Reformern" und ihren Einfluss auf Gorbačevs *perestrojka*-Politik vgl. bes. *Brown*, Aufstieg und Zerfall, 556–557; *Arbatow*, System, 15, 276–277; *Wladislaw Subok*, Sowjetische Westexperten, in: Greiner/Müller/Weber (Hrsg.), Macht und Geist, 108–135. Von „loyalen Oppositionellen" spricht *Mark Sandle*, A Triumph of Ideological Hairdressing? Intellectual Life in the Brezhnev Era Reconsidered, in: Bacon/Sandle (Hrsg.), Brezhnev Reconsidered, 135–164, hier 139–141, 153–155. Der Begriff „intrastructural dissidents" findet sich bei *Tompson*, Soviet Union, 107–108.

[151] Vgl. dazu *Dahm*, Marx-Lenin-Andropow, 61–62.

[152] *Gorbatschow*, Perestroika, 26, 31–32. Zu den weit zurückreichenden Wurzeln des „neuen Denkens" vgl. bes. *English*, Russia and the Idea of the West.

nomene des „reifen Sozialismus“ begonnen worden. Diese kritische Evaluation eingeschlagener Wege und eingefahrener Routinen erweiterte den politischen Denkhorizont.[153] Der nach 1986 prominent werdende Stagnationsbegriff trug schließlich dazu bei, dass das vormals „schwache Rinnsal aus reformerischen Gedanken […] zum Hauptstrom der politisch-gesellschaftlichen Auseinandersetzung“ werden konnte.[154]

Der russische Begriff *zastoj* hatte bis dahin in der sowjetischen Politik und Öffentlichkeit keine besonders sichtbaren Gebrauchsspuren als publizistisches Schlagwort hinterlassen.[155] Westlichen Sowjetologen, die anlässlich des Todes von Breżnev eine Bilanz seiner Amtszeit zogen, galt Stagnation allerdings schon als eine ihrer Leitvokabeln.[156] Indem Gorbačev diesen Begriff in seinem „Neuen Denken“ eine prominente Bedeutung zuwies, bestätigte er nicht nur die westliche Krisendiagnose. Vielmehr nutzte er sie für seine reformorientierte Bedrohungskommunikation und stellte seine Politik der *perestrojka* damit in größere, systemübergreifende Zusammenhänge des letzten Drittels des 20. Jahrhunderts.

Etabliert hatte sich „Stagnation“ in der wissenschaftlichen Fachsprache zuerst als wirtschaftlicher Terminus, der eine Konjunkturphase beschreibt, in der das Wachstum des realen Bruttosozialprodukts zum Stillstand gekommen oder sogar rückläufig ist.[157] In der zweiten Hälfte der 1960er Jahre fand „Stagnation“ zunehmend Verwendung und entwickelte sich in den 1970er Jahren zu einem politisch-publizistischen Krisenwort, das anfänglich nur auf die westliche Welt (vereinzelt auf Industrialisierungsländer[158]) bezogen wurde. Es brachte zum Ausdruck, dass der langanhaltende Wirtschaftsboom der Nachkriegszeit und die damit verbundene „Geborgenheit im gesicherten Fortschritt“[159] endgültig vorbei waren. Der Niedergang des fordistischen Produktionsregimes stürzte die modernen Industriegesellschaften in Turbulenzen und Unruhe. Die herkömm-

---

[153] An diesem Punkt ist es deshalb zutreffend, „die Breżnev-Zeit als durchaus dynamische Vorphase zur Gorbačev-Ära“ zu betrachten. Vgl. *Schattenberg*, Von Chruščev zu Gorbačev, 269.

[154] *Segbers*, Systemwandel, 197.

[155] Affine Begriffe wie z. B. „Trägheit“, „Gewöhnung an das Alte“ und „Bremsmechanismus“ benutzten Parteiführer wie Andropov indes schon lange vor Gorbačev. Vgl. z. B. Andropows ZK-Antrittsrede, A126.

[156] Vgl. z. B. *Meissner*, Bilanz, 3; *ders.*, Die KPdSU zwischen Stillstand und Wandel, in: Osteuropa 31:9–10, 1981, 701–731; *Astrid von Borcke*, In Bürokratie erstarrtes Imperium. Die Sowjetunion am Ende der Ära Breschnew, in: Herder-Korrespondenz 36:6, 1982, 273–278; *Heinz Brahm*, Die sowjetische Innenpolitik zwischen Stillstand und Bewegung, in: ders. u. a. (Hrsg.), Die Sowjetunion im Übergang von Breschnew zu Andropov, Berlin 1983, 8–24.

[157] Schon in der Konjunkturtheorie von Karl Marx kennzeichnete Stagnation eine ökonomische Abschwungphase.

[158] Vgl. z. B. *Prem Shankar Jha*, India. A Political Economy of Stagnation, Bombay 1980; *Richard Sandbrook*, The Politics of Africa's Economic Stagnation, Cambridge 1985.

[159] Vgl. dazu *Gabriele Metzler*, „Geborgenheit im gesicherten Fortschritt“. Das Jahrzehnt von Planbarkeit und Machbarkeit, in: Matthias Frese u. a. (Hrsg.), Demokratisierung und gesellschaftlicher Aufbruch, Die sechziger Jahre als Wendezeit der Bundesrepublik, Paderborn 2003, 777–797.

lichen Schornsteinindustrien, die längst vertrauter Bestandteil des Arbeits- und Alltagsleben in weiten Teilen der Welt geworden waren und als Garanten des Wohlstands galten, schienen im Niedergang begriffen zu sein. Die Umwandlung des *steel belt* in einen *rust belt* traumatisierte zahlreiche Industrieregionen. Neue Brüche und Verwerfungen taten sich in der politischen Landschaft auf. Es begann eine neue Zeit der rückläufigen Wachstumsraten und Geldinflation sowie der Massenarbeitslosigkeit und sozialen Unzufriedenheit.

Bald galt Stagnation nicht mehr nur als ökonomisches Grundproblem entwickelter industrieller Volkswirtschaften, sondern implizierte auch die wachsende Sorge um Unregierbarkeit, weil die Regierungen angeblich kaum mehr in der Lage seien, auf die veränderte ökonomische und gesellschaftliche Situation angemessen einzugehen und erfolgreich einzuwirken. Die wirtschaftspolitischen Ansätze des Keynesianismus schienen nicht mehr zu greifen. Der Begriff „Stagnation“ hinterfragt damit die politische und soziale Verarbeitung ökonomischer Krisenhaftigkeit. Oft mit Inflation zu „Stagflation“ zusammengezogen, gehörte er damit zur Verunsicherungssemantik der 1970er Jahre und deutete als Signalwort auf den Erfahrungswandel hin, den westlichen Industriegesellschaft angesichts des Strukturbruchs der herkömmlichen Industriemoderne durchlebten.[160]

Ein Vorteil des Stagnationsbegriffes liegt darin, dass er für die historische Inventur der späten Sowjetunion die Zentralität der Wachstumskraft der sozialistischen Volkswirtschaften unterstreicht. Die ökonomische Leistung erwies sich sowohl für die internationale Wettbewerbsfähigkeit als auch für die integrative und legitimierende Wirkung der sozialistischen Moderne als entscheidend.[161] In seiner Rede auf dem XXVI. Parteitag bezeichnete Brežnev die Leitung der Volkswirtschaft als „Herzstück der gesamten Tätigkeit der Partei und des Staates“. Die Ökonomie bilde „das Fundament für die Lösung sozialer Aufgaben, für die Stärkung der Verteidigungsfähigkeit und einer aktiven Außenpolitik.“[162] Die Differenzierung zwischen Politik, Wirtschaft und Gesellschaft war in der Sowjetunion nicht nur für Brežnev weitgehend aufgehoben. Auch Gorbačev verstand die längst überfällige Wirtschaftsreform als integralen Teil seiner politischen Umgestaltungspolitik. Stagnation war für ihn deshalb mehr als nur das Signum einer negativen Konjunkturentwicklung.[163]

---

[160] Vgl. z.B. *Klaus Schroeder*, Der Weg in die Stagnation. Eine empirische Studie zur Konjunkturentwicklung und Konjunkturpolitik in Deutschland von 1967–1982, Opladen 1984; *Mancur Olson*, Aufstieg und Niedergang von Nationen. Ökonomisches Wachstum, Stagflation und soziale Starrheit, Tübingen 1985; *Leon N. Lindberg/Charles S. Maier* (Hrsg.), The Politics of Inflation and Economic Stagnation. Theoretical Approaches and International Case Studies, Washington 1985; *Karl G. Zinn*, Die Wirtschaftskrise. Wachstum oder Stagnation. Zum ökonomischen Grundproblem reifer Volkswirtschaften, Mannheim 1994.

[161] So *Calic/Neutatz/Obertreis*, Crisis of Socialist Modernity, 14.

[162] *Breschnew*, Auf dem Wege Lenins, Bd. 8, 757 u. 780.

[163] *Kramer*, Unintended Revolution, 6.

Des Weiteren eröffnet die internationale Begriffsgeschichte interessante Perspektiven auf den blockübergreifenden Strukturwandel europäischer Industriegesellschaften.[164] Mit dem Ende des klassischen hochindustriellen Zeitalters begann die Modernisierung der Industriemoderne zuerst im Westen. Anfänglich meinten die Moskauer Parteibosse, darin nur eine „Verschärfung der allgemeinen Krise des Kapitalismus“ erkennen zu können.[165] Als in den 1980er Jahren die Ölpreise, die sowjetischen Fördermengen und damit die sowjetischen Deviseneinkünfte fielen, kam mit Verzögerung auch die Sowjetunion in der Zeit „nach dem Boom“[166] an. Der Metawandel der Industriemoderne erschütterte nun gleichfalls im Ostblock die Grundlagen von Politik, Wirtschaft und Gesellschaft. Auf die angeblich „goldene Dekade“ der 1970er Jahre folgte ein „raues Jahrzehnt“.[167] Gorbačevs „Neues Denken“ reagierte auf diese tektonischen Verschiebungen; es leitete nicht zuletzt mit dem Stagnationsbegriff neue Suchbewegungen und Politisierungsformen ein, um diesen epochalen Strukturbruch zu bewältigen.

Belge und Deuerlein betonen zu Recht, dass der Ort der Sowjetunion im Gesamtpanorama dieser systemübergreifenden Transformationsgeschichte von Spät- und Postmoderne noch näher bestimmt werden muss. Sie fordern deshalb eine „räumliche Perspektiverweiterung“ und verweisen darauf, dass die Geschichte der Sowjetunion angesichts der zahlreichen grenz- und blocküberschreitenden Interaktionen und Resonanzen nicht als die Entwicklung eines in sich abgeschlossenen staatlichen und imperialen Raums erzählt werden kann. Die historischen Studien zur Brežnev-Ära müssen deshalb über ihre im Kern internalistischen Analysen hinausgehen und den Blick verstärkt auf transnationale Interdependenzen richten. Die Untersuchung der blockübergreifenden Geschichte des Stagnationsbegriffs wäre dazu ein erster Schritt. Dann könnte die „epoch-making significance of the 1970s“[168] auch für den Osten herausgearbeitet werden. Damals versuchten Ost und West zwar auf unterschiedlichen Wegen, aber zeitlich parallel den durch die dritte industrielle Revolution bedingten Wandel von Wirtschaft, Gesellschaft und Politik zu bewältigen. Ziel weiterer historischer Untersuchung muss es daher ein, darzulegen, wie sehr diese „two sorts of

[164] Zur gleichfalls wichtigen russischen Begriffsgeschichte von *zastoj* vgl. *Nicolas Schupp*, Zastoj. Versuch einer russisch-sowjetischen Begriffsgeschichte. Unveröffentlichte Bachelor-Arbeit, Tübingen 2014. Darin führt Schupp ferner aus, dass Begriffe wie „Stagnation“, *decline* und *zastoj* zwar ähnliche strukturelle Probleme moderner Industriegesellschaften in Ost und West bezeichnen, aber darüber hinaus zugleich dazu dienen, die unterschiedlichen historischen Krisenerfahrungen zu beschreiben.

[165] Zur anfänglichen Verwendung des russischen Begriffs *zastoj* nur für die Krise der westlichen Industriegesellschaft vgl. z. B. *Jurij A. Čižov*, Posle krizisa – zastoj (Ekonomika SŠA segodnja), in: EKO, 1970, Nr. 6, 176–182. Für den Hinweis auf diesen Artikel danke ich Ilja Gottwald und Nicolas Schupp.

[166] *Anselm Doering-Manteuffel/Lutz Raphael*, Nach dem Boom. Perspektiven auf die Zeitgeschichte seit 1970, Göttingen 2008.

[167] *Bialer*, Hohler Riese, 77.

[168] *Calic/Neutatz/Obertreis*, Crisis of Socialist Modernity, 8.

crisis" systemübergreifend miteinander verflochten und ineinander verschränkt waren.[169] Trotz aller politisch-ideologisch begründeten Interaktionsbarrieren war die Industriemoderne im Zeitalter des Kalten Krieges zwar „divided, but not disconnected".[170]

5. Hyperstabilität und Antinomien: Zur konstitutiven Widersprüchlichkeit der Brežnev-Ära

Wegen der Gleichzeitigkeit widersprüchlicher Tendenzen und der zunehmenden Vielgestaltigkeit der entwickelten Sowjetmoderne entzieht sich die Brežnev-Ära einer eindeutigen Charakterisierung. Das stellt besondere Anforderungen an die wissenschaftliche Begriffsbildung. So kritisiert Yurchak, dass zahlreiche Forscher in ihren Untersuchungen weiter den gebräuchlichen Dichotomien von Parteistaat versus Bevölkerung, Konformisten versus Dissidenten, Mitmachen versus Verweigern folgen würden. Das damit verbundene Verständnis eines „binären Sozialismus" könne aber nicht erklären, warum der spektakuläre Kollaps der Sowjetunion für viele ihrer Bürger völlig überraschend gekommen wäre, sie aber schon bald bemerkt hätten, dass sie auf diesen unvorhergesehenen Wandel bestens vorbereitet gewesen wären.[171] Angesichts dieser paradoxen Umbrucherfahrung fordert Yurchak deshalb, die alten Dichotomien durch neue integrale Konzepte abzulösen, die Phänomene und Prozesse in Bezug zueinander zu bringen, die ungeachtet ihrer anscheinenden Ambivalenz und Gegenläufigkeit zusammengedacht werden müssen.[172]

Schon mit der Wahl des Coverbilds und Titels dieses Sammelbandes machen die beiden Herausgeber deutlich, dass es ihr Ziel ist, aus den das Denken einengenden Dichotomien auszubrechen, um beim „Reconsidering Brezhnev" neue Wege zu beschreiten oder zumindest aufzuzeigen. Sie schlagen deshalb „Hyperstabilität" als neuen analytischen Leitbegriff vor. In ihrem Sinne beschreibt „Hyperstabilität" den *modus vivendi* einer sozialen Ordnung, die auf neue Heraus-

---

[169] Programmatisch dazu *Charles S. Maier*, Two Sorts of Crisis? The "long" 1970s in the West and the East, in: Hans Günter Hockerts (Hrsg.), Koordinaten deutscher Geschichte in der Epoche des Ost-West-Konflikts, München 2004, 49–62. Ähnlich *Eric J. Hobsbawm*, Das Zeitalter der Extreme. Weltgeschichte des 20. Jahrhunderts, München 1995, 503–537; *Konrad H. Jarausch*, Krise oder Aufbruch? Historische Annäherungen an die 1970er-Jahre, in: Zeithistorische Forschungen/Studies in Contemporary History 3:3, 2006, 334–341; *ders.* (Hrsg.), Das Ende der Zuversicht? Die siebziger Jahre als Geschichte, Göttingen 2008.

[170] Zu dieser treffenden Formulierung vgl. *Tobias Hochscherf/Christoph Laucht/Andrew Plowman* (Hrsg.), Divided, Not Disconnected. German Experiences of the Cold War, New York 2010.

[171] *Yurchak*, Everything Was Forever, 282 (zur Kritik am „binary socialism" vgl. bes. auch 1–10).

[172] So auch *Schattenberg*, Von Chruščev zu Gorbačev, 256; *Fürst*, Where Did All the Normal People go, 635.

forderungen und Bedrohungen vor allem mit der Beschwörung der eigenen Stabilität reagiert, um in einer zunehmend unsicher werdenden Situation durch Formen der Selbstvergewisserung nicht an Orientierung zu verlieren. Es geht darum, Komplexität nicht in Kontingenz umschlagen zu lassen und die Risikohaftigkeit des politischen Handelns so weit wie möglich zu reduzieren. Typisch für Hyperstabilität sind darum eine hohe Selektivität der Wirklichkeitswahrnehmung sowie ein eingeschränkter Entscheidungs- und Handlungsrahmen. Damit beschreibt „Hyperstabilität" die politische Strategie der Brežnev-Riege, sich gegen den riskanten Wandel in der eigenen Stabilität zu verbarrikadieren. Stabilität diente nicht mehr als Mittel, um weitergehende politische Ziel zu erreichen, sondern war zum Selbstzweck geworden, hinter dem alles zurückzustehen hatte.

In ähnlicher Weise hatte Philip Roeder schon 1993 von „gyroscopic stability"[173] gesprochen. Er beschrieb damit den Selbststeuerungseffekt einer sowjetischen Ordnung, die sich nicht durch Trägheit, sondern durch die fortgesetzte Drehbewegung einzelner Elemente oder des gesamten Gefüges stets aufs Neue stabilisiert und so Störungen, Ungleichgewichte und andere Einflüsse verarbeitet. Bei diesem *modus vivendi* handelt es sich demnach nicht um einen Stillstand, sondern vielmehr um dynamische Vorgänge, weil sich die soziale Ordnung immer wieder, indem sie sich ständig um sich selbst dreht, neu ausbalanciert. Das erklärt den fortgesetzten Kampagnencharakter sowjetischer Politik, durch den Bewegung und Fortschritt nur simuliert wurde, und ungeachtet dieser Mobilisierung alles – inklusive der Dysfunktionalitäten und Ordnungsdefekte – beim Alten blieb. Die Sowjetgeschichte der Jahre von 1964 bis 1982 kennzeichnet deshalb weniger Immobilität als vielmehr die Abfolge stets scheiternder Reformversuche, die keinen innovativen, sondern nur einen konservativen Charakter hatten.[174] Klaus Segbers sprach deshalb mit Gertrude Schroeder von einer „Tretmühle der Reformen", die sich wild „im Leerlauf drehte".[175]

Vieles spricht dafür, dass die Hyperstabilität der sowjetischen Ordnung auch eine Folge der Niederschlagung des Prager Frühlings 1968 war. Die in Moskau schließlich angeordnete Intervention war „der *point of no return*".[176] Die sowjetische Führung wollte den Weg des tschechischen Reformsozialismus nicht

---

[173] *Roeder*, Red Sunset, 6.

[174] Ebd., 5.

[175] *Segbers*, Systemwandel, 181. Vom „Karussel unvollständiger Reformen" sprach *Hans-Hermann Höhmann*, Von Breshnew zu Andropov. Bilanz und Perspektiven sowjetischer Wirtschaftspolitik, in: Berichte des Bundesinstituts für ostwissenschaftliche und internationale Studien 10, 1983, 7. In ähnlicher Weise sah Lars T. Lih als Kennzeichen des Breževismus (mit Rückgriff auf ein populäres Lied des sowjetischen Liedermachers Vladimir Vysockij) ein ausdauerndes „Laufen auf der Stelle". Vgl. *Lars T. Lih*, The Soviet Union and the Road to Communism, in: Ronald Suny (Hrsg.), Cambridge History of Russia, Vol. 3, 706–731, hier 729.

[176] *Plaggenborg*, „Entwickelter Sozialismus", 369 u. 382. Vgl. auch *Neutatz*, Träume und Alpträume, 464.

mitgehen. Sie suchte stattdessen ihr Heil in der aus Stalins Zeiten überlieferten Wirtschaftsweise. Damit beraubte sie sich der Möglichkeit, sozialistische Ideen neu zu denken und verkrustete Strukturen zu dynamisieren. Die Kremlbosse machten sich selbst zu Gefangenen der überkommenen und zunehmend veraltenden Ordnung, deren Erhalt den Horizont ihres politischen Denkens und Handelns erheblich einschränkte.

Mit dem Begriff der „Hyperstabilität" bringen Belge und Deuerlein auf der Strukturebene die Akkumulation sich verdichtender kritischer Entwicklungen zum Ausdruck. Sie erklären damit, warum sich die praktizierte Politik des Selbsterhalts und der Kontinuität in der späten Brežnev-Ära immer mehr festgefahren hatte. Als die Stabilität um jeden Preis zur politischen Obsession wurde, ließ sich der überlieferte Ordnungsanspruch nicht mehr den veränderten Bedingungen der Zeit anpassen. Er wurde stattdessen über sich selbst hinaus verlängert. Das schuf seit Ende der 1970er Jahre kaum mehr übersehbare Substanzverluste und Erschöpfungsprobleme. Entwicklungsoptionen und Zukunftschancen wurden leichtfertig verspielt; ein Steuerungsversagen deutete sich schon an. Brežnevs Pragmatismus der Rat- und Perspektivlosigkeit, der sich im Fehlen einer klaren Zukunftsvision niederschlug, mag – wie Schattenberg vorschlug – als „Geheimnis und Grundlagen seiner bis zum Tode währenden 18jährigen Führung" verstanden werden.[177] Der Begriff der „Hyperstabilität" verdeutlichte aber zugleich die schweren Erblasten. Während der Brežnev-Ära lebte die in Routine und Ritualen bis zur Erstarrung konsolidierte sowjetische Ordnung sowohl auf Kredit als auch auf geborgter Zeit, weil sie Probleme nicht löste, sondern einfach nur aufschob. Als die Problemlösungskapazität und die Zukunftsfähigkeit der sozialen Ordnung zunehmend schwanden, kippte die Hyperstabilität schließlich in Instabilität um.

Neben den strukturellen Problemen der sich selbst lähmenden und ihre Grundlagen schließlich untergrabenden sowjetischen Stabilitätspolitik geht es Belge und Deuerlein aber auch um die lebensweltlichen Chancen, die sich aus der Hyperstabilität als dem Mantra des „Brežnevismus" ergaben. Der Verzicht auf Terror und Wandel, verbunden mit der Akzeptanz der bestehenden sozialen Ordnung mit allen ihren Defekten und Inkonsistenzen, schuf für die Bevölkerung ein hohes Maß an Erwartbarkeit und Verhaltenssicherheit. Sie begannen, sich ihr Leben im realexistierenden Sozialismus einzurichten, indem sie dessen Stärken und Schwächen gewinnbringend für sich nutzten. Die Hyperstabilität erlaubte innerhalb des Gewünschten und Geduldeten ein gewisses Maß an eigenständiger Lebensgestaltung, darin inbegriffen die Individualisierung von Lebensstilen und die Ausprägung soziokultureller Nischen. Das führte sowohl zu weit verbreiteter Korruption und Vetternwirtschaft als auch zu einem generationellen Wertewandel, zur teilweisen Befreiung von traditionellen Normen und

[177] *Schattenberg*, Von Chruščev zu Gorbačev, 266.

zur Bildung neuer Gruppenidentitäten. Daraus ergaben sich neue Freiräume, Zirkulationswege und Handlungsressourcen. Eine Vielzahl sozialer Realitäten und Normalitäten entstand, die ungeachtet aller Alltagsbeschwernisse durchaus als lebenswert empfunden wurden. Die Hyperstabilität machte zwar den Wandel der sozialen Ordnung an sich kaum mehr möglich; sie führte jedoch innerhalb der sowjetischen Ordnung zu einer (im Vergleich zum Westen sicherlich begrenzten) Ausdifferenzierung und Pluralisierung von Kultur und Gesellschaft. Hoffnungen gingen mit Zukunftsängsten einher, Konformität mit Befreiungsversuchen, gesellschaftliches Engagement mit dem Rückzug in private Nischen.[178] Das setzte neue soziale Kräfte und auch Spannungen frei. Sie gingen der Politik und Kultur der *perestrojka* voraus, oftmals in ihr auf und später auch über sie hinaus. Insofern ist der enorme gesellschaftliche und kulturelle Wandel nach 1986 ohne die durch die Hyperstabilität ermöglichten Entwicklungen nicht zu verstehen. Die positiven lebensweltlichen Facetten der Hyperstabilität machen außerdem verständlich, warum heute die Brežnev-Ära oftmals als Flucht- und Referenzpunkt der Sowjetnostalgie verklärt wird.

Das von Belge und Deuerlein vorgeschlagene Konzept der „Hyperstabilität" ist ein interessanter Vorschlag, um das „Wechselspiel aus positiv erfahrener Stabilisierung und gleichzeitigem Steuerungsversagen staatssozialistischer Herrschaft" begrifflich und analytisch zu fassen. Es dividiert Stagnation und Stabilität in ihren negativen und positiven Bedeutungen nicht auseinander, um diese dann entsprechend zu gewichten. Das Konzept der Hyperstabilität versucht stattdessen zusammenzubringen, was in der Erinnerung vieler vormaliger Sowjetbürger und damit auch in historischen Studien eigentlich zusammengehört. Es bezieht Strukturprobleme und soziale Erfahrungen aufeinander, trägt damit zu einer differenzierten Analyse bei und verhindert zugleich, dass der heutige russische Zeitgeist den historischen Verstand umnebelt.

Vergleichbar mit dem Vorschlag Belges und Deuerleins ist der Versuch einer sozialwissenschaftlichen Forschergruppe um den Moskauer Soziologen Jurij Levada, die das ambivalente Wechselspiel von Stabilität und Fragilität mit dem Begriff der „Antinomie" bezeichnete.[179] In den Jahren von 1988 bis 1991 führte das Levada-Team erstmals landesweite repräsentative Massenumfragen durch, anhand deren Ergebnisse sie nicht nur das Meinungsspektrum dokumentierten, sondern darüber hinaus ein umfassendes Soziogramm der Sowjetgesellschaft und des Zerfalls der Sowjetunion erstellten. Bei der Untersuchung der vielfältigen Zusammenhänge zwischen kulturellen Wertvorstellungen, gesellschaftlichen Aktivitäten und politischen Reformen stellten sie fest, dass viele Pro-

[178] Vgl. dazu auch *Fürst*, Where Did All the Normal People Go, 637–639.

[179] *Juri Lewada*, Die Sowjetmenschen 1989–1991. Soziogramm eines Zerfalls, München 1993, bes. 16–26. Zur Bedeutung dieses Soziogramms vgl. *Klaus Gestwa*, Der Homo Sovieticus und der Zerfall des Sowjetimperiums. Jurij Levadas unliebsame Sozialdiagnosen, in: Zeithistorische Forschungen / Studies in Contemporary History 10:2, 2013, 331–341.

bleme, die sich damals beobachten ließen, ironischerweise durch die Erfolge der sowjetischen Ordnung selbst heraufbeschworen worden waren. Die sowjetische Industriemoderne trug demnach die Keime ihrer Erschöpfung, ihres Scheiterns und ihrer Negation in sich.[180] Das sollte der sperrige philosophische Begriff der „Antinomie" auf den Punkt bringen. Für den gleichen Sachverhalt prägte später Detlef Pollack (bezogen auf die DDR) den eingängigeren Begriff der „konstitutiven Widersprüchlichkeit" der sozialistischen Ordnung.[181]

Gemeint ist mit diesen Begrifflichkeiten, dass mit dem fortgeschrittenen industriegesellschaftlichen Wandel gerade die zuvor erreichten Bestandsgarantien zunehmend akute Bestandsprobleme heraufbeschworen. Die bisherigen Stärken der sozialen Ordnung schlugen in Schwächen um; Stabilitätsfaktoren setzten langfristig gesehen Instabilitätspotentiale frei. Die Sowjetunion geriet deshalb weniger durch äußere Entwicklungen ins Taumeln; sie löste sich auch nicht von den Rändern her auf. Vielmehr bildeten sich in ihrem eigentlichen Kern durch heftige Spannungen Bruchstellen. Infolgedessen verlor das spätsowjetische Ordnungsgefüge seine innere Festigkeit.[182]

Besonders in den Schlüsselbereichen der sowjetischen Ordnung wirkten wichtige Antinomien. Die in vielen Bereichen

> strukturell noch stalinistische Gesamtordnung von Staat, Wirtschaft, Gesellschaft und Kultur [produzierte] aus sich selbst heraus ununterbrochen Reformzwänge, stellte aber ihrer Befolgung Hindernisse in den Weg, deren Überwindung die Herrschaft der Partei und letztlich das System selbst zu gefährden drohte.[183]

So trug die überzentralisierte Kommandowirtschaft, die der Entwicklung der Schwer- und Rüstungsindustrie den Vorzug gab, maßgeblich dazu bei, dass die Sowjetunion in den 1970er Jahren das Stadium der abgeschlossenen Industrialisierung, Urbanisierung und Professionalisierung erreichte. Zugleich stellte sich diese Wirtschaftsordnung in der Brežnev-Ära aber immer weniger als Wachstums-, sondern zunehmend als Bremsmechanismus heraus. Mit dem endgültigen Abschluss ihres Reifungsprozesses erlahmte die Sowjetökonomie. Ihr Entwicklungsmotor war offensichtlich so konstruiert, dass er ab einem gewissen Punkt anstatt weiter zu beschleunigen immer mehr an Geschwindigkeit verlor. „Seine Dynamik schloss den Mechanismus seines eigenen Ver-

---

[180] Das beobachteten auch schon *Segbers*, Systemwandel, 335; *Tompson*, Soviet Union, 117; *Kagarlickij*, Schwerer Weg, 15.

[181] *Detlef Pollack*, Die konstitutive Widersprüchlichkeit der DDR. Oder: War die DDR-Gesellschaft homogen?, in: Geschichte und Gesellschaft 24, 1998, 110–131. Ähnlich *Andrew I. Port*, Die rätselhafte Stabilität der DDR. Arbeit und Alltag im sozialistischen Deutschland, Bonn 2011, 19–20. Zuvor hatte Seweryn Bialer in ähnlicher Weise vom „sowjetischen Paradox" gesprochen. Vgl. *Bialer*, Hohler Riese, bes. 13, 33–58, 77–78.

[182] Zum Begriff der Antinomie vgl. erklärend *Boris V. Dubin*, Late Soviet Society in the Sociological Writings of Yuri Levada from the 1970s, in: Sociological Research 51:4, 2012, 28–43.

[183] *Hildermeier*, Geschichte der Sowjetunion, 840.

schleißes mit ein."[184] In ihrer ideologisch begrenzten Weltsicht konnten die vergreisenden Partei- und Staatsführer aber nicht von ihrem „ökonomischen Kernglauben" ablassen, obwohl sich dieser immer mehr als Irrlehre herausstellte. Unbeirrt hielten sie an ihrem Wirtschaftsmodell der rauchenden Schlote fest.[185] In den 1970er Jahren entwickelte sich die Sowjetökonomie deshalb – wie Eric Hobsbawn treffend formulierte – zur „beste[n] Wirtschaft der Welt nach den Maßstäben der 1890er Jahre".[186] Mit falschen Prioritäten und Anreizen verpasste sie den technologischen Wandel, hemmte die Arbeitsleistung und schwächte die internationale Wettbewerbsfähigkeit. In der industriegesellschaftlichen Normalität der Breżnev-Ära „ball[t]en sich die Schwächen der sowjetischen Grundstrukturen".[187] Deutlich wurde, wie sehr die in Not- und Kriegszeiten geschaffene Sowjetökonomie durch die weitere friedliche Entwicklung „völlig verzerrt worden [war], manchmal bis hin zu einer politischen Monstrosität."[188] Daran konnte auch die forcierte weltwirtschaftliche Einbindung der Sowjetunion nichts ändern. Während in den 1970er Jahren die akuten Strukturprobleme noch dank der sprudelnden Petrodollars kaschiert werden konnten, traf in den 1980er Jahren der Globalisierungsschock in Form sinkender Ölpreise mit aller Härte auch die Sowjetunion. Der ökonomische Selbstlauf schlug in Leerlauf um. Das Zusammenspiel von langfristig wirksamen Strukturproblemen und sich verschärfenden konjunkturellen Einflussfaktoren spitzte die krisenhaften Entwicklungen bedenklich zu.

Eine zweite fatale Antinomie ergab sich aus der multiethnischen Struktur des Sowjetimperiums. In der Sowjetunion lebten – so die offiziellen Schätzungen der 1970er und 1980er Jahre – über 130 Nationalitäten, Völkerschaften und Volksgruppen. In der Gründung des ersten sozialistischen Staates sahen die Moskauer Parteiführer nicht nur den Beginn der proletarischen Weltrevolution. Zugleich erhoben sie den Anspruch, mit dem Aufbau von Sozialismus und Kommunismus die sowjetischen Völker sowohl aus der imperialen Unterdrückung als auch aus der überlieferten Rückständigkeit zu befreien, um ihnen einen schnellen Weg

[184] *Hobsbawm*, Das Zeitalter der Extreme, 481.

[185] Vgl. bes. *Hans-Hermann Höhmann*, Grenzen für Wirtschaftsreformen in der UdSSR: Welche Rolle spielt die Ideologie?, in: Berichte des Bundesinstituts für ostwissenschaftliche und internationale Studien 25, 1982, 2.

[186] *Hobsbawm*, Zeitalter der Extreme, 312.

[187] *Bialer*, Hohler Riese, 77.

[188] *Arbatow*, System, 243. Der polnische Wirtschaftswissenschaftler Oskar Lange hatte schon zutreffend formuliert, die Sowjetökonomie lasse sich am besten als „Kriegswirtschaft in Friedenszeiten" charakterisieren. Zitiert nach *Bialer*, Hohler Riese, 99–100. Von einer „permanenten Kriegswirtschaft mit peripherer Zivilproduktion" sprach auch *Roland Götz*, Die Wirtschafts- und Gesellschaftsstruktur der Sowjetunion als Hypothek für die Systemtransformation in Russland, in: Berichte des Bundesinstituts für ostwissenschaftliche und internationale Studien, 8, 1994, 14. Zum Begriff des „industrial fundamentalism" vgl. *Roy D. Laird*, The Political Economy of Soviet Agriculture under Brezhnev, in: Donald R. Kelley (Hrsg.), Soviet Politics in the Brezhnev Era, New York 1980, 55–69, hier 68.

in die Welt der Moderne zu ermöglichen. Diese ehrgeizige Nationalitätenpolitik litt von Beginn an aber unter einem Zielkonflikt und verstrickte sich in Widersprüche, die begannen, sich in der Breżnev-Ära zu verschärfen.

Einerseits ging es unter dem politischen Label der Indigenisierung (*korenizacija*) um die Förderung nationaler Kader und Kultur in den einzelnen Sowjetrepubliken. Die Einheimischen sollten als sozialistische Nation zueinander finden, um so weit wie möglich selbst den Aufbruch in das Zeitalter der Industriemoderne voranzubringen und sich damit fest in das Sowjetreich zu integrieren. Vom „Aufblühen" der einzelnen Nationen versprach sich die Moskauer Führung einen sozialistischen Vielvölkerfrühling und die innere Kohärenz ihres multiethnischen Imperiums. Die mit dem Aufbau des Sozialismus ausgebildeten und aufgestiegenen einheimischen Kader nahmen damit ihre Nation als eine feste historische Größe wahr, die innerhalb des sowjetischen Staatsverbunds durch das gemeinsame Wirken mit anderen Nationen eine neue überlegene Gesellschaftsordnung entstehen ließ. Sowjetisierung und Nationalisierung gingen untrennbar miteinander einher.

Andererseits sollten das Aufblühen der Nationen und ihre allmähliche Annäherung (*sbliženie*) automatisch in einen Prozess des Zusammenwachsens und Verschmelzens (*slijanie*) übergehen. Der Sowjetbürger – so das nationalitätenpolitische Wunschziel der kommunistischen Heilslehre – werde seine im Aufbau des Sozialismus erworbene nationale Identität anschließend umgehend wieder abstreifen, um fortan im postnationalen Zeitalter des „reifen Sozialismus" nur noch ein Vaterland zu kennen, nämlich den sowjetischen Gesamtstaat. Die Präambel der Sowjetverfassung von 1977 gipfelte darum in der Behauptung, dass im Verlauf der Sowjetgeschichte eine „neue historische Gemeinschaft von Menschen – das Sowjetvolk – entstanden" sei. Nachdem in den Sowjetrepubliken allerdings „nationale Sozialismusinterpretationen"[189] und ein nationales Selbstbewusstsein als wirkungsmächtige gesellschaftliche Referenzsysteme entstanden waren, sahen die Menschen dort nicht ein, warum sie diese zugunsten einer eingeforderten sowjetischen Einheitsideologie aufgeben sollten. Die dialektische Verbindung des „Aufblühens" und „Verschmelzens" stellt sich keineswegs so ein, wie es sich die Parteiführer in ihren kommunistischen Zukunftsträumen ausgemalt hatten. Die stolz postulierte sowjetische Einheit in der nationalen Vielfalt ließ sich auch durch in Moskau verordnete Harmonie- und Konsensdiktate nicht so ohne weiteres herstellen.

Ganz im Gegenteil dazu kam es in der Breżnev-Ära wegen unterschiedlicher Erwartungshaltungen vielerorts zu zunehmenden Irritationen und Frustrationen. Während der Kreml auf seinen zentralistischen Gestaltungsanspruch beharrte, sehnten sich die durch die eigenen Modernisierungsleistungen selbst-

---

[189] *Maike Lehmann*, Eine sowjetische Nation. Nationale Sozialismusinterpretationen in Armenien seit 1945, Frankfurt am Main 2012.

bewusster gewordenen nationalen Kader nach mehr Mitwirkungsrechten, Freiräumen und Eigeninitiative. Sie politisierten das wachsende gesellschaftliche Unbehagen an den Unzulänglichkeiten der sowjetischen Moderne. In seinem Rechenschaftsbericht vor dem XXVI. Parteitag musste darum Brežnev im Februar 1981 einräumen, dass angesichts der Entwicklung der letzten Jahre die Partei den drängenden nationalen Fragen mehr „Feingefühl und Aufmerksamkeit" entgegen bringen müsse.[190] Jenseits dieser hehren Worte vermochte es das Moskauer Zentrum aber nicht, konfliktentschärfende Maßnahmen zu ergreifen, um damit effizient der sich abzeichnenden Krisenverdichtung entgegenzuwirken. Statt Problemlösungen anzugehen, konzentrierte sich die Parteiführung einzig darauf, den Auflösungsprozess nicht außer Kontrolle geraten zu lassen. In der Brežnev-Ära schuf die offizielle Nationalitätenpolitik des Kremls somit Reibungsflächen und legte zugleich die Lunte aus, die nach 1986 dann Feuer fing und zur „Explosion des Ethnischen"[191] führte, deren heftige Denotationswellen die gesamte sowjetische Ordnung mitrissen. Die Sowjetunion hatte mit der Entstehung nationaler Eliten und der Pflege nationaler Kulturen ihre eigenen Sprengmeister herangezogen und in Position gebracht. 1991 fiel vielen Sowjetbürgern der Abschied vom Sowjetimperium nicht schwer, weil mit der Nation schon ein neues Identitätskonzept bereit stand, das seit der Brežnev-Ära immer festere Konturen angenommen hatte.[192]

Eine dritte folgenreiche Antinomie zeigte sich in der internationalen Politik, die eng mit innergesellschaftlichen Entwicklungen verflochten war. Mit der Entspannungspolitik der 1970er Jahre erlangte die Sowjetunion den unangefochtenen Status einer Weltmacht, die den USA auf Augenhöhe begegnen konnte. Die militärische Stärke des Warschauer Pakts diente als Beleg dafür, dass die sowjetische Ordnung ihren Bürgern und ihren Verbündeten ein Leben in Sicherheit und Frieden garantieren könne. Durch diese erreichte Parität in der globalen Rivalität sah sich die Sowjetunion allerdings herausgefordert, bei der aufwendigen Modernisierung der Rüstungsarsenale mit den USA mithalten und sich politisch in allen Weltregionen einschalten zu müssen.

Die unbedingte Aufrechterhaltung des Supermachtstatus schuf jedoch nicht nur Selbstbewusstsein und Sicherheit; sie bürdete zudem der Sowjetunion, deren Bruttosozialprodukt nur ein Bruchteil des U.S.-amerikanischen betrug, hohe

---

[190] *Breschnew*, Auf dem Wege Lenins, Bd. 8, 786.

[191] Zu diesem Begriff vgl. *Uwe Halbach*, Nationalitätenfrage und Föderation. Die „Explosion des Ethnischen" in der Sowjetunion, in: Osteuropa 40, 1990, 1011–1024. Er wird übernommen von *Helmut Altrichter*, Der Zusammenbruch der Sowjetunion, 1985–1991, in: Plaggenborg (Hrsg.), Handbuch der Geschichte Russlands, Bd. 5, 519–593, hier 563.

[192] Zusammenfassend vgl. bes. *Lehmann*, Eine sowjetische Nation, 205–293; *Keep*, Last of the Empires, 307–328; *Ben Fowkes*, The National Question in the Soviet Union under Leonid Brezhnev. Policy and Response, in: Bacon/Sandle (Hrsg.), Brezhnev Reconsidered, 68–89; *Jeremey Smith*, Red Nations. The Nationalities Experience in and after the USSR, Cambridge 2013, 216–255.

Rüstungslasten auf und hielt sie dazu an, ihr politisches Ansehen in Kriegen und Konflikten der Dritten Welt aufs Spiel zu setzen.[193] Der „zweite Kalte Krieg“ entzündete sich in den letzten Jahren der Amtszeit Brežnevs nicht zuletzt daran, dass die sowjetische Weltmacht mit ihrem übergesteigerten Sicherheitsdenken gefährliche Missverständnisse provozierte. Moskauer Scharfmacher bedienten sich wieder einer eigentlich längst überholten Feindbild-Propaganda, so dass in die internationale Politik auch aus dem Osten eine schrille Schärfe kam.[194]

Mit dem Einmarsch der sowjetischen Armee in Afghanistan befand sich die Sowjetgesellschaft zudem sogar wieder im Krieg. Im weiteren Verlauf der 1980er Jahre nahmen mindestens 500.000 sowjetische Soldaten am Kriegsgeschehen am Hindukusch teil. Offiziell verloren 15.000 (inoffizielle Schätzungen sprechen sogar von 60.000) dabei ihr Leben; noch mehr Soldaten kehrten krank an Leib und Seele von den Kriegsschauplätzen in ihre Heimat zurück.[195] Für viele im In- und Ausland verkörperte dieser Zermürbungskrieg in Afghanistan „die Gefahr und die Irrationalität einer in sich geschlossenen totalitären Gesellschaft.“[196]

Bald überstiegen die Kosten des Wettrüstens und Imperiums die Leistungsfähigkeit der Sowjetunion bei weitem. Angesichts der erschöpften Volkwirtschaft nahmen neben den außenpolitischen die innergesellschaftlichen Probleme merklich zu, deren Lösung zugleich in immer weitere Ferne rückte. Im Modus der Überanstrengung entwickelte sich die Sowjetunion zunehmend in eine „Potemkin superpower“[197] oder, wie Helmut Schmidt es bösartig formulierte, zu einem „Obervolta mit Raketen“.

6. Fazit: Der Wandel der Bedrohungskommunikation

Die Geschichte der späten Sowjetunion ist ein anschauliches Beispiel dafür, wie eine soziale Ordnung, deren Handlungsmodus allein darauf ausgerichtet ist, unter allen Umständen ihre überlieferte Stabilität zu bewahren, sich dadurch, dass sie „abstoßend auf alles Neue [wirkt]“[198], ihrer Anpassungs- und

[193] Vgl. z. B. *Roger E. Kanet*, The Superpower Quest for Empire: The Cold War and Soviet Support for ‚Wars of National Liberation‘, in: Cold War History 6, 2006, 331–352; *ders.*, Vier Jahrzehnte sowjetische Wirtschaftshilfe, in: Greiner / Müller / Weber (Hrsg.), Ökonomie, 45–62.

[194] Vgl. zusammenfassend *Vladislav Zubok*, A Failed Empire. The Soviet Union in the Cold War from Stalin to Gorbachev, Chapel Hill 2007, 227–278, 339–341.

[195] *Manfred Sapper*, Die Auswirkungen des Afghanistan-Krieges auf die Sowjetgesellschaft. Eine Studie zum Legitimitätsverlust des Militärischen in der Perestrojka, Frankfurt am Main 1994; *Andrew Bennett*, Condemned to Repetition. The Rise, Fall and Reprise of Soviet-Russian Military Interventionism, 1973–1996, Cambridge, MA 1999; *Rodric Braithwaite*, Afgantsy. The Russians in Afghanistan 1979–89, London 2011.

[196] *Sacharow*, Unvermeidbarkeit der Perestroika, 165.

[197] *Bacon / Sandle*, Brezhnev Reconsidered, 211–212.

[198] *Jakowlew*, Abgründe, 361.

Zukunftsfähigkeit beraubt.[199] Kurzfristige Stabilitätsgewinne gingen seit den 1970er Jahren in der Sowjetunion immer mehr auf Kosten der langfristigen Widerstandskraft. Insbesondere die periodischen Missernten und die während der 1980er Jahre fallenden Ölpreise belegen die schwindende Robustheit und Belastbarkeit der sowjetischen Ordnung, die immer mehr Schwankungen und Verwerfungen ausgesetzt war. Die bisherigen Stärken schlugen in Schwächen um. In einer sozialen Ordnung, in der als Gegenleistung für harte Arbeit materielle Zufriedenheit und für den Verzicht auf politische Freiheit wachsender Lebensstandard gewährleistet werden sollte, konnten Enttäuschung und Resignation nicht ausbleiben, als der sowjetische Parteistaat offenbaren musste, dass er seine Zusagen kaum mehr einzuhalten vermochte. In der Brežnev-Ära kam es daher zwar zum „Höhepunkt des ‚Sowjetischen'";[200] zugleich trug die damit perpetuierte „instabile Stabilität"[201] wesentlich zum Verlust an Dynamik und Steuerungsvermögen bei. Die sowjetische Ordnung hatte in der Amtszeit Brežnevs den Zenit ihrer Entwicklung nicht nur erreicht, sondern auch überschritten. Sie büßte ihre Resilienz ein; die Sowjetbürger verließen sich darum zunehmend auf informelle, die Ordnung weiter zersetzende Arrangements, um die Zumutungen des Lebens im „reifen Sozialismus" verarbeiten zu können. Gegen Ende der Brežnev-Ära wurde der prekäre Zustand des damals deklarierten Normalitäts- und Sicherheitsmodus' folglich immer sichtbarer. Angesichts sinkender Ölpreise und steigender Agrarausgaben zeichnete sich ab, dass der ökonomisch marode Parteistaat kaum umhin kommen würde, schmerzliche politische und wirtschaftliche Anpassungen vorzunehmen. Das staatssozialistische Kartenhaus stand noch; aber es war wacklig geworden.

Einiges spricht dafür, dass Brežnev den Wechsel der Zeitläufe – zumindest teilweise – durchaus wahrgenommen, aber keine Ideen und Mittel gefunden

---

[199] Bedrohungen, die aus den Ordnungen selbst hervorgehen und bei denen die Bedrohungskommunikation durch Warngemeinschaften erst allmählich aufgebaut werden muss, sind im Tübinger Sonderforschungsbereich 923 „Bedrohte Ordnungen" im Projektbereich C unter dem Arbeitstitel „Ordnungszersetzung" zusammengeführt. Untersucht werden Phasen der Zuspitzung innerhalb längerer Prozesse des Wandels oder der Auflösung sozialer Ordnungen. Dabei können sich unterschiedliche Bedrohungen zu komplexen Konstellationen überlagern, so dass aus Ungleichzeitigkeiten und Ambivalenzen sich verschärfende Widersprüche und gegenläufige Dynamiken werden. Die so entstehenden Spannungen lassen soziale Ordnungen zunehmend brüchig werden. Vgl. die Beschreibung des Projektbereichs unter http://www.uni-tuebingen.de/forschung/forschungsschwerpunkte/sonderforschungsbereiche/sfb-923/teilprojekte/c-ordnungs zersetzung.html (27.05.2014).

[200] *Boris Dubin*, Gesellschaft der Angepassten. Die Brežnev-Ära und ihre Aktualität, in: Osteuropa 57:12, 2007, 65–79, hier 70.

[201] *Port*, Rätselhafte Stabilität, 19. In seinen Erinnerungen schrieb Georgij Arbatov, seit den 1970er Jahren wäre es der sowjetischen Politik zunehmend darum gegangen, „die wachsenden ernsten Probleme durch die Illusion der Stabilität, des Erfolgs und des Fortschritts zu verbergen". Vgl. *Arbatow*, System, 244.

hatte, um darauf politisch angemessen reagieren zu können.[202] Seine Politik glitt „von der angestrebten Konfliktregulation in sklerotische Trägheit über."[203] Die Entwicklung des Landes hatte „die Regierungsfähigkeiten der Mächtigen"[204] offensichtlich überfordert. Angesichts der permanenten strukturellen Überstrapazierung der maroden Sowjetwirtschaft zeichnete sich ein neues Bedrohungsszenario zunehmend deutlich ab. Schon 1981 hatte der für die sozialistischen Parteistaaten zuständige ZK-Sekretär Rusakov in Verhandlungen mit Ostberlin davon gesprochen, dass es angesichts der unverändert heiklen Wirtschaftslage dabei auch um den Fortbestand des von Moskau kontrollierten Ostblocks gehe.[205] Die damals beginnenden Diskussionen über „antagonistische Widersprüche" und „Entfremdung" im „reifen Sozialismus" machten neue Relevanz- und Referenzhorizonte von Bedrohung deutlich. Die Vorahnungen der Parteibosse und die kritische Berichte der Parteiintelligenz verbanden sich mit den alltäglichen Mangel- und Frusterfahrungen der Menschen. Resignation und Unmut brauten sich zusammen; die Stimmung kippte. Die Entwicklung der Zeit wurde als eine alarmierende Verschlechterung der allgemeinen Lage gedeutet. Noch gab es kein „offenes Feuer" – wie Georgij Šachnazarov formuliert –, aber doch einen „Schwelbrand", der im Innern der sowjetischen Ordnung glomm und ihren festen Kern angriff.[206]

Jenseits eingefahrener Verharmlosungs- und Vertuschungsroutinen verschob sich damit der Fokus der Bedrohungskommunikation. Für das politische Handeln der Brežnev-Riege hatte sich vor allem die Ordnungskonkurrenz des Kalten Kriegs als zentral erwiesen. Das Primat der militärischen Stärke bestimmte daher das Sicherheitsdenken der Parteiführung. Die Aufrechterhaltung der strategischen Parität hatte oberste Priorität. Wirtschaft und Gesellschaft hatten sich dem unterzuordnen. Das führte zu seiner enormen Rüstungslast, zu globalem Engagement und damit zum Verlust von dringend benötigten Ressourcen und von politischem Ansehen. Als die Eskalation des „zweiten Kalten Krieges" den innergesellschaftlichen Entscheidungs- und Handlungsraum bedenklich einschränkte, begannen kritische Parteiintellektuelle, die Struktur- und Funktionsdefizite der Sowjetmoderne verstärkt als Folgen eigener politischer Handlungen, Errungenschaften und Unterlassungen zu problematisieren. Für die Bedrohungskonstitution waren nunmehr keineswegs nur innere und äußere Feinde von Bedeutung. Die wandlungsresistente, kaum mehr zeitgemäße sowjetische Industriegesellschaft litt unter Auszehrungsproblemen, Verschleiß und rasantem Substanzverlust; sie untergrub ihre eigenen Existenzbedingungen. Die Diagnose

---

[202] Das gesteht selbst Ian Thatcher ein, der die politische Leistung Brežnevs positiv würdigt. Vgl. *Thatcher*, Brezhnev as Leader, 28.

[203] *Hildermeier*, Geschichte der Sowjetunion, 827.

[204] *Lewin*, Gorbatschows neue Politik, 57.

[205] *Hertle/Jarausch*, Vom Erfolg zur Krise, 45.

[206] Zitiert nach *Dalos*, Lebt wohl, Genossen!, 50.

der strukturellen Unzulänglichkeit der sozialistischen Wirtschaftsordnung fand zunehmend gesellschaftliche Resonanz, weil die wachsenden Versorgungs- und Alltagsprobleme für immer mehr Sowjetbürger das Versagen der zentralisierten Kommandowirtschaft und der Politik erfahrbar machten.[207] Es bedurfte deshalb keiner großer Proteste und Aufstände, um die Erkenntnis reifen zu lassen, dass die Sowjetunion in den 1980er Jahren nicht mehr so bleiben konnte, wie sie bislang gewesen war.

Das Wechselspiel von globaler Konkurrenz und innerer Zersetzung schuf seit Ausgang der 1970er Jahre eine sich verschärfende Bedrohungskonstellation.[208] Sie überforderte die Bewältigungskapazitäten der bestehenden sowjetischen Ordnung, hinterfragte deren bisherige Funktionsweise und setzte die Parteiführung unter immer stärkeren Handlungsdruck. Nach Breženevs zum Ende hin scheiternder Amtszeit war die Lage um einiges verfahrener geworden.[209] Der Glaube an die Überlegenheit der sozialistischen Ordnung war 1982 zwar erschüttert, aber dennoch keineswegs verloren gegangen. Der Sprung aus der erstarrten Gegenwart in die Zukunft schien ungeachtet aller Probleme weiter möglich. Darauf setzte Gorbačev mit seiner Politik von *perestrojka* und *glasnost'*. Anders als Andropov mit seinen vornehmlich polizeistaatlichen und disziplinarischen Methoden zielte Gorbačevs „neues Sicherheitsdenken“ darauf, internationale und innergesellschaftliche Reflexions- und Wandlungsprozesse miteinander zu verzahnen. Die verbesserte Zusammenarbeit mit dem Westen und die Deeskalation der Konfrontationssituation des „zweiten Kalten Krieges“ sollten die notwendigen Mittel freisetzen, um mehr auf die sozialen Sicherheitsbedürfnisse der Sowjetbürger eingehen zu können. Mit dieser zweigleisigen Sicherheitsagenda hoffte Gorbačev darauf, seiner Politik sowohl im In- als auch im Ausland zu Ansehen und Glaubwürdigkeit zu verhelfen und das Fortschritts- und Entwicklungsvermögen der sowjetischen Ordnung wiederzuerlangen.

Wer mehr über die Gründe erfahren möchte, warum sich Gorbačev nach 1986 auf das politische Wagnis von *perestrojka* und *glasnost'* einließ, muss näher auf den Wandel der Bedrohungskommunikation im Verlauf der 1980er Jahre eingehen. Er nahm seinen Anfang im Zentrum der Partei und in den institutionalisierten freidenkerischen Milieus der Parteiintelligenz. Deren wort-

[207] Von einer „threat of degeneration“ sprach schon Ende der 1960er Jahre *Zbigniew Brzezinski*, The Soviet Political System. Transformation of Degneration, in: ders. (Hrsg.), Dilemmas of Change in Soviet Politics, New York/London 1969, 1–34, hier 30–34.

[208] Die Transformationen der weltpolitischen Ordnungskonkurrenz des Kalten Krieges vor dem Hintergrund der Krise der Industriemoderne in Ost und West ist im Tübinger Sonderforschungsbereich Thema des Teilprojekts D04. Es wird von Martin Deuerlein und Roman Krawielicki bearbeitet und von Katharina Kucher und Georg Schild betreut. Vgl. http://www.uni-tuebingen.de/forschung/forschungsschwerpunkte/sonderforschungsbereiche/sfb-923/teilprojekte/d04-usa-und-sowjetunion.html (27.05.2014).

[209] *Stephen F. Cohen*, Was the Soviet System Reformable, in: Slavic Review 63:3, 2004, 459–488.

gewaltige Vertreter thematisierten zunehmend die hohen Entwicklungs- und Zukunftskosten der inflexiblen Stabilitätspolitik Breževs. Der Spielraum partieller systemkorrigierender, aber nicht systemverändernder Reformen hatte sich endgültig erschöpft.

Als das historische Drama der Protagonisten von *perestrojka* und *glasnost'* stellte sich heraus, dass sich ihre Diagnose des späten Sozialismus oftmals als zutreffend erwies, die von ihnen vorgeschlagenen Therapien in den folgenden Jahren aber keine Kehrtwende einleiteten, sondern vielmehr dazu beitrugen, dass der schleichende Verfall in einen rasanten Zerfall umschlug. Mit seinem „neuen Denken" gelang es Gorbačev zwar den ruinösen Rüstungswettlauf zu beenden. Die sich daraus ergebenden neuen Handlungschancen konnte er indes nicht effizient genug nutzen, um die innergesellschaftlichen Auflösungsprozesse zu stoppen. Der Aufbruch aus der chronischen Mangelwirtschaft und erstarrten Ordnung des allmächtigen, korrupten Parteistaats endete im traumatischen Umbruch. Erst angesichts der drückenden Transformationsprobleme wurde der Zusammenbruch der Sowjetunion im weiteren Verlauf der 1990er Jahre immer mehr als Verlust empfunden. Die Deutungen der Sowjetgeschichte veränderten sich vielerorts erneut; die Sehnsucht nach der angeblichen Übersichtlichkeit und Geborgenheit der Brežnev-Ära begann merklich zu wachsen. Schon in den frühen 1990er Jahre mahnte darum Gorbačev, die damals beginnende Rehabilitierung Brežnevs diene offensichtlich nur dazu, „den Nachweis (zu) erbringen, dass die *perestrojka* nicht notwendig gewesen sei, (um so) die Verantwortung für die heutige Krise der Gesellschaft den Initiatoren der Neugestaltung an[zu] lasten".[210]

Der vorliegende Sammelband leistete einen wichtigen Beitrag zu den laufenden Forschungen. Er fordert jenseits einseitiger Schuldzuweisungen und Krisendiagnostik dazu auf, Stagnation und *perestrojka* nicht auseinander zu dividieren, sondern die zahlreichen Widersprüche und Ambivalenzen der 1970er und 1980er Jahre in einer schlüssigen historischen Analyse zusammenzubringen.

Literatur

Abwehr „unerwünschter" Einflüsse aus dem Westen, in: Osteuropa 33, 1983, A509–513.

Aksenov, V.B., Veselie Rusi. XX vek. Gradus novejšej rossijskoj istorii. Ot ‚p'janogo bjudžeta' do ‚suchogo zakona', Moskau 2007.

Altrichter, Helmut, Der Zusammenbruch der Sowjetunion, 1985–1991, in: Stefan Plaggenborg (Hrsg.), Handbuch der Geschichte Russlands, Bd. 5: 1945–1991. Vom Ende des Zweiten Weltkriegs bis zum Zusammenbruch der Sowjetunion, Stuttgart 2002, 519–593.

[210] *Gorbatschow*, Erinnerungen, 215.

Amann, Ronald, Searching For an Appropriate Concept of Soviet Politics. The Politics of Hesitant Modernisation, in: British Journal of Political Science 14:4, 1986, 475–494.

Andropov, Jurij, Učenie Marksa i nekotorye voprosy socialističeskogo stroitel'stva v SSSR, in: Kommunist, 1983, Nr. 3, 9–23, (deutsche Übersetzung in Andropows Entwurf eines innenpolitischen Programms, in: Osteuropa-Archiv 33, 1983, A271–A286).

Andropows ZK-Antrittsrede, in: Osteuropa-Archiv 33, 1983, A125–A131.

Arbatow, Georgi, Das System. Ein Leben im Zentrum der Sowjetpolitik, Frankfurt am Main 1993.

Baberowski, Jörg, „Badly Said is Badly Lied". Reply to my Critics, in: Journal of Modern European History 10, 2012, 19–23.

–, Kritik als Krise oder warum die Sowjetunion trotzdem unterging, in: Thomas Mergel (Hrsg.), Krisen verstehen. Historische und kulturwissenschaftliche Annäherungen, Frankfurt am Main 2012, 177–196, (englische Version: Criticism as Crisis or Why the Soviet Union Still Collapsed, in: Journal of Modern European History 9, 2011, 148–166).

Bacon, Edwin/Sandle, Mark, Brezhnev Reconsidered, in: dies. (Hrsg.), Brezhnev Reconsidered, Houndmills 2002, 203–217.

Bacon, Edwin, Reconsidering Brezhnev, in: ders./Mark Sandle (Hrsg.), Brezhnev Reconsidered, Houndmills 2002, 1–21.

Barnickel, Christiane/Beichelt, Timm, Netzwerke, Cluster, Einzelkämpfer. Universitäre Osteuropaforschung in Deutschland, in: Osteuropa, 61:7, 2011, 25–44.

Baum, Renate, Sexualität, Familienplanung, Abort – Tabuthemen in der sowjetischen Gesellschaft, in: Uta Grabmüller/Monika Katz (Hrsg.), Zwischen Anpassung und Widerspruch. Beiträge zur Frauenforschung am Osteuropa-Institut der Freien Universität Berlin, Wiesbaden 1993, 63–76.

Bennett, Andrew, Condemned to Repetition. The Rise, Fall and Reprise of Soviet-Russian Military Interventionism, 1973–1996, Cambridge, MA 1999.

von Beyme, Klaus, Einleitung: Sozialer Wandel und Sozialstruktur als Konzepte der sowjetischen Soziologie, in: Maria Elisabeth Ruban u. a. (Hrsg.), Wandel der Arbeits- und Lebensbedingungen in der Sowjetunion 1955–1980. Planziele und Ergebnisse im Spiegelbild sozialer Indikatoren, Frankfurt am Main/New York 1983, 17–28.

Bialer, Seweryn, Der hohle Riese. Die Sowjetunion zwischen Anspruch und Wirklichkeit, Düsseldorf 1987.

Bingen, Dieter, Die Rolle der Sowjetunion in der Polen-Krise 1981–1983, in: Berichte des Bundesinstituts für ostwissenschaftliche und internationale Studien 20, 1983.

Bohn, Thomas, Bevölkerung und Sozialstruktur, in: Stefan Plaggenborg (Hrsg.), Handbuch der Geschichte Russlands, Bd. 5: 1945–1991. Vom Ende des Zweiten Weltkriegs bis zum Zusammenbruch der Sowjetunion, Stuttgart 2002, 595–657.

von Borcke, Astrid, Die Sowjetunion und der Machtwechsel, in: Sowjetunion 1982/83, hrsg. vom Bundesinstitut für ostwissenschaftliche und internationale Studien, München/Wien 1983, 17–29.

–, In Bürokratie erstarrtes Imperium. Die Sowjetunion am Ende der Ära Breschnew, in: Herder-Korrespondenz 36:6, 1982, 273–278.

–, Partizipationsprobleme und Parteiregime in der Sowjetunion. Grenzen des bürokratischen Autoritarismus, in: Berichte des Bundesinstituts für ostwissenschaftliche und internationale Studien 8, 1983.

Brahm, Heinz, Die sowjetische Innenpolitik zwischen Stillstand und Bewegung, in: ders., u. a. (Hrsg.), Die Sowjetunion im Übergang von Breschnew zu Andropov, Berlin 1983, 8–24.

Braithwaite, Rodric, Afgantsy. The Russians in Afghanistan 1979–89, London 2011.

Bratus, Boris S., Alcoholism in Russia. The Enemy Within, in: Diane F. Halpern / Alexander E. Voiskounsky (Hrsg.), States of Mind. American and Post-Soviet Perspectives on Contemporary Issues in Psychology, New York / Oxford 1997, 198–212.

Breschnew, Leonid, Auf dem Wege Lenins. Reden und Aufsätze, Bd. 8: April 1979 – März 1981, Berlin 1982.

Breslauer, George W., On the Adaptability of Soviet Welfare-State Authoritarianism, in: Karl Ryavec (Hrsg.), Soviet Society and the Communist Party, Amherst 1978, 3–25.

Brzezinski, Zbigniew, The Soviet Political System. Transformation of Degneration, in: ders. (Hrsg.), Dilemmas of Change in Soviet Politics, New York / London 1969, 1–34.

Brown, Archie, Aufstieg und Fall des Kommunismus, Berlin 2009.

–, Der Gorbatschow-Faktor. Wandel einer Weltmacht, Frankfurt am Main 2000.

–, Seven Years That Changed The World. Perestroika in Perspective, Oxford 2009.

Brunnbauer, Ulf, „Die sozialistische Lebensweise". Ideologie, Gesellschaft, Familie und Politik in Bulgarien (1944–1989), Wien / Köln / Weimar 2007.

Buckley, Mary, Redefining Russian Society and Polity, Boulder 1993.

Bushnell, John, The „New Soviet Men" Turns Pessimist, in: Stephen F. Cohen u. a. (Hrsg.), The Soviet Union Since Stalin, Bloomington 1980, 179–199.

Butenko, Anatolij P., Protivorečija razvitija socializma kak obščestvennogo stroja, in: Voprosy Filosofii, 1982, Nr. 10, 20–27, (deutsche Übersetzung in: Dokumentation: Widersprüche im Sozialismus. Ein Moskauer Politologe über die Gründe sozialpolitischer Krisen in Systemen sowjetischen Typs, in: Osteuropa 33, 1983, A341–348).

–, Socializm; Formy i deformacii, in: Novoe Vremja, 1982, Nr. 6, 5–7.

Caldwell, Peter C., Sozialistische Wirtschaftslehre. Zur Planung und Kontrolle einer Disziplin, in: Bernd Greiner / Christian Th. Müller / Claudia Weber (Hrsg.), Macht und Geist im Kalten Krieg, Hamburg 2011, 136–158.

Calic, Marie-Janine / Neutatz, Dietmar / Obertreis, Julia, The Crisis of Socialist Modernity. The Soviet Union and Yugoslavia in the 1970s. Introduction, in: dies. (Hrsg.), The Crisis of Socialist Modernity. The Soviet Union and Yugoslavia in the 1970s, Göttingen 2011, 7–27.

Černenko, Konstantin, Avangardnaja rol' partii kommunistov. Važnoe uslovie ee vozrastanija, in: Kommunist, 1982, Nr. 6, 25–43.

–, Leninskaja strategija rukovodstva, in: Kommunist, 1981, Nr. 13, 6–22.

Čižov, Jurij A., Posle krizisa – zastoj (Ekonomika SŠA segodnja), in: EKO, 1970, Nr. 6, 176–182.

Cohen, Stephen F., Was the Soviet System Reformable, in: Slavic Review 63:3, 2004, 459–488.

Colton, Timothy J., The Dilemma of Reform in the Soviet Union, New York 1986.

Conquest, Robert, Academy and Soviet Myth, in: National Interest 31:1, 1993, 91–98.

Cook, Linda J., The Soviet Social Contract and Why It Failed. Welfare Policy and Workers' Politics from Brezhnev to Yeltsin, London 1993.

Dahm, Helmut, Andropov ante portas, in: Berichte des Bundesinstituts für ostwissenschaftliche und internationale Studien 30, 1983, 12–13.

–, Leitmotive in K. Tschernenkos Schriften, in: Berichte des Bundesinstituts für ostwissenschaftliche und internationale Studien 41, 1982.

–, Das ideologische Führungsamt. Die Nummer zwei der politischen Macht, in: Sowjetunion 1982/83, 50–60.

–, Marx-Lenin-Andropow. Ideologischer Lagebericht nach dem Führungswechsel in Moskau, in: Berichte des Bundesinstituts für ostwissenschaftliche und internationale Studien 32, 1983.

–, The Role of Economics in Soviet Political Ideology, in: Hans-Hermann Höhmann / Alec Nove / Heinrich Vogel (Hrsg.), Economics and Politics in the USSR. Problems of Interdependence, Boulder / London 1986, 17–40.

Dalos, György, Gorbatschow. Mensch und Macht, München 2011.

–, Lebt wohl, Genossen! Der Untergang des sowjetischen Imperiums, Bonn 2011.

Daniel, Robert V., Anti-Communist Revolutions: 1989–91, in: David Parker (Hrsg.), Revolutions and the Revolutionary Tradition in the West 1560–1991, New York 2000, 202–224.

Davis, Christopher M., Die wirtschaftlichen und sozialen Folgen der sowjetischen Militärausgaben, in: Bernd Greiner / Christian Th. Müller / Claudia Weber (Hrsg.), Ökonomie im Kalten Krieg, Bonn 2010, 260–278.

Die Studie von Nowosibirsk, in: Osteuropa-Archiv 34, 1984, A1–A25.

Doering-Manteuffel, Anselm / Raphael, Lutz, Nach dem Boom. Perspektiven auf die Zeitgeschichte seit 1970, Göttingen 2008.

Dokumentation: Die sowjetische Familie im Netz der Widersprüche. Von den Schattenseiten des sozialen Fortschritts in der UdSSR, in: Osteuropa 33, 1983, A447–460.

Dokumentation: Formen der Korruption im sowjetischen Betrieb, in: Osteuropa 33, 1983, A542–547.

Dokumentation: Fragen der Kaufkraftabschöpfung und Kaufkraftlenkung in der UdSSR, in: Osteuropa-Archiv 32, 1982, A427–A432.

Dokumentation: Kampf gegen Ursachen der schlechten Lebensmittelversorgung, in: Osteuropa 33, 1983, A288–305.

Dokumentation: Mangelnde Arbeitsmotivation – ein Grundübel der sowjetischen Wirtschaft, in: Osteuropa-Archiv 32, 1982, A600–607.

Dokumentation: Sowjetunion. Die Sache mit der Moral, in: Osteuropa 33, 1983, A535–541.

Dokumentation: UdSSR. Ehescheidungen – Zahlen, Gründe, Folgen, in: Osteuropa-Archiv 33, 1983, A306–A312.

Dokumentation: UdSSR. Generalstaatsanwalt klagt Wirtschaftskriminalität an, in: Osteuropa 32, 1982, A465–470.

Dokumentation: Vorschläge zur Stärkung der Arbeitsdisziplin, in: Osteuropa-Archiv 32, 1982, A86–91.

Dokumentation: Wie soll die Wirtschaft funktionieren? Eine fiktive Debatten über die Rolle der Ökonomie im Sozialismus, in: Osteuropa-Archiv 32, 1982, A538–A551.

Domes-Näth, Marie-Luise, Die Sowjetunion und die Volksrepublik. Kommunistische Regime im Vergleich, in: Reinhard C. Meier-Walser / Bernd Rill (Hrsg.), Russland – Kontinuität, Konflikt und Wandel, München 2002, 191–200.

Dronin, Nikolai M. / Bellinger, Edward G., Climate Dependence and Food Problems in Russia 1900–1990. The Interaction of Climate and Agricultural Policy and Their Effect on Food Problems, Budapest / New York 2005.

Dubin, Boris, Gesellschaft der Angepassten. Die Breženv-Ära und ihre Aktualität, in: Osteuropa 57:12, 2007, 65–79.

–, Late Soviet Society in the Sociological Writings of Yuri Levada from the 1970s, in: Sociological Research 51:4, 2012, 28–43.

Duhamel, Luc, The KGB Campaign Against Corruption in Moscow, 1982–1987, Pittsburgh 2010.

Eberstadt, Nick, The Poverty of Communism, New Brunswick 1988.
Ellman, Michael/Kontorovich, Vladimir, The Destruction of the Soviet Economic System. An Insiders' History, Armonk/London 1998.
English, Robert D., Russia and the Idea of the West. Gorbachev, Intellectuals and the End of the Cold War, New York 2000.
Erofeev, Venedikt, Die Reise nach Petuschki, München 1978.
Field, Mark G., Medical Care in the Soviet Union. Problems and Realities, in: Horst Herlemann (Hrsg.), Quality of Life in the Soviet Union, Boulder/London 1987, 65–82.
Fowkes, Ben, The National Question in the Soviet Union under Leonid Brezhnev. Policy and Response, in: Edwin Bacon/Mark Sandle (Hrsg.), Brezhnev Reconsidered, Houndmills 2002, 68–89.
Fürst, Juliane, Where Did All the Normal People go? Another Look at the 1970s, in: Kritika 14, 2013, 621–640.
Gajdar, Egor/Kogalovskij, Konstantin, Tendenzen der Wirtschaftskrise in der UdSSR, in: *Klaus Segbers* (Hrsg.), Perestrojka. Zwischenbilanz, Frankfurt am Main 1990, 230–265.
Gannett, Robert T., The Shifting Puzzles of Tocqueville's The Old Regime and the Revolution, in: Cheryl B. Welch (Hrsg.), The Cambridge Companion to Tocqueville, Cambridge 2006, 188–215.
Geiges, Adrian/Suworova, Tatjana, Liebe steht nicht auf dem Plan. Sexualität in der Sowjetunion heute, Frankfurt am Main 1989.
Gestwa, Klaus, Der Homo Sovieticus und der Zerfall des Sowjetimperiums. Jurij Levadas unliebsame Sozialdiagnosen, in: Zeithistorische Forschungen/Studies in Contemporary History 10:2, 2013, 331–341.
–, Ökologischer Notstand und sozialer Protest. Der umwelthistorische Blick auf die Reformunfähigkeit und den Zerfall der Sowjetunion, in: Archiv für Sozialgeschichte 43, 2003, 349–384.
–, Sicherheit in der Sowjetunion 1988/89. Perestrojka als missglückter Tanz auf dem zivilisatorischen Vulkan, in: Matthias Stadelmann/Lilia Antipow (Hrsg.), Schlüsseljahre. Zentrale Konstellationen der mittel- und osteuropäischen Geschichte. Festschrift für Helmut Altrichter zum 65. Geburtstag, Stuttgart 2011, 449–467.
Gidwitz, Betsy, Labor Unrest in the Soviet Union, in: Problems of Communism 31:6, 1982, 25–42.
Giese, Ernst, Die ökologische Krise des Aralsees und der Aralseeregion: Ursachen, Auswirkungen, Lösungsansätze, in: ders./Gundula Bahro/Dirk Betke, Umweltzerstörungen in Trockengebieten Zentralasiens (West- und Ost-Turkestan), Ursachen, Auswirkungen, Maßnahmen, Stuttgart 1998, 55–120.
Gooding, John, The Roots of Perestroika, in: Edwin Bacon/Mark Sandle (Hrsg.), Brezhnev Reconsidered, Houndmills 2002, 188–202.
Gorbatschow, Michail, Erinnerungen, Berlin 1995.
–, Perestrojka. Die zweite russische Revolution. Eine neue Politik für Europa und die Welt, 2. Aufl. München 1989.
Gorlicki, Yoram, Too Much Trust. Regional Party Leaders and Local Political Networks under Brezhnev, in: Slavic Review 69:3, 2010, 676–700.
Gregory, Paul R., Der Kalte Krieg und der Zusammenbruch der UdSSR, in: Bernd Greiner/Christian Th. Müller/Claudia Weber (Hrsg.), Ökonomie im Kalten Krieg, Bonn 2010, 311–325.

–, Productivity, Slack and Time Theft in the Soviet Economy, in: James R. Millar (Hrsg.), Politics, Work and Daily life in the USSR. A Survey of Former Soviet Citizens, Cambridge 1987, 241–287.

Grützmacher, Johannes, Die Baikal-Amur-Magistrale. Vom stalinistischen Lager zum Mobilisierungsprojekt unter Brežnev, München 2012.

Gütz, Roland, Die Wirtschafts- und Gesellschaftsstruktur der Sowjetunion als Hypothek für die Systemtransformation in Russland, in: Berichte des Bundesinstituts für ostwissenschaftliche und internationale Studien 8, 1994.

Halbach, Uwe, Nationalitätenfrage und Föderation. Die „Explosion des Ethnischen" in der Sowjetunion, in: Osteuropa 40, 1990, 1011–1024.

Hanson, Philip, From Stagnation to Catastroika. Commentaries on the Soviet Economy, 1983–1991, New York 1992.

–, The Rise and Fall of the Soviet Economy. An Economic History of the Soviet Union from 1945, London 2003.

Hanson, Stephen E., The Brezhnev Era, in: Ronald G. Suny (Hrsg.), The Cambridge History of Russia, Vol. 3: The Twentieth Century, Cambridge 2006, 292–315.

Harrison, Mark, Trends in Soviet Labour Productivity, 1928–1985: War, Postwar Recovery, and Slowdown, in: European Review of Economic History 2:2, 1998, 171–200.

Hertle, Hans-Hermann/Jarausch, Konrad H., Vom Erfolg zur Krise. Innenansichten kommunistischer Herrschaft unter Breschnew und Honecker, in: dies. (Hrsg.), Risse im Bruderbund. Die Gespräche zwischen Honecker und Breschnew 1974–1982, Berlin 2006, 11–60.

Hey, Patrizia, Die sowjetische Polenpolitik Anfang der 1980er Jahre und die Verhängung des Kriegsrechts in der Volksrepublik Polen. Tatsächliche sowjetische Bedrohung oder erfolgreicher Bluff?, Mannheim 2010.

Hildermeier, Manfred, Geschichte der Sowjetunion 1917–1991. Entstehung und Niedergang des ersten sozialistischen Staates, München 1998.

–, „Well said is half a lie". Observations on Jörg Baberowski's „Criticism as Crisis, or why the Soviet Union still Collapsed", in: Journal of Modern European History 9, 2011, 289–297.

Hobsbawm, Eric J., Das Zeitalter der Extreme. Weltgeschichte des 20. Jahrhunderts, München 1995.

Hochscherf, Tobias/Laucht, Christoph/Plowman, Andrew (Hrsg.), Divided, Not Disconnected. German Experiences of the Cold War, New York 2010.

Höhmann, Hans-Hermann, Die Ökonomik des Durchwurstelns. Probleme und Tendenzen der sowjetischen Wirtschaft zu Beginn der 80er Jahre, in: Berichte des Bundesinstituts für ostwissenschaftliche und internationale Studien 10, 1981.

–, Grenzen für Wirtschaftsreformen in der UdSSR: Welche Rolle spielt die Ideologie?, in: Berichte des Bundesinstituts für ostwissenschaftliche und internationale Studien 25, 1982.

–, Hoffnung auf die Produktivkraft Wirtschaftswissenschaft: Politische Ökonomie der UdSSR in Selbstreflexion und Parteikritik, in: Berichte des Bundesinstituts für ostwissenschaftliche und internationale Studien 14, 1984.

–, Richtung und Grenzen neuer Wirtschaftsreformen in der UdSSR, in: Berichte des Bundesinstituts für ostwissenschaftliche und internationale Studien 44, 1983, 6.

–, Von Breschnew zu Andropov. Bilanz und Perspektiven sowjetischer Wirtschaftspolitik, in: Berichte des Bundesinstituts für ostwissenschaftliche und internationale Studien 10, 1983.

Hübner, Peter, Alternative Haltungen und Bewegungen: Eine zweite Realität in der UdSSR, in: Sowjetunion 1982/83, 92–102.
Jha, Prem Shankar, India. A Political Economy of Stagnation, Bombay 1980.
Jakowlev, Alexander, Die Abgründe meines Jahrhunderts. Eine Autobiographie, Leipzig 2003.
Jarausch, Konrad H., Das Ende der Zuversicht? Die siebziger Jahre als Geschichte, Göttingen 2008.
–, Krise oder Aufbruch? Historische Annäherungen an die 1970er-Jahre, in: Zeithistorische Forschungen / Studies in Contemporary History 3:3, 2006, 334–341.
–, Realer Sozialismus als Fürsorgediktatur. Zur begrifflichen Einordnung der DDR, in: Aus Politik und Zeitgeschichte 20, 1998, 33–46.
Jones, Ellen / Grupp, Fred. W., Infant Mortality Trends in the Soviet Union, in: Population and Development Review 8:2, 1983, 213–246.
Josephson, Paul R., New Atlantis Revisited. Akademgorodok, the Siberian City of Science, Princeton 1997.
Józsa, Gyula, Das Machtzentrum: Der ZK-Apparat, in: Sowjetunion 1982/83, 39–49.
Judt, Tony, Geschichte Europas von 1945 bis zur Gegenwart, München / Wien 2006.
Kagarlickij, Boris, Der schwere Weg von der Vergangenheit in die Zukunft, in: Klaus Segbers (Hrsg.), Perestrojka. Zwischenbilanz, Frankfurt am Main 1990, 12–30.
Kanet, Roger E., The Superpower Quest for Empire. The Cold War and Soviet Support for ‚Wars of National Liberation', in: Cold War History 6, 2006, 331–352.
–, Vier Jahrzehnte sowjetische Wirtschaftshilfe, in: Bernd Greiner / Christian Th. Müller / Claudia Weber (Hrsg.), Ökonomie im Kalten Krieg, Bonn 2010, 45–62.
Keep, John, Last of the Empires. A History of the Soviet Union 1945–1991, Oxford 1996.
Kim, Byung-Jeon, The Income, Savings, and Monetary Overhang of Soviet Households, in: Journal of Comparative Economics 27, 1999, 644–668.
Knabe, Bernd, Der Kampf gegen die Trunksucht in der UdSSR, in: Osteuropa 36, 1986, 173–197.
–, Die neue Führung und die „Volksfeinde", in: Sowjetunion 1982/83, 82–92.
–, Die Polenkrise 1980 bis 1982 – eine Herausforderung des sowjetischen Systems, in: Sowjetunion 1982/83, 71–81.
Knirsch, Peter, Der schwierige Weg zur wirtschaftlichen Effizienz, in: Osteuropa 31:9–10, 1981, 825–838.
Kohli, Martin, Die DDR als Arbeitsgesellschaft? Arbeit, Lebenslauf und soziale Differenzierung, in: Hartmut Kaelble / Jürgen Kocka / Hartmut Zwahr (Hrsg.), Sozialgeschichte der DDR, Stuttgart 1994, 31–61.
Koselleck, Reinhart, Kritik und Krise. Eine Studie zur Pathogenese der bürgerlichen Welt, Freiburg 1959.
Kotkin, Stephen, Armaggeddon Averted. The Soviet Collapse 1970–2000, Oxford 2001.
–, Uncivil Society. 1989 and the Implosion of the Communist Establishment, New York 2009.
Kozlov, Vladimir A., Mass Uprisings in the USSR. Protest and Rebellion in the Post-Stalin Years, New York 2002.
– / Fitzpatrick, Sheila / Mironenko, Sergej V., Sedition. Everyday Resistance in the Soviet Union under Khrushchev and Brezhnev, New Haven 2011.
Kramer, Mark, The Unintended Revolution. Commentary on „Criticism as Crisis, or Why the Soviet Union still Collapsed?", in: Journal of Modern European History 10:1, 2012, 5–18.

Krylova, Anna, The Tenacious Liberal Subject in Soviet Studies, in: Kritika 1, 2000, 1–18.

Kudrov, Valentin, The Comparison of the USSR and USA Economies by IMEMO in the 1970s, in: Europe-Asia Studies 49:5, 1997, 883–905.

Kurukin, Igor'/Nikulina, Elena, Povsednevnaja žizn' russkogo kabaka ot Ivana Groznogo do Borisa El'cina, Moskau 2007.

Laird, Roy D., The Political Economy of Soviet Agriculture under Brezhnev, in: Donald R. Kelley (Hrsg.), Soviet Politics in the Brezhnev Era, New York 1980, 55–69.

Lehmann, Maike, Eine sowjetische Nation. Nationale Sozialismusinterpretationen in Armenien seit 1945, Frankfurt am Main 2012.

Lemešev, Michail, Wirtschaftsinteressen und soziale Naturnutzung, in: Juri Afanassjew (Hrsg.), Es gibt keine Alternative zu Perestroika. Glasnost, Demokratie, Sozialismus, Nördlingen 1988, 327–345.

Lewada, Juri, Die Sowjetmenschen 1989–1991. Soziogramm eines Zerfalls, München 1993.

Lewin, Moshe, Gorbatschows neue Politik. Die reformierte Realität und die Wirklichkeit der Reformen, Frankfurt am Main 1988.

Ligatschow, Jegor, Wer verriet die Sowjetunion?, Berlin 2012.

Lih, Lars T., The Soviet Union and the Road to Communism, in: Ronald G. Suny (Hrsg.), The Cambridge History of Russia, Vol. 3: The Twentieth Century, Cambridge 2006, 706–731.

Lindberg, Leon N./Maier, Charles S. (Hrsg.), The Politics of Inflation and Economic Stagnation. Theoretical Approaches and International Case Studies, Washington 1985.

Lušče rabotat' – lušče žit', in: Kommunist, 1982, Nr. 2, 3–12.

Maier, Charles S., Two Sorts of Crisis? The „long" 1970s in the West and the East, in: Hans Günter Hockerts (Hrsg.), Koordinaten deutscher Geschichte in der Epoche des Ost-West-Konflikts, München 2004, 49–62.

Materialien zum XXVI. Parteitag. Aus dem Rechenschaftsbericht von Leonid Breshnew, in: Osteuropa-Archiv 31:9–10, 1981, A489-A537.

Matthews, Mervyn, Aspects of Poverty in the Soviet Union, in: Horst Herlemann (Hrsg.), Quality of Life in the Soviet Union, Boulder/London 1987, 43–64.

Mau, Vladimir, The Political History of Economic Reform in Russia, 1985–1994, London 1996.

–, The Road to Perestroika: Economics in the USSR and the Problems of Reforming the Soviet Economic Order, in: Europe-Asia-Studies 48, 1996, 207–224.

Mayer, J. P., Alexis de Tocqueville. Analytiker des Massenzeitalters, München 1972.

Meissner, Boris, Bilanz der „Breschnew-Ära", in: Aus Politik und Zeitgeschichte 7, 1983, 3–19.

–, Die KPdSU zwischen Stillstand und Wandel, in: Osteuropa 31:9–10, 1981, 701–773.

–, Die Sowjetunion zwischen dem XXV. und XXVI. Parteitag der KPdSU, in: Osteuropa 31:2, 1981, 128–148.

Mergel, Thomas, Einleitung. Krisen als Wahrnehmungsphänoneme, in: ders. (Hrsg.), Krisen verstehen. Historische und kulturwissenschaftliche Annäherungen, Frankfurt am Main 2012, 9–22.

Merl, Stephan, The Soviet Economy in the 1970s – Reflections on the Relationship between Socialist Modernity, Crisis, and the Administrative Command Economy, in: Marie-Janine Calic/Dietmar Neutatz/Julia Obertreis (Hrsg.), The Crisis of Socialist Modernity. The Soviet Union and Yugoslavia in the 1970s, Göttingen 2011, 28–65.

–, Von Chruschtschows Konsumkonzeption zur Politik des „Little Deals" unter Breschnew, in: Bernd Greiner/Christian Th. Müller/Claudia Weber (Hrsg.), Ökonomie im Kalten Krieg, Bonn 2010, 279–310.

Metzler, Gabriele, „Geborgenheit im gesicherten Fortschritt". Das Jahrzehnt von Planbarkeit und Machbarkeit, in: Matthias Frese u. a. (Hrsg.), Demokratisierung und gesellschaftlicher Aufbruch, Die sechziger Jahre als Wendezeit der Bundesrepublik, Paderborn 2003, 777–797.

Meyer, Carla/Patzel-Mattern, Katja/Schenk, Gerrit Jasper, Krisengeschichte(n). „Krise" als Leitbegriff und Erzählmuster in kulturwissenschaftlicher Perspektive – eine Einführung, in: dies. (Hrsg.), Krisengeschichte(n). „Krise" als Leitbegriff und Erzählmuster in kulturwissenschaftlicher Perspektive, Stuttgart 2013, 9–24.

Millar, James, The Little Deal. Brezhnev's Contribution to Acquisitive Socialism, in: Slavic Review 44:4, 1985, 694–706.

Nastojatel'noe velenie vremeni, in: Kommunist, 1982, Nr. 1, 22–33.

Neutatz, Dietmar, Träume und Alpträume. Eine Geschichte Russlands im 20. Jahrhundert, München 2013.

Novikov, Vladimir, Vysockij, Moskau 2005.

Obertreis, Julia, Der „Angriff auf die Wüste" in Zentralasien. Zur Umweltgeschichte der Sowjetunion, in: Osteuropa 58:4–5, 2008, 37–65.

Olson, Mancur, Aufstieg und Niedergang von Nationen. Ökonomisches Wachstum, Stagflation und soziale Starrheit, Tübingen 1985.

Oschlies, Wolf, Der Wodka hat Folgen wie ein mittlerer Krieg. Gorbatschows Kampagne gegen Alkoholismus und Drogenmißbrauch, in: Sowjetunion 1986/87, hrsg. vom Bundesinstitut für ostwissenschaftliche und internationale Studien, München/Wien 1991, 74–81.

Pipes, Richard, 1917 and the Revisionists, in: National Interest 31:1, 1993, 68–79.

Plaggenborg, Stefan, „Entwickelter Sozialismus" und Supermacht 1964–1985, in: ders. (Hrsg.), Handbuch der Geschichte Russlands, Bd. 5: 1945–1991. Vom Ende des Zweiten Weltkriegs bis zum Zusammenbruch der Sowjetunion, Stuttgart 2002, 319–517.

–, Experiment Moderne. Der sowjetische Weg, Frankfurt am Main/New York 2006.

Platt, Kevin M. F./Nathans, Benjamin, Socialist in Form, Indeterminate in Content. The Ins and Outs of Late Soviet Culture, in: Ab Imperio 2, 2011, 301–324.

Pollack, Detlef, Die konstitutive Widersprüchlichkeit der DDR. Oder: War die DDR-Gesellschaft homogen?, in: Geschichte und Gesellschaft 24, 1998, 110–131.

Port, Andrew I., Die rätselhafte Stabilität der DDR. Arbeit und Alltag im sozialistischen Deutschland, Bonn 2011.

Raleigh, Donald J., Soviet Baby Boomers. An Oral History of Russia's Cold War Generation, Oxford 2012.

Riescher, Gisela/Gabriel, Raimund, Die Politikwissenschaft und der Systemwandel in Osteuropa, München 1993.

Roeder, Philip G., Red Sunset. The Failure of Soviet Politics, Princeton 1993.

Ruban, Maria Elisabeth, Wandel der Arbeits- und Lebensverhältnisse in der Sowjetunion 1955–1980, in: Aus Politik und Zeitgeschichte 7, 1983, 21–33.

Ryschkow, Nikolaj, Mein Chef Gorbatschow. Die wahre Geschichte eines Untergangs, Berlin 2013.

Sacharow, Andrej, Die Unvermeidbarkeit der Perestroika, in: Juri Afanassjew (Hrsg.), Es gibt keine Alternative zu Perestroika. Glasnost, Demokratie, Sozialismus, Nördlingen 1988, 160–176.

Sagladin, Vadim, Und jetzt Welt-Innenpolitik. Die Außenpolitik der Perestroika, Rosenheim 1990.

Sandbrook, Richard, The Politics of Africa's Economic Stagnation, Cambridge 1985.

Sandle, Mark, A Triumph of Ideological Hairdressing? Intellectual Life in the Brezhnev Era Reconsidered, in: Edwin Bacon / Mark Sandle (Hrsg.), Brezhnev Reconsidered, Houndmills 2002, 135–164.

Sapper, Manfred, Die Auswirkungen des Afghanistan-Krieges auf die Sowjetgesellschaft. Eine Studie zum Legitimitätsverlust des Militärischen in der Perestrojka, Frankfurt am Main 1994.

Schachnasarow, Georgi, Preis der Freiheit. Eine Bilanz von Gorbatschows Berater, Bonn 1996.

Schattenberg, Susanne, Das Ende der Sowjetunion in der Historiographie, in: Aus Politik und Zeitgeschichte 49–50, 2011, 9–15.

–, Von Chruščev zu Gorbačev – Die Sowjetunion zwischen Reform und Zusammenbruch, in: Neue Politische Literatur 55:2, 2010, 255–284.

Schlögel, Karl, Der renitente Held. Arbeiterprotest in der Sowjetunion 1953–1983, Hamburg 1984.

Schlott, Wolfgang, Der gefährdete soziale „Mikrokosmos". Sowjetische Familienpolitik in den 1980er Jahren, in: Osteuropa 33:9, 1983, 693–704.

Schroeder, Gertrude E., Soviet Living Standards in Comparative Perspective, in: Horst Herlemann (Hrsg.), Quality of Life in the Soviet Union, Boulder / London 1987, 13–30.

Schroeder, Klaus, Der Weg in die Stagnation. Eine empirische Studie zur Konjunkturentwicklung und Konjunkturpolitik in Deutschland von 1967–1982, Opladen 1984.

Schulze, Gerhard, Krisen. Das Alarmdilemma, Frankfurt am Main 2011.

Schupp, Nicolas, Zastoj. Versuch einer russisch-sowjetischen Begriffsgeschichte. Unveröffentlichte Bachelor-Arbeit, Tübingen 2014.

Segbers, Klaus, Der sowjetische Systemwandel, Frankfurt am Main 1989.

V. S. Semenov, Problema protivorečija v uslovijach socializma, in: Voprosy filosofii, 1982, Nr. 7, 17–32 und Nr. 9, 3–21.

Sharman, J. C., Vorhersage und Vergleich. Zur Osteuropaforschung in den USA, in: Stefan Creuzberger u. a. (Hrsg.), Wohin steuert die Osteuropaforschung? Eine Diskussion, Köln 2000, 189–204.

Siegelbaum, Lewis H., Cars, Cars, and More Cars. The Faustian Bargain of the Brezhnev Era, in: ders. (Hrsg.), Borders of Socialism. Private Spheres of Soviet Russia, New York 2006, 83–103.

Simis, Konstantin, USSR: The Corrupt Society. The Secret World of Soviet Capitalism, New York 1982.

Simon, Gerhard, Die Osteuropaforschung, das Ende der Sowjetunion und die neuen Nationalstaaten, in: Aus Politik und Zeitgeschichte 52–53, 1992, 32–38.

–, Gorbatschow –Totengräber der Sowjetunion?, in: Reinhard C. Meier-Walser / Bernd Rill (Hrsg.), Russland – Kontinuität, Konflikt und Wandel, München 2002, 201–211.

Smith, Jeremey, Red Nations. The Nationalities Experience in and after the USSR, Cambridge 2013.

Steiner, André, Bundesrepublik und DDR in der Doppelkrise europäischer Industriegesellschaften. Zum sozialökonomischen Wandel in den 1970er-Jahren, in: Zeithistorische Forschungen / Studies in Contemporary History 3:3, 2006, 342–362.

Subok, Wladislaw, Sowjetische Westexperten, in: Bernd Greiner / Christian Th. Müller / Claudia Weber (Hrsg.), Macht und Geist im Kalten Krieg, Hamburg 2011, 108–135.

Sutela, Pekka, Economic Thought and Economic Reform in the Soviet Union, Cambridge 1991.

Tagungsbericht *The Energy Crises of the 1970s as Challenges to the Industrialized World.* 26.–28. September 2013, Potsdam, in: H-Soz-u-Kult, 31. Oktober 2013, http://hsozkult.geschichte.hu-berlin.de/tagungsberichte/id=5092 (27.05.2014).

Tenson, Andreas, Food Rationing in the Soviet Union, in: Radio Liberty Research Bulletin, RL 321/82 (11. August 1982).

Thatcher, Ian, Brezhnev as Leader, in: Edwin Bacon/Mark Sandle (Hrsg.), Brezhnev Reconsidered, Houndmills 2002, 22–37.

de Tocqueville, Alexis, Der alte Staat und die Revolution, München 1978.

Tompson, William, The Soviet Union Under Brezhnev, London 2003.

Treml, Vladimir G., Alcohol Abuse and the Quality of Life in the Soviet Union, in: Horst Herlemann (Hrsg.), Quality of Life in the Soviet Union, Boulder/London 1987, 151–162.

Tümmers, Henning in: H-Soz-u-Kult, 25. September 2013, http://hsozkult.geschichte.hu-berlin.de/rezensionen/2013-3-184 (24.05.2014).

Umbach, Frank, Zukunftsperspektiven politikwissenschaftlicher Osteuropaforschung in Deutschland, in: Stefan Creuzberger u.a. (Hrsg.), Wohin steuert die Osteuropaforschung? Eine Diskussion, Köln 2000, 211–224.

Vardys, Stanley, Polish Echoes in the Baltic, in: Problems of Communism 32:4, 1982, 21–35.

Wädekin, Karl-Eugen, Soviet agriculture's dependence on the West, in: Foreign Affairs 60:4, 1982, 882–903.

Ward, Christopher, Brezhnev's Folly. The Building of BAM and Late Soviet Socialism, Pittsburgh 2009.

White, Stephen, Russia goes Dry. Alcohol, State and Society, Cambridge 1995.

Wünderich, Volker, Die „Kaffeekrise" von 1977. Genußmittel und Verbraucherprotest in der DDR, in: Historische Anthropologie 11, 2003, 240–261.

Yurchak, Alexei, Everything Was Forever, Until It Was No More. The Last Soviet Generation, Princeton 2006.

Zinn, Karl G., Die Wirtschaftskrise. Wachstum oder Stagnation. Zum ökonomischen Grundproblem reifer Volkswirtschaften, Mannheim 1994.

Zubok, Vladislav, A Failed Empire. The Soviet Union in the Cold War from Stalin to Gorbachev, Chapel Hill 2007.

English Abstracts

Boris Belge/Martin Deuerlein
Introduction: Golden Age of Stagnation? New Perspectives on the Brezhnev Era

Most studies of the Brezhnev Era position themselves between two binary poles of interpretation. They contrast dynamics with stagnation and frequently lean towards one or the other side. The introduction deals with that problem by summarizing research on the Brezhnev Era from the 1960s to the present and by making two proposals: First, studies can increase the complexity of their analysis by taking interpretations, time and space as analytical axes. Second, "hyperstability" is offered as a useful term that provides both an analytical tool and the possibility to take contemporary interpretations seriously.

Ivo Mijnssen
Hero Cult and Obligation. Hyperstability in the Hero City of Tula under Brezhnev

Hero cities were the most prominent symbols of official war commemoration in the Brezhnev Era. The heroization of entire cities was connected with high-level political attention and additional demands from the center – particularly on youth. At the same time, the inhabitants of hero cities expected economic privileges and improved supply and services. Through a case study of Tula, the last city to receive hero status under Brezhnev, the author explores both the potential and the pitfalls of popular mobilization through commemoration in the "hyperstable" Brezhnev Era.

Ada Raev
Parallel Worlds. Official and Unofficial Art in the Brezhnev Era

This article examines the specific ways of dealing with the concept of Socialist Realism in the official and non-conformist art of the Brezhnev Era. In contrast to Stalinist times, – in spite of an increasingly repressive cultural policy – both of the contrary camps attained more opportunities for a wider interpretation of the concept, respectively undermining and denying the principles of accessibility (*dostupnost'*), the spirit of the people (*narodnost'*), and the spirit of the party (*partiinost'*). The most radical artists even preferred to emigrate.

Ewgeniy Kasakow
The Revival of Leftist Opposition Groups in the Late Brezhnev Era

Studies of the late Soviet dissident movement often focus entirely on human rights activists. This is not surprising, considering that Lyudmila Alekseeva, the author of the first seminal work in the field, was an active participant in such groups. However, dissidents who appealed to the Soviet constitution and sought open forms of protest did not constitute the only opposition movement in the post-Stalinist Soviet Union, nor the most populous. While the human rights movement was made up largely of members of the Moscow elite, Brezhnev Era opposition in the provinces was dominated by members of the underground (*podpolshchiki*) – in many cases leftist who questioned the very legitimacy of developed socialism.

Stefan Guth
The City of the Scientific-Technological Revolution: Shevchenko, Kazakhstan

On the desert peninsula of Mangyshlak in Western Kazakhstan, the late Soviet Union staged "atomic-powered communism" (Josephson) on its Southern periphery. Nuclear energy production and water desalination provided the basis for an internationally acclaimed model city and a cluster of sunrise industries that included uranium mining and oil production. On closer inspection, however, the Brezhnev Era city of the future perpetuated many problematic traits of the Stalinist past, including forced labour, risky technological hubris leading to ecological degradation, and a heavy-handed nationalities policy.

Ingo Grabowsky
„Er richtet sich besonders an die janz Scharfen". Soviet Estrada *in the 1960s and Early 1970s*

Estrada was a specific genre in popular Soviet music. Although heavily influenced by the West as well as Soviet traditions of the 1920s, composers and performers of *Estrada* music managed to create a musical space of their own during the Brezhnev Era. There, various expressions of music could be found. This led to a further stabilization of the cultural sphere, but also to the debilitation of political norms and values.

Esther Meier
Brezhnev's Engineers. The KamAZ-Project and the City of Naberezhnye Chelny

The new city of Naberezhnye Chelny with the truck factory KamAZ was one of the major projects of the Brezhnev Era. The city was renamed Brezhnev after the death of the General Secretary in 1982 and thereby declared a symbol of an entire era. It was a destination for intra-Soviet migrants with different social and cultural backgrounds (peasants and highly qualified engineers, Tatars, and Russians). This paper discusses the problem of social mobility and affirmative action of non-Russians in the Brezhnev Era. It focuses on engineers and explores how this privileged group experienced and remembers the Soviet 1970s.

Moritz Florin
"There Were No Dissidents in Kyrgyzstan". Critique and Dissent in the Central Asian Periphery, 1964–1982

"There were no dissidents in Kyrgyzstan": This was one of the most frequent answers in a series of interviews, which the author conducted in Kyrgyzstan in 2010/2011. The relationship between conformism, critique, dissent, and dissidence, however, was far more complex than this statement might suggest. The focus on dissidence obscures the existence of vivid discussions even at a Soviet periphery, where no 'real' dissidents could be found.

Malte Rolf
Nationalizing the Soviet Union. Policies of Indigenization, National Cadres and the Emergence of Dissent in the Lithuanian Socialist Soviet Republic During the Brezhnev Era

This contribution deals with the crisis of Soviet nationality policies in the late USSR. Using the Lithuanian Socialist Soviet Republic as a case study, it depicts the 1970s as a time of internal contradictions and as a period of turmoil triggered by the regime's shift in its policy towards the non-Russian republics. The Politburo fostered a concept of Soviet stability and normalcy and at the same time curtailed traditional forms of national cultural autonomy stemming from the older strategy of "indigenization". This led to bitter feelings of frustrations among the republics' cultural elites and helped to create a situation of increased tensions and outspoken dissent – a situation the official discourse of "social harmony" could not adequately deal with. The article argues that this inability of the official trope of "stability" produced national antagonisms within the Soviet peripheries already in the 1970s and thus created the fundament of the powerful national mass-movements during Gorbachev's perestroika.

Tobias Rupprecht
Desk Revolutionaries. The Mezhdunarodniki as Banner-Bearers of Internationalism in the late Soviet Union

Leonid Brezhnev ruled over a very isolated country; yet Soviet borders were neither closed to everyone nor could the regime entirely inhibit the exchange of goods and ideas with the world abroad. This contribution assesses the transboundary role of international area studies in the late Soviet Union. Mezhdunarodnki, a term coined during the re-appraisal of Soviet internationalism in the late 1950s, denoted a privileged group of intellectuals that were to deliver foreign expertise to Soviet state and party organs. The case of Soviet experts on Latin America, their ideological and institutional roots, their independent debates, and their professional biographies through the 1970s and 80s illustrate how an examination of Soviet area studies complicates our understanding of late Soviet politics and ideology in their transnational contexts.

Klaus Gestwa
From Stagnation to Perestroika. The Change of Threat Discourses and the End of the Soviet Union

Three years after Brezhnev's death, Mikhail Gorbachev became General Secretary of the CPSU. This essay highlights the roots of Gorbachev's reform policy in the Brezhnev Era. It emphasizes structural problems that arose during the 1970s and how they were perceived by experts. By doing this, the contribution evaluates historiographical approaches to describe the stability of the Brezhnev Era and questions them.

Autorenverzeichnis

Boris Belge
Geb. 1985, Wissenschaftlicher Mitarbeiter am Institut für Osteuropäische Geschichte und Landeskunde der Eberhard-Karls Universität Tübingen und des DFG-Projekts „Geteilte Klangwelten. Die Komponistengruppe der ‚Moskauer Trojka' zwischen transnationalem Erfolg und kulturpolitischem Wandel im letzten Drittel des 20. Jahrhunderts." Forschungsschwerpunkte: Sowjetische Gesellschafts- und Kulturgeschichte in der Breżnev-Zeit sowie Musik und Kultur im Russischen Reich und der Sowjetunion.

Martin Deuerlein
Geb. 1983, Wissenschaftlicher Mitarbeiter am SFB 923 „Bedrohte Ordnungen" der Eberhard-Karls Universität Tübingen. Forschungsschwerpunkte: Geschichte der internationalen Beziehungen, bes. des Kalten Krieges, die Geschichte der USA in den 1970er Jahren, die Geschichte der Sowjetunion in der Breżnev-Ära, sowie die Geschichte der Globalisierungsdiskurse dieser Zeit.

Moritz Florin
Geb. 1983, Wissenschaftlicher Mitarbeiter am Lehrstuhl für Neuere und Neueste Geschichte mit dem Schwerpunkt der Geschichte Osteuropas an der Friedrich-Alexander-Universität Erlangen-Nürnberg. Forschungsschwerpunkte: Geschichte der Sowjetunion, hierbei insbesondere die Geschichte von Intelligenz und Dissens an der sowjetischen Peripherie bzw. in Zentralasien.

Klaus Gestwa
Geb. 1963, Professor an der Eberhard-Karls Universität Tübingen und Direktor des Instituts für Osteuropäische Geschichte und Landeskunde. Forschungsschwerpunkte: Die Wissenschafts-, Technik- und Umweltgeschichte der Sowjetunion und des Ostblocks, die Kulturgeschichte des Kalten Krieges, sowie die Sozial- und Wirtschaftsgeschichte des Russischen Kaiserreiches (1700–1917).

Ingo Grabowsky
Geb. 1971, Direktor und Geschäftsführer der Stiftung *Kloster Dalheim.* LWL-Landesmuseum für Klosterkultur. Zuvor war er als wissenschaftlicher Mitarbeiter am Haus der Geschichte der Bundesrepublik Deutschland in Bonn und am Seminar für Slavistik/Lotman-Institut für russische Kultur der Ruhr-Universität Bochum tätig. In zahlreichen Publikationen und Ausstellungen behandelt er vor allem kulturhistorische Themen. Neben der russischen und südslavischen Kultur und Literatur bilden die europäische Populärkultur, Fragen der Migration, Religions- und Architekturgeschichte seine Interessenschwerpunkte.

Stefan Guth
Geb. 1976, Zur Zeit Visiting Fellow am Center for Russian, East European and Eurasian Studies der Universität Stanford, zuvor Assistent für Neuere Geschichte an der Universität

Bern. Stefan Guth erarbeitet gegenwärtig eine Habilitation unter dem Titel. „Oase der Zukunft. Die sowjetische Atomstadt Ševčenko (Aktau), 1959–2019". Seine Dissertation zu den deutsch-polnischen Historikerbeziehungen im 20. Jh. wurde von der Deutschen Gesellschaft für Osteuropakunde mit dem Klaus-Mehnert-Preis ausgezeichnet. Forschungsschwerpunkte: Sowjetische Geschichte, die Geschichte der deutsch-polnischen Beziehungen im 20. Jahrhundert und die Ideengeschichte im Hinblick auf den politisch-gesellschaftlichen Praxisdrang ihrer Akteure (Historiker als Politiker; Wissenschaftler als Utopisten).

Ewgeniy Kasakow
Geb. 1982, Doktorand der Universität Bremen. Ewgeniy Kasakow promoviert über Oppositionsmodelle in der späten UdSSR. Forschungsschwerpunkte: Geschichte der Opposition in der Sowjetunion, Geschichte der (Jugend-)Subkulturen in der Sowjetunion, das lange 1968 im Osten und Westen, die Geschichte der *perestrojka* und die Wahrnehmung der Sowjetunion im Westen.

Esther Meier
Geb. 1968, Wissenschaftliche Mitarbeiterin an der Helmut-Schmidt-Universität / Universität der Bundeswehr in Hamburg. Esther Meier schrieb ihre Doktorarbeit zu „Massenmobilisierung in der Ära Brežnev? Das Großprojekt KamAZ / Naberežnye Čelny" und wurde dafür mit dem Nachwuchspreis der Gesellschaft für Stadtgeschichte und Urbanisierungsforschung ausgezeichnet. Sie publizierte zur Alltagsgeschichte, Nationalitätenpolitik und Stadtplanung der Brežnev-Ära sowie zum sowjetischen Afghanistankrieg.

Ivo Mijnssen
Geb. 1982, Wissenschaftlicher Mitarbeiter am Lehrstuhl für Osteuropäische und Neuere Allgemeine Geschichte der Universität Basel und Stipendiat der Gerda Henkel Stiftung. Gegenwärtig verfasst Ivo Mijnssen eine Dissertation zum Thema „Das Gedächtnis der Heldenstadt: Die Nachkriegsgeneration zwischen Alltag, Privileg und Pflicht." Zu seinen Forschungsinteressen gehören Geschichtspolitik, Entstalinisierung und Brežnev-Ära sowie Gedächtnis- und Raumkonzepte.

Ada Raev
Geb. 1955, Studium der Kunstgeschichte und 1983 Promotion an der Lomonosov-Universität Moskau über russisch-deutsche Kunstbeziehungen an der Wende vom 19. zum 20. Jahrhundert. 1999 Habilitation an der Humboldt-Universität zu Berlin, 2002 erschienen unter dem Titel „Russische Künstlerinnen der Moderne (1870–1930). Historische Studien. Kunstkonzepte. Weiblichkeitsentwürfe." Seit 2008 Professorin für Slavische Kunst- und Kulturgeschichte an der Otto-Friedrich-Universität Bamberg, zahlreiche Publikationen zur russischen Kunst, insbesondere zu Themen der Moderne und Avantgarde.

Malte Rolf
Geb. 1970, Professor für Geschichte Mittel- und Osteuropas am Institut für Geschichtswissenschaften und Europäische Ethnologie der Otto-Friedrich-Universität Bamberg. Forschungsinteressen: Vergleichende Imperiums- und Urbanisierungsgeschichte, Kultur- und politische Geschichte der Sowjetunion, Nationale Minderheiten und die Nationalitätenpolitik in der UdSSR und der Volksrepublik Polen; sowie die Verflechtungsgeschichte Europas im „Kalten Krieg".

Tobias Rupprecht
Geb. 1981, derzeit Research Assistant an der Aarhus University, Department of Culture and Society. 2012 Promotion am European University Institute Florenz mit einer Arbeit zu „Soviet Internationalism After Stalin. The USSR and Latin America in the Cultural Cold War". Forschungsschwerpunkte: Globalgeschichte des späten 20. Jahrhunderts, besonders die Geschichte der Sowjetunion und Russlands, lateinamerikanische Geschichte, die Geschichte des Kalten Kriegs und der Neuen Linken in Westeuropa.

Personenregister

Sach- und Ortsregister

Bedrohte Ordnungen

Herausgegeben von
Ewald Frie, Mischa Meier und Rebekka Nöcker

Historische und gegenwärtige Gesellschaften unter Stress sind Gegenstand der Reihe „Bedrohte Ordnungen", die dem gleichnamigen Sonderforschungsbereich 923 an der Universität Tübingen verbunden ist. Gefragt wird nach dem „Ob" und dem „Wie" sozialen Wandels sowie nach regionalen und epochalen Unterschieden von Ordnungen und Bedrohungen.

Extremereignisse wie Aufruhr und Katastrophen, darüber hinaus Phänomene wie Ordnungszersetzung und Ordnungskonkurrenz stehen im Zentrum der Studien. Gesellschaften von der griechischen Antike bis zur Gegenwart werden zum Thema. Der Zusammenhang der Bedrohungskommunikation mit der Materialität, der Emotionalität sowie dem Verdichtungsmoment bedrohter Ordnungen ist von besonderem Interesse.

Angesichts allgegenwärtiger Krisendiagnosen verbindet die Untersuchung „Bedrohter Ordnungen" Gegenwartsinteresse und historische kulturwissenschaftliche Forschung. Durch die Zusammenführung bislang disziplinär getrennter Themen und Zugangsweisen kann der Beitrag der Kulturwissenschaften zum Verständnis von Gegenwart und Zukunft neu bestimmt werden.

Alle Bände dieser Reihe werden durch ein internationales Editorial Board begutachtet. Die Reihe steht auch Autoren außerhalb des SFB offen.

Lieferbare Bände:

1 *Aufruhr – Katastrophe – Konkurrenz – Zerfall.* Bedrohte Ordnungen als Thema der Kulturwissenschaften. Herausgegeben von *Ewald Frie* und *Mischa Meier.* 2014.

2 *Goldenes Zeitalter der Stagnation?* Perspektiven auf die sowjetische Ordnung der Breznev-Ära. Herausgegeben von *Boris Belge* und *Martin Deuerlein.* 2014.

Mohr Siebeck, Postfach 2040, D-72010 Tübingen.
Aktuelle Informationen im Internet unter www.mohr.de